Segurança Social

Segurança Social
MANUAL PRÁTICO

2017 · 10ª Edição

Apelles J. B. Conceição

SEGURANÇA SOCIAL
Manual Prático
AUTOR
Apelles J. B. Conceição
EDITOR
EDIÇÕES ALMEDINA, S.A.
Rua Fernandes Tomás, nºs 76, 78 e 80
3000-167 Coimbra
Tel.: 239 851 904 · Fax: 239 851 901
www.almedina.net · editora@almedina.net
DESIGN DE CAPA
FBA.
PRÉ-IMPRESSÃO
EDIÇÕES ALMEDINA, S.A.
IMPRESSÃO E ACABAMENTO
PAPELMUNDE

Junho, 2017
DEPÓSITO LEGAL
428222/17

Toda a reprodução desta obra, por fotocópia ou outro qualquer processo, sem prévia autorização escrita do Editor, é ilícita e passível de procedimento judicial contra o infractor.

 GRUPOALMEDINA

BIBLIOTECA NACIONAL DE PORTUGAL – CATALOGAÇÃO NA PUBLICAÇÃO
CONCEIÇÃO, Apeles J. B.
Segurança social : manual prático. – 10ª ed. - (Manuais profissionais)
ISBN 978-972-40-7045-2
CDU 364

Aos meus filhos
Maria Teresa
Francisco Alexandre
Maria José

DO AUTOR

Licenciado em Direito pela Faculdade de Direito da Universidade Clássica de Lisboa – ano lectivo 71/72;

Pós-graduado em Estudos Europeus (dominante jurídica) pelo Centro de Estudos Europeus da Faculdade de Ciências Humanas da Universidade Católica Portuguesa – ano lectivo 82/83;

Advogado (inscrição suspensa a pedido);

Docente do Instituto de Direito do Trabalho da Faculdade de Direito de Lisboa;

Consultor de projectos;

Antigo dirigente, assessor e formador do Ministério do Trabalho e da Segurança Social;

Antigo Chefe de Gabinete do Provedor de Justiça.

Principais obras publicadas:

– *Segurança Social – Manual Prático*, Coimbra, Almedina, 2017 (10ª edição);

– *Legislação da Segurança Social – Sistematizada e Anotada*, Coimbra, Almedina, 2017 (6ª edição);

– *Estatuto das Instituições Particulares de Solidariedade Social – Anotado*, Coimbra, Almedina, 2015 (2ª edição);

Outras:

– *Trabalhadores Independentes, Administradores e Directores*, Lisboa, Rei dos Livros, 2000 (2ª edição);

– *Direito Internacional e Europeu de Segurança Social*, Lisboa, Cosmos, 1997;

– *Dicionário de Segurança Social*, Lisboa, Rei dos Livros, 1999;

– *Acidentes de Trabalho, Acidentes em Serviço e Doenças Profissionais*, Lisboa, Rei dos Livros, 2000 (2ª edição);

– *Regime da Função Pública – Segurança Social*, Lisboa, Rei dos Livros, 2003.

...direitos dos pobres, pobres direitos...

NOTA (À 10ª EDIÇÃO)

1. Este trabalho visa conciliar o rigor e as exigências técnicas da análise jurídica com uma exposição didáctica adequada a solicitações de ordem prática perante o sistema de segurança social legalmente consagrado, e, nessa medida, não será prioridade a construção científica de um manual universitário, mas a mera participação na *informação jurídica*, como componente do *acesso universal ao Direito Social aplicável*, proposto pela OIT. Em suma: pretende-se, como desde a 1ª edição, dar algum contributo para o melhor entendimento de todos relativamente aos direitos e deveres de todos perante a segurança social, essa desconhecida.

Na verdade, sempre nos pareceu útil formular sínteses, desmontando controladamente e de forma sistemática, complexidades normativas (ou doutrinais) mas sem simplificações desfigurantes, e assim combater a segregação do cidadão comum relativamente às regras que dispõem sobre as suas próprias condições de existência. Tenta-se garantir algum espaço de tranquila explanação de uma matéria cuja nobreza e necessidade de transparência se reconhecem, mas onde, sacudida por infindáveis, exaltados e dramáticos exercícios de autoritarismo técnico e mesmo de alguma arrogância científica sobre a "suprema transcendência da manta curta", paira uma permanente ameaça de reforma.

2. Dada quer a profusão quer a diversidade do volume de informação à qual pretendemos dar alguma resposta (mais de oito centenas de diplomas legais em vigor cuja consulta não está dispensada), cada vez mais esta obra será não mais do que uma breve súmula sistematizada da segurança social na vertente previdencial.

Assim, num formato editorialmente condicionado, vamos centrar-nos apenas no âmbito do designado regime geral da segurança social (excluindo, vg: os grupos fechados, principal dos quais é o Regime de Protecção Social Convergente) e das prestações de atribuição vinculada.

Quanto às prestações de atribuição não vinculada, nomeadamente as intervenções da acção social, residualmente referenciadas neste manual até à 8ª edição, só em volume autónomo poderão ser dignamente organizadas em extensão e profundidade (veja-se uma proposta de sistematização numa perspectiva institucional na compilação *"Estatuto das Instituições Particulares de Solidariedade Social – Anotado"*, 2ª edição, Almedina, 2015).

3. A organização dos conteúdos para adequação ao seu público-alvo conduziu-nos, por um lado, a aliviar a sua densidade colocando em notas de rodapé uma parte da matéria e, por outro, a integrar, para além de uma brevíssima nota histórica introdutória, uma parte final complementar constituída por 3 anexos principais:

- primeiro, quadros-síntese – um *vade mecum* dentro do manual com resumo em tabelas das matérias, de leitura e apreensão fácil e imediata;
- depois, um breve e elementar glossário que, embora não esgote (por falta de vocação e espaço), quer em extensão quer em profundidade, o sentido ou o conteúdo técnico-científico das realidades e conceitos que integram esta área, lhes garantam maior precisão, compreensão e clareza;
- e ainda, um exaustivo índice temático facilitador da localização das matérias pretendidas.

Quanto à supressão de conteúdos, nas últimas edições já havíamos retirado não só os exemplos de cálculo, dada a crescente disponibilidade de acesso a simuladores, como os formulários (ou modelos) que integravam a parte final, pois, quando utilizáveis, estão disponíveis quer na Internet (www.seg-social.pt), quer nos serviços de atendimento da segurança social.

4. Para os textos normativos disponíveis em compilações organizadas pelo autor deste manual ver nota biográfica anterior.

Texto, em que, dadas as conhecidas intenções de revisão do acordo ortográfico, ainda não se adoptou a ortografia do novo acordo, terminado em Maio de 2017, actualizável no site do editor Livraria Almedina.

ACRÓNIMOS E ABREVIATURAS MAIS UTILIZADOS

Ac	Acórdão
ACT	Autoridade para as Condições de Trabalho
ACTV	Acordo colectivo de trabalho vertical
AP	Administração Pública ou Administrações públicas
AR	Assembleia da República
ARS	Administração Regional de Saúde
ASF	Autoridade de Supervisão de Seguros e Fundos de Pensões
ASM	Associação de socorros mútuos
BI	Bilhete de identidade
BIT	*Bureau International du Travail*
BMJ	Boletim do Ministério da Justiça
CC	Código Civil
CCP	Código dos Contratos Públicos
CCT	Contrato colectivo de trabalho
CDSS	Centro distrital de segurança social
CE	Comunidade Europeia (agora UE)
CEE	Comunidade Económica Europeia
CESD	Cartão europeu de seguro de doença
CGA	Caixa Geral de Aposentações
CIRC	Código do Imposto sobre o Rendimento das Pessoas Colectivas
CIRE	Código da Insolvência e Recuperação de Empresas
CIRS	Código do Imposto sobre o Rendimento de Pessoas Singulares
CIT	Certificado de incapacidade temporária para o trabalho
CIVA	Código do Imposto sobre o Valor Acrescentado
CNES	Conselho Nacional para a Economia Social
CNP	Centro Nacional de Pensões
CoE	Conselho da Europa

CP	Código Penal
CPA	Código do Procedimento Administrativo
CPC	Código de Processo Civil
CPP	Código de Processo Penal
CPPT	Código de Procedimento e do Processo Tributário
CPS	Certificado provisório de substituição (do CESD)
CPT	Código de Processo do Trabalho
CPTA	Código de Processo nos Tribunais Administrativos
CRC	Código dos Regimes Contributivos do Sistema Previdencial de Segurança Social
CRP	Constituição da República Portuguesa
CSC	Código das Sociedades Comerciais
CT	Código do Trabalho
CTT	Correios
CVIP	Comissão de verificação de incapacidades permanentes
CVIT	Comissão de verificação de incapacidades temporárias
D LEG REG	Decreto legislativo regional
D REG	Decreto regulamentar
D REG REG	Decreto regulamentar regional
DGSS	Direcção-Geral da Segurança Social
DL	Decreto-Lei
DP	Documento portátil
DPs	Documentos portáteis (Drtº Comunitário) (antigos formulários)
DR	Diário da República
DRSS	Direcção Regional da Solidariedade Social (RA Açores)
DUC	Documento único de cobrança
EA	Estatuto da Aposentação (RPSC)
EBF	Estatuto dos Benefícios Fiscais
EESSI	*Electronic Exchange of Social Information* (Drtº Comunitário)
EEE	Espaço Económico Europeu ou Entidades empresariais do Estado
EIRL	Estabelecimento individual de responsabilidade limitada
ENI	Empresários em nome individual
EPS	Estatuto das Pensões de Sobrevivência (RPSC)
FCT	Fundo de Compensação do Trabalho
FEFSS	Fundo de Estabilização Financeira da Segurança Social
FGCT	Fundo de Garantia de Compensação do Trabalho
FS	Factor de sustentabilidade
GF	Grupo ou regime fechado
IAS	Indexante dos apoios sociais
IEFP, IP	Instituto do Emprego e da Formação Profissional, I.P.

IGFCSS, IP   Instituto de Gestão de Fundos de Capitalização da Segurança Social, I.P ou Instituto de Gestão de Fundos, IP
IGFSS, IP   Instituto de Gestão Financeira da Segurança Social, I.P.
IGMTSSS   Inspecção-Geral do Ministério do Trabalho, Solidariedade e Segurança Social
II, IP   Instituto de Informática, I.P.
INR, IP   Instituto Nacional para a Reabilitação, I.P.
IP   Instituto público
IPSS   Instituição particular (ou instituições particulares) de solidariedade social
IRC   Imposto sobre o rendimento de pessoas colectivas
IRCT   Instrumento de regulamentação colectiva de trabalho
IRS   Imposto sobre o rendimento de pessoas singulares
ISS, IP ou ISS   Instituto da Segurança Social, I.P.
ISSA   Instituto da Segurança Social dos Açores, IP
ISSM   Instituto de Segurança Social da Madeira, IP-RAM
IVA   Imposto sobre o valor acrescentado
JO ou JOUE   (L ou C) – Jornal Oficial da União Europeia
L   Lei
LGT   Lei Geral Tributária
LSS   Lei da Segurança Social
MOE's   Membros de órgãos estatutários
MTSSS   Ministério ou Ministro do Trabalho, Solidariedade e Segurança Social
NEE   Necessidades educativas especiais
NIF   Número de identificação fiscal
NIPC   Número de identificação de pessoa colectiva
NISS   Número de identificação da segurança social
OE   Orçamento do Estado
OISS   Organização Ibero-americana de Segurança Social
OIT   Organização Internacional do Trabalho
ONU   Organização das Nações Unidas
OSS   Orçamento da segurança social
PORT   Portaria
PS   Prestador de serviço
RA   Região autónoma
RAA   Região Autónoma dos Açores
RAM   Região Autónoma da Madeira
RAR   Resolução da Assembleia da República
RCM   Resolução do Conselho de Ministros

REG	Regulamento (Comunitário no âmbito da UE)
RG	Regime geral da segurança social
RGCO	Regime Geral das Contra-ordenações
RGIT	Regime Geral das Infracções Tributárias
RGSS ou RG	Regime geral da segurança social
RMMG	Retribuição mínima mensal garantida ou salário mínimo
RMR	Retribuição mínima regional
RPSC	Regime de protecção social convergente
RPSFP	Regime de protecção social da função pública
RSI	Prestação do rendimento social de inserção
SEDs	*Strutured Electronic Documents* (documentos electrónicos – antigos formulários E desmaterializados)
SESS	Secretaria ou Secretário de Estado da Segurança Social
SISS	Sistema de identificação da segurança social
SNS	Serviço Nacional de Saúde ou Sistema Nacional de Saúde
SPE	Secção de processo executivo da segurança social
SRIAS	Secretaria ou Secretário Regional da Inclusão e dos Assuntos Sociais (RA Madeira)
SRSS	Secretaria ou Secretário Regional da Solidariedade Social (RA Açores)
SSS	Sistema de segurança social
STA	Supremo Tribunal Administrativo
STJ	Supremo Tribunal de Justiça
SVI	Sistema de verificação de incapacidades
TC	Tribunal Constitucional
TCO	Trabalhadores por conta de outrem
TFUE	Tratado sobre o Funcionamento da União Europeia
TPA	Terminal de pagamento automático
Tratado CE	Tratado que institui a Comunidade Europeia (agora Tratado sobre o Funcionamento da UE – TFUE)
TSU	Taxa social única
TUE	Tratado da União Europeia
UC	Unidade de conta
UE	União Europeia
V.	Vide ou ver
Vg	*Verbi gratia* (por exemplo)

ÍNDICE SISTEMÁTICO

INTRODUÇÃO 27

CAPÍTULO I Conceito de Segurança Social 29
1. Origem da expressão segurança social 29
2. Noção de segurança social 32
3. Definição de segurança social 35

CAPÍTULO II Breve Nota Histórica da Protecção Social 37
1. Periodização da história da protecção social 37
2. Período pré-institucional 38
3. Período clássico 45
4. Período Moderno 54
5. No dealbar do século XXI – a crise financeira e o choque do mercado global 66

EPÍTOME BIBLIOGRÁFICA 73

PARTE I SISTEMA DE SEGURANÇA SOCIAL (ESQUEMA) 75
1. Objectivos, domínios e meios das políticas sociais 79
2. Fundamentos da intervenção do Estado (Protecção Social) 80
3. A segurança social no contexto das políticas de segurança económica 80
4. Medidas protectoras 81
5. Caracterização comparada dos instrumentos de protecção social 81
6. Formas de exercício da responsabilidade social 82
7. Sistemas clássicos de protecção social 82
8. Técnicas/Modelos de solidariedade social 83

SEGURANÇA SOCIAL

9. Sistemas de protecção social pública (pensões) (Esping-Andersen) 83
10. Riscos sociais. Caracterização e prestação correspondente 84
11. Composição do sistema de segurança social português 84
12. Composição do sistema de segurança social complementar português (a) 85

PARTE II REGIMES DE SEGURANÇA SOCIAL 87
TÍTULO I REGIMES EM GERAL 89
1. Conceito 89
2. Composição 89
   a. Âmbito pessoal da segurança social 90
   b. Vinculação – Identificação, inscrição e enquadramento 92
   c. Tributação – obrigação contributiva 94

TÍTULO II REGIME GERAL DOS TRABALHADORES POR CONTA DE OUTREM 95
CAPÍTULO I Vinculação – Identificação, inscrição e enquadramento 95
1. Âmbito pessoal 95
   a. Trabalhadores abrangidos 95
   b. Trabalhadores excluídos 97
   c. Entidades empregadoras 97
2. Identificação de empregadores e trabalhadores 98
   a. Comunicação de admissão de trabalhadores 98
   b. Prova de admissão de trabalhadores 99
   c. Declaração do trabalhador 99
   d. Comunicação de cessação, suspensão e alteração da modalidade do contrato de trabalho 100
   e. Consequências da falta das declarações e comunicações 100
3. Inscrição de empregadores e de trabalhadores e enquadramento de trabalhadores 101
   a. Entidades empregadoras 101
   b. Trabalhadores 103
   c. Enquadramento dos trabalhadores 103
   d. Competência para proceder à inscrição e enquadramento 104
   e. Nulidade de enquadramento 104
4. Síntese dos deveres da entidade empregadora 104

CAPÍTULO II Tributação – Obrigação Contributiva. Contribuições e Quotizações 107
1. Noção e natureza jurídica 107

ÍNDICE SISTEMÁTICO

2.	Obrigação contributiva	108
	a. Início e vencimento	108
	b. Autoliquidação	108
	c. Cessação	109
3.	Base de incidência contributiva	109
	a. Delimitação qualitativa da base de incidência efectiva	110
	b. Base de incidência convencional	117
4.	Taxas contributivas em geral	117
	a. Globais	117
	b. Por modalidade	119
	c. Próprias e reduzidas	119
5.	Declaração de remunerações	124
	a. Obrigação e conteúdo	124
	b. Suporte das declarações	128
	c. Entrega, verificação e validade	129
	d. Correcção dos elementos declarados	130
	e. Suprimento oficioso	131
	f. Consequências do não cumprimento da obrigação relativa à declaração. Sanções	132
	g. Requisitos técnicos	132
6.	Registo de remunerações e de períodos contributivos	132
7.	Registo de remunerações por equivalência à entrada de contribuições	133
	a. Situações de equivalência	133
	b. Valores equivalentes a remuneração	135
	c. Situação similar a período com registo de remunerações	136
8.	Pagamento de contribuições	137
	a. Pagamento	137
	c. Não pagamento – Efeitos do não pagamento	141
9.	Dívidas à segurança social – Créditos da segurança social (contribuições e quotizações vencidas e não pagas)	144
	a. Garantias	145
	b. Causas de extinção da dívida	146
	c. Situação contributiva regularizada	156
10.	Restituição e reembolso	159
	a. Restituição de contribuições e quotizações	159
	b. Reembolso de quotizações	160
11.	Prescrição de contribuições e de outros créditos da segurança social	161

CAPÍTULO III Trabalhadores Integrados em Categorias ou Situações Especiais ... 163
a. Em função da redução do âmbito material de protecção ... 163

	1) Trabalhadores no domicílio	163
	2) Praticantes desportivos profissionais	164
	3) Trabalhadores em regime de contrato de trabalho de muito curta duração	166
	4) Trabalhadores em situação de pré-reforma	167
	5) Pensionistas em actividade	168
	6) Trabalhadores no âmbito do ensino português no estrangeiro	169
b.	Trabalhadores que exercem funções públicas	169
c.	Trabalhadores em regime de trabalho intermitente	171
d.	Em função de actividades economicamente débeis	172
	1) Trabalhadores de actividades agrícolas, pecuárias e silvícolas	172
	2) Trabalhadores e proprietários das embarcações da pesca local e costeira, apanhadores de espécies marinhas e pescadores apeados	174
e.	Incentivos ao emprego	175
f.	Incentivos à permanência no mercado de trabalho (trabalhadores idosos)	176
g.	Incentivos à contratação de trabalhadores com deficiência	177
h.	Em função da natureza não lucrativa das entidades empregadoras	178
	1) Trabalhadores de entidades sem fins lucrativos em geral	178
	2) Dirigentes e delegados sindicais	179
	3) Trabalhadores do serviço doméstico	179
	4) Trabalhadores das IPSS	182
i.	Situações equiparadas a trabalho por conta de outrem	183
	1) Membros das igrejas, associações e confissões religiosas	183
	2) Trabalhadores em regime de acumulação	186
j.	Profissionais das artes do espectáculo e do audiovisual	186
k.	Tripulantes portugueses de navios registados no Registo Internacional da Madeira (MAR)	186
l.	Situações de grupo ou regime fechado	187
m.	Com taxas contributivas complementares	191

TÍTULO III REGIME DOS TRABALHADORES INDEPENDENTES 193
1. Âmbito pessoal – Trabalhadores abrangidos 193
2. Vinculação. Procedimentos 200
3. Tributação 202
   a. Obrigação contributiva 202
   b. Isenção facultativa da obrigação de contribuir 204
   c. Base de incidência 206
   d. Taxa contributiva 209
   e. Pagamento 210
4. Âmbito material 210

5. Cônjuges de trabalhadores independentes ou membros de união de facto	212
6. Entidades contratantes	214

TÍTULO IV MEMBROS DOS ÓRGÃOS ESTATUTÁRIOS DAS PESSOAS
COLECTIVAS 217
1. Âmbito pessoal 218
2. Inscrição e enquadramento 221
3. Âmbito material 223
4. Tributação 223
5. Cessação de actividade dos membros dos órgãos estatutários ... 224

TÍTULO V REGIME DE SEGURO SOCIAL VOLUNTÁRIO 225
1. Âmbito pessoal 225
2. Inscrição e enquadramento 226
3. Âmbito material 229
4. Tributação 230

TÍTULO VI PAGAMENTO VOLUNTÁRIO DE CONTRIBUIÇÕES ... 237
1. Pagamento voluntário de contribuições pelo beneficiário por inexistência de entidade empregadora ... 237
2. Pagamento voluntário com efeitos retroactivos (contribuições prescritas) ... 238
3. Outras situações facultativas 240

PARTE III PRESTAÇÕES DA SEGURANÇA SOCIAL 243

TÍTULO I PRESTAÇÕES DA SEGURANÇA SOCIAL – CARACTERIZAÇÃO ... 245
1. Noção 245
2. Caracterização 245

TÍTULO II PRESTAÇÕES DE ATRIBUIÇÃO VINCULADA EM GERAL ... 249
1. Pressupostos das prestações 249
2. Condições de atribuição do direito às prestações e do pagamento ... 250
   a. Prazo ou período de garantia 250
   b. Índice de profissionalidade (subsídio de doença) .. 251
   c. Situação contributiva regularizada 251
   d. Prazo ou período de espera (subsídio de doença) .. 251
   e. Condição de recursos (regime geral) 252
   f. outras condições 256
3. Requerimento das prestações 256

4. Consequências jurídico-laborais da atribuição das prestações
   (prestações substitutivas do rendimento do trabalho) 257
5. Montante das prestações 257
   a. Determinação 257
   b. Valor limite máximo das prestações (*plafond*) 259
   c. Valor limite mínimo das prestações (*plancher*) 260
   d. Acumulação das prestações 260
6. Actualização das prestações 261
7. Período de atribuição das prestações (duração) 261
8. Entidades gestoras das prestações 262
9. Garantias das prestações 262
10. Regime fiscal das prestações 263
11. Suspensão do pagamento das prestações 264
12. Cessação do direito às prestações 264
13. Reembolso das prestações 264
14. Restituição das prestações 265
15. Prescrição das prestações 267

TÍTULO III PRESTAÇÕES DA SEGURANÇA SOCIAL DE ATRIBUIÇÃO
           VINCULADA EM ESPECIAL 269
1. Âmbito material 269
2. Razão de ordem 277

CAPÍTULO I Prestações Substitutivas de Rendimento de Trabalho
            (sistema previdencial) 279
SECÇÃO 1 Por riscos físicos não profissionais 279
1. Prestações imediatas 279
   a. Prestações por doença e tuberculose 279
      1) Subsídio de doença 279
      2) Subsídio de tuberculose 292
   b. Prestações de parentalidade (no âmbito da maternidade,
      paternidade e adopção) 292
      1) Subsídio parental 292
      2) Subsídio por adopção 301
      3) Subsídio para assistência a filho 302
      4) Subsídio para assistência a filho com deficiência ou doença
         crónica 305
      5) Subsídio para assistência a neto 306
      6) Subsídio por interrupção da gravidez 308
      7) Subsídio por risco clínico durante a gravidez 310

	8) Subsídio por riscos específicos	311
2.	Prestações diferidas	312
	1) Pensão de invalidez	312
	a) Geral	312
	b) Regime especial	322
	c) Pilotos de aeronaves, Trabalhadores da Carris, Trabalhadores da Rádio Marconi... ver pensão de velhice.	324
	2) Pensão de velhice	325
	a) Geral	325
	b) Grupos com especificidades	341
	3) Pensão de sobrevivência	345
	a) Geral	345
	b) Especial	354
	4) Pensão unificada (de invalidez, velhice e sobrevivência)	355

SECÇÃO 2   Prestações por Riscos Físicos Profissionais

	Doenças Profissionais	357
a.	Prestações em geral	357
b.	Prestações em espécie	359
c.	Prestações pecuniárias em geral	361
d.	Prestações pecuniárias por incapacidade	367
	1) Indemnização por incapacidade temporária para o trabalho	367
	2) Pensão provisória (por incapacidade permanente)	368
	3) Pensão por incapacidade permanente para o trabalho	368
	4) Subsídio por situação de elevada incapacidade permanente	370
e.	Prestações pecuniárias por morte	371
	1) Pensão por morte	371
	2) Subsídio por morte	376
	3) Subsídio por despesas de funeral	376
f.	Outras prestações pecuniárias	376
	1) Prestação suplementar para assistência de terceira pessoa	376
	2) Subsídio para readaptação de habitação	377
	3) Subsídio para frequência de acções no âmbito da reabilitação profissional	378

SECÇÃO 3   Prestações por Riscos Económicos   379

1)	Compensação salarial ou retributiva	379
2)	Reestruturação económica	380
3)	Salários em atraso ou retribuições em mora	381
4)	Subsídios por cessação de actividade	382

      a. Prestadores de serviços em entidades contratantes — 382
      b. Empresários em nome individual e membros de órgãos estatutários — 385
5) Subsídio de desemprego — 389
    a) Geral — 389
    b) Bordadeiras de casa (R A Madeira) — 406
6) Subsídio de desemprego parcial — 406
7) Subvenção a trabalhadores de empresas paralisadas — 408

CAPÍTULO II Prestações Não Substitutivas de Rendimento de Trabalho (sistema de protecção social de cidadania) — 409

SECÇÃO 1 Prestações Compensatórias de Encargos Familiares – Prestações Familiares (subsistema de prestações familiares) — 409

a. Em geral — 409
    1) Abono de família (para crianças e jovens) — 409
    2) Abono de família pré-natal — 417
    3) Bolsa de estudo — 418
    4) Complemento de pensão por cônjuge a cargo — 420
    5) Reembolso das despesas de funeral — 420
    6) Subsídio de funeral — 421
    7) Subsídio mensal vitalício — 423
    8) Subsídio por morte — 424

b. Por deficiência — 426
    1) Bonificação por deficiência — 426
    2) Subsídio (por frequência de estabelecimento) de educação especial — 427

b. Por dependência — 433
    1) Complemento por dependência — 433
    2) Subsídio por assistência de terceira pessoa — 438

SECÇÃO 2 Prestações Não Contributivas (subsistema de solidariedade) — 441
1) Complemento extraordinário de solidariedade — 441
2) Complemento social — 442
3) Complemento solidário para idosos — 442
4) Pensão de orfandade — 449
5) Pensão social — 450
6) Pensão de viuvez — 453
7) Prestação do rendimento social de inserção — 454
8) Subsídio social de desemprego — 474
9) Subsídios sociais de parentalidade (no âmbito da maternidade, paternidade e adopção) — 477

ÍNDICE SISTEMÁTICO

CAPÍTULO III Prestações (Associadas) da Responsabilidade Financeira
de Outras Entidades ou Fundos Próprios ... 481
1) Antigos combatentes – Acréscimo vitalício de pensão,
complemento especial de pensão e suplemento especial de pensão
(Ministério das Finanças) ... 481
2) Compensação por cessação de contrato de trabalho (Fundo de
compensação do trabalho – FCT) ... 483
3) Complemento açoriano de abono (RAA) ... 483
4) Complemento para aquisição de medicamentos (COMPAMID)
(RAA) ... 484
5) Complemento regional de pensão ... 485
6) Garantia salarial ... 487
7) Pagamento de retribuição intercalar por ilicitude de despedimento ... 488
8) Períodos contributivos das ex-colónias ... 488
9) Prestação de alimentos ... 490
10) Protecção jurídica ... 491
11) Subsídio de lar (seguros) ... 500
12) Subsídio de reconversão profissional ... 500

TÍTULO V PRESTAÇÕES COMPLEMENTARES ... 503
CAPÍTULO I Regime Público de Capitalização (de iniciativa pública) ... 503

CAPÍTULO II Regimes Complementares (de iniciativa particular) ... 505
1. Prestações dos regimes ... 506
   a. Regimes profissionais complementares ... 506
   b. Prestações atribuídas pelas associações mutualistas ... 507
2. Prestações de acção social ... 507

PARTE IV TRABALHADORES MIGRANTES.
DIREITO INTERNACIONAL PÚBLICO E PRIVADO
DE SEGURANÇA SOCIAL ... 509
CAPÍTULO I Regimes e Prestações de Segurança Social nos Instrumentos
de Coordenação ... 511
SECÇÃO 1 Princípios e regras gerais no âmbito dos instrumentos bilaterais ... 511
1. Princípio da igualdade de tratamento ... 511
2. Princípio da determinação da legislação aplicável ou da unicidade
da legislação aplicável ... 511
3. Protecção dos direitos em curso de aquisição ... 512
4. Conservação de direitos adquiridos ... 513

SECÇÃO 2 No Quadro de Organizações Internacionais ou Supranacionais 515
1. Conselho da Europa 515
2. União Europeia 516
   a. Direito originário 516
   b. Direito derivado 517
   c. Regimes aplicáveis 518

CAPÍTULO II Instrumentos Internacionais 531
1. Tipos de instrumentos ou actos internacionais de aproximação de legislações de segurança social 531
   a. Quanto ao objectivo 531
   b. Quanto ao âmbito de aplicação 531
   c. Quanto à forma 531
2. Principais instrumentos internacionais de segurança social, quanto à função 532
   a. Instrumentos declarativos 532
   b. Instrumentos normativos (harmonização) 533
   c. Instrumentos de coordenação 536

PARTE V GESTÃO DA SEGURANÇA SOCIAL 539
TÍTULO I ORGANIZAÇÃO ADMINISTRATIVA DA SEGURANÇA SOCIAL
            ADMINISTRAÇÕES PÚBLICAS 541
1. Administração Central do Estado (directa) 541
   a. Governo 541
   b. Serviços Públicos Centrais 543
      1) Direcção-Geral da Segurança Social 543
      2) Inspecção-Geral do MTSSS 543
      3) Gabinete de Estratégia e Planeamento 544
   c. Órgãos consultivos 544
      1) Conselho Nacional para as Políticas de Solidariedade, Voluntariado, Família, Reabilitação e Segurança Social 544
      2) Conselho Nacional para a Economia Social 544
2. Administração Estadual Indirecta – Institutos Públicos 545
   a. Instituições da segurança social (Continente) – Institutos públicos de regime especial 545
      1) Instituto da Segurança Social, IP 545
      2) Instituto de Gestão Financeira da Segurança Social, IP (IGFSS, IP) 551
      3) Instituto de Gestão de Fundos de Capitalização da Segurança Social, I.P. (IGFCSS, I.P.) ou Instituto de Gestão de Fundos, I.P. 552

		4) Instituto de Informática, I.P.(II, I.P.)	553
	b.	Outros organismos	554
		1) Caixa Geral de Aposentações, IP.	554
		2) Instituto Nacional para a Reabilitação, I.P. (INR, I.P.)	554
		3) Casa Pia de Lisboa, I. P. (CPL, I. P.)	555
		4) Santa Casa da Misericórdia de Lisboa (SCML)	555
		5) Comissão Nacional de Promoção dos Direitos e Protecção das Crianças e Jovens	556
		6) Fundação Inatel	556
		7) Cooperativa António Sérgio para a Economia Social – Cooperativa de Interesse Público de Responsabilidade Limitada (CASES)	557
3.		Instituições de Previdência Social	557
4.		Administração Regional Autónoma – Regiões Autónomas dos Açores e da Madeira	557
	a.	Região Autónoma dos Açores	557
	b.	Região Autónoma da Madeira	558
5.		Administração Local Autárquica – Autarquias Locais	559

TÍTULO II GARANTIAS E CONTENCIOSO   561
1. A Actividade Administrativa   561
    a. Actividade administrativa em geral   561
    b. Actividade inspectiva   572
2. Garantias dos Administrados   579
3. Responsabilidade dos Administrados   592
    a. Responsabilidade contra-ordenacional – contra-ordenações   592
        1) Parte geral – da contra-ordenação   592
        2) Parte especial – enumeração e classificação das contra-
            -ordenações   596
    b. Responsabilidade criminal (específica) crimes contra
        a segurança social   605
4. Defesa dos Créditos da Segurança Social   611
5. Competentências Jurisdicionais no Contencioso da Segurança Social   611

TÍTULO III FINANCIAMENTO DA SEGURANÇA SOCIAL   619
1. Modos de financiamento   619
2. Métodos de equilíbrio financeiro   620
3. Responsabilidade financeira   622
4. Orçamento da segurança social   628
5. Orçamento social europeu   630

ANEXOS

I. QUADROS E RELAÇÕES 631
   A. Quadros-Síntese 631
      1. Enquadramento (sistema previdencial) 633
      2. Tributação 635
      3. Prestações 648
      4. Elementos de referência 671
      5. Prestações com valores mensais fixos referidos a 2017 671
      6. Estrutura da Segurança Social (continente) 673
   B. Contactos dos Principais Departamentos e Serviços 675
II. GLOSSÁRIO ELEMENTAR 689
III. ÍNDICE TEMÁTICO 835

Introdução

Capítulo I
Conceito de Segurança Social

Conceito ou ideia e instituição (materialização da ideia) constituem o duplo sentido em que entendemos a segurança social. Vamos, no entanto, neste capítulo caracterizar as duas realidades numa dimensão jurídico-institucional.

1. Origem da expressão segurança social
A segurança social que agora referimos corresponde a um estádio de desenvolvimento da protecção social recente[1].

a. Conteúdo da expressão
A origem da expressão formal 'segurança social' é feita remontar à lei da segurança social norte-americana, *"Social Security Act"*, votada pelo congresso dos EUA em 14 de Agosto de 1935, sem que, no entanto, se lhe faça corresponder qualquer finalidade específica, para além do seguro social[2].

A expressão já teria, porém, sido utilizada:

---

[1] A abordagem histórica será objecto do Capítulo II.
[2] Integrado com outras medidas (*"National Recovery Act"*, *"Wagner-Peyser Act"*) no quadro da política económica e social do segundo *"New Deal"* do Presidente dos EUA *Franklin Delano Roosevelt* (1882-1945) destinado a fazer sair a nação americana da Grande Depressão de 29, fazendo prevalecer o Estado de Bem-estar (*Welfare State*) sobre o Estado liberal até então reinante. O seu alcance era limitado a nível federal: seguro velhice e morte (de âmbito pessoal limitado aos assalariados do comércio e da indústria) e seguro desemprego (mínimos de protecção) a designar a nível de cada Estado, sendo completados por prestações de natureza assistencial. Sublinha a necessidade de articulação das medidas sociais com as medidas económicas e põe em prática medidas preventivas na área da saúde e do emprego.

- por Simon Bolívar (1783-1830) em Fevereiro de 1819, segundo alguns autores[3];
- na proclamação do 1º congresso nacional do partido dos trabalhadores italianos, em Génova (1894)[4];
- no decreto de 31 de Outubro de 1918, do Conselho dos Comissários do Povo, na URSS[5].

Na constituição soviética de 1936 (art. 120º) é instituída a segurança social também numa perspectiva de seguro social[6].

Só a lei da segurança social da Nova Zelândia, de 14 de Setembro de 1938, ultrapassa claramente o conceito de seguro social, rompendo todo o vínculo entre o Direito Civil ou Mercantil (perspectiva da responsabilidade) e o Direito Social (perspectiva da solidariedade – socialização das responsabilidades), emprestando à expressão segurança social um conteúdo próprio, desligado do seguro social, instituindo a técnica da assistência a cargo do Estado.

Na Bélgica, em Dez 1944, o conceito abrange apenas os trabalhadores mais débeis economicamente.

Em França, em Maio de 1946, sai-se do conceito de seguro social para abranger toda a população civil.

b. Como declaração de princípio

A expressão obteve, entretanto, já com conteúdo próprio, consagração em várias outras importantes ocasiões e documentos:

- Mensagem do presidente *Franklin Roosevelt* ao Congresso dos EUA, em 6 de Janeiro de 1941, sobre as quatro liberdades essenciais em que devia assentar o mundo futuro, entre as quais (a 3ª) figurava a libertação da necessidade (*freedom from want*)[7];

---

[3] M. *Miguel Garcia Cruz* (referido por *Dupeyroux* e *Saint-Jours*) põe na boca de *Simon Bolívar* o seguinte: "O sistema de governo mais perfeito é aquele que reúne a maior soma de bem-estar, a maior soma de segurança social e a maior soma de segurança política".
Para *Fernando Manrique* a palavra 'social' foi apenas utilizada como espécie do género principal 'segurança' sem conteúdo conceitual próprio.
[4] Deste modo: " Todos os homens que contribuem para criar e manter o bem-estar social têm direito a desfrutar de tais benefícios e, sobretudo, da segurança social da existência".
[5] Consagrava em primeira linha a protecção na velhice, tendo posteriormente sido alargado a outras eventualidades.
[6] Nos seguintes termos: "Os cidadãos da URSS têm direito à segurança material na velhice e em caso de doença ou de perda da sua capacidade para o trabalho".
[7] Aliás na sequência de anterior discurso em Filadélfia em 27/06/1936 onde sublinhou que "um homem necessitado não é um homem livre".

- *Carta do Atlântico* (14 de Agosto de 1941)[8];
- Conferência Internacional do Trabalho (Novembro de 1941)[9];
- Relatório *Beveridge*, elaborado por *William Henry Beveridge* (1879-1963), apresentado no Parlamento Britânico sob a designação de *"Report of the Inter-departamental Comitee on Social Insurance and Allied Services"*, Londres (1 de Dezembro de 1942)[10];
- *Declaração de Santiago do Chile*, proclamada na 1ª Conferência Interamericana de Segurança Social (Setembro de 1942), assinalando os princípios da segurança social e económica[11];
- *Declaração de Filadélfia* (10 de Maio de 1944)[12] da Organização Internacional do Trabalho (OIT)[13] recomendando aos Estados a generalização da segurança social e pelas Recomendações nº 67 (sobre a garantia dos meios de existência) e nº 69 (sobre os cuidados médicos)[14] levaria à sua consagração maior pelo estabelecimento da doutrina moderna da segurança social no mundo inteiro;
- Declaração Universal dos Direitos do Homem no âmbito da Organização das Nações Unidas (ONU), de 10 de Dezembro de 1948 (arts. 22º, 23º e 25º)[15], surge-nos já constituída em expressão clara de princípio universal.

---

[8] Assim designada porque subscrita a bordo do navio de guerra HMS *Prince of Wales* em *Argentia*, na Terra Nova. Destinava-se a definir os objectivos da aliança Roosevelt/Churchill, afirmando no ponto 5º a necessidade de "estabelecer a colaboração possível entre todas as nações no domínio económico, a fim de assegurar a todos melhores condições de trabalho, uma situação económica mais favorável e a *segurança social*".

[9] Realizada em Nova Iorque. Após o manifesto apoio à Carta do Atlântico foi aprovada uma resolução na qual se defendia que o esforço de reconstrução no pós-guerra devia basear-se na melhoria das condições de trabalho, do progresso económico e da *segurança social*.

[10] De cuja importância se dá nota no Cap. II "Breve Nota Histórica da Protecção Social".

[11] Da seguinte forma: "Todas as nações devem criar, manter e acrescer o valor intelectual, moral e físico das suas gerações activas, preparar o caminho das gerações vindouras e sustentar as gerações eliminadas da vida produtiva. É este o significado da segurança social numa economia genuína e racional dos recursos e valores humanos".

[12] Na 26ª sessão da Conferência Internacional do Trabalho (20 de Abril a 12 de Maio de 1944). Tratava-se de uma alteração dos fins estatutários da OIT (nova Carta da OIT) na qual a protecção social deixa de ser considerada apenas um direito do trabalhador para passar a ser entendida como um direito de todos os seres humanos, evidenciando-se, sob a influência de Roosevelt, a pretensão de uma luta contra a necessidade e assegurar um rendimento de base para todos os que têm necessidade de tal protecção, inspirando, assim, a *Declaração Universal dos Direitos do Homem*.

[13] Constituída em 1919 como projecção social da "Paz de Versailles".

[14] De que se dá nota no Capítulo II – Breve nota histórica da protecção social".

[15] Referenciada infra.

A expressão 'segurança social' aparece-nos, assim, como consequência do efeito acelerador das crises, ligada à ideia de garantia de um mínimo social, sobretudo após duas históricas crises mundiais de grande relevância: a crise económica de 29/30 e a 2ª Grande Guerra (1939-1945).

2. Noção de segurança social

No quadro da garantia de segurança económica individual (objecto da política de segurança económica ou política social) a segurança social ocupa apenas uma parte dessa realidade.

Na verdade:

- A segurança de emprego tende a garantir a segurança do exercício da actividade profissional – capacidade de trabalho, ocupação ou a sua perda (*política ocupacional*);
- A segurança do rendimento tende a garantir a suficiência económica do rendimento directo – retribuição suficiente, capacidade de ganho (*política de rendimento*);
- A segurança da capacidade de trabalho tende:
  - por um lado, a prevenir a alteração da saúde (*política sanitária*);
  - por outro, a prevenir o desemprego (*política de pleno emprego*);
- A segurança social (como *política de segurança social*) assume a perspectiva de libertar os indivíduos de todas as necessidades pensáveis (em extensão) tendendo em profundidade a:
  - prevenir os riscos sociais;
  - remediar e reparar as suas consequências;
  - recuperar e reabilitar.

Segundo *William Beveridge* a segurança social corresponde a um "conjunto de medidas adoptadas pelo Estado para os cidadãos contra os riscos de verificação individual que nunca deixam de verificar-se por óptima que seja a situação do conjunto da sociedade em que vivem"[16].

Assim definida, a segurança social compõe-se de 2 elementos: os riscos previstos e as medidas protectoras aptas à cobertura dos mesmos.

a. Os riscos

Considera-se risco toda a probabilidade de verificação de um facto futuro, incerto e involuntário passível de provocar danos avaliáveis economicamente; risco social o que incide sobre a situação económica do indivíduo.

---

[16] *"Full Employment in a Free Society"*, Londres, 1944.

É bem conhecida a posição de *J. J. Dupeyroux* relativamente aos riscos sociais, considerando-os como núcleo das políticas de segurança social. Para este autor a verificação do risco social pode constituir:[17]

Quanto às consequências:

- perda ou uma diminuição do rendimento profissional; ou
- aumento de despesas – não suprimem rendimentos de trabalho nem os reduzem determinando, porém, que os seus titulares tenham de fazer face a encargos excepcionais – despesas médicas e encargos familiares.

Dividindo-se, conforme as causas, em:

- riscos físicos (os que reduzem a capacidade de trabalho) podendo ser:
  - de origem profissional – acidentes de trabalho e doenças profissionais; ou
  - de origem não profissional – doença, maternidade, invalidez, velhice e morte;
- riscos económicos – não alteram a força de trabalho mas são obstáculo ao seu exercício – desemprego.

Noutra perspectiva, *Almansa Pastor* situa o risco como um dos 3 elementos do objecto da relação jurídica de segurança social, quais sejam:

- risco;
- o evento/acontecimento; e
- o dano/consequência.

Atribuindo a cada um dos elementos traços próprios, teremos:

- ao risco:
  - a "futuridade" – o risco só é válido quando o facto previsto não seja passado; e
  - a incerteza – desconhecimento sobre a produção do facto (álea);
    - em sentido absoluto – '*incertus an*' e '*quando*'(acidente, doença...);
    - em sentido relativo – '*incertus an*' (viuvez) ou '*incertus quando*' (morte);
- ao evento/acontecimento:
  - na qualidade de caracterizador do risco, o facto previsto deve caracterizar-se pela:

---

[17] Neste Manual foi esta sistematização utilizada como critério de ordenação e agrupamento das prestações dos regimes. Ver infra.

- individualidade do evento – factos que afectam indivíduos sujeitos a indemnizações individuais como pessoas humanas individuais;
- avaliação económica – perda ou redução da capacidade laboral ou excesso de despesas.
- na qualidade de impulsionador da reparação indemnizatória deve caracterizar-se pela involuntariedade do assegurado – "na maternidade e riscos familiares existe a presunção de que na produção do evento não haja influído a preexistência da relação assegurativa.

A involuntariedade genérica não afasta por si a operatividade do evento, salvo quando coincide com uma voluntariedade específica na sua produção, isto é, se dirija a obter uma vantagem intencional ou dolosa do seguro".

– ao dano/consequência:
Desequilíbrio económico desfavorável – dano emergente ou lucro cessante. "A danosidade não implica a indesejabilidade das consequências do evento podendo ser a um tempo danoso em sentido técnico-jurídico e desejável". Acontecimentos desejados e felizes: na variante do dano emergente, a maternidade (ou parentalidade, se preferirmos); na variante do *lucrum cessans*, o nascimento.[18]

A equivalência entre o dano e a indemnização ressarcitória é objectivamente fixada, estabelecida legalmente – trata-se da prestação pecuniária que pode pressupor a atribuição de prestações em espécie, nomeadamente na área da saúde (cuidados de saúde).

Os riscos caracteriza-os *Alonso Olea*[19] pela:

– individualidade;
– pessoalidade; e
– natureza económica.

1) Individualidade do risco

Ao lado de um conjunto de medidas dirigidas a remediar ou a melhorar a situação da sociedade como conjunto (a conservação da integridade do Estado, a manutenção da ordem pública...) existe um segundo que visa a situação de cada indivíduo em concreto.

[18] Na forma de majoração do abono de família até aos 12 meses de idade. Daqui que não possamos concordar com o Prof. Doutor Oliveira Ascensão quando pretende designar o Direito da Protecção Social como "Direito Infortunístico".
[19] In *"Instituciones de Seguridad Social"*, Madrid, 1977

2) Pessoalidade do risco

A segurança social é um seguro de pessoas porque os riscos afectam as pessoas sujeitas a eles, não o seu património. O que se pretende é garantir a incidência de um facto sobre a pessoa humana e as suas faculdades; a incidência sobre o património só é tomada em consideração indirectamente (a pessoa é fonte daquele).

3) Natureza económica do risco

Os riscos geram perda ou insuficiência de recursos económicos pessoais ou porque ocasionam a redução ou perda de rendimentos ou porque produzem um excesso anormal de despesas.

b. Medidas protectoras
Como realidades desdobráveis em técnicas, mecanismos e instrumentos vão ser abordadas numa perspectiva evolutiva no Capítulo II "Breve nota histórica da protecção social".

3. Definição de segurança social
Das várias definições que pressupõem a conjugação dos dois referidos elementos propomos as que julgamos mais significativas.

Alonso Olea caracteriza segurança social como um "conjunto integrado de medidas de ordenamento estatal para a prevenção e reparação dos riscos pessoais através de prestações individualizadas e economicamente avaliáveis".

Almansa Pastor entende a segurança social como um "instrumento estatal específico protector de necessidades sociais individuais e colectivas a cuja protecção preventiva e recuperadora têm direito os indivíduos na extensão, limites e condições que as normas disponham, conforme permita a sua organização financeira".

Ou, se quisermos, numa perspectiva institucional, entende-se por segurança social "um sistema autónomo ou estatal de garantia colectiva contra os riscos sociais fundada na solidariedade organizada entre indivíduos de uma determinada comunidade" (*Yves Saint-Jours*).[20]

---

[20] "*Traité de Sécurité Sociale – Le Droit de la Sécurité Sociale*", pág. 13.

Capítulo II
Breve Nota Histórica da Protecção Social

1. Periodização da história da protecção social

Qualquer aproximação ao estudo do desenvolvimento das formas de protecção social terá de ter sempre em conta a correspondente periodização da história económico-social geral.

Na verdade, não se deve perder de vista toda e qualquer classificação que possa servir de suporte e enquadramento da evolução das sociedades. Uma periodização em particular nos tem merecido uma forte atenção dada a sistematização que dela se pode retirar e as explicações que se conseguem obter, a saber:

- Período pré-capitalista – até séc. XII;
- Período capitalista e dentro deste:
  - capitalismo comercial (séc. XIII a séc. XVIII);
  - capitalismo industrial (desde séc. XVIII);
  - capitalismo financeiro (séc. XX).

Esquematicamente:

a. Fase pré-institucional ou inorgânica (até séc. XIX)

Períodos	Características
• Pré-capitalismo (até séc. XII)	A solidariedade é espontânea. Dominam as sociedades rurais.
• Capitalismo comercial (séc. XIII a XVIII)	O aparecimento dos burgos e da burguesia vem colocar questões novas às cidades tradicionais de modelo corporativo
• Capitalismo industrial (séc. XVIII e XIX)	A revolução industrial com a deslocação de mão-de-obra dos campos para as fábricas desmonta toda a estrutura de solidariedade até então existente – proletarização. Aparecem as ideias intervencionistas.
• Capitalismo financeiro (séc. XIX e XX)	A organização da propriedade dos bens de produção torna-se favorável às ideias intervencionistas

b. Fase intervencionista (desde séc. XIX)

Períodos	Características
• Período clássico (até à 2ª Grande Guerra)	O Estado favorece o seguro social aplicável só aos trabalhadores, fonte de grande mal-estar social
• Período contemporâneo (após a 2ª Grande Guerra)	O Estado descentra o esforço de intervenção para todos os cidadãos e todos os residentes

Parece, porém, assumida numa perspectiva institucional a divisão da evolução da protecção social em 3 períodos, a saber:

- Período pré-institucional – desde a antiguidade até finais do século XIX, caracterizado por uma protecção indiferenciada;
- Período clássico – desde finais do séc. XIX até 1945, dominado pela ideia de seguro social ou do seguro obrigatório da força de trabalho;
- Período moderno – desde 1945[1] até aos nossos dias, em que prevalece a consagração de planos de política de segurança social e de sistemas de segurança social abrangendo toda a população no seu conjunto.

2. Período pré-institucional

Este período é dominado por duas ideias principais a de *assistência* (ou beneficência – simples, unilateral, graciosa e munífica por contraposição à assistência do séc. XIX com conteúdo mais ou menos patente de exigibilidade como direito que se exige ao Estado que tem o dever de o garantir) e de *associação*.

A assistência neste período pode dividir-se em:

• *assistência privada* – baseada na própria natureza do homem e depois na doutrina cristã.

Tem na esmola o seu instrumento principal[2];

• *assistência pública* – com o aparecimento do assalariado a economia da cidade passa a economia nacional rompendo-se os laços de servidão da gleba a expensas da insegurança económica do libertado. Duas posições se podem assinalar:
  - a anglo-saxónica de *Henrique VIII* (1491-1547) em que domina a ideia da responsabilidade do pobre pela sua própria indigência;

---

[1] Para *Paul Durand*, desde 1930.
[2] Veja-se o *zakat* islâmico – tributo religioso que reverte para os membros da comunidade muçulmana mais desfavorecidos.

– a viviana de *Juan Luis Vives*[3] (1492-1540) assistência estatal, plano de assistência orgânica para incluir na organização futura da protecção ao desamparado.

A caridade e assistência de precariedade manifesta, acompanhadas da falência da técnica individualista (poupança privada) vão conduzir ao aparecimento de movimentos associativos que através de técnicas colectivas (dispersão de encargos) visam garantir no seio de um grupo socioprofissional os indivíduos contra os riscos sociais da sua existência eliminando a especulação que caracterizava os seguros privados, entretanto surgidos[4].

a. Aspectos institucionais

As instituições deste período constituem-se por iniciativa particular (carácter associativo) prosseguindo, em regra, objectivos profissionais (regras, funções, hierarquias para o exercício de uma actividade profissional – caso das corporações) e sociais (para assistência aos respectivos membros).

Os objectivos sociais são prosseguidos com dispersão dos encargos pelo grupo (princípio mutualista do aforro colectivo).

Assinalam-se por períodos históricos as seguintes instituições:

1) Antiguidade Oriental[5]

Solidariedade através de uma associação de entreajuda entre os construtores do Templo de Jerusalém (Rei Salomão – 1000 AC)[6] a par de uma ordem corporativa embrionária caracterizada por discriminação de funções e hierarquização de trabalhadores.

2) Antiguidade Grega

– *'Eranei'*, *'suredrias'* – associações de socorro mútuo[7]; e

---

[3] Na obra *"De Subventione Pauperum"*, Bruges, 1526.
[4] Numa fase empírica, na Flandres (sec XII) e Veneza (sec. XVI); só no sec XVIII surge o *cálculo probabilístico* que lhe confere rigor técnico.
[5] Para além da atribuição de pensões às viúvas na Suméria (referido por *Kramer, Samuel Noah* em "A História Começa na Suméria"), das "mútuas" de transportadores na rota da seda e das confrarias do deserto (Egipto) para facilitar a marcha das caravanas.
[6] Referido por *Yves Saint-Jours*.
[7] Confrarias avant la lettre.

INTRODUÇÃO

– '*hetairias*' ou *heterias* – em que os artesãos de um mesmo ofício se organizavam e pelas quotizações mensais podiam ajudar os doentes e os órfãos da profissão (vg: *nauta* – dos barqueiros)[8].

3) Antiguidade Romana

Collegia – conjuntos profissionais organizados (*corpora opificum*) com funções de assistência sob a forma mutualista – formação de um fundo comum (aforro colectivo) para encargos de doença ou de funeral do associado falecido. Podemos dividi-los em 2 grupos:

- públicos – reuniam trabalhadores cujas actividades se reputavam de interesse fundamental para a vida da comunidade. Gozavam de vários privilégios (isenção de encargos municipais, de serviço militar e de funções públicas) como os:
Collegia navicularii (transportes marítimos);
Collegia pistores (padeiros);
Collegia suarii (carniceiros).

- privados, como os:
Collegia argentarii (banqueiros e cambistas);
Collegia lapidarii e marmorii (canteiros e marmoristas);
Collegia tenuiorum[9] – seguro de morte e sobrevivência;
Collegia militum – seguro de vida;
Collegia funeratitia – lutuosas[10].

Diaconias que substituem os *collegia* sob a influência do cristianismo – associações de socorros mútuos que praticavam a assistência privada ao indigente com base na caridade cristã.

4) Idade Média

Guildas – norte da Europa – Inglaterra, Dinamarca, Noruega.
Dividiam-se em:

---

[8] Corporações de mesteres *avant la lettre*.
[9] *Tenuiores, orum* – os pequenos, a gente do povo.
[10] Como a gestão dos *columbaria* (columbários – pela semelhança com pombais) – espaços muitas vezes no subsolo onde se guardavam os recipientes contendo os restos mortais da cremação. Caso do *Columbarium de Pomponius Hylas* em Roma.

- religiosas (séc. VIII a X) (territórios anglo-saxónicos) – combinaram os usos germâni-cos e o espírito cristão tendo por fim a salvação das almas, não cuidando da defesa de interesses profissionais; e
- de carácter económico (séc. XI e XII). Assim:
  - *guildas de comerciantes* (*Valenciennes* – 1167) – organização destinada a proteger os interesses dos mercadores das cidades (gérmen do capitalismo). Formavam ligas, abrangendo várias cidades com o fim de garantir o tráfico, por terra e por mar, limitar a concorrência e manter os direitos e imunidades dos comerciantes (*Liga Hanseática* – Mar do Norte e Báltico, até 1630); e
  - *guildas de artífices* ou artesanais (tecelões da Mogúncia – 1099) – marcadamente medievais e com objectivo de defesa dos interesses dos respectivos grupos profissionais junto dos poderes públicos, fiscalizam a qualidade dos produtos fabricados, julgam e punem os delitos respeitantes à actividade profissional[11] e protegem os seus membros na doença e na pobreza. Estão ligadas aos movimentos da conquista das liberdades municipais.

Corporações medievais
União de trabalhadores em comunhão de origem, condição civil e regime económico – mutualismo corporativista.
Instituição do mesmo tipo nos vários Estados da Europa:

1º – espírito cristão – ligadas a associações religiosas ou constituindo elas próprias associações religiosas, tinham os seus santos padroeiros e em nome da fraternidade cristã realizavam obras de assistência e beneficência (pagamento de pensões, por ex.) em proveito dos associados mais pobres (mas por vezes em favor de não associados, viúvas, órfãos e peregrinos), mantinham hospícios, enterravam os seus associados em chão sagrado (covais privativos) e em tudo procuravam socorrê-los e à sua família;

2º – feição independente face ao poder político:
em França – *jurandes* e *maîtrises*;
em Itália – artes;
em Portugal – *corporações de artes e ofícios*, bandeiras e grémios – mestres, companheiros e aprendizes viviam em economia comum (por vezes confundidas com as confrarias gremiais).

Confrarias – instituições de protecção social com finalidades mutualistas e assistenciais. A protecção diluía-se entre os associados não detendo estes um

---

[11] Os designados tribunais consulares porque compostos pelos seus pares.

INTRODUÇÃO

direito exigível. Abrangiam: prestações pecuniárias, assistência médico-farmacêutica e hospitalização. O financiamento era assegurado por fundo comum constituído pelas contribuições de entrada e contribuições periódicas. Dividiam-se em:

- confrarias religioso-benéficas, de natureza religiosa;
- confrarias gremiais, de natureza profissional, com solidariedade profissional (confundidas com as corporações de artes e ofícios).

5) Idade Moderna

Compromissos marítimos – 'levar socorro e amparo aos confrades ou às famílias dos que a morte arrebatava nas incruentas lutas com o mar';
Compromissos das irmandades de socorro (carácter religioso) – sucessores das confrarias gremiais prosseguindo auxílio mútuo (doença e morte) mas conferindo direito subjectivo às prestações, o que se não verificava nas confrarias medievais.

6) Séc. XVIII (Iluminismo)

Montes de piedade ou montepios – sociedade mútua sem carácter religioso[12] (invalidez, viuvez e sobrevivência) – aforro individual;
Misericórdias (em Portugal desde finais do sec. XV);
Comunas (França).

7) Séc. XIX

Mutualidades de natureza associativa – agrupamentos de ajuda mútua de trabalhadores para se garantirem contra os riscos que os ameaçavam, através de entradas para um fundo comum, de quotas devidamente calculadas, devendo o conjunto das receitas assim obtidas fazer face aos danos individuais dos associados, à semelhança, aliás, das assinaladas ao longo da história.

Tratava-se a um tempo, de associações de defesa dos interesses profissionais e caixa de socorros mútuos, dissimulando esta muitas vezes a associação profissional como o caso das *caixas de resistência*, criadas para sustentar as greves erigidas contra a servidão industrial.

O mutualismo sob a forma de associações de socorros fraternais (*friendly societies*) prolifera sobretudo em Inglaterra, espalhando-se por toda a Europa de tal modo que é a forma dominante de socorro social no séc. XIX nas nações latinas.

---

[12] A laicização cultural (a cultura e os saberes passam a ser partilhados entre os mosteiros e as universidades) é acompanhada de laicização das instituições protectoras.

BREVE NOTA HISTÓRICA

Os *montepios*, entre nós, destinavam-se a dispensar auxílio apenas aos elementos da mesma classe profissional – fins de assistência na doença e desemprego, subsídio de funeral, pensões de invalidez, velhice e sobrevivência, bem como fins de ordem cultural (bibliotecas, escolas) e económicos (interesses alfandegários e industriais) – embora coexistam outras associações abertas a todos os indivíduos[13].

b. Instrumentos utilizados
Os instrumentos utilizados por iniciativa do Estado ao longo do tempo para fazer face às necessidades sociais concebem-se em perspectivas diferentes conforme se tratava de recompensa de serviços prestados à colectividade, do exercício de uma política de ordem pública ou ainda da consideração do benefício do interesse particular do indivíduo protegido. Esta última perspectiva que surge durante o séc. XVIII (século das Luzes) vem a ser desenvolvida apenas no séc. XX.

Vejamos os instrumentos em cada uma das perspectivas:

1) *Recompensa dos serviços prestados à colectividade, como favor do príncipe de atribuição excepcional*

As prestações são exclusivamente atribuídas àqueles que serviram a cidade – protecção do interesse colectivo – não havendo protecção para os que estando em estado de necessidade não o mereceram.

Na antiguidade greco-romana encontramos a protecção acordada a certos cidadãos em contrapartida de serviços prestados. Assim:

Na Grécia – protecção na invalidez como um direito a um óbolo da cidade aos inválidos de guerra;[14]

Em Roma – protecção na velhice pela oferta de terras aos antigos legionários do Império.

---

[13] Em Portugal:
1807 – Criação do 1º montepio em Lisboa;
1850 – Início do movimento associativo das classes trabalhadoras, pela fundação do jornal "*Ecco dos Operários*" (Sousa Brandão e Lopes de Mendonça);
1891 – Primeiras normas sobre associações de socorros mútuos – Decreto de 28 de Fevereiro;
1899 – Lei de 1 de Agosto – autorização às associações de classe para criarem associações de socorros mútuos e caixas económicas ou sociedades cooperativas.
[14] "Nenhum homem político chegou a formular a doutrina ou tentou pôr em execução uma política de igualdade social... Os sistemas fiscais não correspondiam a um espírito igualitário mas sim à ideia muito diferente de que o cidadão mais favorecido deve mais à cidade" (*Jean Touchard – in 'História das Ideias Políticas'*).
Os cidadãos consideravam-se accionistas do Estado.

INTRODUÇÃO

2) *Necessidades de ordem pública*

Pretende-se evitar perturbações sociais encarando-se o *assistencialismo* como medida necessária de polícia preventiva. Assim:

- Baixo-Império Romano – assistência obrigatória à célula familiar e distribuição de pão aos indigentes, imposta às instituições *(panem et circenses)*[15];
- Idade Média – internamento protegido exercendo a Igreja Católica a sua autoridade própria sobre os assistidos[16];
- Renascimento – assistência de ordem sanitária pela comunidade comunal aos seus pobres. Ajuda sem internamento – S. Vicente de Paulo;
- Século XVI em França – surge um embrião de pensão de reforma. Francisco I para resolver a questão do banditismo adveniente de desmobilizações militares, atribui facultativamente pensões aos soldados e marinheiros já fora do serviço;
- Início do séc. XIX – defesa da sociedade contra a vagabundagem e a mendicidade (consideradas delito)[17];
- Em Inglaterra prosseguindo-se uma política de assistência pública[18]: assegurava-se uma protecção social mínima (Estado mínimo), situação mesmo assim contestada pelos liberais (*Ricardo* e *Malthus*) pretendendo a supressão de quaisquer medidas protectoras, pois para a ideologia indivi-

---

[15] Expressão ressuscitada contemporaneamente pelo *darwinismo social* de *Herbert Spencer*.
[16] Em Portugal:
– do séc. XII a XV – hospitais, hospícios, gafarias (para leprosos), albergarias, mercearias (albergar mulheres idosas);
– desde o final do séc. XV – irmandades da misericórdia que absorvem os hospitais, as gafarias e as mercearias.
Para melhor conhecimento deste período em Portugal ver "Segurança Social em Portugal. Evolução e Tendências" (OISS), Fernando Moreira Maia.
[17] Vg: arts. 256º a 260º do Código Penal Português de 1852.
[18] Leis inglesas sobre pobres:
1531 – Protecção ao desvalido (Estatuto de Henrique VIII);
1536 – Modifica a administração implantada pela anterior;
1572 e 1576 – Proibida a mendicidade e regulada a taxa obrigatória de ajuda aos pobres (Isabel I);
1597 – Lei do processo relativo às leis de 72 e 76;
1601 – *Poor law* – Código de beneficência (Isabel I);
1662 – *Act of Settlement* – ligava os operários agrícolas à paróquia;
1795 – Lei de *Speenhamland* – sistema de socorros, instituindo rendimentos mínimos aos pobres;
1834 – Lei dos pobres – concedeu mobilidade aos trabalhadores, garantindo a emigração para os núcleos industriais, limitando a assistência aos indigentes (internamento em asilos ou casas de trabalho – *workhouses*).

dualista a pobreza é um vício imputável ao indivíduo, devendo recusar-se aos pobres "qualquer lugar no banquete da natureza".

3) *Benefício particular do indivíduo*

A pobreza no Século das Luzes (séc. XVIII) passa a ser considerada expressão de uma falha de estruturas sociais passível de reparação ou indemnização social por violação do contrato social – o indivíduo aliena uma parte da sua liberdade em benefício da sociedade, mas em contrapartida o indivíduo espera da sociedade o benefício de uma organização social antes de tudo protectora dos seus bens e das suas pessoas.

Esta lógica é submergida no séc. XIX pelo regresso às mentalidades tradicionais.

3. Período clássico

Os Estados na presença de determinadas insuficiências dos mecanismos de protecção e face à legitimação política que, entretanto adquirem, são levados não só a renovar as técnicas de protecção até então consagradas, como a generalizar o seguro da força de trabalho, através de um mecanismo que consiste numa poupança forçada pelo mutualismo obrigatório, afectando a poupança individual através de uma cotização proporcional ao salário dos beneficiários a uma forma de solidariedade e a fazer pagar a garantia colectiva contra os riscos pelos próprios interessados – seguros sociais.

a. Renovação das técnicas de protecção social

• Pressupostos técnicos da renovação

1) Falência das técnicas individualistas[19] (poupança privada ou aforro)
Embora à poupança privada se possam aduzir vantagens tais como:

– moralmente – o próprio indivíduo liberta-se por si mesmo da necessidade;
– processualmente – a necessidade pode ser atendida prontamente;

---

[19] Às técnicas corresponde a utilização ou não da dispersão das responsabilidades para fazer face aos encargos decorrentes da verificação dos riscos em causa. Assim:
1) Técnicas individualistas não pressupõem dispersão de responsabilidades. O instrumento é o aforro ou poupança privada.
2) Técnicas colectivas pressupõem a dispersão dos encargos com as necessidades sociais entre todos os membros do grupo – o chamado *princípio mutualista*. Utiliza dois mecanismos:
• voluntário, onde os instrumentos são inespecíficos (não criados especificamente para protecção pois nasceram no campo civil e mercantil): seguro privado e mutualismo;
• estatal, onde os instrumentos são específicos: seguro social e segurança social.

- socialmente – as entidades podem destinar os depósitos a obras sociais;
- economicamente – trava a tendência para o consumo relativamente aos indivíduos evitando a inflação e faz ascender o rendimento nacional;

os inconvenientes que tornam estas técnicas desvantajosas são superiores. Na verdade:

- as dificuldades materiais – os baixos níveis de rendimento do trabalho apenas permitem atender a necessidades vitais;
- as dificuldades psicológicas – o destino do total do rendimento é o consumo; para atender a necessidades novas menos vitais a necessidade futura deprecia-a por distante e aleatória;
- a depreciação monetária a que se expõe o aforro desnivelando o sacrifício do aforrante;
- o tempo e a manutenção da capacidade de aforro que a formação de um capital aforrado requer;
- a não dispersão pelo grupo tornando insuficiente o mecanismo para atender a todas as necessidades futuras.

2) Perda de eficácia das técnicas colectivas[20]

Quer o mutualismo (entendido como a forma de garantir no seio de um grupo socioprofissional ou não contra os riscos sociais[21] da sua existência), quer o seguro privado (entendido como a forma de assegurar as pessoas contra as consequências de prejuízos de que possam ser responsáveis ou vítimas através do pagamento de determinados prémios calculados em função do valor da coisa assegurada e das probabilidades do acontecimento contra o qual foi assegurado), sobretudo pela voluntariedade que os caracteriza, têm a sua eficácia reduzida.

Na verdade, se ao mutualismo se apontam as vantagens de:

- frente ao aforro, oferecer a dispersão dos encargos; e
- frente à assistência, constituir-se em verdadeiro direito subjectivo na esfera jurídica do destinatário;

Os inconvenientes são os seguintes:

- os mais necessitados de protecção ficam excluídos, os que não têm rendimentos não podem cotizar;
- os que podem cotizar quantias exíguas só podem assegurar as necessidades mais essenciais, ficando desprotegidos relativamente às outras;

[20] V. nota anterior.
[21] Ver conceito de risco social supra.

– os que têm capacidade económica não se inscrevem pois podem auto-satisfazer as suas necessidades.

Relativamente ao seguro privado (de pessoas) embora acresça às vantagens próprias do mutualismo a de, frente a este, dispor de avançadas técnicas actuariais, tem os mesmos inconvenientes do mutualismo acrescidos dos seguintes:

– onerosidade excessiva para o assegurado;
– repulsa moral pela ideia de lucro proveniente do tráfico mercantil com a necessidade humana.

3) Pressupostos económicos – grau de desenvolvimento adequado

Dependem as medidas protectoras igualmente da situação económico-social da colectividade em que são consagradas, isto é, o desenvolvimento económico condiciona, quer o nascimento de sistemas de segurança social, quer a sua fisionomia – ideia de justificação económica.

Na verdade, sendo a receita do seguro social captada em função do rendimento do trabalho que visa assegurar, como já se viu, só uma estrutura económica com algum grau de desenvolvimento comporta o mecanismo com eficácia, na medida em que a solidariedade exige tributação e redistribuição inconciliáveis com uma economia subdesenvolvida incapaz de gerar receita. Assim, a segurança social aparece ligada ao fenómeno da industrialização do séc. XIX nos Estados europeus[22].

4) Situações demográficas favoráveis

O crescente número de trabalhadores (activos) sem reformados ou candidatos a reforma num horizonte próximo é uma garantia para o equilíbrio financeiro dos sistemas que iriam ser instituídos[23].

---

[22] A segurança social é "filha legítima da sociedade industrial", na expressão de *Guy Pérrin*.
Às 3 revoluções industriais, segundo *Lilley*:
1ª – 4000 AC na Mesoptâmia – fundição e molde do cobre;
1100 AC – fundição do ferro, o metal democrático;
2ª – 500 a 1440 – período embrionário – diminuição da escravatura e substituição por instrumentos que poupam a energia humana;
1440 a 1660 – período de desenvolvimento (Bacon, Vinci);
3ª – 1660 a 1815 – período de juventude – aplicação das máquinas a vapor à indústria;
1815 a 1918 – período de amadurecimento;
após 1918 – período de esplendor – energia atómica;
alguns acrescentam a 4ª – a revolução digital – em curso no séc. XXI.
[23] Estrutura demográfica alemã:
1810 – 25 milhões de habitantes;

INTRODUÇÃO

- Pressupostos políticos – Legitimação política do Estado

A maior ou menor eficácia das medidas protectoras depende dos princípios básicos do Estado.

Na verdade, num sistema liberal individualista (em que a actividade individual cerceia as possibilidades de actuação do Estado) a superação das necessidades sociais é cometida a cada indivíduo a quem como soberano do seu destino compete remediá-los e não ao Estado, pois tal atentaria contra a autonomia da vontade. São próprios deste conceito: o aforro, o mutualismo e o seguro privado.

Porém, num sistema intervencionista ou administrativo (em que a acção estatal limita a esfera da possível actividade individual) é ao Estado que, perante a ideia de solidariedade, compete impor medidas protectoras mesmo contra a vontade dos indivíduos recorrendo a medidas fiscais para custear financeiramente o sistema. Instrumentos próprios: o seguro social e a segurança social.

É na presença destes dois modelos que vamos encontrar os Estados no final do séc. XIX, sendo certo que só o retrocesso da concepção liberal que campeou em todo o séc. XIX iria permitir o avanço das conquistas da segurança social.

Na verdade, o intervencionismo estatal que conduziria à consagração dos seguros obrigatórios, característicos deste período, acabou por ser legitimado pelos seguintes factores:

- excessos do liberalismo;
- peso da realidade social – a condição operária (servidão industrial) era tão desumana que arrastava um depauperamento precoce da força de trabalho o que ameaçava comprometer os progressos materiais da industrialização[24];
- força social e ideológica adquirida pela classe operária[25];
- nascimento de um vasto movimento de ideias intervencionistas (ou socialistas)[26] que, após uma fase utópica, propondo uma sociedade ideal, apareceu sob as formas de um socialismo revolucionário [influência de

1890 – 50 milhões de habitantes.
Em 1900 trinta cidades alemãs tinham mais de 100 mil habitantes.
Só muito mais tarde ganha relevância a questão do rácio trabalhador activo / trabalhador inactivo.
[24] Condições descritas nos chamados romances sociais, vg: *"David Coperfield"*, *"Tempos Difíceis"* de *Charles Dickens*.
[25] Na Alemanha constitui-se a Organização Nacional dos Trabalhadores Alemães.
[26] *Sismonde de Sismondi* (1773-1842) é considerado fundador do intervencionismo, propondo a intervenção do Estado para travar as forças imprudentemente desencadeadas pelo industrialismo, protegendo a classe operária, nomeadamente contra os riscos profissionais (doença, acidente, invalidez e desemprego).
Para a evolução das ideias políticas ver *"Histoire des Idées Politiques"*, de *Jean Touchard*;
Para evolução dos sistemas sociais ver em *"Polis"*, Ed. Verbo, a rubrica socialismo.

Karl Marx (1818-1883) e *Friedrich Engels* (1820-1895)], ou reformista (influência de *Prudhom*) ou ainda anarquista (influência de *Bakunine*) ao que se juntou no fim do século o *cristianismo social* com a encíclica *Rerum Novarum* (1891) de Leão XIII[27];
- consagração das ideias de solidariedade entre os indivíduos e as classes sociais, pelo socialismo catedrático[28], que, aliás, iria conduzir ao imposto como instrumento de redistribuição (*Gustav von Schmoller* e *Adolf Wagner*), propondo, como solução dos conflitos entre o capital e o trabalho, o acesso de um número crescente de trabalhadores aos bens da civilização[29];
- crise da responsabilidade civil que, sob o impulso das ideias já descritas, leva à consagração de uma responsabilidade objectiva (independente da culpa do seu autor) – teoria do risco – fundada na ideia de que se o empresário aproveita da força de trabalho dos seus trabalhadores deve responder pelas consequências patrimoniais desvantajosas de tal utilização – *ubi commoda, ibi incommoda* – ou seja, a teoria do risco generalizado ou de empresa.[30]

b. Generalização do seguro da "força de trabalho"[31]

Em pleno séc. XIX o ordenamento prussiano já previa medidas de protecção parciais ou limitadas tais como:

---

[27] Considerada a 1ª encíclica social, sublinha os deveres da propriedade privada, a intervenção do Estado quando o interesse da comunidade o exija, nomeadamente para defesa dos trabalhadores e o justo salário suficiente para fazer viver um operário sóbrio e honesto.

[28] Movimento alemão de intervencionismo não socialista: regular o poder dos mais fortes sobre os mais fracos em função do interesse geral.

[29] É significativo o *manifesto de Eisenach* (1872) onde é feita sentir a necessidade de um estudo aprofundado da questão social, propondo a fixação das atribuições do Estado para cada país e em cada época como resultado de tal estudo.

[30] Do Digesto pode retirar-se que "é da natureza das coisas que aquele que beneficia das vantagens sofra também os inconvenientes" (D, 50,17,10).
Para a teoria da responsabilidade e sua evolução ver EWALD, François, *L'État Providence*, Paris, Bernard Grasset, 1986.

[31] Na expressão de *Karl Marx* como constituinte da única fonte de rendimento dos proletários (de prole: descendência).
Pondo de parte a fórmula igualitária e romântica lançada por Luís Blanc e popularizada por Marx, os critérios para determinação do nível de retribuição do trabalho foram evoluindo:
- grau de penosidade física – tradicional nos sectores primário e secundário – "comerás o pão com o suor do teu rosto";

- 1810 (Código Prussiano) – obrigava os empresários a assegurar prestações em caso de doença dos assalariados (criados e auxiliares de comércio) que convivessem debaixo do mesmo tecto;
- 1838 – o empresário da indústria ferroviária responde pelos acidentes de trabalho. Qualquer que seja a causa, o acidente é imputável a falta do explorador (objectivação das questões sociais);
- 1854 – as administrações locais podiam criar fundos mutualistas de doença e impor a inscrição obrigatória dos assalariados.

Foi, porém, o chanceler *Otto von Bismarck* (1815-1898) quem criou um sistema completo e moderno de seguros sociais[32] em razão de factores particularmente favoráveis:[33]

- de ordem económica – a passagem do estado agrário ao estado industrial realizou-se muito rapidamente na Alemanha na segunda metade do séc. XIX e provocou o desenvolvimento brutal de um proletariado urbano miserável, atingido duramente, logo de seguida, a partir de 1874, por uma crise económica que provocou ruína financeira e desemprego, situação que não podia deixar indiferente o poder político;
- de ordem ideológica[34] – na mesma época, a Alemanha é a forja de um pensamento socialista muito diverso e activo ilustrado em particular pelas obras de *Karl Marx* e *Friedrich Engels* (nomeadamente o 'Manifesto do Partido Comunista' em 1848 e o 'Capital' em 1867);
- de ordem política – inquieto pelo sucesso eleitoral em 1877 do partido social democrata, de inspiração lassaliana[35] e depois marxista, o chanceler *Bismarck* empreende, a par com uma política de repressão – suspensão do direito de reunião e de associação e interdito o partido social democrata (1878) – uma política de reformas sociais destinada no seu espírito a arruinar a influência dos socialistas. A segurança social aparece como 'colchão amortecedor dos conflitos sociais'.

- grau de perícia ou nível técnico exigido – sector secundário;
- nível dos resultados obtidos – sector terciário.

[32] *Seguros sociais* entendidos como os seguros obrigatórios de origem legal geridos por entes públicos e dirigidos especificamente a proteger necessidades sociais derivadas de riscos que afectam indivíduos determinados legalmente.
[33] Seguindo de perto *Jacques Julliot*.
[34] "A Inglaterra forneceu os factos (desumana condição operária como efeito da revolução industrial) e a filosofia alemã interpretou-os" *Jean Jaurés*.
[35] De *Ferdinand Lassalle* (1825-1864), fundador da democracia socialista alemã (ala moderada).

Na verdade, e dentro do 'Programa Social' de *Bismarck* de que "o Estado deve promover positivamente o bem-estar de todos os membros da colectividade" foi proclamada a consagração da legislação social na Alemanha pela mensagem imperial ao *Reichstag*, de 17 de Novembro de 1881 e instituídos os seguintes seguros:

- doença para os operários (Lei de 15 de Junho de 1883);
- acidentes de trabalho (Lei de 6 de Julho de 1884);
- invalidez e velhice para trabalhadores dependentes (Lei de 22 de Junho de 1889);
- morte (1911);
- desemprego (1919) (para remediar os efeitos da guerra).

O regime do seguro-pensão dos mineiros, contido até então no direito das corporações, é codificado pela Lei de 23 de Junho de 1923.

Na Alemanha os seguros sociais foram codificados em 1911[36] e a sua constitucionalização remonta a 1919 – Constituição de *Weimar*.

Os traços característicos dos seguros sociais poderiam entender-se como sendo:

- a obrigatoriedade do seguro imposta quer ao trabalhador, com remuneração inferior a um *'plafond'* determinado por lei, quer ao empresário (a este é acrescida a obrigação de transferir os riscos para prevenir a sua insolvência) que financiam em conjunto o regime;
- a exaltação do risco;
- só os assalariados eram protegidos;
- a dupla proporcionalidade, pelo que:
  • as prestações têm carácter indemnizatório – são substitutivas do salário perdido, sendo proporcionais a este (1ª proporcionalidade) – e natureza comutativa;
  • as contribuições que garantem o financiamento do sistema são proporcionais ao salário e não à natureza do risco (2ª proporcionalidade);
- rentabilidade – para garantir autonomia e independência absolutas relativamente ao Estado[37], têm de ser rentáveis adoptando (para as prestações diferidas) o método de equilíbrio financeiro de capitalização;
- formação de fundos para garantia do cumprimento de compromissos assumidos;
- a gestão assegurada por instituições autónomas.

---

[36] Código Imperial dos Seguros Sociais (RVO), de 19 de Julho de 1911.
[37] Só admitida a intervenção para garantia de uma pensão mínima em matéria de invalidez e velhice.

INTRODUÇÃO

Porém, a experiência alemã foi olhada com desconfiança pelos restantes Estados. Na verdade, aos defensores dos princípios da ortodoxia clássica repugnava qualquer obrigatoriedade: a economia clássica não admitia a redistribuição obrigatória do rendimento que a segurança social iria implicar – tratava-se a final de integrar a classe operária no sistema capitalista.

Assim, até 1919, perduraram os sistemas chamados de liberdade subsidiada ou subvencionada (Bélgica e Itália) e na Dinamarca o seguro facultativo. Só após 1919 se verifica o abandono das técnicas tradicionais e se caminha para a ideia de solidariedade financeira.

Em Portugal os marcos normativos mais significativos neste período são:

De 1870 a 1905
- Criação de algumas caixas de pensões ou de reforma, nomeadamente:
  – a Caixa de Aposentações, por Decreto de 17 de Julho de 1886 (como associação de socorros mútuos);[38]
  – Cofre de Previdência do Ministério das Finanças pelo Decreto nº 3, de 24 de Dezembro de 1901;[39]

1913
- Instituída a responsabilidade "patronal" por acidentes de trabalho, perfilhando o princípio do risco profissional – Lei nº 83, de 24 de Julho de 1913;

1919
- criados, sem que tenham porém funcionado, os seguros obrigatórios pelos seguintes decretos de 10 de Maio de 1919:
  - Decreto nº 5636 – doença para os indivíduos que exerçam qualquer profissão;
  - Decreto nº 5637 – desastres do trabalho;
  - Decreto nº 5638 – invalidez, velhice e sobrevivência;
  - Decreto nº 5639 – criadas as bolsas sociais de trabalho;[40]

---

[38] Depois de 1929, Caixa Geral de Aposentações.
[39] Actual Cofre de Previdência dos Funcionários e Agentes do Estado reorganizado pelo DL 44 333, de 10 de Maio de 1962. Tem os actuais estatutos no DL 465/76, de 31 de Junho (com alterações), concedendo subsídios de doença e por morte e empréstimos.
[40] Tratava-se de "instituições de utilidade pública de natureza económica e de previdência social que deveriam levar ao espírito das populações laboriosas a luz dos seus deveres e direitos sociais e a doutrina nobilitante da Previdência Social baseada nos princípios da obrigatoriedade na doença, invalidez e sobrevivência, nos desastres de trabalho e no *chômage*".

- Decreto nº 5640 – organizado o Instituto de Seguros Sociais Obrigatórios e de Previdência Geral[41] e criado o Conselho Superior de Previdência Social[42] junto deste instituto;

1929
- Instituição da Caixa Geral de Aposentações pelo Decreto nº 16 667, de 17 de Março de 1929, como instituição de previdência integrando com outras caixas a Caixa Nacional de Previdência[43];

1933
- Constitucionalização da promoção de "instituições de solidariedade, previdência, cooperação e mutualidade" – art. 41º da Constituição de 11 de Abril de 1933;
- Responsabilização das "entidades patronais" nos riscos de natureza profissional e integração na organização do trabalho das "caixas ou instituições de previdência tendentes a defender o trabalhador na doença, na invalidez e no desemprego involuntário, e também a garantir-lhe pensões de reforma" – arts. 48º e 49º do Decreto-Lei nº 23 048, de 23 de Setembro de 1933 ("Estatuto do Trabalho Nacional");

1935
- Consagradas as bases gerais da organização da previdência ou o "Estatuto Geral da Previdência" – Lei nº 1884, de 16 de Março de 1935, visando a protecção dos trabalhadores por conta de outrem da indústria e dos serviços, como realização dos princípios do "Estatuto do Trabalho Nacional"[44];
- Regulamentado e estruturado o funcionamento das caixas sindicais de previdência – Decreto nº 25 935, de 12 de Outubro de 1935;

1936
- Criação do regime dos acidentes de trabalho e doenças profissionais – Lei nº 1942, de 27 de Julho de 1936;

---

[41] Dependente do Ministério do Trabalho até 1925, depois do Ministério das Finanças. Foi extinto pelo DL nº 23 053, de 23 de Setembro de 1933.
[42] Reformulado pelo DL nº 35 896, de 8 de Outubro de 1947.
[43] A CGA foi autonomizada relativamente à Caixa Geral de Depósitos pelo DL 277/93, de 10 de Agosto, tem a sua actual lei orgânica no DL 131/2012, de 25 de Junho, gerindo as prestações diferidas do regime de protecção social convergente.
[44] A designada 1ª geração da previdência social feudalizada por profissões, grupos ou corporações dos centros urbanos (cerca de 800 000 activos em 1960), por contraposição à 2ª geração de 1962, extensiva a todo o território e organizada geograficamente.

1937
- Regulamentado e estruturado o funcionamento das caixas de reforma ou previdência – Decreto nº 28 321, de 27 de Dezembro de 1937;
- Confiadas funções de previdência[45] e assistência às casas dos pescadores – Lei nº 1953, de 11 de Março de 1937;

1940
- Obrigatoriedade de seguro para os meios rurais através das casas do povo – DL nº 30 710, de 29 de Julho de 1940[46];

1943
- Generalização do seguro social relativamente aos trabalhadores por conta de outrem da indústria e dos serviços – Decreto nº 32 674, de 20 de Fevereiro de 1943[47];

1944
- Estatuto da Assistência Social – Lei nº 1998, de 15 de Maio de 1944;

1946
- Criação de caixas privativas de inscrição facultativa, caso da Caixa de Previdência do Ministério da Educação – Decreto nº 35 781, de 5 de Agosto de 1946.[48]

4. Período Moderno

A ideia da instituição de planos de política de segurança social que caracteriza este período é fiel às perspectivas de *Franklin Roosevelt* (1882-1945)[49] e *William Beveridge* (1879-1963) de pôr o homem ao abrigo da necessidade e de lhe garantir um mínimo de base: todos os cidadãos devem ter direito aos cuidados médicos gratuitos, às prestações alimentares em caso de inactividade forçada e a prestações familiares.

Trata-se de assegurar uma melhor repartição dos rendimentos de cada um, isto é, a segurança social reveste a forma de sistema de garantia de um mínimo

---

[45] Só mais tarde instituídas....
[46] Efectivamente instituída apenas em 1969.
[47] Limitada, porém, à população activa urbana. Número de beneficiários:
1942: 78 694; 1948: 571 122; 1962: 1 006 997.
[48] Estatutos actuais – DL 193/97, de 20 de Julho – concedendo subsídio por morte e empréstimos.
[49] Através dos seus planos de *New Deal* (1933 e 1935) que, marcando o dirigismo de Estado em política económica nos EUA, visavam combater e crise económica de 1929 pela consagração dos seguros de desemprego e de velhice (designadamente o *Old Age and Suvervival Insurance* – OASI).

social[50] – concepção distributiva (contraposta à concepção comutativa de *Bismarck*, como garantia de rendimento de actividade profissional).

A tendência para a extensão da segurança social é, assim, uma dominante até aos anos 70 dando espaço à renovação das concepções no plano dos princípios – reconhecimento solene de um direito de cada um à segurança social – e para a evolução paralela dos ordenamentos jurídicos dos Estados.

Após os anos 70, as sucessivas crises económicas levam a reponderar os gastos sociais pela necessidade de ajustar o crescimento social que não parara, ao crescimento económico que, quando não foi negativo, afrouxou significativamente, fazendo baixar as contribuições obrigatórias e travando a sua rentabilidade.

a. Renovação das concepções

1) A Lei da Segurança Social Neozelandesa (1938)

Esta lei pela função que ocupa de rompimento com os modelos clássicos tem um papel precursor dos trabalhos de *Beveridge*.

Na verdade, "cada membro da colectividade nacional dispõe contra essa colectividade de um crédito alimentar que ele pode invocar quando os seus rendimentos são inferiores a um certo mínimo...", o mesmo é dizer que estamos perante a técnica de "rede de protecção"[51].

Características principais:

- âmbito pessoal – abrange toda a população residente[52] – universalidade;
- âmbito material:
  - em profundidade – prevenção e reparação;
  - em extensão – generalidade objectiva: todas as eventualidades determinantes da cessação, interrupção ou redução de rendimentos: doença, desemprego, invalidez, velhice, morte (viúva e órfãos), acontecimentos de guerra e abandono do domicílio conjugal por parte do marido, bem como maternidade, cuidados médicos e sustento dos filhos;

---

[50] Para além de ter constituído projecto meramente declamatório e falhado da Constituição Francesa de 1793, foi instituído em 1891 na Dinamarca sob a forma de prestações não contributivas e em 1938 na Nova Zelândia.

[51] Alusão à rede de segurança de que os trapezistas dos circos se socorrem para impedir quedas no solo.

Sistema de justiça distributiva (por oposição à justiça comutativa) em que os direitos e os deveres são desiguais "cada um contribui de acordo com os seus meios (deveres desiguais) e do qual pode valer-se de acordo com as suas necessidades (direitos desiguais)" que, segundo António Hespanha, se pode retirar da parábola dos trabalhadores (Novo Testamento – Mateus, cap xx, v. 1 a 16).

[52] Havia condições de tempo, de residência, de idade, de recursos próprios...

- nível das prestações – princípio da igualdade: as prestações pecuniárias são de montante uniforme, sem prejuízo das adaptações resultantes da verificação das condições de recursos;
- financiamento – método da repartição. Os défices eram suportados por fundo estatal;
- gestão – princípio da unidade.

2) Relatório *Beveridge* (1942)

A ideia motriz do plano *Beveridge*, inspirado em F. *Roosevelt*, é a libertação da necessidade, através da adequada e justa redistribuição do rendimento conforme, aliás, à teoria económica de *John Maynard Keynes* (1883-1946).

Métodos da segurança social enunciados no relatório:
- seguro social obrigatório, de carácter universal, destinado à satisfação das necessidades básicas de todas as pessoas, mediante o pagamento de uma cotização semanal única de valor fixo, não estando as prestações subordinadas a qualquer verificação de condição de recursos;
- assistência social nacional, sujeita a condição de recursos, destinada a complementar o seguro social obrigatório, de modo a satisfazer, até ao nível de subsistência, as necessidades não cobertas por aquele seguro. Os encargos são suportados pelo tesouro público;
- seguro voluntário destinado a permitir alcançar prestações acima do nível de subsistência garantida pelo seguro obrigatório ou satisfazer outras necessidades, gerido por sociedades mutualistas ou por entidades públicas.

Trata-se de um seguro nacional[53] com as seguintes características e objectivos:
- universalidade subjectiva – generalização protectora a todos os membros da população com direito protegível (contraposta à limitação do campo subjectivo do seguro social);
- generalidade objectiva – protecção relativamente a todos os riscos e necessidades relativos aos meios de existência em extensão e intensidade – "*protecção do berço até ao túmulo*" na expressão de *Winston Churchill* (1874-1965);
- uniformização do montante das prestações, fixado por referência a um mínimo nacional sem relação com ganhos anteriores ou natureza da eventualidade, mas segundo as exigências dos níveis de vida;

---

[53] Por alguns designado de *"seguro social beveridgiano"*, o que constitui uma contradição nos próprios termos.

- racionalização do financiamento – tripartido no seguro social nacional, com quotizações de montante fixo a cargo dos empregadores e dos trabalhadores para cobertura das prestações substitutivas dos rendimentos de trabalho, as quotizações. As prestações familiares e os cuidados de saúde são financiados pelo Estado, através de receitas arrecadadas por via fiscal. As prestações de natureza assistencial são financiadas pelo tesouro público;
- unificação do serviço público e simplificação administrativa: serviço público único sob a tutela de um só ministério (incluindo acidentes de trabalho).

Composição do Estado de Bem-estar social britânico:
- Lei da Educação – associada a *Butler*;
- Lei de Seguro Nacional – associada a *Beveridge*;
- Lei de Serviço Nacional de Saúde, destinado à garantia de cuidados médicos gratuitos a toda a população combinando medidas de prevenção e tratamento, financiado pelo Estado – associada a *Aneurin Bevan*;
- desenvolvimento de uma política de pleno emprego – inspirado em *Keynes*.

A consagração da teoria geral do direito de cada um à segurança social contida no Relatório de *Beveridge* é posteriormente feita em declarações universais de várias organizações.

3) Instrumentos internacionais[54]

A presença de duas concepções possíveis de segurança social (a bismarckiana e a beveridgiana)[55] vai levar as organizações internacionais a proclamar

---

[54] Ver Trabalhadores Migrantes (Parte IV) e *"Direito Internacional e Europeu de Segurança Social"*, Ed. Cosmos.
[55] Trata-se, na verdade, de dois sistemas de segurança social de natureza e características próprias. A saber:

bismarckiano	beveridgiano
alemão	britânico
continental	anglosaxónico
profissional (trabalhador)	nacional (cidadão, residente)
comutativo	distributivo
contributivo	fiscal
risco	necessidade
personalista	territorialista.

INTRODUÇÃO

o direito à segurança social atenta a dualidade de direcções possíveis, de justiça comutativa ou de justiça distributiva.

Assim, para além da afirmação solene da responsabilidade dos Estados no plano económico e social feita quer na Carta do Atlântico[56], quer na Carta das Nações Unidas[57], várias são as expressões de tomada de posição perante os principais problemas da segurança social, nomeadamente:

a) No âmbito da OIT

quer os instrumentos aprovados na 26ª sessão da Conferência Internacional do Trabalho (de 20 de Abril a 12 de Maio de 1944), que constituíram a viragem da OIT num momento de grande fervor político para uma perspectiva mais completa da protecção social que até aí se limitara ao seguro social tradicional, a saber:

- *A Declaração de Filadélfia* propunha-se apoiar:
  – o pleno emprego e a elevação do nível de vida;
  – a obtenção de um salário mínimo;
  – a extensão de medidas de segurança social com o fim de assegurar rendimentos básicos a todos os que tivessem necessidade de tal protecção, assim como a assistência médica completa;
  – protecção adequada da vida e da saúde dos trabalhadores, em todas as profissões e a protecção da infância e da maternidade.

- *Recomendação nº 67*[58] (sobre a garantia dos meios de existência) apontando alguns princípios directivos tais como:

---

[56] Ver referência supra.
[57] De 26 de Julho de 1945. O art. 55º inserido no capítulo da cooperação económica e social internacional, atribui a esta organização a missão de contribuir para a elevação do nível de vida, das condições de progresso e do desenvolvimento dentro da ordem económica e social, da seguinte modo:
"Art. 55º
Com o fim de criar condições de estabilidade e bem-estar, necessárias às relações pacíficas e amistosas entre as Nações, baseadas no respeito da igualdade de direitos e da autodeterminação dos povos, as Nações Unidas promoverão:
a) A elevação dos níveis de vida, o pleno emprego e condições de progresso e desenvolvimento económico e social;
b) A solução dos problemas internacionais económicos, sociais, de saúde e conexos, bem como a cooperação internacional, de carácter cultural e educacional;
c) O respeito universal e efectivo dos direitos do homem e das liberdades fundamentais para todos, sem distinção de raça, sexo, língua ou religião."
[58] Sobre a relevância jurídica das recomendações dispõe os § 5º b) e 6º b) do art. 19º da Constituição da OIT que: "tratando-se de recomendação, para que, ciente do seu texto, legisle,

- "os regimes de segurança dos meios de existência deveriam aliviar o estado de necessidade e impedir a miséria, restabelecendo num nível razoável, os meios de existência perdidos em consequência da incapacidade para trabalhar, ou em virtude da morte do chefe de família;
- a segurança dos meios de existência deveria organizar-se, sempre que possível, com base no seguro social obrigatório, segundo o qual os segurados que tenham cumprido todas as condições exigidas terão direito a prestações pagas de acordo com a taxa fixada pela lei;
- as necessidades que não estejam cobertas pelo seguro social obrigatório deveriam está-lo pela assistência social".

- *Recomendação nº 69* (sobre os cuidados médicos) sublinhando o seguinte:
  - "o serviço de cuidados médicos deveria garantir às pessoas a assistência para restabelecer a saúde, prevenir o desenvolvimento posterior da doença e aliviar o sofrimento e para conservar e melhorar a saúde;
  - o custo do serviço deveria ser financiado colectivamente, mediante pagamentos regulares e periódicos, sob a forma de quotizações para o seguro social, sob a forma de impostos ou sob as duas formas simultaneamente;
  - a assistência médica deveria ser prestada por um serviço de cuidados médicos do seguro social, completado pela assistência social, a fim de satisfazer os pedidos das pessoas necessitadas não abrangidas pelo seguro social, ou por um serviço público de cuidados médicos;
  - âmbito de aplicação pessoal: todos os membros da comunidade".

Quer, mais tarde:

- *Convenção nº 102* (OIT – 1952) – relativa à norma mínima de segurança social[59], encorajando os países ainda desprovidos de segurança social a dar os primeiros passos;

---

total ou parcialmente, sobre o que nela se contém ou adopte outras medidas que julgue aconselháveis."

[59] 35ª reunião da Conferência Internacional do Trabalho, Genebra, 28 de Junho de 1952.
A norma mínima representa o limiar mínimo do âmbito de um sistema de segurança social aferido por três coordenadas:
a) eventualidades consideradas – âmbito material – a convenção prevê os seguintes nove ramos: cuidados de saúde, subsídio de doença, desemprego, velhice, acidentes de trabalho e doenças profissionais, maternidade, invalidez, morte e encargos familiares;
b) universo de pessoas protegidas – âmbito pessoal;
c) adequação do nível das prestações.

INTRODUÇÃO

b) No âmbito da ONU

- *Declaração Universal dos Direitos do Homem* (ONU),[60] de 10 de Dezembro de 1948, demarca uma concepção de segurança social ligada ao desenvolvimento da pessoa humana e ao direito de um nível de vida suficiente e particular protecção contra certas eventualidades[61], posteriormente (1966) desenvolvida no Pacto Internacional sobre os Direitos Económicos, Sociais e Culturais;

c) no âmbito do Conselho da Europa

- *Carta Social Europeia* (Conselho da Europa – 1961) – prevê o direito à segurança social e regula o modo do seu exercício efectivo (art. 12º)[62];

- *Código Europeu de Segurança Social e Protocolo* (Conselho da Europa – 1964 e 1988, respectivamente) – documento idêntico à Convenção nº 102 mas com condições de ratificação mais rigorosas, de acordo com o diferente nível de desenvolvimento económico das nações europeias.[63]

---

[60] Também designada "Declaração Universal dos Direitos Humanos".
[61] Nos termos seguintes:
"Art. 22º – Toda a pessoa, como membro da sociedade, tem direito à segurança social; e pode legitimamente exigir a satisfação dos direitos económicos, sociais e culturais indispensáveis, graças ao esforço nacional e à cooperação internacional, de harmonia com a organização e os recursos de cada país.
"Art. 23º
1 Toda a pessoa tem direito ao trabalho, à livre escolha de trabalho, a condições equitativas e satisfatórias de trabalho e à protecção contra o desemprego.
(...)
3 Quem trabalha tem direito a uma remuneração equitativa e satisfatória que lhe permita e à sua família uma existência conforme com a dignidade humana e completada, se possível, por todos os outros meios de protecção social."
"Art. 25º
1 Toda a pessoa tem direito a um nível de vida suficiente para lhe assegurar e à sua família a saúde e o bem-estar, principalmente quanto à alimentação, ao vestuário, ao alojamento, à assistência médica e ainda quanto aos serviços sociais necessários, e tem direito à segurança no desemprego, na doença, na invalidez, na viuvez, na velhice ou noutros casos de perda de meios de subsistência por circunstâncias independentes da sua vontade.
2. A maternidade e a infância têm direito a ajuda e a assistência especiais. Todas as crianças, nascidas dentro ou fora do matrimónio, gozam da mesma protecção social."
Da parte final do art. 22º retira-se o pressuposto da reserva prudencial do financeiramente possível.
[62] Actualmente: Carta Social Europeia Revista, de 3 de Maio de 1996, aprovada para ratificação pela RAR nº 64-A/2001, de 17 de Outubro.
[63] O Código Europeu de Segurança Social Revisto (1990) ainda não foi ratificado por Portugal.

b. Evolução do direito positivo na época contemporânea

1) Até aos anos 70

Logo após a guerra a renovação do direito positivo dos Estados em termos de protecção social foi determinada por factores de vária ordem, a saber:

- internacional – a ideia do reconhecimento do direito de cada um à segurança social foi colocada como um dos objectivos de guerra dos aliados, o que influenciou muitos países;
- política – as democracias económicas e sociais vieram substituir as ideias totalitárias;
- demográfica – o objectivo era o de reconstituir um capital humano, o que impunha reforços no plano sanitário e familiar;
- económica – todas as classes foram mais ou menos tocadas pela guerra, sendo particularmente complicada a situação dos idosos.

A aceleração do crescimento económico que caracterizou entretanto a economia no pós-guerra leva a que, face à "reivindicação social da paridade" (igualização na participação nos frutos do crescimento económico) e a algumas dificuldades como o desemprego biológico, os países tentam prosseguir uma programação económica e social com dois objectivos:

- repartição coerente do produto nacional entre os investimentos e o consumo; e
- repartição equitativa dos frutos do crescimento económico.

Tais objectivos vão conduzir afinal à reorganização da distribuição da remuneração global do trabalho (salário directo/salário indirecto) entre o conjunto dos trabalhadores activos e inactivos.

Assiste-se, entretanto, em nome do direito de cada um à segurança social à sua extensão de âmbito, quer pessoal – cresce o número de pessoas a quem se garante protecção, incluindo os não assalariados – quer material (o número de eventualidades protegidas e da sua eficácia crescem) e a algumas modificações técnicas tais como:

- total transferência do risco de acidentes de trabalho e doenças profissionais, desaparecendo do interior da empresa;
- consagração definitiva das prestações familiares fora da noção de suplemento de salário, pois são atribuídas a não assalariados e em períodos de inactividade;
- adopção do mecanismo financeiro da repartição no campo dos seguros sociais;

- fixação de prestações mínimas sem relação com as contribuições pagas, no campo dos seguros sociais.

No final dos anos 70, a aglutinação dos elementos próprios dos dois principais sistemas de segurança social (o clássico ou bismarckiano e o moderno ou beveridgiano), bem como o seu peso relativo no conjunto dos sistemas efectivamente assumidos, podem ser expressos de vários modos e sob as mais variadas designações como modelos ou sistemas.

Vejamos modos de abordagem:

1º – tipologia ternária de *Esping-Andersen*
Segundo um critério de diferenciação com base na combinação das intervenções do Estado e do mercado na protecção social:

- sistema social-democrata – as pensões são atribuídas de maneira universal pelo Estado, sem privilégio de estatuto e sem diferenciações operadas pelo mercado (Noruega, Suécia);
- sistema profissional conservador – as pensões são asseguradas pelos seguros sociais do Estado. O mercado desempenha um papel marginal e os sistema de protecção público tendem a oferecer regimes segmentados e nomeadamente regimes privilegiados para os funcionários (Áustria, Bélgica, França, Alemanha, Itália e Japão);
- sistema liberal (residual) – as pensões são largamente regidas pelos mecanismos de mercado (Austrália, Canadá, Suíça, EUA).

2º – considerando a ponderação relativa dos sistemas clássico e moderno nos modelos de protecção contemporâneos:

Lógicas dominantes dos sistemas de protecção social

Conceito	Segurança social		Solidariedade nacional	Assistência
	Solidariedade profissional			
Formas de organização	sistema geral	sistema categorial		
EUA	*	***		**
FRANÇA	***	**		*
JAPÃO		***	*	**
ALEMANHA	***	**		*
REINO UNIDO[64]		**	***	*

[64] Também Islândia, Nova Zelândia, países escandinavos e no Canadá pensões tipo base.

Elementos caracterizadores:

- sistema de solidariedade nacional ou modelo nacional unitário: universalidade subjectiva, uniformidade de prestações e unidade de estrutura administrativa;
- sistema de solidariedade profissional geral ou modelo profissional unitário: população activa como âmbito pessoal, prestações proporcionais, unidade de estrutura administrativa;
- sistema se solidariedade profissional categorial ou modelo profissional pluralista: população activa como âmbito, prestações proporcionais, diversidade de estrutura administrativa;
- sistema misto (regra): coexistência dos modelos nacional e profissional e das prestações de nível mínimo (técnica de assistência) com prestações proporcionais (técnicas de seguro).

2) Após os anos 70

O afrouxamento da actividade económica nos anos 70/80 pôs em evidência a sensibilidade dos sistemas de segurança social à conjuntura económica, na medida em que o seu financiamento constituído pela tributação sobre a massa salarial, tem incidência nas despesas (aumento das despesas de desemprego em função do abrandamento da actividade) e nas receitas (diminuindo a massa de salário, diminuem as receitas).

Assim, alguns tratadistas suscitaram a questão da necessidade de um 'rearmamento' da política social face às novas realidades económicas (como a introdução de novas tecnologias e a desindustrialização) que envolvem riscos também novos (como várias espécies de desemprego de longa duração ou situações de dependência diferentes).

Na verdade, após o *boom* dos anos 50 e 60[65] surgiram alguns bloqueios ao desenvolvimento da protecção social, tais como[66]:

- dificuldades financeiras por insuficiência de recursos – o ritmo de crescimento das despesas públicas na área social torna-se mais elevado do que o da produção nacional por causas várias que passam pelo crescente envelhecimento da população, pela generalização da protecção social, pelas melhorias de cobertura e pelo aumento da procura de protecção social, nomeadamente na área da saúde, levando os Estados a tentar harmonizar a verdade económica com a verdade social pelo estabelecimento

---

[65] Os "30 gloriosos" (1945 a 1973) como a doutrina francesa gosta de os designar.
[66] Seguindo de perto *Pierre Rossanvallon* em *"Crise do Estado-Providência"*.

de uma relação constante das despesas sociais com a evolução dos rendimentos directos;
- perda de legitimidade do sistema – tem-se vindo a instalar uma crise de confiança no sistema pela generalização do cepticismo e alheamento e, nalguns casos, relutância e animosidade mesmo. O sentido da igualdade ou da supressão das diferenças é posto em causa pelos mecanismos de solidariedade legal contrariam diferenças consideradas legítimas mesmo nos escalões inferiores de rendimentos onde a igualdade absoluta vem sendo repudiada. A solidariedade tornou-se abstracta e mecânica, afastando o destinatário relativamente ao sistema o que o torna cada vez menos visível e menos transparente;
- decréscimo de eficácia das despesas colectivas, pelo aumento de despesas de gestão atribuídas à centralização, à diversidade de situações a proteger e ao afastamento dos destinatários da sua gestão.

Evolução normativa em Portugal

1961
- Instituída a pensão mínima de velhice e fixada em 300$ mensais pela Portaria nº 17965, de 23 de Setembro de 1960;

1962
- Integração dos objectivos e realizações da previdência no plano de política social – organização geográfica distrital – Lei nº 2115, de 18 de Junho de 1962[67];

1963
- Aprovação do Regulamento Geral das Caixas Sindicais de Previdência – Decreto nº 45 266, de 23 de Setembro de 1963;
- Reorganização da assistência social – Lei nº 2120, de 14 de Julho de 1963;

1965
- Consagração de novo regime de acidentes de trabalho e doenças profissionais – Lei nº 2127, de 3 de Agosto de 1965;
- Aprovação do Regulamento Geral das Caixas de Reforma ou de Previdência – Decreto nº 46 548, de 23 de Setembro de 1965;

1969
- Reorganização da previdência rural (regime especial agrícola) – Lei nº 2144, de 29 de Maio de 1969;

---

[67] Início da designada 2ª geração da previdência social (1ª geração: de 1935 a 1961).

1973
- Reforço dos meios técnicos dos serviços com a criação da Direcção--Geral da Previdência Social – Decreto-Lei nº 228/73, de 12 de Maio;

1974
- Início da atribuição de prestações não contributivas – Decreto-Lei nº 217//74, de 27 de Maio;
- Atribuição de subsídio de Natal (13º mês) como montante adicional à pensão:
  - regime da função pública – Decreto-Lei nº 372/74, de 29 de Agosto;
  - regime geral – Decreto-Lei nº 724/74, de 18 de Dezembro;

1976
- Constitucionalização do direito à segurança social – Constituição da República Portuguesa de 1976 (art. 63º);

1977
- Reorganização administrativa da segurança social – criação da Direcção-Geral da Segurança Social e dos centros regionais de segurança social – Decreto-Lei nº 549/77, de 31 de Dezembro;

1980
- Unificação do regime jurídico das prestações familiares (geral / função pública) – Decreto-Lei nº 170/80, de 29 de Maio;

1984
- Consagração de um regime de protecção social autónomo para a maternidade e a paternidade – Lei nº 4/84, de 5 de Abril;
- Elaboração da Lei da Segurança Social, consagrando um "sistema integrado de segurança social" – Lei nº 28/84, de 14 de Agosto;

1989
- Consagração da prevenção, reabilitação e integração das pessoas com deficiência – Lei nº 9/89, de 2 de Maio;

1990
- Atribuição do subsídio de férias (14º mês) como montante adicional à pensão
  - regime geral – Portaria nº 470/90, de 23 de Junho;
  - regime da função pública – Portaria nº 514/90, de 6 de Julho;

1993
- Unificação da fórmula de cálculo de pensão para novos inscritos na CGA (geral / função pública) – Decreto-Lei nº 286/93, de 20 de Agosto;

1997
- Novo regime de acidentes de trabalho e doenças profissionais – Lei nº 100/97, de 13 de Setembro;

Após 2000
- Reformulação da Lei da Segurança Social de 1984. Sucessivamente[68]:
  – Lei nº 17/2000, de 8 de Agosto;
  – Lei nº 32/2002, de 20 de Dezembro;
  – Lei nº 4/2007, de 16 de Janeiro.

2009
- Reformulação do regime de acidentes de trabalho e doenças profissionais – Lei nº 7/2009, de 12 de Fevereiro (arts. 283º e 284º do Código do Trabalho) e Lei nº 98/2009, de 4 de Setembro;
- Novo regime de protecção na parentalidade – Lei nº 7/2009, de 12 de Fevereiro (arts. 33º a 65º do Código do Trabalho) e Decretos-Leis nº 89/2009 e 91/2009, ambos de 9 de Abril;
- Consolidação das normas aplicáveis aos regimes de segurança social – aprovação do *Código dos Regimes Contributivos do Sistema Previdencial de Segurança Social* – Lei nº 110/2009, de 16 de Setembro – entrada em vigor em Janeiro de 2011.

5. No dealbar do século XXI – a crise financeira e o choque do mercado global

Sinteticamente quanto o permitem os factos actuais relativos a uma "nova questão social" anota-se o seguinte:

– Densificação agravada das dificuldades de adaptação dos modelos de protecção social propostos nos anos 50 (Convenção nº 102 da OIT – 1952) aos novos tempos de transformação das eventualidades em realidades estrutural e financeiramente mais exigentes (Vg: a longevidade geradora de dependências que veio substituir a velhice, o desemprego conjuntural passa definitivamente a estrutural, os cuidados de saúde cujos avanços científicos geram encargos financeiros incomportáveis pela utilização das novas tecnologias...).

Tais realidades favoreceram o reforço das teses de catastrofismo financeiro[69] alimentadas pelo agravamento de outras circunstâncias desfavo-

---

[68] 3 leis de bases no espaço de 8 anos!...quando um insensato e inútil esforço de afirmação de vontades políticas se sobrepõe a razões ou necessidades técnicas...
[69] Para alguns num verdadeiro cenário de apocalipse – a era ou o tempo de todos os catastrofismos anunciados e em curso (ambiental, demográfico, alimentar, financeiro...) acompanhado de grandes choques culturais – confrontação de modelos culturais.

ráveis, nomeadamente as demográficas[70] e robustecidas pelos tecnicamente inatacáveis cenários demonstrativos da ineficiência das despesas sociais tecidos pelos economistas[71] (aparentemente nem sempre com as melhores intenções) e conduzindo (mesmo) à algorização[72] da segurança social como causa de todos os males financeiros[73].

Tudo junto e somado à crescente perda de legitimidade do Estado, naturalmente vai afugentando do seguro social público receita que o próprio sistema de âmbito universal pressupõe.

- Refúgio na *"refeudalização"* (remutualização dos riscos sociais) e autonomização do seguro social, ou seja, de grupalização ou corporativização das medidas de protecção na convicção de que as empresas poderão sabiamente utilizá-las como instrumento de gestão dos seus recursos humanos, objectivo que a final não se afasta dos fundamentos tradicionais do seguro social, quando considerados integrados na responsabilidade social da empresa (RSE), como resposta ao insatisfatório e por vezes ruinoso desempenho do Estado (por "inerência" pessoa de bem[74]) na gestão das transferências sociais.

Na verdade, os sucessivos desmantelamentos financeiros dos "dinheiros" da previdência (dos seguros sociais) – em habitação social nos anos 40/50, ou na "venda de pensões" aos comerciantes nos anos 70 (por 7 ou 70 contos) por exemplo – contrários ao objecto do contrato social fir-

---

[70] Ver comentário à tentativa de compensação deste factor na *nota 74*.

[71] Os que negligenciaram os efeitos moderadores das políticas sociais nas crises conjunturais, as "almofadas sociais" ou estabilizadores financeiros (postos à prova na fase inicial da crise financeira de 2008) ameaçam agora com a profecia da "manta curta".

[72] Neologismo decorrente da posição fundamentalista e tecnicamente autoritária quanto às causas ambientais por parte do estadista norte-americano *Al Gore* que, agitando o papão da catástrofe ambiental através de modelos de propaganda bem conhecidos, encerra uma forte tentativa de domesticação ou infantilização da opinião pública... se não se portarem bem...

[73] Parece que, entretanto, alguém se terá esquecido de algumas "boas práticas" dos países nórdicos.

[74] Mas, como titular a tirania decorrente do facto de no âmbito de um seguro social após a satisfação pontual da totalidade dos prémios de seguro exigidos (qualquer que seja a fórmula de consideração ou de contabilização deste *crédito implícito* que lhe corresponde), verificado o facto objecto de seguro (vg: a velhice) o segurado é surpreendido com a redução autoritária e unilateral do valor da indemnização (no caso, a pensão) inicialmente garantida, por invocação de circunstâncias previsíveis e não desconhecidas (vg: a questão demográfica) que o segurador imprudentemente negligenciou e não acautelou... ou seja, chegado o momento das contrapartidas as regras mudam pela invocada existência de uma *dívida implícita* (encargos futuros de longa duração com prestações diferidas de seguro social – pecuniárias, de saúde) financeiramente incomportável e incontrolável... o sacrifício de direitos (adquiridos) provoca desafiantes desequilíbrios no contrato social geradores de animosidades e mesmo de hostilidades que naturalmente se repercutem, mais tarde ou mais cedo, nos "deveres adquiridos" chamados então a compensá-los na mesma proporção...

mado com os trabalhadores, frustrou legítimas expectativas e mesmo direitos dos mais prudentes e diligentes, futuros titulares das "pensões efectivamente contributivas"[75].

Acresce que nem sequer se distinguem os *free riders*[76] dos verdadeiros carenciados por flagrante desadequação dos instrumentos utilizados (no caso português – temerária exposição de uma parte da protecção social à distorcida matriz fiscal como referência ou indicador de rendimento), desfigurando errada e promiscuamente o seguro social em instrumento fiscal de redistribuição vertical, sobretudo desde os fervores revolucionários de 1974[77].

– Propostas de modelos de protecção mais eficientes (?) – os "híbridos sociais"[78] como componentes da "economia social de mercado" – parte público/parte privado.

O carácter mercantil do sector privado com o seu cortejo de maldições impede porém uma fácil penetração do mercado (onde a única regra no limite é a ausência de regras) em áreas por tradição abundantemente reguladas e garantidas pelo poder público e confiadas a entes sem fins lucrativos, a que acresce a difícil consistência do mercado com os seus períodos de crise.

– A idolatria da "vaca sagrada" (ou o "bezerro de ouro", se preferirmos) da capitalização considerada como o método de equilíbrio financeiro sobretudo desde a posição nesta matéria do Banco Mundial (no relatório *"Averting the Old Age Crisis"* de 1994), vem "evoluindo" e perdendo força a favor da capitalização virtual ou nocional, ou seja, a repartição

---

[75] ... por oposição às pensões financeiramente desequilibradas atribuídas aos especialistas em evasão, manipulação e programação contributiva (facilitada por uma autoliquidação sem qualquer controlo), como aos não partidários da ética do trabalho (vulgo, preguiçosos) – grandes beneficiários líquidos do sistema.

[76] *Free riders* (passageiros clandestinos) – aqueles que, embora não carenciados e sem referência fiscal que os comprometa (sem qualquer esforço tributário ou contributivo), aproveitam todas as "boleias sociais" que o sistema gratuitamente lhes proporciona, com a perversa sequência de uma garantia das instâncias constitucionais de uma intocável protecção mínima (com crise ou sem ela) e em nome da dignidade – pois, por falha de uma adequada análise social e fiscal, engrossam o número dos "mais vulneráveis" (grupo de uma enorme utilidade política diariamente sublinhada)!... nenhum sistema de protecção que se conheça foi concebido com blindagem resistente a tão elevado nível de "generosidade"!...

[77] Para não falarmos da mobilização de fundos de pensões para redução de défices públicos causados por intoleráveis aventureirismos de Estado em mal sucedidos experimentalismos ou desastrosos compromissos financeiros. Contudo, *"apparent rari nantes in gurgite vasto..."* (da *Eneida* de Virgílio)

[78] Expressão inspirada no mercado automóvel.

de contribuição definida "travestida" de capitalização (... é o império do capitalismo financeiro no seu máximo "esplendor" de especulação incontrolável que a isso obriga) tentando a quadratura do círculo: desligar a protecção social do imprevisível comportamento do mercado mantendo-a ligada a um efectivo contexto económico.
- Abandono tácito de compromissos assumidos e consolidados no plano internacional ao nível das convenções normativas (tratados)[79], tais como:
  - quanto à elevação progressiva do nível das prestações – art. 12º, 3) da Carta Social Europeia Revista;[80]
  - quanto à responsabilidade do Estado pela boa administração do sistema, designadamente na *vertente prudencial* – art. 71º, nº 3 da Convenção nº 102 da OIT e art. 70º, nº 3 do Código Europeu de Segurança Social;[81]
  - quanto às condições de suspensão das prestações – art. 69º da Convenção nº 102 da OIT e art. 68º do Código Europeu de Segurança Social;

---

[79] Violando normas que não são propriamente programáticas; antes algumas delas passíveis de ser elevadas a verdadeiros princípios de direito público europeu... É que, internamente, já nos habituámos a constatar, não sem espanto, diga-se, que as normas constitucionais com conteúdos sociais não passam de meras proclamações políticas com assento constitucional porque dependentes de uma actuação positiva financeiramente condicionada, ou seja, chocam com a reserva do financeiramente possível...
Tudo agravado por um verdadeiro estado de excepção não declarado em que alguns Estados, entretanto, mergulharam...
[80] Matéria integrada na 2ª dos *4 pilares do trabalho digno* propostos pela OIT. A saber: emprego, protecção social, diálogo social e direitos laborais.
[81] Aliás, a recente *Recomendação nº 202 da OIT*, sobre a norma mínima da segurança social, aprovada na 101ª reunião da Conferência Internacional do Trabalho, Genebra, 14 de Junho de 2012, na sequência do 4º Fórum de Alto Nível sobre a Eficácia da Ajuda, *Busan*, de 29 de Novembro a 1 de Dezembro de 2011, qual manifesto anti-liberal, tem como objecto:
- por um lado, lembrar os factores que estão na base dos sistemas de protecção social: o emprego digno (incluindo dimensões como de género ou pessoas com deficiência), a distribuição da riqueza, o crescimento demográfico, a universalidade das prestações e dos serviços sociais e o papel fundamental do Estado na consecução destes objectivos;
- por outro, reforçar metas comuns das *quatro garantias básicas de segurança social*: níveis mínimos – definidos individualmente por cada Estado – de segurança de rendimentos na infância, durante a vida activa e na velhice, bem como o acesso a serviços essenciais de saúde a preços módicos.
Não esquecer a especial natureza jurídica das recomendações da OIT. (*V. nota 58 da pág. 58*).

INTRODUÇÃO

- quanto à "promoção de um nível elevado de emprego, a garantia de uma protecção social adequada..." – art. 9º do TFUE (*cláusula social horizontal*)[82].

– Sistemático abandono da análise actuarial do equilíbrio financeiro (sustentabilidade, como agora se diz) do seguro social, abrindo caminho a propaganda demagógica de modelos de índole mais ou menos liquidatária, resultantes de fórmulas de cálculo de duvidoso rigor científico porque desguarnecidas de componentes ou considerandos de natureza social...[83]

O seguro social na sua génese de seguro obrigatório não tem, naturalmente, como objecto a prática de procedimentos empíricos[84]; mas a gestão com técnicas actuariais adequadas ao equilíbrio financeiro entre a tributação e os direitos onerosa e regulamentarmente constituídos na esfera patrimonial dos seus subscritores numa sã e previsível distribuição do rendimento primário e secundário ao longo da vida...[85]

– Surgimento do *Estado-social falhado* – degradação da natureza jurídica das principais prestações de seguro social: de "pensões alimentícias" (art. 33º do Dec 25935, 12 Out 1935), pela sua função social de gestão de rendimentos do trabalho diferidos no tempo (fundamento da isenção de tributos fiscais e parafiscais – art. 30º do Dec 45266, 23 Set 1963) em pura despesa pública e assim, como mero instrumento contabilístico de ajustamento, passando a constituir caprichosamente a base de incidência preferencial e agravada de todo o tipo de esbulhos fiscais na actualidade

---

[82] Mais uma manifestação da exigência dos *4 pilares do trabalho digno* propostos pela OIT, já referidos em nota anterior.

[83] Parece dever aqui questionar-se o rigor científico dos trabalhos preparatórios, designadamente da existência de uma bem conseguida prova de resistência, que culminaram na fórmula encontrada para o chamado *factor de sustentabilidade* introduzido no cálculo das pensões do regime geral da segurança social na reforma de 2007 para compensar o desequilíbrio demográfico (art. 35º do DL 187/2007, de 10 de Maio) à época apontado (pelos seus autores, claro) como exemplar...

[84] ...como se de um plano de contribuição definida se tratasse onde os benefícios fossem mais ou menos incertos, flutuantes e erráticos, como o nivelamento por baixo das prestações num mínimo de injustiça social ou proteger rendimentos inferiores a € 600, só para escapar à "censura" do TC...

[85] Note-se, aliás, que o Direito Social Comunitário, de raiz fortemente pretoriana, começa a ganhar forma nesta matéria, embora no âmbito das prestações complementares, mas quanto a obrigações estatais, enunciando o primado da democracia social nos seguintes termos "... *a situação económica do Estado-membro em causa não constitui uma circunstância excepcional susceptível de justificar um nível de protecção reduzido dos interesses dos trabalhadores no que respeita aos seus direitos a prestações de velhice ...*" Acórdão do Tribunal de Justiça, de 25 de Abril de 2013, Procº C-398/11 (JO C nº 171, de 15/06/2013).

num imparável colectivismo primário violador de todas as regras de proporcionalidade dos que despenderam um regular, constante e actuarialmente adequado esforço financeiro desactivando compromissos públicos pela força dos factos.

Historicamente o tempo é a determinante dos factos que derrotam teorias e realizam ficções...

Tome-se o exemplo das teses demográficas pessimistas (mesmo catastrofistas) de *Malthus* (1766-1834) muito eruditamente elaboradas na época dos autoritarismos científicos[86]: no tempo, o impensável e provavelmente pouco ou nada previsível aparecimento das máquinas agrícolas reduziram-nas a pó, transformando a mais bela elaboração mental em profecia não realizada em tempos de paz (para já, pelo menos...) (embora regionalmente verificada em consequência de conflitos armados, no contexto da trágica trilogia: guerra, peste e fome). Parece ter faltado a *Malthus* aquilo que abundava em *Condorcet* (1743-1794) e em *Júlio Verne*[87] (1828-1905): a capacidade optimista de "espreitar" o futuro e de conceber e acreditar empiricamente (?) em soluções para as quais as técnicas existentes eram (e algumas ainda são) insuficientes: nestas, no tempo, a utopia resultou em realização.

A intuição parece, porém, continuar a não constituir propriamente método aceitável para fundamentar medidas que visem acautelar sensatamente o futuro, abdicando dos suportes disponíveis no presente...

De qualquer modo, o rufar dos tambores de uma dinâmica triunfalista dos grandes sucessos económicos dos meados do séc. XX, qual garantia da robustez de um Estado Social generoso, agora sem suporte de vida e tornada aparentemente irressuscitável, parece ter entrado em hibernação; restam as causas e os valores.

Assim, qualquer reformulação de causas ou reconfiguração da participação de todos na produção e na repartição da riqueza – elementos para um novo contrato social de organização das circunstâncias sociais[88], a final – parece condenada a respeitar, como determinantes sociais, os valores culturais já sedimentados nos finais do séc. XX, exemplarmente reunidos na *Carta dos Direi-*

---

[86] Sublinhando a preocupante progressão aritmética da produção de alimentos contra a progressão geométrica do crescimento da população a qual duplicaria em cada 25 anos no "Ensaio sobre o Princípio da População" (1798).
[87] Considerado por alguns, na perspectiva visionária, o *Leonardo da Vinci* do séc. XIX.
[88] Consideradas com a natureza pública da provisão dos bens essenciais e a regulação dos mercados, designadamente do mercado de trabalho.

tos *Fundamentais da União Europeia* (2000)[89], embora, na confusão entretanto instalada, resultante quer da actual e persistente crise financeira em si, quer do cumprimento das condições dos acordos de crédito contingente, cada vez menos se perceba bem o que fazer com eles...[90]

---

[89] JO C 326, de 26/10/2012 (última versão).
[90] Tome-se o exemplo do lírico programa do "envelhecimento activo" (que em 2012 teve o seu ano europeu) completamente a contraciclo (dos que a lei e o mercado previamente expulsam da vida activa) onde, num puro exercício de masturbação intelectual, os idosos, cuja crescente pobreza embora objectivamente inaceitável ainda parece útil para alguns (num regresso em força da velha ordem da *beneficência medieval* – *"economia de salvação"* – para conquistar um bom lugar também no céu), são desafiados com pompa e circunstância (acompanhados dos "adequados" instrumentos programáticos – quer comunitários quer internos, caso da RAR nº 66/2012, de 8 de Maio) a renunciar instantaneamente a todos os seus saberes e esquecer tudo o que aprenderam e sabem fazer para se alistarem numa legião de virtuosos, enérgicos e animados tocadores de pandeireta... Na verdade, "seria preciso *superar o modelo assistencial* e tender para a implantação de um modelo preventivo que permita prolongar a autonomia funcional e a integração relacional da população..." (na expressão de recente recomendação do Comité das Regiões).

EPÍTOME BIBLIOGRÁFICA

I – Protecção social em geral

CLAIR, Pierre Maurice, *La Protection Sociale*, Paris, Masson, 1984
EWALD, François, *L'État Providence*, Paris, Bernard Grasset, 1986
LEÑERO, J. Peres, *Fundamentos de la Seguridad Social*, Madrid, Aguilar, 1956
MURARD, Numa, *La Protection Sociale*, Paris, La Découverte, 1989

II – Direito da Segurança social

CAEN, Antoine Lyon, *Droit Social International et Européen*, Paris, Dalloz, 2017
CORREIA, José Manuel Sérvulo, *Teoria da Relação Jurídica do Seguro Social*, Estudos Sociais e Corporativos, nº 27, Lisboa, Junta da Acção Social, 1968
DENNIS, Henry, *Droit de la Sécurité Sociale*, Bruxelas, Larcer
DUPEYROUX, Jean-Jacques et alii, *Droit de la Sécurité Sociale*, Paris, Dalloz, 2015
FOURNIER, Jacques et alii, *Traité du Social*, Paris, Dalloz, 1989
MANRIQUE, Fernando, *Manual de Derecho de la Seguridad Social*, Bilbao, Universidad Deusto, 1984
OLEA, Manuel Alonso et alii, *Instituciones de Seguridad Social*, Madrid, Civitas, 2000
PASTOR, Almansa, *Derecho da la Seguridad Social*, Madrid, Tecnos, 1991
PERSIANI, Matia, *Lezioni di Diritto della Previdenza Sociale*, Pádua, Cedam, 2014
RIBAS, Jacques Jean et alii, *Traité de Droit Social Européen*, Paris, PUF, 1978
SAINT-JOURS, Yves, *Traité de Sécurité Sociale, I Vol. – Droit de la Sécurité Sociale*, Paris, LGDJ, 1980

III – História Social

BEAUD, Michel, *História do Capitalismo*, Lisboa, Teorema, 1981
GEREMEK, Bronislaw, *A Piedade e a Força*, Lisboa, Terramar, 1987
KRAMER, Samuel Noah, *A História Começa na Suméria*, Lisboa, Europa-América, 1997
PIRENNE, Henry, *As Cidades da Idade Média*, Lisboa, Europa-América, 1989
PRÉLOT, Marcel, *História das Ideias Políticas*, Lisboa, Presença, 2000
THEIMER, Walter, *História das Ideias Políticas*, Lisboa, Arcádia, 1970
TOUCHARD, Jean, *História das Ideias Políticas*, Lisboa, Europa-América, 1991
UNESCO, *Histoire de l'Humanité*, Paris, Robert Laffont, 1967

IV – Economia

MENDES, Fernando Ribeiro, *Segurança Social – O Futuro Hipotecado*, Lisboa, FFMS, 2011
MILLS, Catherine, *Traité de Sécurité Sociale – 2º Vol. – Économie de la Sécurité Sociale*, Paris, LGDJ, 1981
PRADA, Valentim Vasques, *História Económica Mundial*, Porto, Livraria Civilização, 1988
RAY, Jean-Claude et alii, *Analyse Économique des Politiques Sociales*, Paris, PUF, 1988

Parte I
Sistema de Segurança Social
(Esquema)

Os sistemas de protecção social clássicos (o continental e o anglo-saxão), embora na sua formulação inicial estivessem delimitados com clareza aparentando alguma rigidez, "contagiaram-se" e replicaram-se mutuamente manifestando elasticidade e capacidade de adaptação a todos os modelos económicos, desde o mais intervencionista ao mais liberal, mas com prejuízo da sua identidade inicial, conforme vimos na introdução.

Daí que a conformação evolutiva de necessidades sociais tradicionais, para novas realidades económicas e sociais que se impõem na actualidade, quase tenha feito esquecer os modelos puros, colocando antes o acento tónico nos componentes de cada sistema adoptado por cada Estado em cada momento.

Para melhor compreensão deste fenómeno, nesta parte do Manual faz-se a breve apresentação meramente esquemática dos elementos que determinam, compõem e delimitam os actuais sistemas[1] de protecção social e do sistema português em particular.

Assim (por quadros):

1 – Modo de formação de rendimentos dos agregados no enquadramento económico das políticas sociais decorrentes das funções sociais atribuídas aos Estados[2];

---

[1] Dispensamo-nos de definir ou caracterizar os conceitos; para tal ver Glossário.
[2] São *atribuições principais do Estado* na classificação de *Bernard Gournay* (para além das atribuições auxiliares ou logísticas – como pessoal, material, financeira, jurídica e documentação – e de comando para preparar e acompanhar as tomadas de decisão – planeamento, organização, controle, relações públicas):
 – as *de soberania* incluindo defesa nacional, relações externas e segurança...;
 – as *económicas*: moeda, crédito, imposto, comércio externo, preços, produção dos diversos sectores produtivos (agricultura, comércio, a indústria, a energia, transportes e comunicações, turismo, a pesca)...;

2 – Razões, justificações e fundamentos da intervenção do Estado;

3 – Contextualização da segurança social no mapa das políticas de segurança económica prosseguidas como garantia de segurança económica individual;

4 – Meios utilizáveis pelos cidadãos e pelos Estados para satisfação das necessidades sociais conforme assentem ou não na dispersão da responsabilidade financeira;

5 – Caracterização comparada dos vários instrumentos utilizáveis;

6 – Agrupamento dos instrumentos de protecção social em função da dimensão do Estado pretendida, isto é, do grau de intervenção do Estado;

7 – Sistemas clássicos de protecção social pública;

8 – Técnicas/Modelos de solidariedade social;

9 – Sistemas de protecção social pública numa perspectiva da combinação das intervenções do Estado e do mercado na protecção social, segundo *Esping Andersen*;

10 – Sistematização e caracterização dos factos que afectam negativamente a situação económica dos indivíduos (riscos sociais) a considerar;

11 – Composição do sistema de segurança social português, segundo a Lei da Segurança Social em vigor (Lei nº 4/2007, de 16 de Janeiro;

12 – Composição do sistema de segurança social complementar português.

– as *sociais*: saúde, segurança social e acção social, habitação, urbanismo, a protecção do trabalho...;
– as *educativas e culturais*: ensino, investigação científica, o fomento do desporto, da cultura, das artes, serviços recreativos e religiosos...

Aliás utilizadas nos orçamentos de Estado relativamente à classificação funcional das despesas do Estado.

1. Objectivos, domínios e meios das políticas sociais[3]

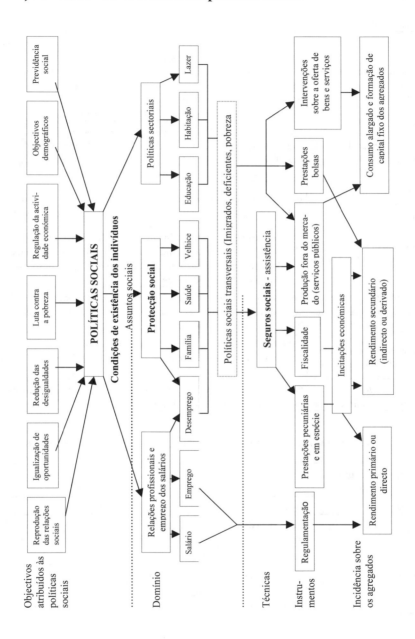

[3] In *"Analyse Économique des Politiques Sociales"* de *Jean-Claude Ray* e *Jean-Marc Dupuis*, Ed. PUF, 1988, pág. 12.

2. Fundamentos da intervenção do Estado (Protecção Social)

Fontes/Modelos	Características
Retributivos ou compensatórios	Remuneração ou recompensa da cidade pelos serviços prestados à colectividade. Valores patrimoniais oferecidos pela cidade ou pelos monarcas aos inválidos de guerra ou antigos militares pelo seu serviço (pensões, designadamente às viúvas – caso da Suméria – condecorações e títulos jubilatórios). O Estado como sociedade por quotas (Grécia antiga)
Políticos – gestão da cidade – organicismo	Razões de ordem pública – manutenção da ordem pública. Pretende-se evitar perturbações sociais – estabilidade social. A assistência exerce função de polícia preventiva para protecção e defesa da sociedade. Mínimo de injustiça social – *Panem et circenses*
Doutrinais ou jurídicos 1) Utópicas (lendárias) e revolucionárias	Redistribuição igualitária e forçada dos rendimentos e da riqueza – tirar aos ricos para dar aos pobres (séc. XII – Robin dos Bosques)
2) Humanismo económico versus liberalismo económico	Dignidade da pessoa – Iluminismo do séc. XVIII Condição de existência dos indivíduos. As políticas sociais são encaradas como pressuposto da condição de existência das pessoas individualmente consideradas
3) Socialização dos rendimentos e da riqueza – socialismo primordial	Fundação do intervencionismo do Estado para travar as forças desencadeadas pelo industrialismo – mutualização dos riscos (séc. XIX) – *Sismonde de Sismondis*
4) Socialismo catedrático – Responsabilidade objectiva	Para trabalhadores: seguro social da responsabilidade do empregador como responsabilidade pelo risco (séc. XX); para os cidadãos em geral: acção social da responsabilidade do Estado
Económicos (*Keynes*) Segurança económica	Garantia de estabilidade económica. Pleno emprego e desenvolvimento económico gerador de bem-estar

3. A segurança social no contexto das políticas de segurança económica

Políticas de segurança económica	Objectivos
1. Ocupacional	segurança de trabalho – prevenir o desemprego
2. Salarial	segurança do rendimento (directo), suficiência económica do rendimento (retribuição suficiente, capacidade de ganho)
3. Sanitária	prevenir e reparar a alteração da saúde
4. Pleno emprego	aplicação eficaz de todos os factores de produção
5. Segurança social	– prevenir riscos sociais; – remediar ou reparar as suas consequências (rendimento indirecto); – recuperar, reabilitar as pessoas

4. Medidas protectoras

Técnicas	Mecanismos	Instrumentos	Natureza
1. Individualistas	--	Assistência	Inespecíficas (perspectiva liberal) (privada)
		Poupança privada (aforro)	
2. Colectivas (com dispersão da responsabilidade financeira – mutualização do risco)	Voluntário	Seguro privado	
		Mutualismo	
	Estatal	Seguro social	Específicas (perspectiva intervencionista, solidarista) (pública)
		Segurança social	

5. Caracterização comparada dos instrumentos de protecção social

Formas de protec. / Critérios	Mutualismo	Seguro privado (responsabilidade civil)	Seguro social	Assistência
Organização do seguro	Os membros são seguradores de si mesmos (sem intermediários)	O segurador é entidade distinta do grupo. O intermediário recebe os prémios e paga as prestações		--
Sector da economia	Social (não lucrativo)	Privado (lucrativo)	Público (não lucrativo) (gestão desinteressada)	--
Determinação do prémio (do custo)	Prémio em função de: – valor do bem assegurado; e – da probabilidade da verificação do risco		Prémio proporcional à remuneração	--
Liberdade negocial	Voluntário ou facultativo	Em regra voluntário. Mas obrigatório: – acidentes de trabalho – seguro automóvel...	Obrigatório (solidarista: diluição dos encargos)	--
Garantia de atribuição	Atribuição vinculada Constitui direito subjectivo na esfera jurídica do destinatário			Atribuição discricionária
Suporte financeiro	Pagamento do prémio pelos interessados		Tributação também pelos empregadores – seguro a favor de terceiro – responsabilidade objectiva	--

6. Formas de exercício da responsabilidade social

I – Protecção social privada
(Modelo liberal – mecanismos de mercado)
- Aforro ou poupança privada
- Responsabilidade social de empresa / empregadores sociais (função: gestão de recursos humanos)
- Seguros privados, planos individuais de reforma e fundos de pensões

II – Protecção social do sector social – Seguro mutualista (ASM)
Lógica de economia associativa ou social (cooperativas)

III – Protecção social pública
(modelo intervencionista)
- Acção social – técnica assistencialista
- Seguro social (previdência)
(técnica de seguro – função comutativa) (*do ut des*)
(modelo laborista ou profissional conservador)
- Segurança social
técnica de serviço público – função redistributiva
(modelo universalista ou social democrata)

7. Sistemas clássicos de protecção social

Sistemas	Origem	Tipo	Âmbito pessoal	Função das prestações	Fontes de financiamento	Facto determinante	Relevância contributiva
Bismarckiano	alemão	continental	Profissional (trabalhador)	comutativo	Contributivo	risco	Personalista
Beveridgiano	britânico	anglo-saxónico	nacional (cidadão, residente)	distributivo	fiscal	necessidade	Territorialista

Factores de base dos sistemas
- emprego digno (incluindo dimensões como de género ou pessoas com deficiência);
- distribuição da riqueza;
- crescimento demográfico;
- universalidade das prestações e dos serviços sociais; e
- papel fundamental do Estado na consecução destes objectivos.

4 garantias básicas
{ níveis mínimos de segurança – definidos individualmente por cada Estado para:
1) rendimentos na infância;
2) rendimentos durante a vida activa;
3) rendimentos na velhice;
acesso a serviços essenciais de saúde a preços módicos.

8. Técnicas/Modelos de solidariedade social

Técnicas/Modelos Características	Segurança social Sistemas de solidariedade *			Assistência
	Profissional (Seguro)		Nacional (modelo nacional)	
	Geral Unitário	Categorial Pluralista		
Âmbito pessoal	População activa		Universalidade subjectiva	-----
Direito às prestações	Atribuição vinculada (Direito subjectivo do destinatário)			Atribuição discricionária
Natureza das prestações	Proporcionais ao rendimento (comutativas)		Uniformidade das prestações	------
Sistema administrativo	Unidade de estrutura administrativa	Diversidade de estrutura administrativa	Unidade de estrutura administrativa	--------

* Em regra, sistema misto: coexistência dos modelos nacional e profissional e das prestações de nível mínimo (técnica de assistência) com prestações proporcionais (técnicas de seguro).

9. Sistemas de protecção social pública (pensões) (Esping-Andersen)

Sistemas	Principais características
Social-democrata	as pensões são atribuídas de maneira universal pelo Estado, sem privilégio de estatuto e sem diferenciações operadas pelo mercado (Noruega, Suécia)
Profissional conservador	as pensões são asseguradas pelos seguros sociais do Estado. O mercado desempenha um papel marginal e os sistema de protecção público tendem a oferecer regimes segmentados e nomeadamente regimes privilegiados para os funcionários (Áustria, Bélgica, França, Alemanha, Itália e Japão);
Liberal (residual)	as pensões são largamente regidas pelos mecanismos de mercado (Austrália, Canadá, Suíça, EUA).

SISTEMA DE SEGURANÇA SOCIAL

10. Riscos sociais. Caracterização e prestação correspondente

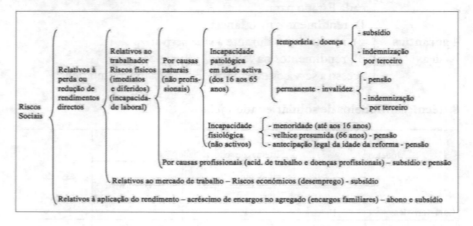

11. Composição do sistema de segurança social português

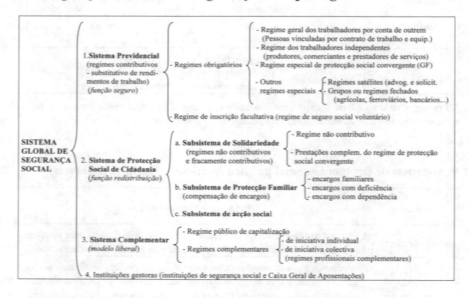

12. Composição do sistema de segurança social complementar português (a)

Modalidades Previdenciais – Regimes		Características					
		Regimes	Lei aplicável	Fim	Equilíbrio financeiro	Entidades gestoras	Tutela/Entidades reguladoras
Públicos (legais)	Previdência colectiva – 2º pilar	Regimes voluntários Seguro social voluntário	L 110/2009, 16/09 (arts. 169º a 184º CRC)	Previdência	Repartição	Instituto da Segurança Social, IP (ISS, IP)	Ministério do Trabalho, Solidariedade e Segurança Social (MTSSS)
		Fundos especiais de segurança social	L 1884, 16/03/1935	Previdência e acção social	Repartição	Instituto de Gestão Financeira da Segurança Social, IP (IGFSS, IP)	Direcção-Geral da Segurança Social (DGSS)
		Regimes profissionais complementares	DL 225/89, 06/07	Previdência	Repartição/ Capitalização	Associações mutualistas Fundações de segurança social complementar Empresas seguradoras Sociedades financeiras gestoras de fundos de investimento ou de fundos de pensões	Autoridade de Supervisão de Seguros e Fundos de Pensões (ASF) ou CMVM
		Regime público de capitalização	DL 26/2008, 22/02		Capitalização	Instituto de Gestão de Fundos de Capitalização da Segurança Social (IGFCSS, IP)	Ministério do Trabalho, Solidariedade e Segurança Social (MTSSS)
Privados	Previdência individual – 3º pilar	Prestações complementares	L 7/2009, 12/02 (art. 478º CT)	Previdência	Repartição	Empresas (d)	-----
		Seguros comerciais	DL 72/2008, 16/04		Capitalização	Empresas de seguros DL 94-B/98, 17/08	ASF
		Planos de pensões profissionais – Planos poupança reforma – Fundos de pensões – Fundos de investimento	– DL 158/2002, 02/07 – DL 12/2006, 20/01	Previdência e financeiro		Empresas de seguros Sociedades financeiras gestoras de fundos de investimentos ou de fundos de pensões	ASF ou CMVM
Sector social		Seguro mutualista	DL 72/90, 03/03 DL 72/2008, 16/04	Previdência e acção social	Repartição/ Capitalização	Associações mutualistas	DGSS
						Mútuas de seguros	ASF
		Equipamentos e serviços de acção social (b)	DL 119/93, 25/02	Acção social	-----	Instituições particulares de solidariedade social (IPSS) (c) e empresas	ISS, IP

(a) Enquadramento facultativo. Técnica profissionalista ou previdencialista. Antigos esquemas de prestações complementares.
(b) Modalidades não previdenciais.
(c) Através dos acordos de cooperação e de gestão – Port 196-A/2015, 01/07 (continente e RA Madeira; na RA Açores, contratos de cooperação e de gestão).
(d) Como componente da responsabilidade social da empresa (RSE), através dos IRCT ou dos regulamentos de empresa.

Parte II
Regimes de Segurança Social

Título I
Regimes em Geral

1. Conceito
Encontramos na doutrina dominante três concepções de regime de segurança social. A saber:
- concepção estatutária – no sentido de estatuto social, o regime seria um conjunto de disposições aplicáveis a um dado grupo de filiados, definindo as prestações às quais eles terão direito;
- concepção orgânica – no sentido de organização administrativa destinada a gerir a protecção social de categorias sociais beneficiando do mesmo estatuto ou eventualmente de estatutos distintos;
- mecanismo de redistribuição que associando certos recursos (seja qual for a natureza) e certas prestações é dotado de uma autonomia financeira.

2. Composição
Os regimes, quer do sistema previdencial – o regime geral de segurança social aplicável à generalidade dos trabalhadores por conta de outrem e aos trabalhadores independentes, os regimes especiais e os regimes de inscrição facultativa[1] – quer do sistema de protecção social de cidadania como parte integrante do sistema (global) de segurança social[2], são descritos tomando como método a análise do seu conteúdo.

---

[1] Art. 53º da LSS.
[2] Quanto à posição dos *regimes legais* (por contraposição aos *regimes convencionais*, com é o caso dos regimes profissionais complementares), no conjunto do sistema, no direito português ver supra Composição do sistema de segurança social português.

Nesse sentido, determinado o universo de destinatários do sistema avaliamo-lo em duas componentes sequenciais e distintas: a vinculação e a obrigação contributiva, como pressupostos de acesso às prestações.[3]

a. Âmbito pessoal da segurança social
A segurança social abrange

1) obrigatoriamente:

a) como beneficiários
todas as pessoas (portugueses ou não) que exercem actividade remunerada em Portugal[4] quer sejam:
- contratados
  - contrato de trabalho (trabalhadores por conta de outrem)[5];
  - contrato de trabalho em funções públicas[6];
  - contrato de prestação de serviços (trabalhadores independentes).
- nomeados
  - trabalhadores da Administração Pública nomeados (antigos funcionários públicos)[7];
  - gestores públicos (podem ser eleitos);
  - titulares de cargos políticos (membros do governo, representantes da República nas regiões autónomas).
- eleitos
  - membros dos órgãos estatutários das pessoas colectivas;
  - titulares de cargos políticos (Presidente da República, deputados à Assembleia da República, Provedor de Justiça, eleitos locais);
  - juízes do Tribunal Constitucional.

---

[3] As prestações que correspondem às eventualidades protegidas – âmbito material da segurança social – são objecto da Parte III.

[4] A situação informal de *entreajuda* (comum no sector primário) em que, não havendo contrapartida pecuniária, a retribuição ocorre num segundo momento por compensação em espécie através de prestação de trabalho correspondente – por troca de posições dos sujeitos da relação de trabalho: não é declarada nem quantificável.

[5] Ou legalmente equiparado. Caso dos estágios profissionais.

[6] Alguns grupos de trabalhadores da Administração Pública (com contrato precário, avençados...) vinham sendo inscritos no regime geral ainda antes de 1 de Janeiro de 2006, data em que a inscrição na CGA deixou de ser possível: o regime de protecção social convergente (RPSC) passou a regime fechado, tornando, assim, a inscrição de novos trabalhadores só possível e obrigatória no regime geral de segurança social (RG) (arts. 1º e 2º da Lei nº 60/2005, 29/12).

[7] Com atribuições ou actividades agora referidas no art. 8º do Regime Geral do Trabalho em Funções Públicas aprovado p/ L 35/2014, 20/06, inscritos no regime geral (RG) os admitidos desde Jan 2006.

- empresários em nome individual, titulares de estabelecimento individual de responsabilidade limitada (EIRL) e comerciantes;
- legalmente equiparados a trabalhadores por conta de outrem sem subordinação jurídica – membros de igrejas, associações e confissões religiosas[8], trabalhadores em regime de acumulação (por presunção legal do art. 129 do CRC) e trabalhadores no domicílio[9].

Têm regime próprio:

- advogados e solicitadores[10] – têm regime e instituição próprios;
- trabalhadores da Administração Pública inscritos na CGA até 31 de Dezembro de 2005 – regime de protecção social convergente (RPSC) (grupo fechado)[11];
- trabalhadores do sector bancário contratados até 02/03/2009[12] – regime de segurança social substitutivo constante do IRCT vigente no sector bancário (grupo fechado), nas eventualidades de doença, invalidez e morte[13];
- deputados ao Parlamento Europeu[14];
- todos os outros regimes ou grupos fechados[15];
- pessoal diplomático e trabalhadores dos Serviços Periféricos Externos (SPE) do MNE – quanto ao seguro de saúde[16].

---

[8] No sentido da inexistência de contrato de trabalho, nomeadamente: Ac STJ de 16/06/04; "*Direito do Trabalho*", Pedro Romano Martinez, Ed. Almedina, 6ª edição, págs 326 e segs.

[9] Exercício de actividade sem subordinação jurídica – Lei nº 101/2009, 08.09 – incluindo o trabalho à distância e o teletrabalho (art. 165º do CT).

[10] Com autonomia profissional. A prática de actividade profissional como advogado ou solicitador por conta e em representação de entidade empregadora por trabalhador ao seu serviço, exigindo prévia inscrição nas respectivas ordens profissionais, não dispensa a inscrição na Caixa de Previdência dos Advogados e Solicitadores nem o pagamento das respectivas quotas, nos termos dos respectivos estatutos, constituindo a satisfação de tais encargos uma questão jurídico-laboral.

[11] Porém, em termos de convergência com o RG, quanto a pensões (invalidez, velhice e sobrevivência), para além do regime da pensão unificada:
- inscritos desde 1 de Setembro de 1993: fórmula de cálculo do regime geral (DL 286/93, 20.08, e nº 2 do art. 3º da Lei nº 60/2005, 29.12);
- inscritos até 31 de Agosto de 1993:
  • pensões requeridas até 31/12/2005: estatutos da aposentação e da pensão de sobrevivência;
  • pensões requeridas desde 1/01/2006: fórmula própria – arts. 5º e 6º da L 60/2005, 29.12.

[12] Contratados depois: regime geral (DL 54/2009, 02.03).

[13] Art. 3º do DL 1-A/2011, de 3 de Janeiro. Nas restantes eventualidades: regime geral.

[14] Decisão 2005/684/CE e Euratom, de 28/09/05 (JO L 262, de 7/10/2005) e Decisão da mesa do Parlamento Europeu de 19 de Maio (JO C 159, de 13/07/09).

[15] Ver os mais recentes nas págs. 187 e segs.

[16] Art. 68º, nº 1 do DL 40-A/98, 27.02, e Port 305/2011, 20.12.

b) como contribuintes

entidades empregadoras e entidades contratantes de prestação de serviços que beneficiem de pelo menos 80% do valor total da actividade do trabalhador independente.

2) facultativamente

grupos de pessoas legalmente determinados que integram o seguro social voluntário e outras situações facultativas.

b. Vinculação – Identificação, inscrição e enquadramento

Identificação

A identificação no Sistema de Identificação da Segurança Social (SISS) é o primeiro de 3 tempos da vinculação ao sistema de segurança social, a saber: identificação, inscrição e enquadramento, antecedendo-os.[17]

Para além da comunicação oficiosa do registo de nascimento pelos serviços do registo civil[18], a atribuição oficiosa do número de identificação da segurança social (NISS) pela segurança social é uma das componentes da identificação, podendo ocorrer:

- para pessoas singulares, no âmbito da atribuição do cartão de cidadão[19-20];
- para pessoas colectivas, no âmbito da atribuição de cartão de empresa e de pessoas colectiva[21];
- no âmbito da identificação dos trabalhadores[22] ou das entidades empregadoras.

---

[17] Cf. nº 3 do art. 6º do CRC.
[18] Nos termos do art. 102º-A do Código do Registo Civil.
[19] Art. 16 da L 7/2007, 05.02:
"1 – O cartão de cidadão implica a atribuição do número de identificação civil, do número de identificação fiscal, do número de utente dos serviços de saúde e do número de identificação da segurança social, a qual é efectuada a partir de informação obtida e confirmada, em separado, em cada uma das bases de dados, geridas com autonomia pelas entidades competentes, nos termos da lei.
2 – Não é permitida a interconexão ou cruzamento de dados registados nas bases referidas no número anterior, salvo nos casos devidamente autorizados por lei ou pela Comissão Nacional de Protecção de Dados."
[20] Quanto ao carácter transitório do actual cartão de identificação da segurança social o nº 1 do art. 55º da L 7/2007, 05.02 (cartão de cidadão) (cartões de identificação válidos), dispõe:
"1 – Os bilhetes de identidade, cartões de contribuinte, cartões de utente dos serviços de saúde e cartões de identificação da segurança social válidos continuam a produzir os seus efeitos, nos termos previstos nos diplomas legais que regulam a sua emissão e utilização, enquanto não tiver sido entregue cartão de cidadão aos respectivos titulares".
[21] DL 247-B/2008, 30.12, e Port 4/2009, 23.01.
[22] Art. 5º, nº 4 do D Reg 1-A/2011, 03.01.

O número de identificação da segurança social (NISS) é constituído por 11 dígitos, sendo iniciado pelos nºs 1 ou 2, consoante se trate, respectivamente, de pessoa singular ou de pessoa colectiva, sendo os 9 dígitos seguintes o número de beneficiário e o último o dígito de controlo (*check-digit*)[23].

Inscrição
A inscrição dos trabalhadores é obrigatória e vitalícia[24] permanecendo independentemente dos regimes em cujo âmbito se enquadrem.[25]

A inscrição das entidades empregadoras é obrigatória, única e definitiva.

A inscrição pressupõe a identificação do interessado no Sistema de Identificação da Segurança Social através do número de identificação na segurança social (NISS).

A vinculação ao sistema previdencial de segurança social efectiva-se através da inscrição[26] das pessoas singulares ou colectivas na instituição de segurança social e tem por objecto a determinação dos titulares do direito à protecção social do sistema previdencial da segurança social, bem como dos sujeitos das obrigações.

A inscrição confere:

- a qualidade de beneficiário[27] às pessoas singulares que preenchem as condições de enquadramento no âmbito pessoal de um dos regimes do sistema previdencial;
- a qualidade de contribuinte às pessoas singulares ou colectivas que sejam entidades empregadoras ou entidades contratantes.

---

[23] Nos termos do nº 5º da Port 1483/2004, 23.12.
[24] Ou seja, não se extingue pelo decurso do tempo.
[25] Os elementos de identificação necessários à inscrição dos trabalhadores por conta de outrem ou independentes e dos beneficiários do seguro social voluntário são, designadamente, os seguintes:
- nome completo;
- data de nascimento;
- naturalidade;
- nacionalidade;
- sexo;
- estado civil;
- residência;
- número de identificação de segurança social (NISS), se já estiver identificado no sistema de segurança social;
- número dos documentos de identificação civil e fiscal.

Para efeitos de instrução do processo de inscrição deve ser remetida cópia dos documentos de identificação civil e fiscal.

[26] Como acto administrativo ver conceito na pág. 567, nos termos da definição do art. 148º do CPA.
[27] Note-se que subsiste legalmente (art. 8º do CRC) a expressão herdada dos antigos regulamentos das caixas como destinatários dos benefícios regulamentares.

Enquadramento de beneficiários[28]

Pelo enquadramento a segurança social, face às características do exercício da actividade profissional remunerada em causa, define o regime de segurança social aplicável à situação concreta (trabalhadores por conta de outrem, trabalhadores independentes...)

Sempre que ocorra em relação à mesma pessoa mais do que um enquadramento (por exercer várias actividades susceptíveis de serem enquadradas por diferentes regimes), estes são efectuados por referência ao mesmo NISS.

c. Tributação – obrigação contributiva

A obrigação contributiva tem por objecto o apuramento e o pagamento regular de contribuições[29] da responsabilidade das entidades empregadoras, dos trabalhadores independentes, das entidades contratantes e dos beneficiários do seguro social voluntário, consoante os casos, e de quotizações da responsabilidade dos trabalhadores.

Razão de ordem

A necessidade de sistematização das situações verificáveis no âmbito pessoal universal da segurança social, tendo em conta o acervo de diversidades que caracterizam os vários grupos de profissionais conduz, dominantemente, ao seguinte elenco de regimes do sistema previdencial[30]:

- trabalhadores por conta de outrem e equiparados;
- trabalhadores independentes (incluindo cônjuges e entidades contratantes);
- membros de órgãos estatutários;
- seguro social voluntário.

---

[28] Distinguindo inscrição/enquadramento dir-se-á que António *inscreve-se* vitaliciamente na segurança social logo que inicia pela 1ª vez o exercício de uma actividade profissional remunerada (mantendo a inscrição mesmo que deixe de exercer qualquer actividade) e *enquadra-se* no correspondente regime de protecção social – regime dos trabalhadores por conta de outrem (genericamente ou em qualquer categoria especial prevista legalmente) ou regime dos trabalhadores independentes – enquanto exercer actividade profissional ou no regime do seguro social voluntário se preencher as condições legais.

[29] Termo usado em dois sentidos:
- *stricto sensu* – parcela tributária relativa ao empregador (regra);
- *lato sensu* – abrangendo também as quotizações dos trabalhadores (Vg: art. 266º, nº 2 do CRC e art. 107º do RGIT).

[30] Ver nos quadros-síntese os 2 primeiros quadros de enquadramento *(pág. 633)*.
Para além dos grupos ou regimes fechados, elencados na última parte dos regimes. Os residuais (ferroviários, Transportes Colectivos do Porto, trabalhadores agrícolas...) não são referidos.

Título II
Regime Geral dos Trabalhadores por Conta de Outrem[1]

Capítulo I
Vinculação – Identificação, inscrição e enquadramento

1. Âmbito pessoal

a. Trabalhadores abrangidos
São obrigatoriamente abrangidos pelo regime geral:

- os trabalhadores (portugueses ou não) que exercem actividade profissional remunerada em território português ao abrigo de contrato de trabalho; [2]
- as pessoas singulares que em função das características específicas da actividade exercida sejam consideradas em situação equiparada à dos trabalhadores por conta de outrem para efeitos de segurança social (Vg:

---

[1] Na alínea a) do nº 1 do art. 14º do DL 367/2007, 02.11, a expressão "regimes gerais de segurança social" advém do art. 53º da LSS.

[2] Nos termos do art. 11º do Código do Trabalho (CT).
Relativamente às embaixadas e consulados, os funcionários diplomáticos e dos postos consulares de Estados estrangeiros acreditados em Portugal têm regime próprio (art. 33º da Convenção de Viena sobre Relações Diplomáticas e art. 48º da Convenção de Viena sobre Relações Consulares). Assim:
- os agentes diplomáticos e os membros de postos consulares e respectivos familiares não estão abrangidos;
- o pessoal privativo ao serviço exclusivo dos agentes diplomáticos ou dos membros de postos consulares não são abrangidos se:
• forem estrangeiros e sem residência permanente; e
• estejam já abrangidos pela segurança social do Estado acreditado.
Esta isenção não obsta à vinculação voluntária à segurança social portuguesa a autorizar caso a caso a requerimento das embaixadas ou consulados constituindo-se estas como entidades empregadoras. De qualquer modo, na prática, dado o estatuto internacional que abrange estas entidades, os não isentos (como os isentos que o pretendam) só podem ser inscritos se as entidades diplomáticas ou consulares diligenciarem nesse sentido.

membros de igrejas, associações e confissões religiosas; trabalhadores em regime de acumulação; trabalhadores no domicílio...).

Consideram-se, em especial, abrangidos pelo regime geral:

- trabalhadores destacados [3] fora do território português sem prejuízo do disposto em instrumentos internacionais a que Portugal se encontre vinculado;
- trabalhadores que exercem a respectiva actividade em estabelecimentos de turismo rural, turismo de habitação e agro-turismo [4];
- trabalhadores que prestam serviço de limpeza em prédios em regime de propriedade horizontal [5];
- sócios trabalhadores das empresas remunerados e subordinados à administração;
- gerentes comerciais [6];
- formandos em geral;
- titulares de cargos políticos [7];

---

[3] Trabalhador destacado – pessoa que exerce actividade assalariada no território de um Estado, ao serviço de uma empresa de que normalmente depende, for exercer a sua actividade, com carácter temporário (regra no âmbito comunitário: 24 meses), por conta dessa empresa para o território de outro Estado.
O princípio da territorialidade a que obedece o enquadramento obrigatório nos regimes nacionais de segurança social pode sofrer alguns afastamentos quando os Estados unilateralmente estabelecem ou acordam bi ou multilateralmente nesse sentido, ou por estarem em causa interesses relevantes para os trabalhadores, ou por meras razões de ordem pragmática, caso dos destacados: aplicam-se as regras do país de origem, mesmo para Estados sem convenção. (DL 64/93, 05.03)
Ver regras de coordenação aplicáveis no âmbito das convenções bilaterais e dos Regulamentos Comunitários (designadamente face ao princípio da unicidade da legislação aplicável) sempre que estejam presentes elementos de estraneidade (isto é, sempre que um trabalhador deslocando-se de um Estado para outro está em contacto com várias ordens jurídicas potencialmente aplicáveis) em Trabalhadores Migrantes – Regimes de segurança social nos instrumentos de coordenação.
[4] Assinalando que não se trata de actividade agrícola.
[5] Distinguindo-os, assim, dos trabalhadores do serviço doméstico.
Sendo os condomínios considerados entidades sem fins lucrativos (V. Tributação).
[6] Os gerentes de comércio ou comerciais (por exemplo, gerentes bancários), embora sejam representantes comerciais (não autónomos) e como tal estejam sujeitos nessa qualidade ao Direito Comercial, essa representação não tem autonomia, aplicando-se-lhes enquanto participantes de uma relação de trabalho, a legislação do contrato de trabalho, pois são trabalhadores por conta de outrem. Os representantes comerciais autónomos são trabalhadores independentes, caso dos agentes comerciais, concessionários...
[7] Desde Janeiro de 2006. A saber: deputados à Assembleia da República, Provedor de Justiça, eleitos locais, membros do governo, representantes da República, juízes do Tribunal Constitucional. Os deputados ao Parlamento Europeu têm regime próprio – Decisão 2005/684/CE e Euratom, de

- trabalhadores que exercem funções públicas que:
  - sejam titulares de relação jurídica de emprego público, independentemente da modalidade de vinculação, constituída a partir de 1 de Janeiro de 2006; e
  - os demais trabalhadores, titulares de relação jurídica de emprego constituída até 31 de Dezembro de 2005 com entidade empregadora, já então enquadrados no regime geral de segurança social.

b. Trabalhadores excluídos

- destacados em Portugal por outros Estados, mesmo sem convenção que façam prova de enquadramento por regime de protecção social obrigatório do país de origem;[8]
- trabalhadores que exercem funções públicas abrangidos pelo regime especial de protecção social convergente[9] (RPSC)[10]; ou
- os que, podendo fazê-lo, tenham optado pelo regime de protecção social pelo qual estão abrangidos, desde que este seja de inscrição obrigatória.

c. Entidades empregadoras

As pessoas singulares ou colectivas que beneficiem da actividade dos trabalhadores são abrangidas pelo regime geral dos trabalhadores por conta de outrem na qualidade de entidades empregadoras, independentemente da sua natureza e das finalidades que prossigam.

As empresas de trabalho temporário[11] são consideradas entidades empregadoras dos trabalhadores temporários[12].

O fim não lucrativo das entidades empregadoras, qualquer que seja a sua natureza jurídica, não as exclui do âmbito de aplicação do regime geral[13].

28/09/05 (JO L 262, de 7/10/2005) e Decisão da mesa do Parlamento Europeu de 19 de Maio (JO C 159, de 13/07/09).

[8] Para trabalhadores comunitários e de Estados com convenção ver "Trabalhadores Migrantes".

[9] Grupo fechado – antigo regime de protecção social da função pública.

A exclusão respeita exclusivamente à actividade profissional que determina a inscrição no regime de protecção social convergente.

Alguns grupos, embora abrangidos pelo RPSC, mantêm prestações no regime geral como o subsídio de desemprego com contribuições específicas (militares em regime de contrato e de voluntariado, docentes dos ensinos básico e secundário públicos...).

[10] Caso vg. do pessoal em serviço nas embaixadas e consulados no estrangeiro (DL 451/85, 28/10).

[11] Regime das empresas de trabalho temporário – DL 260/2006, 26.09.

[12] Regime do trabalho temporário – relação de trabalho fragmentada (trabalhador/empresa de trabalho temporário/utilizador do trabalho) – arts. 172º e segs. do Código do Trabalho.

[13] Apenas determinando taxa contributiva própria.

2. Identificação de empregadores e trabalhadores

a. Comunicação de admissão de trabalhadores

A admissão dos trabalhadores é obrigatoriamente comunicada, pelas entidades empregadoras[14] à segurança social *online* em www.seg-social.pt, com excepção dos trabalhadores do serviço doméstico, em que aquela pode ser efectuada através de qualquer meio escrito.[15]

A comunicação é efectuada:[16]

- nas 24 horas anteriores ao início da produção de efeitos do contrato de trabalho; ou
- se não puder ser efectuada neste prazo, nas 24 horas seguintes ao início da actividade por razões excepcionais e devidamente fundamentadas, ligadas à celebração de contratos de trabalho de muito curta duração ou à prestação de trabalho por turnos.

Admissão de trabalhador estrangeiro

A entidade empregadora deve exigir os documentos considerados necessários de acordo com a legislação que regula a entrada, permanência, saída e afastamento de estrangeiros do território nacional[17].

---

[14] Ou as empresas de trabalho temporário, se for o caso.
Obviamente sem prejuízo de posterior inserção na declaração de remunerações referente ao mês em que se verificam aquelas admissões.
[15] Para estes efeitos a entidade empregadora solicita ao trabalhador e comunica à segurança social os elementos necessários à sua inscrição e enquadramento.
[16] Há lugar a elementos adicionais no enquadramento do trabalhador do serviço doméstico. Ver regime próprio.
Com a comunicação a entidade empregadora declara à segurança social:
- número de identificação da segurança social (NISS), se o houver;
- data da produção de efeitos do contrato de trabalho;
- modalidade de contrato (contrato de trabalho a termo resolutivo ou sem termo);
- duração dos contratos a termo certo e de muito curta duração;
- remuneração base;
- local do exercício da actividade.
Na comunicação de admissão de trabalhadores incluem-se os seguintes elementos de identificação da entidade empregadora:
- nome e residência ou firma e sede, consoante os casos;
- número de identificação da segurança social (NISS);
- número de identificação fiscal (NIF).
[17] Designadamente a prova de meios de subsistência, no âmbito do Serviço de Estrangeiros e Fronteiras (SEF).
Regime de entrada, permanência, saída e afastamento de estrangeiros do território nacional:

Caso o trabalhador não se encontre identificado no Sistema de Identificação da Segurança Social, é-lhe oficiosamente atribuído o número de identificação da segurança social (NISS) com base nos elementos constantes dos documentos de identificação.

b. Prova de admissão de trabalhadores
As entidades empregadoras são obrigadas a entregar aos trabalhadores admitidos uma declaração contendo o respectivo número de identificação da segurança social (NISS) e número de identificação fiscal (NIF), bem como a data da admissão do trabalhador, ou cópia da comunicação de declaração de admissão[18].

Nos casos em que a admissão seja efectuada no local onde os trabalhadores vão exercer a sua actividade e o mesmo não corresponda a estabelecimento da entidade empregadora, é aceite, como prova da data da admissão, cópia da declaração de admissão.

c. Declaração do trabalhador
Os trabalhadores devem declarar à segurança social:

- o início de actividade profissional;
- a sua vinculação a uma nova entidade empregadora; e
- a duração do contrato de trabalho.[19]

A declaração deve ser apresentada entre a data de celebração do contrato e o final do 2º dia de prestação de trabalho, podendo ser apresentada em conjunto com a declaração da entidade empregadora.

Esta declaração pode determinar, para efeitos de acesso ou de cálculo das prestações de segurança social, a relevância dos períodos de actividade profis-

---

- cidadãos comunitários, do EEE e da Suíça – L 37/2006, 09.08;
- estrangeiros em geral – L 23/2007, 04.07 (alterada pela L 29/2012, 09.08).

[18] Esta obrigação deve considerar-se cumprida, com a entrega ao trabalhador do exemplar do contrato reduzido a escrito, desde que dele constem os elementos referidos.
Nos casos em que a admissão seja efectuada no local onde os trabalhadores vão exercer a sua actividade e o mesmo não corresponda a estabelecimento da entidade empregadora, é aceite, como prova da data da admissão, cópia da declaração.

[19] A declaração contém os seguintes elementos referentes ao trabalhador:
- data de nascimento, naturalidade e residência;
- número de identificação fiscal (NIF);
- modalidade de contrato;
- local do exercício da actividade;

referentes à entidade empregadora:
- nome e residência ou firma e sede, consoante os casos;
- número de identificação fiscal (NIF).

sional não declarados que sejam anteriores ao 1º dia do 6º mês anterior ao da verificação do incumprimento quando se verifique que:
- não tenha sido efectuada pela entidade empregadora a comunicação de admissão do trabalhador;
- não tenha dado entrada a correspondente declaração de remunerações.

Quando esta seja apresentada fora de prazo (para efeitos de acesso ou de cálculo das prestações de segurança social) os períodos de actividade relevam a partir do dia seguinte ao da apresentação da declaração pelo trabalhador.

d. Comunicação de cessação, suspensão e alteração da modalidade do contrato de trabalho

A entidade empregadora é obrigada a declarar à segurança social a cessação, a suspensão do contrato de trabalho e o motivo que lhes deu causa, bem como a alteração da modalidade de contrato de trabalho[20], até ao dia 10 do mês seguinte ao da sua ocorrência, no sítio da Internet da segurança social.[21]

e. Consequências da falta das declarações e comunicações[22]

1) Falta de declarações das entidades empregadoras

• *de admissão de trabalhadores*

Na falta de declaração presume-se que o trabalhador iniciou a prestação de trabalho ao serviço da entidade empregadora faltosa no 1º dia do 6º mês anterior ao da verificação do incumprimento.

No caso de o trabalhador se encontrar a receber prestações de doença ou de desemprego, presume-se que a prestação de trabalho teve início na data em que começaram a ser concedidas as referidas prestações, sendo a entidade empregadora solidariamente responsável pela devolução da totalidade dos montantes indevidamente recebidos pelo trabalhador.

---

[20] Relativamente à Administração Pública releva a alteração da modalidade da relação jurídica de emprego público que possam implicar alterações de taxa contributiva (Vg: mudança de vínculo de contratado para nomeado).

[21] Nos casos de pessoas singulares com apenas um trabalhador ao serviço, as comunicações podem ser efectuadas através de formulário próprio, em suporte de papel, a remeter à segurança social – modelo RV 1011/2011-DGSS.
As comunicações consideram-se feitas sempre que as situações sejam do conhecimento oficioso do sistema de segurança social.

[22] As sanções pecuniárias estabelecidas (pagamento de contribuições eventualmente não devidas ou não contagem de tempo relativamente ao qual houve pagamento de contribuições) não podem deixar de ser consideradas materialmente coimas e assim sujeitas ao procedimento legalmente previsto para as contra-ordenações.

As presunções referidas nos parágrafos anteriores são ilidíveis por prova de que resulte a data em que teve, efectivamente, início a prestação do trabalho.

Constitui contra-ordenação leve quando seja cumprida nas vinte e quatro horas subsequentes ao termo do prazo e constitui contra-ordenação grave nas demais situações.

• *de cessação, suspensão e alteração da modalidade do contrato de trabalho.*[23]

Enquanto não for entregue a declaração presume-se a existência da relação laboral, mantendo-se a obrigação contributiva.

Constitui contra-ordenação leve a não entrega da declaração.

2) Falta da declaração do trabalhador

A falta da declaração desde que não tenha dado entrada a correspondente declaração de remunerações. determina, para efeitos de acesso ou de cálculo das prestações de segurança social, a irrelevância dos períodos de actividade profissional não declarados que sejam anteriores ao 1º dia do 6º mês anterior ao da verificação do incumprimento.

3. Inscrição[24] de empregadores e de trabalhadores e enquadramento de trabalhadores

Quem deve ser inscrito

- as entidades empregadoras que beneficiem da actividade profissional dos trabalhadores.
- os trabalhadores e equiparados abrangidos.

a. Entidades empregadoras

A inscrição é feita oficiosamente:

- através dos elementos emitidos pela Administração Fiscal
  • na data da participação de início do exercício de actividade;
  • na data da sua constituição no regime especial de constituição imediata de sociedades e associações, ao regime especial de constituição *online* de sociedades ou à criação imediata de representações permanentes em Portugal de entidades estrangeiras[25];

---

[23] As comunicações consideram-se feitas sempre que as situações em causa sejam do conhecimento oficioso do sistema de segurança social.
[24] Para inscrição retroactiva ver Pagamento voluntário de contribuições prescritas (V. Infra).
[25] Entidades empregadoras criadas pelos regimes especiais de constituição, designadamente:
– imediata de sociedades – "empresa na hora" – DL 111/2005, 08.07.

- na data da admissão do primeiro trabalhador a inscrição das pessoas singulares já com actividade anterior (por exemplo como trabalhador independente) que passem a beneficiar da actividade profissional de terceiros, prestada em regime de contrato de trabalho;
- pela comunicação dos serviços de registo[26] – entidades empregadoras cuja inscrição no registo comercial ou, tratando-se de entidade não sujeita a registo comercial obrigatório, no ficheiro central de pessoas colectivas;
- com base em acções de inspecção ou de fiscalização – entidades irregularmente constituídas[27] que tenham trabalhadores ao seu serviço.

A inscrição da entidade empregadora no sistema previdencial é efectuada com base no respectivo número de identificação da segurança social (NISS).[28]

Os efeitos da inscrição reportam-se:

– das representações permanentes em Portugal de entidades estrangeiras – "sucursal na hora" – DL 73/2008, 16/04.
– imediata de associações- "associações na hora" – L 40/2007, 24.08; e
– *online* de sociedades comerciais e civis sob forma comercial – "empresa *online*" – DL 125/2006, 29.06.
O que não prejudica o dever de os interessados fornecerem às instituições de segurança social os elementos necessários à comprovação de qualquer das situações referidas nos casos em que, excepcionalmente, tais elementos não possam ser obtidos oficiosamente ou suscitem dúvidas, nos termos do dever geral de colaboração (art. 4º do D Reg 1-A/2011, 03.01).

[26] Nos termos do art. 72º-A do Código do Registo Comercial (versão do DL 122/2009, 21,05).
Nos termos do art. 11º-A do Regime do Registo Nacional de Pessoas Colectivas (versão do DL 122/2009, 21.05).
[27] Com vícios de forma ou de substância.
[28] Os elementos de identificação necessários à inscrição das entidades empregadoras são, designadamente, os seguintes:
– nome, firma e natureza jurídica;
– NIF;
– sede, direcção efectiva, domicílio profissional ou residência, denominação e localização dos estabelecimentos, classificação da actividade da sede e dos estabelecimentos e endereço para correspondência;
– identificação dos responsáveis pela administração ou gerência.
No caso de a entidade empregadora ser uma pessoa singular, são ainda necessários os seguintes elementos:
– data de nascimento;
– naturalidade;
– nacionalidade;
– sexo;
– estado civil;
– número do documento de identificação civil.

- relativamente a pessoas colectivas, à data do início do exercício de actividade declarada para efeitos fiscais, sendo esta data ilidível, mediante a apresentação de prova documental em contrário;
- relativamente a pessoas singulares, à data do início do exercício da actividade do primeiro trabalhador.

b. Trabalhadores

Após a comunicação de admissão de trabalhadores, pelas entidades empregadoras, a segurança social procede à inscrição dos trabalhadores que não se encontrem já inscritos.

A inscrição reporta-se à data do início do exercício de actividade profissional.

c. Enquadramento dos trabalhadores

Pelo enquadramento a segurança social, face às características do exercício da actividade profissional remunerada em causa, oficiosamente define o regime de segurança social aplicável à situação concreta, tendo em conta, se for o caso, as diferentes categorias ou situações especiais em que o trabalhador está integrado[29].

Sempre que ocorra em relação à mesma pessoa mais do que um enquadramento (por exercer várias actividades susceptíveis de serem enquadradas por diferentes situações), estes são efectuados por referência ao mesmo NISS.

Enquadramento supletivo e suprimento oficioso[30]

No caso de não apresentação das declarações pela entidade empregadora e pelo trabalhador, o enquadramento pode ser promovido:

- pela instituição competente, por sua iniciativa – suprimento oficioso – que deve resultar do recurso a dados de que disponha no seu sistema de informação, nos sistemas de informação fiscal ou da justiça ou decorrente de acção de fiscalização; ou

---

[29] Critérios de que resultam situações relevantes, legalmente enumeradas: (art. 56º do CRC)
- redução do âmbito material do regime geral;
- prossecução de actividades por entidades sem fins lucrativos;
- sectores de actividade economicamente débeis;
- adopção de medidas de estímulo ao aumento de postos de trabalho;
- adopção de medidas de estímulo ao emprego relativas a trabalhadores que, por razões de idade, incapacidade para o trabalho ou de inclusão social sejam objecto de menor procura no mercado de trabalho;
- inexistência de entidade empregadora.

[30] Não se aplica nos casos em que a obrigação contributiva se encontre extinta por prescrição.

– a solicitação de qualquer familiar interessado na concessão de prestações no caso de impedimento do trabalhador. Neste caso a comunicação é acompanhada de documento comprovativo do impedimento do trabalhador e de cópia do contrato de trabalho, de recibo de vencimento ou de qualquer outro documento idóneo que comprove a relação laboral.

d. Competência para proceder à inscrição e enquadramento

• Inscrição e enquadramento de trabalhadores por conta de outrem

Compete

- continente – aos serviços do ISS, IP; ou
- aos serviços da segurança social das regiões autónomas em cujo âmbito territorial se situe a sede ou o estabelecimento da entidade empregadora.

Compete ao ISS, IP proceder à inscrição e enquadramento dos trabalhadores não residentes em Portugal.

• Inscrição de entidades empregadoras

A entidade de segurança social competente é, conforme o local de trabalho:

- o Instituto da Segurança Social, I. P., se o local de trabalho for no território continental;
- o Instituto da Segurança Social dos Açores, se o local de trabalho for na Região Autónoma dos Açores;
- o Instituto de Segurança Social da Madeira, se o local de trabalho for na Região Autónoma da Madeira.

e. Nulidade de enquadramento

É nulo o enquadramento de trabalhadores que tenha resultado de falsas declarações prestadas pelo contribuinte, nomeadamente por não ser verdadeira a relação laboral comunicada.

4. Síntese dos deveres da entidade empregadora[31]

Em termos de identificação/inscrição as entidades empregadoras são obrigadas a:

---

[31] Obviamente para além dos deveres de entrega da declaração de remunerações e de efectuar o pagamento regular das contribuições e quotizações descritas no capítulo seguinte "tributação".

a. comunicar aos serviços da segurança social:
   1) admissão de novos trabalhadores (2.a);
   2) cessação, suspensão e respectivo motivo e alteração da modalidade de trabalho até ao dia 10 do mês seguinte ao da sua ocorrência (2.d);
   3) alteração de elementos de identificação, o início, a suspensão ou a cessação da sua actividade, se os elementos não puderem ser obtidos oficiosamente ou suscitem dúvidas e após notificação da segurança social não os apresentem no prazo de 10 dias úteis;
b. entregar uma declaração aos trabalhadores (2.b).

Capítulo II
Tributação – Obrigação Contributiva
Contribuições e Quotizações

1. Noção e natureza jurídica[1]

Quer a doutrina[2], quer a jurisprudência[3], quer a lei[4] vêm considerando as relações contributivas de segurança social como relações jurídico-tributárias dada

---

[1] No "conceito legal" (?) "as contribuições e as quotizações são prestações pecuniárias destinadas à efectivação do direito à segurança social" (art. 12º do CRC).
No domínio do seguro social caracterizado pela existência de um plano de prestações e um plano de financiamento como garante de equilíbrio e autonomia financeiras, as prestações e as contraprestações têm de reflectir uma preocupação de rigor financeiro (aliás nos termos do art. 54º da Lei nº 4/2007, 16/01). As intervenções decorrentes especificamente das funções sociais do Estado, essas, exteriores à técnica de seguro e dependentes apenas da generosidade do Estado (ou dos Governos), devem situar-se a jusante da intervenção assegurativa institucional dotadas dos instrumentos financeiros que lhe são próprias (o imposto) e sem confusões ou promiscuidades financeiras.
Nesta perspectiva, a noção de contribuições para a segurança social *lato sensu* não poderá deixar de corresponder à de prémio que as seguradoras cobram como preço do risco que assumem, isto é, trata-se do custo do seguro social legalmente imposto quer às entidades empregadoras com fundamento na transferência de riscos de responsabilidade objectiva pela "utilização da força de trabalho" e para os seguros diferidos na garantia de um salário diferido (divisão do rendimento global, o directo e o indirecto, pela vida inteira), quer aos trabalhadores como poupança forçada (quotização).
Por se tratar do pagamento de um serviço com contrapartidas legalmente determinadas – a transferência da responsabilidade dos riscos sociais – as contribuições terão nas duas situações a natureza de taxa e não de imposto; o pagamento de um prémio de seguro obrigatório no caso de seguro por conta de outrem determinado, mesmo suportado pelo tomador de seguro (seguro de grupo contributivo, seguro automóvel na venda com reserva de propriedade) nunca poderá ser entendido como um imposto. Posição aliás próxima da do Prof. Doutor Alberto Xavier para quem se trata de "prémio de seguro de direito público".
[2] Designadamente Jorge Lopes de Sousa em "Sobre a Prescrição da Obrigação Contributiva", pág 118.
[3] Entre outros arestos o Acórdão do TC 404/2016 – consideradas *"tertium genus"* relativamente a taxas e contribuições (ponto 9) mas sem aplicação dos princípios tributários gerais.
[4] Designadamente a Lei Geral Tributária no seu art. 1º.

a qualificação das contribuições como tributos parafiscais e, assim, subsidiariamente regulados pela legislação tributária em geral, designadamente a Lei Geral Tributária (LGT).

2. Obrigação contributiva

A obrigação contributiva compreende a declaração dos tempos de trabalho, das remunerações devidas aos trabalhadores e o pagamento regular de contribuições da responsabilidade das entidades empregadoras e de quotizações da responsabilidade dos trabalhadores[5].

As contribuições e quotizações reportam-se a meses civis.

a. Início e vencimento

A obrigação contributiva constitui-se com o início do exercício de actividade profissional pelos trabalhadores ao serviço das entidades empregadoras, e vence-se no último dia de cada mês de calendário[6].

b. Autoliquidação

A liquidação é o acto de definição do direito e da obrigação de contribuir de uma pessoa em concreto para com uma instituição em concreto, mediante a aplicação da lei aos factos nela previstos[7].

---

[5] A divisão contribuição/quotização, foi objecto das sucessivas leis da segurança social: instituída pela Lei nº 17/2000, 08/08 (art. 61º), foi mantida pelas Leis nº 32/2002, 20/12 (art. 46º) e nº 4/2007, 16/01 (nomeadamente, arts. 57º e 92º). Esta distinção apenas justificada e aplicável quando há fragmentação da obrigação tributária – trabalhadores por conta de outrem e equiparados (Moe's, clero...) – foi no CRC incorrectamente usada para considerar a tributação dos trabalhadores independentes, do seguro social voluntário e até do pagamento voluntário como contribuições. Ora, nesta classificação, os valores pagos em benefício dos próprios não podem caber senão nas quotizações.

De notar, por outro lado, que o legislador continua a empregar a expressão contribuições no sentido lato, por exemplo no nº 2 do art. 266º do CRC "contribuições do beneficiário". O que aliás também sucede na tipificação do crime de abuso de confiança contra a segurança social – art. 107º do RGIT.

Com esta reserva ao longo da obra vamos usar as expressões legais.

[6] Nº 2 do art. 38º do CRC. Podendo afirmar-se que a obrigação legal de pagar pelo contribuinte e o direito de receber pela instituição já existem antes da liquidação.

[7] A liquidação *lato sensu* pode ser:

• liquidação *stricto sensu* – efectuada por particulares – regra, podendo esta ser:
– autoliquidação – efectuada pelas entidades empregadoras;
– liquidação em substituição por terceiros;

• liquidação administrativa – na falta da liquidação *stricto sensu*, oficiosamente promovida pela segurança social (sujeita ao prazo de caducidade de 4 anos).

Cabe à entidade empregadora[8] o dever legal de efectuar por si todo o acto de aplicação da lei aos factos que originam as contribuições e as quotizações – a *autoliquidação*[9] – compreendendo:

- determinação (quantitativa) do valor e natureza da remuneração (qualitativa) sobre que incide – incidência;
- aplicação das normas legais que definem as taxas e a base de incidência sobre que recaem;
- apuramento aritmético – liquidação *stricto sensu*;
- por remessa ou entrega dos elementos informativos sobre a realidade sobre que incidem as contribuições, tempo de trabalho e remunerações devidas aos trabalhadores – a declaração de remunerações;
- pagamento espontâneo, incluindo as importâncias devidas pela retenção das contribuições dos trabalhadores[10], nos locais e pelos modos previstos[11].

c. Cessação
A obrigação contributiva cessa no mês da cessação da actividade.

3. Base de incidência contributiva
Por base de incidência contributiva deve entender-se o montante do rendimento efectivo de trabalho (remunerações) passível de tributação para a segurança social, objecto de declaração e lançamento na conta do beneficiário, de cujo produto pelas taxas contributivas resulta o montante das contribuições e das quotizações a pagar à segurança social.

A base de incidência pode ser:

- efectiva[12] – o valor da remuneração ilíquida da actividade exercida (determinada pelo volume do rendimento de trabalho); ou
- convencional – valor fixado normativamente com referência ao IAS[13].

---

[8] Entidade empregadora ou à empresa de trabalho temporário, se for o caso.
[9] Se houver retardamento de liquidação parece dever pôr-se a hipótese da obrigação de juros compensatórios próprios da relação jurídico-tributária, nos termos do art. 35º da LGT.
[10] Quer tenha efectuado a retenção ou não. Isto é: só ao contribuinte podem ser judicialmente exigidas em caso de incumprimento e sem direito de regresso relativamente ao trabalhador. Embora sejam os trabalhadores os sujeitos passivos funciona aqui a substituição tributária.
[11] Ver pagamento e contribuições (infra).
[12] É designada na lei de incidência real. Preferimos a expressão de *incidência efectiva* por paralelismo com *remuneração efectiva*, expressão que, aliás, o legislador não abandonou, usada, por exemplo, no regime dos praticantes desportivos profissionais ou dos trabalhadores do serviço doméstico.
[13] Indexante dos apoios sociais: € 421,32 (2017).

a. Delimitação qualitativa da base de incidência efectiva

Para efeitos de delimitação da base de incidência contributiva consideram-se rendimento de trabalho (remunerações) as prestações pecuniárias[14] ou em espécie[15] que, nos termos do contrato de trabalho, das normas que o regem ou dos usos[16], são devidas pelas entidades empregadoras aos trabalhadores como contrapartida do seu trabalho[17].

Prestações que integram a base de incidência contributiva

Designadamente[18],[19]:

- remuneração base, em dinheiro ou em espécie[20];
- diuturnidades e outros valores estabelecidos em função da antiguidade dos trabalhadores ao serviço da respectiva entidade empregadora;
- comissões, bónus e outras prestações de natureza análoga;
- prémios[21] de rendimento, de produtividade, de assiduidade, de cobrança, de condução, de economia e outros de natureza análoga que tenham carácter de regularidade;

---

[14] Ilíquidas, dentro dos limites contributivos máximo e mínimo, se existirem.

[15] A equivalência pecuniária das remunerações em espécie para efeitos de determinação da sua incidência contributiva, designadamente em géneros, utilização de habitação, empréstimos sem juros ou taxa de juro reduzida, ganhos de mercados de valores mobiliários, uso ou aquisição de viatura automóvel faz-se nos termos previstos no art. 24º do CIRS.

[16] Regularidade e permanência que resultam em "uso retributivo" (Lobo Xavier).

[17] Com "sinalagma contratual".
Quer as ajudas de custo, quer os abonos para falhas, quer o trabalho suplementar e nocturno escapam à noção de contrapartida do trabalho. (V. *"Direito do Trabalho"*, Ed. Almedina, 6ª edição, Pedro Romano Martinez, pág 538).

[18] Como se entende, é uma norma aberta – a enumeração é exemplificativa; não taxativa. Na verdade, integram ainda a base de incidência contributiva, além das prestações enunciadas, todas as que sejam atribuídas ao trabalhador, com carácter de regularidade, em dinheiro ou em espécie, directa ou indirectamente como contrapartida da prestação do trabalho. Cf. presunção retributiva do nº 3 do art. 258º do CT.
Considera-se que uma prestação reveste *carácter de regularidade* quando constitui direito do trabalhador, por se encontrar pré-estabelecida segundo critérios objectivos e gerais, ainda que condicionais, por forma que este possa contar com o seu recebimento e a sua concessão tenha lugar com uma frequência igual ou inferior a cinco anos.

[19] Têm regime próprio: os praticantes desportivos profissionais, os membros dos órgãos estatutários e os profissionais de artes do espectáculo e do audiovisual (V.).

[20] À remuneração em espécie é atribuído um valor, nos termos do art. 24º do CIRS, sempre que não sejam fixados valores superiores em instrumento de regulamentação colectiva de trabalho.
A alimentação em espécie segue o regime do subsídio de refeição – ver *nota 24*.

[21] Como atribuições pecuniárias directas.
Realidade completamente distinta são os prémios pagos às seguradoras por apólices como custo da transferência de encargos sociais complementares (complementos de prestações) que, nesta

- remuneração pela prestação de trabalho suplementar[22];
- remuneração por trabalho nocturno;
- remuneração correspondente ao período de férias a que o trabalhador tenha direito;
- subsídios de Natal, de férias, de Páscoa e outros de natureza análoga;
- subsídios por penosidade, perigo ou outras condições especiais de prestação de trabalho;
- subsídios de compensação[23] por isenção de horário de trabalho ou situações equiparadas;
- valores dos subsídios de refeição, atribuídos em dinheiro que excedam o montante do mesmo subsídio na Administração Pública ou se atribuídos em títulos de refeição que excedam o montante do mesmo subsídio na Administração Pública acrescido de 60%[24];
- subsídios de residência, de renda de casa e outros de natureza análoga, que tenham carácter de regularidade;
- valores efectivamente devidos a título de despesas de representação[25] desde que se encontrem pré-determinados e dos quais não tenham sido prestadas contas até ao termo do exercício[26];

qualidade, não podem ser considerados como base de incidência, como não o são os próprios complementos que daí decorrerem. (V. nota 47).

[22] Nos termos do art. 126º do CT, é o trabalho prestado fora do horário de trabalho, compreendendo o trabalho em dias de descanso semanal ou em dias feriados.

[23] "Retribuição" nos termos do art. 265º do CT.

[24] Subsídios de refeição isentos com referência ao valor do subsídio de refeição da Administração Pública (valor do subsídio em 2017: Jan a Jul – € 4,52, a partir de Agosto – €4,77) nos termos do ponto 2) da alínea b) do nº 3 do art. 2º do CIRS, nos seguintes valores:

Ano	Em numerário	Em vales de refeição
2011	€ 6,41 (n+50%)	€ 7,26 (n+70%)
2012	€ 5,12 (n+20%)	€ 6,83 (n+60%)
2013 a 2016	€ 4,27 (= n)	€ 6,83 (n+60%)
2017	Jan a Jul € 4,52 Ago e segs. € 4,77	€ 7,23 (n+60% € 7,63 (n+60%

Em que *n* é o valor do subsídio de refeição da Administração Pública.

[25] Considerando-se como tal, nomeadamente, as despesas suportadas com recepções, refeições, viagens, passeios e espectáculos oferecidos no País ou no estrangeiro a clientes ou fornecedores ou ainda a quaisquer outras pessoas ou entidades. (art. 88º, nº 7 do CIRC)

[26] Desde 2013. Teve período transitório (2011 e 2012) mais favorável.

A predeterminação já era requisito de exclusão de base de incidência: as despesas deviam ser previamente fixadas e ajustadas às funções que o trabalhador efectivamente desempenhava, em instrumento adequado no sentido de prevenir a subtracção de valores remuneratórios sujeitos a incidência a que fosse indevidamente dada esta designação. Agora acresce que, se o trabalhador

- gratificações, pelo valor total atribuído, devidas por força do contrato ou das normas que o regem, ainda que a sua atribuição esteja condicionada aos bons serviços dos trabalhadores, bem como as que, pela sua importância e carácter regular e permanente, devam, segundo os usos, considerar-se como elemento integrante da remuneração;
- importâncias atribuídas a título de ajudas de custo, abonos de viagem, despesas de transporte e outras equivalentes que excedam os limites legais ou quando não sejam observados os pressupostos da sua atribuição aos servidores do Estado[27-28];
- valores dos abonos para falhas que exceda 5% da remuneração mensal fixa;[29-30]
- despesas resultantes da utilização pessoal pelo trabalhador de viatura automóvel que gerem encargos para a entidade empregadora[31-32];

não fizer prova (prestado contas) de ter efectivamente despendido o valor total anual que lhe foi atribuído, o remanescente é tributado, devendo esse valor ser incluído em declaração de remunerações que englobe o ano inteiro do exercício (por exemplo, Dezembro).

[27] Desde 2013. Teve período transitório (2011 e 2012) mais favorável.
Valores fixados por portaria (Port nº 1553-D/2008, de 31/12, com a redução do DL 137/2010, de 28/12, com a alteração da L 66-B/2012, de 30/12).
Montantes da tabela da Administração Pública relevantes (Circ. da DGCI nº 12/91, de 6 de Maio):

	Deslocações em território nacional (desde 2012)	Deslocações ao estrangeiro 2012	Desde 2013
Membros de órgãos societários	€ 69,19	€ 133,66	€ 100,24
Trabalhadores	€ 50,20	€ 119,13	€ 89,35

Despesas de transporte (AP) em automóvel próprio – € 0,36/Km;
[28] O limite legal pode ser acrescido até 50%, desde que o acréscimo resulte de aplicação, de forma geral por parte da entidade empregadora, de instrumento de regulamentação colectiva de trabalho. Considera-se que um instrumento de regulamentação colectiva de trabalho é aplicado de forma geral sempre que a entidade empregadora obedeça a um mesmo critério de aplicação relativamente a todos os trabalhadores por ele abrangidos.
[29] Desde 2013. Teve período transitório (2011 e 2012) mais favorável.
[30] O limite legal pode ser acrescido até 50%, desde que o acréscimo resulte de aplicação, de forma geral por parte da entidade empregadora, de instrumento de regulamentação colectiva de trabalho. Considera-se que um instrumento de regulamentação colectiva de trabalho é aplicado de forma geral sempre que a entidade empregadora obedeça a um mesmo critério de aplicação relativamente a todos os trabalhadores por ele abrangidos.
[31] Desde 2013. Teve período transitório (2011 e 2012) mais favorável.
[32] Considera-se que a viatura é para uso pessoal sempre que tal se encontre previsto em acordo escrito entre o trabalhador e a entidade empregadora do qual conste:
a) a afectação, em permanência, ao trabalhador de uma viatura automóvel concreta;
b) que os encargos com a viatura e com a sua utilização sejam integralmente suportados pela entidade empregadora;

- despesas de transporte, pecuniárias ou não, suportadas pela entidade empregadora para custear as deslocações (casa-trabalho; trabalho-casa) em benefício dos trabalhadores, na medida em que estas não se traduzam na utilização de meio de transporte disponibilizado pela entidade empregadora ou em que excedam o valor de passe social ou, na inexistência deste, o que resultaria da utilização de transportes colectivos, desde que quer a disponibilização daquele quer a atribuição destas tenha carácter geral[33];
- valores correspondentes às retribuições a cujo recebimento os trabalhadores não tenham direito em consequência de sanção disciplinar;
- compensação por cessação do contrato de trabalho por acordo na parte que exceda o valor correspondente a uma vez e meia o valor médio das remunerações regulares[34], apenas nas situações com direito a prestações de desemprego;[35-36-37]

c) menção expressa da possibilidade de utilização para fins pessoais ou da possibilidade de utilização durante vinte e quatro horas por dia e o trabalhador não se encontre sob o regime de isenção de horário de trabalho.
Considera-se ainda que a viatura é para uso pessoal sempre que no acordo escrito seja afecta ao trabalhador, em permanência, viatura automóvel concreta, com expressa possibilidade de utilização nos dias de descanso semanal.
Esta componente não constitui base de incidência nos meses em que o trabalhador preste trabalho suplementar em pelo menos dois dos dias de descanso semanal obrigatório ou em quatro dias de descanso semanal obrigatório ou complementar.
O valor mensal sujeito a incidência contributiva corresponde a 0,75% do custo de aquisição da viatura.

[33] Desde 2013. Teve período transitório (2011 e 2012) mais favorável.

[34] Diferença entre o valor da compensação e o valor médio das remunerações regulares com carácter de retribuição sujeitas a IRS auferidas nos últimos 12 meses multiplicado pelo número de anos de actividade. Porém, se entretanto, for celebrado novo contrato de trabalho com a mesma entidade nos 24 meses seguintes à cessação de contrato por acordo que deu lugar a compensação, e a situação de cessação de acordo se repetir, o valor tributável é, então, a totalidade do valor da compensação. Para membros de órgãos estatutários por cessação de contrato de administração, o valor tributável é a totalidade da compensação – alínea a) do nº 4 do art. 2º do CIRS.

[35] Desde 2013. Teve período transitório (2011 e 2012) mais favorável.
Compensação – alínea a do nº 4 do art. 2º, nº 4, a) do CIRS.
Situações com direito a subsídio de desemprego – reestruturação da empresa, viabilização ou recuperação da empresa ou esta se encontrar em situação económica difícil (art. 10º DL 220/2006, 3/11).

[36] O limite legal pode ser acrescido até 50%, desde que o acréscimo resulte de aplicação, de forma geral por parte da entidade empregadora, de instrumento de regulamentação colectiva de trabalho. Considera-se que um instrumento de regulamentação colectiva de trabalho é aplicado de forma geral sempre que a entidade empregadora obedeça a um mesmo critério de aplicação relativamente a todos os trabalhadores por ele abrangidos.

[37] Os valores sujeitos a incidência contributiva relevam para efeitos de registo de remunerações do trabalhador nos seguintes termos:
a) No último mês de vigência do contrato de trabalho que cessou;

- importâncias auferidas pela utilização de automóvel próprio em serviço da entidade empregadora que exceda os limites legais da Administração Pública[38-39];
- honorários (de trabalho independente) por acumulação de actividade por conta de outrem com actividade profissional independente na mesma empresa[40];
- compensação retributiva do contrato intermitente[41];
- remunerações referentes a férias pagas e não gozadas por cessação do contrato de trabalho[42];
- valor mensal atribuído pela entidade empregadora ao trabalhador em 'vales de transportes públicos colectivos'.

Prestações excluídas da base de incidência[43]

Não integram a base de incidência contributiva[44]:

- prestações compensatórios pela não concessão de férias[45] ou de dias de folga[46];
- importâncias atribuídas a título de complemento de prestações do regime geral de segurança social[47];

---

b) No 1º mês de vigência do contrato de trabalho que inicia, sempre que o trabalhador celebre novo contrato de trabalho com a mesma entidade empregadora que determine a tributação de toda a importância recebida para efeitos de imposto sobre o rendimento das pessoas singulares.

[38] Desde 2013. Teve período transitório (2011 e 2012) mais favorável.
Valores fixados por portaria (Port 1553-D/2008, 31.12, com a redução do DL 137/2010, 28.12).

[39] Isento até € 0,36/Km. O limite legal pode ser acrescido até 50%, desde que o acréscimo resulte de aplicação, de forma geral por parte da entidade empregadora, de instrumento de regulação colectiva de trabalho. Considera-se que um instrumento de regulamentação colectiva de trabalho é aplicado de forma geral sempre que a entidade empregadora obedeça a um mesmo critério de aplicação relativamente a todos os trabalhadores por ele abrangidos.

[40] Arts. 129º e 130º do CRC.

[41] Valor da compensação retributiva é estabelecido em instrumento de regulamentação colectiva de trabalho (IRCT) ou na sua falta 20% da retribuição base (nº 1 do art. 160º do CT).

[42] Desp. 129/SESS/91, 25.11 (DR, II, 17.12).

[43] Para praticantes desportivos profissionais ver regime próprio.

[44] Teve período transitório mais favorável: (art. 277º do CRC)
- 2011 – 67% dos valores remuneratórios abrangidos pelo regime da progressividade;
- 2012 – 34% dos valores remuneratórios abrangidos pelo regime da progressividade.

[45] Nº 5 do art. 238º CT (ou em IRCT) e pelas férias não gozadas – arts. 245º e 246º do mesmo CT.

[46] Previsto em instrumento de regulamentação colectiva de trabalho.

[47] Os prémios que as entidades empregadoras suportam por transferência destes encargos (valor das apólices) devem ser considerados isentos por identidade de razão. (*V. nota 21*)

- subsídios concedidos a trabalhadores para compensação de encargos familiares, nomeadamente os relativos à frequência de creches, jardins-de-infância, estabelecimentos de educação, lares de idosos e outros serviços ou estabelecimentos de apoio social;
- subsídios eventuais destinados ao pagamento de despesas com assistência médica e medicamentosa do trabalhador e seus familiares[48];
- valores correspondentes a subsídios de férias, de Natal e outros análogos relativos a bases de incidência convencionais[49];
- valores das refeições tomadas pelos trabalhadores em refeitórios das respectivas entidades empregadoras;
- importâncias atribuídas ao trabalhador a título de indemnização, por força de declaração judicial da ilicitude do despedimento[50];
- compensação por cessação do contrato de trabalho no caso de despedimento colectivo, por extinção do posto de trabalho, por inadaptação, por não concessão de aviso prévio, por caducidade e por resolução por parte do trabalhador[51];
- indemnização paga ao trabalhador pela cessação, antes de findo o prazo convencional, do contrato de trabalho "a prazo"[52];
- importâncias referentes ao desconto concedido aos trabalhadores na aquisição de acções da própria entidade empregadora ou de sociedades dos grupos empresariais da entidade empregadora[53];
- montantes atribuídos aos trabalhadores a título de participação nos lucros da empresa[54];
- importâncias suportadas pelas entidades empregadoras com a aquisição de passes sociais a favor dos seus trabalhadores desde que a atribuição dos mesmos tenha carácter geral[55];

---

[48] Obviamente também os valores dos prémios dos seguros de saúde suportados pelas entidades empregadoras.
[49] Vg: Trabalhadores do serviço doméstico, contratados em trabalho de muito curta duração, membros das igrejas, agrícolas indiferenciados (grupo fechado)...
[50] Arts. 389º e segs. do CT.
[51] Arts. 344º a 347º, 366º, 372º, 379º, 401º e 344º a 347º e 396º do CT.
[52] Trata-se do contrato de trabalho a termo resolutivo, certo ou incerto – arts. 139º e 393º CT.
[53] Para grupos empresariais ver arts. 488º e segs. do CSC.
[54] Mesmo que ao trabalhador não esteja assegurada pelo contrato uma remuneração certa, variável ou mista adequada ao seu trabalho. Na verdade, como remuneração de capital, se se pretender atribuir aos trabalhadores não titulares de capital da sociedade, trata-se de verdadeiros prémios (passíveis de contribuições se...), salvo deliberação da assembleia geral inequívoca no sentido da atribuição a título de participação nos lucros (nº 2 do art. 24º do CIRC).
[55] Alínea d) do nº 8 do art. 2º do CIRS.

- valores despendidos obrigatória ou facultativamente pela entidade empregadora com aplicações financeiras, a favor dos trabalhadores, designadamente seguros do ramo «Vida»[56], fundos de pensões e planos de poupança reforma ou quaisquer regimes complementares de segurança social, mesmo que sejam objecto de resgate, adiantamento, remição ou qualquer outra forma de antecipação de correspondente disponibilidade ou em qualquer caso de recebimento de capital antes da data da passagem à situação de pensionista, ou fora dos condicionalismos legalmente definidos[57];
- prestações relacionadas com o desempenho obtido pela empresa quando, quer no respectivo título atributivo quer pela sua atribuição regular e permanente, revistam carácter estável independentemente da variabilidade do seu montante;
- parcelas de valores (não tributadas em IRS) por não excederem determinados montantes a partir dos quais constituem base de incidência, a saber:
  i) subsídios de refeição atribuídos em dinheiro, até ao montante do mesmo subsídio na Administração Pública e em títulos de refeição até ao montante do mesmo subsídio na Administração Pública acrescido de 60%[58];
  ii) ajudas de custo até ao valor praticado pela Administração Pública;[59]
  iii) abono para falhas, até 5% da remuneração mensal fixa;
  iv) compensação por cessação do contrato de trabalho até ao valor correspondente a uma vez e meia o valor médio das remunerações regulares com carácter de retribuição;
  v) utilização de automóvel próprio até ao valor praticado pela Administração Pública.

Valores limite mínimos e máximos

Os valores remuneratórios a considerar como base de incidência podem ser delimitados quantitativamente por importâncias fixadas por lei (reportadas ao IAS)[60]:

---

[56] No actual regime do contrato de seguro (DL 72 2008, 16.04):"pessoas" por contraposição a danos.
[57] Regime idêntico tem a base de incidência específica quer dos praticantes desportivos profissionais (nº 3 do art. 76º do CRC) quer dos profissionais de artes do espectáculo e do audiovisual (art. 21º C da L 4/2008, 07.02).
[58] V. *nota 24*.
[59] V. *nota 27*.
[60] Ver regimes próprios dos trabalhadores independentes e do seguro social voluntário.

- num limite mínimo – *plancher* contributivo (1 IAS) – tributando-se nesse quantitativo mesmo que o rendimento de trabalho seja inferior (praticantes desportivos profissionais, membros de igrejas, associações ou confissões religiosas e membros dos órgãos estatutários das pessoas colectivas);
- num limite máximo – *plafond* contributivo – sendo irrelevante que o rendimento efectivo se situe acima desse quantitativo (vg: membros de igrejas, associações ou confissões religiosas, 8 IAS por opção).[61]

b. Base de incidência convencional[62]

A base de incidência convencional é independente do valor da remuneração a que o trabalhador tem direito, sendo reportada ao indexante dos apoios sociais (IAS) (trabalhadores do serviço doméstico[63], com contrato de trabalho de muito curta duração e membros de igrejas, associações ou confissões religiosas).

O valor da remuneração convencional é actualizado, dado o aumento do IAS por lei, no 1º dia do mês seguinte ao da publicação do diploma que procede ao referido aumento[64].

4. Taxas contributivas em geral

A aplicação da taxa contributiva às remunerações que constituem base de incidência contributiva determina o montante das contribuições e das quotizações.

a. Globais

Consiste num valor percentual, modulado por grupos e diferenciado por entidade empregadora e trabalhador, cujo produto pela base de incidência corresponde ao valor da contribuição a pagar.

A taxa contributiva global do regime geral dos trabalhadores por conta de outrem, correspondente ao elenco da totalidade das eventualidades protegidas é de 34,75%, cabendo 23,75% ao empregador[65] e 11% ao trabalhador.[66]

As taxas contributivas aplicáveis a categorias de trabalhadores ou a situações específicas são fixadas por referência ao custo de protecção social de cada

---

[61] Também: trabalhadores independentes – 12 IAS; seguro social voluntário – 8 IAS.
[62] Ver regimes próprios dos trabalhadores independentes e do seguro social voluntário.
[63] Pode ser efectiva.
[64] Vg: publicação em Janeiro, produção de efeitos nos valores de Fevereiro a pagar em Março.
[65] Redução temporária de 0,75% por trabalhador com RMMG – de Nov 2014 a Dez 2015 (DL 154/2014, 20/10).
[66] Evolução da taxa contributiva desde os anos 60 – regime geral dos trabalhadores por conta de outrem

uma das eventualidades garantidas, tendo em conta as parcelas que compõem o custo[67].

Datas das alterações	Diplomas legais	Trabalhador Dif.	Trabalhador Taxa	Empregador Dif.	Empregador Taxa	Total
Até Jun 1970	(Estatutos das caixas) (e)		5,5%		15%	20,5%
Jul 1970	DL 277/70, 17/06 (b)	+ 1%	6,5%	+ 2%	17%	23,5%
Jan 1977	DL 29/77, 20/01 (art. 1º)	+ 1%	7,5%	+ 2%	19%	26,5%
Jan 1980	DL 513-M/79, 26/12 (art. 11º)	+ 0,5%	8%	+ 1,5%	20,5%	28,5%
Out 1981	PORT 770/81, 8/09 (a)	-	8%	+ 0,5%	21%	29%
Out 1986	DL 140-D/86, 14/06 (arts. 1º e 2º) (c)	+ 3%	11%	+ 3,5%	24,5%	35,5%
Jan 1995	L 39-B/94, 27/12 (art. 11º) (d)	-	11%	- 0,75%	23,75%	34,75%
	DL 199/99, 08/06 (art. 3º) – Set 1999		11%		23,75%	34,75%
	CRC (art. 53º) – Jan 2011		11%		23,75%	34,75%

(a) Integração das doenças profissionais, nos termos do DL 200/81, de 9 de Julho.
(b) Generalização da *pensão de sobrevivência*. Estas taxas já eram praticadas desde Abril de 1966, por contratação colectiva, nos termos do Regulamento das Pensões de Sobrevivência aprovado por Despacho de 15 de Abril de 1966 (DR, II, 11 MAI 66).
(c) Integração da taxa do Fundo de Desemprego, com redução de 0,5% para o trabalhador e para o empregador, passando a designar-se de *taxa social única (TSU)*.
(d) Por criação do IVA Social.
(e) Vg: art. 48º dos Estatutos da Caixa Nacional de Pensões – Alvará de 23 de Setembro de 1965.

Taxas para o fundo de desemprego (c/ redução de 0,5% aos abrangidos desde 1949)

Diplomas legais	Trabalhador geral	Trabalhador agrícola	Empregador geral	Empregador agrícola	Total geral	Total agrícola
Dec 21 699, 30/09/32	2%	-	1%	-	3%	-
DL 37 426, 23/05/49 DL 45080, 20/06/63 Dec 45266, 23/09/63 (art. 115)	1,5%	-	1%	-	2,5%	-
DL 237/70, 25/05	1,5%	-	1,5%	-	3%	-
DL 169-C/75, 31/03 DL 760/75, 31/12	2,5%	0,5%	3%	1%	5,5%	1,5%
DL 239/83, 9/06 (a)	3,5%	1,5%	4%	2%	7,5%	3,5%

(a) Até à integração na Taxa Social Única em Out. de 1986 pelo DL 140-D/86,14.06.

Num passado próximo mantinham-se reduções:
– aos trabalhadores (anteriormente não tributados pelo Fundo de Desemprego):
3% (taxa de 8%) – pessoal das obras da Nato e estrangeiros da Base das Lajes.
– às entidades empregadoras dispensadas da transferência de determinados riscos:
0,5% – doenças profissionais (taxa de 23,25% para a CP).

[67] Assim, por exemplo, sem desemprego – taxa de 29,6% (18,6% e 11%) – caso dos trabalhadores em regime de nomeação (e outros) em entidades públicas empresariais (entidades que não integram

TRIBUTAÇÃO

b. Por modalidade

A taxa contributiva representa um valor em percentagem, determinado actuarialmente em função do custo da protecção das eventualidades previstas, sendo afecta à cobertura das diferentes eventualidades e às políticas activas de emprego e valorização profissional.

Corresponde à desagregação da taxa global por eventualidades[68] que o sistema visa financiar.

A taxa contributiva global integra o custo correspondente a cada uma das eventualidades sendo este calculado em função do valor de cada uma das seguintes parcelas[69]:

- custo técnico das prestações[70];
- encargos de administração;
- encargos de solidariedade laboral;
- encargos com políticas activas de emprego e valorização profissional[71].

c. Próprias e reduzidas

1) *Fixação de taxas contributivas mais favoráveis*

A fixação de taxas contributivas mais favoráveis do que a geral traduz-se na redução da taxa contributiva global na parte imputável à entidade emprega-

a Administração Pública e têm fins lucrativos).
[68] A chamada desagregação vertical.
[69] A chamada desagregação horizontal.
[70] Despesa efectiva de cada eventualidade.
[71] Valores objecto de transferência anual no âmbito do Orçamento do Estado.

Nestes termos, relativamente ao regime geral de segurança social dos trabalhadores por conta de outrem

Eventualidades	Taxa desagregada em percentagem da base de incidência				
	Total	Custo técnico das prestações	Administração	Solidariedade laboral	Formação profissional
Doença	1,41	1,33	0,03	0,04	--
Doença profissional	0,50	0,06	0,00	0,44	--
Parentalidade	0,76	0,72	0,02	0,02	--
Desemprego	5,14	3,76	0,09	0,12	1,16
Invalidez	4,29	3,51	0,09	0,12	0,58
Velhice	20,21	19,10	0,48	0,63	--
Morte	2,44	2,31	0,06	0,08	--
Total global	34,75	30,79	0,77	1,45	1,74

dora, ao trabalhador ou a ambos, conforme o interesse que se visa proteger e depende da verificação de uma das seguintes situações:

- redução do âmbito material do regime geral;
- prossecução de actividades por entidades sem fins lucrativos;
- sectores de actividade economicamente débeis;
- adopção de medidas de estímulo ao aumento de postos de trabalho;
- adopção de medidas de estímulo ao emprego relativas a trabalhadores que, por razões de idade, incapacidade para o trabalho ou de inclusão social sejam objecto de menor procura no mercado de trabalho;
- inexistência de entidade empregadora[72].

As taxas contributivas mais favoráveis referentes a cada uma das situações são calculadas, de harmonia com o custo das eventualidades protegidas e a relação custo/benefício das mesmas.

Quando do cálculo da taxa contributiva resulte um valor expresso em centésimas é o mesmo arredondado para a primeira casa decimal.

2) *Isenção ou redução temporária de taxas contributivas*

Podem ser estabelecidas medidas excepcionais e temporárias de incentivo ao emprego que determinam a isenção ou redução da taxa contributiva tendo em vista:

- o aumento de postos de trabalho;
- a reinserção profissional de pessoas afastadas do mercado de trabalho;
- a permanência dos trabalhadores em condições de acesso à pensão de velhice, nos seus postos de trabalho.

A isenção ou redução devem ser requeridas[73] no mês seguinte ao do início do contrato de trabalho às entidades gestoras e feita a prova de estarem preenchidos os requisitos para a sua concessão. Se não forem requeridas nesta data só serão atribuídas a partir do mês do requerimento pelo período que resta da duração da isenção ou redução.

---

[72] Situações de pagamento voluntário por antecipação por flexibilização da idade de reforma e de pagamento voluntário de contribuições prescritas.
[73] Acompanhados de, conforme os casos:
– cópia do contrato de trabalho;
– certificação pelos serviços de saúde e/ou pelos serviços dependentes do IEFP da deficiência do trabalhador.

TRIBUTAÇÃO

A sua concessão e manutenção dependem da verificação da situação contributiva regularizada[74] perante a segurança social e a administração fiscal e cessam se não se verificar o cumprimento da obrigação contributiva.

A coexistência de situações determinantes da redução das taxas contributivas respeitantes quer às entidades empregadoras em função dos mesmos trabalhadores quer respeitantes a um trabalhador não pode dar lugar à respectiva aplicação cumulativa, devendo ser-lhes oficiosamente aplicada a taxa mais favorável.

3) *Em especial*

a) Dispensa temporária de pagamento de contribuições

Catástrofe ou calamidade pública[75]

Incêndios, inundações, explosões ou sismos que paralisem a actividade da empresa com desocupação temporária dos trabalhadores com a duração de 3 meses a 3 anos, por despacho do ministro que tutela a área social.

1º emprego e desemprego de longa duração[76]

Emprego pela primeira vez[77] de trabalhadores com idade igual ou superior a 16 anos e inferior a 30 anos e desemprego de longa duração (desempregados e inscritos nos centros de emprego há mais de 12 meses[78]) com dispensa temporária do pagamento de contribuições por trabalhadores contratados[79] sem termo[80] (por tempo indeterminado), excluindo trabalhadores tributados com taxas inferiores da generalidade dos trabalhadores por conta de outrem[81],

---

[74] Ver rubrica própria infra.
[75] Nos termos do art. 100º do CRC e do DL 230/79, 23.07 e DN 301/79, 28.09, ou pagamento diferido, nos termos do DL 213/2013, 25/09.
[76] Só para situações com taxas não inferiores à geral. V. Condições gerais em Incentivos ao emprego. Metade da redução em trabalho a tempo parcial que não seja 1º emprego ou desemprego de longa duração.
[77] Que não tenham exercido actividade profissional (subordinada ou autónoma) por período, seguido ou interpolado, superior a 6 meses (Ac TRL de 04/06/05).
[78] Ainda que hajam celebrado contratos de trabalho a termo por período inferior a 6 meses e cuja duração conjunta não ultrapasse os 12 meses.
[79] Por escrito. A duração diária do trabalho não pode ser inferior a metade do período normal de trabalho.
[80] Sem prazo, isto é, pode haver contratos a prazo anteriores. A prova pode ser feita por declaração da empresa contratante.
[81] As entidades sem fins lucrativos não estão excluídas.

durante 36 meses civis contados da data do contrato[82], não cumulável com apoio do IEFP;
desde que os empregadores tenham um número de trabalhadores subordinados superior ao que tinham:

- em Dezembro do ano anterior; ou
- no mês imediatamente anterior ao da contratação de novos trabalhadores, no caso de terem iniciado a sua actividade no mesmo ano.

A dispensa cessa, nomeadamente, em caso de cessação do contrato de trabalho ou suspensão, excepto nas situações de incapacidade ou indisponibilidade temporária para o trabalho, por parte do trabalhador.
E ainda conforme os casos:

- declaração expressa do trabalhador do início de actividade com menção de que se trata de uma situação de 1º emprego com contrato de trabalho por tempo indeterminado (para o 1º emprego);
- declaração do centro de emprego da área de residência do trabalhador que confirme a situação de desemprego e a respectiva duração (desempregados de longa duração);
- declaração do IEFP certificando em relação ao trabalhador em causa se a entidade empregadora tem direito a apoio financeiro por criação líquida de postos de trabalho (desemprego de longa duração).

Taxa de 11%[83] para os trabalhadores (o empregador com ou sem fins lucrativos é dispensada do pagamento da totalidade[84] das contribuições relativas a contratos de trabalho sem prazo durante 36 meses).

---

[82] Subsequentes à data da celebração do contrato de trabalho e ainda que o estabelecimento seja transmitido com manutenção dos contratos de trabalho. Suspende-se a contagem nas situações de incapacidade ou indisponibilidade temporária para o trabalho por parte do trabalhador.
[83] Há que considerar as taxas dos fundos especiais – 0,5% Carris (taxa de 11,5%).
[84] As dispensas de 100% e as reduções de 50% só respeitam aos valores correspondentes à taxa geral (23,75%); a dispensa e a redução não abrange as taxas complementares que têm de ser objecto de pagamento. A saber, relativas a:
– fundos especiais:
Lanifícios – 0,5%;
Carris – 2,5%;
EPAL – 0,5%;
Seguros – 1%.
CPPTLP – + 1%;
– outros (de antigas caixas de previdência):
– CPPCRGE – + 0,8%;
– Cimentos – + 0,9%.

– *Emprego a reclusos em regime aberto*

Trabalhadores reclusos em regime aberto, contratados por tempo indeterminado.

O período máximo de dispensa é de 36 meses.

Rotação emprego-formação

Trabalhadores substituídos, no âmbito da medida de rotação emprego-formação, desde que os empregadores tenham um plano de formação e em que as acções de formação possam:

- ser realizadas diariamente em horário laboral, que não possibilite o normal desempenho de funções profissionais;
- ter duração mínima de 1 mês e máxima 12 meses;
- revestir interesse directo para a empresa ou proporcionar uma formação qualificante para o trabalhador;
- implicar o afastamento do posto de trabalho do trabalhador para a formação.

O período máximo da dispensa é de 12 meses:

- enquanto durarem as acções de formação relativamente aos trabalhadores substituídos. Consideram-se, neste período, as acções de formação interpoladas, cuja interrupção não seja superior a 15 dias úteis;
- até ao fim da acção de formação, se a entidade empregadora celebrar novo contrato com o trabalhador substituto.

A dispensa cessa em caso de:

- interrupção da acção de formação que inviabilize aos formandos a certificação de frequência;
- termo da acção de formação ou da respectiva frequência;
- inexistência de substituição, por cessação do contrato de formação ou do contrato de trabalho do substituto, sem celebração de novo contrato, no prazo máximo de 10 dias úteis.

O trabalhador substituto deve:

- estar desempregado e inscrito num centro de emprego;
- celebrar com a respectiva entidade empregadora:
  - contrato de trabalho a termo;
  - contrato de formação em posto de trabalho, visado pelo IEFP.

b) Redução de contribuições

Emprego a reclusos em regime aberto

Trabalhadores reclusos, em regime aberto, contratados a termo.[85]
Valor da redução – 50% do valor das contribuições do empregador.
A redução é concedida durante o período do contrato de trabalho.

Programa trabalho seguro

Trabalhadores contratados por tempo indeterminado, no caso de pequenas e médias empresas, distinguidas com galardões e prémios associados, previstos no programa trabalho seguro.

A redução da taxa incide na parcela respeitante às entidades empregadoras e varia em função da classificação das candidaturas e do financiamento dos custos decorrentes da redução da taxa contributiva, de acordo com os seguintes galardões:

50% – segurança total[86];
20% – segurança sectorial.

O período de redução é de 12 meses, com efeitos a partir do 1º dia do mês seguinte ao da atribuição dos galardões e prémios associados.

5. Declaração de remunerações

a. Obrigação e conteúdo

As entidades empregadoras são obrigadas a declarar à segurança social, em relação a cada um dos trabalhadores ao seu serviço a quem seja devida remuneração no mês de referência[87], para efeitos de apuramento do montante de contribuições a pagar, através da declaração de remunerações, os seguintes elementos essenciais:[88]

---

[85] Se o contrato de trabalho a termo for convertido em contrato por tempo indeterminado, aplica-se a dispensa temporária do pagamento de contribuições, a partir do mês seguinte.
[86] – Segurança sectorial: destinado a distinguir as melhores empresas dos sectores de actividade da indústria, construção e serviços;
– Segurança total: destinado a distinguir, de entre as empresas já contempladas com o galardão Segurança Sectorial, aquelas que demonstrem um esforço continuado e bem sucedido, ao longo de um período de tempo superior a um ano.
[87] Obrigação extensiva aos membros de órgãos estatutários não excluídos.
[88] Tendo natureza jurídica de declaração de dívida, só deve ser feita quando se constitua o facto tributário. Ora, o facto tributário constitutivo da relação jurídico-tributária (art. 36º da LGT) é o

- a identificação dos trabalhadores;
- o valor da remuneração que constitui a base de incidência contributiva;
- a taxa contributiva aplicável;
- os tempos de trabalho que lhe corresponde.

Assim, das declarações de remunerações deve constar:
- identificação da entidade empregadora através do nome ou firma, número de identificação da segurança social (NISS) e do número de identificação fiscal (NIF) ou número de identificação de pessoa colectiva (NIPC);
- código da taxa contributiva aplicável[89];
- ano e mês a que respeita a declaração (data de referência);
- inclusão expressa da totalidade dos trabalhadores ao seu serviço[90] devidamente identificados (número de identificação da segurança social, nome completo por ordem alfabética e respectiva data de nascimento – ano, mês, dia);
- data a que se reportam as remunerações (ano e mês);
- número de dias de trabalho[91]/ valor das remunerações[92];
- código de remunerações, nos termos de tabela própria[93];

pagamento das remunerações, não o exercício da actividade profissional que apenas releva para constituição da obrigação contributiva. No entanto, *ver nota 90*.
A declaração de remunerações relativa aos trabalhadores do serviço doméstico é efectuada com o pagamento das contribuições e quotizações devidas.
A declaração de remunerações relativa aos trabalhadores da pesca local e costeira, cujas remunerações são calculadas com base no valor do produto bruto do pescado vendido em lota, é preenchida e entregue, pelos proprietários das embarcações, nas entidades que asseguram os serviços de vendagem em lota. As entidades de segurança social competentes e as entidades que asseguram os serviços de vendagem em lota celebram protocolo que garanta o apoio necessário aos proprietários das embarcações no preenchimento das declarações de remunerações.

[89] Comunicada ao empregador. Residualmente é considerada a taxa normal do regime geral (cód. 000 – 34,75%).
[90] Independentemente de não lhe ter sido paga qualquer remuneração (por motivo profissional ou não). Neste caso, o valor da remuneração é preenchido a zeros.
[91] O número de dias de trabalho só é relevante relativamente às remunerações de carácter permanente (código P) e às assinaladas com os códigos 2 (remunerações referentes a férias pagas e não gozadas por cessação de contrato de trabalho) e I (compensação remuneratória de trabalho intermitente).
[92] Arredondado para o cêntimo superior se a terceira casa decimal for igual ou superior a 5 e para o cêntimo inferior se for menor do que 5.
Se não houver pagamento de remunerações preenche-se com 00.
[93] As remunerações de carácter permanente (código P) constituem a regra; pelo que os valores declarados consideram-se residualmente com código de valor das remunerações de carácter permanente.

As remunerações de carácter não permanente são autonomizáveis em cada linha da declaração com o respectivo código de valor, assim:

Código (NATREM)	Descrição dos encargos da entidade empregadora	Nº de dias (DIASTRB)	Valor (VALREM)
A	- ajudas de custo, abonos de viagem, despesas de transporte; - utilização pessoal pelo trabalhador de viatura automóvel; - deslocações do trabalhador casa-trabalho e trabalho-casa que exceda o valor do passe social; - utilização de automóvel próprio em serviço do empregador	=0	≠0
B	Prémios, bónus e outras prestações de carácter mensal: - diuturnidades e outros valores em função da antiguidade; - bónus e outras prestações de natureza análoga; - prémios de rendimento, de produtividade, de assiduidade, de cobrança, de condução, de economia e de natureza análoga: - subsídio por compensação de isenção de horário de trabalho e situações equiparadas; - despesas de representação; - gratificações; - abonos para falhas; - outras prestações atribuídas com carácter de regularidade como contrapartida da prestação de trabalho	=0	≠0
C	Comissões	=0	≠0
D	Compensação por cessação do contrato de trabalho por acordo	=0	≠0
F	Subsídio de férias	=0	≠0
H	Honorários de prestação de serviços nas situações de acumulação com trabalho por conta de outrem na mesma empresa	=0	≠0
M	Subsídios de carácter regular mensal: - prémios de rendimento, de produtividade, de assiduidade, de cobrança, de condução, de economia e outros de natureza análoga - subsídios por penosidade, perigo ou outras condições especiais - subsídios de residência, renda de casa e de natureza análoga	=0	≠0
N	Subsídio de Natal	=0	≠0
O	Prémios, bónus e outras prestações de carácter não mensal: - comissões, bónus e de natureza análoga; - prémios de rendimento, de produtividade, de assiduidade, de cobrança, de condução, de economia e outros de natureza análoga - gratificações pelo valor total, devidas por força do contrato ou das normas que o regem ainda que condicionadas aos bons serviços dos trabalhadores; - outras prestações atribuídas com carácter de regularidade como contrapartida da prestação de trabalho	=0	≠0

- montante das contribuições a pagar[94] – resultado do total das remunerações pela taxa contributiva aplicável;
- certificação da entidade empregadora ou representante.

Os tempos de trabalho são sempre declarados em dias, independentemente de a actividade ser prestada a tempo completo ou a tempo parcial. Assim:
- quando a actividade corresponda a um mínimo de seis horas de trabalho diário e se reporte a todos os dias do mês, o tempo declarado corresponde a 30 dias;
- nas situações de início, interrupção, suspensão ou cessação de contrato de trabalho a tempo completo é declarado o número efectivo de dias de trabalho prestado a que correspondeu remuneração;
- nas situações de trabalho a tempo parcial, de contrato de muito curta duração e de contrato intermitente com prestação horária de trabalho, é declarado um dia de trabalho por cada conjunto de seis horas;
- quando o número de horas de trabalho, excedente de múltiplos de seis, for igual a três ou inferior, é declarado meio dia de trabalho e, nos restantes casos, mais um dia, com o limite máximo de 30 dias em cada mês;

P	Remuneração base, em dinheiro ou em espécie;	>0	>0
	Remuneração do período de férias;	<0	<0
	Retribuições não recebidas por sanção disciplinar		
R	Subsídio de refeição	=0	≠0
S	Trabalho suplementar	=0	≠0
T	Trabalho nocturno – acréscimo de retribuição a que dá direito	=0	≠0
X	Subsídios de carácter regular não mensal. Subsídios: – de Páscoa e outros de natureza análoga; – por penosidade, perigo ou outras condições especiais; – de residência, renda de casa e outros de natureza análoga	=0	≠0
2	Remunerações referentes a férias pagas e não gozadas por cessação de contrato de trabalho – Desp. 129/SESS/91, de 17/12	>0	>0
		<0	<0
6	Diferenças de remunerações – acerto de valores de meses anteriores declarados com código P, incluindo horas extraordinárias e retroactivos.	=0	≠0
I	Compensação remuneratória do contrato intermitente	>0	>0
		<0	<0

---

[94] Arredondado para o cêntimo superior se a terceira casa decimal for igual ou superior a 5 e para o cêntimo inferior se for menor do que 5.

– no contrato de trabalho no domicílio,[95] o número de dias a declarar em cada mês é o seguinte:
  • 30 dias, quando a remuneração declarada for igual ou superior ao valor da remuneração mínima mensal garantida[96];
  • o número de dias correspondentes ao valor da remuneração dividido pelo valor diário da remuneração mínima mensal garantida, nos restantes casos.

Cessação da obrigação

A obrigação de entrega de declaração de remunerações cessa a partir do momento em que a empresa deixa de ter membros de órgãos estatutários e trabalhadores ao seu serviço; ou sem trabalhadores os membros de órgãos estatutários se encontrem em situação de exclusão (não remunerados e abrangidos por outro regime).

b. Suporte das declarações

A declaração de remunerações é apresentada por transmissão electrónica de dados, através do portal da segurança social em www.seg-social.pt[97].

A não utilização do suporte previsto determina a rejeição da declaração por parte dos serviços competentes, considerando-se a declaração como não entregue.

Declarações autónomas (pluralidade de registos)

A entidade empregadora deve apresentar declarações de remunerações autónomas (registos diferentes):

– por mês de referência das remunerações declaradas;

---

[95] Nos termos da L 101/2009, 08.09.
[96] 2017:

RMMG – continente	€ 557
– Açores (n + 5%)	€ 584,85
– Madeira (n + 2%)	€ 570

Ver evolução do valor da RMMG nos quadros-síntese.
[97] Através do canal de acesso DMR.
Regra: administração electrónica – desmaterialização de informação.
O suporte informático evoluiu do seguinte modo:
Declaração de remunerações em *disquette* (DRD);
Declaração de remunerações *online* (DRO);
Declaração de remunerações Internet (DRI).

- por estabelecimento[98]; e
- por taxa contributiva aplicável[99].

As actualizações e os acertos de remunerações, bem como os montantes das comissões, gratificações, prémios e bónus que se reportem a mais do que um mês são declarados no mês em que forem pagos e reportam-se aos meses de referência a que respeitam.

É ainda apresentada declaração de remunerações autónoma referente aos honorários dos trabalhadores em regime de acumulação de trabalho por conta de outrem e independente, pela entidade a quem foram prestados os correspondentes serviços, sempre que esta seja distinta da entidade empregadora.

c. Entrega, verificação e validade

A declaração deve ser efectuada mensalmente do dia 1 ao dia 10 do mês seguinte àquele a que diga respeito[100].

Entrega da declaração de remunerações

A declaração de remunerações considera-se entregue na data em que é considerada válida pelo sistema de informação da segurança social.

Verificação da declaração de remunerações

As instituições de segurança social, por recurso ao sistema de informação da segurança social, procedem à verificação dos elementos constantes da declaração de remunerações e do cálculo do montante da totalidade das contribuições que lhes correspondam, tendo em vista a respectiva validação e aceitação.

É rejeitada, considerando-se como não entregue, a declaração de remunerações que não obedeça aos requisitos e procedimentos previstos sendo o facto

---

[98] Para a Administração Pública, por exemplo, por subunidade orgânica ou serviço desconcentrado.
[99] Não devem ser incluídos na mesma declaração de remunerações trabalhadores com taxas diferentes.
[100] Quando o prazo para entrega da declaração de remunerações termine ao sábado, domingo ou dia feriado transfere-se o seu termo para o 1º dia útil seguinte (nº 4 do art. 21º do D Reg 1-A/2011, 03.01). O termo do prazo que caia em dia em que o serviço perante o qual deva ser praticado o acto não esteja aberto ao público, ou não funcione durante o período normal, transfere-se para o primeiro dia útil seguinte (alínea f) do art. 87º do CPA).
Entrega pela Internet: até às 24 horas do último dia do prazo (não até ao encerramento dos serviços). Se declarada fora do prazo é aplicável a coima correspondente. Ver contra-ordenações.

comunicado[101] à entidade empregadora para efeitos da respectiva correcção, no prazo de cinco dias a contar da data da recepção da comunicação.

A declaração de remunerações considera-se entregue na data da rejeição pelo sistema de informação da segurança social, se for corrigida no prazo de cinco dias a contar da data da recepção da comunicação. Findo este prazo sem que os erros se mostrem corrigidos, a declaração é considerada como não entregue.[102]

Validade e eficácia da declaração de remunerações por transmissão electrónica de dados

À validade, eficácia e valor probatório da declaração de remunerações por transmissão electrónica de dados é aplicável o regime jurídico dos documentos electrónicos[103-104].

Confirmação dos elementos da declaração de remunerações

As instituições de segurança social podem exigir a confirmação dos elementos constantes das declarações de remunerações que lhes suscitem dúvidas, solicitando, para o efeito, provas adicionais das declarações prestadas, em especial, nos casos em que, por referência a qualquer trabalhador, se verifiquem variações não justificadas no montante das remunerações declaradas.

A confirmação das remunerações pode efectuar-se, designadamente, através da apresentação de declarações fiscais ou da concessão de autorização à segurança social para consulta das bases de dados fiscais.

Certificação da entrega da declaração de remunerações

A entrega das declarações de remunerações é certificada pelas entidades competentes para a respectiva recepção através da disponibilização do comprovativo de entrega.

d. Correcção dos elementos declarados

Os elementos constantes da declaração de remunerações podem ser corrigidos na declaração de remunerações do mês de referência seguinte àquele a que os mesmos respeitam. Findo este prazo as correcções só podem ser efectuadas

---

[101] É considerada comunicação a mensagem disponibilizada através do sistema de informação da segurança social à entidade empregadora sobre a rejeição verificada.
[102] Sem prejuízo do suprimento oficioso e das sanções estabelecidas para a falta da sua apresentação.
[103] Designadamente o DL 290-D/99, 02.08.
[104] A transmissão electrónica de dados não é susceptível de impugnação quanto à sua exactidão (regime oposto ao da lei civil – art. 368º do CC).

através da entrega de declaração de remunerações autónoma, sendo a mesma considerada, para todos os efeitos, como entregue fora de prazo.

A anulação ou correcção integral de declaração de remunerações é requerida ao serviço de segurança social competente, mediante apresentação de prova que fundamente o pedido.

e. Suprimento oficioso[105]

A falta ou a insuficiência das declarações podem ser supridas ou corrigidas oficiosamente pela segurança social designadamente por recurso aos dados de que disponha no seu sistema de informação, no sistema de informação fiscal ou decorrente de acção de fiscalização[106].

Ocorre, designadamente, quando:

- a entidade empregadora não apresente declaração de remunerações;
- a entidade empregadora omita trabalhador ou valores na declaração de remunerações;
- tenha sido rejeitada a declaração de remunerações e considerada como não entregue (que ultrapasse os 5 dias para correcção);
- o trabalhador o solicite ou, encontrando-se este impedido, tal solicitação seja efectuada por familiar que prove ter interesse no cumprimento daquela obrigação, mediante apresentação de prova documental.

Notificação do suprimento oficioso

A segurança social notifica a entidade empregadora da falta detectada, convidando-a a suprir ou a justificar a mesma, no prazo de 10 dias, findo o qual é elaborada declaração oficiosa de remunerações[107].

Elaboração oficiosa da declaração de remunerações – liquidação oficiosa

O cumprimento das obrigações contributivas é aferido mensalmente e o seu incumprimento determina a elaboração oficiosa da declaração de remunerações e do respectivo registo.[108]

A declaração oficiosa de remunerações é efectuada considerando a remuneração base dos trabalhadores constante da última declaração de remunerações com 30 dias de trabalho.

---

[105] V. Acto tributário parafiscal em "Garantias e contencioso" (infra).
[106] Ver procedimentos inspectivos na Parte V.
[107] Nos termos dos arts. 110º e segs. do CPA, obviamente com audiência prévia – art. 121º do CPA.
[108] Sujeito ao prazo de caducidade de 4 anos do art. 45º da LGT, isto é, a notificação só pode ser feita dentro deste prazo – Ac STA 01481/13, de 26/02/2014.

Na falta de elementos relativos à remuneração base dos trabalhadores, o valor das remunerações a considerar corresponde ao da retribuição mínima mensal garantida, reportada a 30 dias de trabalho.

Comunicação do registo da declaração oficiosa

Findo o prazo para a justificação ou suprimento da falta, a declaração de remunerações é elaborada e registada oficiosamente, sendo remetido à entidade empregadora o respectivo comprovativo para efeitos de pagamento voluntário das contribuições e quotizações devidas.

f. Consequências do não cumprimento da obrigação relativa à declaração. Sanções

A não inclusão de trabalhador na declaração de remunerações constitui contra-ordenação muito grave e a não entrega ou a entrega fora de prazo constitui contra-ordenação leve quando seja cumprida nos 30 dias subsequentes ao termo do prazo e constitui contra-ordenação grave nas demais situações[109].

g. Requisitos técnicos

A descrição dos registos, as normas e indicações de preenchimento de campos conforme instruções no *site* da segurança social.

6. Registo de remunerações e de períodos contributivos

As declarações de remunerações determinam o registo das remunerações declaradas[110].

Assim, as instituições de segurança social competentes procedem, por referência a cada mês, ao registo na carreira contributiva de cada beneficiário do valor das remunerações sobre as quais incidiram as contribuições e as quotizações, e respectivos tempos de trabalho (períodos contributivos) declarados.

O registo constitui a carreira contributiva dos beneficiários relevante para efeitos de atribuição das prestações.

O registo de remunerações pode efectuar-se por equivalência à entrada de contribuições.[111]

---

[109] Para além da cessação da dispensa de pagamento de contribuições (art. 102º, nº 1 c) do CRC).
[110] Sendo as contribuições apuradas simultaneamente lançadas na conta-corrente do contribuinte para efeitos de cobrança.
No regime dos trabalhadores e dos proprietários de embarcações da pesca local ou costeira bem como dos apanhadores de espécies marinhas e de pescadores apeados o valor da remuneração a registar é igual ao montante da percentagem do valor bruto do pescado x 3,4483.
[111] Ver infra.

Registo de tempos de trabalho

O registo de remunerações é feito com referência ao número de dias de trabalho declarado em cada mês.

Nas situações de base de incidência convencional referente à actividade mensal é efectuado o registo de 30 dias, salvo nos casos em que haja lugar ao registo de remunerações por equivalência à entrada de contribuições.

Nas situações de trabalho do serviço doméstico prestado à hora é registado um dia de trabalho por cada conjunto de seis horas, com o limite máximo de 30 dias em cada mês.

Nos casos em que o número de horas de trabalho, excedente de múltiplos de seis, for igual a três ou inferior, é registado meio dia de trabalho e, nos restantes casos, mais um dia.

7. Registo de remunerações por equivalência à entrada de contribuições

A equivalência à entrada de contribuições é o instituto jurídico que permite manter os efeitos da carreira contributiva dos beneficiários com exercício de actividade que, em consequência da verificação de eventualidades protegidas pelo regime geral, ou da ocorrência de outras situações consideradas legalmente relevantes, deixem de receber ou vejam diminuídas as respectivas remunerações.

Assim, nas situações em que a lei reconhece o direito à equivalência à entrada de contribuições, as instituições de segurança social registam, em nome dos beneficiários, os valores equivalentes à remuneração, legalmente determinados.

a. Situações de equivalência[112]

Consideram-se equivalentes à entrada de contribuições, durante os períodos em que se verifiquem[113] nomeadamente[114], as seguintes situações:

---

[112] A prestação de trabalho de que resulte serem devidas contribuições, desde que desse facto a instituição possua elementos comprovativos, antes considerada situação de equivalência, dá lugar a elaboração de declaração de remunerações oficiosa.

[113] Para todos os efeitos, sendo considerado como trabalho efectivamente prestado. Porém:
– para preenchimento do prazo de garantia do subsídio de desemprego não se considera o registo por equivalência de desemprego;
– para efeitos de cumprimento do índice de profissionalidade (doença) são equiparados ao registo de remunerações por trabalho efectivamente prestado os registos de remunerações por equivalência verificados no período relevante para a sua formação, nas seguintes situações:
a) Sempre que ocorrer uma nova situação de incapacidade temporária nos 60 dias imediatos ao da cessação da anterior incapacidade mesmo que a incapacidade decorra de acto da responsabilidade de terceiro, de acidente de trabalho e de doença profissional;
b) Por prestação de serviço militar efectivo ou de serviço cívico substitutivo;
c) Por atribuição de subsídios no âmbito da parentalidade.

[114] Para além de outras situações previstas em legislação específica:
– suspensão temporária da pesca (legalmente prevista);

- incapacidade temporária para o trabalho que dê direito à atribuição de subsídio de doença[115] ou à concessão provisória do mesmo subsídio por acidente de trabalho ou acto da responsabilidade de terceiro;
- incapacidade temporária ou indisponibilidade para o trabalho que dê direito à atribuição dos subsídios previstos no regime jurídico de protecção na parentalidade[116];
- incapacidade temporária absoluta para o trabalho por doença profissional ou por acidente de trabalho que dê direito à atribuição de indemnização, mesmo para trabalhadores independentes;
- incapacidade temporária parcial para o trabalho por doença profissional ou acidente de trabalho que dê direito à atribuição de indemnização;
- desemprego, mesmo dos prestadores de serviços, que dê direito à atribuição dos respectivos subsídios[117], salvo se o seu montante for pago de uma só vez;
- cumprimento de serviço militar efectivo decorrente de convocação ou de mobilização com interrupção da actividade profissional e, ainda, de serviço cívico dos objectores de consciência, desde que tenha existido prévio registo de remunerações;
- cumprimento de serviço de jurado;
- redução de actividade ou suspensão do contrato de trabalho em situação de crise empresarial com compensação retributiva (*lay off*)[118];

– indemnização salarial e indemnização compensatória por perda de salário (trabalhadores do carvão e do aço);

[115] Ou legislação já revogada:
– os períodos de pré-reforma dos trabalhadores (com 55 anos ou mais) com 40 anos de período contributivo (situações requeridas até Dezembro de 1995);
– compensação pecuniária dos despachantes oficiais, para atribuição do subsídio de desemprego (DL 93/98, 14.04).
E:
– períodos de espera estabelecidos (art. 21º do DL 28/2004, 04.02), salvo nas situações respeitantes a trabalhadores independentes (d) do art. 159º do CRC);
– prestações compensatórias dos subsídios de férias e de Natal;
– relativamente a bancários: os períodos de doença que determinem o pagamento de prestações ou de compensações remuneratórias, no âmbito de regime de segurança social substitutivo constantes de IRCT vigente no sector, dão lugar ao registo de remunerações no regime geral (art. 5º do DL 1-A/2011, 03.01).

[116] Para militares (regime de contrato e de voluntariado) e docentes do ensino básico e secundário abrangidos pelo RPSC – a atribuição do subsídio de parentalidade através de declaração do serviço que os abrange para poderem ser considerados na atribuição do subsídio de desemprego do regime geral.

[117] Mesmo de medidas extraordinárias de alargamento de desemprego de longa duração (Vg: L 7-A/2016, 30/03 e art. 80º da L 42/2016, 28/12).

[118] Nos termos do disposto nos arts. 298º a 308º do CT.

- inactividade dos trabalhadores em regime de trabalho intermitente[119];
- os períodos de doença que determinem o pagamento de prestações ou de compensações remuneratórias, no âmbito de regime de segurança social substitutivo constante de IRCT vigente no sector bancário;
- o período de pagamento do apoio financeiro no âmbito da Medida Incentivo à Aceitação de Oferta de Trabalho[120] pelo valor do apoio financeiro atribuído.

b. Valores equivalentes a remuneração
Os valores equivalentes a remunerações são determinados nos termos seguintes:

- prestações de doença[121], parentalidade – remuneração de referência considerada para o cálculo[122];
- indemnização nas situações de incapacidade temporária absoluta por acidente de trabalho ou doença profissional – remuneração de referência considerada para o cálculo;
- incapacidade temporária parcial para o trabalho por doença profissional ou acidente de trabalho – valor da diferença entre a remuneração efectiva do trabalhador declarada pela entidade empregadora e o valor que seria considerado para registo caso a incapacidade fosse absoluta;
- subsídio de desemprego – remuneração de referência considerada para o cálculo com o limite de 8 vezes o IAS, com excepção das seguintes situações:
    i) atribuição de subsídio social de desemprego subsequente ao subsídio de desemprego em que o valor a considerar é o correspondente ao valor do subsídio de desemprego anteriormente auferido;
    ii) atribuição de prestações de desemprego a ex-pensionistas de invalidez, caso em que o valor a considerar é o correspondente ao valor do subsídio atribuído;

---

[119] Art. 94º do CRC: "Durante o período de inactividade a diferença entre a compensação retributiva paga ao trabalhador e a sua remuneração é registada por equivalência à entrada de contribuições.
Sempre que durante o período de inactividade o trabalhador exerça outra actividade profissional, só é registada por equivalência a diferença entre a remuneração desta actividade e a correspondente ao período de actividade no contrato de trabalho intermitente".
Art. 46º do D Reg 1-A/2011: "...o registo de remunerações por equivalência tem a duração máxima de 6 meses em cada período de 12 meses de vigência do contrato, quando verificadas as condições previstas no Código do Trabalho."
[120] Art. 7º da Port 26/2015, 10.02.
[121] Incluindo os períodos de espera estabelecidos.
[122] Nas prestações compensatórias regista-se 100% do subsídio.

iii) atribuição de subsídio de desemprego parcial, caso em que o valor a considerar é o correspondente à diferença entre a retribuição por trabalho a tempo parcial e a remuneração de referência considerada para o cálculo do subsídio de desemprego;
- subsídio por cessação de actividade dos prestadores de serviços em entidades contratantes, no valor do subsídio;
- cumprimento de serviço militar efectivo decorrente de convocação ou de mobilização e de serviço cívico – remuneração média dos últimos três meses com registo de remunerações;
- cumprimento de serviço de jurado – última remuneração registada;
- situações de redução de actividade ou suspensão do contrato de trabalho – valor correspondente à diferença entre a remuneração normal do trabalhador e a efectivamente paga, a qual engloba a compensação retributiva e a retribuição por trabalho prestado quando a este houver lugar;
- situação de inactividade em trabalho intermitente – diferença entre a compensação retributiva paga ao trabalhador e a sua remuneração;
- os períodos de doença que determinem o pagamento de prestações ou de compensações remuneratórias, no âmbito de regime de segurança social substitutivo constantes de IRCT vigente no sector bancário, pelo valor da remuneração de referência que serviria de base ao cálculo do subsídio de doença no âmbito do regime geral.

c. Situação similar a período com registo de remunerações

Para preenchimento do prazo de garantia, índice de profissionalidade ou para cálculo das prestações pode ainda ser atribuída em legislação própria relevância a períodos em que não houve efectivo exercício de actividade pelo trabalhador sem registo de remunerações.

Assim, para taxa global de formação de pensão[123]:

- períodos de licença parental complementar para assistência a filho[124] são tomados em consideração para a taxa de formação no cálculo das pensões de invalidez e velhice do regime geral de segurança social, mediante comunicação do facto, por parte do trabalhador, à segurança social;
- perseguição política – tempo de prisão e de clandestinidade por razões políticas[125];

---

[123] Não são tomados para formação de prazo de garantia.
[124] Até 2 ou 3 anos – art. 52º do CT.
[125] Nos termos da L 20/97, 19/06, e D Reg 3/98, 23.02.

- serviço militar obrigatório, quando não abrangidos ao tempo do mesmo, isto é, não houve interrupção da actividade profissional[126];
- actividade da pesca anterior ao início da carreira contributiva;
- diferencial de tempo até à idade de reforma na situação de antecipação da pensão de velhice (trabalhadores do carvão e do aço).

8. Pagamento de contribuições

a. Pagamento[127]

1) Responsabilidade[128]

As entidades empregadoras são responsáveis pelo pagamento das contribuições e das quotizações dos trabalhadores ao seu serviço.

Assim, as entidades contribuintes descontam nas remunerações dos trabalhadores ao seu serviço o valor das quotizações por estes devidas e remetem-no mensalmente, juntamente com o da sua própria contribuição, à segurança social.[129]

Caso a entidade empregadora não proceda ao pagamento das contribuições e quotizações no prazo legal fica sujeita, no momento da sua efectivação, à totalidade das contribuições e quotizações[130], independentemente da responsabilidade criminal[131] em que incorra se tiver efectuado os descontos nas remunerações dos trabalhadores[132].

---

[126] Nos termos do art. 48º do DL 187/2007, 10.05.
[127] Contribuições e quotizações não prescritas e dentro dos prazos de vencimento.
Fora dos prazos de vencimento ver pagamento com efeitos retroactivos e dívidas.
[128] Para trabalhadores independentes, seguro social voluntário pagamento voluntário ou sem estabelecimento: responsabilidade das pessoas abrangidas, ver regimes próprios.
[129] Trata-se da figura da *substituição tributária*, prevista no arts. 20º e 28º da LGT: "quando por imposição da lei, a prestação tributária for exigida a pessoa diferente do contribuinte... sendo efectivado através do mecanismo da retenção na fonte do imposto devido" ... "No caso do imposto ter sido retido e não entregue nos cofres do Estado, o substituto é o único responsável ficando o substituído desonerado de qualquer responsabilidade pelo seu pagamento..." Casalta Nabais.
As contribuições reportam-se a meses civis.
A contribuição de cada beneficiário a descontar na respectiva remuneração será arredondada para a unidade de cêntimos mais próxima, nos termos das regras gerais.
[130] Nos termos do nº 1 do art. 59º da L 4/2007, 16/01 (LSS) e nº 1 do art. 28º da LGT.
[131] Abuso de confiança contra a segurança social (V. Crimes contra a segurança social).
[132] Para a responsabilidade tributária subsidiária dos gerentes, administradores e directores – *reversão* – ver arts. 23º e 24º da LGT (V. Infra).

2) Prazo

O pagamento mensal das contribuições e das quotizações deve ser efectuado de 10 a 20 do mês seguinte àquele a que disserem respeito.[133]

3) Lugar e meios

O pagamento, pelos contribuintes, dos valores devidos a título de contribuições, quotizações ou juros de mora, bem como de valores constantes de documentos previamente emitidos para esse efeito, é efectuado do seguinte modo:[134]

a) pagamento via *homebanking* de acordo com a tabela:

Instituição Bancária	Internet – Pagamento TSU
CGD	Caixa Direta Empresas: Transferências e Pagamentos \Pagamentos\Taxa Social Única
MILLENIUM BCP	Portal Empresas: Pagamentos\Segurança Social opção: Empresas (TSU)
BPI	BPI net empresas: Operações\Pagamentos\PagamentosTSU
SANTANDER TOTTA	NET Empresas: Pagamentos\Pagar TSU
NOVO BANCO	Nbnetwork Empresas: Pagamentos Nacionais\Setor Público\Taxa Social Única
CCCAM	Crédito Agrícola On-line: Pagamentos\Estado e Setor Público\Pagamento TSU – Taxa Social Única
MONTEPIO	Montepio Net24: Pagamentos\Estado e Setor Público\Pagamentos Seg. social\ TSU – Taxa Social Única
BBVA	BBVANETC@SH: Pagamento\ Segurança Social (TSU) Online
BANKINTER	Net Business: Pagamentos\ Pagamentos Segurança Social\TSU
DEUTSCHE BANK	db Online Business: Operações\Pagamentos\Pagamento Segurança Social
BANCO BEST	Gestão Diária\Pagamentos e Carregamentos \Taxa Social Única
BANCO BIC	Pagamentos de Serviços\Taxa Social Única
BANCO BIG	Big: Operações\Pagamentos\Taxa Social Única

---

[133] Quando o prazo termine ao sábado, domingo ou dia feriado transfere-se o seu termo para o 1º dia útil seguinte (nº 4 do art. 21º do D Reg 1-A/2011, 03.01).
O termo do prazo que caia em dia em que o serviço perante o qual deva ser praticado o acto não esteja aberto ao público, ou não funcione durante o período normal, transfere-se para o primeiro dia útil seguinte (alínea f) do art. 87º do CPA).
Pagamento pela Internet: até às 24 horas do último dia do prazo (não até ao encerramento dos serviços).
No regime próprio para trabalhadores do serviço doméstico, trabalhadores independentes e o seguro social voluntário: 1 a 20 do mês seguinte àquele a que as mesmas respeitam. Para entidades contratantes, ver *pág. 156*.
[134] Ver regime próprio para trabalhadores do serviço doméstico, trabalhadores independentes e o seguro social voluntário *na pág. 233*.

TRIBUTAÇÃO

Instituição Bancária	Internet – Pagamento TSU
BANCO POPULAR	Banca online: Operações correntes\Pagamentos\Taxa Social Única
CAM CHAMUSCA	NetContas\Pagamentos\Seg. Social Ent Pat\Pagamentos TSU
CAM LEIRIA	Homebanking – Pagamentos\\Estado e Setor Público\Segurança Social\Taxa Social Única
CAM OLIVEIRA DE AZEMEIS	Crédito Agrícola On-line: Pagamentos\Estado e Setor Público\Pagamento TSU – Taxa Social Única
CAM MAFRA	net.cccammafra: Pagamentos\Seg Social Ent. Patronal\Pagamentos TSU
CAM PINHAL	Crédito Agrícola On-line: Pagamentos\Estado e Setor Público\Pagamento TSU – Taxa Social Única
CAM TORRES VEDRAS	Pagamentos\Segurança social\Pagamento TSU
CAM VILA FRANCA DE XIRA	Crédito Agrícola On-line: Pagamentos\Estado e Setor Público\Pagamento TSU – Taxa Social Única
CAM BOMBARRAL	ccambonline: Pagamentos\Seg. Social Ent. Pat\Pagamento TSU

b) nas instituições de crédito ou outros prestadores de serviços financeiros que, para o efeito, celebrem acordo com o IGFSS onde o contribuinte tenha conta domiciliada, por transferência, numerário (dinheiro), cheque do próprio banco, através de débito em conta no respectivo banco (ordem de pagamento) ou serviço em linha do banco.

As instituições de crédito procederão ao crédito imediato nas contas tituladas pelo IGFSS das importâncias recebidas.

Os cheques emitidos são recebidos como dinheiro.

c) nas tesourarias das instituições de segurança social em numerário (dinheiro) ou cheque, nos seguintes termos:

- até € 150, se efectuado em numerário[135];
- sem qualquer limite quanto ao seu montante:
  - se o pagamento for efectuado através de cheque visado, cheque bancário, cheque emitido pela Agência de Gestão da Tesouraria e da Dívida Pública (IGCP, E.P.E.), ou terminal de pagamento automático (TPA), quando disponível;
  - independentemente do meio adoptado, os valores devidos não abrangidos pelo meio de pagamento Multibanco (pensões, rendas, comparticipações de estabelecimentos integrados e outros).

---

[135] Para efeitos de determinação do limite devem ser considerados os valores em débito e respectivos juros.

d) no multibanco, quando na posse de documento de pagamento, emitido através da "Segurança Social Directa";

e) por remessa de meio de pagamento pelo correio, sob registo postal, para qualquer tesouraria da segurança social, à ordem do IGFSS.

No acto de pagamento de valores devidos à segurança social os contribuintes devem:
- indicar os seguintes elementos[136]:
  • NISS;
  • NIF;
  • ano e mês a que se refere o pagamento;
  • valor a pagar.
- entregar o meio de pagamento correspondente;
- obter o comprovativo do pagamento, confirmando que os dados nele inscritos coincidem com os indicados.

O comprovativo do pagamento a entregar ao contribuinte deve mencionar expressamente os elementos indicados.

Quanto aos cheques:
- são sacados sobre instituições de crédito a operar em território português;
- são emitidos à ordem do IGFSS, e devem conter no verso o NISS[137], NIF e ano e mês a que se refere o pagamento;
- apenas podem ser aceites com data de emissão do próprio dia ou dos dois dias úteis imediatamente anteriores;[138]
- deverá ser sempre garantida a verificação da regularidade de preenchimento, de acordo com as regras gerais sobre o cheque, difundidas pelo Banco de Portugal, qualquer que seja o canal de recebimento;
- o uso de cheque visado ou cheque bancário, é obrigatório, desde que se trate de:
  • resgate de cheques incobráveis[139], independentemente da natureza do pagamento;

---

[136] Se não resultarem dos documentos previamente emitidos pela segurança social.
[137] Se este ainda não estiver atribuído, a firma e sede.
[138] Desp. 15283/2013 (DR, 2ª, nº 227, 22.11). Apesar do art. 17º da Port 66/2011, que determina que "Não são aceites cheques com data de emissão anterior em mais de um dia à data da sua entrega".
[139] Art. 23º (Cheques incobráveis) do DL 8-B/2002, 15/01, dispõe:
"1 – Os cheques que vierem a ser reconhecidos incobráveis são debitados, sem necessidade de protesto, nas contas do Instituto de Gestão Financeira da Segurança Social.

- utilização de um único cheque para pagamento de contribuições de mais do que um contribuinte;
- utilização de um único cheque para pagamento de reposições de mais do que um beneficiário.

– o registo de cheques recebidos por via postal deve considerar como data de cobrança a data de entrada dos valores nos serviços da segurança social responsáveis pela recepção da correspondência, devendo a data de emissão corresponder à data do registo nos CTT ou aos dois dias úteis imediatamente anteriores.

Pagamento insuficiente ou por conta

Salvo pedido em contrário da entidade devedora, quando o pagamento for insuficiente[140] para extinguir todas as dívidas, o respectivo montante é imputado à dívida mais antiga e respectivos juros, pela seguinte ordem:

– dívida de quotizações;
– dívida de contribuições;
– juros de mora;
– outros valores devidos (taxas, coimas).

c. Não pagamento – Efeitos do não pagamento[141]

1) Juros de mora[142]

Pelo não pagamento de contribuições e quotizações nos prazos legais, são devidos juros de mora por cada mês de calendário ou fracção[143].

2 – No caso de cheques incobráveis, o Instituto de Gestão Financeira da Segurança Social notifica o devedor para regularização da situação, mediante pagamento da importância respectiva, com cheque visado ou numerário.
3 – O pagamento a que se refere o número anterior é acrescido da importância cobrada pela instituição de crédito que procedeu à devolução dos cheques.
4 – A regularização efectuada nos termos dos n.ºs 2 e 3 não obsta ao vencimento de juros de mora, se a eles houver lugar nos termos da legislação aplicável, nem aos procedimentos constantes da Lei Uniforme sobre Cheques."
(...)

[140] Permitido, designadamente, pelo art. 13º-A do DL 42/2001, 09.02. Ver art. 79º do D Reg 1-A/2011, 03.01.
[141] Para além de impedir o pagamento de prestações nos regimes dos independentes e do seguro social voluntário (V. estes regimes).
[142] Para os juros compensatórios ver "Liquidação" e para juros indemnizatórios ver "Restituição de contribuições e quotizações".
[143] Incluindo assim o mês em que o pagamento devia ser efectuado (pelos dias desde o dia 20 até ao fim do mês) e o mês em que procede ao pagamento (mesmo que o pagamento seja feito no dia 1 desse mês).

A taxa de juros de mora é igual à estabelecida no regime geral dos juros de mora para as dívidas ao Estado e outras entidades públicas e é aplicada nos mesmos termos[144]. Ou seja:

- taxa fixada anualmente[145];
- metade dessa taxa por dívidas cobertas por garantias reais constituídas por iniciativa da entidade credora ou por ela aceite e as dívidas cobertas por garantia bancária, a partir da data da constituição da garantia.

Os juros de mora vencem-se a partir do mês seguinte àquele a que respeitam as contribuições não pagas.

Os juros de mora prescrevem no mesmo prazo das contribuições a que respeitam – 5 anos.

A liquidação dos juros de mora caduca passados 3 anos (regra) ou 5 anos no caso de pagamento em prestações.[146]

Anulação oficiosa de juros indevidos

Quando, por motivos imputáveis aos serviços, tenham sido liquidados juros superiores aos devidos, procede-se à sua anulação oficiosa se ainda não tiverem

---

[144] Trata-se do DL 73/99, 16.03.
Inversamente, por exemplo, pelo atraso no pagamento das prestações não se aplica à segurança social o regime de juros de mora da responsabilidade do Estado previsto na L 3/2010, 17.04.

[145] Apurada nos termos do art. 3º, nº 2 do DL 73/99, 16.03, e divulgada pela Agência de Gestão da Tesouraria e da Dívida Pública, através de aviso publicado na 2ª série do DR:

Taxa de juro de mora	Até 2010	2011	2012	2013	2014	2015	2016	2017
– anual (a)	12%	6,351	7,007%	6,112%	5,535%	5,476%	5,168%	4,966%
– mensal (a)	1%	0,5293	0,5839	0,5093%	0,4613%	0,456%	0,431%	0,414%

(a) taxa reduzida a metade se for prestada garantia.
No acordo para pagamento em prestações há a considerar os *juros de mora vincendos*.
Prazo máximo de contagem de juros de mora: 5 anos (O prazo de 10 anos previsto no art. 14º do DL 103/80, 09.05, foi revogado pela L 17/2000, 08.08).
"Não é aplicável a taxa de juros comerciais da lei geral (nos termos do § 3 art. 102º do Código Comercial, do DL 62/2013, 10/05, e Port 277/2013, 26.08) mesmo que nesta matéria se trate de indemnização (vg: decorrente da prática de crime de abuso de confiança) regulada pela lei civil (Ac TRG de 17/06/02).
Não se aplica a limitação do art. 734º do CC, ou seja na verificação e graduação destes juros devem ser atendidos na sua totalidade sem qualquer limitação temporal independentemente da sua constituição, no âmbito do privilégio creditório de que a segurança social beneficia sem qualquer restrição (Ac. TRP de 04/04/05).

[146] Nº 2 do art. 44º da LGT.

decorrido cinco anos sobre o pagamento e desde que o seu quantitativo seja igual ou superior a € 5.

Verificando-se a anulação de juros sempre que o devedor os tenha pago, o serviço procede à sua restituição.

2) *Arrematação em hasta pública*

Os bens adquiridos por arrematação em hasta pública integram o património do IGFSS, IP, devendo ser transferidos para a sua titularidade[147].

A segurança social, quando seja arrematante em hasta pública, não está sujeita à obrigação do depósito do preço nem à obrigação de pagar as despesas da praça.

3) *Limitações*

Além das limitações especialmente previstas noutros diplomas[148], os contribuintes que não tenham a situação contributiva regularizada não podem:

- celebrar contratos ou renovar o prazo dos já existentes, de fornecimentos, de empreitadas de obras públicas ou de prestação de serviços com o Estado, regiões autónomas, institutos públicos, autarquias locais e instituições particulares de solidariedade social[149] comparticipadas pelo orçamento da segurança social;
- explorar a concessão de serviços públicos;
- fazer cotar em bolsa de valores os títulos representativos do seu capital social;
- lançar ofertas públicas de venda do seu capital e, em subscrição pública, títulos de participação, obrigações ou acções;
- beneficiar dos apoios dos fundos comunitários ou da concessão de outros subsídios por parte das entidades sujeitas a retenção.

4) *Situação de insolvência*

A falta de pagamento das contribuições mensais quando devidas durante mais de 6 meses seguidos confere legitimidade à segurança social para requerer a declaração de insolvência do devedor.[150]

---

[147] Sem prejuízo das competências próprias das instituições de segurança social nas regiões autónomas.
[148] Para além dos impedimentos do direito a benefícios fiscais (arts. 13º e 14º do EBF).
[149] Estatuto aprovado pelo DL 119/83, 25.02
[150] Nos termos do art. 20º, nº 1, g), ii) do Código da Insolvência e Recuperação de Empresas (CIRE), aprovado pelo DL 53/2004, 18/03, na versão do DL 200/2004, 18.08.

5) *Divulgação de listas de contribuintes devedores*

A segurança social procede à divulgação de listas de contribuintes cuja situação contributiva não se encontre regularizada.[151]

A publicação é efectuada após o decurso de qualquer dos prazos legalmente previstos para a prestação da garantia ou em caso de dispensa desta.

As listas são hierarquizadas em função do montante em dívida.

A publicação das listas não contende com o dever de confidencialidade, consagrado na lei.

6) *Responsabilidade subsidiária pelas dívidas – Possibilidade de reversão*[152]

No caso das pessoas colectivas, se o património for insuficiente, os respectivos administradores, directores e gerentes ou quem exerça de facto a administração são perante a segurança social subsidiariamente responsáveis em relação à sociedade e solidariamente responsáveis entre si, desde que o facto constitutivo da dívida tenha ocorrido no período de exercício do cargo (mesmo que o prazo de pagamento ocorra em data posterior) e exista culpa (actuação ilícita – com violação de normas jurídicas – e culposa – de modo censurável e sem causas de justificação ou de escusa – aferida pela diligência de um *bonus pater familias*[153] nas circunstâncias do caso concreto) quanto ao facto de o património da sociedade ser insuficiente para o pagamento daquelas dívidas.

Este direito prescreve, se não for exercido pelas instituições de segurança social, no prazo de prescrição das respectivas dívidas[154].

9. Dívidas à segurança social – Créditos da segurança social
(contribuições e quotizações vencidas e não pagas)

Dívida à segurança social

Consideram-se dívidas à segurança social todas as dívidas contraídas perante as instituições do sistema de segurança social pelas pessoas singulares, pelas pessoas colectivas e outras entidades a estas legalmente equiparadas,

---

[151] Corresponde à alínea a) do nº 5 do art. 64º da LGT. De notar que embora previsto no art. 214º do CRC, as leis anuais do orçamento do Estado continuam a remeter para a legislação fiscal. Parece inquestionável a audiência prévia do contribuinte nos termos do art. 121º do CPA.
[152] Nos termos dos arts. 23º e 24º da LGT.
V. Responsabilidade solidária do cedente e do cessionário.
[153] Literalmente – bom pai de família, o mesmo que pessoa de bem.
[154] Ver regime da prescrição das contribuições.

designadamente as relativas às contribuições, quotizações[155], taxas, os juros, as coimas e outras sanções pecuniárias relativas a contra-ordenações, custos e outros encargos legais.

a. Garantias

Garantias gerais e especiais

O pagamento das dívidas à segurança social pode ser garantido através de qualquer garantia idónea, geral ou especial.[156]

Privilégio mobiliário geral[157]

Os créditos da segurança social por contribuições, quotizações e respectivos juros de mora, gozam de privilégio mobiliário geral, graduando-se nos termos do Direito Civil[158] e prevalece sobre qualquer penhor, ainda que de constituição anterior.

Porém, com a declaração de insolvência os privilégios creditórios gerais e especiais constituídos há mais de 12 meses antes da data do início do processo de insolvência, extinguem-se, passando os respectivos créditos a ser considerados comuns[159].

Privilégio imobiliário

Os créditos da segurança social por contribuições, quotizações e respectivos juros de mora gozam de privilégio imobiliário sobre os bens imóveis existentes no património do contribuinte à data da instauração do processo executivo, graduando-se nos termos do Direito Civil.[160]

Porém, com a declaração de insolvência os privilégios creditórios gerais e especiais constituídos há mais de 12 meses antes da data do início do processo de insolvência, extinguem-se, passando os respectivos créditos a ser considerados comuns.[161]

---

[155] Previamente apuradas ou de lançamento resultante de declaração de remunerações ou de determinação oficiosa.
[156] Nos termos do art. 601º e seguintes do CC.
[157] Arts. 736º e segs. do CC.
[158] Nos termos referidos na alínea a) do nº 1 do art. 747º do CC.
[159] Art. 97º do Código da Insolvência e Recuperação de Empresas (CIRE).
[160] Logo após os créditos referidos no art. 748º do CC.
[161] V. nota anterior.

Consignação de rendimentos[162]

O cumprimento das dívidas pode ser garantido mediante consignação de rendimentos feita pelo próprio contribuinte ou por terceiro e aceite por deliberação do conselho directivo do IGFSS, IP.[163]

Hipoteca legal[164]

O pagamento dos créditos da segurança social por contribuições, quotizações e respectivos juros de mora, poderá ser garantido por hipoteca legal sobre os bens imóveis ou móveis sujeitos a registo, existentes no património do contribuinte.

Os actos de registo predial no âmbito do registo de hipoteca legal para a garantia de contribuições, quotizações e juros de mora em dívida à segurança social, desde que requeridos pelas instituições de segurança social são efectuados gratuitamente.

b. Causas de extinção da dívida

No âmbito da regularização administrativa da dívida à segurança social esta extingue-se para além do pagamento no prazo de vencimento[165]:

1) pelo pagamento em prestações (acordo prestacional);
2) pela dação em pagamento;
3) por compensação de créditos;
4) por retenção de valores;
5) por conversão em participações sociais;
6) pela alienação de créditos;
7) pelo pagamento por terceiro;
8) por decisão ministerial autorizada pelo orçamento do Estado.

1) Pagamento em prestações (acordo prestacional)

• *Pagamento diferido*[166]

O ISS, IP pode autorizar o pagamento diferido do montante de contribuições a regularizar em situações não resultantes de incumprimento, nos seguintes casos:

---

[162] V. regime no art. 656º do CC.
[163] Sem prejuízo das competências próprias das instituições de segurança social nas regiões autónomas.
[164] Regime – arts. 704º e segs. do CC. Registo – art. 50º do Código do Registo Comercial.
[165] Sem prejuízo das regras aplicáveis ao processo de execução fiscal. Ver "Execução da dívida".
[166] Nos termos do DL 213/2012, 25/09.

a) motivos de complexidade técnica imputáveis aos serviços que determinem que a comunicação relativa à fixação definitiva da base de incidência contributiva dos trabalhadores independentes seja efectuada em momento posterior ao estabelecido na lei[167];
b) situações de catástrofe, de calamidade pública ou de fenómenos de gravidade económica ou social, nomeadamente de aleatoriedades climáticas, em que seja previsto o cumprimento diferido da obrigação contributiva.

O número de prestações mensais objecto dos acordos celebrados não pode exceder:[168]

- o dobro do número de meses em que se tenha verificado o atraso, nos casos da alínea a);
- 12 meses, nos casos da alínea b).

Verificando-se a falta de cumprimento de uma prestação do acordo, o valor em dívida é participado ao IGFSS, I. P., para efeitos de cobrança coerciva.

• *Acordos de regularização voluntária*[169]

Quando sejam previstas em resolução do Conselho de Ministros medidas de revitalização económica e recuperação e viabilização empresariais[170], a segurança social, pode, através da celebração de acordos de regularização voluntária, autorizar o pagamento diferido de contribuições e quotizações em dívida relativas a um período máximo de três meses e que não tenham sido objecto de participação para efeitos de cobrança coerciva.

Os acordos abrangem a totalidade da dívida constituída, bem como os juros de mora vencidos e vincendos até integral pagamento.

A autorização para celebração de acordo encontra-se sujeita à verificação das seguintes condições:

- a dívida objecto de acordo não estar participada para cobrança coerciva;
- o contribuinte não ter dívida de contribuições ou quotizações em cobrança coerciva, judicial ou extrajudicial de conciliação.

---

[167] No nº 5 do art. 163º do CRC.
[168] Não são exigíveis juros de mora na celebração dos acordos de pagamento de contribuições a regularizar, nestes termos.
[169] Nos termos do DL 213/2012, 25/09.
[170] Caso do Programa Revitalizar – RCM 11/2012, 03/02.

Os acordos de regularização voluntária só podem ser autorizados pelo ISS, IP, a cada entidade contribuinte, uma vez em cada período de três anos, contados a partir da data em que se tenha verificado o seu termo ou resolução.

O plano prestacional deve ser celebrado nos seguintes termos:
- contemplar o pagamento integral da dívida constituída, bem como os respectivos juros de mora, vencidos e vincendos;
- prever que o número máximo de prestações de igual montante não exceda seis meses.

O cumprimento do acordo, bem como o pontual pagamento das contribuições e quotizações mensais, permite a emissão de declaração contributiva regularizada com validade de 30 dias.

Determina a resolução do acordo a falta de:
- pagamento tempestivo das prestações autorizadas;
- pagamento tempestivo das contribuições e quotizações mensais vencidas no seu decurso;
- entrega nos prazos legais da declaração de remunerações relativamente a todos os trabalhadores.

Determina ainda a resolução do acordo relativo a dívida de contribuições do trabalhador independente o incumprimento das obrigações previstas, quando aquele tenha trabalhadores ao seu serviço.

A resolução do acordo determina a participação imediata do montante em dívida ao IGFSS, IP, acrescido dos respectivos juros de mora, para efeitos de cobrança coerciva.

• *Regras gerais*

O diferimento do pagamento da dívida à segurança social, incluindo os créditos por juros de mora vencidos e vincendos, assume a forma de pagamento em prestações mensais, iguais e sucessivas.

O número de prestações autorizado para o pagamento depende:
- da capacidade financeira do contribuinte;
- do risco financeiro envolvido;
- das circunstâncias determinantes da origem das dívidas;
- do grau de liquidez da garantia.

A taxa de juros vincendos a aplicar no âmbito de pagamentos prestacionais autorizados pode ser reduzida em função da idoneidade da garantia.

Excepcionalmente, quando tal se mostre indispensável à recuperação económica do contribuinte, pode ser autorizada a progressividade do valor das prestações.

O pagamento de cada prestação é efectuado até ao final do mês a que diz respeito.

O prazo de prescrição das dívidas suspende-se durante o período de pagamento em prestações.

Situações excepcionais

A autorização do pagamento prestacional de dívida à segurança social, a isenção ou redução dos respectivos juros vencidos e vincendos, só é permitida em condições excepcionais, sem prejuízo das regras aplicáveis ao processo de execução fiscal.[171]

As condições excepcionais só podem ser autorizadas quando cumulativamente sejam requeridas pelo contribuinte, sejam indispensáveis para a viabilidade económica deste e desde que o contribuinte se encontre numa das seguintes situações:

- processo de insolvência ou de recuperação, no âmbito do respectivo processo[172];
- procedimento extrajudicial de conciliação (PEC)[173];
- contratos de consolidação financeira e ou de reestruturação empresarial[174];

---

[171] A autorização é concedida por deliberação do conselho directivo do IGFSS, IP.
Nas regiões autónomas pelas instituições de segurança social regionais.
[172] Órgãos da insolvência (CIRE): comissão de credores, administrador da insolvência e assembleia de credores.
A segurança social só pode ser nomeada para a presidência da comissão de credores quando for junto aos autos deliberação do conselho directivo do IGFSS, I. P., que autorize o exercício da função e indique o representante, sem prejuízo das competências próprias das instituições de segurança social nas regiões autónomas.
A segurança social não é responsável por quaisquer encargos com as funções do administrador da insolvência.
Processos iniciados até 17 de Setembro de 2004: Código de Processos Especiais de Recuperação da Empresa e de Falência (CPEREF) – DL 132/93, 23/04;
Processos iniciados desde 18 de Setembro de 2004: Código da Insolvência e da Recuperação de Empresas (CIRE) – DL 53/2004, 18/03, (na versão do DL 200/2004, 18/08).
[173] Criado pelo DL 316/98, 20/10 (com alterações).
[174] Conforme se encontram definidos no DL 81/98, 02/04.

- contratos de aquisição, total ou parcial, do capital social de uma empresa por parte de quadros técnicos, ou por trabalhadores, que tenham por finalidade a sua revitalização e modernização[175].

O incumprimento do pagamento das contribuições mensais desde a data de entrada do requerimento constitui indício da inviabilidade económica do contribuinte.

Pode ainda ser autorizado o pagamento em prestações por pessoas singulares, desde que se verifique que estas, pela sua situação económica, não podem solver a dívida de uma só vez.

As instituições de segurança social competentes podem exigir complementarmente ao contribuinte, e a expensas deste, a realização de auditorias, estudos e avaliações por entidades que considere idóneas, sempre que tal se revele necessário para a análise da proposta de regularização.

Medidas excepcionais[176]

Têm como objectivos:

- permitir a viabilização e regularização da dívida à segurança social por parte das empresas;
- ajustar o pagamento de dívidas à disponibilidade financeira das empresas, adaptando-se às possibilidades de tesouraria a longo prazo.

Têm como destinatários as pessoas singulares e colectivas, desde que cumulativamente cumpram as seguintes condições:
- a dívida exequenda exceder os € 15350 (150 unidades de conta[177]) no momento da autorização;
- o executado prestar garantia idónea, a qual consistirá em garantia bancária, caução, seguro-caução ou qualquer meio susceptível de assegurar os créditos do exequente;

---

[175] Nos termos do DL 81/98, 02/04.

[176] São, em regra, admitidas no diploma de execução orçamental, suspendendo o processo de cobrança coerciva, passando os requerentes a ser considerados em situação contributiva regularizada.
Para dívidas constituídas até determinado momento, vários planos de regularização excepcional da dívida por acordo de quando em vez são aprovados (de que o DL 124/96, 10/08 – Plano Mateus – é exemplo mais célebre). As medidas, em regra, passam por:
- redução ou supressão do valor dos créditos por juros de mora;
- diferimento do pagamento (em prestações);
- redução do valor das primeiras prestações.

[177] Unidade de conta: desde 20 de Abril de 2009: € 102.

– seja demonstrada notória dificuldade financeira e previsíveis consequências económicas.

Para além da hipótese da redução das taxas de juro anuais, a dívida pode ser paga até às 150 prestações, abrange contribuições e quotizações no mesmo número de prestações e o PEC aprovado no dia – todos os processos extrajudiciais de conciliação (PEC) em que a segurança social participe terão de imediato o acordo aprovado.

A adesão é efectuada através de requerimento próprio, que após o seu preenchimento deverá ser remetido para a secção de processo do distrito da sede da empresa.

Regularização da dívida à segurança social no âmbito da execução cível

Quando, por força da renovação da execução extinta[178], as instituições de segurança social passem a assumir a posição de exequente, o IGFSS, IP pode autorizar a regularização da dívida através de acordo prestacional.[179]

O pagamento em prestações pode ser autorizado desde que se verifique que o executado, pela sua situação económica, não pode solver a dívida de uma só vez, não devendo exceder 36 prestações. O número de prestações pode ser alargado:

– até 60 se a dívida exequenda exceder 30 unidades de conta no momento da autorização;
– até 150 desde que, cumulativamente, se verifiquem as seguintes condições:
  • a dívida exequenda exceda 150 unidades de conta;
  • o executado preste garantia idónea ou a mesma se encontre constituída;
  • seja demonstrada notória dificuldade financeira e previsíveis consequências económicas.

Condição especial da autorização

As condições de regularização da dívida à segurança social não podem ser menos favoráveis do que o acordado para os restantes credores[180].

---

[178] Prevista no art. 850º do CPC.
[179] Para efeitos do disposto nos arts. 806º e segs. do CPC.
[180] Em termos de prazos, número de prestações e valores (em processo de recuperação e de procedimento extrajudicial de conciliação).

Condições de vigência do acordo prestacional

Constituem condições de vigência do acordo prestacional, o cumprimento tempestivo das prestações autorizadas e das contribuições mensais vencidas no seu decurso.

Efeitos do incumprimento do acordo prestacional

O incumprimento das condições do acordo determina a resolução[181] do acordo prestacional pela segurança social.

A resolução do acordo prestacional tem efeitos retroactivos e determina a perda do direito de todos os benefícios concedidos ao contribuinte no seu âmbito, nomeadamente, quanto à redução ou ao perdão de juros.

Nas situações de resolução do acordo prestacional, o montante pago a título de prestações é imputado à dívida contributiva mais antiga de capital e juros.

Suspensão de instância

A decisão de autorização do pagamento da dívida em prestações e a decisão de resolução do respectivo acordo determinam, respectivamente, a suspensão[182] e o prosseguimento da instância de processo executivo pendente.[183]

A segurança social comunica oficiosamente ao órgão de execução ou ao tribunal, ou ambos, consoante o caso, a autorização do pagamento prestacional da dívida, o seu cumprimento integral, bem como a resolução do acordo quando esta ocorra.

2) Dação em pagamento[184]

A segurança social pode aceitar em pagamento a dação de bens móveis ou imóveis, por parte do contribuinte, para a extinção total ou parcial de dívida vencida.

Os bens móveis ou imóveis, objecto de dação em pagamento, são avaliados pelo IGFSS, IP,[185] ou por quem estes determinarem, a expensas do contribuinte.

Só podem ser aceites bens avaliados por valor superior ao da dívida no caso de se demonstrar a possibilidade da sua imediata utilização para fins de inte-

---

[181] Cessação dos efeitos do negócio jurídico em consequência de falta de cumprimento – arts. 432º e segs. do CC.
[182] Nos termos do art. 269º do CPC.
[183] Sem prejuízo do disposto no art. 809º do CPC – tutela dos direitos dos credores.
[184] Pagamento de coisa diversa da que for devida que, embora de valor superior, só exonera o devedor se o credor der o seu consentimento. Noção de dação em cumprimento – art. 837º do CC.
[185] Pela instituição competente nas regiões autónomas.

resse público, ou no caso de a dação se efectuar nas condições excepcionais do pagamento prestacional.

Em caso de aceitação da dação em pagamento de bens de valor superior à dívida, o despacho que a autoriza constitui, a favor do contribuinte, um crédito no montante desse excesso, a utilizar em futuros pagamentos de contribuições, quotizações ou no pagamento de rendas.

O contribuinte pode renunciar ao crédito que resulte do facto de ao bem dado em dação ter sido atribuído um valor superior ao valor da dívida à segurança social.

Os bens móveis e imóveis adquiridos por dação integram o património do IGFSS, IP, devendo ser transferidos para a sua titularidade.[186]

A dação em pagamento carece de autorização do membro do Governo responsável pela área da segurança social. Esta competência é susceptível de delegação por decisão do órgão que a detém[187].

Dívida abrangida:

– antes do processo executivo: capital e juros;
– na pendência de processo executivo: dívida exequenda (capital, juros e custas).[188]

Quando o contribuinte se encontre abrangido por processo especial de recuperação de empresa, processo de insolvência, procedimento extrajudicial de conciliação ou contrato de consolidação financeira e de reestruturação empresarial e desde que verificado que o acordo não é mais desvantajoso do que o que foi acordado para o conjunto de credores e não se afasta do que for aceite pelo Ministério Público relativamente aos créditos do Estado, pode verificar-se, excepcionalmente, o perdão dos juros de mora.

3) *Compensação de créditos*[189]

Sempre que, no âmbito do sistema previdencial um contribuinte seja simultaneamente credor e devedor da segurança social, este pode requerer à entidade de segurança social competente a compensação de créditos.

A compensação referida pode ser efectuada oficiosamente, ou seja, a segurança social deve proceder à compensação oficiosa de créditos sempre que

---

[186] Sem prejuízo das competências próprias das instituições de segurança social nas regiões autónomas.
[187] Nos termos dos arts. 44º e segs. do CPA.
[188] Nos termos do art. 201º do CPPT.
[189] Arts. 763º e segs. do CPC e art. 89º do CPPT.

detecte a sua existência. Da compensação efectuada é dado conhecimento ao contribuinte.

4) Retenção de valores[190]

O Estado, as outras pessoas colectivas de direito público[191] e as entidades de capitais exclusiva ou maioritariamente públicos, só podem conceder algum subsídio ou proceder a pagamentos superiores a € 5000,00, líquido de IVA, a contribuintes da segurança social, mediante a apresentação de declaração comprovativa da situação contributiva destes perante a segurança social.[192]

A declaração é dispensada sempre que o contribuinte preste consentimento à entidade pagadora para consultar a sua situação contributiva perante a segurança social, no sítio da segurança social directa.[193]

No caso de resultar da declaração ou da consulta, a existência de dívida à segurança social, é retido o montante em débito, nunca podendo a retenção total exceder o limite de 25% do valor do pagamento a efectuar.

O regime das retenções aplica-se igualmente a financiamentos a médio e longo prazo, excepto para aquisição de habitação própria e permanente, superiores a € 50 000,00, concedidos por instituições públicas, particulares e cooperativas com capacidade de concessão de crédito.

As retenções exoneram o contribuinte do pagamento das respectivas importâncias.

O incumprimento do regime das retenções a financiamentos a médio e longo prazo por entidades não públicas, determina a obrigação de pagar ao IGFSS, IP,[194] o valor que não foi retido, acrescido dos respectivos juros legais, ficando por esta obrigação solidariamente responsáveis os administradores, gerentes, gestores ou equivalentes da entidade faltosa.

A entrega dos valores retidos deve ser efectuada no prazo de cinco dias após a retenção, por depósito em conta do IGFSS, IP ou nas tesourarias do sistema de segurança social, indicando o código de referência de pagamento que,

---

[190] Direito de retenção – arts. 754º e segs. do CC.
[191] Para a Administração Pública: art. 30º do DL 41/2008, 10/03. Sector empresarial do Estado – DL 133/2013, 03/10.
[192] No caso de entidades de capitais exclusiva ou maioritariamente públicos, não são consideradas as importâncias respeitantes ao pagamento de indemnizações no âmbito de contratos de seguro, reembolso de despesas de saúde ou resgate ou vencimento de produtos financeiros.
As entidades que procederem à retenção de valores devem comunicar a referida retenção através de formulário próprio, no sítio da Internet da segurança social – Modelo RC 3042/2011-DGSS.
[193] Nos termos do DL 114/2007, 19/04.
[194] Sem prejuízo das competências próprias das instituições de segurança social nas regiões autónomas.

para o efeito, for fornecido pelo sistema de segurança social na sequência da comunicação da retenção.

A imputação ao montante da dívida dos valores retidos é efectuada, pelo ISS, IP nos termos do regime do pagamento insuficiente[195].

5) *Conversão em participações sociais*

A dívida à segurança social pode ser convertida em capital social (acções ou quotas) da empresa recuperanda, quando haja acordo do IGFSS, IP, e autorização do membro do Governo responsável pela área da segurança social.[196]

A transformação em capital social só pode ser autorizada depois de realizada uma avaliação ou auditoria por uma entidade que seja considerada idónea pelo IGFSS, IP[197].

As participações podem ser alienadas a todo o tempo pela entidade de segurança social competente, mediante prévia autorização do membro do Governo responsável pela área da segurança social.

6) *Alienação de créditos*

A segurança social pode, excepcionalmente, alienar os créditos de que seja titular correspondentes a dívidas de contribuições, quotizações e juros[198].

A alienação pode ser efectuada pelo valor nominal ou pelo valor de mercado dos créditos[199].

A alienação de créditos não pode fazer-se a favor:

– do contribuinte devedor;
– dos membros dos órgãos sociais do contribuinte devedor, quando esta respeite ao período de exercício do seu cargo;
– de entidades com interesse patrimonial equiparável.

7) *Pagamento por terceiro – Transmissão da dívida*

A assunção por terceiro de dívida à segurança social[200] pode ser autorizada por despacho do membro do Governo responsável pela área da segurança social, podendo ser delegada.[201]

---

[195] Ver regime em Pagamento (supra).
[196] Nos termos do DL 81/98, 02/04.
[197] Sem prejuízo das competências próprias das instituições de segurança social nas regiões autónomas.
[198] V. regime da cessão de créditos nos arts. 577º e segs. do CC.
[199] A alienação de créditos pelo valor de mercado segue um dos procedimentos previstos no Código dos Contratos Públicos (CCP), aprovado pelo DL 18/2008, 29/01, versão do DL 278/2009, 02/10, regime regulamentado pelo DL 143-A/2008, 25/07. Tipos de procedimentos – arts. 16º e segs.
[200] Nos termos dos arts. 595º e seguintes do CC.
[201] Nos termos dos arts. 44º e segs. do CPA.

Nas situações em que a segurança social autorize o pagamento da dívida por terceiro pode sub-rogá-lo nos seus direitos.[202]

A sub-rogação carece de autorização do membro do Governo responsável pela área da segurança social, podendo ser delegada[203].

c. Situação contributiva regularizada

Regularização da dívida à segurança social

A dívida à segurança social é regularizada através do seu pagamento voluntário[204], no âmbito da execução cível[205] ou no âmbito da execução fiscal[206].

Situação contributiva regularizada

Considera-se situação contributiva regularizada a inexistência de dívidas de contribuições, quotizações, juros de mora e de outros valores, do contribuinte. Integram, ainda, o conceito de situação contributiva regularizada:

- as situações de dívida, cujo pagamento em prestações tenha sido autorizado e enquanto estiverem a ser cumpridas as condições dessa autorização, designadamente o pagamento da primeira prestação e a constituição de garantias, quando aplicável, ainda que o pagamento prestacional tenha sido autorizado a terceiro ou a responsável subsidiário;
- as situações em que o contribuinte tenha reclamado, recorrido, deduzido oposição ou impugnado judicialmente a dívida, desde que tenha sido prestada garantia idónea ou dispensada a sua prestação.

Para este efeito, considera-se que:

- os agrupamentos de interesse económico (AIE)[207] e os agrupamentos complementares de empresas (ACE)[208] têm a sua situação contributiva

---

[202] Sub-rogação pessoal – arts. 589º e segs. do CC.
[203] Nos termos dos arts. 44º e segs. do CPA.
[204] No âmbito da designada regularização administrativa da dívida. (V. supra)
[205] No âmbito do CPC – arts. 786º e 788º – defesa dos direitos da segurança social e reclamação de créditos, respectivamente.
[206] No âmbito do processo de execução por dívidas, designada cobrança coerciva. Para além do DL 42/2001, 09/02, obedece a regime processual próprio sendo subsidiariamente aplicáveis as normas do processo tributário quer na fase graciosa, quer na fase contenciosa. Ver infra "Garantias e Contencioso – Execução de dívidas à segurança social".
[207] Regulamento CEE nº 2137/85 do Conselho, 25/07, e DL 148/90, 09/05, e DL 1/91, 05/01.
[208] DL 4/73, 04/06.

regularizada quando a situação referida se verifique relativamente aos mesmos, bem como relativamente a cada uma das entidades agrupadas;
- as sociedades em relação de participação recíproca, em relação de domínio, ou em relação de grupo[209], têm a sua situação contributiva regularizada quando a situação referida se verifique relativamente às mesmas, bem como quanto a cada uma das sociedades que integram a coligação;
- as sociedades desportivas[210], independentemente da sua classificação, e os respectivos clubes desportivos, têm a situação contributiva regularizada quando a situação referida se verifique em relação a ambos.

Responsabilidade solidária[211]

No momento da realização do registo de cessão de quota ou de quotas que signifique a alienação a novos sócios da maioria do capital social, o respectivo acto é instruído com declaração comprovativa da situação contributiva da empresa.

Em caso de trespasse, cessão de exploração ou de posição contratual[212] o cessionário responde solidariamente com o cedente pelas dívidas à segurança social existentes à data da celebração do negócio, sendo nula qualquer cláusula negocial em contrário.

Relatório da empresa

O relatório de apreciação anual da situação das empresas privadas, públicas ou cooperativas[213] deve indicar o valor da dívida vencida, caso exista.

Os contribuintes a quem tenha sido autorizado o pagamento prestacional da dívida devem incluir no relatório da empresa as condições do pagamento.

Declaração de situação contributiva

A situação contributiva é certificada com base nos elementos existentes nos serviços, não dependendo de apresentação de meios de prova pelo requerente.

Quando estiver em causa a emissão de declaração de situação contributiva não regularizada o requerente pode provar a sua regularização mediante apre-

---

[209] São *sociedades coligadas*. Regime – arts. 482º e segs. do CSC. Âmbito mais vasto do que o do art. 157º, nº 1, a), i) do CRC (situação de isenção dos independentes) que serve de parâmetro ao conceito de *agrupamento empresarial*. (V. pág. 204, nota 46).
[210] DL 67/97, 03/04.
[211] Nos termos do art. 209º do CRC.
[212] Regime – art. 1112º do CC.
[213] No âmbito do Sistema de Normalização Contabilística – DL 153/2009, 13/07.

sentação de prova documental, designadamente por documentos comprovativos do pagamento da dívida exigível à data de emissão da declaração.

A declaração não constitui instrumento de quitação e não prejudica ulteriores apuramentos.

A declaração de situação contributiva inclui obrigatoriamente:

- no caso de existência de dívida de contribuições e quotizações, que ao valor da mesma acrescem juros de mora;
- a identificação da legislação ao abrigo da qual é emitida.

A declaração de situação contributiva pode ser requerida:

- pelo contribuinte ou seu representante legal;
- por iniciativa de qualquer credor ou do Ministério Público[214].

A declaração a emitir no âmbito de processo de insolvência, quando requerida por credor, contém apenas a referência à existência ou não de dívida.

A declaração é emitida no prazo máximo de 10 dias, a contar da data do respectivo requerimento ou notificação judicial.

O prazo de validade da declaração é de quatro meses.

Local de apresentação

O pedido das declarações pode ser apresentado através do sítio da Internet da segurança social ou em qualquer serviço do sistema de segurança social[215].

Competência para emissão de declarações

É competente para a emissão de declaração de inscrição do contribuinte:

- tratando-se de pessoa colectiva, a instituição de segurança social em cujo âmbito territorial se situe a sede ou o estabelecimento;
- tratando-se de pessoa singular, a instituição de segurança social em cujo âmbito territorial se situe a residência.

Compete ao ISS, IP a emissão da declaração de situação contributiva dos contribuintes não residentes e sem estabelecimento estável em Portugal.

---

[214] Nos termos do art. 20º do Código da Insolvência e Recuperação de Empresas (CIRE), aprovado pelo DL 53/2004, 18/03, na versão do DL 200/2004, 18/08.
[215] Através de formulário próprio – Modelo RC 3042/2011-DGSS.

10. Restituição e reembolso

a. Restituição de contribuições e quotizações

Conceito de restituição

Entende-se por restituição a devolução das quantias respeitantes a contribuições e quotizações indevidamente pagas.

Só se consideram indevidas as contribuições e quotizações cujo pagamento não resulte da lei, designadamente, no âmbito do enquadramento, da base de incidência e da taxa contributiva[216].

Têm direito à restituição de contribuições e de quotizações as entidades empregadoras e os beneficiários que tenham procedido ao pagamento indevido de contribuições e quotizações.

Montante da restituição

As contribuições e as quotizações indevidamente pagas são restituídas às entidades empregadores e aos beneficiários, a requerimento dos interessados, quer directamente, quer por compensação com débitos.

O montante da restituição corresponde à parte proporcional das respectivas obrigações contributivas sobre as remunerações que constituíram base de incidência contributiva, revalorizadas[217] à data de apresentação do requerimento de restituição e após a dedução do valor das prestações já concedidas com base nas contribuições pagas.

Irrelevância do registo de remunerações

Nas situações em que se verifique estarem reunidas as condições que confiram direito à restituição total das contribuições e das quotizações, os correspondentes períodos de registo de remunerações não relevam para a atribuição futura de prestações.

Requerimento

A restituição de contribuições e de quotizações deve ser requerida aos serviços e instituições de segurança social competentes[218].

---

[216] Por erro imputável à segurança social há a considerar a hipótese da obrigação de juros indemnizatórios, próprios da relação jurídico-tributária (art. 43º da LGT).
[217] Nos termos das tabelas que fixam os coeficientes de revalorização (ou de actualização) aprovadas por portaria anual – ver nota 149 da pág. 329.
[218] Sem dependência de qualquer prazo. Modelo RC 3041/2011-DGSS.

Prescrição

O direito prescreve no prazo de cinco anos a contar da data do pagamento.

A prescrição interrompe-se com a apresentação de requerimento de restituição e sus-pende-se nos termos do Direito Civil.[219]

b. Reembolso de quotizações[220]

Conceito

Entende-se por reembolso de quotizações a devolução das quantias resultantes de obrigação contributiva regularmente constituída.

Têm direito ao reembolso de quotizações os beneficiários que:
– se invalidem com incapacidade total permanente para o trabalho sem que tenham preenchido o prazo de garantia para a atribuição da pensão;
– tenham completado 70 anos de idade e não preencham o prazo de garantia para atribuição da pensão de velhice.

Montante do reembolso

Corresponde ao custo técnico das eventualidades de invalidez, velhice e morte, na proporção das quotizações pagas pelo beneficiário, sobre as remunerações que constituíram base de incidência contributiva, revalorizadas[221] à data de apresentação do requerimento de reembolso.

Irrelevância do registo de remunerações

Nas situações em que se verifique estarem reunidas as condições que confiram direito ao reembolso das quotizações, os correspondentes períodos de registo de remunerações não relevam para a atribuição de prestações.

Requerimento e prazo

Os beneficiários que tenham direito ao reembolso podem requerê-lo a partir do dia em que completem os 70 anos de idade.

Taxa

Taxa de 8,5%.

---

[219] Arts. 318º a 322º do CC.
[220] O reembolso de contribuições *stricto sensu* foi abolido pelo CRC.
[221] V. nota 217.

Sempre que as contribuições do beneficiário tenham sido calculadas por aplicação de uma taxa global inferior à fixada para o regime geral de segurança social essa diferença deve deduzir-se a esta taxa.

11. Prescrição de contribuições e de outros créditos da segurança social

A obrigação do pagamento das contribuições e respectivos juros de mora, bem como a generalidade dos créditos da segurança social (ex. direito à restituição das prestações indevidamente pagas), prescrevem no prazo de cinco anos a contar da data em que a obrigação deveria ter sido cumprida.[222]

O prazo interrompe-se[223]:

- por qualquer diligência administrativa[224], realizada com conhecimento da pessoa responsável pelo pagamento, conducente à liquidação[225] ou cobrança da dívida[226];

---

[222] Desde Fevereiro de 2001 (entrada em vigor da L 17/2000, 08/08). Prazo de prescrição anterior: 10 anos desde Julho de 1976 (DL 511/76, 03/07 – art. 7º e depois DL 103/80, 09/05 – art. 14º).
Contagem do prazo desde a LGT (Janeiro de 1999): a partir da data da ocorrência do facto tributário por as contribuições para a segurança social serem consideradas *tributo de obrigação única* ("Sobre a Prescrição da Obrigação Tributária" de Jorge Lopes de Sousa, pág. 48).
Dívidas não prescritas em curso em Fevereiro de 2001 (entrada em vigor da L 17/2000, 08/08) – período transitório, nos termos das regras do nº 1 do art. 297º do Código Civil:

Prazo de prescrição	Ano do facto tributário	Ano da prescrição
10 anos	1991, 1992, 1993, 1994, 1995	2001, 2002, 2003, 2004, 2005
	1996	
Dívidas em curso em Fev. 2001 (Período transitório)	1997	2006
	1998	
	1999	
	2000	
5 anos	2001	
	2002, 2003, 2004 2005, 2006...	2007, 2008, 2009, 2010, 2011...

[223] Na situação de interrupção, cessada a causa, a contagem do prazo de prescrição reinicia-se; na situação de suspensão, cessada a causa, retoma-se a contagem considerando válido o prazo até então já contado (art. 326º do CC).

[224] ...que não tenha natureza jurisdicional, como: notificação para o exercício do direito de audiência e da liquidação, citação, penhora, notificação do responsável subsidiário para que se pronuncie sobre a possibilidade de reversão e notificação do acto que a decide ("Sobre a Prescrição da Obrigação Tributária" de Jorge Lopes de Sousa, pág. 120).

[225] Apuramento e contagem das quantias em dívida.

[226] Nº 4 do art. 60º da L 4/2007, 16/01, e art. 187º, nº 1 do CRC.
Quanto aos efeitos dos factos interruptivos – nº 2 do art. 49º da LGT (não se aplicam os arts. 326º e 327º do CC).

- pela apresentação de requerimento de procedimento extrajudicial de conciliação[227].

O prazo suspende-se nos termos da lei geral[228] e:

- durante o período de pagamento em prestações[229];
- paragem do processo por período superior a 1 ano[230];
- enquanto não houver decisão definitiva ou passada em julgado que puser termo ao processo nos casos de reclamação graciosa, impugnação judicial ou recurso judicial ou oposição, quando determinem a suspensão da cobrança da dívida.[231]

---

[227] Art. 187º, nº 2 do CRC.
[228] Art. 49º, nº 3 da LGT.
[229] Art. 189º, nº 2 do CRC e art. 49º, nº 3 da LGT, aplicável nos termos do art. 1º da LGT (não sendo aplicáveis os arts. 326º e 327º do CC).
[230] Art. 49º, nº 2 da LGT, entretanto revogado (L 53-A/2006, 29/12) mas aplicável aos prazos de prescrição em curso (art. 91º da L 53-A/2006).
[231] Art. 49º, nº 4 da LGT.

Capítulo III
Trabalhadores Integrados em Categorias ou Situações Especiais[1]

a. Em função da redução do âmbito material de protecção[2]

1) *Trabalhadores no domicílio*

Âmbito pessoal[3]

Trabalhadores com contratos que tenham por objecto a prestação de actividade, sem subordinação jurídica, no domicílio ou em instalação do trabalhador, bem como a que ocorre para, após comprar a matéria-prima, fornecer o produto acabado por certo preço ao vendedor dela, desde que em qualquer caso o trabalhador esteja na dependência económica do beneficiário da actividade.

Compreende a situação em que vários trabalhadores sem subordinação jurídica nem dependência económica entre si, até ao limite de quatro, executam a actividade para o mesmo beneficiário, no domicílio ou instalação de um deles.

Sendo ainda aplicável:

– a trabalhador no domicílio que seja coadjuvado na prestação de actividade por membro do seu agregado familiar;

---

[1] As situações legalmente previstas de inexistência de entidades empregadoras, isto é, o pagamento voluntário por flexibilização da idade de acesso à pensão e a bonificação de períodos contributivos, estão em "Outros regimes facultativos".
A sistematização por grupos corresponde ao critério legal.
[2] Ver relação de reduções em "Âmbito material".
[3] Aplicável genericamente a trabalhadores à distância.

- quando, por razões de segurança ou saúde relativas ao trabalhador ou ao agregado familiar, a actividade seja executada fora do domicílio ou instalação daquele, desde que não o seja em instalação do beneficiário da actividade.[4]

Âmbito material

Doença, parentalidade, doenças profissionais, invalidez, velhice e morte.

Taxa contributiva

29,6% (20,3% empregador e 9,3% trabalhador) sobre remunerações efectivas.

2) Praticantes desportivos profissionais

Âmbito pessoal

Desportistas profissionais que, através da celebração de contrato de trabalho desportivo[5] e após a necessária formação técnico-profissional, praticam uma modalidade desportiva como profissão exclusiva ou principal, auferindo por via dela uma remuneração.[6]

Âmbito material

Parentalidade, desemprego, doenças profissionais, invalidez, velhice e morte[7].

---

[4] Regime jurídico-laboral – L 101/2009, 08/09.
[5] Contrato de trabalho desportivo é aquele pelo qual o praticante desportivo se obriga, mediante retribuição, a prestar actividade desportiva a uma pessoa singular ou colectiva que promova ou participe em actividades desportivas, sob a autoridade e a direcção desta. Sujeito a forma escrita e dependente de registo na federação respectiva – L 28/98, 26/06.
Os jogadores profissionais de futebol têm minuta própria no Contrato Colectivo de Trabalho entre o respectivo sindicato e a Liga Portuguesa de Futebol Profissional.
[6] Anteriormente apenas jogadores profissionais de futebol nos termos do DL 300/89, 04/09, e jogadores profissionais de basquetebol nos termos da Port 456/97, 11/07.
Para treinadores e outros profissionais que desenvolvem a actividade no desporto: contrato de trabalho normal ou contrato de prestação de serviço.
Para praticantes desportivos de alto rendimento (DL 272/2009, 01/10) ver regime do seguro social voluntário (infra).
Paralelamente existe contrato de seguro desportivo obrigatório para os agentes desportivos, os praticantes de actividades desportivas em infra-estruturas desportivas abertas ao público e os participantes em provas ou manifestações desportivas. São agentes desportivos, nomeadamente: praticantes desportivos federados, árbitros, juízes e cronometristas, treinadores de desporto e dirigentes desportivos – DL 10/2009, 12/01.
[7] Sem doença, portanto.

Base de incidência contributiva

Um quinto do valor da sua remuneração mensal efectiva com o limite mínimo do valor de 1 IAS.

Facultativamente, mediante acordo entre o trabalhador e a entidade empregadora, celebrado por escrito no início do contrato de trabalho para durar por toda a sua vigência, pode ser considerada como base de incidência contributiva a remuneração mensal efectiva do trabalhador desde que seja superior ao valor de 1 IAS[8].

Considera-se remuneração mensal efectiva as prestações pecuniárias ou em espécie estabelecidas no contrato que os vincula à respectiva entidade empregadora.

Integram o valor das remunerações os montantes pagos a título de prémios de assinatura de contrato, os quais são parcelados por cada um dos meses da sua duração, e os atribuídos por força de regulamento interno[9] da entidade empregadora[10] ou de contrato em vigor.

Não integram o conceito de remuneração mensal efectiva as importâncias despendidas pela entidade empregadora, a favor do trabalhador, na constituição de seguros de doença, de acidentes pessoais e de seguros de vida que garantam exclusivamente o risco de morte, invalidez ou reforma por velhice, no último caso desde que o benefício seja garantido após os 55 anos de idade, desde que não garantam o pagamento e este se não verifique nomeadamente, por resgate ou adiantamento, de qualquer capital em vida durante os primeiros cinco anos.

Taxa contributiva

33,3% (22,3% empregador e 11% trabalhador)[11] sobre remunerações efectivas.

---

[8] Remetendo à segurança social, conjuntamente com os elementos necessários à sua inscrição e enquadramento, cópia do acordo para o efeito celebrado.
[9] Regras aplicáveis aos regulamentos internos – art. 99º do CT.
[10] Associações desportivas (clubes) ou sociedades anónimas desportivas (SAD) (DL 67/97, 03/04).
[11] Comprovada até Março de cada ano. Desde Janeiro de 2015. Teve regime transitório:

Ano	Empregador	Trabalhador	Total
2011	18,5%	11%	29,5%
2012	19,5%		30,5%
2013	20,5%		31,5%
2014	21,5%		32,5%

3) Trabalhadores em regime de contrato de trabalho de muito curta duração

Âmbito pessoal

São casos especiais de contrato de trabalho de muito curta duração: o contrato de trabalho em actividade sazonal agrícola ou para realização de evento turístico de duração não superior a uma semana.[12]

A duração total de contratos de trabalho a termo com o mesmo empregador não pode exceder 60 dias de trabalho no ano civil.

A comunicação de admissão de trabalhador em regime de contrato de trabalho de muito curta duração é efectuada no sítio da Internet da segurança social contendo os seguintes elementos:

– identificação, domicílio ou sede das partes;
– actividade do trabalhador e correspondente retribuição;
– data de início dos efeitos do contrato de trabalho;
– local de trabalho;
– duração do contrato de trabalho.

Sempre que o contrato de trabalho de muito curta duração se converta em contrato a termo de acordo com a legislação laboral, aplica-se a taxa contributiva correspondente com efeitos ao mês da conversão.

Âmbito material

Invalidez, velhice e morte.

Base de incidência contributiva

Remuneração convencional calculada com base no número de horas de trabalho prestado e na remuneração horária calculada de acordo com a seguinte fórmula:

$$Rh = \frac{IAS \times 12}{52 \times 40}$$

Em que *Rh* corresponde ao valor da remuneração horária.

---

[12] Em geral – art. 142º do CT.
O contrato não está sujeito a forma escrita, devendo o empregador comunicar a sua celebração ao serviço competente da segurança social, mediante formulário electrónico que contém os elementos necessários, bem como o local de trabalho (Vg: guias turísticos).

Taxa contributiva

26,1% (empregador).

4) Trabalhadores em situação de pré-reforma[13]

Âmbito pessoal

Os trabalhadores por conta de outrem, com 55 ou mais anos[14], que tenham celebrado acordo de pré-reforma com as respectivas entidades empregadoras até ao momento em que completem a idade normal de acesso à pensão de velhice, acrescida do número de meses necessários à compensação do factor de sustentabilidade[15], salvo se até essa data ocorrer a extinção do acordo.

São excluídos do regime da pré-reforma os trabalhadores cujo âmbito de protecção não integre invalidez, velhice e morte.

A entidade empregadora deve remeter o acordo de pré-reforma à segurança social no prazo de cinco dias após a sua entrada em vigor para que esta proceda às devidas alterações de enquadramento.

Âmbito material

Nas situações de redução da prestação de trabalho mantêm o direito à protecção nas eventualidades garantidas no âmbito do regime geral, com base na remuneração auferida referente ao trabalho prestado[16].

Nas situações de suspensão da prestação de trabalho, não é reconhecido o direito à protecção na doença, doenças profissionais, parentalidade e desemprego.

Base de incidência

Valor da remuneração que serviu de base ao cálculo da prestação de pré-reforma.

Taxa contributiva

– 26,9% (18,3% empregadores, e 8,6% trabalhadores), relativamente à suspensão da prestação de trabalho (sem prestações imediatas).

---

[13] Regime jurídico-laboral – arts. 318º e segs. do CT.
[14] Para portuários em regime de transição ver art. 4º da L 3/2013, 14.01.
[15] Ver pensão de velhice.
[16] O exercício de outra actividade remunerada, permitida nos termos do nº 1 do art. 321º do CT, que determine a entrada de contribuições no sistema previdencial não afasta esta regra.

Relativamente aos trabalhadores em situação de redução da prestação de trabalho (com o âmbito de protecção de todas as eventualidades) é mantida a taxa contributiva que lhe era aplicada no momento da passagem à situação de pré-reforma.

5) Pensionistas em actividade

Âmbito pessoal

Pensionistas de invalidez e velhice de qualquer regime de protecção social que cumulativamente exerçam actividade profissional[17].

A segurança social procede ao enquadramento com efeitos no mês seguinte ao da verificação da situação, nos seguintes termos:

- tratando-se de pensionistas de invalidez ou velhice do sistema previdencial, de forma oficiosa;
- tratando-se de pensionistas de invalidez e velhice de regime de protecção social de que a entidade de segurança social competente não tenha conhecimento directo, mediante recepção de cópia do documento emitido pela entidade que atribuiu a respectiva pensão ou do cartão de pensionista, do qual conste a natureza da pensão, remetido pela entidade empregadora.

Âmbito material[18]

Os pensionistas de invalidez têm direito à protecção na parentalidade, doenças profissionais, invalidez, velhice e morte.

Os pensionistas de velhice têm direito à protecção na parentalidade, doenças profissionais, velhice e morte.

Taxas contributivas

– Pensionistas de invalidez

Taxa de 28,2% (19,3% empregador e 8,9% trabalhador) sobre remunerações efectivas.

– Pensionistas de velhice

Taxa de 23,9% (16,4% empregador e 7,5% trabalhador) sobre remunerações efectivas.

---

[17] Ver regime de acumulação de pensões com rendimentos de trabalho em Pensão de invalidez e Pensão de velhice (infra).
[18] Sem direito a subsídios de doença e de desemprego por serem considerados trabalhadores não activos, por contraposição a pensionistas.

6) Trabalhadores no âmbito do ensino português no estrangeiro

Âmbito pessoal

Coordenadores, adjuntos de coordenação e pessoal docente do ensino português no estrangeiro.

Âmbito material

Desemprego.

Taxa contributiva

5% (Instituto Camões, IP) sobre remunerações efectivas.

b. Trabalhadores que exercem funções públicas[19]

Âmbito pessoal

Trabalhadores que exercem funções públicas em entidades da Administração Pública[20-21]

- titulares de relação jurídica de emprego público constituída a partir de 1 de Janeiro de 2006[22], independentemente da modalidade de vinculação[23];
- titulares de relação jurídica de emprego constituída até 31 de Dezembro de 2005 que à data se encontravam enquadrados no regime geral de segurança social.

Âmbito material

Todas as eventualidades do regime geral.

---

[19] Cf. arts. 7º a 10º da L 4/2009, 29/01.

[20] As fundações públicas designadamente as da área do ensino superior constituídas nos termos da L 62/2007, 10.09, têm o regime das entidades sem fins lucrativos em geral, designadamente a progressividade de taxa contributiva.

[21] Às empresas públicas e entidades públicas empresariais (EEE) aplica-se o regime geral.

[22] Admitidos desde 1 de Janeiro de 2006. Os admitidos anteriormente a que se aplica o regime de protecção social convergente (RPSC) constituem grupo fechado gerido pela entidade empregadora e pela Caixa Geral de Aposentações (CGA), muito embora para os admitidos desde Setembro de 1993 já se aplicasse o regime geral de pensões. Para prestações do grupo fechado ver âmbito material.

[23] Considerados funcionários e agentes administrativos os admitidos desde 1/01/2006 a 31/12/2008.

Porém, o pagamento das prestações de desemprego atribuídas aos trabalhadores que exercem funções públicas, nomeados e os que transitaram do regime de nomeação para o regime de contrato de trabalho sem termo[24], é da responsabilidade das entidades empregadoras competentes[25].

Taxa contributiva[26]

Geral (todas as eventualidades):
– 34,75% (23,75% empregador e 11% trabalhador) sobre remunerações efectivas.

Sem pagamento de desemprego:
– 29,6% (18,6% empregador e de 11% trabalhadores).

---

[24] Nas condições referidas no art. 10º da L 12-A/2008, 27.02.
[25] Nos termos do nº 2 do art. 10º da L 4/2009, 29.01. Constitui a regra.
Esta regra é aplicável aos trabalhadores referidos no nº 4 do art. 88º da L 12-A/2008, 27.02, cuja relação jurídica de emprego foi constituída entre 1 de Janeiro de 2006 e a data da entrada em vigor da referida norma.
[26] Evolução das taxas de contribuições nos órgãos da administração pública (a) do pessoal admitido desde Jan 2006 integrado no regime geral de segurança social (b) como funcionários e agentes administrativos (de Jan 2006 a Dez 2008) e como trabalhadores que exercem funções públicas (desde Janeiro de 2009):

Datas \ Taxas	Empregador Invalidez, velhice e morte	Empregador Todas as eventualidades sem desemprego	Empregador Todas as eventualidades	Trabalhador
Jan 2006/Dez 2008 DL 55/2006, 15/03	12,08%	-	-	11%
Jan 2009/Dez 2010 Port 292/2009, 23/03	-	15,7%	20,6%	11%
Jan 2011/Dez 2012 Art. 115º CRC	-	17,2%	22,3%	11%
Desde Jan 2013 Art. 91º-C CRC	-	18,6%	23,75%	11%

(a) As entidades públicas empresariais têm taxas do regime geral – 23,75% (ou 18,6% sem desemprego).
(b) Os admitidos até Dez 2005 estão integrados no regime especial de protecção social convergente (grupo fechado).

c. Trabalhadores em regime de trabalho intermitente

Âmbito pessoal[27]

Em empresa que exerça actividade com descontinuidade ou intensidade variável, em que é acordado que a prestação de trabalho seja intercalada por um ou mais períodos de inactividade.

A entidade empregadora deve remeter cópia do contrato de trabalho intermitente ou em exercício intermitente da prestação de trabalho à segurança social no prazo de cinco dias a partir da comunicação da admissão do trabalhador ou da conversão do respectivo contrato de trabalho, ou juntamente com aquela.

Base de incidência contributiva

Remuneração base auferida pelo trabalhador no período de actividade e compensação retributiva nos períodos de inactividade[28].

Registo de remuneração por equivalência

Durante o período de inactividade a diferença entre a compensação retributiva paga ao trabalhador e a sua remuneração é registada por equivalência à entrada de contribuições.

Sempre que durante o período de inactividade o trabalhador exerça outra actividade profissional, só é registada por equivalência a diferença entre a remuneração desta actividade e a correspondente ao período de actividade no contrato de trabalho intermitente.

O registo de remunerações por equivalência tem a duração máxima de 6 meses em cada período de 12 meses de vigência do contrato.[29]

---

[27] O contrato de trabalho intermitente não pode ser celebrado a termo resolutivo ou em regime de trabalho temporário.
Ver arts. 157º a 160º do CT. Para profissionais das artes do espectáculo e do audiovisual – art. 8º da Lei nº 4/2008, 07.02.

[28] Valor da compensação retributiva estabelecido em instrumento de regulamentação colectiva de trabalho (IRCT) ou na sua falta 20% da retribuição base (nº 1 do art. 160º do CT). Para profissionais das artes do espectáculo e do audiovisual – 30% – art. 8º da Lei nº 4/2008, 07/02.

[29] A prestação de trabalho não pode ser inferior a seis meses a tempo completo, por ano, dos quais pelo menos quatro meses devem ser consecutivos. (art. 159º CT).

d. Em função de actividades economicamente débeis

1) Trabalhadores de actividades agrícolas, pecuárias e silvícolas

Âmbito pessoal

Trabalhadores que exercem actividades agrícolas ou equiparadas[30], sob a

---

[30] Consideram-se equiparadas a actividade agrícola: a pecuária, a silvicultura e actividades dos serviços relacionados, ainda que nelas a terra tenha uma função de mero suporte de instalações.
Do regime fiscal (art. 4º do CIRS) retiram-se, nomeadamente, regras de delimitação das actividades:
"1 – Consideram-se actividades comerciais e industriais, designadamente, as seguintes:
(...)
l) As actividades agrícolas e pecuárias não conexas com a exploração da terra ou em que esta tenha carácter manifestamente acessório;
m) As actividades agrícolas, silvícolas e pecuárias integradas noutras de natureza comercial ou industrial.
2 – Considera-se que a exploração da terra tem carácter manifestamente acessório quando os respectivos custos directos sejam inferiores a 25% dos custos directos totais do conjunto da actividade exercida.
3 – Para efeitos do disposto na alínea m) do nº 1, consideram-se integradas em actividades de natureza comercial ou industrial, as agrícolas, silvícolas e pecuárias cujos produtos se destinem a ser utilizados ou consumidos em mais de 60% do seu valor naquelas actividades.
4 – Consideram-se actividades agrícolas, silvícolas ou pecuárias, designadamente, as seguintes:
a) As comerciais ou industriais, meramente acessórias ou complementares daquelas, que utilizem, de forma exclusiva, os produtos das próprias explorações agrícolas, silvícolas ou pecuárias;
b) Caça e a exploração de pastos naturais, água e outros produtos espontâneos, explorados directamente ou por terceiros;
c) Explorações de marinhas de sal;
d) Explorações apícolas;
e) Investigação e obtenção de novas variedades animais e vegetais, dependentes daquelas actividades."
Caracterização e enumeração das actividades de produção agrícola, pecuária e silvícola – adaptado das listas anexas ao DL 381/2007, 14/11 – *Classificação Portuguesa de Actividades Económicas, Revisão 3 (CAE-REV 3)* e ao CIVA:

autoridade de uma entidade empregadora, prestado em explorações que tenham por objecto principal a produção agrícola[31].

Agricultura (produção agrícola – exploração da terra) (a)	Pecuária (produção animal – criação de animais) (b)
Culturas temporárias	Criação de bovinos para produção de leite (vacas...)
Cerealicultura (trigo, aveia, cevada, milho, arroz...)	Criação de outros bovinos (bisontes, búfalos
Cultura de leguminosas secas e sementes oleaginosas (girassol)	Criação de equinos (ou equídeos), asininos e muares (cavalos, burros e mulas)
Cultura de produtos hortícolas, raízes e tubérculos (horticultura)	Criação de camelos e camelídeos (dromedários...)
Cultura de cana-de-açúcar	Criação de ovinos (ovelhas, muflões) caprinos (cabras) e cervídeos (veados, gamos e corços)
Cultura de tabaco	Apicultura (abelhas)
Cultura de plantas têxteis (algodão...)	Avicultura (aves: frango, perú, avestruz...)
Cultura de flores e plantas ornamentais (floricultura – horticultura floral e ornamental tb em estufas)	Canicultura (cães)
	Cunicultura (leporídeos: coelhos e lebres)
Culturas permanentes (fruticultura)	Helicicultura (caracóis)
Viticultura	Sericicultura (bichos-da-seda)
Cultura de frutos tropicais e subtropicais	Suinicultura (porcos)
Cultura de citrinos (laranjas...)	Criação de animais de companhia
Cultura de pomóideas e prunóideas (maçãs e ameixas)	Criação de aves canoras, ornamentais e de fantasia
Cultura de outros frutos (inclui casca rija), em árvores e arbustos	**Aquicultura** – culturas aquícolas e piscícolas
Cultura de frutos oleaginosos (oleicultura)	**Agricultura e produção animal combinadas**
Olivicultura	
Cultura de outros frutos oleaginosos	**Silvicultura e exploração florestal** (produtos florestais)
Cultura de plantas destinadas à preparação de bebidas	
Cultura de cogumelos, especiarias, plantas aromáticas, medicinais e farmacêuticas	Exploração florestal (corte de madeira)
	Extracção de cortiça, resina e apanha de outros produtos florestais
Cultura de materiais de propagação vegetativa	
Preparação e tratamento de sementes para propagação	
Exploração de viveiros	**Indústrias extractivas** – Extracção de sal marinho (salicultura)
Culturas hidropónicas	

(a) Actividades de produção agrícola – prestações de serviços que contribuem para a produção agrícola: operações de sementeira, plantio, colheita, debulha, enfardação, ceifa, recolha e transporte; operações de embalagem e de acondicionamento (secagem, limpeza, trituração, desinfecção, ensilagem e preparação dos produtos agrícolas para venda) e armazenamento de produtos agrícolas; destruição de plantas e animais nocivos e tratamento de plantas e terrenos por pulverização; exploração de instalações de irrigação e de drenagem; actividades de transformação efectuadas por produtor agrícola sobre produtos provenientes essencialmente da respectiva produção agrícola com os meios normalmente utilizados nas explorações agrícolas.

(b) Actividades de produção animal – guarda, criação e engorda de animais para obtenção de carne, leite, mel, ovos, lã, seda, pelo, pele, e para caça, repovoamento cinegético ou experiências de laboratório (produção pecuária ou de animais de espécie pecuária – DL 81/2013, 14/06) – *conexa com a exploração do solo ou em que este tenha carácter essencial.*

[31] Sem prejuízo do *regime da actividade sazonal agrícola* – ver Regime aplicável a trabalhadores com contratos de trabalho de muito curta duração.

Não são considerados trabalhadores de actividades agrícolas os trabalhadores que exerçam a respectiva actividade em explorações que se destinem essencialmente à produção de matérias-primas para indústrias transformadoras que constituam, em si mesmas, objectivos dessas empresas.[32]

Taxa contributiva

33,3% (22,3% empregador e 11% trabalhador) sobre remunerações efectivas.

2) *Trabalhadores e proprietários das embarcações da pesca local e costeira, apanhadores de espécies marinhas e pescadores apeados*

Âmbito pessoal

Trabalhadores que exercem actividade profissional na pesca local e costeira[33], sob autoridade de um armador de pesca ou do seu representante legal, bem como os proprietários de embarcações de pesca local e costeira[34], que integrem o rol de tripulação e exerçam efectiva actividade profissional nestas embarcações, e ainda os apanhadores de espécies marinhas e os pescadores apeados.

Valor da contribuição

A contribuição relativa aos trabalhadores que exercem actividade na pesca local e costeira e aos proprietários de embarcações[35], que integrem o rol de tripulação e exerçam efectiva actividade profissional nestas embarcações, corresponde a 10% do valor bruto do pescado vendido em lota, a repartir de acordo com as respectivas partes.

A contribuição relativa aos apanhadores de espécies marinhas e aos pescadores apeados, bem como a outros sujeitos que estejam autorizados à primeira

---

[32] Nos termos do nº 3 do art. 95º do CRC e dos nºs 2 e 3 do art. 4º do CIRS.
[33] São inscritos marítimos para efeitos de obrigação contributiva, todos os trabalhadores dependentes afectos à actividade da embarcação de pesca, local e costeira, que desempenhem as funções e tarefas correspondentes às competências típicas das profissões de marítimo.
[34] Os membros de órgãos estatutários de sociedades de pesca são enquadrados pelo regime dos MOE's mesmo sendo tripulantes.
[35] Aplica-se aos trabalhadores e proprietários de embarcações que exerçam a sua actividade a bordo de embarcações de pesca costeira que, em Janeiro de 2011, estivessem a ser tributados para a segurança social pelo regime de retenção na lota de 10% do valor do produto do pescado (nº 2 do art. 34º do DL 199/99, 08.06).

venda de pescado fresco, fora das lotas, corresponde a 10% do valor do produto bruto do pescado vendido de acordo com as respectivas notas de venda.

A cobrança das contribuições é efectuada pela entidade que explorar a lota, no acto da venda do pescado em lota ou no acto da entrega da nota de venda, conforme aplicável.

Cálculo da remuneração a registar

A contribuição equivale à aplicação da taxa contributiva de 29%, sendo, respectivamente, de 21% e de 8% para as entidades empregadoras e para os trabalhadores à base de incidência e determina a respectiva remuneração a registar. Ou seja, em termos práticos, o valor a registar é igual ao montante da contribuição vezes 3,4483.

A base de incidência contributiva pode ser determinada nos termos previstos para o regime geral desde que para tal exista manifestação de vontade da entidade contribuinte, sendo esta irrevogável.

e. Incentivos ao emprego[36]

Podem ser fixadas pelo Governo, de forma transitória, taxas contributivas mais favoráveis e medidas de isenção contributiva, total ou parcial, que sirvam de estímulo à:

- criação de postos de trabalho;
- reinserção profissional de pessoas afastadas do mercado de trabalho; e
- redução de encargos não salariais em situação de catástrofe ou de calamidade pública.

Não têm direito às dispensas de pagamento de contribuições:

- as entidades empregadoras, no que respeita a trabalhadores abrangidos por esquemas contributivos com taxas inferiores à estabelecida para a generalidade dos trabalhadores por conta de outrem (34,75%), com excepção das entidades cuja redução de taxa resulte do facto de serem pessoas colectivas sem fins lucrativos ou por pertencerem a sectores considerados como economicamente débeis para efeitos de contribuições para a segurança social;

---

[36] Por exemplo: 1º emprego, reclusos em regime aberto, apoio á celebração de contrato de trabalho (reembolso pelo IEFP de 1%, de Out 2013 a Set 2015 – Port 286-A/2013, 16.09).
V. Regime em Dispensa e Redução de Contribuições (*págs. 119 e segs.*).

- as entidades empregadoras, no que respeita a trabalhadores abrangidos por bases de incidência fixadas em valores inferiores à remuneração efectiva ou convencionais.

As dispensas de pagamento de contribuições cessam sempre que:

- termine o período de concessão;
- deixem de se verificar as condições de acesso;
- se verifique a falta de entrega, no prazo legal, das declarações de remuneração ou falta de inclusão de quaisquer trabalhadores nas referidas declarações;
- cesse o contrato de trabalho.

A transmissão de estabelecimento em que se verifique a manutenção dos contratos de trabalho celebrados com a anterior entidade empregadora não determina a cessação da dispensa desde que a nova entidade empregadora tenha a situação contributiva regularizada perante a segurança social e a Administração Fiscal.

A cessação do contrato de trabalho por iniciativa do empregador, com base em despedimento sem justa causa, despedimento colectivo, despedimento por extinção do posto de trabalho ou despedimento por inadaptação, quando a cessação ocorra dentro dos 24 meses seguintes ao termo do período de concessão da dispensa:

- torna exigíveis as contribuições relativas ao período durante o qual tenha vigorado a dispensa;
- perdendo as entidades empregadoras o direito à concessão de novas dispensas do pagamento de contribuições nos 24 meses seguintes à cessação do contrato com tais motivos.

Nos casos em que haja lugar à exigência de contribuições não são devidos juros de mora relativos aos períodos a que as mesmas se referem, se forem pagas no prazo de 60 dias após a cessação do contrato.

f. Incentivos à permanência no mercado de trabalho (trabalhadores idosos)

Âmbito pessoal

Trabalhadores activos com, pelo menos, 65 anos de idade e carreira contributiva não inferior a 40 anos e os que se encontrem em condições de aceder à pensão de velhice sem redução no âmbito do regime de flexibilização da idade de acesso à pensão de velhice[37].

A segurança social procede à alteração de enquadramento, produzindo efeitos a partir do mês seguinte ao da verificação das seguintes situações:
- sempre que tenha conhecimento directo de pelo menos 40 anos de carreira contributiva do trabalhador, verificadas as demais condições legais, de forma oficiosa;
- sempre que não tenha conhecimento directo de toda ou parte da carreira contributiva do trabalhador, mediante requerimento apresentado pela entidade empregadora acompanhado de documentos que provem a existência dos períodos em falta, devendo o trabalhador informar a entidade empregadora de que reúne as condições previstas, bem como entregar-lhe os documentos comprovativos.

Âmbito material

Doença, parentalidade, doenças profissionais, velhice[38] e morte.

Taxa contributiva

- 25,3% (17,3% empregador e 8% trabalhador) sobre remunerações efectivas.

g. Incentivos à contratação de trabalhadores com deficiência

Âmbito pessoal

São considerados trabalhadores com deficiência os que possuam capacidade de trabalho inferior a 80% da capacidade normal exigida a um trabalhador não deficiente no mesmo posto de trabalho.

Apenas são abrangidos os trabalhadores com deficiência com contratos de trabalho por tempo indeterminado (sem termo)[39].

A entidade empregadora deve apresentar requerimento acompanhado de atestado médico de incapacidade multiusos emitido pelos serviços de saúde ou pelos serviços do Instituto do Emprego e Formação Profissional que ateste a situação de deficiência e respectivo grau.

---

[37] Ver regime na Pensão de velhice e Subsídio de desemprego (infra).
[38] Beneficiam da redução da idade de reforma de 4 meses por cada ano de carreira para além dos 40.
[39] Por escrito.

Taxa contributiva

- 22,9% (11,9% empregador e 11% trabalhador).

h. Em função da natureza não lucrativa das entidades empregadoras

1) *Trabalhadores de entidades sem fins lucrativos em geral*[40]

São entidades empregadoras sem fins lucrativos[41], nomeadamente:

- instituições particulares de solidariedade social (IPSS)[42];
- associações, fundações[43], comissões especiais[44] e cooperativas[45];
- associações de empregadores, sindicatos e respectivas uniões, federações e confederações[46];
- ordens profissionais[47];
- partidos políticos[48];
- casas do povo[49];
- caixas de crédito agrícola mútuo[50];
- condomínios de prédios urbanos[51].

---

[40] Até 1986 não suportavam contribuições para o então Fundo de Desemprego. Situação em que se encontravam as entidades empregadoras dos trabalhadores das obras *da Base das Lajes e da Nato*, objecto de acordos internacionais nesse sentido.

[41] As entidades empregadoras dos trabalhadores do serviço doméstico e as igrejas, associações e confissões religiosas, obviamente sem fins lucrativos, têm regime próprio com taxas próprias e progressão também própria – ver infra.

[42] E associações mutualistas e respectivas uniões, federações e confederações. V. formas e atribuições em "Organização Administrativa da Segurança Social" (*págs. 541 e segs.*). Ver regime de progressão própria (*pág. 636*).
Estatuto das IPSS – DL 119/93, 25.02.

[43] Regularmente constituídas nos termos do Código Civil (arts. 167º a 194º) e da Lei-quadro das Fundações.

[44] Previstas e reguladas no Código Civil (arts. 199º a 201º-A).

[45] Cooperativas nos termos do Código Cooperativo (L 119/2015, 31.08) com credencial comprovativa da legal constituição e regular funcionamento passada pela Cooperativa António Sérgio para a Economia Social, nos termos do art. 4º, nº 4 do DL 282/2009, 07.10.

[46] Constituídos nos termos dos arts. 440º e segs. do Código do Trabalho.

[47] São associações públicas previstas no art. 267º da CRP e reguladas na L 6/2008, de 13.02.

[48] Regularmente constituídos nos termos da Lei dos Partidos Políticos (Lei Orgânica 2/2003, 22.08).

[49] Reguladas pelos DL 4/82, 11/01 e DL 246/90, 27/07, legalmente equiparadas às IPSS (V.).

[50] Também: Caixa Central de Crédito Agrícola Mútuo e caixas económicas das associações mutualistas (Vg: Montepio Geral), previstas no DL 298/92, 31.12, e DL 190/2015, 10.09.

[51] V. art. 1414º do CC.

Taxa contributiva[52]

33,3% (22,3% empregador e 11% trabalhador)[53] sobre remunerações efectivas.

2) *Dirigentes e delegados sindicais*

Âmbito pessoal

Dirigentes e os delegados sindicais na situação de faltas justificadas e na situação de suspensão do contrato de trabalho para o exercício de funções sindicais.[54]

Os sindicatos são considerados entidades empregadoras dos dirigentes e delegados sindicais na situação de faltas justificadas e na situação de suspensão do contrato de trabalho para o exercício de funções sindicais.

Base de incidência

Constitui base de incidência contributiva a compensação paga pelo sindicato aos dirigentes e delegados sindicais pelo exercício das correspondentes funções sindicais.

3) *Trabalhadores do serviço doméstico*

Âmbito pessoal

Trabalhadores vinculados por contrato de serviço doméstico[55].

---

[52] Com todas as eventualidades. Têm taxas próprias com âmbito material reduzido: trabalhadores em funções públicas (Ver infra) e trabalhadores do serviço doméstico (Ver infra).
[53] Desde Janeiro de 2014. Transitoriamente:

Ano	Empregador	Trabalhador	Total
2011	21%		32%
2012	21,4%	11%	32,4%
2013	21,8%		32,8%

[54] Nos termos do art. 440º do CT.
[55] Nos termos do art. 2º do DL 235/92, 24.10:
"1 – Contrato de serviço doméstico é aquele pelo qual uma pessoa se obriga, mediante retribuição, a prestar a outrem, com carácter regular, sob a sua direcção e autoridade, actividades destinadas à satisfação das necessidades próprias ou específicas de um agregado familiar, ou equiparado, e dos respectivos membros, nomeadamente:
a) confecção de refeições;
b) lavagem e tratamento de roupas;
c) limpeza e arrumo de casa;

São excluídas do âmbito de aplicação as pessoas ligadas à entidade empregadora pelos seguintes vínculos familiares:

- o cônjuge ou membro de união de facto há mais de dois anos;
- os descendentes até ao 2º grau ou equiparados e afins;
- os ascendentes ou equiparados e afins;
- os irmãos e afins.

A entidade empregadora de trabalhador de serviço doméstico deve declarar junto da segurança social:

- que o trabalhador exerce, com carácter de regularidade e sob a sua direcção e autoridade, mediante retribuição, a profissão de serviço doméstico;
- a inexistência das situações determinantes de exclusão de enquadramento do trabalhador.

Âmbito material

Doença, parentalidade, doenças profissionais, invalidez, velhice e morte.
Mediante acordo com o empregador, têm ainda direito à protecção no desemprego quando a base de incidência contributiva corresponde a remuneração efectiva auferida em regime de contrato de trabalho mensal a tempo completo com remuneração efectiva.

Base de incidência contributiva

• *Trabalho em regime horário e diário*

Constitui base de incidência contributiva a remuneração convencional calculada com base no número de horas ou de dias de trabalho prestados e a remuneração horária ou diária, determinada de acordo com as seguintes fórmulas:

d) vigilância e assistência a crianças, pessoas idosas e doentes;
e) tratamento de animais domésticos;
f) execução de serviços de jardinagem;
g) execução de serviços de costura;
h) outras actividades consagradas pelos usos e costumes;
i) coordenação e supervisão de tarefas do tipo das mencionadas neste número;
j) execução de tarefas externas relacionadas com as anteriores.
2 – O regime previsto no presente diploma aplica-se, com as necessárias adaptações, à prestação das actividades referidas no número anterior a pessoas colectivas de fins não lucrativos, ou a agregados familiares, por conta daquelas, desde que não abrangidas por regime legal ou convencional.
3 – Não se considera serviço doméstico a prestação de trabalhos com carácter acidental, a execução de uma tarefa concreta de frequência intermitente ou o desempenho de trabalhos domésticos em regime *au pair* (com comida, casa e sem ordenado), de autonomia ou de voluntariado social."

Rd = IAS/30;
Rh = (IAS x 12)/(52 x 40)

em que Rd corresponde ao valor da remuneração diária, IAS ao valor do indexante dos apoios sociais e Rh ao valor da remuneração horária.

Para determinação das contribuições devidas por trabalho prestado por trabalhadores não contratados ao mês em regime de tempo completo é considerado o valor da remuneração horária.

O número mensal de horas a declarar não pode, em qualquer circunstância, ser inferior a 30 por cada trabalhador e respectiva entidade empregadora.

• *Trabalho mensal em regime de tempo completo*
– Remuneração convencional
Base de incidência indexada ao IAS[56].

– Remuneração efectiva
Mediante acordo escrito entre o trabalhador e a entidade empregadora, pode ser considerada como base de incidência a remuneração efectivamente auferida[57]. Esta opção só pode ser formulada se o trabalhador tiver idade inferior a tabela própria[58] e a capacidade para o exercício da actividade se encontre atestada por médico assistente.

A entidade empregadora de trabalhador de serviço doméstico deve remeter à segurança social cópia do acordo para o efeito celebrado e do atestado de capacidade para o exercício da actividade, considerando-se remuneração efectivamente auferida pelo trabalhador como base de incidência contributiva a partir do mês seguinte.

A actualização da remuneração do trabalhador é comunicada pela entidade empregadora à segurança social no prazo de cinco dias.

Nas situações em que os trabalhadores com contrato mensal não prestem serviço durante todo o mês, por motivo de admissão, cessação de contrato de trabalho, baixa por doença ou qualquer outra causa, é considerada a remuneração correspondente ao número de dias de trabalho efectivamente prestado. Tratando-se de remuneração convencional, a remuneração diária é determinada nos termos do trabalho em regime horário e diário.

---

[56] € 421,32 (2017).
[57] Nunca inferior à RMMG.
[58] 59 anos e meio em 2017, progredindo 6 meses todos os anos até atingir os 65 anos em 2028.

Taxa contributiva

- Sem direito a subsídio de desemprego – base de incidência: remuneração convencional
  - 28,3% (18,9% empregador e 9,4% trabalhadores), sobre o IAS[59]
- Com direito a subsídio de desemprego – base de incidência: remuneração efectiva (mediante acordo com o empregador)
  - 33,3% (22,3% empregador e 11% trabalhador), sobre a remuneração efectiva.

Declaração de remunerações

A declaração de remunerações relativa aos trabalhadores do serviço doméstico é efectuada com o pagamento das contribuições e quotizações devidas.

Pagamento

Efectuado do dia 1 ao dia 20 do mês seguinte àquele a que dizem respeito.[60]

4) Trabalhadores das IPSS[61]

- 33,3% (22,3% empregador; 11% trabalhador) sobre remunerações efectivas.[62]

---

[59] IAS: € 421,32 (2017).
Remunerações convencionais a declarar:
• trabalho mensal: € 421,32 (2017)
• trabalho mensal mas exercido por período inferior a um mês: (admissão, cessação ou baixa): € 14,044 dia;
• pessoal não contratado ao mês: ("mulheres-a-dias")
€ 2,43 hora no mínimo de 30 horas, ou seja, € 72,90 – 30 horas.
Montante das contribuições correspondentes:
• trabalho mensal: € 119,23 (€ 79,63 empregador e € 39,60 trabalhador);
• trabalho mensal mas exercido por período inferior a um mês: (admissão, cessação ou baixa): € 3,97 (€ 2,65 empregador e € 1,32 trabalhador);
• pessoal não contratado ao mês: («mulheres a dias»): (Conforme tabela própria inserida nos quadros-síntese a págs. 644 e segs.).
€ 0,6876 (€ 0,4593 empregador e € 0,2283 trabalhador) no mínimo de 30 horas, ou seja: € 20,63 (€ 13,78 empregador e € 6,85 trabalhador).
[60] Vg: pagamento do mês/referência Março 2017 é efectuado do dia 1 ao dia 20 de Abril de 2017. Quanto ao lugar e meios de pagamento, regime igual ao do seguro social voluntário – *ver pág. 169*-
[61] Incluindo docentes, desde Janeiro de 2006.
[62] Desde Janeiro 2017. Teve regime transitorio:

i. Situações equiparadas a trabalho por conta de outrem

1) *Membros das igrejas, associações e confissões religiosas*[63]

Âmbito pessoal

Como beneficiários:
- membros do clero secular e religioso da Igreja Católica;[64]
- membros dos institutos religiosos, das sociedades de vida apostólica e dos institutos seculares da Igreja Católica;
- membros do governo das outras igrejas, associações e confissões religiosas legalmente existentes[65];
- religiosos e as religiosas que tenham votos ou compromissos públicos e vivam em comunidade ou a ela pertençam;
- noviços e as noviças que vivam em comunidade ou a ela pertençam;
- ministros das confissões não católicas que desempenhem o seu *munus* em actividades de formação próprias daquelas confissões.[66]

Como contribuintes: as dioceses, os institutos religiosos, os institutos seculares, as sociedades da vida apostólica, as fábricas da Igreja e os centros paroquiais da Igreja Católica, bem como as demais associações ou confissões religiosas legalmente existentes, de que dependam ou em que se integrem os beneficiários.

Ano	Empregador	Trabalhador	Total
2011	20%		31%
2012	20,4%		31,4%
2013	20,8%	11%	31,8%
2014	21,2%		32,2%
2015	21,6%		32,6%
2016	22%		33%

[63] Não há contrato de trabalho – Acórdão do STJ de 16/06/2004.
[64] Nos termos da L 16/2001, 22.06 (Lei da Liberdade Religiosa). Às pessoas jurídicas canónicas da Igreja Católica na vertente institucional aplica-se a Concordata entre a Santa Sé e a República Portuguesa, de 18 de Maio de 2004 (que substituiu a de 7/05/1940 e Protocolo adicional de 15/02/1975).
[65] Nos termos da Lei da Liberdade Religiosa (L 16/2001, 22.06) regularmente registadas.
[66] A autenticação dos certificados e das credenciais compete ao registo das pessoas colectivas religiosas, nos termos da L 16/2001, 22.06.

Enquadramento

O enquadramento dos beneficiários é efectuado por referência a uma única entidade contribuinte, independentemente do número de entidades de que dependam ou em que se integrem.

O enquadramento é facultativo quando o desempenho da actividade religiosa tenha carácter secundário[67] e o exercício da actividade principal não religiosa determine a inscrição obrigatória noutro regime de segurança social.

Âmbito material

i) reduzido – invalidez e velhice; ou por opção:
ii) alargado – doença, parentalidade, doenças profissionais, invalidez, velhice e morte. Este direito de opção é exercido mediante acordo escrito entre a entidade contribuinte e o beneficiário que aquela deve remeter à segurança social, produzindo efeitos a partir do mês seguinte ao da apresentação do acordo.

Base de incidência contributiva

Corresponde ao valor de um indexante dos apoios sociais (IAS).

Podem requerer que a base de incidência contributiva seja fixada de acordo com um dos 10 escalões previstos para o regime de seguro social voluntário (até 8 IAS)[68]. O direito de opção é exercido mediante acordo escrito entre a entidade contribuinte e o beneficiário e requerida à segurança social[69] sendo o requerimento acompanhado do acordo escrito no qual consta obrigatoriamente o escalão a fixar como base de incidência contributiva.

O deferimento produz efeitos a partir do mês seguinte ao da apresentação do requerimento.

Taxa contributiva[70]

Âmbito material reduzido (invalidez e velhice):

---

[67] Exercida em média por período inferior a 30 horas semanais.
[68] As regras de alteração da base de incidência contributiva previstas no regime do seguro social voluntário.
[69] Através de formulário próprio.
[70] Nada impede as ordens e as congregações religiosas de suportar as quotizações dos seus membros.

Ano	Contribuinte	Beneficiário	Total
2011	9%	5%	14%
2012	10%	6%	16%
2013	11%	7%	18%
2014	12%	7,6%	19,6%
2015	13%		20,6%
2016	14%		21,6%
2017	15%		22,6%
A partir de 2018	16,2%		23,8%

Âmbito material alargado:

Ano	Contribuinte	Beneficiário	Total
2011	9,7%	5,6%	15,3%
2012	10,7%	6,6%	17,3%
2013	11,7%	7,6%	19,3%
2014	12,7%	8,6%	21,3%
2015	14,7%		23,3%
2016	16,7%		25,3%
2017	18,7%		27,3%
A partir de 2018	19,7%		28,3%

Cessação da obrigação de contribuir

As entidades empregadoras podem requerer a cessação da obrigação de contribuir relativa aos beneficiários que tendo completado 65 anos de idade tenham uma carreira contributiva igual ou superior a 40 anos.

Sempre que a segurança social tenha conhecimento directo de que o trabalhador tem pelo menos 40 anos de carreira contributiva, verificadas as demais condições legais, a sua não inclusão na declaração de remunerações é considerada como requerimento de cessação da obrigação de contribuir.

Sempre que a segurança social não tenha conhecimento directo de toda ou parte da carreira contributiva do trabalhador, a entidade empregadora deve apresentar requerimento acompanhado de documentos que provem a existência dos períodos em falta.

A obrigação contributiva suspende-se a partir do mês seguinte ao da apresentação do requerimento.

Sendo o requerimento indeferido há lugar à correcção oficiosa das declarações de remuneração apresentadas, dando origem à correspondente obrigação de pagamento de contribuições e quotizações.

Sendo o requerimento deferido a obrigação contributiva cessa no mês seguinte ao da apresentação do requerimento.

2) Trabalhadores em regime de acumulação

Âmbito pessoal

Trabalhadores que acumulem trabalho por conta de outrem com actividade independente para a mesma entidade empregadora[71] ou para empresa do mesmo agrupamento empresarial[72].

Base de incidência contributiva

A base de incidência contributiva referente à actividade profissional independente corresponde ao montante ilíquido dos honorários devidos pelo seu exercício[73].

Taxa contributiva

A mesma que for aplicável ao respectivo contrato de trabalho por conta de outrem.

j. Profissionais das artes do espectáculo e do audiovisual

Taxa contributiva: 34,75% (23,75% empregador e 11% trabalhador)[74]

k. Tripulantes portugueses de navios registados no Registo Internacional da Madeira (MAR)

Âmbito material: Doença, doença profissional e parentalidade.
Taxa contributiva: 2,7% (2% empregador; 0,7% trabalhador)[75]

---

[71] Inclui órgãos e serviços da Administração Pública.
[72] Empresas, mesmo empresas públicas, em relação de domínio ou em relação de grupo (arts. 486º e 488º e segs. do CSC) integradas ou não em sociedades gestoras de participações sociais (DL 495/88, 30.09).
[73] Constantes de recibos ou facturas (art. 115º do CIRS) que somados à remuneração principal é declarado pelo código de remuneração H como se de uma só prestação remuneratória se trate.
[74] Desde Janeiro de 2015. Teve regime transitório:

Ano	Empregador	Trabalhador
2012	20,55%	
2013	21,55%	11%
2014	22,55%	

[75] Art. 25º do DL 96/89, 28/03 (versão da L 23/2015, 17.03).

l. Situações de grupo ou regime fechado[76]

1) Bordadeiras de casa

RA Madeira

Taxa de 12% (10% empregador e 2% trabalhador) sobre remunerações efectivas.

RA Açores

Contribuições por pontos.[77]

2) Serviço militar (contrato e voluntariado)

Âmbito material: desemprego
Taxa contributiva: 3% – empregador.

3) Pessoal docente

- do ensino particular e cooperativo[78] abrangidos pela CGA na invalidez, velhice e morte[79]; e
- estrangeiros não inscritos na CGA:

Taxa contributiva: 7,8%[80] (empregador) sobre remunerações efectivas[81].

- não abrangidos pela CGA[82]
    contratados pelo ME e do ensino particular ou cooperativo (sistema nacional de ensino)

---

[76] Grupos ou regimes fechados – grupos de beneficiários, activos e pensionistas, a que se aplica um regulamento ou regime próprio, o qual quando se fecha não permite novas inscrições.
Fechados em 31 de Dezembro de 2010, nos termos dos arts. 273º e 274º do CRC, com excepção dos trabalhadores da PT (Maio de 1992) e dos bancários (Março de 2009).
[77] Nos termos da Port 780/73, 09.11.
[78] Superior e não superior.
[79] É grupo fechado com esquema incompleto (prestações imediatas – desemprego, doença, maternidade e tuberculose – encargos familiares e doenças profissionais). (DL 321/88, 22.06; 179/90, 05.06; 327/85, 08.08; e 109/93, 07.04).
[80] 10% até Dez 2010.
Com ou sem fins lucrativos.
Passíveis de dispensa por 1º emprego ou desemprego de longa duração.
[81] Até 31/12/2005. Depois regime geral: com fins lucrativos: 34,75%; sem fins lucrativos: 31,6%; em IPSS: 30,6%.
[82] Contratados até 31 de Dezembro de 2005 – Desp. 132/SESS/89, de 19 de Dez.
Depois regime geral – com fins lucrativos: 34,75% (23,75% e 11%); sem fins lucrativos: 31,6% (20,6 e 11); IPSS: 30,6%.

Âmbito material – desemprego.
Taxa contributiva de 29% (21% empregador e 8% trabalhador).
- dos estabelecimentos de educação e ensino públicos com contrato administrativo:
Taxa contributiva de 4,9% (Ministério da Educação) sobre remunerações efectivas[83].

4) Trabalhadores do sector bancário[84]

Âmbito pessoal

Trabalhadores bancários abrangidos na doença, invalidez e morte exclusivamente pela protecção especial estabelecida no respectivo instrumento de regulamentação colectiva de trabalho.

Âmbito material: Parentalidade, velhice, desemprego e doenças profissionais.

Taxa contributiva[85]: 26,6% (23,6% empregador, 3% trabalhador) sobre remunerações efectivas.
Em entidades sem fins lucrativos[86]:
- 25,4% (22,4% empregador e 3% trabalhador).

---

[83] Contratados até 31 de Dezembro de 2005. Para desemprego, nos termos do DL 67/2000, 26.04.
[84] Grupo fechado em Março de 2009 – DL 54/2009, 02/03. Não esquecer que sempre estiveram no regime geral: pessoal do grupo IV e pessoal do Totta e Açores e passaram a estar no mesmo regime todos os admitidos desde Março de 2009.
Para trabalhadores do Banco de Angola – taxa de 7,5% (4% empregador e 3,5% trabalhador) sobre remunerações efectivas.
[85] Até Dez 2010:
– 14% (11% empregador, 3% trabalhador) sobre remunerações efectivas.
Em entidades sem fins lucrativos:
– 13,2% (10,2% empregador e 3% trabalhador).
[86] Caso do Montepio Geral e caixas de crédito agrícola.

5) Trabalhadores em situação de pré-reforma

Taxa contributiva[87]

- 21,6% (14,6%[88] empregador e 7% trabalhador) – regra;
- 10% (7%[89] empregador e 3% trabalhador) com período contributivo de 37 anos.

6) Oficiais de notariado

que optaram pelo regime da função pública
taxa contributiva: 7,8% (6,8% e 1%) sobre remunerações efectivas.

7) Trabalhadores de actividades agrícolas ou equiparadas[90-91] (continente)[92]

também familiares ou equiparados[93] dos produtores agrícolas maiores[94] desde que não confiram direito a abono de família e exerçam na exploração agrícola actividade profissional que constitua o seu meio normal de subsistência.

---

[87] Taxa de 0% (equivalência) com período contributivo de 40 anos (situações requeridas até 31/12/95).
Nas taxas contributivas há que considerar as taxas complementares, por exemplo, relativas às situações a que correspondem fundos especiais (profissionais de seguros...).
Os indiferenciados agrícolas não têm esta situação.
[88] Só há redução para deficientes – taxa de 12,5%.
Há equivalência (0%) em empresas com medidas de recuperação por períodos limitados (2 anos).
[89] Há equivalência (0%) em empresas com medidas de recuperação por períodos limitados (2 anos).
[90] Equiparadas – V. regime geral...
[91] Trabalhadores que cessam a actividade e recebem subsídios pecuniários substitutivos de rendimentos de trabalho, ao abrigo do Programa Operacional de Emparcelamento Rural e Cessação da Actividade Agrícola:
– Taxa de 7% sobre o IAS.
[92] DL 401/86, 02.12, e D Reg 75/86, 30.12.
As regiões autónomas têm regime próprio.
RAM – Taxas fixadas no DL 464/99, 05.11, para 2010 (alínea e) do nº 1 do art. 273º do CRC):
1) trabalhadores diferenciados: 29% (20,5% entidades empregadoras e 8,5% trabalhadores);
2) trabalhadores indiferenciados: 25% (18,1% às entidades empregadoras e 6,9% trabalhadores).
RAA – os indiferenciados designam-se de não especializados.
Aos trabalhadores das associações de beneficiários e obras de rega não se aplicam as taxas do sector agrícola mas as gerais.
32% – pessoas colectivas de direito público com as restantes condições.
[93] Familiares ou equiparados são os parentes e afins em linha recta e no 2º grau da linha colateral, os adoptantes, os adoptados e os tutelados.
[94] Se menores a inscrição é facultativa (V. Outros regimes facultativos).

Taxas contributivas

- trabalhadores diferenciados:
  - os que exercem profissão para cujo exercício se exigem habilitações técnico-profissionais especializadas;[95]
  - os que exercem profissão comum a outras actividades económicas;[96]
  - os que prestam serviços em empresas que se dedicam às actividades agrícolas ou equiparadas;
- taxa de 32,5% (23% empregador e 9,5% trabalhador) sobre remunerações efectivas;
- trabalhadores indiferenciados (os outros trabalhadores permanentes ou eventuais):
- taxa de 29% (21% empregador e 8% trabalhador) sobre:
  - 1/30 do IAS[97] vezes o número de dias de trabalho efectivo prestado em cada mês (desde Fevereiro 2009[98]: remuneração diária de € 13,97 e contribuições € 2,93 empregador e € 1,12 trabalhador); ou
  - sobre remunerações efectivamente pagas se superiores ao IAS.

8) Trabalhadores da PT (ex-CTT)[99]

Âmbito material: doença, parentalidade (maternidade, paternidade e adopção), desemprego e doenças profissionais[100].

Taxa contributiva: 7,8% (empregador – PT Comunicações, SA).

9) Trabalhadores da Lusoponte[101]

Trabalhadores da antiga Junta Autónoma das Estradas transferidos para a Lusoponte.

---

[95] Engenheiros silvicultores, os engenheiros agrónomos, os médicos veterinários, os engenheiros técnicos agrários, os agentes rurais, os agentes de educação rural, os feitores, capatazes e outros com idênticas funções de direcção, os tractoristas e outros operadores de máquinas agrícolas, os mestres lagareiros, os encarregados de armazéns, os adegueiros, os tiradores de cortiça, os cortadores de árvores, os podadores, os enxertadores, os resineiros e os jardineiros (que não sejam trabalhadores do serviço doméstico, nem estejam ao serviço de empresas do ramo).

[96] Empregados de escritório, telefonistas, motoristas, trabalhadores metalúrgicos e trabalhadores da construção civil.

[97] € 421,32 (2017).

[98] A partir do 2º mês posterior ao da publicação do valor do IAS. A pagar desde Março de 2009.

[99] Grupo fechado em Maio de 1992.

[100] com efeitos a partir de 1 de Janeiro de 2011.

[101] DN 61/95, 11.10.

Âmbito material: doença, parentalidade, de doença profissional e de desemprego.
Taxa contributiva: 7,8% (empregador) sobre remunerações efectivas.

10) Produtores agrícolas – Regiões autónomas

Produtores agrícolas e equiparados das regiões autónomas[102]

Taxa contributiva

– 8% sobre:
RA Açores – remuneração mínima regional (RMR);
RA Madeira – 1 IAS – 1º escalão de base de incidência dos trabalhadores independentes

– 15% sobre:
RA Açores – entre 1,5 e 3 RMR;
RA Madeira – 1,5 a 3 IAS – 2º a 5º escalões de base de incidência dos trabalhadores independentes.

11) Notários[103]

Taxa contributiva – 2,7% sobre remuneração efectiva.

m. Com taxas contributivas complementares

i) Com fundos especiais[104]

– *Trabalhadores dos lanifícios*
Taxa contributiva de 35,25% (24,25%[105] empregador e 11% trabalhador).

– *Trabalhadores da Companhia Carris de Ferro de Lisboa*
Taxa contributiva de 37,75%[106] (26,25% empregador e 11,5% trabalhador).

---

[102] Na RA Açores desde 1984 (D Leg Reg 18/84/A, 12.05).
Na RA Madeira:
– desde Jan 2011 (art. 273º, nº 1 e) CRC);
– até Dez 2000: taxa de 5% sobre rendimentos declarados;
– taxas de 2001 a Dez 2010: progressivamente, nos termos do DL 40/2001, 09.02.
[103] que optaram pela manutenção do regime da função pública.
[104] Geridos financeiramente pelo IGFSS, IP.
[105] 0,5% para fundo especial com prestações não regulamentares.
[106] 3% para fundo especial (2,5% para as entidades empregadoras e 0,5% para os trabalhadores)
– complemento de pensão de velhice.

– *Profissionais de seguros*
Taxa contributiva de 35,75%[107] (24,75% empregador e 11% trabalhador).

– *Profissionais de banca dos casinos*
Para além da taxa contributiva normal, taxa especial de 12% sobre as gratificações efectivas e convencionais.[108]

– *Trabalhadores da Companhia Portuguesa Rádio Marconi*[109]
Taxa contributiva de 36,3%[110] (25,3%[111] empregador e 11% trabalhador).

– *Trabalhadores da Empresa Pública das Águas Livres (EPAL)*
Taxa contributiva de 35,25% (24,25%[112] empregador e 11% trabalhador).

ii) Outros[113] – *antigas caixas de previdência*

- Pessoal das Companhias Reunidas de Gás e Electricidade (CPPCRGE) – + 0,8% para o empregador;
- Pessoal dos Telefones de Lisboa e Porto (CPPTLP) – + 1% para o empregador[114];
- Pessoal das cimenteiras – + 0,9% para o empregador.

---

[107] 1% para fundo especial. Têm direito a subsídio de lar pelo fundo especial.
[108] Para fundo especial com prestações não regulamentares.
Metade da redução (25%) em trabalho a tempo parcial com prazo que não seja 1º emprego ou desemprego de longa duração.
[109] Grupo fechado em 31 de Janeiro de 1998 pelo DL 357/97, 16.12, e integrado no regime geral pelo art. 9º do DL 140-B/2010, 30.12.
Os suplementos de pensão de velhice e de subsídio por morte são suportados pelo fundo especial.
[110] Até Dez 2010 a empresa suportava as prestações familiares e complementos de pensão.
Taxas contributivas: empregador 8,55% (7% + 1,55% para fundo especial) e trabalhador 3%.
A taxa de 7,25% (5,55% – 1,55% para fundo especial empregador e 1,7% trabalhador) do art. 273º d) do CRC foi revogada pelo DL 140-B/2010, 30.12, antes de entrar em vigor.
[111] 1,55% para fundo especial.
[112] 0,5% para fundo especial.
[113] Mantidas em vigor após a extinção das respectivas caixas – art. 4º do DL 26/2012, 06.02.
[114] Desde Março de 1977 – Desp. de 08/03/77 (DR, II, 03/05/77). Antes: 2% – Desp. 8/05/73 (circ. 51/73). Para financiar suplementos de subsídio por morte – mais 6 meses de subsídio (0,8%) e despesas de assistência social (0,2%).

Título III
Regime dos Trabalhadores Independentes[1]

1. Âmbito pessoal – Trabalhadores abrangidos

São abrangidos ou enquadrados pelo regime dos trabalhadores independentes as pessoas singulares (portugueses ou não) que exerçam actividade profissional sem sujeição a contrato de trabalho ou a contrato legalmente equiparado, ou se obriguem a prestar a outrem o resultado da sua actividade, em Portugal[2], e não se encontrem por essa actividade abrangidos pelo regime geral de segurança social dos trabalhadores por conta de outrem[3] e independentemente da produção de efeitos do enquadramento.

Em especial

- Enquadramento obrigatório[4]

A – *As pessoas que exerçam actividade profissional por conta própria geradora de rendimentos empresariais ou profissionais* que, nos termos do art. 3º do CIRS, são os:

---

[1] Designado regime "geral" dos trabalhadores independentes no nº 4 do art. 165º do CRC, aliás em conformidade com o disposto no art. 53º da LSS.
Principal legislação aplicável:
– CRC – arts. 10º, 129º, 132º a 168º, 217º a 220º, 275º, 276º, 279º, 282º, nº 2, 283º;
– D Reg 1-A/2011, 03/01 – arts. 53º a 65º;
– Port 66/2011, 04/02 – arts. 7º e 8º.

[2] ... ou no estrangeiro com carácter temporário. V. Enquadramento facultativo.

[3] Caso, nomeadamente, do regime em acumulação de trabalho por conta de outrem com trabalho independente para a mesma entidade (arts. 129º a 131º do CRC), dos proprietários de embarcações da pesca local e costeira que nelas exerçam actividade...

[4] O exercício cumulativo de actividade independente e de outra actividade profissional abrangida por diferente regime obrigatório de protecção social não afasta o enquadramento obrigatório no regime dos trabalhadores independentes, sem prejuízo da isenção da obrigação de contribuir (V. infra) e do regime de acumulação (arts. 129º a 131º do CRC).

- decorrentes do exercício de qualquer *actividade comercial, industrial, agrícola, silvícola ou pecuária*[5] – empresários em nome individual[6];
- auferidos no exercício, por conta própria, de uma qualquer *actividade de prestação de serviços*, incluindo as de carácter científico, artístico ou técnico, qualquer que seja a sua natureza, ainda que conexa com actividade

---

[5] Delimitação das actividades, nos termos do art. 4º do CIRS: (V. *nota 30 da pág. 172*)
"1 – Consideram-se actividades comerciais e industriais, designadamente, as seguintes:
a) Compra e venda;
b) Fabricação;
c) Pesca (longínqua e industrial);
d) Explorações mineiras e outras indústrias extractivas;
e) Transportes;
f) Construção civil;
g) Urbanísticas e exploração de loteamentos;
h) Actividades hoteleiras e similares, restauração e bebidas, bem como venda ou exploração do direito real de habitação periódica;
i) Agências de viagens e de turismo;
j) Artesanato;
l) As actividades agrícolas e pecuárias não conexas com a exploração da terra ou em que esta tenha carácter manifestamente acessório;
m) As actividades agrícolas, silvícolas e pecuárias integradas noutras de natureza comercial ou industrial.
2 – Considera-se que a exploração da terra tem carácter manifestamente acessório quando os respectivos custos directos sejam inferiores a 25% dos custos directos totais do conjunto da actividade exercida.
3 – Para efeitos do disposto na alínea m) do nº 1, consideram-se integradas em actividades de natureza comercial ou industrial, as agrícolas, silvícolas e pecuárias cujos produtos se destinem a ser utilizados ou consumidos em mais de 60% do seu valor naquelas actividades.
4 – Consideram-se actividades agrícolas, silvícolas ou pecuárias, designadamente, as seguintes:
a) As comerciais ou industriais, meramente acessórias ou complementares daquelas, que utilizem, de forma exclusiva, os produtos das próprias explorações agrícolas, silvícolas ou pecuárias;
b) Caça e a exploração de pastos naturais, água e outros produtos espontâneos, explorados directamente ou por terceiros;
c) Explorações de marinhas de sal;
d) Explorações apícolas;
e) Investigação e obtenção de novas variedades animais e vegetais, dependentes daquelas actividades."
(Nota – Corresponde aos arts. 4º e 5º, na redacção anterior à reforma da tributação do rendimento – L 30-G/2000, 29/12).

[6] Empresários (em nome individual) – profissionais que exercem actividade lucrativa por conta própria que revista natureza comercial ou industrial que não sejam profissionais livres. Promotores, titulares e interessados directos a que a empresa se adequa instrumentalmente.

comercial, industrial, agrícola, silvícola ou pecuária – prestadores de serviços, nomeadamente, profissionais livres[7];
- provenientes da *propriedade intelectual*[8] *ou industrial* (patentes) ou da prestação de informações respeitantes a uma experiência adquirida no sector industrial, comercial ou científico, quando auferidas pelo seu titular originário.

---

[7] Sinteticamente pode dizer-se que prestador de serviços é, por oposição a trabalhador subordinado, aquele que, tendo experiência profissional (saber fazer) e capacidade profissional (autorizações, certificações, títulos – administrativos, sanitários, jurídicos...), a sua actividade caracteriza-se pela autonomia de funcionamento (liberdade de escolha dos meios ou instrumentos utilizados sem vínculos ou deveres materiais ou jurídicos para obtenção do resultado acordado) (reverso da subordinação).
Esta questão tem procedimento processual próprio – *acção de reconhecimento da existência de contrato de trabalho* – no CPT, na versão da L 63/2013. 27/08 (arts. 186º-K a 186º-R).
Profissionais livres (profissão liberal) – aqueles que exercem actividades de carácter científico, artístico ou técnico tipificadas em tabela de actividades anexa ao CIRS, com carácter lucrativo por conta própria, que não revista natureza comercial ou industrial.
No âmbito do contrato de prestação de serviço (art. 1155º do CC), vg: contrato de concessão, de agência (DL 178/86, 03/06, redacção do DL 118/93), de empreitada (art. 1208º do CC), de franquia...
[8] São trabalhadores intelectuais os criadores intelectuais no domínio literário, científico e artístico, presumindo-se trabalhadores independentes, sendo como tais considerados os autores de obras protegidas nos termos do Código do Direito de Autor e dos Direitos Conexos (DL 63/85, 14/03 – com alterações), qualquer que seja o género, a forma de expressão e o modo de divulgação e utilização das respectivas obras, nomeadamente:
- autores de obras literárias, dramáticas e musicais;
- autores de obras coreográficas, de encenação e pantomimas;
- autores de obras cinematográficas ou produzidas por qualquer processo análogo ao da cinematografia;
- autores de obras plásticas, figurativas ou aplicadas e os fotógrafos;
- tradutores;
- autores de arranjos, instrumentações, dramatizações, cinematizações e outras transformações de qualquer obra.

Designadamente:

- *produtores agrícolas*[9] que exerçam efectiva actividade profissional na exploração agrícola ou equiparada[10], bem como os respectivos cônjuges que exerçam efectiva e regularmente actividade profissional na exploração;
- *titulares dos estabelecimentos individuais de responsabilidade limitada* (EIRL)[11];
- *agentes comerciais e concessionários*[12];
- *membros dos órgãos estatutários das pessoas colectivas cujo exercício de actividade depende de nomeação oficial* – pessoas nomeadas por imperativo legal para funções a que corresponda inscrição em lista oficial especialmente elaborada para esse efeito, identificativa das pessoas habilitadas para o exercício de tais funções (revisores oficiais de contas, gestores judiciais...)[13];
- *profissionais das artes do espectáculo e do audiovisual*[14];

---

[9] São *produtores agrícolas*:
a) As pessoas que a qualquer título, de direito ou de facto, detenham a terra, tais como os proprietários, os usufrutuários, os arrendatários e os demais possuidores, desde que exerçam efectiva actividade profissional por conta própria na exploração agrícola ou equiparada, geradora de rendimentos, mesmo que aquela actividade se esgote em actos de directa e regular administração ou gestão;
b) Os parceiros pensadores (no âmbito do contrato de parceria pecuária) que com predominância exerçam essa actividade;
c) Os cônjuges dos produtores agrícolas que exerçam efectiva e regularmente actividade profissional na exploração.
Quanto à caracterização da actividade como agrícola ou equiparada *ver nota 30 da página 172*.
Se cessarem a actividade e receberem subsídios pecuniários substitutivos de rendimentos ao abrigo do regime de ajudas à cessação da actividade agrícola (Reg CEE 2079/92), mantêm-se abrangidos.
[10] Para delimitação de actividade agrícola e equiparada ver *nota 30 da página 172*.
Não se consideram explorações agrícolas as actividades e explorações que se destinem essencialmente à produção de matérias-primas para indústrias transformadoras que constituam, em si mesmas, objectivos dessas empresas.
[11] O titular é considerado empresário em nome individual, funcionando o estabelecimento apenas para separação de patrimónios. Considerando-se estabelecimentos comerciais o complexo organizado de bens e serviços postos ao serviço da empresa para que esta possa realizar os seus fins.
[12] Representantes comerciais autónomos. Os representantes comerciais não autónomos (gerentes comerciais, caixeiros ...) são trabalhadores por conta de outrem.
O concessionário actua no âmbito de um contrato de concessão (relação contratual duradoura entre o produtor e o distribuidor) em nome e por conta próprios; o agente comercial actua no âmbito de um contrato de agência (contrato pelo qual uma das partes – o agente – se obriga a promover por conta da outra – o principal – a celebração de contratos em certa zona ou determinado círculo de clientes, de modo autónomo e estável e mediante retribuição) em nome e por conta de outrem.
[13] Por exclusão do art. 63º e) do CRC.
[14] Nos termos do art. 21º-E da L 4/2008, 07/02.
Trabalhador das artes do espectáculo e do audiovisual é o trabalhador que exerça uma actividade artística, técnico-artística ou de mediação (V. conceitos na L 4/2008, 07/02).

- por determinação legal específica: *amas*[15], *ajudantes familiares*[16] e *membros da família de acolhimento*.[17]

B – Independentemente dos rendimentos

- *sócios ou membros das sociedades de profissionais*[18] ainda que nelas exerçam actividade integrados nos respectivos órgãos estatutários;
- *cônjuges dos trabalhadores independentes*[19] que com eles exerçam efectiva actividade profissional com carácter de regularidade e de permanência;
- *sócios de sociedades de agricultura de grupo*[20] ainda que nelas exerçam actividade integrados nos respectivos órgãos estatutários;
- *titulares de direitos sobre explorações agrícolas ou equiparadas*, ainda que a actividade nelas exercida se traduza apenas em actos de gestão, desde que tais actos sejam exercidos directamente, de forma reiterada e com carácter de permanência.[21]

- Enquadramento facultativo[22]

- *cooperadores* – *membros trabalhadores de cooperativas de produção e serviços* que optem, nos seus estatutos, pelo enquadramento no regime dos trabalhadores independentes, mesmo durante os períodos em que integrem

---

[15] Art. 23º DL 158/84, 17/05.
[16] Art. 16º DL 141/89, 28/04.
[17] Nº 1 do art. 20º do DL 391/91, 10/10, e art. 37º do DL 11/2008, 17/01.
[18] Com excepção dos advogados e solicitadores.
Sociedades de profissionais são as constituídas para o exercício de uma actividade profissional constante da tabela anexa ao Código do IRS em que todos os sócios sejam profissionais dessa actividade e desde que estes, se considerados individualmente, ficassem abrangidos pela categoria de rendimentos do trabalho independente para efeitos do IRS (alínea *a*) do nº 4 do art. 6º do CIRC).
[19] Ou membros de união de facto (L 7/2001, 11/05, na versão da L 23/2010, 30/08).
[20] São sociedades de agricultura de grupo (SAG) sociedades civis sob a forma de sociedade por quotas tendo por objecto a exploração agrícola ou agro-pecuária realizada por um número limitado de agricultores, os quais põem em comum a terra, os meios financeiros e os outros factores de produção e asseguram conjuntamente a gestão da empresa e as suas necessidades em trabalho, em condições semelhantes às que se verificam nas explorações de carácter familiar.
[21] São produtores agrícolas. O carácter de permanência afere-se pela adstrição dos titulares de explorações agrícolas ou equiparadas a actos de gestão que exijam uma actividade regular, embora não a tempo completo.
[22] O que poderíamos impropriamente designar de seguro social voluntário dos trabalhadores independentes (art. 53º CRC).

os respectivos órgãos de gestão e desde que se encontrem sujeitos ao regime fiscal dos trabalhadores por conta própria;[23]
- *cooperadores* – membros das cooperativas de produção e serviços – que, em 1 de Janeiro de 2011, estivessem abrangidos;
- trabalhadores com rendimento anual relevante anual igual ou inferior a 6 IAS e enquanto não ultrapassarem este valor que o requeiram;
- trabalhadores que promovam a antecipação voluntária do enquadramento (durante o período que antecede o enquadramento obrigatório – nos 12 primeiros meses de actividade – apenas a 1ª vez);
- trabalhadores independentes (portugueses ou não) que vão exercer a respectiva actividade em país estrangeiro com carácter temporário[24], requerendo[25] e mantendo o escalão em que se encontram[26];
- trabalhadores independentes que renunciem ao direito à isenção da obrigação contributiva;
- advogados e solicitadores que se encontravam, facultativamente abrangidos em 1 de Janeiro de 2011;
- gerentes de sociedades constituídas exclusivamente por antigos comerciantes em nome individual ou por estes e pelos respectivos cônjuges, parentes ou afins na linha recta ou até ao 2º grau da linha colateral, que em 1 de Janeiro de 2011, estivessem abrangidos.[27]

- Pessoas excluídas
  - advogados e solicitadores[28] que, em função do exercício da sua actividade profissional, estejam integrados obrigatoriamente no âmbito pes-

---

[23] A opção é inalterável pelo período mínimo de cinco anos, devendo ser comunicada aos serviços da segurança social, produzindo efeitos o enquadramento a partir do mês seguinte ao dessa comunicação.

[24] Salvo o disposto nos regulamentos comunitários (24 meses) ou em instrumento internacional a que Portugal se encontre vinculado, o período tem o limite de um ano, podendo ser prorrogado por outro ano, a requerimento do interessado, mediante autorização do Instituto da Segurança Social (ISS) (continente), do Instituto da Segurança Social dos Açores (ISSA) (RA Açores) ou do Instituto de Segurança Social da Madeira (ISSM) (RA Madeira). Quando se trate de trabalhador independente cujos conhecimentos técnicos ou aptidões especiais o justifiquem, a autorização pode ser dada por período superior. (V. regime em "Trabalhadores Migrantes").

[25] Modelo RV 1024/2001-DGSS.

[26] Situação paralela ao regime de continuação voluntária do pagamento de contribuições do regime dos trabalhadores por conta de outrem.

[27] Que, em 1 de Janeiro de 2011, estivessem abrangidos pelo Desp 9/82, 25/03, até à data da sua revogação pelo DL 328/93, 25/09.

[28] E respectivas sociedades de profissionais. Trata-se de uma situação preconstitucional posta em causa por Gomes Canotilho/Vital Moreira quanto à sua conformidade constitucional – "Constituição da República Portuguesa – Anotada" pág. 816.

soal da Caixa de Previdência dos Advogados e Solicitadores[29], mesmo quando a actividade em causa seja exercida na qualidade de sócios ou membros das sociedades[30];
- titulares de direitos (pessoas a quem foram cedidos direitos) sobre explorações agrícolas ou equiparadas, ainda que nelas desenvolvam alguma actividade, desde que da área, do tipo e da organização da exploração se deva concluir que os produtos se destinam predominantemente ao consumo dos seus titulares e dos respectivos agregados familiares (autoconsumo) e os rendimentos de actividade não ultrapassem o montante anual de 4 IAS;
- trabalhadores (portugueses ou não) que exerçam em Portugal, com carácter temporário, actividade por conta própria e que provem o seu enquadramento em regime de protecção social obrigatório de outro país cujo âmbito material integre, pelo menos, invalidez, velhice e morte, por período determinado – em regra um ano prorrogável por mais um ano a requerimento do interessado (por autorização do ISS, IP) ou por período superior (com conhecimentos técnicos e aptidões especiais);[31]
- os proprietários de embarcações de pesca local e costeira, que integrem o rol de tripulação e exerçam efectiva actividade profissional nestas embarcações;
- os apanhadores de espécies marinhas e os pescadores apeados;
- produtores de electricidade por intermédio de unidades de micro produção quando estes rendimentos sejam excluídos de tributação em IRS[32];
- agricultores que recebam subsídios ou subvenções no âmbito da Política Agrícola Comum (PAC) de montante anual inferior a quatro vezes o valor do IAS e que não tenham quaisquer outros rendimentos susceptíveis de os enquadrar no regime dos trabalhadores independentes.
- trabalhadores em regime de acumulação, isto é, que acumulem trabalho por conta de outrem com prestação de serviços para a mesma empresa ou para empresa do mesmo agrupamento empresarial – actividade em acumulação[33].

---

[29] Regulamento – DL 119/2015, 29/06.
[30] Esta exclusão não é extensível aos advogados e solicitadores sem autonomia profissional – vinculados a entidade empregadora por contrato de trabalho e em representação desta. (V. supra: exclusão do regime obrigatório).
[31] No âmbito comunitário tem regime próprio (regra: 24 meses) – ver Trabalhadores migrantes.
[32] DL 363/2007, 02/11 (alterado p/ DL 25/2013, 19/02). Se não for de conhecimento oficioso a exclusão ou a desconsideração de rendimentos deve ser requerida.
[33] A situação de prestação de serviço é considerada trabalho por conta de outrem e tributada pelo regime geral dos trabalhadores por conta de outrem ("presunção de falsos recibos verdes") (arts. 129º e 131º do CRC).

2. Vinculação. Procedimentos

Inscrição e enquadramento[34]

A administração fiscal comunica oficiosamente, por via electrónica, à segurança social o início de actividade dos trabalhadores independentes, fornecendo-lhe todos os elementos de identificação incluindo o número de identificação fiscal.

Com base na comunicação efectuada a segurança social procede:

- à identificação do trabalhador no sistema de segurança social, ou à actualização dos respectivos dados, caso este já se encontre identificado. A atribuição de NISS, quando necessário, é efectuada oficiosamente com base na identificação civil e fiscal.
- à inscrição do trabalhador, quando necessário, e ao respectivo enquadramento no regime dos trabalhadores independentes. A inscrição dos trabalhadores é efectuada com base no respectivo NISS.

Independentemente do número de actividades autónomas prosseguidas simultaneamente pelo trabalhador é efectuado um único enquadramento no regime dos trabalhadores independentes.

Os trabalhadores independentes estão sujeitos a enquadramento no regime mesmo que se encontrem nas condições determinantes do direito à isenção.

A segurança social notifica o trabalhador da inscrição e do enquadramento efectuados, bem como dos respectivos efeitos.

Produção de efeitos do enquadramento

i) no caso de primeiro enquadramento, só produz efeitos quando o rendimento relevante anual do trabalhador ultrapasse seis vezes o valor do IAS e após o decurso de pelo menos 12 meses. Os efeitos referidos produzem-se:

- no primeiro dia do décimo segundo mês posterior ao do início de actividade quando tal ocorra em data posterior a Setembro;
- no primeiro dia do mês de Novembro do ano subsequente ao do início de actividade nos restantes casos.

ii) no caso de reinício de actividade, o enquadramento produz efeitos no primeiro dia do mês do reinício.

Empresas em relação de domínio ou em relação de grupo (arts. 486º e 488º e segs. do CSC) integradas ou não em sociedades gestoras de participações sociais (DL 495/88, 30/09).
[34] O enquadramento dos cônjuges e membros de união de facto tem rubrica própria.

Em caso de cessação de actividade no decurso dos primeiros 12 meses, a contagem do prazo de 12 meses é suspensa, continuando a partir do 1º dia do mês do reinício da actividade, caso este ocorra nos 12 meses seguintes à cessação.

Para efeitos de aplicação do regime de produção de efeitos do primeiro enquadramento:

- apenas se atende a um único período de 12 meses para o caso de actividades inseridas no mesmo código da Classificação das Actividades Económicas Portuguesas por Ramos de Actividade (CAE)[35] ou no mesmo código mencionado na tabela de actividades do art. 151º do Código do IRS[36]; e
- tem-se por base as inscrições efectuadas nos serviços competentes da administração fiscal.

O enquadramento facultativo produz efeitos no primeiro dia do mês seguinte ao da apresentação do requerimento[37].

Cessação do enquadramento

- por cessação do exercício da actividade por conta própria. Efectuada oficiosamente com base na troca de informação com a administração fiscal relativa à participação de cessação do exercício de actividade e produz efeitos a partir do primeiro dia do mês seguinte àquele em que cesse a actividade;
- a requerimento dos trabalhadores[38] com enquadramento facultativo por rendimento relevante anual igual ou inferior a 6 IAS.

Comprovação de elementos

Independentemente da actualização anual dos elementos relativos à identificação e enquadramento (anexo SS ao modelo 3 da declaração do IRS), sempre que os elementos obtidos com base na troca de informação com a administração fiscal suscitem dúvidas, a segurança social deve solicitar aos trabalhadores os elementos necessários à sua comprovação. O incumprimento desta solicitação constitui contra-ordenação leve quando seja cumprida nos

---

[35] Lista anexa ao DL 381/2007, de 14 de Novembro.
[36] Aprovada em anexo à Port 1011/2001, 21/08, alterada p/ Port 256/2004, 9/03, e p/ L 53-A/2006, 29/12.
[37] Modelo RV 1000/2011-DGSS.
[38] Modelo RV 1025/2011-DGSS.

dez dias subsequentes ao termo do prazo e constitui contra-ordenação grave nas demais situações.

Para trabalhadores intelectuais, a prova da situação profissional é feita por documento emanado das entidades competentes do departamento governamental de tutela do sector da cultura, sempre que no ano anterior o candidato não tenha auferido rendimentos colectados pelo fisco.

Competência para inscrição e enquadramento

A inscrição e o enquadramento compete aos serviços da segurança social em cujo âmbito territorial se situe a residência do trabalhador[39].

3. Tributação

a. Obrigação contributiva

A obrigação contributiva constitui-se com o início dos efeitos do enquadramento e efectiva-se com o pagamento de contribuições, na situação de 1º enquadramento, a partir do 1º dia do 12º mês seguinte ao do início da actividade e, nas restantes situações, a partir do 1º dia do mês seguinte ao do início efectivo da actividade.[40]

Os trabalhadores independentes são, no que se refere à qualidade de contribuintes, equiparados às entidades empregadoras.

A obrigação contributiva compreende o pagamento de contribuições e a declaração anual dos valores correspondentes à actividade exercida.

Declaração anual da actividade

Os trabalhadores independentes sujeitos ao cumprimento da obrigação contributiva são obrigados a apresentar por referência ao ano civil anterior:

– valor total das vendas realizadas;

---

[39] Instituto da Segurança Social (ISS), através dos centros distritais (continente), Instituto da Segurança Social dos Açores (ISSA) ou Instituto de Segurança Social da Madeira (ISSM).
[40] Sem prejuízo de, no enquadramento facultativo, serem devidas no mês seguinte ao do requerimento.
Situação de acumulação de actividade com registo de equivalência à entrada de contribuições:
Quando, no decurso do mesmo mês, se verificar, sucessivamente, o exercício de actividade independente e situação determinante do registo de remunerações por equivalência à entrada de contribuições, a obrigação de contribuir reporta-se ao número de dias em que não haja lugar ao registo de remunerações por equivalência.
Nesta situação o valor diário das contribuições dos trabalhadores é igual a 1/30 do seu valor mensal resultante do cálculo efectuado.

- valor total da prestação de serviços a pessoas singulares que não tenham actividade empresarial;
- valor total da prestação de serviços por pessoa colectiva e por pessoa singular com actividade empresarial.

A apresentação referida é feita por preenchimento de anexo da segurança social ao modelo 3 da declaração do imposto sobre os rendimentos das pessoas singulares (anexo SS), efectuada no prazo legal para a entrega da declaração fiscal, o qual é remetido para os serviços da segurança social pela entidade tributária competente.

Quando esteja em causa o acesso a subsídio por cessação de actividade que ocorra em momento anterior à data da obrigação declarativa fiscal a declaração do valor da actividade é efectuada com o requerimento do subsídio, para efeitos de imediata emissão de documento de cobrança.

Inexistência da obrigação de contribuir

Não existe obrigação contributiva quando:

- estiver isento da obrigação de contribuir;
- ocorra suspensão temporária do exercício de actividade por conta própria com carácter voluntário ou não, requerendo à segurança social a suspensão da aplicação do regime indicando para o efeito as causas da suspensão[41];
- se verifique período de comprovada incapacidade ou indisponibilidade para o trabalho por parentalidade, ainda que não haja direito à atribuição ou ao pagamento dos respectivos subsídios;
- se verifique situação de incapacidade temporária para o trabalho, independentemente de haver, ou não, direito ao subsídio de doença. Esta inexistência inicia-se a partir da verificação da incapacidade temporária[42] se a mesma conferir direito ao subsídio sem exigência do período de espera[43], e no 31º dia posterior àquela verificação, nas demais situações.

---

[41] Não se dá como verificada uma situação de suspensão de actividade relevante designadamente quando a actividade do trabalhador independente possa continuar a ser exercida por trabalhador ao seu serviço ou pelo respectivo cônjuge ou membro de união de facto enquadrado, nessa qualidade, por este regime.

[42] Sujeita à verificação pelo Sistema de Verificação de Incapacidades.

[43] A saber: internamento, tuberculose, cirurgia de ambulatório e doença com início no decurso do período de atribuição do subsídio parental que ultrapasse o termo deste período.

Sendo trabalhadores intelectuais – sem rendimento da sua actividade no ano anterior.

Cessação da obrigação contributiva

A obrigação contributiva cessa a partir do 1º dia do mês seguinte àquele em que cesse a actividade.

b. Isenção facultativa da obrigação de contribuir

Os trabalhadores independentes podem estar isentos da obrigação de contribuir[44]:

- quando acumulem actividade independente com actividade profissional por conta de outrem, desde que se verifiquem cumulativamente as seguintes condições[45]:

    i) o exercício da actividade independente e a outra actividade sejam prestadas a entidades empregadoras distintas e que não tenham entre si uma relação de domínio ou de grupo[46];

    ii) o exercício de actividade por conta de outrem determine o enquadramento obrigatório noutro regime de protecção social que cubra a totalidade das eventualidades abrangidas pelo regime dos trabalhadores independentes;

    iii) o valor da remuneração média mensal considerada para o outro regime de protecção social nos 12 meses com remuneração anterior à fixação da base de incidência contributiva seja igual ou superior ao valor do IAS.

---

[44] Extensiva aos cônjuges e membros de união de facto abrangidos.
[45] Considera-se reunida a condição para a isenção quando o valor da remuneração média mensal nos 12 meses com remuneração que antecedem a fixação da base de incidência contributiva for igual ou superior a uma vez o IAS, sendo a informação obtida da seguinte forma:
a) Nos casos de enquadramento no regime geral, oficiosamente por recurso às remunerações registadas no sistema;
b) Nos casos de enquadramento noutro sistema de protecção social, mediante comprovativo da remuneração mensal que deve acompanhar o requerimento.
Na impossibilidade de obtenção dos elementos para determinação da remuneração anual do trabalhador deste modo, a segurança social notifica-o para, no prazo de 10 dias, prorrogáveis mediante pedido fundamentado do trabalhador, apresentar os documentos necessários à referida prova sob pena de não o fazendo não lhe ser reconhecido o direito à isenção.
[46] Referidos nas alíneas c) e d) do art. 482º e regulados, respectivamente, nos arts. 486º e 488º e segs. todos do CSC. Esta enumeração serve de parâmetro à referência que no CRC se faz a *agrupamentos empresariais*.

- quando seja simultaneamente pensionista de invalidez ou de velhice de regimes de protecção social, nacionais ou estrangeiros, e a actividade profissional seja legalmente cumulável com as respectivas pensões.
- quando seja simultaneamente titular de pensão resultante da verificação de risco profissional que sofra de incapacidade para o trabalho igual ou superior a 70%;
- quando se tenha verificado a obrigação do pagamento de contribuições pelo período de um ano resultante de rendimento relevante igual ou inferior a seis vezes a valor do IAS.

O reconhecimento da isenção é oficioso[47] sempre que as condições que a determinam sejam do conhecimento directo da segurança social, dependendo, nos demais casos (vg: quando o trabalhador está enquadrado noutro sistema de protecção social), da apresentação de requerimento do interessado[48] instruído com os seguintes elementos de prova:

- para efeitos da subalínea *i*), identificação da entidade empregadora e declaração sob compromisso de honra do próprio;
- para efeitos da subalínea *ii*), documento comprovativo do respectivo enquadramento;
- para efeitos da subalínea *iii*), declaração da entidade empregadora;
- documento comprovativo da situação de pensionista, no caso, e declaração sob compromisso de honra de que a actividade profissional seja legalmente cumulável com as respectivas pensões;
- na situação de incapacidade por risco profissional documento comprovativo da incapacidade.

Produção de efeitos da isenção da obrigação de contribuir

- reconhecimento oficioso – no mês seguinte ao da ocorrência dos factos que a determinem;
- nas situações que dependam de requerimento – no mês seguinte ao da sua apresentação;
- quando se trate de pensionistas – a partir da data da atribuição da pensão.

Cessação das condições para a isenção

A cessação das condições para a isenção constitui o trabalhador na obrigação de pagar as contribuições para o regime dos trabalhadores independentes

---

[47] Isto é, por iniciativa dos serviços da segurança social.
[48] Modelo RC 3001/2011-DGSS.

a partir do mês seguinte ao da sua ocorrência pelo que os trabalhadores devem declarar à segurança social a cessação das condições de que depende a referida isenção, salvo se as mesmas forem do conhecimento oficioso desta[49].

Cessação voluntária da isenção da obrigação de contribuir

O trabalhador independente pode fazer cessar a isenção do pagamento de contribuições mediante comunicação à segurança social.

c. Base de incidência

Constitui base de incidência contributiva o escalão de remuneração determinado por referência ao duodécimo do rendimento relevante.

O rendimento relevante é determinado em função dos rendimentos do ano civil imediatamente anterior ao momento de fixação da base de incidência contributiva nos seguintes termos:

- 70% do valor total de prestação de serviços;
- 20% dos rendimentos associados à produção e venda de bens.

Aos trabalhadores independentes que prestam serviços no âmbito de actividades hoteleiras e similares, restauração e bebidas, e que o declarem fiscalmente como tal, a determinação do rendimento relevante é feita por aplicação do coeficiente de 20%.

O rendimento relevante do trabalhador independente abrangido pelo regime de contabilidade organizada, previsto no CIRS[50], corresponde ao valor do lucro tributável sempre que este seja de valor inferior ao que resulta do critério de determinação do rendimento relevante[51].

Os rendimentos excluídos de tributação em IRS resultantes da produção de electricidade por intermédio de unidades de micro produção não são considerados para efeitos de determinação do rendimento relevante.

A matéria colectável imputada pelas sociedades de profissionais aos seus membros ou sócios constitui valor de prestação de serviços.

---

[49] A cessação das condições de que depende a isenção deve ser comunicada à segurança social no prazo máximo de 30 dias.
[50] Regime necessário para rendimentos superiores a € 150 000.
[51] Sempre que o rendimento relevante tenha sido apurado em função do lucro tributável (com contabilidade organizada), o limite mínimo de base de incidência contributiva corresponde ao 2º escalão.

O rendimento é apurado pela segurança social com base nos valores declarados para efeitos fiscais[52].

Ao duodécimo do rendimento relevante, convertido em percentagem do IAS, corresponde o escalão de remuneração entre 11 escalões (de 1 IAS[53] a 12 vezes este valor) cujo valor seja imediatamente inferior, a saber:

Escalões referidos ao IAS
1º 1 IAS
2º 1,5 IAS
3º 2 IAS
4º 2,5 IAS
5º 3 IAS
6º 4 IAS
7º 5 IAS
8º 6 IAS
9º 8 IAS
10º 10 IAS
11º 12 IAS

A base de incidência contributiva é fixada anualmente em Outubro e produz efeitos nos 12 meses seguintes.[54]

---

[52] No anexo SS à declaração modelo 3 de IRS (Modelo RC 3048-DGSS), aprovado pela Port 93/2016, 18/03, entregue conjuntamente com a declaração de rendimentos modelo 3 de IRS, no prazo legal estabelecido para a entrega desta declaração e remetido pela Autoridade Tributária e Aduaneira aos serviços da segurança social.
Obviamente dispensados do preenchimento do anexo SS: trabalhadores excluídos do âmbito do regime e isentos da obrigação contributiva.
Para efeitos de determinação do rendimento relevante o trabalhador independente pode requerer à segurança social a dedução dos rendimentos provenientes de mais-valias apuradas no âmbito das actividades geradoras de rendimentos empresariais e profissionais, definidas nos termos da alínea c) do nº 2 do art. 3º do CIRS. O requerimento é apresentado no mês de Setembro e repercute-se na determinação do rendimento relevante para a fixação da base de incidência contributiva a considerar no período seguinte.
Os subsídios e subvenções ao investimento podem constituir base de incidência a requerimento do trabalhador.
[53] Valor do IAS € 421,32 (2017).
A actualização da base de incidência resultante da actualização do IAS produz efeitos a partir da fixação anual da base de incidência contributiva posterior à entrada em vigor do diploma que proceda àquela actualização.
[54] Está posto em questão o *princípio da aderência contributiva ao rendimento real*.
Regime transitório de ajustamento progressivo da base de incidência:
Regras de transição para o apuramento de rendimentos de Set. 2011 em vigor desde Out. 2011:

Escolha da base de incidência contributiva

Notificado do escalão de base de incidência contributiva que lhe é aplicável, o trabalhador independente pode requerer, no prazo que for fixado na respectiva notificação, que lhe seja aplicado um escalão escolhido entre os dois escalões imediatamente inferiores ou imediatamente superiores, sem prejuízo dos limites mínimos previstos de 50% do IAS ou do 1º escalão.

Em Fevereiro e Junho de cada ano, o trabalhador independente pode pedir a alteração da base de incidência contributiva aplicada, dentro dos limites previstos no parágrafo anterior, para produzir efeitos a partir do mês seguinte.

Nos casos em que o rendimento relevante determinado nos termos das regras gerais seja igual ou inferior a 12 vezes o valor do IAS, é fixado oficiosamente como base de incidência contributiva 50% do IAS. O trabalhador independente pode renunciar a esta fixação oficiosa da base de incidência contributiva, apresentando requerimento para o efeito, sendo posicionado no 1º escalão.

Determinação da base de incidência contributiva em situações especiais

É fixada, oficiosamente, como base de incidência contributiva o 1º escalão sempre que o trabalhador opte pela produção de efeitos do enquadramento em datas anteriores às legalmente previstas;

Em caso de reinício de actividade:

- corresponde ao escalão obtido em Outubro último se a cessação ocorrer no decurso de 12 meses de produção de efeitos do seu posicionamento;
- corresponde ao escalão que for determinado por aplicação das regras gerais se se verificar a existência de rendimentos declarados que permitam tal apuramento;
- corresponde a 50% do valor do IAS se não se verificar a existência de rendimentos declarados que permitam tal apuramento[55].

- nas situações em que o rendimento relevante determinasse a aplicação de um rendimento superior àquele pelo qual o trabalhador estivesse a contribuir, a base de incidência foi ajustada para o escalão imediatamente a seguir;
- nos anos seguintes, se o rendimento relevante determinar uma base de incidência contributiva superior ao escalão pelo qual se encontre a contribuir em pelo menos 2 escalões, a base de incidência só pode ser ajustada para o escalão imediatamente a seguir.

Estas regras de transição cessam a partir do ano em que o rendimento relevante do trabalhador determine que o escalão pelo qual deve contribuir seja o mesmo pelo qual contribuiu no ano anterior.

[55] Nesta situação pode requerer a aplicação do 1º escalão.

Porém, os trabalhadores que tenham estado abrangidos nos últimos 36 meses pelo regime geral de segurança social em todas as eventualidades podem requerer que lhes seja considerada como base de incidência o escalão que for o correspondente à sua remuneração média nesse período desde que determine escalão superior.[56]

Os trabalhadores independentes que vão exercer a respectiva actividade em país estrangeiro e que optem por manter o seu enquadramento no regime dos trabalhadores independentes permanecem no escalão em que se encontram.

d. Taxa contributiva

- Profissionais livres e prestadores de serviços em geral – 29,6%[57];
- empresários em nome individual e titulares de EIRL – 34,75%[58];
- taxa reduzida – 28,3% – produtores agrícolas e equiparados e respectivos cônjuges, cujos rendimentos provenham única e exclusivamente do exercício da actividade agrícola ou equiparada.[59]

Para efeitos de aplicação da taxa contributiva reduzida (28,3%) os trabalhadores independentes declaram[60], sob compromisso de honra, que exercem a actividade prevista em exclusivo, sem prejuízo da confirmação da situação pelas instituições de segurança social competentes com base na troca de informação com a administração fiscal.

A cessação das condições de acesso à taxa contributiva reduzida deve ser comunicada à segurança social no prazo de 10 dias e produz efeitos no mês seguinte ao da sua ocorrência.

---

[56] Transitoriamente os que em 1 de Janeiro de 2011 estavam a contribuir sobre montante superior ao que resulta da aplicação da regra geral de determinação da base de incidência contributiva mantêm esse direito até que atinjam um rendimento que determine posicionamento em escalão superior. Podem, no entanto, requerer a todo o tempo que lhes seja considerado o escalão correspondente ao do seu rendimento.
[57] Relativamente a prestadores de serviços economicamente dependentes de uma entidade contratante acresce uma taxa de 5% suportada pela entidade contratante para desemprego.
[58] Que exerçam exclusivamente actividade industrial ou comercial e sujeitos a declaração autónoma no sítio da Internet da segurança social no mês em que se verifique o início ou a cessação do exercício dessa actividade que delimitam temporalmente a aplicação desta taxa.
[59] Para a delimitação da actividade agrícola ou equiparada *ver nota 30 da pág. 172*.
[60] Modelo RC 3026/2011-DGSS.

Comunicação anual da fixação da base de incidência contributiva e da taxa

Para efeitos do cumprimento da obrigação contributiva, o rendimento relevante, a base de incidência e a taxa contributiva fixados oficiosamente são comunicados ao trabalhador independente.

e. Pagamento[61]

A responsabilidade pelo pagamento é das pessoas abrangidas.

A contribuição é devida a partir da produção de efeitos do enquadramento ou da cessação da isenção da obrigação de contribuir.

O pagamento da contribuição é mensal e é efectuado do dia 1 ao dia 20 do mês seguinte àquele a que respeita[62].

A violação destas regras constitui contra-ordenação leve quando seja cumprida nos 30 dias subsequentes ao termo do prazo e constitui contra-ordenação grave nas demais situações.

4. Âmbito material

- profissionais livres e prestadores de serviços em geral – eventualidades de doença, parentalidade, doenças profissionais, invalidez, velhice e morte;
- empresários em nome individual, titulares de EIRL e prestadores de serviços economicamente dependentes de uma entidade contratante – também eventualidade desemprego (subsídio por cessação de actividade[63]) mas sem flexibilização da idade de pensão de velhice por desemprego de longa duração;
- trabalhadores das artes do espectáculo – também subsídio de reconversão profissional[64].

---

[61] Lugar e meios – regime igual ao do seguro social voluntário (*Ver pág. 233*).
[62] Quando o prazo termine ao sábado, domingo ou dia feriado transfere-se o seu termo para o 1º dia útil seguinte.
O termo do prazo que caia em dia em que o serviço perante o qual deva ser praticado o acto não esteja aberto ao público, ou não funcione durante o período normal, transfere-se para o primeiro dia útil seguinte (alínea f) do art. 87º do CPA).
Pagamento pela Internet: até às 24 horas do último dia do prazo (não até ao encerramento dos serviços).
[63] Nos termos do DL 65/2012, 15/03.
[64] Nos termos do art. 21º-E da L 4/2008, 06/02.

Especificidades:

- doença – sem índice de profissionalidade; período de espera de 30 dias (e sem equivalência à entrada de contribuições), período de concessão de 365 dias[65] e sem prestações compensatórias;
- parentalidade – sem subsídios por assistência a filhos e a netos[66] e sem prestações compensatórias;
- pensão de velhice sem flexibilização da idade de pensão por desemprego de longa duração (prestadores de serviços).

Nas situações de cessação ou suspensão do exercício de actividade de trabalho independente há lugar à manutenção da doença e parentalidade, nos termos da legislação ao abrigo da qual o mesmo foi reconhecido.

A cessação ou suspensão do exercício de actividade não prejudica o direito à protecção na parentalidade desde que se encontrem satisfeitas as respectivas condições de atribuição.

Condição de atribuição

É condição de atribuição das prestações aos trabalhadores independentes que se encontrem pagas as contribuições da sua responsabilidade até ao termo do terceiro mês imediatamente anterior ao do evento determinante da atribuição da prestação.

A não verificação da situação contributiva regularizada determina a suspensão do pagamento das prestações a partir da data em que as mesmas sejam devidas.

Porém, a atribuição de prestações por morte não se encontra sujeita à condição de pagamento, sendo o cálculo das pensões de sobrevivência efectuado sem tomar em conta os períodos com contribuições em dívida.

Efeitos da regularização

O beneficiário readquire o direito ao pagamento das prestações suspensas desde que regularize a sua situação contributiva nos três meses civis subsequentes ao mês em que tenha ocorrido a suspensão. Se a situação contributiva não for regularizada neste prazo, o beneficiário perde o direito ao pagamento das prestações suspensas.

No caso de a regularização da situação contributiva se verificar posteriormente ao decurso do prazo dos três meses o beneficiário retoma o direito

---

[65] Arts. 12º, nº 2, 21º, nº 2, e 23º do DL 28/2004, 04/02.
[66] Nº 3 do art. 7º do DL 91/2009, 09/04.

às prestações a que houver lugar a partir do dia subsequente àquele em que ocorra a regularização.

Regularização por compensação oficiosa[67]

Nas situações de invalidez e de velhice, se a regularização da situação contributiva não tiver sido realizada directamente pelo beneficiário, é a mesma efectuada através da compensação oficiosa com o valor das prestações a que haja direito em função daquelas eventualidades, caso se encontrem cumpridas as restantes condições de atribuição das respectivas prestações. Porém, as prestações de invalidez e velhice de montante inferior ao da pensão social só são compensáveis mediante autorização do beneficiário.

A compensação efectua-se até ao limite de um terço do valor das prestações mediatas vincendas devidas, salvo expressa autorização do beneficiário de dedução por valor superior. Porém, havendo lugar ao pagamento de prestações vencidas, a compensação efectua-se pela sua totalidade, até ao limite do valor em dívida.

De qualquer modo é garantido ao beneficiário o pagamento de um montante mensal igual ao do valor da pensão social, excepto se o beneficiário fizer prova de não ser titular de outros bens ou rendimentos, situação em que lhe é garantido um montante mensal igual ao do valor do IAS.

5. Cônjuges de trabalhadores independentes ou membros de união de facto

Âmbito, enquadramento e inscrição

Pessoas enquadrados exclusivamente por força da sua qualidade de cônjuges de trabalhadores independentes independentemente do rendimento, nomeadamente:

- cônjuges ou membros de união de facto dos trabalhadores independentes[68] que com eles exerçam efectiva actividade profissional com carácter de regularidade e de permanência;
- cônjuges ou membros de união de facto dos produtores agrícolas que exerçam efectiva e regularmente actividade profissional na exploração agrícola ou equiparada.

O enquadramento dos cônjuges tem lugar mediante requerimento e dá lugar a inscrição se esta ainda não existir. Assim, o início de actividade dos cônjuges

---

[67] V. Regime da compensação de créditos em Causas de extinção da dívida (infra).
[68] V. âmbito pessoal.

dos trabalhadores independentes é por estes obrigatoriamente comunicado[69] à segurança social para proceder à inscrição no mês do início de actividade.

No caso de requerimento para antecipação de produção de efeitos, apresentado por cônjuge de trabalhador independente, o enquadramento produz efeitos no mês seguinte ao da apresentação do requerimento ou do mês em que produz efeitos o enquadramento do trabalhador independente.

O enquadramento dos cônjuges dos trabalhadores independentes cessa quando se verifique qualquer das seguintes situações:

- cessar a actividade do trabalhador independente;
- cessar a sua actividade;
- quando se verifique o início de actividade independente própria;
- dissolução do casamento;
- declaração de nulidade do casamento;
- anulação do casamento;
- separação judicial de pessoas e bens.

A comunicação dos factos determinantes da cessação de enquadramento por início de actividade independente própria e por cessação da relação conjugal é obrigatoriamente efectuada pelo cônjuge até ao final do mês em que os factos se verifiquem.

Tributação

A base de incidência contributiva dos trabalhadores enquadrados exclusivamente por força da sua qualidade de cônjuges ou membros de união de facto de trabalhadores independentes pode ser escolhida entre o 1º escalão e aquele que for fixado ao trabalhador independente, mesmo que ao trabalhador independente seja reconhecido o direito à isenção do cumprimento da obrigação contributiva.

Quando haja lugar à redução da base de incidência contributiva de um trabalhador independente, devem os serviços competentes proceder, quando tal se mostre necessário, oficiosamente à correspondente redução da base de incidência do respectivo cônjuge.

No prazo de 10 dias contados a partir da comunicação do rendimento relevante, da base de incidência e da taxa contributiva fixados oficiosamente o cônjuge do trabalhador independente deve optar pelo escalão de base de incidência sobre o qual pretende contribuir.

---

[69] Modelo RV 1000/2011-DGSS.

Não se verificando esta opção mantém-se como base de incidência contributiva o escalão sobre o qual se encontre a contribuir.

Os efeitos da isenção requerida por trabalhador independente esgotados os três anos por não atingir 12 vezes o valor do IAS[70] são extensivos ao respectivo cônjuge.

A taxa contributiva aplicável aos cônjuges dos trabalhadores independentes corresponde à do trabalhador independente e nas mesmas condições.

6. Entidades contratantes[71]

Âmbito

Pessoas colectivas[72] e pessoas singulares com actividade empresarial, independentemente da sua natureza e das finalidades que prossigam, que no mesmo ano civil beneficiem de pelo menos 80% do valor total da actividade de trabalhador independente[73].

A qualidade de entidade contratante é apurada apenas relativamente aos trabalhadores independentes que se encontrem sujeitos ao cumprimento da obrigação de contribuir e tenham um rendimento anual obtido com prestação de serviços igual ou superior a seis vezes o valor do IAS.

Consideram-se como prestados à mesma entidade contratante os serviços prestados a empresas do mesmo agrupamento empresarial[74].

Tributação

A obrigação contributiva constitui-se no momento em que a segurança social apura oficiosamente o valor dos serviços que lhe foram prestados e efectiva-se com o pagamento da respectiva contribuição.

---

[70] Nº 4 do art. 165º do CRC.
[71] Previstas na 2ª parte da alínea b) do art. 10º e caracterizadas no art. 140º, ambos do CRC (*"presunção de falsos trabalhadores independentes ou de falsos recibos verdes"*).
[72] Incluindo órgãos e serviços das Administrações Públicas (central, local e regional).
[73] Vg: tarefeiros e avençados das Administrações Públicas (central, local e regional).
[74] A situação de prestação de serviço em regime de acumulação com trabalho por conta de outrem à mesma entidade é considerada trabalho por conta de outrem e tributada pelo regime geral dos trabalhadores por conta de outrem.
Empresas em relação de domínio ou em relação de grupo (arts. 486º e 488º e segs. do CSC) integradas ou não em sociedades gestoras de participações sociais (DL 495/88, 30/09).

As contribuições reportam-se ao ano civil anterior[75] e o prazo para o seu pagamento anual é fixado até ao dia 20 do mês seguinte ao da emissão do documento de cobrança[76].

Constitui base de incidência contributiva, para efeitos de determinação do montante de contribuições a cargo da entidade contratante, o valor total dos serviços que lhe foram prestados por trabalhador independente no ano civil a que respeitam.

A taxa contributiva a cargo das entidades contratantes é de 5% e destina-se à eventualidade desemprego.

Na posse de documento de pagamento emitido através da "Segurança Social Directa" ou nas tesourarias quando solicitado pelos próprios, o pagamento efectiva-se por:

- multibanco;
- nas tesourarias das instituições de segurança social, sem qualquer limite em dinheiro, cheque ou terminal de pagamento automático (TPA).

---

[75] Assim, os valores pagos por serviço prestado em 2011 (ano de entrada em vigor do CRC) são objecto de pagamento de contribuições em 2012.
[76] Apuramento do valor dos serviços que lhe foram prestados por trabalhadores independentes efectuado pela segurança social.

Título IV
Membros dos Órgãos Estatutários[1] das Pessoas Colectivas[2]

[1] Órgão de pessoa colectiva é o centro de imputação de poderes funcionais com vista à formação e manifestação da vontade juridicamente imputável à pessoa colectiva para exercício de direitos e cumprimento de deveres que a esta cabem.
São órgãos estatutários apenas os que estão previstos na lei e nos seus estatutos:
- deliberativos – as *assembleias gerais;*
- executivos:
- nas sociedades em nome colectivo (*e Companhia ou e C.ª*) e por quotas (*Ld.ª*) – *gerência;*
- nas sociedades anónimas (*SA*):
  - monista – *conselho de administração;*
  - dualista – *conselho geral e direcção.*
- de fiscalização – conselho fiscal ou fiscal único.

[2] *Pessoa colectiva (privada)* é toda a organização que tem em vista a prossecução de um interesse comum determinado à qual a ordem jurídica atribui a qualidade de sujeito de direito, constituída por:
a) um agrupamento de indivíduos:
- com fins lucrativos
- sociedades civis (arts. 980º e segs. do CC);
- sociedades comerciais (CSC);
- sem fins lucrativos
- sem interesse económico – associações (arts. 157º e segs. do CC);
- com interesse económico – cooperativas (economia social) (C. Coop. – L 119/2015, 31/08);
b) um complexo patrimonial – fundação.
São equiparadas a pessoas colectivas:
- *sociedades incompletas* – as entidades a quem a lei confere personalidade jurídica após o respectivo processo de formação, entre o momento em que tiverem iniciado esse processo e aquele em que o tiverem terminado;
- *sociedades aparentes* – as entidades desprovidas de personalidade jurídica que, prosseguindo objectivos próprios e realizando actividades diferenciadas das dos seus sócios ou membros, sejam, nessa qualidade, considerados sujeitos passivos do imposto sobre os rendimentos das pessoas colectivas.
- *sociedades irregulares* – com vícios de forma ou de substância.
Para entidades públicas empresariais ver regime no DL 133/2013, 03/10.

MEMBROS DE ÓRGÃOS ESTATUTÁRIOS

1. Âmbito pessoal
a. Abrangidos

Como beneficiários as pessoas singulares vinculadas por nomeação, contrato de administração ou contrato de gestão[3] a pessoas colectivas[4] e entidades equiparadas ainda que sejam seus sócios ou membros.

A saber

- administradores, directores[5] e gerentes[6] das sociedades[7] e das cooperativas;

---

[3] Uma das espécies do contrato de prestação de serviço (art. 1154º do CC), não enunciadas na lei civil.

[4] As pessoas colectivas e as entidades equiparadas são consideradas entidades empregadoras, ficando abrangidas, na qualidade de contribuintes (art. 62º do CRC).

[5] Nas sociedades anónimas dualistas. Os directores-gerais, directores comerciais, de produção... estão vinculados por contrato de trabalho, sendo portanto trabalhadores por conta de outrem. Regra prática nas sociedades comerciais ou civis sob forma comercial: todos os directores de sociedades que não sejam sociedades anónimas dualistas são trabalhadores por conta de outrem. O desempenho da gerência social (nas sociedades por quotas – nas SA o problema não se coloca) é, em regra, incompatível com a subsistência de um contrato de trabalho na mesma sociedade (Ac. TRC, de 20/10/2005) embora se admita jurisprudencialmente a absurda acumulação de situações (implicando tributação e prestações correspondentes?), respeitados os apertadíssimos critérios de verificação de subordinação jurídica enumerados do Ac. do STJ 29/09/1999 (BMJ nº 489, pág 232), a saber:
1) a anterioridade, ou não do contrato de trabalho face à aquisição da qualidade de sócio gerente;
2) a retribuição auferida, procurando surpreender alterações significativas ou dualidade de retribuições;
3) a natureza das funções concretamente exercidas, antes e depois da ascensão à gerência, designadamente em vista a apurar se existe exercício de funções tipicamente de gerência e se há nítida separação de actividades;
4) a composição da gerência, designadamente ao número de sócios gerentes e às respectivas quotas;
5) a existência de sócios maioritários com autoridade e domínio sobre os restantes;
6) a dependência, hierárquica e funcional, dos sócios gerentes que desempenham tarefas não tipicamente de gerência, relativamente a estas actividades.

[6] Obviamente gerentes sociais, isto é, titulares da gerência de uma sociedade. Em linguagem de serviço, aliás pouco precisa, na medida em que os gerentes podem não ser sócios, designam-se de sócios-gerentes.
Regra prática: todos os gerentes de sociedades anónimas são trabalhadores por conta de outrem. Os gerentes de comércio ou comerciais (por exemplo, gerentes bancários), embora sejam representantes comerciais (não autónomos) e como tal estejam sujeitos nessa qualidade ao Direito Comercial, essa representação não tem autonomia, aplicando-se-lhes enquanto participantes de uma relação de trabalho, a legislação do contrato de trabalho, pois são trabalhadores por conta de outrem. Os representantes comerciais autónomos são trabalhadores independentes, caso dos agentes comerciais, concessionários...

[7] Mesmo como liquidatários e até ao encerramento da liquidação (nº 1 do art. 70º do CRC).

- administradores de pessoas colectivas gestoras ou administradores de outras pessoas colectivas, quando contratados a título de mandato para aí exercerem funções de administração, desde que a responsabilidade pelo pagamento das respectivas remunerações seja assumida pela administrada;
- gestores de empresas públicas ou de outras pessoas colectivas[8-9];
- membros dos órgãos internos de fiscalização das pessoas colectivas[10];
- membros dos demais órgãos estatutários das pessoas colectivas[11-12];
- sócios das sociedades unipessoais por quotas que exerçam a gerência.

b. Excluídos

- membros de órgãos estatutários sem fim lucrativo que não recebam pelo exercício da respectiva actividade qualquer tipo de remuneração;
- sócios que, nos termos do pacto social, detenham a qualidade de gerentes mas não exerçam de facto essa actividade, nem aufiram a correspondente remuneração[13];
- trabalhadores por conta de outrem eleitos, nomeados ou designados para cargos de gestão nas entidades a cujo quadro pertencem, cujo contrato de trabalho tenha determinado inscrição obrigatória em regime de protecção social[14];

---

[8] Estatuto do gestor público – DL 71/2007, 27/03 (com alterações).

[9] Qualquer que seja o fim prosseguido, que não se encontrem obrigatoriamente abrangidos pelo regime de protecção social convergente dos trabalhadores em funções públicas e que não tenham optado por diferente regime de protecção social de inscrição obrigatória.

[10] V. nota anterior.

[11] V. nota anterior.

[12] Os órgãos estatutários estão taxativa e exaustivamente enumerados na lei para cada tipo de pessoa colectiva, embora algumas situações sejam pouco claras. É o caso da figura do *secretário da sociedade* (arts. 446º-A e segs. do CSC) equiparado a MOE's pelo art. 17º do Regulamento do Registo Comercial (redacção da Port 1416-A/2006, 19/12), dificilmente entendível como membro de órgão estatutário (qual?).

[13] Não são gerentes de facto.
Situação que não obsta à atribuição de subsídio de desemprego por despedimento relativamente a outra actividade por conta de outrem (Ac. STA nº 4/2013).

[14] A exigência de o contrato de trabalho na data em que iniciaram as funções de gestão tivesse sido celebrado há pelo menos um ano foi declarada inconstitucional – Ac. TC 1018/96 de 9/10/96. Deve entender-se que o cargo é exercido em comissão de serviço, daqui decorrendo uma importante consequência: a actividade exercida tem a natureza da que corresponde ao cargo para que foi designado, isto é, não é trabalho por conta de outrem.
Assim, o período em que o cargo é exercido releva para o prazo de garantia do subsídio por cessação de actividade ("720 dias de exercício de actividade" – art. 9º do DL 12/2013, 25/01); mas não

- sócios-gerentes de sociedades constituídas exclusivamente por profissionais incluídos na mesma rubrica da lista anexa ao CIRS e cujo fim social seja o exercício daquela profissão[15];
- pessoas que sejam nomeadas por imperativo legal para funções a que corresponda inscrição em lista oficial especialmente elaborada para esse efeito, identificativa das pessoas habilitadas para o exercício de tais funções, designadamente as correspondentes às funções de gestores judiciais[16] ou revisores oficiais de contas[17];
- membros dos órgãos estatutários das sociedades de agricultura de grupo[18];
- liquidatários judiciais[19];
- administradores, directores ou gerentes (portugueses ou não) que exerçam actividade temporária em Portugal por um período limitado e provem a sua vinculação a um regime de protecção social de outro país;[20]
- gerentes de sociedades constituídas exclusivamente por antigos comerciantes em nome individual ou por estes e pelos respectivos cônjuges, parentes ou afins na linha recta ou até ao 2º grau da linha colateral, que tivessem estado abrangidos por regime próprio[21].

---

pode relevar para preenchimento de prazo de garantia de subsídio de desemprego ("...360 dias de *trabalho por conta de outrem*").

[15] Trata-se de membros das designadas *sociedades de profissionais* que são considerados trabalhadores independentes.

[16] Regime do administrador de insolvência – L 32/2004, 22/07. São considerados trabalhadores independentes.
Sociedades de administradores de insolvência – DL 54/2004, 18/03.

[17] Inscritos na respectiva ordem – DL 487/99, 16/11. São considerados trabalhadores independentes.

[18] Regime das sociedades de agricultura de grupo – DL 336/89, 04/10. São considerados trabalhadores independentes.

[19] Os liquidatários (não judiciais) por força do nº 1 do art. 151º do CSC, e nos termos do nº 1 do art. 70º mantêm-se abrangidos até ao encerramento da liquidação (nº 2 do art. 70º).
Os administradores de insolvência são considerados trabalhadores independentes.

[20] Situação análoga ao *destacamento* dos TCO com identidade de regras.
Salvo o disposto em instrumento internacional a que Portugal se encontre vinculado, o período tem limite de um ano (no âmbito comunitário, 2 anos), prorrogável por igual período, mediante autorização do ISS, IP a requerimento do interessado.
Nos casos em que os conhecimentos técnicos ou as aptidões especiais das pessoas referidas o justifique, será dado consentimento por um período superior, para efeitos de exclusão.

[21] Que, em 1 de Janeiro de 2011, estivessem abrangidos pelo Despacho nº 9/82, de 25 de Março, até à data da sua revogação pelo DL 328/93, 25/09.
São considerados trabalhadores independentes.

A entidade empregadora deve apresentar à segurança social cópia do pacto social ou da acta da assembleia geral em que constem os elementos necessários à comprovação da exclusão.

São ainda excluídos os membros de órgãos estatutários com fins lucrativos que não recebam, pelo exercício da respectiva actividade, qualquer tipo de remuneração e se encontrem numa das seguintes situações:
- sejam abrangidos por regime obrigatório de protecção social em função do exercício de outra actividade em acumulação com aquela pela qual aufiram rendimento superior a uma vez o valor do IAS;
- sejam pensionistas de invalidez ou de velhice de regimes obrigatórios de protecção social[22], nacionais ou estrangeiros.

Tratando-se de enquadramento em regime obrigatório de protecção social ou de situação de pensionista de que a segurança social não possa ter conhecimento directo, a certificação é efectuada mediante documento comprovativo emitido pela entidade competente[23].

2. Inscrição e enquadramento

A segurança social, após receber a comunicação oficiosa de início de actividade de membro de órgão estatutário, procede à inscrição do trabalhador, quando este não se encontre inscrito, ou à actualização dos respectivos dados.

A segurança social notifica a entidade empregadora para, no prazo de 10 dias, fornecer os elementos necessários ao enquadramento ou à exclusão do trabalhador.

Se a entidade empregadora assim não actuar a segurança social procede ao enquadramento oficioso do trabalhador e fixa a base de incidência contributiva pelo valor correspondente ao limite mínimo.

Porém, quando se tratar de entidades equiparadas a pessoas colectivas (sem personalidade jurídica), quanto ao momento do início de actividade, deve entender-se:

---

[22] Consideram-se regimes obrigatórios de protecção social: o regime geral de segurança social dos trabalhadores por conta de outrem ainda que de âmbito material reduzido, o regime de segurança social dos trabalhadores independentes, o regime de protecção social convergente dos trabalhadores que exercem funções públicas e o regime que abrange os advogados e solicitadores, bem como regimes de protecção social estrangeiros relevantes para efeitos de coordenação com os regimes de segurança social portuguesa.

[23] Ou seja, a exclusão não é automática: deve ser comunicada à segurança social e validada por estes serviços.

- o momento em que inicie o processo de formação da pessoa colectiva – entrada do requerimento de pedido da admissibilidade de firma no Registo Nacional de Pessoas Colectivas;
- o momento em que inicie a produção de bens ou serviços como se de uma sociedade se tratasse – sociedade irregular.

Concorrência de situações na mesma sociedade por quotas

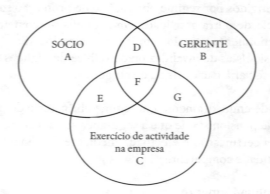

Situações isoladas:

A – Sócio – irrelevante: nem o capital nem o seu rendimento (os lucros) são tributados pela segurança social;
B – Gerente social – MOE's;
C – Exercício de actividade profissional na empresa – TCO;

Duplas situações concorrentes na mesma sociedade:

D – Sócio e gerente social (sócio-gerente) – MOE's;
E – Sócio com exercício de actividade profissional na empresa – TCO;
G – Gerente social que exerce simultaneamente actividade profissional na empresa – MOE's[24];

Tripla situação concorrente na mesma sociedade:

F – Sócio, gerente social (sócio-gerente) que exerce simultaneamente actividade profissional na empresa – MOE's[25].

---

[24] Ver nota 5.
[25] V. nota anterior.

3. Âmbito material

Com funções de administração ou de gerência: doença, parentalidade, doenças profissionais, invalidez, velhice, morte e desemprego[26];

Restantes situações: doença, parentalidade, doenças profissionais, invalidez, velhice e morte.

4. Tributação

Base de incidência

A base de incidência contributiva corresponde ao valor das remunerações efectivamente auferidas[27] em cada uma das pessoas colectivas em que exerçam actividade, com o limite mínimo igual ao valor do IAS.

Desde que aufiram remuneração e se encontrem abrangidos por regime obrigatório de protecção social pelo exercício, em acumulação, com outra actividade ou com situação de pensionista, não estão sujeitos ao limite mínimo desde que o valor de base de incidência considerado para o outro regime de protecção social ou de pensão seja igual ou superior ao valor do IAS.

Taxa contributiva

- Com funções de administração ou de gerência: 34,75% (23,75%[28] para a empresa e 11% para titulares de órgãos);
- Restantes situações: 29,6% (20,3% para a empresa e 9,3% para titulares de órgãos).

---

[26] Mais precisamente: situações de cessação do contrato de administração ou de gestão.
[27] Considera-se que integram a remuneração dos membros dos órgãos estatutários:
- os montantes pagos a título de gratificação, desde que atribuídos em função do exercício de actividade de administração ou gerência sem adstrição à qualidade de sócio e sem que sejam imputáveis aos lucros;
- os montantes pagos a título de senhas de presença (aos MOE's abrangidos, claro: a participação de sócio em assembleia geral não é actividade profissional abrangida pelo regime).
Os valores das gratificações que integrem o conceito de remuneração devem ser declarados por referência aos meses civis a que se reportam.
Na falta de declaração devem os valores das gratificações ser parcelados e registados por referência ao mês a que respeita a declaração de remunerações e aos 11 meses civis imediatamente anteriores em que não se tenha verificado registo de remunerações por equivalência.
[28] Sem fins lucrativos – Taxa 22,3% (21,8% em 2013).
As bonificações contributivas previstas na lei para as empresas que admitam trabalhadores em situação de primeiro emprego e deficientes não são aplicáveis.
Há que considerar os acréscimos relativos às situações a que correspondem fundos especiais (Carris, seguros ...).

5. Cessação de actividade dos membros dos órgãos estatutários

Para efeitos da relação contributiva, os membros dos órgãos estatutários cessam a respectiva actividade nos termos do contrato, por destituição, renúncia ou quando se verificar o encerramento da liquidação da empresa[29].

A segurança social procede ao registo da cessação de actividade dos membros dos órgãos estatutários com base nos elementos que recebe oficiosamente ou mediante prova inequívoca da cessação da actividade apresentada pelo interessado.[30]

Excepcionalmente, os membros dos órgãos estatutários podem requerer a cessação da respectiva actividade desde que a pessoa colectiva tenha cessado actividade para efeitos de IVA[31] e não tenha trabalhadores ao seu serviço.[32]

---

[29] Regime da liquidação da empresa – arts. 146º e segs. do CSC.
Na situação de liquidação da empresa na qualidade de liquidatários (nº 1 do art. 151º do CSC) e não como membros da administração.
Em caso de declaração de insolvência é nomeado por sentença um administrador da insolvência – art. 36º do Código da Insolvência e da Recuperação de Empresas.

[30] O não pagamento de contribuições relativas aos membros dos órgãos estatutários com fundamento na suspensão ou na cessação da actividade destas ou na daqueles membros, depende da comprovação da situação perante a segurança social.

[31] Nos termos do art. 33º do CIVA.

[32] Para estes efeitos o membro de órgão estatutário apresenta requerimento.

Título V
Regime de Seguro Social Voluntário

1. Âmbito pessoal
Podem enquadrar-se:

- cidadãos portugueses, cidadãos comunitários ou de Estados do EEE e outros estrangeiros ou apátridas, residentes em Portugal há mais de um ano[1], maiores, activos (não pensionistas de invalidez ou velhice), considerados aptos para o trabalho[2] e que não estejam abrangidos por regime obrigatório de protecção social ou que, estando, os mesmos não relevem no âmbito do sistema de segurança social português[3];
- cidadãos portugueses que exerçam actividade profissional em território estrangeiro (não comunitário nem EEE) e que não estejam abrangidos por instrumento internacional a que Portugal se encontre vinculado.

Situações especiais abrangidas[4]

- trabalhadores marítimos e os vigias, portugueses, que se encontrem a exercer actividade profissional em navios de empresas estrangeiras;
- trabalhadores marítimos portugueses que exerçam actividade a bordo de navios de empresas comuns de pesca[5];

---

[1] Regime de entrada, permanência, saída e afastamento de estrangeiros do território nacional:
- cidadãos comunitários, EEE e Suíça – L 37/2006, 09/08;
- estrangeiros em geral – L 23/2007, 04/07.

[2] Verificada nos termos do Sistema de Verificação de Incapacidades (SVI) – DL 360/97, 17/12.

[3] Mesmo que não exerçam actividade profissional.

[4] Para além dos beneficiários anteriormente abrangidos por regimes obrigatórios de segurança social (continuação facultativa de pagamento de contribuições).

[5] Constituídas ao abrigo do DL 1/83, 07/01, e depois do DL193/84, 11/06.

- tripulantes que se encontrem a exercer actividade profissional em navios inscritos no Registo Internacional da Madeira (MAR)[6].
- pessoas que integrem grupos de actividades específicos[7] que, de acordo com os respectivos estatutos, prevejam a inscrição no regime, designadamente:
    - voluntários sociais[8];
    - bolseiros de investigação[9] que reúnam as condições definidas no Estatuto do Bolseiro de Investigação e não se encontrem enquadradas em regime de protecção social obrigatório;
    - agentes da cooperação[10] que, reunindo as condições definidas no respectivo estatuto, se obriguem, mediante contrato, a prestar serviço no quadro das relações do cooperante, de que não resulte o seu enquadramento em regime de protecção social obrigatório de outro país;
    - praticantes desportivos de alto rendimento[11];
    - estagiários com contrato de estágio profissional[12].

Pessoas excluídas
Pensionistas de invalidez e de velhice[13].

2. Inscrição e enquadramento
Para efeitos de adesão ao seguro social voluntário o interessado apresenta requerimento junto da segurança social ou no sítio da Internet da segurança social[14].

---

[6] Art. 25º do DL 96/89, 28/03 (versão da L 23/2015, 17/03).
[7] A definição dos requisitos específicos de enquadramento relativos a cada grupo de situações especiais é objecto de legislação própria.
[8] Voluntário social – pessoa que, de forma organizada, exerça actividade de tipo profissional não remunerada em favor de instituições particulares de solidariedade social ou de associações humanitárias (vg: bombeiros voluntários) nos termos da L 71/98, 03/11.
[9] Nos termos do art. 10º da L 40/2004, 18/08. Mesmo estrangeiros ou apátridas.
[10] Agentes da cooperação – o cidadão que, ao abrigo de um contrato, participe na execução de uma acção de cooperação financiada pelo Estado Português, promovida ou executada por uma entidade portuguesa de direito público ou por uma entidade de direito privado de fins não lucrativos em países beneficiários, nos termos da L 13/2004, 14/04.
[11] Nos termos do DL 272/2010, 01/10.
[12] No âmbito do DL 66/2011, 01/06.
[13] De notar a situação de pagamento voluntário em situação de antecipação por flexibilização da idade da reforma por velhice sem actividade adiante referida nas outras situações facultativas (V. infra).
[14] Modelo RV 1007/2011–DGSS.

No caso dos voluntários sociais, o enquadramento depende ainda da manifestação de vontade das entidades que beneficiam da actividade voluntária, cabendo-lhes a apresentação do requerimento de adesão do interessado.

No caso dos agentes da cooperação a inscrição cabe às entidades promotoras ou executoras da cooperação.

Caso o requerente não se encontre identificado no sistema de segurança social é-lhe oficiosamente atribuído um NISS com base nos elementos constantes dos documentos de identificação.

Com o primeiro enquadramento procedem os serviços competentes, quando necessário, à inscrição do beneficiário no sistema previdencial.

No prazo de 30 dias a contar da apresentação do requerimento devidamente instruído, a segurança social deve proceder à sua apreciação, devendo a decisão que recair sobre o requerimento ser comunicada ao interessado e, quando este for voluntário social, também à instituição que beneficia da actividade.

O deferimento do requerimento determina o enquadramento no regime de seguro social voluntário reportando-se os seus efeitos ao dia um do mês seguinte ao da apresentação do requerimento.

Cessação do enquadramento

O enquadramento cessa:

- em qualquer momento, a requerimento do beneficiário;
- quando se verificar a falta de pagamento de contribuições por período superior a 12 meses;
- se o beneficiário passar a estar abrangido por regime obrigatório de protecção social.

As entidades que beneficiam da actividade voluntária devem indicar mensalmente às instituições competentes os voluntários sociais que deixaram de exercer a respectiva actividade de voluntariado.

A cessação do enquadramento produz efeitos:

- a partir do mês em que foi apresentado o respectivo requerimento; ou, na falta deste,
- a partir do mês seguinte àquele a que se reporta a última contribuição paga.

Meios de prova

O requerimento de adesão ao seguro social voluntário deve ser instruído com os seguintes documentos:

i) Declaração, sob compromisso de honra, de que o requerente não se encontra abrangido por regime obrigatório de protecção social ou de que, encontrando-se, não seja o mesmo relevante;

ii) Declaração de cidadãos portugueses residentes no estrangeiro
Declaração relativa a uma das seguintes situações:
   - não exercício de actividade profissional;
   - exercício de actividade profissional no território do Estado de residência relativamente ao qual não vigore instrumento internacional que vincule o Estado Português;
   - exercício de actividade profissional no território do Estado de residência relativamente ao qual vigore instrumento internacional que vincule o Estado Português, mas que não abranja a actividade em causa.

Esta declaração deve ser autenticada pela rede consular portuguesa que abranja o interessado ou, não existindo serviços consulares, pela embaixada respectiva.

iii) Certificação médica comprovativa da aptidão para o trabalho
É realizada por médicos dos serviços competentes do Serviço Nacional de Saúde – os centros de saúde e os hospitais, com excepção dos serviços de urgência.

A certificação consta de relatório devidamente fundamentado e deve expressar, em termos inequívocos, a aptidão ou não aptidão do requerente para o trabalho.

Nos casos em que o requerente apresente situação clínica incapacitante, mas que não determine inaptidão para o trabalho, deve a mesma constar especificamente da certificação do médico assistente.

A certificação da aptidão para o trabalho dos cidadãos nacionais que residam em território estrangeiro é efectuada por declaração do médico assistente do interessado, autenticada pela rede consular portuguesa ou, não existindo serviços consulares, por instituição pública de saúde do país de residência.

Sempre que se suscitem dúvidas sobre a aptidão para o trabalho do requerente, deve a segurança social determinar a realização de exame no âmbito do sistema de verificação de incapacidades.

As despesas decorrentes da certificação da aptidão para o trabalho são da responsabilidade do interessado.

iv) Prova do exercício de actividade
- trabalhadores em navios de empresas estrangeiras – apresentação de cópia do contrato de trabalho celebrado com o armador estrangeiro devidamente autenticada. Para efeitos de certificação médica é conferido idêntico valor à declaração emitida no âmbito da inspecção médica pelas capitanias dos portos como condição de autorização para embarque dos trabalhadores ao serviço de navios estrangeiros;
- voluntários – declaração das entidades que beneficiam da mesma;
- bolseiros de investigação – declaração comprovativa do estatuto de bolseiro emitido pela Fundação para a Ciência e Tecnologia;
- praticantes desportivos de alto rendimento – declaração comprovativa do Instituto do Desporto.

v) Verificação do tempo de residência (há mais de um ano)
Por troca de informação com o Serviço de Estrangeiros e Fronteiras (SEF).

Competência para inscrição e enquadramento

Compete aos serviços do ISS, IP, ou aos serviços da segurança social das regiões autónomas em cujo âmbito territorial se situe a residência do beneficiário.

3. Âmbito material

Invalidez, velhice e morte (em geral, agentes da cooperação, praticantes desportivos de alto rendimento e tripulantes que se encontrem a exercer actividade profissional em navios inscritos no Registo Internacional de Navios da Madeira (MAR).

Integram também doenças profissionais os voluntários sociais e bombeiros voluntários;

Integram ainda doença, doenças profissionais e parentalidade:

- trabalhadores marítimos e os vigias, nacionais, que se encontrem a exercer actividade profissional em navios de empresas estrangeiras;
- trabalhadores marítimos nacionais que exerçam actividade a bordo de navios de empresas comuns de pesca;
- bolseiros de investigação.

Condição geral do pagamento das prestações

É condição geral do pagamento das prestações aos beneficiários do seguro social voluntário que os mesmos tenham a sua situação contributiva regularizada até ao termo do terceiro mês imediatamente anterior ao do evento determinante da atribuição da prestação.

A não verificação da situação contributiva regularizada determina a suspensão do pagamento das prestações a partir da data em que as mesmas sejam devidas.

Porém, a atribuição de prestações por morte não se encontra sujeita à condição geral de pagamento sendo o cálculo das pensões de sobrevivência efectuado sem tomar em conta os períodos com contribuições em dívida.

Efeitos da regularização

O beneficiário readquire o direito ao pagamento das prestações suspensas desde que regularize a sua situação contributiva nos três meses civis subsequentes ao mês em que tenha ocorrido a suspensão. Se a situação contributiva não for regularizada neste prazo o beneficiário perde o direito ao pagamento das prestações suspensas.

No caso de a regularização da situação contributiva se verificar posteriormente ao decurso do prazo dos três meses o beneficiário retoma o direito às prestações a que houver lugar a partir do dia subsequente àquele em que ocorra a regularização.

Regularização por compensação[15]

Na invalidez e de velhice, se a regularização da situação contributiva não tiver sido realizada directamente pelo beneficiário, é a mesma efectuada através da compensação com o valor das prestações a que haja direito em função daquelas eventualidades, caso se encontrem cumpridas as restantes condições de atribuição das respectivas prestações.

4. Tributação

a. Obrigação contributiva

Os beneficiários do regime de seguro social voluntário estão sujeitos ao pagamento de contribuições e são os responsáveis pelo pagamento da respectiva contribuição.

Quanto à responsabilidade pelo pagamento da contribuição, relativamente a:

---

[15] V. Regime da compensação de créditos em "Causas de extinção da dívida" (infra).

- agentes da cooperação – cabe às entidades promotoras ou executoras da cooperação;
- bombeiros voluntários – cabe à corporação de bombeiros;
- voluntários sociais – cabe às entidades promotoras.

Acumulação de actividade com registo de equivalência à entrada de contribuições

Quando, no decurso do mesmo mês, se verificar, sucessivamente, o exercício de actividade e situação determinante do registo de remunerações por equivalência à entrada de contribuições, a obrigação de contribuir reporta-se ao número de dias em que não haja lugar ao registo de remunerações por equivalência.

Para estes efeitos o valor diário das contribuições é igual a 1/30 do valor mensal da base de incidência contributiva do beneficiário.

Cessação

A obrigação contributiva cessa:

- no mês seguinte àquele em que o beneficiário o tenha requerido;
- a partir do mês seguinte ao do último pagamento na situação de falta de pagamento das contribuições, por período igual ou superior a 12 meses, faz cessar a obrigação contributiva.

b. Base de incidência

Remuneração convencional escolhida pelo beneficiário entre o IAS e 8 vezes este valor em 10 escalões possíveis.[16] Assim:

Escalões referidos ao IAS[17]
1º 1 IAS
2º 1,5 IAS
3º 2 IAS
4º 2,5 IAS
5º 3 IAS
6º 4 IAS
7º 5 IAS
8º 6 IAS
9º 7 IAS
10º 8 IAS

[16] Podem manter a base de incidência anterior, quando superior ao escalão mais elevado, os trabalhadores ao serviço em barcos de empresas estrangeiras.
[17] Valor do IAS € 421,32.

SEGURO SOCIAL VOLUNTÁRIO

Os beneficiários que sejam enquadrados no seguro social voluntário com idade igual ou superior a tabela própria[18] têm como limite da base de incidência o valor correspondente ao 5º escalão.

Situações especiais:

- beneficiários que, no âmbito do regime geral de segurança dos trabalhadores por conta de outrem, tenham contribuído, por período superior a 12 meses, sobre montantes superiores ao escalão mais elevado da base de incidência para o regime de seguro social voluntário podem optar pelo escalão mais elevado independentemente da idade; e
- beneficiários que após cessação de enquadramento no seguro social voluntário tenham contribuído, por período superior a 12 meses, para um regime obrigatório de segurança social sobre uma base de incidência contributiva de valor superior à anteriormente considerada no seguro social voluntário, podem optar pelo escalão de valor igual ou imediatamente superior ao da base de incidência contributiva daquele regime ao retomarem o enquadramento no seguro social voluntário, independentemente da idade;
- nos casos em que tenha havido cessação de enquadramento seguido de novo enquadramento, o escalão da base de incidência contributiva:
  - mantém-se igual ao que vigorava anteriormente à cessação; ou
  - pode o beneficiário optar por outro, desde que tenha idade inferior à indicada para alteração do escalão.

Regras para alteração de escalão

- para escalões inferiores, sempre possível;
- para escalão imediatamente superior:
  - pagamento de contribuições em função do mesmo escalão durante pelo menos 12 meses consecutivos;
  - o beneficiário ter idade inferior a tabela própria[19].

c. Taxas contributivas
(V. quadro pág. 235)

---

[18] 59 anos e meio em 2017, progredindo 6 meses todos os anos até atingir os 65 anos em 2028.
[19] Ver nota anterior.

d. Pagamento

O pagamento das contribuições é efectuado do dia 1 ao dia 20 do mês seguinte àquele a que diga respeito[20].

No caso de retoma de pagamento de contribuições, após se ter verificado a falta de pagamento das mesmas e não ter cessado o enquadramento, o beneficiário fica obrigado a pagar:

- as contribuições em atraso;
- os juros de mora decorrentes desse atraso.

Lugar e meios (modalidades de pagamento)

a) pagamento via *homebanking* de acordo com a tabela:

Instituição Bancária	Internet – Pagamento Contribuições
CGD	Caixa Direta online: Transferências e Pagamentos\Estado e Setor Público\Segurança Social\Opções: Trabalhadores Independentes; Trabalhadores do Serviço Doméstico; Seguro Social Voluntário
MILLENIUM BCP	Portal de Particulares: Pagamentos\Estado\Segurança Social\Opções: Trabalhadores Independentes; Trabalhadores do Serviço Doméstico; Seguro Social Voluntário
BPI	BPI net particulares: Contas à Ordem\Pagamentos\Pagamentos à Segurança Social
SANTANDER TOTTA	NET Particulares: Pagamentos\Pagamentos à Segurança Social por entidades Patronais ou Pagamento à Segurança Social\Opções: Trabalhadores Independentes; Trabalhadores do Serviço Doméstico; Seguro Social Voluntário
NOVO BANCO	Nbnetwork Particulares: Quotidiano\Pagamentos\Segurança Social
CCCAM	Crédito Agrícola On-line: Pagamentos\Estado e Setor Público\Pagamentos à Segurança Social

---

[20] Quando o prazo termine ao sábado, domingo ou dia feriado transfere-se o seu termo para o 1º dia útil seguinte.

O termo do prazo que caia em dia em que o serviço perante o qual deva ser praticado o acto não esteja aberto ao público, ou não funcione durante o período normal, transfere-se para o primeiro dia útil seguinte (alínea f) do art. 87º do CPA).

Pagamento pela Internet: até às 24 horas do último dia do prazo (não até ao encerramento dos serviços).

Ver regime próprio para trabalhadores independentes e o seguro social voluntário: 1 a 20 do mês seguinte àquele a que as mesmas respeitam.

SEGURO SOCIAL VOLUNTÁRIO

Instituição Bancária	Internet – Pagamento Contribuições
MONTEPIO	Pagamentos\Estado e Setor Público\Pagamentos Seg. Social: Opções: Trab. Independente;Seguro Social Voluntário
BANIF	Homebanking Particulares BBVA net – Outros Pagamentos\ Pagamentos Segurança Social
BBVA	Homebanking Particulares – Outros Pagamentos\Operações
BANKINTER	Net Business: Pagamentos\ Pagamentos Segurança Social\TSU
BANCO BEST	Gestão Diária\Pagamentos e Carregamentos\ Segurança Social
CAM LEIRIA	Homebanking – Pagamentos\Estado e Setor Público\Segurança Social\Opções: Trab. Independentes/Serviço Doméstico/Seguro Social Voluntário
CAM OLIVEIRA DE AZEMEIS	Crédito Agrícola On-line: Pagamentos\Estado e Setor Público\Pagamento à Segurança Social
CAM PINHAL	Crédito Agrícola On-line: Pagamentos\Estado e Setor Público\Pagamentos à Segurança Social
CAM VILA FRANCA XIRA	Crédito Agrícola On-line: Pagamentos\Estado e Setor Público\Pagamentos à Segurança Social
CAM BOMBARRAL	ccambonline: Pagamentos\Seg. Social Ent. Pat\Pagamento DUC

b) nas tesourarias da segurança social sem qualquer limite em dinheiro, cheque[21] ou terminal de pagamento automático (TPA);

c) multibanco – quando na posse de documento de pagamento emitido através da "Segurança Social Directa" ou nas tesourarias quando solicitado pelos próprios – na opção Pagamentos ao Estado;

d) envio de cheque por correio registado para qualquer tesouraria da segurança social, à ordem do IGFSS.[22]

---

[21] Quanto ao uso do cheque ver pagamento de contribuições do regime geral.
[22] Ver nota anterior.

Seguro social voluntário (a)

Âmbito	Taxa contributiva (1)	Base de incidência
• Cidadãos portugueses: – maiores, considerados aptos para o trabalho não abrangidos por regime obrigatório de protecção social ou que, estando, os mesmos não relevem no âmbito do sistema de segurança social português; – que exerçam actividade profissional em território estrangeiro e não estejam abrangidos por instrumento internacional a que Portugal se encontre vinculado. • Estrangeiros ou apátridas, residentes em Portugal há mais de um ano não abrangidos obrigatoriamente; • Praticantes desportivos de alto rendimento; • Estagiários com contrato de estágio profissional; • Tripulantes que se encontrem a exercer actividade profissional em navios inscritos no Registo Internacional de Navios da Madeira (MAR)	26,9% (g)	Remuneração convencional entre o IAS e 8 vezes este valor em 10 escalões possíveis (em percentagem do IAS): 1º 100 2º 150 3º 200 4º 250 5º 300 6º 400 7º 500 8º 600 9º 700 10º 800
• Embarcados (barcos de empresas estrangeiras) (c)	29,6% (f)	– 1º escalão; ou – por opção, base de incidência superior a cargo do interessado
Bolseiros de investigação		
Voluntários sociais	26,5 – 2017 27,4% (e)	1 IAS
Bombeiros voluntários	27,4% (d)	
Agentes da cooperação	26,9% (g)	Remuneração que constituía a anterior base de incidência; ou • 3 SMN (b) – os que não estejam a contribuir à data do contrato de cooperação

(1) Taxas desagregadas por eventualidades no final da progressão: 26,9% – invalidez, velhice e morte; 0,5% – doenças profissionais; 2,2% – doença e parentalidade, no total de 29,6%.
(a) Para além de outras situações:
– de inscrição facultativa dos membros de igrejas, associações ou confissões religiosas, quando a actividade religiosa for secundária (exercida por período inferior a 30 horas semanais); e
– no regime dos trabalhadores independentes:
– enquadramento facultativo (com rendimentos iguais ou inferiores a 6 x IAS);

– antecipação voluntária do enquadramento – durante os primeiros 12 meses do exercício da actividade.
(b) Nº 7 do art. 17º da Lei nº 13/2004, de 14 de Abril.
(c) Trabalhadores marítimos e os vigias, nacionais, que se encontrem a exercer actividade profissional em navios de empresas estrangeiras;
Trabalhadores marítimos nacionais que exerçam actividade a bordo de navios de empresas comuns de pesca.
(d) Desde 2015. Transitoriamente:

| 21,5% – 2011 | 23% – 2012 | 24,5% – 2013 | 26% – 2014 |

(e) Desde 2018. Transitoriamente:

| 17,5% – 2011 | 19% – 2012 | 20,5% – 2013 | 22% – 2014 | 23,5% – 2015 | 25% – 2016 | 26,5% – 2017 |

(f) Desde 2015. Transitoriamente:

| 24,5% – 2011 | 26% – 2012 | 27,5% – 2013 | 29% – 2014 |

(g) Desde 2017. Transitoriamente:

| 17,5% – 2011 | 19% – 2012 | 20,5% – 2013 | 22% – 2014 | 23,5% – 2015 | 25% – 2016 |

Título VI
Pagamento Voluntário de Contribuições

1. Pagamento voluntário de contribuições pelo beneficiário por inexistência de entidade empregadora

Inexistência de entidade empregadora

Considera-se "inexistência de entidade empregadora" as situações de pagamento voluntário de contribuições pelo beneficiário nos seguintes casos:
- quando, no âmbito da flexibilização da idade de acesso à pensão, o titular de pensão antecipada que não exerça actividade obrigatoriamente abrangida pelo regime geral queira contribuir, para efeito de acréscimo à pensão[1];
- quando haja bonificação dos períodos contributivos para efeito da taxa de formação de pensão

Âmbito material

Invalidez, velhice e morte.
Sempre que o beneficiário, no momento do requerimento, seja titular de pensão de velhice – velhice e morte.

Base de incidência contributiva

Situação de pensão antecipada
- no caso de beneficiários em exercício de actividade à data da passagem à situação de pensionista por velhice, corresponde à última remuneração real ou convencional registada;

---
[1] Ver nº 6 do art. 36º do DL 187/2007, 10/05, e em termos procedimentais o DL 435/99, 29/10.

– no caso dos beneficiários que à data da passagem à situação de pensionista por velhice se encontram a receber prestações determinantes do direito à equivalência à entrada de contribuições, corresponde à remuneração de referência que serve de base ao cálculo das referidas prestações.

Na situação de bonificação é constituída pela remuneração média dos últimos 12 meses com registo de remunerações, devidamente actualizadas[2], anteriores ao mês de apresentação do requerimento.

Taxa contributiva

Conforme âmbito material de protecção:

– 26,9% – na invalidez, velhice e morte;
– 22,7% – na velhice e morte.

Na situação de bonificação sobre o produto do número de meses de bonificação pela base de incidência contributiva. Neste caso, o pagamento das contribuições pode ser feito de uma só vez ou em prestações mensais de igual montante, não podendo exceder as 36.

2. Pagamento voluntário com efeitos retroactivos (contribuições prescritas[3])
Pode ser autorizado o pagamento de contribuições com efeitos retroactivos quando:

– a obrigação contributiva se encontre prescrita; ou
– não existiu por, à data da prestação de trabalho, a actividade não se encontrar obrigatoriamente abrangida pelo sistema de segurança social.

Do pagamento resulta o reconhecimento do período de actividade profissional ao qual a obrigação contributiva diga respeito, sendo os requerimentos de pagamento retroactivo de contribuições apreciados de acordo com a lei em vigor no momento da sua apresentação[4].

---

[2] *V. nota 217 da pág. 159.*
[3] Relativamente às contribuições não prescritas fora dos prazos de vencimento, as instituições de segurança social devem exigir o pagamento das contribuições acrescidas dos juros de mora e das coimas a que houver lugar, a partir do momento em que disponham de prova do exercício de actividade profissional abrangida obrigatoriamente por um regime de segurança social.
Não se aplica aos trabalhadores abrangidos pelos regimes especiais dos trabalhadores agrícolas.
[4] Sem outros efeitos para além do reconhecimento do período de actividade. Assim, os prazos de garantia das prestações são verificados de acordo com a legislação em vigor à data do requerimento

A autorização para pagamento só pode ser concedida desde que seja referida à totalidade do período de actividade efectivamente comprovado.

O reconhecimento de períodos de actividade profissional pode determinar a inscrição com efeitos retroactivos nas situações em que ainda não fosse aplicável a obrigação de entrega de declaração de início de exercício da actividade. Este regime de inscrição só é aplicável aos casos em que as actividades exercidas estivessem, à data, abrangidas pela segurança social.

Legitimidade para requerer e meios de prova

O reconhecimento de períodos de actividade profissional é requerido pelas entidades empregadoras faltosas ou pelos trabalhadores interessados e só é autorizado desde que o exercício de actividade profissional seja comprovado por algum dos seguintes meios de prova:

- duplicados das declarações para efeitos fiscais ou das respectivas certidões, mesmo que de impostos já abolidos, devidamente autenticadas pelos serviços fiscais;
- cópia autenticada dos mapas de pessoal, desde que tempestivamente apresentados aos serviços oficiais competentes;
- certidão de sentença resultante de acção do foro laboral intentada nos prazos legalmente fixados para a impugnação de despedimento, impugnação de justa causa de resolução do contrato de trabalho ou reclamação de créditos laborais;
- certidão de sentença resultante de acção do foro laboral intentada contra a entidade empregadora e a instituição gestora da segurança social para reconhecimento da relação de trabalho, respectivo período e remuneração auferida.

O pagamento voluntário de contribuições com efeitos retroactivos por trabalhadores do serviço doméstico que não tenham efectuado a declaração relativamente à actividade prestada em período anterior aos últimos 12 meses que antecedem o mês deste pagamento, só é considerada desde que o seu exercício seja comprovado através de certidão de sentença.

Âmbito material

Invalidez, velhice e morte.

---

não podendo por isso, por exemplo, ter como objectivo o preenchimento de prazo de garantia mais favorável do que o existente no momento do requerimento.

Sempre que o beneficiário, no momento do requerimento, seja titular de pensão de velhice – velhice e morte.

Base de incidência contributiva

A base de incidência contributiva a considerar corresponde:

– relativamente aos trabalhadores abrangidos pelo sistema de segurança social:
- ao valor médio das remunerações registadas no sistema previdencial nos últimos 12 meses anteriores ao do requerimento, tomando-se em consideração a remuneração mais elevada em cada mês nas situações de registo de remunerações correspondentes às diversas actividades;
- ao valor mensal correspondente a três vezes o valor do IAS nas restantes situações;

– relativamente aos trabalhadores abrangidos por outro sistema de protecção social à data do requerimento – ao valor mensal correspondente a três vezes o valor do IAS, salvo se o interessado fizer prova, através de declaração emitida pela entidade gestora do sistema de protecção social que o abrange, de qual o valor das remunerações auferidas nos últimos 12 meses anteriores ao do requerimento, caso em que será a média desta a considerada.

Taxa contributiva

Conforme âmbito material de protecção:

– 26,9% – na invalidez, velhice e morte;
– 22,7% – na velhice e morte.

3. Outras situações facultativas

1) Trabalhadores independentes[5]

– enquadramento facultativo – com rendimentos iguais ou inferiores a 6 vezes o IAS; e
– antecipação voluntária do enquadramento obrigatório – nos primeiros 12 meses na situação de 1º enquadramento.

---

[5] V. Taxas e base de incidência no regime dos independentes.

2) Membros de igrejas, associações ou confissões religiosas com actividade principal não religiosa.[6]

3) Bonificação de períodos contributivos (bombeiros)

Taxa de 4% sobre o IAS.

4) Pilotos de aeronaves – bonificação adicional da carreira contributiva – 26,9% sobre a base de incidência. (V. Pensão de velhice)

---

[6] V. Âmbito, taxas e base de incidência no regime dos membros de igrejas, associações ou confissões religiosas.

Parte III
Prestações da Segurança Social

Título I
Prestações da Segurança Social – Caracterização

1. Noção
A expressão prestação pode ser entendida como prestação directa – "pagamento de determinada quantia (prestação pecuniária) ou da realização de certos serviços (prestação em espécie) a que ficam vinculadas as instituições seguradoras devido à verificação de eventos que os seguros se destinam a cobrir" (Sérvulo Correia) ou como aligeiramento das imposições fiscais por razões sociais (prestação indirecta).[1]

2. Caracterização
Conforme a vertente sob a qual estejam a ser referenciadas as prestações sociais doutrinariamente[2] admitem as seguintes variáveis:

Quanto à natureza jurídica

i) – prestações de atribuição vinculada (ou dos regimes) – atribuídas no exercício do poder vinculado da Administração – próprias do quadro de seguro – geram direitos subjectivos;
   – prestações de atribuição discricionária (ou de acção social) – atribuídas no exercício do poder discricionário – não há direito subjectivo.

ii) – prestações típicas – próprias do seguro e do risco – as prestações são objecto de enumeração legal e de rígida disciplina normativa;

---

[1] No sentido comum – cada uma das parcelas em que se divide a obrigação pecuniária; e na acepção civilista – conduta a que o devedor está obrigado, ou seja, o comportamento devido.
[2] A sistematização legal dos sistemas em previdencial e de cidadania a que se podem fazer corresponder as respectivas prestações obedece a critérios financeiros e orçamentais.

- prestações atípicas – próprias da acção social e da necessidade social – as regras prévias ou enumeração de prestações não limitam outras atribuições – exige-se que a prestação seja adequada à necessidade.
iii) - prestações comutativas – são sinalagmáticas: correspondem à contrapartida de carreiras contributivas próprias, sendo-lhes em regra proporcionais;
- prestações de solidariedade – não há qualquer relação com carreira contributiva anterior.

Quanto à função

- prestações indemnizatórias ou compensatórias – visam a reposição (parcial ou total) dos rendimentos perdidos pela verificação de factos previamente previstos;
- prestações sem natureza indemnizatória – a sua atribuição é quantificada em função da necessidade efectivamente verificada.

Conforme têm ou não designação própria

- prestações nominadas – com designação específica (regra no seguro social);
- prestações inominadas – sem designação autónoma (algumas prestações da acção social).

Quanto ao esforço contributivo

- prestações contributivas – prestações dos regimes dependentes de uma situação contributiva anterior (prazo de garantia) e proporcionais a um valor declarado (remuneração de referência) ou/e à dimensão da carreira contributiva (velhice, invalidez, subsídio de desemprego majorado) dependem do pagamento prévio de contribuições;
- prestações não contributivas – prestações dos regimes para cuja atribuição se não instituem condições relativas à situação jurídico-laboral ou ao passado contributivo do destinatário.

Quanto à intervenção de mecanismos fiscais

- prestações directas – não há intervenção fiscal – atribuição por instituição seguradora;
- prestações indirectas – aligeiramento do imposto (benefícios fiscais).

Quanto à adequação financeira do plano (de prestações e de contribuições)

- (plano de) prestações definidas ou de benefício definido e de contribuição variável – em situação de reajustamento de valores, alteram-se as contribuições mas não as prestações – o risco corre pelo contribuinte;
- (plano de) contribuição definida e prestações de benefício variável – em situação de reajustamento de valores, alteram-se as prestações mas não as contribuições – o risco corre pelo beneficiário.

Quanto aos destinatários

- prestações próprias, originárias ou primárias – o titular da prestação é o próprio beneficiário;
- prestações derivadas – o titular da prestação é terceiro ao qual a lei atribui tal direito (vg: prestações atribuídas por morte do beneficiário).

Quanto às consequências da verificação do evento previsto

- prestações substitutivas do rendimento – a quebra ou redução do rendimento primário gera o rendimento secundário de sentido contrário;
- prestações compensatórias de encargos – causadas pelo aumento de despesas no agregado familiar.

Quanto ao objecto

- prestações pecuniárias (regra nos seguros);
- prestações em espécie – prestações em serviços ou equipamentos (regra na acção social).

Quanto aos objectivos

- prestações substitutivas de remuneração perdida (subsídios de doença, pensões de invalidez e de velhice...);
- prestações compensatórias de encargos (vg: abono de família...);
- prestações de garantia de rendimento mínimo (vg: prestações diferenciais).

Quanto às causas e à natureza do risco social (prestações substitutivas de rendimentos)

- prestações imediatas – o risco não se agrava substancialmente com o tempo (doença);
- prestações diferidas – o risco agrava-se com o decurso do tempo (invalidez, velhice e morte).

Quanto à relevância da intervenção da vontade

- prestações oficiosas ou automáticas – atribuídas sem intervenção do interessado (pensão provisória de invalidez, abono de família);
- requeridas – dependem da manifestação da vontade do interessado (regra).

Quanto à determinação dos montantes

- prestações fixas – de montante constante para todas as situações (universais);
- de montante modulado por escalões;
- prestações variáveis – proporcionais (ao rendimento perdido);
- diferenciais – entre valores de referência e o rendimento do agregado.

Quanto à periodicidade do pagamento

- prestações de atribuição única – são pagas de uma só vez (subsídio por morte e de funeral, subsídio de desemprego por criação do próprio emprego);
- prestações continuadas, de atribuição continuada ou periódicas (regra: mensais).

Quanto à duração (prestações continuadas)

- prestações vitalícias – atribuída enquanto o titular viver (pensão de velhice);
- prestações de duração determinada (em dias, meses) (regra nas prestações imediatas).

Quanto aos efeitos na relação jurídica de trabalho (trabalhadores por conta de outrem)

- prestações suspensivas – impedimentos superiores a 30 dias suspendem a relação de trabalho[3] (doença, doença profissional...);
- prestações extintivas – provocam a caducidade da relação de trabalho[4] (pensão de invalidez definitiva, pensão de velhice).

---

[3] Nº 1 do art. 296º do Código do Trabalho.
[4] Nº 4 do art. 296º, art. 343º e nº 3 do art. 348º do Código do Trabalho.

Título II
Prestações de Atribuição Vinculada em Geral[1]

Prestações de atribuição vinculada são prestações tipificadas na lei, quer quanto à enumeração, quer quanto a todos os elementos da sua atribuição (condições de atribuição...), constituindo-se na esfera jurídica dos destinatários como direitos subjectivos.

Têm designação de vária ordem, como pensões, subsídios, abonos, complementos.

1. Pressupostos das prestações[2]
Da eventualidade

Parte-se do risco e da eventualidade que lhe corresponde como denominador comum dos diferentes seguros sociais para a prestação ressarcitória dos danos correspondentes[3]:

- Risco – probabilidade de verificação de facto futuro, incerto e involuntário susceptível de produzir um dano de avaliação económica para o assegurado;
- Evento-acontecimento (causa) – verificação do facto previsto;
- Dano/consequência – desequilíbrio económico desfavorável na esfera patrimonial do segurado.

---

[1] Adoptou-se a classificação em função da natureza jurídica, ou seja, prestações de atribuição vinculada, gerando direitos subjectivos ou de atribuição discricionária em função do estado de necessidade do destinatário e dentro das primeiras separando as substitutivas de rendimento de trabalho (previdência) e as não substitutivas de rendimento de trabalho (prestações familiares e não contributivas).
[2] Caracterizam a eventualidade ou o facto determinante da protecção.
[3] Ver perspectiva de Almansa Pastor descrita na Introdução.

Em termos de ordem prática, trata-se da verificação dos elementos que caracterizam a eventualidade em causa para que a atribuição da prestação possa ter lugar:

- de ordem substantiva – ocorrência do facto determinante da protecção[4];
- de ordem adjectiva – verificação formal do facto determinante da protecção;
- de ordem patrimonial – existência do prejuízo: a perda ou redução do rendimento de trabalho.

2. Condições de atribuição do direito às prestações e do pagamento[5]

Quanto ao beneficiário

Uma vez verificada a ocorrência do facto determinante cuja responsabilidade tenha sido transferida para a segurança social ou por esta assumida, para que a prestação que lhe corresponde seja atribuída é necessário que o beneficiário ou o destinatário preencha as condições que determinam o acesso à mesma.

Existem, por vezes, condições legais específicas que, não impedindo a atribuição do direito, condicionam o seu pagamento (caso da situação contributiva regularizada e do período de espera).

Assim, conforme as prestações, pode o beneficiário ter que satisfazer um ou vários dos seguintes requisitos:

a. Prazo ou período de garantia[6]

Períodos de registo de remunerações ou com entrada de contribuições relevantes ou, residualmente, períodos de exercício de actividade:

- 6 meses civis com registo de remunerações – subsídio de doença, subsídios no âmbito da maternidade, paternidade e adopção;
- 180 dias com registo de remunerações, no período de 12 meses imediatamente anteriores ao desemprego – subsídio social de desemprego;
- 360 dias[7] com registo de remunerações, no período de 24 meses imediatamente anteriores à data do desemprego – subsídio de desemprego;
- 720 dias de exercício de actividade independente, no período de 48 meses imediatamente anteriores à data da cessação involuntária do contrato de prestação de serviço – subsídio por cessação de actividade;

---

[4] Facto determinante da atribuição da prestação – ocorrência que, contida na eventualidade (V.) tipicamente prevista no âmbito material de uma prestação, habilita o beneficiário, ou o seu representante legal, a desencadear os mecanismos de atribuição dessa prestação.
[5] Caracterizam o beneficiário e/ou o destinatário de prestações.
[6] Próprio das prestações substitutivas de remuneração.
[7] 450 dias até Junho de 2012.

PRESTAÇÕES DE ATRIBUIÇÃO VINCULADA EM GERAL

- 36 meses de contribuições – pensão de sobrevivência e subsídio por morte (seguro social voluntário);
- 3 anos civis com registo de remunerações[8] – pensão de invalidez absoluta;
- 5 anos civis com registo de remunerações[9] – pensão de invalidez relativa;
- 72 meses de contribuições – pensão de invalidez (seguro social voluntário) e pensão de sobrevivência (seguro social voluntário);
- 10 anos de actividade e últimos 5 com registo de remunerações – subsídio de reconversão profissional;
- 15 anos civis com registo de remunerações[10] – pensão de velhice;
- 144 meses de contribuições – pensão de velhice (seguro social voluntário).

b. Índice de profissionalidade[11] (subsídio de doença)
Relação de trabalho efectivamente prestado com registo de remunerações num período próximo anterior à verificação do evento:

- 12 dias no decurso dos 4 meses imediatamente anteriores ao do começo do mês que antecede o da data do início da incapacidade – subsídio de doença (geral);
- 120 horas no decurso dos 120 dias imediatamente anteriores ao do começo do mês que antecede o da data do início da incapacidade – subsídio de doença para trabalhadores do serviço doméstico.

c. Situação contributiva regularizada
Até ao termo do 3º mês anterior ao do evento – trabalhadores independentes e do seguro social voluntário (embarcados e bolseiros de investigação).

d. Prazo ou período de espera (subsídio de doença)[12]
Prazo inicial durante o qual a prestação não é paga, embora estejam preenchidos todos os requisitos de atribuição:

- 3 dias – subsídio de doença em geral;
- 30 dias – subsídio de doença para trabalhadores independentes e beneficiários do seguro social voluntário (embarcados e bolseiros de investigação).

---

[8] Com densidade contributiva: 120 dias com registo de remunerações por ano (desde Jan 1994).
[9] V. nota anterior.
[10] V. nota anterior.
[11] Só trabalhadores por conta de outrem e equiparados. Não se aplica a trabalhadores independentes, embarcados e a bolseiros.
[12] Não há prazo de espera nas situações de tuberculose, de internamento do beneficiário ou cirurgia de ambulatório ou em que a incapacidade tenha início no decurso do período de atribuição do subsídio de maternidade e ultrapasse o termo desse período.

e. Condição de recursos[13] (regime geral)

Limite de rendimentos[14] e de valor dos bens (o valor do património mobiliário não pode ser superior a 240 vezes o valor do indexante dos apoios sociais[15]) de quem pretende obter uma prestação de segurança social ou apoio social, bem como do seu agregado familiar[16], até ao qual a lei condiciona a possibilidade da sua atribuição[17].

Composição do agregado familiar[18]

Para além do requerente, integram o respectivo agregado familiar as seguintes pessoas que com ele vivam em economia comum[19]:

- cônjuge ou membro de união de facto há mais de dois anos;
- parentes e afins[20] maiores, em linha recta e em linha colateral, até ao 3º grau;
- parentes e afins[21] menores em linha recta e em linha colateral;
- adoptantes, tutores e pessoas a quem o requerente esteja confiado por decisão judicial ou administrativa de entidades ou serviços legalmente competentes para o efeito;
- adoptados e tutelados pelo requerente ou qualquer dos elementos do agregado familiar e crianças e jovens confiados por decisão judicial ou administrativa de entidades ou serviços legalmente competentes para o efeito ao requerente ou a qualquer dos elementos do agregado familiar.

---

[13] Ou teste de meios.
[14] Rendimentos de referência – valores relevantes para a verificação da condição de recursos exigida para atribuição ou modulação de prestações (Vide infra).
[15] IAS: € 421,32 x 240 = € 101 116,80.
[16] À data do requerimento ou do pedido de apoio social.
[17] Comum às prestações não substitutivas de rendimento de trabalho.
Têm, porém, regras próprias: RSI, taxa moderadora (saúde), acção social escolar (educação), comparticipações familiares devidas pela utilização dos serviços e equipamentos sociais.
[18] A situação pessoal e familiar dos membros do agregado familiar relevante é aquela que se verificar à data em que deva ser efectuada a declaração da respectiva composição.
As pessoas não podem, simultaneamente, fazer parte de agregados familiares distintos, por referência ao mesmo titular do direito a prestações.
[19] Consideram-se em economia comum as pessoas que vivam em comunhão de mesa e habitação e tenham estabelecido entre si uma vivência comum de entreajuda e partilha de recursos.
A condição de vivência em comunhão de mesa e habitação pode ser dispensada por ausência temporária de um ou mais elementos do agregado familiar, por razões laborais, escolares, formação profissional ou por motivos de saúde.
[20] Considera-se equiparada a afinidade a relação familiar resultante de situação de união de facto há mais de dois anos.
[21] Ver nota anterior.

As crianças e jovens titulares do direito às prestações que estejam em situação de internamento em estabelecimentos de apoio social, públicos ou privados sem fins lucrativos, cujo funcionamento seja financiado pelo Estado ou por outras pessoas colectivas de direito público ou de direito privado e utilidade pública, bem como os internados em centros de acolhimento, centros tutelares educativos ou de detenção, são considerados pessoas isoladas.

Não são considerados como elementos do agregado familiar as pessoas que se encontrem em qualquer das seguintes situações:

- quando exista vínculo contratual entre as pessoas, designadamente sublocação e hospedagem que implique residência ou habitação comum;
- quando exista a obrigação de convivência por prestação de actividade laboral para com alguma das pessoas do agregado familiar;
- sempre que a economia comum esteja relacionada com a prossecução de finalidades transitórias;
- quando exista coacção física ou psicológica ou outra conduta atentatória da autodeterminação individual relativamente a alguma das pessoas inseridas no agregado familiar.

Rendimentos[22]

Rendimentos do requerente e dos elementos que integram o seu agregado familiar reportados ao ano civil anterior ao da data da apresentação do requerimento, considerados[23] nos termos da ponderação de cada elemento efectuada de acordo com a seguinte escala de equivalência:

Elementos do agregado familiar	Ponderação
Requerente	1
Por cada indivíduo maior	0,7
Por cada indivíduo menor	0,5

---

[22] *Lato sensu*, no sentido fiscal. Abrange rendimentos primários – remunerações (de trabalho, de capitais, prediais...) e secundários – prestações sociais (pensões, apoios sociais, bolsas...)
[23] Desde que os meios de prova se encontrem disponíveis, e, quando tal se não verifique, reportam-se ao ano imediatamente anterior àquele.
Sempre que as instituições gestoras das prestações e dos apoios sociais disponham de rendimentos actualizados mais recentes, esses rendimentos podem ser tidos em conta para a determinação da condição de recursos.
Para efeitos de atribuição e manutenção de cada prestação ou apoio social, o respectivo valor não é contabilizado como rendimento relevante para a verificação da condição de recursos.

São os seguintes:

- de trabalho dependente – rendimentos anuais ilíquidos como tal considerados em termos fiscais[24];
- empresariais e profissionais – rendimento anual no domínio das actividades dos trabalhadores independentes[25], a que se refere o respectivo regime de protecção social, apurados através da aplicação dos coeficientes de 20% ao valor das vendas de mercadorias e de produtos e 70% ao valor dos serviços prestados[26];
- de capitais[27] – designadamente os juros de depósitos bancários, dividendos de acções ou rendimentos de outros activos financeiros[28];
- prediais[29] – designadamente as rendas dos prédios rústicos, urbanos e mistos, pagas ou colocadas à disposição dos respectivos titulares, bem como as importâncias relativas à cedência do uso do prédio ou de parte dele e aos serviços relacionados com aquela cedência, a diferença auferida pelo sublocador entre a renda recebida do subarrendatário e a paga ao senhorio, à cedência do uso, total ou parcial, de bens imóveis e a cedência de uso de partes comuns de prédios[30];
- pensões – valor anual das pensões, do requerente ou dos elementos do seu agregado familiar, designadamente:
  - pensões de velhice, de invalidez, de sobrevivência, de aposentação, de reforma, ou outras de idêntica natureza;
  - rendas temporárias ou vitalícias[31];

---

[24] Art. 2º do Código do IRS.
[25] Art. 3º do Código do IRS.
[26] Nº 2 do art. 31º do Código do IRS.
[27] Rendimentos definidos no art. 5º do Código do IRS.
[28] Sempre que estes rendimentos sejam inferiores a 5% do valor dos créditos depositados em contas bancárias e de outros valores mobiliários, de que o requerente ou qualquer elemento do seu agregado familiar sejam titulares em 31 de Dezembro do ano relevante, considera-se como rendimento o montante resultante da aplicação daquela percentagem.
[29] Os rendimentos definidos no art. 8º do Código do IRS.
[30] Sempre que desses bens imóveis não resultem rendas, ou destas resulte um valor inferior ao determinado nos termos do presente número, deve ser considerado como rendimento o montante igual a 5% do valor mais elevado que conste da caderneta predial actualizada ou de certidão de teor matricial, emitida pelos serviços de finanças competentes, ou do documento que haja titulado a respectiva aquisição, reportado a 31 de Dezembro do ano relevante. Esta regra não se aplica ao imóvel destinado a habitação permanente do requerente e do respectivo agregado familiar, salvo se o seu valor patrimonial for superior a 600 vezes o valor do IAS (€ 421,32 x 600 = € 252 792), situação em que é considerado como rendimento o montante igual a 5% do valor que exceda aquele limite.
[31] V. Glossário.

- prestações a cargo de companhias de seguros ou de fundos de pensões;
- pensões de alimentos.[32]
- prestações sociais – prestações, subsídios ou apoios sociais atribuídos de forma continuada, com excepção das prestações por encargos familiares, encargos no domínio da deficiência e encargos no domínio da dependência do subsistema de protecção familiar;
- apoios à habitação – subsídios de residência, os subsídios de renda de casa e todos os apoios públicos no âmbito da habitação social[33], com carácter de regularidade, incluindo os relativos à renda social e à renda apoiada.

O montante do rendimento de referência para preenchimento da condição de recursos varia em função de cada prestação e consta do respectivo regime jurídico, sendo reportado:

- ao IAS[34]:
  - 30% do IAS (capitação do agregado) – prestações não substitutivas de rendimento de trabalho, salvo educação especial, pensão social e de viuvez;
  - 40% do IAS (isolado) prestações não substitutivas de rendimento de trabalho, salvo educação especial, pensão social e de viuvez;
  - 50% do IAS – pensão social (casal) e pensão de viuvez;
  - 80% do IAS – subsídio social de desemprego e subsídios sociais por parentalidade;
  - 1 IAS – prestação de alimentos;
  - 1,5 IAS (agregado) – prestações não substitutivas de rendimento de trabalho, salvo educação especial, pensão social e de viuvez;
- 1,5 x IAS x 14 (anual) – abono de família[35];

---

[32] São equiparados a pensões de alimentos, os apoios no âmbito do Fundo de Garantia de Alimentos Devidos a Menores e outros de natureza análoga.

[33] Considera-se que o valor do apoio público no âmbito da habitação social corresponde ao valor máximo em vigor do subsídio de renda, previsto na Lei nº 46/85, de 20 de Setembro, no montante de € 46,36, actualizado anualmente nos termos da actualização do IAS.
Este valor é considerado para apuramento do rendimento do agregado familiar de forma escalonada de acordo com o ano de atribuição da prestação ou do apoio social, nos seguintes termos:
- um terço no 1º ano;
- dois terços no 2º ano;
- o valor total do apoio à habitação a partir do 3º ano.

[34] Indexante dos apoios sociais (IAS) – € 421,32 (2017).

[35] Nestas prestações acresce a modulação da prestação em função do rendimento.

- à RMMG
  - 1 RMMG – subsídio de reconversão profissional;
  - 1 RMMG – requerentes de comissões de recurso dos SVIPS[36];
- ao valor da prestação – complemento de pensão por cônjuge a cargo[37].

f. outras condições
Nomeadamente:

- idade – pensão de velhice, prestações familiares...
- situação familiar – subsídio no âmbito da protecção na maternidade, paternidade e adopção, abono de família, subsídio por morte...
- situação laboral ou profissional – subsídio de desemprego...
- de natureza escolar – prestações familiares...
- encargos específicos – subsídio de educação especial;
- duração de uma situação – um ano de casamento relativo à pensão de sobrevivência e subsídio por morte;
- situação de residente – abono de família.

3. Requerimento das prestações

As prestações que não são de atribuição oficiosa[38] devem ser requeridas[39]. Quando a lei estabelecer prazos para requerer, o não exercício deste direito nesse prazo determina a caducidade da prestação.

Prazos para requerer:

- 90 dias seguidos a contar da data do facto determinante – subsídios por cessação de actividade e de desemprego;
- 6 meses, a partir do mês seguinte àquele em que ocorreu o facto determinante – prestações familiares, subsídios no âmbito da maternidade, paternidade e adopção, subsídio por assistência de 3ª pessoa;
- 6 meses, contados de 1 de Janeiro do ano subsequente ou da data da cessação do contrato de trabalho, se for o caso – prestações compensatórias dos subsídios de férias e de Natal;

---

[36] Nº 2 do art. 23º do DL 360/97, 17/12.
[37] Pensões atribuídas até Dez. 93.
[38] São de atribuição oficiosa, nomeadamente: o subsídio de doença, o subsídio para assistência a filho e dos pensionistas de invalidez que atinjam a idade de reforma por velhice, abono de família na sequência do abono de família pré-natal.
[39] Mesmo que não haja suporte papel (caso do subsídio de desemprego).
Os beneficiários têm o dever de conservar os originais dos meios de prova, pelo prazo de cinco anos, bem como o dever de os apresentar sempre que solicitados pelos serviços competentes.

- 180 dias, a contar da data do falecimento do beneficiário – subsídio por morte.

4. Consequências jurídico-laborais da atribuição das prestações (prestações substitutivas do rendimento do trabalho)

- suspensão do contrato de trabalho[40] – impedimentos temporários para o trabalho de que resultem faltas justificadas superiores a 30 dias – (subsídio de doença, prestações por parentalidade, prestações por acidente de trabalho ou doença profissional...; ou
- caducidade do contrato de trabalho[41] – impedimentos definitivos para o trabalho (pensão de invalidez definitiva e pensão de velhice).

5. Montante das prestações

a. Determinação[42]

O montante (diário ou mensal[43]) das prestações pode ser:

1) fixo
corresponde a um valor fixado por lei e actualizado, em regra, anualmente
– prestações familiares (valores modulados por rendimentos e por idade), prestações não substitutivas de rendimento de trabalho[44] e não contributivas (às quais acresce oficiosamente um complemento extraordinário de solidariedade);
- pensões do regime especial de segurança social das actividades agrícolas – € 244;
- pensões do regime não contributivo e pensões do regime transitório dos trabalhadores agrícolas e de outros regimes equiparados a regimes não contributivos – € 203,35;
- subsídio por morte – 3 IAS.

---

[40] Nº 1 do art. 296º do Código do Trabalho (CT).
[41] Nº 4 do art. 296º e art. 343º do CT.
Se permanecer ao serviço, decorridos 30 dias após a reforma, o contrato de trabalho converte-se em contrato a termo – art. 348º do CT.
Quando o trabalhador atingir os 70 anos sem requerer a pensão de reforma por velhice, o contrato de trabalho converte-se em contrato a termo.
[42] Há a considerar as majorações e a taxa de contribuição sobre as prestações (doença e desemprego).
[43] Em 14 prestações por ano, excepto: RSI e complemento solidário para idosos (12 prestações/ano).
[44] Ver quadro próprio nos "Quadros-síntese" em Anexo.

2) variável
resulta:
- da diferença entre o valor de referência e os rendimentos – prestações diferenciais (vg: rendimento social de inserção, complemento solidário para idosos); ou
- do cálculo da prestação – as prestações calculam-se pela aplicação de uma percentagem, a designada *taxa de substituição* que pode ser:
  a) fixa – algumas prestações imediatas;
  b) variável em função:
- do período de atribuição ou das pessoas a cargo – prestações imediatas;
- da carreira contributiva (multiplicada pela taxa anual de formação de pensão) – prestações diferidas;
  sobre:
  • uma *remuneração de referência*, constituída por um valor médio das remunerações registadas e, para as prestações diferidas[45], revalorizadas, num determinado período – prestações originárias (a beneficiários) assim:
  - 55% da média de 6 meses (6 primeiros dos 8 últimos)
    subsídio de doença (até 30 dias)[46-47];
  - 60% da média de 6 meses (6 primeiros dos 8 últimos)
    subsídio de doença (31 a 90 dias);[48]
  - 60% da importância que o beneficiário deixa de receber do empregador
    prestações compensatórias de subsídio de férias e de Natal nas situações de doença;
  - 65% da média de 6 meses (6 primeiros dos 8 últimos):
    subsídio para assistência a filho;
  - 65% da média de 12 meses (12 primeiros dos 14 últimos):
    subsídio por cessação de actividade;
    subsídio de desemprego;
  - 70% da média de 6 meses (6 primeiros dos oito últimos):
    subsídio de doença (91 a 365 dias);
  - 75% da média de 6 meses – subsídio de doença (mais de 365 dias);
  - 80% da média de 6 meses (6 primeiros dos 8 últimos):
    subsídios parental e por adopção (150 dias);

---

[45] Pensões de invalidez e velhice e subsídio por morte de pensionista, nos termos de portaria própria. V. Pensão de velhice.
[46] Nunca inferior a 30% da RMMG.
[47] Com majoração de 5% em situação de carência.
[48] Com majoração de 5% em situação de carência.

PRESTAÇÕES DE ATRIBUIÇÃO VINCULADA EM GERAL

  subsídio de tuberculose (até 2 pessoas a cargo);
- 80% da importância que o beneficiário deixa de receber do empregador
  prestações compensatórias de subsídio de férias e de Natal nas situações de maternidade paternidade e adopção;
- 100% da média de 6 meses (6 primeiros dos 8 últimos):
  subsídios parental e por adopção (120 dias);
  subsídio de tuberculose (3 ou mais pessoas a cargo);
- 2% a 2,3% por ano (entre 30% e 80%) da média do período de referência:
  pensões de invalidez e velhice.
- a pensão a que o beneficiário teria direito – prestações derivadas (para dependentes dos beneficiários):
  - 20% – pensão de sobrevivência e orfandade (1 filho com cônjuge);
  - 30% – pensão de sobrevivência ou orfandade (2 filhos com cônjuge ou 1 outro parente);
  - 40% – pensão de sobrevivência ou orfandade (3 filhos ou mais com cônjuge ou 1 filho sem cônjuge);
  - 50% – pensão de sobrevivência e orfandade (2 outros parentes);
  - 60% – pensão de sobrevivência e viuvez (cônjuge ou ex-cônjuge);
  - 60% – pensão de sobrevivência e orfandade (2 filhos sem cônjuge);
  - 70% – pensão de sobrevivência e orfandade (mais que um cônjuge ou ex-cônjuge);
  - 80% – pensão de sobrevivência ou orfandade (3 filhos ou mais sem cônjuge ou 3 ou mais outros parentes).

b. Valor limite máximo das prestações (*plafond*)
Limite pecuniário máximo das prestações, não sendo pagos valores superiores a esse montante:

- pensões de invalidez e velhice: 12 IAS[49-50];
- reembolso das despesas de funeral: 3 IAS;
- subsídio para assistência a filho com deficiência ou doença crónica prestações e correspondentes prestações compensatórias de subsídio de férias e de Natal: 2 IAS[51];
- subsídios por cessação de actividade e de desemprego: 2,5 IAS[52];

---

[49] IAS: € 421,32 (2017).
[50] Nos termos do art. 101º do DL 187/2007, de 17 de Maio.
[51] Arts. 36º e 37º-A do DL 91/2009, de 19 de Abril.
[52] Art. 21º do DL 220/2006, de 3 de Novembro.

- subsídio de doença: valor líquido da remuneração de referência[53];
- subsídio de reconversão profissional – 12 IAS[54].

c. Valor limite mínimo das prestações (*plancher*)

Limite pecuniário mínimo das prestações, não sendo, em regra, pagos valores inferiores a esse limite:

Pensões de invalidez e velhice (regime geral):

Número de anos civis	Valor
inferior a 15	€ 264,32[55]
de 15 a 20	€ 277,27
de 21 a 30	€ 305,96
superior a 30	€ 388,46

– Em percentagem do IAS:[56]
Subsídio de desemprego – 100% (1 IAS);
Subsídio de parentalidade – 80%[57];
– Em percentagem da RMMG[58]
Subsídio de doença – 30%.

d. Acumulação das prestações

As prestações emergentes da mesma eventualidade ou de eventualidades que protejam os mesmos interesses, em regra não são acumuláveis.

Relativamente às prestações substitutivas de salário dada a sua natureza indemnizatória, o valor da indemnização (da prestação) não pode ser superior ao prejuízo (perda de remuneração) assim se evitando o locupletamento à custa alheia (enriquecimento sem causa).

Não acumuláveis nomeadamente[59]:

– prestações familiares que concorram no mesmo agregado;

---

[53] Art. 19º do DL 28/2004, de 4 de Janeiro.
[54] Art. 21º-B nº 2 da Lei nº 4/2008, de 7 de Fevereiro.
[55] Evolução:

2010/2011	2012	2013	2014	2015	2016	2017
€ 246,36	€ 254,20	€ 256,79	€ 259,36	€ 261,95	€ 263	264,32

[56] IAS: € 421,32 (2017).
[57] 40% no parental alargado.
[58] € 557 (2017)
[59] Para além das pensões que têm regime próprio. V. regime em cada uma das prestações.

- subsídio de desemprego com outras prestações substitutivas de rendimento de trabalho;
- subsídio de doença com outras prestações substitutivas de rendimento de trabalho;
- subsídios de parentalidade (no âmbito da maternidade, paternidade e adopção) com outras prestações substitutivas de rendimento de trabalho, salvo com indemnização por acidente de trabalho, ou doença profissional (parcial) ou pensão de invalidez, subsídio de rendimento social de inserção e complemento solidário para idosos.

6. Actualização das prestações
As prestações de montantes fixos podem ser actualizadas por indexação aos índices de inflação, com o objectivo da reposição do seu valor real.

7. Período de atribuição das prestações (duração)
As prestações continuadas[60] quanto aos períodos de atribuição podem ser:

a. Com termo incerto – *incertus quando* – de duração indeterminada, nomeadamente:
- complemento por dependência;
- complemento de pensão por cônjuge a cargo;
- pensão de invalidez (até à revalidação ou à idade da reforma por velhice);
- pensão de sobrevivência – orfandade e viuvez;
- pensão social – de invalidez e velhice;
- pensão de velhice (vitalícia);
- subsídio por assistência de 3ª pessoa;
- subsídio de doença (até à alta ou até atingir 1095 dias);[61]
- subsídio mensal vitalício;
- subsídio de tuberculose;

b. Com termo certo – *certus quando* – de duração pré-determinada – prazo certo (com número de dias ou meses fixos), nomeadamente:
- subsídio por adopção;
- subsídio para assistência a filho;
- subsídio para assistência a filho com deficiência ou doença crónica;
- subsídio para assistência a neto;

---

[60] Processadas e pagas, em regra, mensalmente, por contraposição às prestações únicas, cujo valor é processado e pago de uma só vez – subsídio de funeral e subsídio por morte.
[61] Ou 365 dias se for trabalhador independente ou do regime do seguro social voluntário (embarcados, bolseiros de investigação científica ou praticantes desportivos de alto rendimento).

- subsídios por cessação de actividade e de desemprego[62];
- subsídio parental;
- subsídio de reconversão profissional[63].

8. Entidades gestoras das prestações

Instituições que garantem a gestão administrativa das prestações[64] (continente[65]):

Em geral

- diferidas[66] – Instituto da Segurança Social, IP (ISS,IP), através do Centro Nacional de Pensões (CNP);
- imediatas, por doenças profissionais, familiares e não contributivas – ISS, IP através dos centros distritais da residência dos beneficiários;
- por acidente de trabalho – seguradoras[67];
- com elementos de estraneidade[68] – as mesmas instituições que gerem as prestações nacionais (instituições competentes).

Relativamente a trabalhadores que exercem funções públicas abrangidos pelo regime de protecção social convergente (RPSC):

- imediatas e acidentes de trabalho – entidades empregadoras da Administração Pública;
- diferidas (invalidez, velhice, morte e prestações de doenças profissionais por incapacidade permanente e morte) – Caixa Geral de Aposentações.

9. Garantias das prestações

As prestações pecuniárias de segurança social são intransmissíveis, não podendo ser cedidas a terceiros.

---

[62] Pode ser atribuído de uma só vez.
[63] Pode ser atribuído de uma só vez.
[64] Para a gestão financeira – Instituto de Gestão Financeira da Segurança Social, IP e Instituto de Gestão de Fundos de Capitalização da Segurança Social, IP.
[65] Na Região Autónoma dos Açores – Instituto da Segurança Social dos Açores (ISSA);
Na Região Autónoma da Madeira – Instituto de Segurança Social da Madeira (ISSM).
[66] E prestações familiares conexas com pensões (complemento por dependência, por exemplo).
[67] Para trabalhadores que exercem funções públicas não há transferência de risco pelas entidades empregadoras.
[68] Prestações que resultam da coordenação de regimes pelo facto de o beneficiário ter estado abrangido por regimes jurídicos de vários Estados-membros da UE ou no âmbito de convenções bilaterais ou multilaterais.

Quanto ao regime de penhora:[69]

- regra: 2/3 do valor líquido[70] das prestações de qualquer natureza que assegurem a subsistência do executado é impenhorável;
- excepção: pode o juiz, a requerimento do executado, isentá-lo da penhora (impenhorabilidade total) por período não superior a um ano ou reduzir a parte penhorável dos rendimentos por período que considere razoável, face às necessidades do executado e seu agregado familiar;
- quando o executado não tenha outro rendimento são impenhoráveis as prestações de seguro social até ao montante equivalente à RMMG[71]; e se o crédito for de alimentos, até ao montante do valor da pensão social[72].

Limites máximos da penhorabilidade: montante equivalente a 3 salários mínimos nacionais (RMMG) à data de cada apreensão.

Por outro lado, as prestações de seguro social substitutivas de rendimento de trabalho não podem ser suprimidas com a alegação do potencial recurso a mecanismos assistenciais sucedâneos[73].

10. Regime fiscal das prestações
Estão sujeitos a tributação em IRS:

- pensões superiores ao valor da dedução legal[74] (rendimentos da categoria H – arts. 11º e 53º do CIRS)[75].

---

[69] Art. 738º do CPC. Conforme jurisprudência do Tribunal Constitucional são penhoráveis as prestações que excedam o mínimo adequado e necessário a uma sobrevivência condigna.
Para definir o "mínimo adequado e necessário a uma sobrevivência condigna" como limite à penhora V. Acórdãos do TC nºs 349/91 e 411/93.
Quanto à fixação do limite em 1 RMMG V. Ac TC 318/99 e 177/2002.
[70] Valor das prestações deduzidos os descontos legalmente obrigatórios.
[71] € 557 (2017 – continente). Ver valores da RMMG anteriores em "Quadros-síntese – Elementos de referência".
Estão abaixo deste valor prestações como: pensões mínimas e não substitutivas de rendimento de trabalho (RSI...), abonos de família, pensão de alimentos e subsídios por morte.
[72] Ver montante em "Quadros-síntese".
[73] No caso, tratava-se da perda de 4 anos de pensão por sanção disciplinar – Acórdão do TC 858/2014.
[74] Valor anual igual ou superior a € 4104.
[75] "Artigo 11º (Rendimentos da Categoria H)
1 – Consideram-se pensões:
a) As prestações devidas a título de pensões de aposentação ou de reforma, velhice, invalidez ou sobrevivência, bem como outras de idêntica natureza, incluindo os rendimentos auferidos após a

Não estão sujeitos a tributação em IRS:

- subsídio de doença;
- prestações por parentalidade;
- subsídio de desemprego;
- prestações familiares (abono de família; subsídio de educação especial, subsídio de funeral, subsídio por morte...)
- prestações não contributivas (RSI, pensão social, pensão de viuvez, pensão de orfandade...);
- prestações com natureza assistencial (nº 4 do art. 12º do CIRS);
- pensões de preço de sangue (Ac TC 308/01).

11. Suspensão do pagamento das prestações

Situações que determinam o não pagamento do subsídio em causa.

- suspensão temporária – enquanto é paga outra prestação (vg: suspensão do subsídio de desemprego enquanto se pagam prestações no âmbito da maternidade, paternidade e adopção);
- suspensão provisória – enquanto não é feita prova de situação que determina o pagamento (vg: suspensão do subsídio de doença de beneficiário não encontrado em casa).

12. Cessação do direito às prestações

O direito à prestação cessa sempre que deixem de se verificar os pressupostos, condições ou requisitos de atribuição ou sempre que se verifiquem outras situações a que expressamente a lei atribui, genericamente tal efeito (vg: a prescrição).

13. Reembolso das prestações

Os subsídios e as pensões por que a segurança social assegura provisoriamente a protecção de beneficiários nas situações em que há terceiros respon-

---

extinção do contrato de trabalho, sempre que o titular seja colocado numa situação equivalente à de reforma, segundo o regime de segurança social que lhe seja aplicável, e ainda as pensões de alimentos;
b) As prestações a cargo de companhias de seguros, fundos de pensões, ou quaisquer outras entidades, devidas no âmbito de regimes complementares de segurança social em razão de contribuições da entidade patronal, e que não sejam consideradas rendimentos do trabalho dependente;
c) As pensões e subvenções não compreendidas nas alíneas anteriores;
d) As rendas temporárias ou vitalícias;
e) As indemnizações que visem compensar perdas de rendimentos desta categoria.
2 – A remição ou qualquer outra forma de antecipação de disponibilidade dos rendimentos previstos no número anterior não lhes modifica a natureza de pensões."

sáveis devem ser objecto de pedido de reembolso por parte das instituições de segurança social, deduzido nos prazos de contestação após citação para tal, nas acções cíveis em que sejam formulados pedidos de indemnização de perdas e danos por acidentes de trabalho ou actos de terceiros (ou nas acções penais por actos) que tenham determinado incapacidades para o exercício de actividade profissional ou morte.

14. Restituição das prestações

Prestações indevidas

O recebimento indevido de prestações dá lugar à obrigação de restituir o respectivo valor[76].

São prestações indevidas as concedidas sem observância das disposições legais em vigor, designadamente:

- sem observância das condições determinantes da sua atribuição[77];
- em valor superior ao que resulta das regras de cálculo legalmente estabelecidas e na medida do excesso;
- nas prestações continuadas, após a cessação das respectivas condições de manutenção ou por atingir o termo certo[78] (caducidade);
- recebida por terceiro sem legitimidade.

Exigibilidade

São exigíveis:

- prestações atribuídas há menos de um ano[79] – acto de atribuição revogável;
- prestações atribuídas há mais de um ano cujo pagamento resulte de:
  - erro de cálculo ou escrita ostensivo ou evidente[80];
  - falta de informação legalmente exigida devida pelo beneficiário;
  - actuação criminosa ou fraudulenta do beneficiário.

---

[76] Não há lugar a juros de mora.
[77] Ainda que a comprovação da inobservância legal resulte da decisão judicial posterior.
[78] O pagamento indevido de prestações depois de esgotado o período da sua concessão, quando imputável à instituição não obriga a reposição dos valores indevidamente recebidos.
[79] Ou, se tiver sido interposta acção administrativa especial, a revogação só tem lugar até ao termo do prazo de resposta da entidade recorrida.
[80] Considera-se ostensivo ou evidente o erro que seja apreensível ou cognoscível por qualquer pessoa de mediana preparação.

Não são exigíveis as prestações atribuídas há mais de um ano que não resultem destas causas, devendo porém cessar os pagamentos continuados logo que detectada a ilegalidade.

As prestações atribuídas há mais de 5 anos consideram-se extintas por prescrição.

São solidariamente responsáveis aqueles a quem as prestações foram indevidamente pagas e os que para tal tenham contribuído.

Efectivação da restituição

A restituição pode ser sucessivamente (pela ordem indicada) objecto de:
- *restituição directa* – efectuada no prazo de 30 dias a contar da interpelação do devedor, podendo este requerer a restituição parcelada até 120 meses[81];
- *compensação* com prestações a que o devedor tenha direito (na falta de restituição directa[82];[83]) pel<o total dos valores das prestações. Porém:
  - com prestações substitutivas de rendimento de trabalho é garantido um montante mensal igual ao valor da pensão social ou igual ao valor do IAS se o devedor mediante requerimento fizer prova de não ser titular de outros bens ou rendimentos;
  - não há lugar a compensação com prestações destinadas a assegurar mínimos de subsistência em situação de carência económica (pensões sociais de invalidez e velhice, viuvez e orfandade, prestação de rendimento social de inserção) nem com complemento por cônjuge a cargo, complemento por dependência, bonificação por deficiência do abono de família e subsídio por assistência de 3ª pessoa;
- *compensação* de prestações recebidas por terceiros sem legitimidade com prestações a que estes venham a ter direito: quando as prestações indevidas resultem da falta de oportuno conhecimento do falecimento do beneficiário por parte da segurança social e tiverem sido recebidas pelos familiares com direito a subsídio por morte ou pensão de sobrevivência

---

[81] A falta de pagamento de uma prestação determina o imediato vencimento de todas as outras.
[82] Se o devedor se opuser e reclamar fundamentadamente o mecanismo da compensação fica suspenso e pendente da decisão sobre a mesma reclamação.
[83] No caso de morte deste, o eventual pagamento a terceiros de encargos com despesas de funeral do devedor (só se não houver lugar ao pagamento de subsídio por morte ou sobrevivência) apenas se fará após a dedução do valor em dívida e em função do quantitativo remanescente na medida em que estas prestações não podem ser usadas como compensação de dívidas de prestações do *de cujus*.

considera-se o respectivo valor como pagamento antecipado destas prestações;
- *regularização por encontro de contas* – se o pagamento indevido tiver sido feito a uma instituição particular de solidariedade social ou a famílias de acolhimento deve ser deduzido no montante global das prestações que lhes são pagas (em virtude de terem a seu cargo titulares de prestações de segurança social);
- *cobrança coerciva* (judicial) – promovida pelas instituições se a compensação não assegurar o reembolso[84].

Prescrição da restituição

O direito à restituição prescreve no prazo de 5 anos a contar da data da interpelação para restituir.[85]

15. Prescrição das prestações

O direito às prestações vencidas prescreve a favor das instituições gestoras devedoras em geral no prazo de 5 anos contados do dia 1 do mês seguinte àquele em que são postas a pagamento com conhecimento do credor.

Cada uma das prestações continuadas prescreve passados 5 anos sobre o respectivo vencimento no último dia do prazo de pagamento.

---

[84] V. Execução de dívidas em "Garantias e Contencioso".
Se o valor em dívida não ultrapassar o valor da pensão mínima do regime geral podem as instituições não proceder judicialmente.
[85] Tratando-se de créditos da segurança social, tal como definidos no art. 2º do DL 42/2001, 09.02, aplica-se o regime geral dos créditos da segurança social (*V. pág. 583*), apesar do art. 13º do DL 133/88, 20.04.

Título III
Prestações da Segurança Social de Atribuição Vinculada em Especial

1. Âmbito material

O regime previdencial (regime contributivo e obrigatório) abrange a protecção social nas situações que afectam negativamente o rendimento do beneficiário, designadamente:[1]

- incapacidade patológica (de causas profissionais ou não)
  - temporária (doença natural, profissional, directa...);
  - permanente (invalidez relativa ou absoluta);
- incapacidade fisiológica – idade avançada;
- licenças por parentalidade[2];
- encargos familiares resultantes de dependência física ou económica, deficiência ou morte;
- de causas económicas – falhas no mercado de trabalho.

Situam-se fora do âmbito material do seguro social em termos orgânicos:

- cuidados de saúde – assistência médica e medicamentosa, assegurada pelo Sistema Nacional de Saúde;
- situações decorrentes de acidente de trabalho (objecto de seguro contratual).

---

[1] Para o sistema de solidariedade (regime não contributivo): encargos familiares, invalidez, velhice e morte.
As prestações de atribuição não vinculada (prestações de acção social) não fazem parte deste manual.
Veja-se a perspectiva institucional das intervenções de acção social na compilação "Estatuto das Instituições Particulares de Solidariedade Social – Anotado". 2ª edição, Ed. Almedina, 2015.
[2] Designação abreviada da eventualidade "Maternidade, paternidade e adopção".

Mais precisamente (usando a expressão da lei), fazem parte do campo de aplicação material do seguro social, designadamente[3] as seguintes eventualidades:[4]

- doença (prestação pecuniária[5]);
- maternidade[6], paternidade e adopção[7];
- doenças profissionais (prestações pecuniárias e em espécie);
- encargos familiares[8];
- desemprego;
- invalidez;
- velhice;
- morte.

A habitação[9] e a protecção jurídica, eventualidades autónomas, são objecto de prestações próprias financeiramente suportadas pelos Ministérios da tutela, respectivamente, da habitação e da justiça.

A dependência e a deficiência também devem ser consideradas eventualidades autónomas[10].

Os chamados *regimes reduzidos* não prevêem a totalidade das eventualidades (V. quadros junto).

Os regime de *âmbito material incompleto ou parcial*[11] (V. quadros junto) em grande parte das situações são completados por prestações da CGA.

Situam-se fora do sistema as prestações decorrentes, designadamente, dos seguintes institutos:

a) *Grupos excluídos do âmbito pessoal (c/ estruturas próprias)*[12]

---

[3] A lei prevê o alargamento ou a redução do elenco das eventualidades em função de determinadas situações e categorias de beneficiários (nº 2 do art. 52º da L 4/2007, 16.01, e nº 2 do art. 15º do DL 367/2007, 02.11). É o caso da protecção específica dos profissionais de espectáculos na reconversão profissional.
[4] Ver quadro de correspondência eventualidades/prestações (infra).
A eventualidade encargos familiares foi integrada, entretanto, no âmbito do sistema de solidariedade.
[5] As prestações em espécie estão a cargo do Sistema Nacional de Saúde.
[6] Da concepção ao termo da aleitação.
[7] Abreviadamente designada "parentalidade" pelo art. 33º do CT e pelo nº 3 do art. 19º do CRC.
[8] Integrado, entretanto, no âmbito do sistema de solidariedade.
[9] Existe no Fundo Especial de Segurança Social dos Profissionais de Seguros uma prestação residual neste domínio com a designação de subsídio de lar.
[10] Neste trabalho ainda sem autonomia e integradas nos encargos familiares.
[11] Muitos em regime ou grupo fechado (dentro do sistema).
[12] Prestações dos grupos com estruturas próprias já excluídos do âmbito pessoal dos regimes:
- advogados e solicitadores (gerido por caixa própria);

b) *Prestações sociais avulsas*
- acção social escolar (Educação);
- arrendamento apoiado para habitação (Habitação);
- assistência a migrantes (Administração Interna);
- compensação salarial dos profissionais da pesca (Agricultura e Pescas);
- seguro social penal (Justiça).

c) *Prestações geridas por privados (alguns com atribuição de valores compensatórios pelo Estado)*
- acção social institucional (IPSS);
- funeral social (empresas lutuosas);
- passe social (empresas de transportes rodoviários e fluviais);
- regimes profissionais complementares:
    - complementos acordados no âmbito dos IRCT;
    - planos de pensões – fundos de pensões, fundos de poupança-reforma, fundos de investimento (geridos por seguradoras e sociedades gestoras de fundos de pensões);
    - seguro mutualista (geridos por mútuas de seguros e associações mutualistas);
- subsídio social de mobilidade (empresas de transportes aéreos e marítimos);
- tarifa social (empresas distribuidoras de gás e electricidade).

d) *Sistema Nacional de saúde (SNS)*
- cuidados de saúde
- taxas moderadoras

e) *Seguros obrigatórios regulados pela Autoridade de Supervisão de Seguros e Fundos de Pensões (ASF) designadamente*[13]:
- acidentes de trabalho;
- seguro automóvel;
- seguro escolar;
- seguro desportivo;

(...)

- bancários – regime de segurança social substitutivo constante do IRCT vigente no sector bancário (grupo fechado); e
- regime de protecção social convergente gerido pela CGA (grupo fechado);

Outras: subvenções de incapacidade e das prestações excepcionais por recompensa de serviços prestados, geridas pelo Ministério das Finanças (prestações a ex-prisioneiros de guerra, de preço de sangue, por serviços excepcionais relevantes, por méritos excepcionais na defesa da liberdade e da democracia, por condecorações...)

[13] V. lista no site da ASF.

PRESTAÇÕES DA SEGURANÇA SOCIAL

Âmbito pessoal/Âmbito material (Eventualidades)
Sistema Previdencial

Âmbito pessoal	Doença	Parentalidade	Desemprego	Doenças prof.	Invalidez	Velhice	Morte
Trabalhadores em geral Trabalhadores em regime de trabalho intermitente Trabalhadores que exercem funções públicas em geral (1) Trabalhadores do serviço doméstico com trabalho mensal a tempo completo Trabalhadores de actividades agrícolas ou equiparados Trabalhadores em situação de pré-reforma c/ redução da prestação de trabalho Trabalhadores e proprietários das embarcações da pesca local e costeira, apanhadores de espécies marinhas e pescadores apeados Trabalhadores em regime de acumulação Membros dos órgãos estatutários (a)	•	•	•	•	•	•	•
Âmbito material reduzido — Trabalhadores no domicílio	•	•		•	•	•	•
Praticantes desportivos profissionais		•	•	•	•	•	•
Trabalhadores em regime de contrato de curta duração					•	•	•
Trabalhadores em situação de pré-reforma – c/ suspensão do contrato de trabalho					•	•	•
Pensionistas em actividade – pensionistas de invalidez		•		•	•	•	•
– pensionistas de velhice		•		•		•	•
Trabalhadores c/ 65 anos ou mais e carreira contributiva não inferior a 40 anos (trabalhadores idosos)	•	•			•		
Trabalhadores do serviço doméstico c/ trabalho horário ou diário	•	•		•	•	•	•
Membros das igrejas, associações e confissões religiosas – âmbito reduzido						•	•
– âmbito alargado (por opção)	•	•		•	•	•	•
Trabalhadores em funções públicas no âmbito do ensino português no estrangeiro (2)		•					
Trabalhadores independentes (b)	•	•	4	•	•	•	•

(1) Admitidos desde 1/01/2006. Os admitidos até 31/12/2005: regime especial de protecção social convergente (RPSC) com as especificidades da Administração Pública (prestações, organização e financiamento próprios). Doenças profissionais com diploma próprio – DL 503/99, 20/11 (art. 26º da L 4/2009, 29/01).
(2) Coordenadores, adjuntos e pessoal docente – nº 6 do art. 36º do DL 165/2006, 11/08 (versão do DL 165/2009, 28/07). Restantes eventualidades pela Administração Pública.
(4) Atribuído subsídio por cessação de actividade aos prestadores de serviços em entidades contratantes e aos empresários em nome individual.
(a) Com funções de gerência ou administração.
(b) Doença e parentalidade com especificidades.

Âmbito pessoal/Âmbito material (Eventualidades) (cont.)
Sistema Previdencial

Âmbito pessoal \ Âmbito material – Eventualidades	Doença	Parentalidade	Desemprego	Doenças prof.	Invalidez	Velhice	Morte
Grupos fechados (4) – Notários	•	•		•			
Serviço militar (7)				•			
Docentes (5) – ensino particular e cooperativo	•	•	•	•			
– ensino público básico e secundário (8)				•			
Trabalhadores do sector bancário – regime incompleto de âmbito reduzido (3)		•	•			•	
Oficiais de notariado	•	•	•	•			
Trabalhadores da PT – ex-CTT (6)	•	•	•	•			
Trabalhadores da Lusoponte	•	•	•	•			
Seguro social voluntário (9) Cidadãos maiores aptos para o trabalho e não abrangidos por regime obrigatório: – continuação voluntária de pagamento de contribuições – portugueses no estrangeiro; – estrangeiros ou apátridas residentes há mais de um ano; – agentes da cooperação; – praticantes desportivos de alto rendimento; – estagiários com contrato de estágio profissional – tripulantes em navios inscritos no Registo Internacional de Navios da Madeira (MAR);					•	•	•
– voluntários sociais					•	•	•	•
– trabalhadores marítimos e os vigias, portugueses, que se encontrem a exercer actividade profissional em navios de empresas estrangeiras; – trabalhadores marítimos portugueses que exerçam actividade a bordo de navios de empresas comuns de pesca; – bolseiros de investigação.	•	•		•	•	•	•

(3) Grupo fechado desde 3 de Março de 2009 (DL 54/2009, 02/03). Parentalidade e velhice desde Jan de 2011. Doença, invalidez e morte pelas entidades empregadoras (regime de segurança social substitutivo constante do IRCT do sector bancário).
Os do grupo IV e do ex-Grupo CUF (ex-Totta e Açores) sempre regime geral.
(4) Âmbito material incompleto.
(5) Integrados na CGA.
(6) Grupo fechado em 14/05/92. Regime actual – DL 140-B/2010, 20/12.
(7) DL 320-A/2000, 15/12. Militares em regime de contrato (RC) ou regime de contrato especial (RCE) (DL 130/2010, de 14 de Dezembro) e de voluntariado (RV).
(8) DL 67/2000, de 26 de Abril – transitoriamente – art. 274º CRC.
(9) Âmbito material reduzido.

Eventualidades/prestações correspondentes

Eventualidades Âmbito material	Prestações correspondentes
Sistema previdencial – Prestações substitutivas de rendimento de trabalho	
1) Licenças de parentalidade	Subsídio parental Subsídio por adopção Subsídio para assistência a filho Subsídio para assistência a filho com deficiência ou doença crónica Subsídio para assistência a neto Subsídio por interrupção da gravidez Subsídio por risco clínico durante a gravidez Subsídio por riscos específicos
2) Por riscos físicos – doença	Subsídio de doença Subsídio de tuberculose
– acidentes de trabalho e doenças profissionais	Prestações em espécie (c) Prestações pecuniárias por incapacidade 1) Indemnização por incapacidade temporária para o trabalho 2) Pensão provisória 3) Pensão por incapacidade permanente para o trabalho 4) Subsídio por situação de elevada incapacidade permanente Prestações pecuniárias por morte 1) Pensão por morte 2) Subsídio por morte (a) 3) Subsídio por despesas de funeral (a) Outras prestações pecuniárias 1) Subsídio para readaptação de habitação 2) Subsídio para frequência de acções no âmbito da reabilitação 3) Prestação suplementar p/ assistência de 3ª pessoa
– invalidez	Pensão de invalidez (b)
– reconversão prof. (d)	Subsídio de reconversão profissional
– velhice	Pensão de velhice (b)
– morte	Pensão de sobrevivência Subsídio por morte (a)
3) Por riscos económicos – cessação do contrato – salários em atraso	Subsídio por cessação de actividade Subsídio de desemprego Subsídio de desemprego parcial
– lay off	Compensação retributiva (comparticipação)
– créditos de remunerações	Garantia salarial
– despedimento ilícito	Retribuição intercalar por despedimento
– acordo de pré-reforma	Redução de contribuições

(a) Em bom rigor, em termos funcionais, trata-se de uma prestação familiar.
(b) Pode acrescer, para perfazer a mínima, prestação não contributiva – complemento social (antes designada "melhoria" como parcela não contributiva da pensão regulamentar).
(c) Reembolso das despesas de saúde e reabilitação e das deslocações, alimentação e alojamento indispensáveis à concretização das mesmas.
(d) Profissionais de artes do espectáculo.

Eventualidades/prestações correspondentes (cont.)

Eventualidades Âmbito material		Prestações correspondentes
Subsistema de protecção familiar — Prestações familiares	Encargos familiares	Em geral 1) Abono de família 2) Abono de família pré-natal 3) Bolsa de estudo 4) Complemento de pensão por cônjuge 5) Reembolso das despesas de funeral 6) Subsídio de funeral 7) Subsídio mensal vitalício 8) Subsídio por morte Por deficiência 1) Bonificação por deficiência 2) Subsídio de educação especial Por dependência 1) Complemento por dependência 2) Subsídio por assistência de 3ª pessoa
Subsistema de solidariedade — Regime não contributivo	Parentalidade	Subsídio social por risco clínico durante a gravidez * Subsídio social por interrupção da gravidez * Subsídio social parental Subsídio social por adopção Subsídio social por riscos específicos * * Se houver exercício de actividade profissional
	Desemprego	Subsídio social de desemprego
	Invalidez	Pensão social
	Velhice	Pensão social Complemento extraordinário de solidariedade
	Morte	Pensão de viuvez Pensão de orfandade
	Estado de necessidade	Complemento solidário para idosos Prestação do rendimento social de inserção Complemento social (a)

(a) Complemento de pensão para perfazer a mínima no sistema previdencial sem condição de recursos.

Prestações/âmbito pessoal

Prestações (1) Sistema previdencial; Prestações familiares		Trabalhadores por conta de outrem							Trab. Independentes	Órgãos estatutários	Seguro Social Volunt.	
	Âmbito pessoal	Em geral	Serv.domést 2	Desportistas	Clero (b)	No domicílio	Pré-reform.(c)	Pensionista (d)	+ de 65 anos			Geral	Especiais
Imediatas	Subsídio para assistência a filho	•	•	•		•		•	•		•		·3
	Subsídio p/ assist. a filho com deficiência ou doença crónica.	•	•	•		•		•	•	•	•		·3
	Subsídio para assistência a neto	•	•	•		•		•	•		•		·3
	Subsídio de desemprego ou por cessação de actividade	•		•						(a)	(a)		
	Subsídios de doença e de tuberculose	•	•						•	•	•		·3
	Subsídio por interrupção da gravidez	•	•	•		•		•	•	•	•		·3
	Subsídio parental e por adopção	•	•	•		•		•	•	•	•		·3
	Subsídio por risco clínico durante a gravidez	•	•	•		•		•	•	•	•		·3
	Subsídio por riscos específicos	•	•	•		•		•	•	•	•		·3
Diferidas	Pensão de invalidez	•	•	•	•	•	•			•	•	•	
	Pensão de sobrevivência	•	•	•	•	•	•	•		•	•	•	
	Pensão de velhice	•	•	•	•	•	•	•	·6	•	•	•	

Familiares	Abono de família e Subsídio de funeral	Residentes											
	Bonificação por deficiência (5)	•	•	•	•	•	•	•			•		·4
	Complemento por cônjuge a cargo	•	•	•	•	•	•	•		•	•	•	
	Complemento por dependência (5)	•	•	•	•	•	•	•		•	•	•	
	Subsídio p/ assistência 3ª pessoa (5)	•	•	•	•	•	•	•			•		·4
	Subsídio de educação especial (5)	•	•	•	•	•	•	•			•		·4
	Subsídio mensal vitalício	•	•	•	•	•	•	•			•		·4
	Subsídio por morte ou Reembolso despesas de funeral	•	•	•		•		•	•	•	•		

(1) Todos os grupos têm doenças profissionais com excepção do clero – obrigatório (só invalidez e velhice), pré-reformados com suspensão de trabalho e do seguro social voluntário geral (só invalidez velhice e morte); Para os profissionais de artes do espectáculo e do audiovisual também *subsídio de reconversão profissional*; Para os profissionais de seguros também *subsídio de lar*.
(2) Se descontarem sobre remunerações efectivas (trab. mensal a tempo completo), têm subsídio de desemprego.

(3) Embarcados e bolseiros de investigação.
(4) Embarcados, beneficiários que deixem de estar obrigatoriamente abrangidos.
(5) Comum ao regime não contributivo.
(6) Através do mecanismo dos acréscimos.
(a) Subsídio p/ cessação de actividade p/ prestadores de serviço em entidades contratantes, ENI, EIRL e MOE's.
(b) Membros de igrejas, associações e confissões religiosas – facult. até 30 horas semanais (regime incompleto). Por opção regime completo – todas as eventualidades excepto desemprego.
(c) Com suspensão da relação de trabalho. Com redução da relação de trabalho mantêm todas as eventualidades.
(d) Para pensionistas de invalidez também pensão de invalidez.

2. Razão de ordem

Como se percebe dos quadros anteriores, as prestações pecuniárias[14] de atribuição vinculada[15] constitutivas de direitos subjectivos[16] tipificadas na lei, foram objecto da seguinte sistematização funcional:[17]

a. *prestações substitutivas de rendimento de trabalho* – por perda ou redução do rendimento profissional:[18]

1) *por riscos físicos* (de origem profissional ou de origem não profissional) – reduzem a capacidade de trabalho.

Quanto à relevância do decurso do tempo para o agravamento da verificação dos factos:

– *prestações imediatas*[19] – a probabilidade de verificação do facto não é agravada substancialmente pelo decurso do tempo;
– *prestações diferidas* – o decurso do tempo agrava a probabilidade de verificação do facto;

2) *por riscos económicos* – não alteram a força de trabalho mas são obstáculo ao seu exercício (desemprego);

b. *prestações não substitutivas de rendimento de trabalho*

1) *prestações compensatórias de despesas* acrescidas no agregado (encargos familiares) – por aumento de despesas – não suprimem nem reduzem os rendimentos de trabalho.

---

[14] Excepcionalmente, no elenco das prestações por doença profissional há prestações em espécie.
[15] São de atribuição não vinculada as prestações de acção social.
[16] Para além das prestações complementares, tratadas autonomamente. As prestações de acção social não são constitutivas de direitos subjectivos.
[17] Cf. pág. 33, nota 17.
[18] As prestações são contrapartida de contribuições específicas anteriores.
[19] Com maior rigor, e como se sabe, os seguros é que são imediatos ou diferidos.

2) *prestações não contributivas* – as prestações não dependem nem resultam de qualquer contribuição específica.

Assim, sinteticamente:

1. Prestações substitutivas de rendimento de trabalho (sistema previdencial)
    1.1. Prestações por riscos físicos não profissionais
        1.1.1. Prestações imediatas (doença e parentalidade – maternidade, paternidade e adopção)
        1.1.2. Prestações diferidas (invalidez, velhice e morte)
    1.2. Prestações por riscos físicos profissionais (doenças profissionais)
    1.3. Prestações por riscos económicos (desemprego)
2. Prestações não substitutivas de rendimento de trabalho (sistema de protecção social de cidadania)
    2.1. Prestações compensatórias de encargos familiares (encargos familiares, deficiência, dependência) (subsistema de protecção familiar)
    2.2. Prestações não contributivas (subsistema de solidariedade)
3. Prestações da responsabilidade financeira de outras entidades ou fundos especiais.

Capítulo I
Prestações Substitutivas de Rendimento de Trabalho
(sistema previdencial)

Secção 1
Por riscos físicos não profissionais[1]

1. Prestações imediatas[2]

a. Prestações por doença e tuberculose

1) *Subsídio de doença*

Prestação cuja atribuição visa a compensação da perda de remuneração em consequência de incapacidade temporária para o trabalho por doença, sendo considerada doença toda a situação mórbida, evolutiva, não decorrente de causa profissional ou de acto de responsabilidade de terceiro pelo qual seja devida indemnização, que determine incapacidade temporária para o trabalho.[3]

Âmbito e pressupostos de atribuição

Trabalhadores por conta de outrem (excluídos: bancários do regime incompleto – substitutivo do IRCT – e praticantes desportivos profissionais), mesmo

---

[1] Se de origem profissional tem prestações próprias. Ver secção 2.
[2] Por oposição a prestações diferidas, aquelas em que o decurso do tempo não é determinante para o agravamento da probabilidade de verificação do evento de que depende a sua atribuição.
[3] Mais rigorosamente: doença relevante é apenas a que impede a prática de actos próprios da actividade que vinha sendo exercida. Não havendo a categoria de impedimento parcial – só para a prática de determinados actos – parece que o impedimento terá de abranger todos os actos.
No sector terciário a crescente desmaterialização da informação torna no limite tal pressuposto de muito difícil verificação relativamente a algumas situações, como por exemplo a dos gerentes sociais (vulgo, sócios-gerentes) cujos actos de gestão, designadamente os de natureza burocrática, não deixarão de continuar a ser praticados (assinatura de cheques, dirigir os negócios da empresa por telefone ou internet...).

destacados, abrangidos pela segurança social (incluindo independentes, pessoal do serviço doméstico, trabalhadores no domicílio e membros de igrejas, associações ou confissões religiosas) e, no âmbito do seguro social voluntário, trabalhadores marítimos e vigias nacionais em barcos de empresas estrangeiras e bolseiros de investigação, desde que:

- haja perda de remuneração ou equivalente[4] (os reclusos só mantêm o subsídio em curso à data da detenção);
- não sejam titulares de pensão de velhice ou de invalidez, nem de subsídio por cessação de actividade ou de desemprego.[5]

Condições de atribuição

A atribuição do subsídio depende:

- relativamente ao beneficiário:
  - estar inscrito na segurança social;
  - ter o mínimo de 6 meses civis seguidos ou interpolados[6] com registo de remunerações (*prazo de garantia*)[7]

---

[4] Considera-se que não há perda de remuneração nas situações de pré-reforma e de suspensão do contrato de trabalho por iniciativa do empregador (*lay off*) – nº 4 e 7 do art. 305º do CT, ou genericamente quando há lugar a complementos salariais.

[5] A atribuição dos subsídios de maternidade, paternidade e adopção suspendem apenas o pagamento e a contagem do prazo.

[6] Determina o preenchimento de novo prazo de garantia (contado a partir do 1º mês com registo de remunerações, ocorrido após a situação que exigiu nova contagem):
- falta de registo de remunerações durante 6 meses consecutivos;
- após ter atingido o período máximo de concessão de subsídio, ser pelos SVI considerado em situação não invalidante para o trabalho ou não comparecer sem motivo justificado ao exame dos SVI para o qual tenha sido convocado.

[7] Releva, se necessário, o mês em que ocorre o evento desde que no mesmo se verifique registo de remunerações.
Pode recorrer-se a períodos de registo de remunerações não sobrepostos em quaisquer regimes de protecção social obrigatória (vg: função pública) – totalização de períodos contributivos. No exemplo a seguir não se faz recurso à totalização para o preenchimento do prazo de garantia.

Exemplo:

Meses	Dias com registo de remunerações		
	2013	2014	2015
Janeiro	-	-	30
Fevereiro	-	-	-
Março	30	-	-
Abril	30	-	-
Maio	30	-	-
Junho	30	-	30
Julho	30	-	30
Agosto	-	30	-
Setembro	-	-	-
Outubro	30	30	-
Novembro	-	-	-
Dezembro	-	30	-

1ª situação:

Impedimento em Novembro de 2013: tem prazo de garantia (6 meses interpolados).

2ª situação:

Impedimento em Setembro de 2014: não tem prazo de garantia, uma vez que há interrupção de registo de remunerações superior a 6 meses (de Novembro de 2013 a Julho de 2014). Terá de se iniciar nova contagem de 6 meses (desde Agosto de 2014) o que significa que só terá novo prazo de garantia em Agosto de 2015 (seis meses interpolados – Ago, Out, Dez de 2014 e Jan, Jun e Jul 2015).

- ter registo de remunerações por trabalho efectivamente prestado[8] no mínimo de 12 dias no decurso dos 4 meses civis anteriores ao que antecede o da baixa[9] (4 primeiros dos 5 últimos) (*índice de profissionalidade*)[10];

---

[8] • ou equivalente, a saber: registo de remunerações correspondente a períodos de atribuição de subsídios no âmbito da protecção na maternidade ou doença de responsabilidade de terceiro;
• ou qualquer registo de remunerações se a incapacidade ocorrer nos 60 dias imediatos ao da cessação da incapacidade anterior.
[9] Não se considera nem o mês do evento nem o anterior.
É a mesma incapacidade se a baixa se verificar nos 5 dias posteriores a alta hospitalar.
[10] Só para trabalhadores por conta de outrem.
Para pessoal do serviço doméstico quando as contribuições são pagas por referência a horas, para além do prazo de garantia têm contagem própria do índice de profissionalidade: registo de remu-

Exemplo 1

Meses	Dias de trabalho
Janeiro	20
Fevereiro	15
Março	20
Abril	10
Maio	20
Junho	15
Julho	20
Agosto	15
Setembro	5

Exemplo 2

Meses	Dias de trabalho	Dias subsidiados
Janeiro	20	-
Fevereiro	15	-
Março	20	-
Abril	5	25
Maio	-	31
Junho	-	30
Julho	-	31
Agosto	5	20
Setembro	8	-

Em ambos os exemplos há índice de profissionalidade.

Exemplo 1: Baixa em 10 de Setembro – tem 65 dias de trabalho nos meses de referência (Abril a Julho).

Exemplo 2: Baixa em 10 de Setembro com alta anterior em 20 de Agosto (menos de 60 dias entre as duas baixas) – tem 5 dias de trabalho + 117 dias de doença (consideram-se as equivalências).

- situação contributiva regularizada para trabalhadores independentes, embarcados, bol-seiros de investigação, até ao termo do 3º mês anterior ao do evento[11];
- impedimento temporário para o trabalho por doença natural objecto de certificação por atestado médico – certificado de incapacidade temporária para o trabalho (CIT)[12] – autenticado pela aposição das vinhetas do médico e do estabelecimento de saúde e comunicado por via electrónica aos serviços de segurança social pelos serviços competentes do Serviço Nacional de Saúde (centros de saúde, serviços de atendimento permanente, serviços de prevenção e tratamento da toxicodependência e esta-

nerações por trabalho efectivamente prestado correspondente a 12 dias no decurso dos 4 meses imediatamente anteriores ao começo do mês que antecede a data do início da incapacidade – cada 4 horas é igual a ½ dia, fazendo-se o arredondamento para o ½ dia superior (30 horas = 4 dias; 41 horas = 4,5 dias).

No regime dos trabalhadores independentes e no seguro social voluntário (embarcados e bolseiros) não é exigido índice de profissionalidade, mas situação contributiva regularizada.

[11] Se regularizada nos 3 meses seguintes ao da suspensão do subsídio por essa causa, a suspensão é levantada, senão o subsídio só será pago a partir do dia seguinte ao da regularização.

[12] Modelo – Portaria nº 220/2013, de 4 de Julho.

belecimentos hospitalares da rede pública[13], com excepção dos serviços de urgência)[14].

- relativamente à doença, não ser a mesma:
  - resultante de acidente de trabalho[15];
  - de responsabilidade de terceiro[16];
  - provocada pelo próprio intencionalmente;
  - simulada;
  - profissional[17].

Montante diário[18]

Em percentagem da remuneração de referência:[19]

- 55%, até 30 dias[20];
- 60%, de 31 a 90 dias[21];

---

[13] Ou, em internamento em estabelecimento particular reconhecido pelo Ministério da Saúde, passado pelo médico responsável.

[14] Limites dos períodos de incapacidade temporária: até 12 dias no período inicial e 30 dias na prorrogação. Estes limites não são aplicáveis à situação de risco clínico durante a gravidez.
A bordo de embarcações a certificação é feita com intervenção médica ainda que não presencial, cabendo ao empregador o envio do documento médico.
Fora do território português a certificação é feita pelo médico assistente do beneficiário autenticada pelos serviços consulares portugueses ou conforme legislação internacional a que Portugal se encontre vinculado.

[15] Há, porém, lugar a equivalência a entrada de contribuições e à concessão provisória do subsídio.

[16] Há, porém, lugar a equivalência a entrada de contribuições e à concessão provisória do subsídio.

[17] Há lugar a equivalência a entrada de contribuições.

[18] O montante diário é arredondado para a unidade de cêntimos mais próxima.

[19] Em 2013 (desde Agosto) contribuição de 5% nos impedimentos superiores a 30 dias.

[20] Com majoração em 2013 e 2014: as percentagens são acrescidas de 5% relativamente aos beneficiários em que se verifique uma das seguintes situações:
- a remuneração de referência seja igual ou inferior a € 500;
- o agregado familiar integre três ou mais descendentes com idades até 16 anos, ou até 24 anos se receberem abono de família para crianças e jovens;
- o agregado familiar integre descendentes que beneficiem da bonificação por deficiência do abono de família para crianças e jovens (nos termos do DL 133-B/97, 30/05).

O montante diário do subsídio de doença calculado sobre uma remuneração de referência superior a € 500 não pode ser inferior ao valor do subsídio de doença resultante da aplicação da majoração a uma remuneração de referência de € 500.
As majorações não são cumuláveis.
O valor monetário de € 500 será actualizado em função da actualização do indexante dos apoios sociais.

[21] Com majoração nos termos da nota anterior.

- 70%, de 91 a 365 dias;
- 75%, mais de 365 dias.

Valor mínimo: 30% da RMMG[22] mas se a remuneração de referência for inferior a este valor o montante diário é o valor da remuneração de referência.

Valor máximo: valor líquido da remuneração de referência.[23]

A remuneração de referência[24] é R/180, em que R é a soma da remuneração dos seis meses civis incluídos no período do 3º ao 8º mês anteriores ao da baixa (6 primeiros dos 8 últimos) – período de referência[25].

No caso de totalização de períodos contributivos se o beneficiário não apresentar 6 meses com registo de remunerações, a remuneração de referência é R/ (30.n) em que R é o total das remunerações registadas desde o início do período de referência até ao início do mês em que se verifique a doença; e n o número de meses a que as mesmas se referem.

No cálculo da remuneração de referência não podem ser consideradas as importâncias respeitantes a subsídio de férias, Natal ou outros de natureza análoga (vg: subsídio de Páscoa, 15º mês).

Prazo de espera

O subsídio não é pago:

- nos 3 primeiros dias de baixa – trabalhadores por conta de outrem e trabalhadores e vigias nacionais em barcos de empresas estrangeiras;
- nos primeiros 30 dias de baixa – trabalhadores independentes e do seguro social voluntário (marítimos embarcados e bolseiros de investigação).

Porém, o subsídio é pago desde o 1º dia de baixa[26] (não há prazo de espera):

---

[22] RMMG (€ 557 – 2017 continente). A alteração deste valor determina a alteração a esse mesmo momento do quantitativo mínimo do subsídio em curso que deve ser recalculado.

[23] Dedução ao valor ilíquido da RR da taxa contributiva para a segurança social relativa ao beneficiário e a taxa de retenção do IRS.

[24] A remuneração de referência é arredondada para a unidade de cêntimos mais próxima.

[25] Nos exemplos dados a propósito do índice de profissionalidade (baixa em Setembro) serão os meses de Janeiro a Junho.

Na situação de salários em atraso o valor a considerar é a última remuneração completa anterior à situação de mora.

[26] O primeiro dia do impedimento é o dia definido pelo médico no certificado de incapacidade para o trabalho por estado de doença, excepto se tiver sido remunerado pela entidade empregadora; neste caso é o dia seguinte.

- no caso de internamento hospitalar ou de cirurgia de ambulatório [27], mesmo que o internamento cesse antes de decorrido o prazo de espera;
- se a incapacidade tiver início no decurso do período de atribuição do subsídio parental e (a incapacidade) ultrapasse o termo desse período (de espera) (quando começa a ser pago o subsídio de doença);
- na situação de tuberculose.

Período de atribuição

- Trabalhadores por conta de outrem e beneficiários do seguro social voluntário (trabalhadores marítimos e vigias nacionais em barcos de empresas estrangeiras)

O subsídio é pago pelo prazo máximo de 1095 dias [28] seguidos ou interpolados em cada impedimento por doença, considerando-se o mesmo período de doença para preenchimento desse prazo os períodos de impedimento cujo início se verifique nos 60 dias imediatos à alta anterior (quando entre a alta e a baixa seguinte decorram 60 dias ou menos).

Esgotados os 1095 dias é atribuída oficiosamente uma pensão provisória de invalidez [29], situação sujeita a exame da comissão de verificação de incapacidade permanente, que, no prazo de 30 dias, pode certificar (determinando a atribuição de pensão de invalidez) ou não certificar (determinando a cessação da pensão provisória).

Na situação de tuberculose não há prazo limite.

- trabalhadores independentes

Prazo máximo: 365 dias. Esgotados os 365 dias só voltará a ser concedido subsídio após 6 meses civis seguidos ou interpolados, com registo de remunerações por exercício de actividade ou por equivalência por maternidade.

Na situação de tuberculose não há prazo limite.

---

[27] Verificados em estabelecimentos hospitalares do Serviço Nacional de Saúde ou particulares com autorização legal de funcionamento pelo Ministério da Saúde.

[28] Considera-se para contagem deste prazo: doença de responsabilidade de terceiro.
Os dias subsidiados por prestações no âmbito da maternidade, paternidade e adopção suspendem a contagem, continuando quando for retomado o subsídio de doença.
É a mesma incapacidade se a baixa se verificar dentro dos 5 dias posteriores a alta hospitalar.

[29] Mesmo que não tenha prazo de garantia. V. Pensão provisória de invalidez.

Prestações compensatórias dos subsídios de férias e de Natal

Sempre que, por força de instrumento de regulamentação colectiva de trabalho e em consequência de doença subsidiada, não for pago total ou parcialmente o subsídio de férias ou de Natal ou outros de natureza análoga (subsídio de Páscoa, 15º mês ...) o beneficiário tem direito a uma prestação pecuniária igual a 60% das importâncias que comprovadamente tenha deixado de receber[30].

Estas prestações têm de ser requeridas no prazo de 6 meses contados ou a partir da data em que os subsídios eram devidos (Janeiro do ano seguinte) ou da data da cessação do contrato de trabalho (se esta ocorrer).

São cumuláveis com montantes adicionais de pensão.

A estas prestações corresponde equivalência de remunerações de montante igual a 100% do subsídio em causa.

Concessão provisória

No caso de incapacidade para o trabalho decorrente de acidente de trabalho ou de acto de terceiro cuja responsabilidade não tenha sido assumida, o subsídio de doença pode ser assegurado, a título provisório, até ser reconhecida responsabilidade de quem deva pagar as indemnizações.

Para os trabalhadores independentes depende da existência de seguro válido de acidentes de trabalho.

Há direito ao reembolso por parte da instituição do valor das prestações pagas até ao limite do valor da indemnização atribuída ao beneficiário.

Nos casos em que o pedido de reembolso do valor dos subsídios de doença não tiver sido judicialmente formulado pela segurança social, nenhuma transacção pode ser celebrada com o beneficiário titular do direito à indemnização, nem lhe pode ser efectuado qualquer pagamento com a mesma finalidade, sem que se encontre certificado, pela mesma instituição, se houve concessão provisória de subsídio de doença e qual o respectivo montante.

Nas situações em que tenha sido celebrado acordo, o responsável pela indemnização deve:

- comunicar à segurança social o valor total da indemnização devida;
- reter e entregar directamente à instituição o valor correspondente aos subsídios de doença pagos, até ao limite do montante da indemnização devida.

---

[30] Não se aplica a trabalhadores independentes nem a inscritos no seguro social voluntário.

Em caso de incumprimento o terceiro responsável pela indemnização responde solidariamente com o beneficiário pelo reembolso do valor dos subsídios de doença provisoriamente concedidos.

Acumulação

A sobreposição de situação de incapacidade temporária por doença profissional ou por acidente de trabalho que dêem lugar a indemnização por incapacidade temporária para o trabalho e situações que confiram direito ao subsídio de doença só dá lugar à concessão deste quando o valor daquela indemnização lhe for inferior e nessa diferença.

O subsídio não é cumulável com compensações salariais ou retributivas[31].

Manutenção

Mantêm o direito ao subsídio os beneficiários que se desloquem ao estrangeiro para tra-tamento ou consultas de especialidade.

Deveres dos beneficiários

O beneficiário tem o dever de:

- comparecer aos exames médicos para que for convocado no âmbito do serviço de verificação de incapacidades;
- não se ausentar do domicílio:
  – salvo para tratamento;
  – em caso de autorização médica expressa na certificação de incapacidade nos períodos compreendidos entre as 11 e as 15 horas e entre as 18 e as 21 horas;
- comunicar à segurança social, no prazo de 5 dias úteis a contar da data do início da doença ou da ocorrência do facto se este se verificar posteriormente àquela data:
  – o recebimento de quantias pagas, periodicamente, sem contraprestação de trabalho, designadamente pré-reforma;
  – a titularidade de pensões ou de outras remunerações compensatórias da perda de remuneração, respectivos montantes e o regime de protecção social pelo qual lhe são atribuídas;
  – a identificação dos responsáveis e montante da indemnização recebida, em caso de haver acordo, sempre que a incapacidade resulte

---

[31] Em geral: nº 7 do art. 305º do CT – não há perda de remuneração (Cf. nota de pé de pág. nº 4) Sector da pesca – vg: art. 11º do Reg anexo à Port 217/2014, 20/10 e art. 11º do Reg anexo à Port 198-A/2014, 02/10.

de acidente de trabalho ou de acto de terceiro pelo qual seja devida indemnização;
- o exercício de actividade profissional, mesmo que não seja remunerada;
- a mudança de residência;
- a reclusão em estabelecimento prisional;
- qualquer outra situação susceptível de determinar o não reconhecimento do direito às prestações ou a sua cessação (vg: retoma do exercício da actividade profissional nos casos em que antecipa a data limite da certificação de incapacidade).

Suspensão do pagamento

Suspendem o pagamento do subsídio:[32]
- a atribuição dos subsídios de maternidade, paternidade e adopção (também suspende a contagem do período máximo);
- se o beneficiário se ausentar da sua residência sem autorização médica;
- falta a exame médico para que tenha sido convocado;
- quando for declarada a não subsistência da incapacidade temporária para o trabalho pela comissão de verificação de incapacidades.

Cessação do direito

O direito ao subsídio cessa quando:
- for atingido o termo do período constante do CIT;
- for declarada a não subsistência de incapacidade temporária para o trabalho (alta médica) (mesmo antes do termo do período) pelos serviços de saúde competentes ou pela comissão de avaliação ou de reavaliação;
- o beneficiário antecipar a alta retomando a sua actividade profissional;
- o beneficiário não apresente justificação atendível, no prazo de 5 dias úteis, da ausência da residência ou da falta a exame médico, de confirmação de situação de incapacidade para que tenha sido convocado;
- o beneficiário seja considerado em situação de incapacidade permanente pelos serviços de verificação de incapacidades permanentes;

---

[32] Para além da suspensão do pagamento na situação limite em que a entidade empregadora continua e enquanto continuar a "entregar" ao trabalhador por mera liberalidade o valor total da retribuição perdida que não sendo retribuição não constitui base de incidência contributiva (não nos estamos a referir à entidade centralizadora que apenas adianta o pagamento ou ao pagamento de complemento de doença). O fundamento da suspensão nesta situação reside no facto de poder verificar-se relativamente a este trabalhador um enriquecimento sem causa se lhe for pago o subsídio.
O registo de remunerações, neste caso, faz-se em função não do pagamento do subsídio mas do direito do trabalhador ao subsídio (art. 16º do CRC).

- o beneficiário tenha exercido actividade profissional, independentemente da prova de não existência de remuneração;
- tiver sido declarada a não subsistência da incapacidade temporária para o trabalho pela comissão de reavaliação;
- não tiver sido requerida a intervenção da comissão de reavaliação ou a mesma não tiver sido admitida.

Verificação da situação de doença

• Por iniciativa da segurança social

A situação de doença pode ser objecto de confirmação oficiosa através das comissões de verificação de incapacidade temporária (integradas no sistema de verificação de incapacidades – SVI), necessariamente nas situações que se prolonguem por mais de 30 dias e noutras em que, ultrapassado certo período de tempo, seja presumível que a incapacidade já não subsista.

A verificação da subsistência da doença tem lugar nas situações:

– susceptíveis de contribuir para a formação de prazos de garantia de acesso a pensões ou a outras prestações, considerando-se prioritárias as situações identificadas pelas entidades empregadoras ou pela Inspecção--Geral do Ministério responsável pela área da segurança social;
– em que o início da doença coincide com a cessação do contrato de trabalho;
– de prorrogação, pelos serviços de saúde, dos períodos de doença que ultrapassem o período máximo previsto pela comissão de reavaliação;
– reiteradas de incapacidade por doença;
– identificadas e devidamente fundamentadas em informações dos serviços inspectivos e de fiscalização, das entidades empregadoras ou de outras entidades idóneas;
– correspondentes a actividades ou zonas geográficas com maior incidência de incapacidades por doença;
– de incapacidade por doença determinantes da recusa de emprego conveniente, trabalho necessário ou formação profissional durante o período de concessão das prestações de desemprego.

Às *comissões de verificação e de reavaliação*, cabe-lhes, através da realização de exames médicos, a verificação das condições de subsistência das incapacidades temporárias relativas à concessão do subsídio de doença.[33]

---

[33] Não prejudica a competência atribuída, em termos gerais, aos serviços de saúde, pelo regime jurídico de protecção na doença, para a comprovação da situação de incapacidade temporária para o trabalho dos beneficiários do regime geral de segurança social, nem a atribuída aos serviços e entidades competentes para a verificação das situações causadas por riscos profissionais.

Compete às *comissões de verificação de incapacidade temporária*, face à situação clínica do beneficiário:

a) deliberar sobre a subsistência da incapacidade temporária;
b) emitir os pareceres médicos que lhes forem solicitados pelos serviços.

Compete às *comissões de reavaliação* de incapacidade temporária pronunciar-se sobre a subsistência de incapacidade temporária dos beneficiários, quando se verifique uma das seguintes situações:

– certificação, devidamente fundamentada pelos serviços de saúde, de uma nova situação de incapacidade do beneficiário no período de 90 dias subsequente à data da deliberação da comissão de verificação que considerou a não subsistência de incapacidade temporária para o trabalho;
– manutenção pelos serviços de saúde da situação de incapacidade temporária, após deliberação da comissão de verificação que considerou a não subsistência de incapacidade para o trabalho.

Se, contrariamente à deliberação da comissão de verificação, o médico assistente entender que a incapacidade se mantém ou surgir outra incapacidade no período de 90 dias subsequente à data da deliberação da comissão de verificação que considere a não subsistência de incapacidade temporária para o trabalho, devem tais situações ser submetidas à *comissão de reavaliação de incapacidade temporária*.

Decorridos 365 dias pode ser promovida oficiosamente a verificação da eventual incapacidade permanente do beneficiário[34].

- Por iniciativa da entidade empregadora[35]

A situação de doença pode ser verificada por iniciativa da entidade empregadora, devendo, para este efeito, requerer a sua submissão à comissão de verificação de incapacidade temporária (CVIT) da segurança social da área de residência do trabalhador e, na mesma data, informar o trabalhador, do requerimento.

O empregador pode designar um médico com o qual não tenha tido qualquer vínculo contratual anterior para verificar a situação de doença do trabalhador:

---

[34] Se estiver verificado o prazo de garantia para invalidez.
[35] Nos termos da Lei nº 105/2009, de 14 de Setembro.

- caso seja informado da impossibilidade de realização de CVIT, ou se decorridas 48 horas após o requerimento sem que tenha recebido comunicação dos serviços da segurança social da convocação do trabalhador para apresentação à CVIT;
- caso seja informado de que o exame médico pela CVIT não se realizou nos prazos:
  • de 3 dias úteis seguintes após convocação do trabalhador para apresentação à CVIT;
  • de 48 horas seguintes ao conhecimento do impedimento do trabalhador.

Quando a deliberação da CVIT ou parecer de médico designado pelo empregador divirja da declaração ou atestado apresentado pelo trabalhador para prova da situação de doença, qualquer das partes pode requerer aos serviços da segurança social da área da residência habitual do trabalhador que o caso seja apreciado por comissão de reavaliação.

A reavaliação da situação de incapacidade temporária para o trabalho por doença pode ser requerida nas vinte e quatro horas subsequentes ao conhecimento do resultado da verificação da mesma, devendo, na mesma data, ser comunicado o pedido à contraparte.

No prazo de oito dias a contar da recepção do requerimento, a comissão deve proceder à reavaliação da situação de doença do trabalhador e comunicar o resultado da mesma a este e ao empregador.

É aplicada uma taxa[36] por cada intervenção verificada, aos requerentes da:

- nomeação de médico pelos serviços de segurança social; ou
- intervenção da comissão de reavaliação.

O centro distrital da área de residência do trabalhador deve comunicar à entidade empregadora, no prazo de 24 horas:

- que deve efectuar o pagamento que é obrigatório no prazo de 24 horas, por cheque ou em dinheiro, nos serviços de tesouraria;
- o local onde deve ser efectuada a prova do pagamento;
- que a falta de pagamento no prazo fixado implica o arquivamento do pedido.

---

[36] Desde 2007: € 40.

2) Subsídio de tuberculose[37]

Âmbito, pressupostos e condições de atribuição ver Subsídio de doença.

Montante
- 80% da remuneração de referência até 2 familiares a cargo[38];
- 100% da remuneração de referência com mais de 2 familiares a cargo.

Período de atribuição

O subsídio é pago enquanto durar o impedimento para o trabalho. Não há período de espera.

Se o trabalhador for remunerado no 1º dia de baixa esse dia não será considerado para pagamento do subsídio.

b. Prestações de parentalidade (no âmbito da maternidade, paternidade e adopção)

1) Subsídio parental

Concedido nas situações de impedimento para o exercício da actividade laboral ou equivalente (desemprego) determinante de nascimento de filho[39].

Compreende as seguintes modalidades:

- Subsídio parental inicial
  Só pode ser atribuído ao pai se a mãe não o requerer e exercer actividade profissional.
  A concessão do subsídio parental inicial partilhado depende de declaração dos beneficiários dos períodos a gozar ou gozados pelos pais, de modo exclusivo ou partilhado. Caso não seja apresentada a declaração de partilha, o direito ao subsídio parental inicial é reconhecido à mãe.

---

[37] Totalmente aplicável ao regime dos independentes e beneficiários do seguro social voluntário com direito a subsídio de doença (trabalhadores marítimos e vigias nacionais em barcos de empresas estrangeiras e bolseiros de investigação).

[38] Familiares a cargo:
- cônjuge que não exerça actividade profissional; e
- descendentes cujo agregado integre deficientes que confiram bonificação por deficiência ou que integrem 3 ou mais descendentes com idades até 16 anos ou até 24 anos se receberem abono de família.

[39] Regra: nado-vivo, nado-morto ou morte de nado-vivo. As situações exclusivas de nado-vivo estão assinaladas.

- Subsídio parental inicial exclusivo da mãe;
- Subsídio parental inicial de um progenitor em caso de impossibilidade do outro[40];
- Subsídio parental inicial exclusivo do pai;
- Subsídio parental alargado[41];
- Prestações compensatórias de subsídio de férias e de Natal ou outros de natureza análoga.[42]

Âmbito pessoal

Beneficiários que não estejam impedidos ou inibidos totalmente do exercício do poder paternal[43]:

- enquadrados no regime dos trabalhadores por conta de outrem, mesmo titulares de prestações de desemprego, e no regime dos trabalhadores independentes;
- bolseiros de investigação e trabalhadores em barcos estrangeiros enquadrados no regime do seguro social voluntário;
- titulares de prestações de pré-reforma desde que exerçam actividade enquadrada em qualquer dos regimes referidos nos parágrafos anteriores.

A protecção conferida aos progenitores é extensiva aos beneficiários do regime geral dos trabalhadores por conta de outrem e regime de segurança social dos trabalhadores independentes e do seguro social voluntário, adoptantes, tutores, pessoas a quem for deferida a confiança judicial ou administrativa do menor, bem como cônjuges ou membros de união de facto com qualquer daqueles ou com o progenitor desde que vivam em comunhão de mesa e habitação com o menor, sempre lhes seja reconhecido direito às correspondentes faltas, licenças e dispensas [44].

Se beneficiários de subsídio de desemprego suspende-se o pagamento das prestações de desemprego enquanto se atribui o subsídio parental.

Condições de atribuição – prazo de garantia

6 meses civis seguidos ou interpolados, com registo de remunerações à data do facto determinante (1º dia de impedimento para o trabalho), relevando

---

[40] Só nados-vivos.
[41] Só nados-vivos.
[42] Sem direito ao pagamento destes subsídios no todo ou em parte pelo respectivo empregador desde que o impedimento para o trabalho tenha duração igual ou superior a 30 dias consecutivos.
[43] Sem prejuízo do direito da mãe ao subsídio parental inicial de 14 semanas (98 dias).
[44] Nos termos dos arts. 33º a 65º do Código do Trabalho.

se necessário, o mês em que ocorre o evento desde que no mesmo se verifique registo de remunerações.

Na ausência de registo de remunerações durante seis meses consecutivos, a contagem do prazo de garantia tem início a partir da data em que ocorra um novo registo de remunerações.

São considerados, desde que não se sobreponham, os períodos de registo de remunerações em quaisquer regimes obrigatórios de protecção social, nacionais ou estrangeiros, que assegurem prestações pecuniárias de protecção na eventualidade, incluindo o da função pública.

Remuneração de referência

A remuneração de referência a considerar é definida por:

- $R/180$, (regra) em que R representa o total das remunerações registadas nos primeiros seis meses civis imediatamente anteriores ao segundo mês que antecede o início do impedimento para o trabalho (primeiros 6 dos 8 últimos)[45]; ou
- $R/(30 \times n)$ caso não haja registo de remunerações naquele período de 6 meses, nas situações em que se verifique a totalização de períodos contributivos, em que R é igual ao total das remunerações registadas desde o início do período de referência até ao início do mês em que se verifique o impedimento para o trabalho e n o número de meses a que as mesmas se reportam.

Na determinação do total de remunerações registadas não são consideradas as importâncias relativas aos subsídios de férias, de Natal ou outros de natureza análoga.

Montante diário[46]

Montantes em percentagem da remuneração de referência (RR) do beneficiário.

---

[45] Para titulares de pré-reforma a remuneração a considerar é a que resulta da remuneração do trabalho efectivamente auferido.

[46] Este subsídio não pode prejudicar o direito a outros de quantitativo superior, imposto às entidades empregadoras por lei, ou instrumento de regulamentação de trabalho, os quais deverão serão pagos pelas instituições de segurança social ficando aquelas entidades responsáveis perante estas pelo excesso. As entidades empregadoras deverão indicar a importância a que o mesmo terá direito durante a licença.

– *Subsídio parental inicial*, inicial exclusivo da mãe, exclusivo do pai e inicial de um progenitor em caso de impossibilidade do outro:
  – licença de 120 dias – 100%;
  – opção pelo período de licença de 150 dias – 80%;
  – opção pelo período de *licença partilhada* de 120 + 30 dias (150) nas situações em que cada um dos progenitores goze pelo menos 30 dias consecutivos, ou dois períodos de 15 dias igualmente consecutivos – 100%;
  – opção pelo período de *licença partilhada* de 150 + 30 dias (180), nas situações em que cada um dos progenitores goze pelo menos 30 dias seguidos, ou dois períodos de 15 dias igualmente consecutivos – 83%.

O montante diário dos subsídios devido nos períodos de acréscimo à licença parental inicial pelo nascimento de gémeos – 100%.

Prestações compensatórias de subsídio de férias e de Natal: 80%.

– *Subsídio parental alargado*

Montante: 25% da remuneração de referência do beneficiário.

Montante mínimo

O montante diário mínimo dos subsídios não pode ser inferior a 80% de 1/30 avos do valor do IAS[47].

O montante diário mínimo do subsídio parental alargado não pode ser inferior a 40% de 1/30 avos do valor do IAS.

Períodos de atribuição

– trabalhadores por conta de outrem – durante o gozo das respectivas licenças, faltas e dispensas previstas no Código do Trabalho "não retribuídas"[48];
– trabalhadores independentes e desempregados – períodos de impedimento para o trabalho equivalentes em que não se verifica o gozo das licenças, faltas ou dispensas atentas as características específicas do exercício de actividade profissional (designadamente no caso de activi-

---

[47] IAS € 421,32 (2017).
[48] Na expressão da lei. Ora, licenças, faltas ou dispensas nunca podem ser tecnicamente "retribuídas" por uma razão muito simples: só o exercício de actividade pode ser retribuído; não existindo trabalho qualquer prestação posta à disposição do trabalhador pela entidade empregadora (por mera liberalidade ou por imposição de instrumento de regulamentação de trabalho) só pode ter natureza jurídica de complemento, sem afectar o subsídio devido pela segurança social.

dade independente), ou pela sua inexistência (situações de desemprego subsidiado).

- Subsídio parental inicial

Concedido até 120 ou 150 dias seguidos, consoante opção do pai e da mãe. O período depois do parto pode ser partilhado por ambos, sendo obrigatório a mãe gozar as primeiras 6 semanas (42 dias) (subsídio parental inicial exclusivo da mãe)[49].

Estes períodos são acrescidos de 30 dias consecutivos nas situações de partilha da licença, no caso de cada um dos progenitores gozar, em exclusivo, um período de 30 dias consecutivo, ou dois períodos de 15 dias consecutivos (15 dias cada um), após o período de gozo obrigatório de 6 semanas da mãe (subsídio parental inicial exclusiva da mãe)[50].

No caso de nascimentos gémeos (múltiplos), aos períodos previstos acrescem 30 dias por cada gémeo além do primeiro[51].

- Subsídio parental inicial exclusivo da mãe

Até 72 dias – período facultativo até 30 dias antes do parto (se a mulher exercer actividade profissional) e seis semanas (42 dias) obrigatórias após o parto, os quais se integram no período de concessão correspondente ao subsídio parental inicial.

- Subsídio parental inicial de um progenitor em caso de impossibilidade do outro[52]

até ao limite do período remanescente que corresponda à licença parental inicial não gozada, em caso de:

– incapacidade física ou psíquica, medicamente certificada, enquanto se mantiver;
– morte.

Apenas há lugar ao período total de concessão de 180 dias caso se verifiquem as condições previstas para essa atribuição, à data a incapacidade ou da morte.

---

[49] Opção pelos 150 dias só nas situações de nado-vivo.
[50] Só nas situações de nado-vivo.
[51] Ver nota anterior.
[52] Ver nota anterior.

Em caso de morte ou incapacidade física ou psíquica de mãe o subsídio parental inicial a gozar pelo pai tem a duração mínima de 30 dias.

Em caso de morte ou incapacidade física ou psíquica de mãe não trabalhadora nos 120 dias a seguir ao parto o pai tem direito ou ao remanescente dos dias que corresponderiam a um subsídio parental inicial não gozado pela mãe (como se esta tivesse direito) ou pela duração mínima dos 30 dias.

- Subsídio parental inicial exclusivo do pai
  - 10 dias úteis de gozo obrigatório dos quais 5 seguidos imediatamente após o nascimento do filho e 5 seguidos ou interpolados nos 30 dias seguintes a este;
  - 10 dias úteis de gozo facultativo, seguidos ou interpolados, desde que gozados, após o período de 10 dias obrigatórios durante o período em que é atribuído o subsídio parental inicial da mãe[53].

No caso de nascimentos de gémeos (múltiplos), a cada um dos períodos de 10 dias acrescem dois dias por cada gémeo nascido com vida além do primeiro, a gozar imediatamente a seguir a cada um daqueles períodos[54].

A atribuição do subsídio parental inicial exclusivo do pai depende de declaração dos períodos a gozar ou gozados pelo mesmo.

- Subsídio parental alargado[55]

O subsídio parental alargado é concedido por um período até três meses a qualquer um ou a ambos os progenitores alternadamente[56], nas situações de exercício de licença parental alargada para assistência a filho integrado no agregado familiar[57], impeditivas do exercício de actividade laboral, desde que gozado imediatamente após o período de concessão do subsídio parental inicial ou subsídio parental alargado do outro progenitor.

Início do subsídio

As prestações têm início no 1º dia de impedimento para o trabalho[58] a que não corresponda retribuição[59].

---

[53] Ver nota anterior.
[54] Ver nota anterior.
[55] Ver nota anterior.
[56] Neste caso totalizando 6 meses.
[57] Com idade não superior a 6 anos – art. 51º do Código do Trabalho.
[58] Ou seja, não há período de espera como na doença.
[59] V. nota 48.

Suspensão do período de atribuição

Em caso de doença do beneficiário que esteja a receber subsídio a prestação é suspensa, mediante comunicação do interessado à segurança social e apresentação de certificação médica.

Em caso de internamento hospitalar do progenitor ou da criança, a concessão do subsídio parental inicial é suspensa, mediante comunicação do interessado e certificação do hospital.

Registo de remunerações por equivalência

São registadas as remunerações por equivalência à entrada de contribuições, relativamente aos períodos de:

- concessão dos subsídios, sendo estes considerados como de trabalho efectivamente prestado;
- trabalho a tempo parcial, nos casos dos trabalhadores com filhos menores de 12 anos, ou independentemente da idade com deficiência ou doença crónica [60]. Este registo depende da comunicação do trabalhador e tem como limite o valor da remuneração média registada por trabalho a tempo completo;
- os períodos de licença (não subsidiados) para assistência a filho, depois de ter sido esgotada a licença parental alargada. Este registo depende de comunicação do trabalhador e é considerada para o cálculo das pensões de invalidez e velhice do regime geral de segurança social.

Acumulação

Os subsídios são acumuláveis com:

- indemnizações e pensões por doença profissional ou por acidente de trabalho;
- pensões de invalidez, velhice e sobrevivência (concedidas aos trabalhadores por conta de outrem, trabalhadores independentes, pessoas abrangidas pelo seguro social voluntário ou por outros regimes obrigatórios de protecção social);
- rendimento social de inserção e complemento solidário para idosos.

Não são acumuláveis com:

- rendimentos de trabalho;

---

[60] que com ele viva em comunhão de mesa e habitação – art. 55º do Código do Trabalho.

- prestações concedidas pelo mesmo motivo (facto) e interesse protegido (ainda que atribuídas por outros regimes de protecção social);
- outras prestações compensatórias da perda de retribuição;
- prestações concedidas pelo regime não contributivo.[61]

Para efeitos de acumulação são tomadas em consideração prestações concedidas por sistemas de segurança social estrangeiros, sem prejuízo do disposto em instrumentos internacionais aplicáveis.

Entidades gestoras

A gestão dos subsídios compete, no âmbito das respectivas atribuições:

- ao ISS, IP, através dos centros distritais da área de residência dos beneficiários;
- instituições de segurança social regionais (Instituto da Segurança Social dos Açores – ISSA e Instituto de Segurança Social da Madeira – ISSM).

Pagamento

Os subsídios são pagos mensalmente aos titulares do direito ou aos seus representantes legais, salvo se, pela especificidade da sua duração, se justificar o pagamento de uma só vez.

O pagamento do acréscimo devido por nascimento de gémeos e por adopções múltiplas é reportado aos últimos dias do período de concessão do respectivo subsídio.

O pagamento é realizado por transferência bancária ou por cheque.

Prescrição

O direito aos subsídios prescreve a favor das instituições gestoras devedoras no prazo de cinco anos contados a partir da data em que a prestação é posta a pagamento com conhecimento do beneficiário.

Requerimento

A atribuição dos subsídios depende da apresentação de requerimento, em formulário de modelo próprio, junto das entidades competentes ou *online*, no sítio da Internet da segurança social, através do serviço segurança social directa, caso a entidade competente seja o ISS, IP, ou os órgãos competentes

---

[61] No âmbito do subsistema de solidariedade.

das administrações das regiões autónomas (Instituto da Segurança Social dos Açores – ISSA e Instituto de Segurança Social da Madeira – ISSM).

O requerimento deve ser apresentado no prazo de seis meses a contar da data da ocorrência do facto determinante da protecção.

A entrega do requerimento fora do prazo dos 6 meses nos casos em que a mesma seja efectuada durante o período legal de concessão dos subsídios[62] determina a redução no período de concessão pelo período de tempo respeitante ao atraso verificado.

O requerimento é subscrito pelos titulares do direito, ou, em seu nome, pelos respectivos representantes legais.

Instrução do requerimento – prova

Os factos determinantes da atribuição dos subsídios, bem como os períodos de impedimento para o trabalho, são declarados no requerimento, o qual, consoante os casos, é acompanhado dos documentos de identificação civil e ou da certificação médica, nas situações em que esta não seja emitida pelos estabelecimentos ou serviços de saúde competentes[63] e, ainda, de outros documentos de prova neles indicados.

Nas situações em que o requerimento seja apresentado *online*, os meios de prova que o instruem podem ser apresentados pela mesma via desde que correctamente digitalizados e integralmente apreensíveis.

Os beneficiários têm o dever de conservar os originais dos meios de prova, pelo prazo de cinco anos, bem como o dever de os apresentar sempre que solicitados pelos serviços competentes.

É dispensada a apresentação dos meios de prova que instruem o requerimento sempre que as entidades gestoras possam, com base nos elementos constantes do requerimento e da certificação médica ou hospitalar,[64] comprovar oficiosamente os requisitos de atribuição dos subsídios.

Os requerentes podem ser dispensados da apresentação dos elementos exigíveis caso esteja salvaguardado o acesso à informação em causa por parte da segurança social, designadamente por efeito de processos de interconexão de dados com outros organismos da Administração Pública.

---

[62] Situações verificáveis, por exemplo, por doença ou internamento da criança ou do progenitor, suspensivos da licença (art. 41º do DL 91/2009, de 9 de Abril).
[63] Consideram-se serviços competentes as entidades prestadoras de cuidados de saúde, designadamente centros de saúde e hospitais, com excepção dos serviços de urgência.
[64] Designadamente: certificado de incapacidade temporária para o trabalho (CIT) nas situações de risco clínico durante a gravidez e a interrupção da gravidez.

A atribuição dos subsídios parentais iniciais depende da apresentação de declaração do médico do estabelecimento ou serviço de saúde comprovativa do parto ou de documento de identificação civil do descendente.

A atribuição do subsídio parental inicial por impossibilidade do outro progenitor depende da apresentação de certificação médica da incapacidade física ou psíquica do outro progenitor ou de certidão de óbito.

Deveres dos beneficiários

Os beneficiários que se encontrem a receber subsídios, devem comunicar à Segurança Social os factos que determinem a cessação do direito aos subsídios, no que respeita a alteração de condições relativamente a:

- períodos de licença, faltas e dispensas não remunerados previstos no Código do Trabalho, ou períodos equivalentes;
- condição de residência em território nacional;
- condição de recursos;
- composição do agregado familiar.

Esta comunicação é feita no prazo de 5 dias úteis a seguir à data da sua verificação.

O incumprimento dos deveres, por acção ou omissão, bem como a utilização de qualquer meio fraudulento de que resulte a concessão indevida dos subsídios, determinam a sua restituição (devolução)[65].

2) *Subsídio por adopção*

Concedido a candidatos a adoptantes na situação de confiança judicial ou administrativa com vista à adopção legalmente prevista[66] de menor de 15 anos, impeditivas do exercício de actividade laboral ou equivalente (desemprego).

Se se tratar de adopção de filho do cônjuge do beneficiário ou da pessoa com quem o beneficiário viva em união de facto não há direito ao subsídio.

Condições de atribuição específicas[67]

Havendo dois candidatos a adoptantes, o exercício do direito por decisão conjunta integralmente por um, ou por ambos em tempo parcial ou em períodos sucessivos.

---

[65] Para o regime sancionatório ver Contra-ordenações.
[66] Nos termos do art. 1978º do Código Civil.
[67] Para além das condições gerais do subsídio parental.

Período de atribuição

Igual número de dias do subsídio parental inicial ou alargado consecutivos imediatamente posteriores à data da confiança judicial ou administrativa do menor.

Em caso de incapacidade física ou psíquica, medicamente comprovada, ou de morte do beneficiário candidato a adoptante sem que este tenha esgotado o direito ao subsídio, o cônjuge que seja beneficiário tem direito ao subsídio pelo período remanescente ou a um mínimo de 14 dias, ainda que não seja candidato a adoptante, desde que viva em comunhão de mesa e habitação com o adoptado.

No caso de adopções múltiplas, aos períodos referidos acrescem 30 dias por cada adopção além da primeira[68].

Quando a confiança administrativa consistir na confirmação da permanência do menor a cargo do adoptante, este tem direito a licença, pelo período remanescente, desde que a data em que o menor ficou de facto a seu cargo tenha ocorrido antes do termo da licença parental inicial.

Suspensão do período de concessão

Em caso de doença de beneficiário que esteja a receber subsídio a prestação é suspensa, mediante comunicação do interessado à segurança social e apresentação de certificação médica.

Prova

A atribuição do subsídio por adopção depende da apresentação da declaração da confiança administrativa ou judicial do menor adoptado[69].

Nas situações incapacidade física ou psíquica ou de morte do outro progenitor depende da apresentação de certificação médica da incapacidade física ou psíquica do outro progenitor ou de certidão de óbito.

Âmbito, Condições de atribuição, Requerimento, Montante, Pagamento, Subsídio alargado, Acumulação... ver Subsídio parental.

3) *Subsídio para assistência a filho*

Concedido, na situação de faltas por impedimento para o exercício de actividade laboral determinadas pela necessidade de prestar assistência inadiável e

---

[68] O pagamento do acréscimo é reportado aos últimos dias do período de concessão.
[69] Se a segurança social não tiver tido intervenção no processo (nº 1 do art. 69º do DL 91/2009, 9/04).

imprescindível a filho[70] em caso de doença ou acidente medicamente certificadas[71].

Âmbito específico[72]

Não abrange trabalhadores independentes.
Não se atribui a beneficiários de subsídio de desemprego.

Condições de atribuição específicas[73]

A concessão do subsídio para assistência a filho depende de o outro progenitor ter actividade profissional, não exercer o direito ao respectivo subsídio pelo mesmo motivo ou estar impossibilitado de prestar a assistência e, ainda, no caso de filho maior, este se integrar no agregado familiar do beneficiário.

Montante diário

65% da remuneração de referência do beneficiário calculada nos termos do subsídio parental, sem prejuízo da garantia do montante mínimo de 80% de 1/30 do IAS.

Período de atribuição[74]

Por cada descendente:

a) menor de 12 anos ou, independentemente da idade, no caso de filho com deficiência ou doença crónica[75], um período máximo de 30 dias, seguidos ou

---

[70] A protecção conferida aos progenitores é extensiva aos beneficiários do regime geral dos trabalhadores por conta de outrem e regime de segurança social dos trabalhadores independentes e do seguro social voluntário, adoptantes, tutores, pessoas a quem for deferida a confiança judicial ou administrativa do menor, bem como cônjuges ou membros de união de facto com qualquer daqueles ou com o progenitor desde que vivam em comunhão de mesa e habitação com o menor, sempre que, nos termos do Código de Trabalho, lhes seja reconhecido direito às correspondentes faltas, licenças e dispensas.

[71] São equiparadas as situações de encerramento total ou parcial de estabelecimentos de ensino pela autoridade de saúde competente devido a perigo de contágio de qualquer elemento patogénico.

[72] Para além do âmbito do subsídio parental.

[73] Para além das condições gerais do subsídio parental.

[74] Os períodos de licença para assistência a filho de 2 ou 3 anos (art. 52º CT), apenas são tomados em consideração para a taxa de formação no cálculo das pensões de invalidez e velhice do regime geral de segurança social, mediante comunicação do facto, por parte do trabalhador, à segurança social.

[75] Conceitos:
– pessoa com deficiência – aquela que, por motivo de perda ou anomalia, congénita ou adquirida, de funções ou de estruturas do corpo, incluindo as funções psicológicas, apresente dificuldades

interpolados, em cada ano civil ou durante todo o período de eventual hospitalização[76];

b) maior de 12 anos[77], um período máximo de 15 dias, seguidos ou interpolados, em cada ano civil.

Aos períodos referidos acresce um dia por cada filho além do primeiro.
Relevam para o cômputo dos períodos máximos de concessão do subsídio para assistência a filho os períodos de concessão do subsídio para assistência a neto.

Requerimento

A apresentação do requerimento é dispensada nas situações em que o impedimento para o trabalho é certificado pelo CIT (certificado de incapacidade temporária para o trabalho) através do Serviço Nacional de Saúde (centros de saúde e hospitais, excepto os serviços de urgência).

Meios de prova

Apresentação de certificação médica ou declaração hospitalar.

A certificação médica de deficiência, na situação de filho com deficiência com 12 ou mais anos de idade, é dispensada no caso de estar a ser atribuída uma prestação por deficiência.

A certificação médica de doença crónica, na situação de filho com doença crónica com 12 ou mais anos de idade, apenas é exigível aquando da apresentação do primeiro requerimento.

Âmbito, Condições de atribuição, Acumulação... ver subsídio parental.

---

específicas susceptíveis de, em conjugação com os factores do meio, lhe limitar ou dificultar a actividade e a participação em condições de igualdade com as demais pessoas. (L 38/2004, 18/08)
- doença crónica – doença de longa duração, com aspectos multidimensionais, com evolução gradual dos sintomas e potencialmente incapacitante, que implica gravidade pelas limitações nas possibilidades de tratamento médico e aceitação pelo doente cuja situação clínica tem de ser considerada no contexto da vida familiar, escolar e laboral, que se manifeste particularmente afectado.

[76] Mas não pode ser exercido simultaneamente pelo pai e pela mãe ou equiparados.
[77] Com mais de 18 anos só integrado no agregado familiar.

4) Subsídio para assistência a filho com deficiência ou doença crónica

Concedido na situação de licença por impedimento para o exercício de actividade laboral determinada pela necessidade de prestar assistência a filho[78] com deficiência ou doença crónica[79] integrado no agregado familiar.

Âmbito específico[80]

Não se atribui a beneficiários de subsídio de desemprego.

Condições de atribuição específicas[81]

O filho viver em comunhão de mesa e habitação com o beneficiário;

O outro progenitor ter actividade profissional e não exercer o direito ao respectivo subsídio pelo mesmo motivo ou estar impossibilitado de prestar a assistência.

Montante diário

65% da remuneração de referência do beneficiário calculada nos termos do subsídio parental, tendo como limite máximo 1/30 de duas vezes o IAS e mínimo 80% de 1/30 do IAS.

Prestações compensatórias de subsídio de férias e de Natal: 80%, não podendo ultrapassar 2 vezes o IAS.

---

[78] A protecção conferida aos progenitores é extensiva aos beneficiários do regime geral dos trabalhadores por conta de outrem e regime de segurança social dos trabalhadores independentes e do seguro social voluntário, adoptantes, tutores, pessoas a quem for deferida a confiança judicial ou administrativa do menor, bem como cônjuges ou membros de união de facto com qualquer daqueles ou com o progenitor desde que vivam em comunhão de mesa e habitação com o menor, sempre que, nos termos do Código de Trabalho, lhes seja reconhecido direito às correspondentes faltas, licenças e dispensas.

[79] Conceitos:
- pessoa com deficiência – aquela que, por motivo de perda ou anomalia, congénita ou adquirida, de funções ou de estruturas do corpo, incluindo as funções psicológicas, apresente dificuldades específicas susceptíveis de, em conjugação com os factores do meio, lhe limitar ou dificultar a actividade e a participação em condições de igualdade com as demais pessoas. (L 38/2004, 18/08)
- doença crónica – doença de longa duração, com aspectos multidimensionais, com evolução gradual dos sintomas e potencialmente incapacitante, que implica gravidade pelas limitações nas possibilidades de tratamento médico e aceitação pelo doente cuja situação clínica tem de ser considerada no contexto da vida familiar, escolar e laboral, que se manifeste particularmente afectado.

[80] Para além do âmbito do subsídio parental

[81] Para além das condições gerais do subsídio parental.

Período de atribuição

O subsídio é atribuído durante os primeiros 12 anos de vida do descendente por um período até 6 meses, prorrogável até ao limite de 4 anos.

Suspensão do período de concessão

Em caso de doença de beneficiário que esteja a receber subsídio para assistência a filho com deficiência ou doença crónica esta prestação é suspensa, mediante comunicação do interessado à segurança social e apresentação de certificação médica.

Prova

A atribuição do subsídio para assistência a filho com deficiência ou doença crónica depende de apresentação da certificação médica que comprove a necessidade de assistência.

A certificação médica de deficiência, na situação de filho com deficiência com 12 ou mais anos de idade, é dispensada no caso de estar a ser atribuída uma prestação por deficiência.

A certificação médica de doença crónica, na situação de filho com doença crónica com 12 ou mais anos de idade, apenas é exigível aquando da apresentação do primeiro requerimento.

A prorrogação da concessão do subsídio depende de comunicação do beneficiário de que a licença para assistência a filho com deficiência ou doença crónica se mantém, no prazo de 10 dias úteis antes do termo do período de concessão.

Âmbito, Condições de atribuição, Requerimento, Pagamento, Acumulação ... ver Subsídio parental.

5) Subsídio para assistência a neto

Concedido na situação de licença por impedimento para o exercício de actividade laboral determinada pela necessidade de prestar assistência a neto integrado no agregado familiar.

Âmbito específico[82]

Não abrange trabalhadores independentes.
Não se atribui a beneficiários de subsídio de desemprego.

---

[82] Para além do âmbito do subsídio parental.

Concretiza-se nas seguintes modalidades de prestações garantidas durante o período de impedimento para o exercício de actividade laboral [83]:

a) subsídio por nascimento de neto [84]

Condições

- o neto resida com o beneficiário em comunhão de mesa e habitação e seja filho de adolescente menor de 16 anos;
- depende de declaração dos beneficiários dos períodos a gozar ou gozados pelos avós, de modo exclusivo ou partilhado;
- nas situações em que não é partilhado pelos avós, é concedido desde que o outro avô exerça actividade profissional [85], esteja impossibilitado de prestar assistência e não tenha requerido o correspondente subsídio.

Montante diário e duração

100% da remuneração de referência do beneficiário, calculada nos termos do subsídio parental nos 30 dias seguidos a gozar de modo exclusivo ou partilhado após o nascimento do neto que resida com o beneficiário em comunhão de mesa e habitação.

b) subsídio para assistência a neto

Assistência inadiável e imprescindível em caso de doença ou acidente a neto menor ou, independentemente da idade, com deficiência ou doença crónica, desde que os pais exerçam actividade profissional, estejam impossibilitados de prestar a assistência ao filho e não pediram o respectivo subsídio pelo mesmo motivo, e, ainda, que nenhum outro familiar do mesmo grau falte pelo mesmo motivo.

---

[83] Para além das condições gerais do subsídio parental.

[84] A protecção conferida aos progenitores é extensiva aos beneficiários do regime geral dos trabalhadores por conta de outrem e regime de segurança social dos trabalhadores independentes e do seguro social voluntário, adoptantes, tutores, pessoas a quem for deferida a confiança judicial ou administrativa do menor, bem como cônjuges ou membros de união de facto com qualquer daqueles ou com o progenitor desde que vivam em comunhão de mesa e habitação com o menor, sempre que, nos termos do Código de Trabalho, lhes seja reconhecido direito às correspondentes faltas, licenças e dispensas.

[85] Ou se algum deles não exerce actividade profissional por estar física ou psiquicamente impossibilitado de cuidar do neto ou não viva em comunhão de mesa e habitação com este.

Montante diário e duração

65% *da* remuneração de referência do beneficiário, calculada nos termos do subsídio parental durante o período restante de dias de faltas não gozadas pelos pais por assistência a filho.

Requerimento

A apresentação do requerimento é dispensada nas situações em que o impedimento para o trabalho é certificado pelo CIT (certificado de incapacidade temporária para o trabalho), através do Serviço Nacional de Saúde (centros de saúde e hospitais, excepto os serviços de urgência).

Prova

a) o subsídio por nascimento de neto depende da apresentação de declaração do médico do estabelecimento ou serviço de saúde comprovativa do parto ou de documento de identificação civil do descendente;
b) a atribuição do subsídio para assistência a neto depende de apresentação de certificação médica com indicação dos períodos de impedimento para o trabalho necessários para garantir a assistência inadiável e imprescindível ao neto.

Âmbito, Condições de atribuição, Requerimento, Pagamento, Acumulação, ver Subsídio parental.

6) Subsídio por interrupção da gravidez

Concedido nas situações de interrupção de gravidez[86] impeditivas do exercício de actividade laboral ou equivalente (desemprego), medicamente certificadas.

---

[86] Aborto espontâneo ou interrupção voluntária da gravidez legalmente admitida, nos termos do art. 142º do Código Penal.
Artigo 142º Interrupção da gravidez não punível
1 – Não é punível a interrupção da gravidez efectuada por médico, ou sob a sua direcção, em estabelecimento de saúde oficial ou oficialmente reconhecido e com o consentimento da mulher grávida, quando:
a) Constituir o único meio de remover perigo de morte ou de grave e irreversível lesão para o corpo ou para a saúde física ou psíquica da mulher grávida;
b) Se mostrar indicada para evitar perigo de morte ou de grave e duradoura lesão para o corpo ou para a saúde física ou psíquica da mulher grávida e for realizada nas primeiras 12 semanas de gravidez;

Montante diário

100% da remuneração de referência da beneficiária, calculado nos termos do subsídio parental.

Período de atribuição

Entre 14 e 30 dias, graduável pelo médico.

Requerimento

A apresentação do requerimento é dispensada nas situações em que o impedimento para o trabalho é certificado pelo CIT (certificado de incapacidade temporária para o trabalho), através do Serviço Nacional de Saúde (centros de saúde e hospitais, excepto os serviços de urgência).

c) Houver seguros motivos para prever que o nascituro virá a sofrer, de forma incurável, de grave doença ou malformação congénita, e for realizada nas primeiras 24 semanas de gravidez, excepcionando-se as situações de fetos inviáveis, caso em que a interrupção poderá ser praticada a todo o tempo;
d) A gravidez tenha resultado de crime contra a liberdade e autodeterminação sexual e a interrupção for realizada nas primeiras 16 semanas.
e) For realizada, por opção da mulher, nas primeiras 10 semanas de gravidez.
2 – A verificação das circunstâncias que tornam não punível a interrupção da gravidez é certificada em atestado médico, escrito e assinado antes da intervenção por médico diferente daquele por quem, ou sob cuja direcção, a interrupção é realizada, sem prejuízo do disposto no número seguinte.
3 – Na situação prevista na alínea e) do nº 1, a certificação referida no número anterior circunscreve-se à comprovação de que a gravidez não excede as 10 semanas.
4 – O consentimento é prestado:
a) Nos casos referidos nas alíneas a) a d) do nº 1, em documento assinado pela mulher grávida ou a seu rogo e, sempre que possível, com a antecedência mínima de três dias relativamente à data da intervenção;
b) No caso referido na alínea e) do nº 1, em documento assinado pela mulher grávida ou a seu rogo, o qual deve ser entregue no estabelecimento de saúde até ao momento da intervenção e sempre após um período de reflexão não inferior a três dias a contar da data da realização da primeira consulta destinada a facultar à mulher grávida o acesso à informação relevante para a formação da sua decisão livre, consciente e responsável.
5 – No caso de a mulher grávida ser menor de 16 anos ou psiquicamente incapaz, respectiva e sucessivamente, conforme os casos, o consentimento é prestado pelo representante legal, por ascendente ou descendente ou, na sua falta, por quaisquer parentes da linha colateral.
6 – Se não for possível obter o consentimento nos termos dos números anteriores e a efectivação da interrupção da gravidez se revestir de urgência, o médico decide em consciência face à situação, socorrendo-se, sempre que possível, do parecer de outro ou outros médicos.
7 – Para efeitos do disposto no presente artigo, o número de semanas de gravidez é comprovado ecograficamente ou por outro meio adequado de acordo com as *leges artis*.

Prova

Depende de certificação médica – certificado de incapacidade temporária para o trabalho (CIT) – objecto de transmissão electrónica pelos serviços do Serviço Nacional de Saúde que indique o período de impedimento.

Âmbito, Condições de atribuição, Pagamento, Acumulação... ver Subsídio parental.

7) Subsídio por risco clínico durante a gravidez

Concedido a trabalhadora grávida nas situações de ocorrência de risco clínico[87], durante a gravidez para esta ou para o nascituro, medicamente certificado, impeditivo do exercício de actividade laboral ou equivalente (desemprego), independentemente do motivo que determine esse impedimento e esteja este ou não relacionado com as condições de prestação do trabalho, caso o empregador não lhe proporcione o exercício de actividade compatível com o seu estado e categoria profissional.

Montante diário

100% da remuneração de referência calculada nos termos do subsídio parental, no mínimo de 80% de 1/30 avos do valor do IAS.

Período de atribuição

Durante o período de tempo considerado necessário para prevenir o risco.

Requerimento

A apresentação do requerimento é dispensada nas situações em que o impedimento para o trabalho é certificado pelo CIT (certificado de incapacidade temporária para o trabalho), através do Serviço Nacional de Saúde (centros de saúde e hospitais, excepto os serviços de urgência)

Prova

Depende de certificação médica – certificado de incapacidade temporária para o trabalho (CIT) – objecto de transmissão electrónica pelos serviços do Serviço Nacional de Saúde que indique o período de impedimento.[88]

Âmbito, Condições de atribuição, Acumulação... V. Subsídio parental.

---

[87] Não confundir com o subsídio por riscos específicos.
[88] Sem sujeição aos limites dos períodos de incapacidade temporária do subsídio de doença. (*nota 14 pág. 283*)

8) Subsídio por riscos específicos

Concedido nas situações de impedimento para o exercício de actividade laboral determinadas pela ocorrência de risco específico para a beneficiária grávida, puérpera e lactante[89] que desempenhe trabalho nocturno ou esteja exposta a agentes, processos ou condições de trabalho, que constituam risco para a sua segurança e saúde[90].

Âmbito específico[91]

Beneficiárias grávidas, puérperas ou lactantes em situação de risco (por riscos específicos ou trabalho nocturno), na gravidez, parto ou amamentação, dispensadas do trabalho.
Não se atribui a beneficiárias de subsídio de desemprego.

Condições de atribuição específicas[92]

A mãe tem direito ao subsídio por riscos específicos durante a amamentação mesmo impedida ou inibida totalmente do exercício do poder paternal.

Montante

O montante diário do subsídio é de 65% da remuneração de referência calculada nos termos do subsídio parental, sem prejuízo da garantia de um montante mínimo de 80% de 1/30 do IAS.

Período de atribuição

Por exposição a riscos específicos, durante o período necessário para prevenir o risco e na impossibilidade de o empregador lhe conferir outras tarefas.

---

[89] Conceitos:
- Trabalhadora grávida, a trabalhadora em estado de gestação que informe o empregador do seu estado, por escrito, com apresentação de atestado médico;
- Trabalhadora puérpera, a trabalhadora parturiente e durante um período de 120 dias subsequentes ao parto que informe o empregador do seu estado, por escrito, com apresentação de atestado médico ou certidão de nascimento do filho;
- Trabalhadora lactante, a trabalhadora que amamenta o filho e informe o empregador do seu estado, por escrito, com apresentação de atestado médico.

[90] Actividades condicionadas e proibidas a grávidas, puérperas e lactantes: arts. 84º a 95º da Lei nº 35/2004, de 29 de Julho.

[91] Para além do âmbito do subsídio parental.

[92] Para além das condições gerais do subsídio parental.

Na dispensa de trabalho nocturno[93]:

- 112 dias antes e depois do parto, dos quais pelo metade antes da data previsível do parto ou durante o restante período de gravidez, se tal for necessário para a saúde da trabalhadora ou do nascituro;
- durante todo o tempo que durar a amamentação se tal for necessário para a saúde da trabalhadora ou do nascituro;

Prova

Depende da apresentação dos seguintes elementos:
- declaração do empregador da impossibilidade de atribuição de outras tarefas à beneficiária grávida, puérpera ou lactante que desempenhe trabalho nocturno ou esteja exposta a agentes ou processos ou condições de trabalho que constituam risco;
- no caso dos trabalhadores independentes e abrangidos pelo seguro social voluntário a comprovação de desempenho de trabalho nocturno ou de exposição a agente ou processos ou condições de trabalho que constituam risco é efectuada por médico do trabalho ou por instituição ou serviço integrado no Serviço Nacional de Saúde.

Âmbito, Condições de atribuição, Requerimento, Acumulação... ver Subsídio parental.

2. Prestações diferidas [94]

1) Pensão de invalidez

a) Geral

Âmbito pessoal

Beneficiários que, antes de atingirem as condições de atribuição de pensão de velhice, se encontrem em situação de incapacidade permanente.

Condições de atribuição

i) Incapacidade permanente

---

[93] Trabalho prestado num período que tenha a duração mínima de sete horas e máxima de onze horas, compreendendo o intervalo entre as 0 e as 5 horas.

[94] Aquelas em que o decurso do tempo é facto determinante para o agravamento da probabilidade de verificação do evento de que depende a sua atribuição.

A situação de invalidez corresponde a uma incapacidade permanente[95] para o trabalho:

- relativa a exercício de actividade abrangida pelo regime geral de segurança social[96];
- de causa não profissional, isto é, que não resulte de acidente de trabalho ou doença profissional (neste caso, o regime geral é subsidiário);
- posterior a inscrição na segurança social[97];
- não imputável a acto intencional do beneficiário;
- reconhecida pela comissão de verificação de incapacidade permanente.

A invalidez considera-se

- relativa[98] quando assenta na presunção de que o beneficiário não recuperará, dentro de 3 anos subsequentes, a capacidade de auferir no desempenho da profissão mais de 50% da remuneração correspondente, determinante da impossibilidade de auferir na sua profissão[99] mais de 1/3 da remuneração correspondente ao seu exercício normal[100];
- absoluta quando a incapacidade é definitiva para toda e qualquer profissão ou trabalho: o beneficiário não apresenta capacidades de ganho remanescentes nem é presumível que venha a recuperar até à idade legal de reforma por velhice a capacidade de auferir quaisquer meios de subsistência.

ii) Situação de responsabilidade civil de terceiro

No caso da incapacidade permanente, que determine a atribuição de pensão de invalidez, resultar de responsabilidade civil de terceiros não há pagamento das respectivas prestações até que o somatório das pensões a que o

---

[95] A incapacidade permanente é avaliada de acordo com as funcionalidades físicas, sensoriais e mentais, do estado geral, da idade, das aptidões profissionais e da capacidade de trabalho remanescente dos beneficiários.

[96] Se, à data em que for requerida a pensão, tiver cessado o registo de remunerações, no âmbito do regime geral, por período ininterrupto superior a 12 meses, e o beneficiário estiver a exercer actividade abrangida por diferente regime, ainda que de outro sistema de protecção social, nacional ou estrangeiro, a concessão da pensão fica dependente do reconhecimento, pelo sistema de verificação de incapacidades, da situação de invalidez em relação a essa actividade.

[97] Se anterior tem que haver agravamento determinante da incapacidade.

[98] Porém, é sempre exigida situação de invalidez absoluta para:
- seguro social voluntário;
- com prazo de garantia preenchido com períodos de pagamento voluntário (DL 380/89, de 27/10).

[99] Profissão relevante: última profissão exercida no regime geral ou a mais bem remunerada, no caso de trabalho simultâneo.

[100] Corresponde a uma redução de capacidade de cerca de 66,7%.

beneficiário teria direito, se não houvesse tal responsabilidade, atinja o valor da indemnização por perda de capacidade de ganho.

Quando não for indicado o valor da indemnização por perda da capacidade de ganho, presume-se que a mesma corresponde a dois terços do valor total da indemnização atribuída.

Se tiver havido pagamento de pensões, a instituição gestora tem o direito de exigir o respectivo reembolso.

Nos casos em que, por falta de bens penhoráveis, o beneficiário não possa obter do responsável o valor da indemnização devida, há lugar ao pagamento da pensão.

Nos casos em que o pedido de reembolso do valor das pensões não tiver sido judicialmente formulado pela instituição gestora, nenhuma transacção pode ser celebrada com o beneficiário titular do direito à indemnização nem pode ser-lhe efectuado qualquer pagamento com a mesma finalidade sem que se encontre certificado, pela mesma instituição, o pagamento de pensões e o respectivo montante.

Havendo acordo, o responsável pela indemnização deve:
– comunicar à instituição gestora o valor total da indemnização devida;
– reter e pagar directamente à instituição gestora o valor correspondente ao das pensões pagas, até ao limite do montante da indemnização.

O terceiro responsável pela indemnização responde solidariamente com o beneficiário pelo reembolso do valor das pensões pagas a este.

iii) Prazo de garantia

– Geral

Em formação desde Jan 94:
- 5 anos civis – invalidez relativa;
- 3 anos civis – invalidez absoluta;

Validados do seguinte modo:

– após 1 de Janeiro de 1994: anos civis com 120 dias seguidos ou interpolados com registo de remunerações[101] (mesmo por equivalência);
– até 31 de Dezembro de 1993: cada grupo de 12 meses com registo de remunerações corresponde a 1 ano civil (1 dia valida 1 mês).

---

[101] Densidade contributiva que pode formar-se por agregação (ou conglobação), isto é, os dias com registo de remunerações nos anos com menos de 120 dias podem ser adicionados sequencialmente para perfazer grupos de 120 dias. Assim, no exemplo que segue, em 6 anos de carreira contributiva apenas se encontram 3 anos com densidade ("anos gordos"):

O prazo de garantia pode ser obtido por totalização de períodos contributivos registados noutros regimes de protecção social nacionais ou estrangeiros com pelo menos 1 ano civil com registo de remunerações no regime geral.

Prazo já cumprido em 31 de Dezembro de 1993:

- até Dezembro de 1973: 5 anos de inscrição e 30 meses de contribuições ou 5 anos civis com entrada de contribuições;
- até Dezembro de 1979: 3 anos de inscrição e 24 meses de contribuições;
- até Setembro de 1984: 36 meses de contribuições;
- até Dezembro de 1993: 60 meses de contribuições.

– especiais[102]
seguro social voluntário: 72 meses de contribuições.

Dispensa-se o prazo de garantia relativamente aos beneficiários que esgotem o período de 1095 dias de registo de remunerações por equivalência à entrada de contribuições por motivo de doença[103].

Promoção da declaração de incapacidade permanente

i) necessária:
– a requerimento do interessado ou do seu representante legal;
– oficiosamente, decorridos 1095 dias de registo de remunerações por equivalência à entrada de contribuições por motivo de doença[104].

ii) facultativa:
– oficiosamente, decorridos 365 dias de incapacidade subsidiada (doença);
– a requerimento da entidade empregadora.

Ano de calendário	Nº de dias	Ano civil	
2009	70	-	Não há densidade
2010	**170**	1	**Há densidade**
2011	60	1	**Há densidade por conglobação** (2009 + 2011 = 130)
2012	50	-	Não há densidade
2013	**140**	1	**Há densidade**
2014	60	-	Não há densidade, nem por conglobação (2012 + 2014 = 110)

A densidade contributiva é exigida desde Janeiro de 1994.
Relativamente à contagem dos anos anteriores a 94, cada grupo de 12 meses conta-se como um ano (1 dia valida 1 mês).

[102] Ver situações especiais no final.
[103] Determinante de atribuição de pensão provisória de invalidez.
[104] Não é exigido prazo de garantia.

Certificação de incapacidade permanente. Comissões de verificação e de recurso[105]

Às comissões de verificação de incapacidade permanente, integradas no Sistema de Verificação de Incapacidades (SVI), compete apreciar os processos clínicos dos requerentes de prestações para cuja atribuição se exija a verificação de situações invalidantes e decidir sobre a revisão de situações de incapacidades permanentes.

Às *comissões de verificação e de recurso*, cabe-lhes, através da realização de exames médicos, a verificação das situações de incapacidade permanente em situações invalidantes ou de situações de deficiência pela análise dos dados relativos às condições físicas, motoras, orgânicas, sensoriais e intelectuais dos beneficiários como as referentes às suas repercussões sócio-profissionais.

Compete, em geral, aos médicos relatores e às comissões de verificação:

- verificar os danos físicos, orgânicos, anátomo-funcionais, psíquicos e psicológicos dos requerentes ou titulares de prestações pecuniárias dos regimes de segurança social, determinando, com base em todos os elementos de diagnóstico que forem necessários, a origem, a natureza e a extensão da redução física motora, orgânica, sensorial ou intelectual provocada pela incapacidade;
- considerar as capacidades remanescentes do interessado e avaliar as repercussões sócio-profissionais da incapacidade face às perspectivas concretas e actuais da sua reabilitação profissional e inserção no mercado normal de emprego;
- estudar e propor os métodos mais adequados a uma eficaz, objectiva e justa avaliação da incapacidade com base na ponderação das necessidades específicas decorrentes das limitações funcionais detectadas, bem como proceder à definição dos meios necessários à recuperação, com vista ao aproveitamento das capacidades remanescentes.

Compete às *comissões de verificação*:

- apreciar os processos clínicos dos requerentes das prestações ou dos beneficiários sujeitos a processo oficioso de verificação de incapacidade com base nos dados coligidos pelo médico relator e nos demais elementos de diagnóstico constantes do respectivo processo;

---

[105] Para os pilotos de aeronaves: regime previsto no DL 250/2003, de 11 de Outubro, nos termos do art. 3º do DL 156/2009, 9/07.

- verificar a origem, a natureza, a extensão e a presumível duração de incapacidade detectada, não susceptível de superação através de acções de recuperação funcional ou de adequados e viáveis meios de compensação;
- determinar, com base nas capacidades remanescentes e nas efectivas possibilidades de reabilitação profissional e inserção no mercado normal de emprego, a redução da capacidade profissional do beneficiário;
- concluir sobre o enquadramento das situações verificadas nos critérios legais de atribuição das prestações em causa, especificando as datas a que se reporta a verificação de incapacidade ou de dependência;
- proceder à revisão das situações de incapacidade permanente que abriram direito às prestações, tendo em vista pronunciar-se sobre a evolução das mesmas.

Compete às *comissões de recurso* apreciar as deliberações das comissões de verificação relativas à situação dos requerentes, não só em relação às condições de saúde, mas também às repercussões sócio-profissionais da incapacidade.

Assim, o médico relator, através de exame médico, procede à análise dos elementos fornecidos pelo requerente e os que fazem parte do processo, competindo-lhe de seguida elaborar um relatório circunstanciado para ser apreciado pela comissão de verificação que deliberará sobre o carácter invalidante ou não da situação clínica.

Às comissões de recurso, integradas igualmente no SVI, compete apreciar os processos clínicos dos requerentes de prestações para cuja atribuição se exija a verificação de situações invalidantes e decidir sobre a revisão de situações de incapacidade permanente.[106]

Se a pretensão for indeferida, o beneficiário pode requerer novo exame clínico decorrido um ano, salvo se houver agravamento do seu estado de saúde.

O pensionista de invalidez pode ser sujeito a exame de revisão da incapacidade por decisão da instituição gestora ou a seu pedido. Ressalvada a situação de agravamento da incapacidade, a revisão da incapacidade só pode ser requerida após três anos a contar da data da atribuição da pensão.

---

[106] Que também deve apreciar as repercussões sociprofissionais da incapacidade.
Se o requerente residir no estrangeiro a informação médica é substituída por um relatório médico, dados clínicos e outros elementos auxiliares de diagnóstico reunidos pelos serviços de saúde do país de residência ou por médico da escolha do interessado, sendo a certificação feita pelo serviço de verificação de incapacidade permanente de Lisboa.
Se o beneficiário residir no Luxemburgo é relevante a certificação feita pelos serviços médicos luxemburgueses, desde que de causa não profissional e superior a 66%.

Cálculo, Montantes adicionais, Acréscimos[107]*, Actualização, Entidade gestora e Contra-ordenações* ver pensão de velhice[108]

Valores mínimos – Invalidez absoluta[109]

O montante mínimo é igual ao valor mínimo de pensão de invalidez relativa e de velhice, correspondendo a uma carreira contributiva de 40 anos[110].

Pensão provisória (por limite de baixa)[111]

i) *Condições de atribuição*

Pode ser atribuída uma pensão provisória aos trabalhadores por conta de outrem[112] na situação em que se tenham esgotado o período de 1095 dias de registo de remunerações por incapacidade para o trabalho[113], desde que:

– mantenham essa incapacidade para o trabalho;[114]e
– tenha decorrido um ano sobre anterior deliberação que não tenha reconhecido a incapacidade permanente[115], até à sujeição a comissão de verificação de incapacidade permanente.

---

[107] Ver grande acréscimo em "convolação da pensão".
[108] Ver também regime especial de invalidez.
[109] Na situação de invalidez relativa são os mesmos da pensão de velhice (V.).
[110] Atingido em 2012 de acordo com o quadro seguinte:

Anos	Carreira contributiva
Em 2008 e 2009	De 15 a 20 anos
Em 2010 e 2011	De 21 a 30 anos
Desde 2012	De 40 anos

[111] Só a atribuição de pensão definitiva determina a caducidade do contrato de trabalho (Ac. STJ de 6/04/2000).
[112] Os trabalhadores independentes não têm direito. Nestes o período máximo de doença é de 365 dias.
[113] Mesmo sem prazo de garantia.
[114] Se houver alta médica fica ilidida a presunção de incapacidade permanente.
[115] Salvo se for comprovado agravamento da incapacidade.

Situação sujeita a exame da comissão de verificação de incapacidade permanente, que, no prazo de 30 dias, pode certificar (determinando a atribuição de pensão de invalidez) ou não certificar (determinando a cessação da pensão provisória).

ii) Montante igual ao da pensão social[116].

iii) Cessação

- pelo falecimento do beneficiário sem ter sido reconhecida a incapacidade permanente, não havendo lugar a reposição dos valores recebidos;
- se não for certificada a incapacidade permanente, não havendo reposição dos valores recebidos;
- se o beneficiário não comparecer sem motivo justificado, ao exame para que tenha sido convocado, havendo lugar à reposição dos valores pagos;
- pela conversão da pensão provisória em pensão de invalidez, havendo compensação com os valores da pensão definitiva.

Início da pensão

A pensão é devida a partir da data da deliberação da comissão de verificação de incapacidades permanentes (CVIP) ou da data indicada por esta comissão desde que não anterior à data do requerimento nem à promoção oficiosa da verificação da invalidez (dia imediato ao 1095º dia de subsídio por doença).

Acumulação da pensão

- com subsídio de doença – não cumulável. Estando a ser recebido o subsídio no momento do deferimento da pensão, esta será compensada por aquele na parte em que não a exceder;
- com subsídio de desemprego – não cumulável, devendo o beneficiário repor as importâncias recebidas como subsídio de desemprego a partir da data em que passar a ter direito à pensão;
- com subsídio mensal vitalício – não cumulável;

---

[116] Isto é:

2011	2012	2013	2014	2015	2016	2017
€ 189,52	€ 195,40	€ 197,55	€ 199,53	€ 201,53	€ 202,34	€ 203,35

- com indemnização por perda da capacidade de ganho paga por terceiro responsável – não cumulável até ao montante da indemnização[117];
- com outras pensões – ver acumulação na pensão de velhice;
- com rendimentos de trabalho – 1/14 da remuneração anual:
  - pensionistas reformados até 31 de Dezembro de 1993:
- invalidez para toda e qualquer profissão ou actividade (absoluta) – não cumuláveis – determina a cessação da pensão de invalidez;
- invalidez para a própria profissão (relativa)
  - não cumulável com rendimentos de actividade ou profissão semelhante;
  - cumulável com rendimentos do exercício da profissão (abrangida pela segurança social) para a qual o beneficiário não foi considerado incapaz (actividade profissional remunerada diferente) até ao limite de 2 vezes o valor da remuneração que lhe serviu de base de cálculo (actualizado) se o cúmulo for superior a 2 vezes a RMMG, reduzindo-se a pensão nessa parte[118];
  - pensionistas reformados desde 1/1/94 a 30/6/2007 – invalidez relativa[119]:
- cumulável até 100% da remuneração de referência considerada no cálculo da pensão, actualizada pelos coeficientes de revalorização de salários, sem incluir os montantes adicionais, o complemento social e o complemento por dependência, reduzindo-se a pensão na parte correspondente ao excedente;
- com indemnização por facto determinante da incapacidade da responsabilidade de terceiro não cumulável, enquanto compensada pelo montante de indemnização, deduzidas as despesas do beneficiário com o processo, devidamente comprovadas.

- pensionistas reformados desde 1/07/2007:

- invalidez absoluta: não é cumulável;
- invalidez relativa:
- com rendimentos da mesma profissão: limite de 100% do valor da remuneração de referência;
- com rendimentos de profissões ou actividades diferentes:
  - no 1º ano: 2 remunerações de referência;

---

[117] Se não for indicado o valor da indemnização por perda de capacidade de ganho presume-se que a mesma corresponde a 2/3 do valor total da indemnização atribuída.
[118] O pensionista deverá apresentar declaração do montante das retribuições auferidas por actividade remunerada e confirmada pela entidade empregadora.
[119] A invalidez absoluta segue o regime dos reformados até 31/12/93.

- no 2º ano: 1,75 remunerações de referência;
- no 3º ano: 1,5 remunerações de referência;
- no 4º ano e seguintes: 1,33 remunerações de referência.

Se o quantitativo mensal recebido pelo pensionista como soma da pensão de invalidez relativa com rendimentos de trabalho for superior aos limites estabelecidos, os montantes concedidos ao pensionista são reduzidos na parte em que o referido quantitativo mensal exceda esses limites.

O quantitativo mensal dos rendimentos do trabalho, a considerar corresponde aos valores seguintes, conforme o caso:
- no início da acumulação, ao valor da remuneração declarada pelo pensionista;
- posteriormente, a 1/14 das remunerações auferidas no ano anterior.

Conversão ou convolação da pensão

A pensão toma a natureza de pensão de velhice no mês seguinte àquele em que o beneficiário inválido atinja os 65 anos de idade[120].

Suspensão do pagamento da pensão

O pagamento da pensão de invalidez é suspensa nas seguintes situações:
- falta de comunicação periódica ao Centro Nacional de Pensões do exercício de actividade profissional e respectivas remunerações e do valor de outra pensão de que o pensionista seja titular;
- adopção pelos pensionistas de procedimentos que impeçam ou retardem a avaliação da subsistência da incapacidade, designadamente a ausência injustificada ao exame médico de revisão da incapacidade e não obtenção dos elementos clínicos necessários.

Cessação da pensão

O direito à pensão cessa por:
- não subsistência da incapacidade permanente verificada aquando da sua revisão[121] ou falta injustificada ao exame de revisão para que tenha sido convocado;

---

[120] Não há revisão do cálculo.
Tendo como efeitos, por exemplo para as pensões iniciadas até 31/12/93, o grande acréscimo, isto é, o acréscimo único feito no mês seguinte à convolação, correspondente a 2% de 1/12 da soma de todas as remunerações registadas desde o início da pensão por invalidez (R/600).
[121] Produz efeitos a partir do mês seguinte ao da comunicação do facto ao pensionista pela segurança social.

- exercício de qualquer actividade profissional no caso de invalidez absoluta ou pelo exercício da actividade para a qual foi reconhecida a incapacidade permanente;
- falecimento do pensionista;
- conversão ou convolação em pensão de velhice.

Requerimento

O requerimento, além do pedido de pensão e das informações relativas à carreira contributiva do beneficiário, deve conter as declarações do requerimento da pensão de velhice (ver) e as relativas a:

- exercício ou não de actividade profissional e valor da respectiva remuneração mensal, em acumulação com a pensão de invalidez;
- existência ou não de terceiros causadores de incapacidade permanente, sua identificação e valor de eventuais indemnizações já recebidas.

Para além dos documentos de instrução do requerimento de pensão de velhice (ver), este deve ser acompanhado de:

- informação médica[122], de modelo aprovado, devidamente fundamentada e instruída;
- declaração da entidade empregadora ou do próprio, se aquela não existir, relativamente ao trabalho desempenhado nos últimos 3 anos no exercício da profissão a considerar para efeitos de declaração de incapacidade.

b) Regime especial[123]

Âmbito pessoal

Beneficiários do regime geral de segurança social e do regime do seguro social voluntário do sistema previdencial, do regime não contributivo do sub-

---

[122] A informação médica é emitida pelo médico de família ou por qualquer médico escolhido pelo beneficiário e deve ser instruída com os relatórios de especialistas e elementos auxiliares de diagnóstico.

[123] Em tudo o que não estiver especialmente previsto é subsidiariamente aplicável o disposto no regime em que o beneficiário se enquadre (geral, não contributivo ou de protecção social convergente).

Aplicável às prestações de invalidez que se mantenham em 1 de Janeiro de 2010, desde que requerido pelos respectivos titulares e a respectiva patologia certificada tenha sido causa da incapacidade permanente para o trabalho que originou a pensão de invalidez.

sistema de solidariedade e do regime de protecção social convergente[124], que se encontrem em situação de incapacidade permanente para o trabalho
- com prognóstico de evolução rápida para uma situação de perda de autonomia com impacto negativo na profissão por eles exercida, originada por paramiloidose familiar, doença de Machado-Joseph, VIH/sida, esclerose múltipla, doença do foro oncológico, esclerose lateral amiotrófica, doença de Parkinson, doença de Alzheimer e doenças raras; ou
- decorrente de outras doenças de causa não profissional ou de responsabilidade de terceiro, de aparecimento súbito ou precoce que evoluam rapidamente para uma situação de perda de autonomia com impacto negativo na profissão por eles exercida.

Âmbito material

Prestações pecuniárias mensais denominadas:
- pensão de invalidez especial atribuível aos beneficiários do regime geral de segurança social;
- pensão de aposentação por invalidez atribuível aos beneficiários do regime de protecção social convergente;
- pensão social de invalidez especial atribuível aos beneficiários do regime não contributivo;
- complemento por dependência atribuível aos beneficiários de qualquer dos regimes de protecção social, independentemente da qualidade de pensionista.

Prazo de garantia
- beneficiários dos regimes geral e de protecção social convergente é de três anos civis, seguidos ou interpolados, com registo de remunerações, nos termos do regime geral de invalidez;
- beneficiários do seguro social voluntário, 36 meses.

Cálculo da pensão[125]

O montante da pensão do regime geral é igual a 3% da remuneração de referência, por cada ano civil relevante para efeitos de cálculo de pensão.[126]

---

[124] Competindo no RPSC a atribuição à CGA ou às entidades empregadoras conforme os beneficiários se encontrem aposentados ou em actividade, bem como suportar os respectivos encargos.
[125] Estas regras não prejudicam a possibilidade de aplicação das regras de cálculo previstas no regime geral da invalidez, se mais favorável.
[126] No cálculo da pensão de aposentação dos subscritores inscritos na Caixa Geral de Aposentações, I. P., antes de 1 de Setembro de 1993, o tempo de serviço apurado na parcela P1 é acrescido em 50%

A remuneração de referência a considerar resulta da seguinte fórmula: R/42, em que *R* representa o total das remunerações dos três anos civis a que correspondam as remunerações mais elevadas de entre os últimos 15 com registo de remunerações.

O montante da pensão do regime não contributivo do subsistema de solidariedade é igual ao valor mínimo de pensão de invalidez e de velhice correspondente a uma carreira contributiva inferior a 15 anos.

Montante mínimo

O montante da pensão não pode ser inferior a 30% da remuneração de referência e superior a 80% da melhor das remunerações de referência que tenham servido de base ao cálculo da pensão estatutária.

Processo de atribuição das prestações

O processo de atribuição das prestações deve ser instruído, para além do requerimento, com os seguintes documentos:

– informação clínica emitida por médico especializado, comprovando a doença que origina a incapacidade para o trabalho ou de dependência;
– deliberação dos serviços de verificação de incapacidades permanentes, competentes nos respectivos regimes de protecção social, de que o requerente se encontra:[127]

1) em situação de incapacidade permanente para o trabalho para efeitos de atribuição da pensão especial de invalidez; ou
2) em situação de dependência, para efeitos de atribuição do complemento por dependência.

c) Pilotos de aeronaves, Trabalhadores da Carris, Trabalhadores da Rádio Marconi... ver pensão de velhice.

---

com o limite, no cômputo das parcelas P1 e P2, do número máximo de anos de serviço relevantes em vigor na data do reconhecimento da incapacidade permanente, nos termos da fórmula de cálculo prevista no art. 5º da L 60/2005, 29.12, na redacção da L 11/2014, 06.03, não havendo lugar ao pagamento de contribuições relativamente a esse acréscimo.

[127] A eventual aplicação da Tabela Nacional de Funcionalidades, anexa ao Desp 10218/2014, 01.08, DR 152, 2ª série, 08.08, aplicada, durante seis meses, a título experimental, a partir de 1 de Maio de 2016, na avaliação das situações de incapacidade permanente para o trabalho, deficiência e dependência, efectuadas pelo sistema de verificação de incapacidades, pela Junta Médica da CGA, I. P., e pelos serviços de verificação de incapacidades das regiões autónomas está em reavaliação.

2) Pensão de velhice

Prestação atribuída na situação de velhice presumida em função da idade com o objectivo de compensar a perda de rendimento de trabalho motivada pela cessação ou redução da actividade profissional.

a) Geral

Âmbito pessoal

Pessoas, em regra trabalhadores e equiparados, com períodos contributivos para os regimes de segurança social (não abrangidos pela CGA[128]) relativamente a seguros diferidos (invalidez, velhice e morte)[129].

Excluem-se os trabalhadores que, tendo estado abrangidos, os seus períodos contributivos foram anulados (vg: por transferência de equivalência actuarial).

Condições de atribuição

i) Idade de acesso à pensão de velhice

- normal – 66 anos e 3 meses[130];
- flexível – desde os 60 anos de idade (reduzida)[131] e com idade superior á idade normal de acesso à pensão de velhice (bonificada);
- antecipada (específica) com regime próprio[132]:
  – bordadeiras de casa (R A Madeira) – 60 anos;

---

[128] Porém aplicável o cálculo do regime geral aos abrangidos pela CGA admitidos desde 1 de Setembro de 1993.
[129] Mesmo os trabalhadores que transitaram para a CGA com garantia de contagem de tempo anterior (no regime geral) para efeitos de aposentação (vg: pessoal dos ex-organismos de coordenação económica, pessoal dos Serviços Médico-Sociais e da segurança social) na medida em que são pagas comparticipações correspondentes à pensão estatutária.
[130] Em 2017.
Em 2016: 66 anos e 2 meses
Em 2014 e 2015: 66 anos.
Contudo, mantém-se a idade de 65 anos:
– para os que em 31/12/2013 já tinham 65 anos;
– para os que se encontrem impedidos legalmente de continuar a prestar o trabalho ou a actividade para além daquela idade.
Redução da idade de 4 meses por cada ano de carreira a mais para os que aos 65 anos tenham 40 anos de carreira contributiva.
[131] Regime anterior (55 anos de idade e 30 anos de carreira contributiva) suspenso de Abril de 2012 a Dezembro de 2014. Regime actual desde Janeiro de 2015.
[132] Para além de regimes transitórios por desajustamento, como por exemplo:
– trabalhadores do sector aduaneiro (despachantes oficiais) – 60 anos até Jul 1996 – DL 93/98, 14.04
– trabalhadores portuários (anos 90/91);

- controladores de tráfego aéreo – 58 anos;
- desempregados – 57 anos;
- mineiros – 50 anos;
- pescadores – 55 anos;
- pré-reformados – 62 anos (transitoriamente: 60 anos);
- profissionais de bailado – 45 ou 55 anos;
- trabalhadores abrangidos por acordos internacionais (RAA) – 45 anos;
- trabalhadores marítimos de comércio de longo curso – 55 anos.

ii) Prazo de garantia

Em formação em Janeiro de 1994:

- 15 anos civis seguidos ou interpolados[133] validados do seguinte modo:
  - após Janeiro de 1994: anos civis com 120 dias com registo de remunerações[134] (mesmo por equivalência[135]);
  - até Dezembro de 1993: cada grupo de 12 meses[136] conta-se como um ano.

- trabalhadores abrangidos por programas comunitários (trabalhadores da siderurgia e do carvão) – 57 ou 60 anos.

[133] Salvo se antes esteve abrangido pelo seguro social voluntário e já preencheu o prazo deste (144 meses).

[134] Densidade contributiva que pode formar-se por *agregação* (ou *conglobação*), isto é, os dias com registo de remunerações nos anos com menos de 120 dias podem ser adicionados sequencialmente para perfazer grupos de 120 dias. Assim, no exemplo que segue, em 6 anos de carreira contributiva apenas se encontram 3 anos com densidade ("anos gordos"):

Ano de calendário	Nº de dias	Ano civil	
2009	70	-	Não há densidade
2010	**170**	1	**Há densidade**
2011	60	1	**Há densidade por conglobação** (2009 + 2011 = 130)
2012	50	-	Não há densidade
2013	**140**	1	**Há densidade**
2014	60	-	Não há densidade, nem por conglobação (2012 + 2014 = 110)

A densidade contributiva é exigida desde Janeiro de 1994.
Relativamente à contagem dos anos anteriores a 94, cada grupo de 12 meses conta-se como um ano.

[135] Não relevam porém as equivalências (só relevam para cálculo) por:
- serviço militar obrigatório (art. 48º do DL 187/2007, 10.05);
- tempo de prisão, detenção e a clandestinidade políticas (L 20/97, 19.06 e D Reg 3/98, 23.02).

[136] 1 dia valida 1 mês.

- por totalização de períodos contributivos:
    - nacional – com outros regimes nacionais[137] mas com pelo menos um ano civil de regime geral[138];
    - internacional – regimes estrangeiros coordenados com o regime geral (nos termos dos regimes comunitários ou de convenções bilaterais) convertidos se necessário na unidade de tempo do regime geral[139].

Já cumprido em 31 de Dezembro de 1993:
- até Dezembro de 1973 – 10 anos de inscrição e 60 meses de contribuições ou 10 anos civis de contribuições;
- até Dezembro de 1979 – 3 anos de inscrição e 24 meses de contribuições;
- até Setembro de 1987 – 60 meses de contribuições;
- até Dezembro de 1993 – 120 meses de contribuições.

especiais:
- 144 meses[140]:
    - seguro social voluntário; e
    - requerentes de pagamento retroactivo não vinculados ao sistema (requerimento entrados até 31 de Dezembro de 1993)[141].
- 40 anos civis de registo de remunerações[142] aos 60 anos de idade (2015) – pensão antecipada por flexibilização.

iii) Requerimento

A pensão de velhice deverá ser requerida pelo beneficiário ou pelo seu representante legal em formulário próprio ou por carta.

É considerado requerente de pensão o pré-reformado que atinja a idade legal de reforma por velhice.

---

[137] Regimes especiais (actividades agrícolas, ferroviários, transportes colectivos do Porto), regime de protecção social convergente (RPSC), ex-funcionários ultramarinos, regimes de caixas de reforma ou de previdência (Caixa dos Advogados e Solicitadores, Caixa dos Empregados do Banco de Angola).

[138] 12 meses se anterior a 1/1/94; ano civil de 120 dias se a partir de Jan. 94.

[139] V. art. 6º do Reg (CE) nº 883/2004, 29.04.

[140] Se o beneficiário tiver estado vinculado pelos 2 regimes (o geral e o seguro social voluntário) são tomados em consideração os períodos contributivos de ambos os regimes para preenchimento de prazo de garantia, sendo exigido o cumprimento do prazo de garantia do último regime a que estiver ou tiver estado vinculado, salvo se tiver cumprido o prazo de garantia estabelecido no 1º regime enquanto estiver vinculado ao mesmo (isto é: 144 meses ou 15 anos).

[141] Requerimentos entrados desde 1 Jan 94: 15 anos civis.

[142] Nos termos exigidos para determinação da taxa de formação de pensão (densidade contributiva).

A data do requerimento ou a data indicada pelo requerente [143] define o início da atribuição da pensão.

Conteúdo do requerimento
- vinculação ou não a regimes estrangeiros de segurança social para efeitos de aplicação dos instrumentos internacionais;
- vinculação ou não ao regime especial dos funcionários públicos para efeitos de aplicação das disposições legais da pensão unificada;
- titularidade ou não de outra pensão, seu valor e entidade pagadora.

Instrução do requerimento
- fotocópia de documento de identidade;
- fotocópia do cartão de contribuinte.

Apresentação do requerimento
- em Portugal, nos serviços da segurança social da área da residência do requerente;
- no estrangeiro, nas condições estabelecidas no instrumento internacional (regra: a instituição do país de residência indicada); na ausência de instrumento internacional o requerimento deve ser enviado pelo correio para o Centro Nacional de Pensões (CNP)[144].

Cálculo[145]

i) Fórmula de cálculo 1

$$P1 = RR^{146} \times (2\% \times N)$$

Em que:

---

[143] O requerimento pode ser apresentado até 3 meses antes do beneficiário completar a idade legal.
[144] Ver endereço postal no Anexo em "Contactos dos principais departamentos e serviços".
[145] Aplicável a trabalhadores que exercem funções públicas (Ex-funcionários) e outros abrangidos pela CGA admitidos desde 1 de Setembro de 1993 – DL 286/93, 20.08.
Se houver remunerações registadas nos regimes de pagamento retroactivo de contribuições (DL 380/89, 30.10, e DL 405/99, 14.10 – Macau) são somadas de forma autónoma para efeitos de revalorização específica – tabela do ano do pedido de pagamento retroactivo.
Se na carreira contributiva estiverem incluídos anos anteriores a 1983 sem que se conheçam as remunerações, aplicam-se valores convencionais de remunerações mensais (€), conforme a seguinte tabela:

P1 – pensão estatutária[147] (10 melhores dos 15 últimos);
RR – remuneração de referência.
N – número de anos civis com 120 dias de remunerações[148].

Isto é: o montante mensal da pensão estatutária é igual ao produto da:

- remuneração de referência (R=10/140) – remuneração dos melhores 10 anos dos 15 últimos anos de calendário com registo de remunerações (independentemente de densidade contributiva e do valor registado) revalorizados[149], divididos por 140 (14 mensalidades por 10 anos); pela

Anos	Valores	Anos	Valores	Anos	Valores	Anos	Valores
Até 1951	€ 6,58	1959	€ 8,38	1967	€ 11,22	1975	€ 24,49
1952	€ 6,73	1960	€ 8,58	1968	€ 11,77	1976	€ 28,48
1953	€ 6,83	1961	€ 8,83	1969	€ 12,42	1977	€ 34,52
1954	€ 6,98	1962	€ 8,93	1970	€ 13,47	1978	€ 44,44
1955	€ 7,08	1963	€ 9,23	1971	€ 14,27	1979	€ 54,77
1956	€ 7,68	1964	€ 9,58	1972	€ 15,46	1980	€ 68,73
1957	€ 7,98	1965	€ 10,33	1973	€ 17,01	1981	€ 80,91
1958	€ 8,18	1966	€ 10,52	1974	€ 18,95	1982	€ 98,06

[146] O valor de RR é arredondado para a unidade de cêntimos imediatamente superior.
[147] Pensão estatutária é a que resulta da aplicação das regras de cálculo.
[148] Desde Jan de 94. Para anos anteriores a 94 (sem densidade contributiva) qualquer período contributivo conta como 1 ano – 1 dia valida 1 ano.
[149] Tabela utilizada para requerimentos entrados em 2016 e até à publicação da tabela referente a 2017 (a qual determina a correcção automática dos valores das prestações requeridas neste ano)

Anos e Coeficientes	Anos e Coeficientes	Anos e Coeficientes	Anos e Coeficientes
Até 1951 106,0487	1967 72,2539	1983 5,8471	2000 1,3765
1952 106,0487	1968 68,1641	1984 4,5220	2001 1,3187
1953 105,1028	1969 62,5359	1985 3,7904	2002 1,2741
1954 104,1653	1970 58,7743	1986 3,3934	2003 1,2334
1955 100,7400	1971 52,5241	1987 3,1019	2004 1,2055
1956 97,9010	1972 47,4900	1988 2,8301	2005 1,1796
1957 96,3593	1973 41,9894	1989 2,5136	2006 1,1440
1958 94,8417	1974 33,5646	1990 2,2165	2007 1,1173
1959 93,7171	1975 29,1360	1991 1,9896	2008 1,0889
1960 91,2534	1976 24,2800	1992 1,8270	2009 1,0889
1961 89,5519	1977 19,0582	1993 1,7156	2010 1,0739
1962 87,2824	1978 15,6086	1994 1,6307	2011 1,0354
1963 85,7392	1979 12,5674	1995 1,5665	2012 1,0072
1964 82,8398	1980 10,7782	1996 1,5194	2013 1,0047
1965 80,1159	1981 8,9818	1997 1,4868	2014 1,0047
1966 76,0834	1982 7,3380	1998 1,4476	2015 1,0000
		1999 1,4151	2016 1,0000

– taxa global (2% x N), ou seja, 2% (taxa anual) vezes o número de anos civis com 120 dias com registo de remunerações (mesmo por equivalência)[150], no mínimo de 30% e máximo de 80%;

Se a carreira contributiva for inferior a 15 anos são relevantes todos os anos com registo de remunerações.

Se a carreira contributiva for igual ou inferior a 10 anos: R= N/14 N em que N é o número de anos.

ii) Fórmula de cálculo 2

Em função do valor da remuneração de referência (RR), apurado do seguinte modo: total das remunerações anuais [151] revalorizado [152], dividido por 14 x N (14 mensalidades pelo número de anos civis de carreira contributiva contados).

Em 5 escalões possíveis:

Valor remuneração de referência	Fórmula de cálculo
Igual ou inferior a 1,1 IAS	P2 = RR x 2,3% x N
Superior a 1,1 e inferior a 2 IAS	P2= (1,1 IAS x 2,3% x N) + [(RR – 1,1 IAS) x 2,25% x N]
Superior a 2 e igual ou inferior a 4 IAS	P2 = (1,1 IAS x 2,3% x N) + (0,9 IAS x 2,25 x N) + [(RR – 2 IAS) x 2,2% x N]
Superior a 4 e até 8 IAS	P2 = (1,1 IAS x 2,3% x N) + (0,9 IAS x 2,25 x N) + (2 IAS x 2,2% x N) + [(RR – 4 IAS) x 2,1% x N]
Superior a 8 IAS	P2 = (1,1 IAS x 2,3% x N) + (0,9 IAS x 2,25 x N) + (2 IAS x 2,2% x N) + (4 IAS x 2,1% x N) + [(RR – 8 IAS) x 2% x N]

Em que:

P2 – pensão estatutária (toda a carreira contributiva);

---

[150] Densidade contributiva que pode ser determinada por agregação (ou conglobação). Ver mecanismo no prazo de garantia.

[151] Se o número de anos civis com registo de remunerações for superior a 40, considera-se para apuramento da RR a soma das 40 remunerações anuais revalorizadas mais elevadas.

[152] Tabela aplicável em 2013: (até 2001 igual à tabela da fórmula de cálculo 1).

Anos	Coeficientes	Anos	Coeficientes
2002	1,3116	2010	1,0795
2003	1,2641	2011	1,0408
2004	1,2316	2012	1,0124
2005	1,2005	2013	1,0050
2006	1,1627	2014	1,0050
2007	1,1324	2015	1,0000
2008	1,0990	2016	1,0000
2009	1,0990		

RR – remuneração de referência;
N – o número de anos civis da carreira contributiva contados (até 40);
IAS – Indexante dos apoios sociais (€ 421,32 – 2017).

iii) Aplicação das fórmulas de cálculo[153]
- inscritos na segurança social até 31 de Dezembro de 2001 que iniciem a pensão até 31 de Dezembro de 2016:

$$P3 = \frac{P1 \times C1 + P2 \times C2}{C} \times FS$$

- inscritos na segurança social até 31 de Dezembro de 2001 que iniciem a pensão a partir de 1 de Janeiro de 2017:

$$P4 = \frac{P1 \times C3 + P2 \times C4}{C} \times FS$$

Em que:
P3 – pensão proporcional aos anos civis de carreira contributiva antes e depois de 1 Jan 2007;
P1 – o valor da pensão resultante da aplicação da fórmula de cálculo 1[154];
C1 – o nº de anos civis da carreira contributiva[155] com registo de remunerações relevantes para efeitos da taxa de formação de pensão completados até 31 Dez 2006;
P2 – o valor da pensão resultante da aplicação da fórmula de cálculo 2;
C2 – o nº de anos civis da carreira contributiva com registo de remunerações relevantes para efeitos da taxa de formação de pensão completados a partir de 1 Jan 2007;
P4 – pensão proporcional aos anos civis de carreira contributiva antes e depois de 1 Jan 2002;
C3 – o nº de anos civis da carreira contributiva[156] com registo de remunerações relevantes para efeitos da taxa de formação de pensão completados até 31 Dez 2001;
C4 – o nº de anos civis da carreira contributiva com registo de remunerações relevantes para efeitos da taxa de formação de pensão completados a partir de 1 Jan 2002;

---

[153] Desde Junho de 2007.
[154] O valor de P1 é limitado a 12 x IAS. Porém, o limite não é aplicado se:
– P2 for superior a P1;
– P1 for superior a P2 e se os valores de P1 e P2 forem superiores a 12 x IAS. Neste caso, a pensão é calculada de acordo com o regime dos beneficiários inscritos a partir de 1/1/2002.
[155] Ainda que superior a 40 anos.
[156] Ainda que superior a 40 anos.

C – o nº de anos civis de toda a carreira contributiva com registo de remunerações relevantes para efeitos da taxa de formação de pensão;

FS – Factor de sustentabilidade – relação da esperança de vida aos 65 anos em 2000 e no ano anterior ao início da pensão[157]. Desde Janeiro de 2014 aplicável apenas às pensões de velhice atribuídas antes da idade normal de acesso à pensão de velhice[158] e de algumas das resultantes de conversão (convolação)[159].

- Inscritos na segurança social a partir de 1 de Janeiro de 2002:
  - com 20 anos ou menos de registo de remunerações – fórmula 1;
  - com mais de 20 anos de registo de remunerações – fórmula 2.

O quantitativo mensal da *pensão regulamentar* é igual à soma do montante da pensão estatutária com as actualizações periódicas[160] e os acréscimos de actividade em acumulação.

iv) Pensão antecipada por flexibilização[161]

Requerida a pensão antecipada antes da idade normal de acesso à pensão de velhice vigente no ano de início da pensão e a partir dos 60 anos[162], preen-

[157]

Ano de início da pensão	2008	2009	2010	2011	2012	2013	2014	2015	2016	2017
Factor de sustentabilidade (FS)	0,9944	0,9868	0,9835	0,9686	0,9608	0,9522	0,8766*	0,8698*	0,8666	0,8612
Redução correspondente		0,56%	1,32%	1,65%	3,14%	3,92%	4,78%	12,34%	13,02%	13,34	13,88

* se por convolação: 2014 – 0,9457 (redução de 5,43%); 2015 – 0,9383 (redução de 6,17%); 2016 – 0.9349 (reduçãode 6,51%); 2017 – 0,9291 (redução 7,09%)

[158] Entre Janeiro de 2007 e Dez de 2013 aplicável a todas as idades.

[159] Não é aplicável na situação de conversão (convolação):
– de pensões de invalidez iniciadas até 31 de Dezembro de 2007;
– de pensões de invalidez absoluta se o beneficiário:
- tiver recebido esta pensão por período superior a 20 anos; ou
- estiver inscrito na segurança social em 1 de Junho de 2007 e tiver recebido esta pensão por período superior a metade do tempo decorrido entre esta data e aquela em que completar a idade de 65 anos.

[160] Por portaria.

[161] Regras aplicáveis desde 1 de Janeiro de 2015. Porém em Janeiro, Fevereiro e Março de 2016 aplicável o regime anterior (art. 4º DL 10/2016, 08/03).
O regime anterior (55 anos de idade e 30 de contribuições) esteve suspenso de Abril de 2012 até 31 de Dezembro 2014, embora estivesse prevista só até ao termo do Programa de Assistência Económica e Financeira (o programa expirou em Junho de 2014).
Esta suspensão não foi aplicada a pilotos de aeronaves.

[162] Desde 2015 (DL 10/2016, 8/03).

chido o prazo de garantia e desde que, ao completar esta idade tenha 40 anos civis com registo de remunerações para efeitos de cálculo, é aplicada uma taxa de redução de 0,5%[163] por cada mês de antecipação até àquela idade[164], pela fórmula seguinte:

$$Pa = P \times fr$$

Em que:
P – pensão estatutária;
Pa – pensão antecipada
fr – factor de redução por antecipação: $1 - (0,005 \cdot n)$ em que n representa o número de meses de antecipação em relação à idade normal de acesso à pensão de velhice.

O número de meses é apurado entre a data do requerimento[165] da pensão e a data em que o requerente completa a idade normal de acesso à pensão de velhice.

Se, na data em que completou os 60 anos de idade, o beneficiário tinha mais de 40 anos civis de carreira contributiva, os meses de antecipação são reduzidos de 4 meses em cada ano que exceda os 40 anos. Assim, o número de anos de antecipação é igual à diferença entre a idade normal e a idade à data do pedido da pensão, reduzida de 4, 8, 12, 16, 20, 24, 28... meses conforme, aos 60 anos o beneficiário tenha 41, 42, 43, 44, 45, 46, 47... anos civis de registo de remunerações[166].

---

[163] Os pilotos de aeronaves têm taxa de redução de 0,375%.
[164] Se cessarem actividade podem continuar a contribuir voluntariamente para efeitos de acréscimo do montante da pensão.
[165] Ou entre a data indicada pelo beneficiário no caso de requerimento apresentado com antecedência de 3 meses, relativamente ao momento em que pretenda iniciar a pensão.
[166] Conforme a seguinte tabela (simplificada para 2017):

Carreira contributiva aos 60 anos de idade		Factor de redução (fr) da pensão estatutária em função da idade à data do início da pensão*						
		60	61	62	63	64	65	66
40	sem bonificação	0,625	0,685	0,745	0,805	0,865	0,925	0,985
41	bonificação de 2% (4 meses)	0,645	0,705	0,765	0,825	0,885	0,945	1,000
42	bonificação de 4% (8 meses)	0,665	0,725	0,785	0,845	0,905	0,965	1,000
43	bonificação de 6% (12 meses)	0,685	0,745	0,805	0,865	0,925	0.985	1,000
44	bonificação de 8% (16 meses)	0,705	0,765	0,825	0,885	0,945	1,000	1,000
45	bonificação de 10% (20 meses)	0,725	0,785	0,845	0,905	0,965	1,000	1,000
46	bonificação de 12% (24 meses)	0,745	0,805	0,865	0,925	0.985	1,000	1,000

v) Pensão antecipada por desemprego de longa duração [167]

Os beneficiários de prestações de desemprego que:

- tenham esgotado o período de concessão do subsídio de desemprego ou do subsídio social de desemprego inicial [168];
- tenham mantido uma situação de desemprego involuntário, comprovada pelas instituições de segurança social, por manutenção da inscrição no centro de emprego;

podem aceder à pensão antecipada de velhice, sem redução ou com taxa de redução de 0,5%/mês [169], em função:

- da data do requerimento – desde 1 de Janeiro de 2007 [170];
- da idade à data do desemprego;
- do número de anos civis com registo de remunerações à data do desemprego;
- da idade à data do início da pensão;

nos seguintes termos:

Condições exigidas		Taxa de redução aplicável
Na data do desemprego	Na data do início da pensão	
Idade igual ou superior a 52 anos; e Pelo menos 22 anos civis com registo de remunerações	Idade igual ou superior a 57 anos	0,5% por cada mês de antecipação em relação aos 62 anos (a) (b)
Idade igual ou superior a 57 anos;	Idade igual ou superior a 62 anos; e Prazo de garantia para atribuição da pensão de velhice.	Sem redução, excepto na situação de cessação de contrato de trabalho por acordo (a)

(a) Se o desemprego resultar de cessação do contrato de trabalho por acordo, é aplicada uma taxa de redução adicional de 0,25% por mês de antecipação entre os 62 anos e a idade normal de acesso

47	bonificação de 14% (28 meses)	0,765	0,825	0,885	0,945	1,000	1,000	1,000
48	bonificação de 16% (32 meses)	0,785	0,845	0,905	0,965	1,000	1,000	1,000
49	bonificação de 18% (36 meses)	0,805	0,865	0,925	0,985	1,000	1,000	1,000
50	bonificação de 20% (40 meses)	0,825	0,885	0,945	1,000	1,000	1,000	1,000

* Com idades certas. Nas restantes situações adicionar nas colunas da idade e na linha correspondente, 0,005 por cada mês de idade a mais.

[167] Também designada nos arts. 57º a 59º do DL 220/2006, 03.11, como flexibilização da idade de acesso à pensão de velhice.
Não se aplica ao subsídio por cessação de actividade dos independentes e dos MOE's.
[168] Ainda que satisfaçam as condições de atribuição sequencial do subsídio social de desemprego ou se encontrassem a receber esta prestação decorrido o prazo de concessão do subsídio de desemprego.
[169] 4,5%/ano – até Agosto de 2005.
[170] DL 220/2006, 03.11.

à pensão de velhice a qual é anulada quando o pensionista completar a idade normal de acesso à pensão de velhice.
(b) Nos termos do quadro seguinte:

Carreira contributiva aos 57 anos	Factor de redução da pensão estatutária em função da idade à data de início da pensão				
	57	58	59	60	61
22 a 32	0,700	0,760	0,820	0,880	0,940
33 a 35	0,760	0,820	0,880	0,940	1,000
36 a 38	0,820	0,880	0,940	1,000	1,000
39 a 41	0,880	0,940	1,000	1,000	1,000
42 e mais	0,940	1,000	1,000	1,000	1,000

* Com idades certas. Nas restantes situações adicionar na coluna da idade e na linha correspondente, 0,005 por cada mês de idade a mais.

vi) Pensão bonificada[171]

– Depois da idade normal de acesso à pensão de velhice

Se a pensão de velhice for requerida com idade superior à idade normal de acesso à pensão de velhice e o beneficiário tiver, pelo menos, 15 anos com registo de remunerações, relevantes para o cálculo, o montante da pensão é bonificado pela aplicação da respectiva taxa mensal vezes o número de meses compreendidos entre o mês de início da pensão e o mês em que o beneficiário idade normal de acesso à pensão, com o limite de 70 anos.

A taxa mensal de bonificação varia em função do número de anos civis com registo de remunerações que o beneficiário tenha cumprido à data do início da pensão, de acordo com seguinte quadro:

Beneficiário com idade superior à idade normal de acesso à pensão, com carreira contributiva de (nº de anos)	Taxas de bonificação mensal (%)
de 15 a 24	0,33%
de 25 a 34	0,5%
de 35 a 39	0,65%
40 e superior	1

No apuramento da taxa global de bonificação são considerados os meses com registo de remunerações por trabalho efectivo.

---

[171] V. também bonificação de taxa de formação de pensão para os mineiros e bombeiros.

O montante da pensão bonificada não pode ser superior a 92% da melhor das remunerações de referência que tenha servido de base de cálculo da pensão estatutária.

Quando o beneficiário activo falecer sem ter requerido a pensão, ainda que reunindo as condições de bonificação previstas, o montante da pensão bonificada é considerado para cálculo da pensão de sobrevivência.

– antes da idade normal de acesso à pensão de velhice

Se o beneficiário tiver condições para requerer pensão de velhice antecipada sem aplicação do factor de redução e o não fizer, a pensão é ainda bonificada de uma taxa de 0,65% ao número de meses compreendidos entre o mês em que se verificaram essas condições e a idade normal de acesso à pensão de velhice ou a data de início da pensão, se esta ocorrer em idade inferior.

O montante da pensão bonificada não pode ser superior a 92% da melhor das remunerações de referência que tenha servido de base de cálculo da pensão estatutária.

vii) Pensão proporcional

Quando o prazo de garantia é preenchido com recurso à totalização de períodos contributivos verificados em diferentes regimes de protecção social nacionais ou estrangeiros[172], a pensão é calculada nos termos gerais mas o seu montante é reduzido à fracção correspondente à relação entre o período contributivo cumprido no regime geral e o prazo de garantia legalmente exigido (15 anos).

$$Pp = P \times p/15$$

Em que:
Pp – pensão proporcional;
P – pensão estatutária;
p – período contributivo registado no regime geral.

No caso de pensão proporcional, o montante mínimo é uma percentagem da pensão mínima aplicável, correspondente à fracção do período contributivo cumprido no âmbito do regime geral.

viii) Pensão totalizada

Sempre que para a pensão estatutária a taxa global de formação de pensão é determinada com base na soma dos anos civis cumpridos no regime geral e dos anos cumpridos noutro regime.

---

[172] Se houver instrumento internacional aplicável aplicam-se as regras nele estabelecidas.

Constitui normalmente um valor de referência[173] para possibilitar a determinação de outros valores (caso do regime dos regulamentos comunitários a ou da pensão ao abrigo de acordos internacionais) reduzindo-se de seguida à proporção entre o regime geral e os períodos totalizados.

ix) Pensão prorratizada

Pensão que após a totalização é reduzida à proporção entre os anos cumpridos no regime geral e os anos civis totalizados para efeitos de taxa de formação de pensão.

$$Pp = P \times n/(n + n1)$$

Em que:
Pp – pensão prorratizada;
P – pensão estatutária;
n – anos civis cumpridos no regime geral;
n + n1 – anos civis totalizados para efeitos de taxa de formação de pensão.

Montante mínimo da pensão[174]

Número de anos civis	Valor
inferior a 15	€ 264,32
de 15 a 20	€ 277,27
de 21 a 30	€ 305,96
superior a 30	€ 382,46

Estes valores mínimos não se aplicam às pensões antecipadas atribuídas no âmbito do regime de flexibilização da idade de pensão de velhice.

No caso de pensão proporcional, o montante mínimo é uma percentagem da pensão mínima aplicável, correspondente à fracção do período contributivo cumprido no âmbito do regime geral.

---

[173] Pode constituir o valor a pagar.
[174] Em 2017: para as pensões do regime especial de segurança social das actividades agrícolas – valor fixo: € 244 a que acresce oficiosamente o complemento extraordinário de solidariedade: com menos de 70 anos – € 17,70; com 70 anos ou mais – € 35,38.
Designa-se de complemento social a prestação não contributiva que corresponde à diferença entre a pensão estatutária (resultante da aplicação das regras de cálculo) e o montante mínimo da pensão.

Quando a pensão de velhice resultar da conversão de pensão de invalidez absoluta, o montante mínimo é igual ao valor mínimo de pensão de invalidez relativa e de velhice, correspondendo a uma carreira contributiva de 40 anos[175].

Pensão provisória

Pode ser atribuída uma pensão provisória se os beneficiários satisfizerem à data do requerimento as condições de atribuição da pensão. O montante é o correspondente ao cálculo efectuado nos termos gerais (com os elementos disponíveis) sem prejuízo da garantia do valor mínimo[176].

Montantes adicionais

Nos meses de Julho[177] e de Dezembro de cada ano os pensionistas têm direito a receber, além da pensão mensal que lhes corresponda, um montante adicional de igual quantitativo.[178]

Acréscimos

Nas situações de exercício de actividade em acumulação com pensão, o montante mensal da pensão regulamentar é acrescido de 1/14 de 2% do total das remunerações registadas (R/700). O acréscimo produz efeitos no dia 1

---

[175] Atingido em 2012, de acordo com o quadro seguinte:

Anos	Carreira contributiva
Em 2008 e 2009	De 15 a 20 anos
Em 2010 e 2011	De 21 a 30 anos
desde 2012	De 40 anos

[176] Ou seja:

2010/2011	2012	2013	2014	2015	2016	2017
€ 246,36	€ 254,20	€ 256,79	€ 259,36	€261,95	€ 263	€ 264,32

[177] Cumulável com o subsídio de férias como direito adquirido.
[178] Em 2012 foram suspensos valores superiores a € 600 e parcialmente até € 1100 pelo art. 25º da L 64-B/2011, de 30/12, medida considerada inconstitucional mas "tolerados" os seus efeitos durante o ano de 2012.
Desde 2013:
– montante adicional de Dezembro (subsídio de Natal)
• 2013 a 2016: pagamento em duodécimos (2013 – DL 3/2013, 10/01; 2014 – art. 37º da L 83-C/2013, 31/12; 2015 – art. 37º da Lei 82-B/2014, 31/12; 2016 – art. 20º da L 7-A/2016, 30/03);
• 2017: 50% em duodécimos e 50% em Dezembro (art. 52º da Lei nº 42/2016, 28/12).
– montante adicional de Julho (subsídio de férias) – 2013 – inicialmente determinada a sua suspensão, o que veio a ser considerado inconstitucional e, em função disso, regulada a sua atribuição pelo art. 4º da Lei nº 39/2013, de 21 de Junho.

de Janeiro de cada ano, com referência às remunerações registadas no ano anterior.

Actualização

Os valores das pensões regulamentares podem ser periodicamente actualizados.

Acumulação da pensão
- com subsídio de doença – não cumulável;
- com subsídio de desemprego – não cumulável, devendo o beneficiário repor as importâncias recebidas como subsídio de desemprego a partir da data em que passar a ter direito à pensão;
- com outras pensões (de velhice ou de invalidez) dos regimes contributivos (geral e especial das actividades agrícolas) ou de outros regimes de protecção social de enquadramento obrigatório[179] ou facultativos[180]:
  • cumulável se os respectivos montantes regulamentares forem, de valor superior ao do correspondente valor mínimo garantido;
  se os valores forem inferiores ao do correspondente valor mínimo, o montante é correspondente à soma das respectivas pensões regulamentares; porém a pensão de um regime contributivo (o geral se existir) não pode ser inferior ao valor da pensão social;
  • a pensão de um regime contributivo (o geral se existir) não pode ser de quantitativo inferior ao necessário para que o valor global das pensões acumuladas atinja o respectivo valor mínimo garantido das pensões de velhice ou de invalidez;

---

[179] São regimes de protecção social de enquadramento obrigatório:
- regimes especiais do sistema de segurança social;
- regime de protecção social convergente;
- regime dos antigos funcionários ultramarinos;
- regime dos advogados e solicitadores;
- regime dos trabalhadores da Companhia Portuguesa Rádio Marconi (grupo fechado);
- regime de segurança social substitutivo constante de instrumento de regulamentação colectiva de trabalho vigente no sector bancário (grupo fechado);
- regimes de protecção nos riscos de acidente de trabalho e doença profissional;
- regimes dos sistemas de segurança social estrangeiros.

[180] As pensões de invalidez e de velhice do regime geral são livremente acumuláveis com pensões atribuídas por regimes facultativos de protecção social.

Os períodos de registo de remunerações sucessivos para o regime geral e para o regime do seguro social voluntário determinam a atribuição de uma única pensão, não se verificando, neste caso, uma situação de acumulação de pensões.

- com rendimentos de trabalho:
  regra: acumulação livre;
  porém, não são cumuláveis:
    - com pensão de velhice resultante de convolação de pensão de invalidez absoluta;
    - com pensão antecipada de velhice por flexibilização relativamente a rendimentos provenientes de exercício de trabalho ou actividade a qualquer título na mesma empresa ou grupo empresarial, por um período de 3 anos a contar da data de acesso à pensão antecipada[181].
- com outros rendimentos – cumulável com actividade[182]. Suspendem-se porém, pelo tempo de exercício da actividade que fundamenta a antecipação para:
    - profissionais da pesca;
    - trabalhadores da Base das Lajes e Base das Flores;
    - bordadeiras de casa (RA Madeira).

Suspensão da pensão

O direito à pensão suspende-se, com perda das prestações nas situações de acumulação da pensão antecipada com rendimentos de trabalho não permitida. (V. acumulação)

O pagamento da pensão suspende-se, não implicando a perda das prestações vencidas, sempre que se pretenda obter um determinado comportamento do beneficiário e enquanto esse comportamento não for adoptado ou para confirmar elementos relativos ao pensionista (por devolução de pensões ou de correspondência, suspeita de recebimento indevido...).

Cessação

O direito à pensão extingue-se pelo falecimento do titular, cessando no fim do mês em que se verifica a extinção (o mês do falecimento é devido por inteiro).

---

[181] A entidade empregadora ou a entidade a que seja prestado o serviço é solidariamente responsável pela devolução das prestações recebidas indevidamente, desde que a situação seja do seu conhecimento.

[182] Com actividade no sector público, só nas condições da Portaria nº 159/2011, de 15 de Abril. Para 2014: art. 82º da L 83-C/2013, de 31 de Dezembro.

Entidade gestora

No continente, ISS, IP, através do Centro Nacional de Pensões (CNP) e, nas regiões autónomas, instituições regionais de segurança social (respectivamente, ISSA para a RA Açores e ISSM para a RA Madeira).

b) Grupos com especificidades

i) Trabalhadores mineiros

Antecipação da idade

A idade normal de reforma por velhice do regime geral de segurança social será reduzida em um ano por cada dois anos de serviço efectivo em trabalho de fundo prestado seguida ou interpoladamente tendo como limite a idade de 50 anos,[183] a partir da qual se reconhece o direito daqueles trabalhadores à pensão de velhice[184].

Bonificação da taxa de formação de pensão

O montante da pensão de velhice será calculado nos termos do regime geral com o acréscimo à taxa global de formação de 2,2% por cada dois anos de serviço efectivo em trabalho de fundo seguida ou interpoladamente.

A bonificação não depende de pagamento acrescido de contribuições.

O montante da pensão não poderá ultrapassar o limite de 80% da remuneração de referência.

ii) Trabalhadores inscritos marítimos profissionais da pesca[185]

Antecipação da idade

O direito à pensão de velhice é reconhecido a partir dos 55 anos de idade desde que totalizem pelo menos 30 anos de serviço efectivo na pesca.

Se o número de anos for inferior a 30 e tenham integrado campanhas por um período mínimo de 15 anos a diminuição da idade de reforma por velhice

---

[183] Isto é: para antecipação de 16 anos (66 – 50) tem de haver 32 anos de efectivo trabalho de fundo.
[184] Desde os 45 anos, por protocolo entre a empresa (assume os encargos) e a segurança social (caso das Empresa Carbonífera do Douro e Pirites Alentejanas).
[185] Mesmo proprietários de embarcações da pesca local e costeira que exerçam actividade profissional na embarcação e integrem a tripulação.

do regime geral é reduzido na base de 33% por cada ano de pescador (reduzido a um ano por cada 3 de pescador)[186].

Para o preenchimento dos prazos anteriores será contado um ano efectivo de serviço aos pescadores que façam parte de campanhas por um período mínimo de 150 dias seguidos ou interpolados dentro do mesmo ano civil.

Pensão por desgaste físico

O direito à pensão de reforma por desgaste físico prematuro a partir dos 50 anos desde que se torne inconveniente o prosseguimento da actividade e que não possa ser qualificada como doença profissional, desde que totalizem 40 anos de serviço. Para os trabalhadores com menos de 55 anos a situação de desgaste físico prematuro será comprovada pelo sistema de verificação de incapacidades.

Para o preenchimento do prazo exigido considera-se equivalente a um ano de serviço cada grupo de 273 dias seguidos ou interpolados em que os pescadores se tenham ocupado em campanhas ou nos quadros do mar.

iii) Trabalhadores da marinha de comércio de longo curso, de cabotagem, costeira e de pesca

O direito à pensão de velhice é reconhecido a partir dos 55 anos de idade desde que durante pelo menos 15 anos seguidos ou interpolados tenha pertencido aos quadros do mar.

Aos trabalhadores que pertençam aos quadros do mar durante pelo menos 15 anos seguidos ou interpolados é reconhecido o direito à pensão por desgaste físico concedida a requerimento dos interessados desde que totalizem 40 anos de serviço efectivo, com qualquer idade.

Cada grupo de 273 dias no quadro do mar corresponde a um ano de serviço efectivo.

iv) Trabalhadores da siderurgia e do carvão (Convenção Portugal/CECA)

Têm direito a reforma por velhice desde[187]:

– 60 anos, os que tenham esgotado o período de concessão do subsídio de desemprego;
– 57 anos os que tenham esgotado a período de 18 meses de pré-reforma.

---

[186] Ou seja: se contar 24 anos de actividade piscatória (0,33 x 24 = 7,92) tem direito a 7 anos e 11 meses.
[187] Para mineiros de fundo: 50 anos.

O montante é o valor da pensão que os trabalhadores auferiam se fossem reformados com a idade legal e segundo as regras de cálculo das pensões de velhice do regime geral.

v) Trabalhadores abrangidos por acordos internacionais da Região Autónoma dos Açores

Trabalhadores ao serviço do destacamento das Forças Armadas dos Estados Unidos (Base das Lajes) e na Estação de Telemedidas da República Francesa (Ilha das Flores), que:

- tenham completado o prazo de garantia;
- requeiram no prazo de 90 dias após a cessação do contrato;
- com idade igual ou superior a 45 anos à data da cessação do contrato de trabalho; e
- com pelo menos 10 anos de serviço prestado à entidade militar estrangeira em período imediatamente anterior à data da cessação do contrato de trabalho;
 têm direito a bonificação de 20% na taxa de formação de pensão (não podendo exceder a máxima de 80%), não podendo acumular a pensão com quaisquer remunerações, a qualquer título por actividade exercida ao serviço daquelas entidades.

vi) Bombeiros voluntários e os profissionais a tempo inteiro nos quadros de pessoal homologados pelo Serviço Nacional de Bombeiros

Bonificação de taxa de formação de pensão

Bonificação de 25% na carreira contributiva do tempo de serviço como bombeiro, mesmo que haja acumulação de trabalho por conta de outrem, dependendo do requerimento[188] de pagamento adicional de 4% sobre o IAS relativamente ao tempo a considerar, não podendo exceder o limite de 80% do valor da remuneração de referência para o cálculo da pensão.

Exemplo: carreira contributiva de 30 anos, 20 como bombeiro
Taxa global de formação de pensão [30 anos + 5 anos (25% x 20) = 35 anos]: 60% (30 anos x 2%) + 10% (5 anos x 2%) = 70%.

vii) Bordadeiras de casa (Região Autónoma da Madeira)

Antecipação da idade a partir dos 60 anos desde que:

---

[188] Apresentado até à data da atribuição da pensão.

- à data do pedido da pensão se encontrem no exercício de actividade;
- tenham pelo menos 15 anos de registo de remunerações decorrentes dessa actividade.

viii) Pré-reformados

Em alternativa à pré-reforma os trabalhadores das empresas com reconhecido desequilíbrio económico-financeiro, podem requerer a pensão antecipada de velhice a partir dos 62 anos de idade e 40 anos civis com registo de remunerações ainda que nessa data já não vigorem as medidas ao abrigo das quais iniciou a pré-reforma[189].

ix) Profissionais de bailado

Antecipação para os 55 anos de idade, quando tenham completado, pelo menos, 10 anos civis, seguidos ou interpolados, com registo de remunerações, correspondente ao exercício a tempo inteiro da profissão no bailado clássico ou contemporâneo;

Antecipação para os 45 anos de idade, quando tenham completado, pelo menos, 20 anos civis, seguidos ou interpolados, com registo de remunerações, dos quais 10 correspondam ao exercício a tempo inteiro da profissão no bailado clássico ou contemporâneo.

x) Controladores de tráfego aéreo

Antecipação para os 58 anos de idade desde que tenham completado, pelo menos, 22 anos civis de registo de remunerações no exercício de funções operacionais relevantes para o cálculo da pensão.

xi) Pilotos de aeronaves

Bonificação da carreira contributiva relevante para taxa de formação de pensão:
- oficiosa e automática (gratuita)
  - 15%, com 15 anos de carreira contributiva à data do requerimento até ao final de 2001;
  - 10%, com menos de 15 anos de carreira contributiva até ao final de 2001.
- adicional-dependente de pagamento de contribuições e requerimento

---

[189] Só aplicável a trabalhadores que ainda não estivessem em situação de pré-reforma em 31 de Maio de 2007. Para trabalhadores em pré-reforma após 31 de Maio de 2007 exige-se apenas os 60 anos de idade.

- até 25%, com 15 anos de carreira contributiva à data do requerimento até ao final de 2001;
- até 30%, com menos de 15 anos de carreira contributiva até ao final de 2001.

Contribuição de 26,9% sobre a base de incidência das contribuições – valor médio das remunerações registadas no regime geral de segurança social no período de bonificação, revalorizadas.

A taxa global de bonificação é o produto da taxa mensal de 1% pelo número de meses compreendidos entre o mês em que se verificam as condições de acesso à pensão antecipada, do regime de flexibilização sem redução e os 65 anos ou a data de início, se esta tiver lugar em idade inferior.

Taxa mensal de redução por antecipação em flexibilização – 0,375%.[190]

xii) Financiadas por fundos especiais

– *Trabalhadores da Rádio Marconi*
Suplemento de pensão de 15% sobre o valor da pensão estatutária.

– *Trabalhadores da Carris*
Complemento da pensão de 12% do salário médio.

3) Pensão de sobrevivência

Prestação derivada atribuída por morte do beneficiário a familiares dependentes com o objectivo de compensar a perda de rendimento no agregado.[191]

a) Geral

Condições de atribuição

Morte (mesmo que presumida) ou desaparecimento de beneficiários da segurança social (mesmo do seguro social voluntário) activos com prazo de garantia de 36 meses de contribuições[192] ou pensionista (de invalidez ou velhice).

Verificação dos factos determinantes da atribuição:

- morte (facto sujeito a registo) – por certidão do óbito;

---

[190] Até Maio de 2017.
[191] Aplicável também, desde Janeiro de 2006, aos trabalhadores em funções públicas abrangidos pelo regime de protecção social convergente (abrangidos pela CGA), excepto ao cálculo da pensão relativa aos inscritos até 31 de Agosto de 1993, nos termos do art. 6º da L 60/2005, 29/12.
[192] Sem densidade contributiva: 1 dia valida 1 mês.
72 meses para o regime do seguro social voluntário.

- morte presumida (facto sujeito a declaração judicial e correspondente registo[193]) – certidão do registo civil;
- desaparecimento[194] – decisão administrativa do ISS, IP, através do CNP.

Destinatários

A titularidade do direito é reconhecida aos seguintes familiares que não se encontrem em situação de indignidade[195] ou deserdação[196]:

i) cônjuge, ex-cônjuge e membro de união de facto sobrevivos
- cônjuge

não havendo filhos do casamento, ainda que nascituros, o cônjuge sobrevivo só tem direito se tiver casado com o beneficiário pelo menos um ano antes da data do falecimento [197] deste, salvo se a morte tiver resultado de acidente ou de doença contraída ou manifestada depois do casamento ou este tiver sido precedido de união de facto judicialmente reconhecida;

- ex-cônjuge

no caso de casamento declarado nulo ou anulado têm direito às prestações as pessoas que tenham celebrado o casamento de boa fé com o beneficiário e à data da sua morte recebessem pensão de alimentos declarada ou homo-

---

[193] Nos termos do art. 114º do Código Civil.
[194] É equiparado à morte o desaparecimento do beneficiário em caso de guerra, de calamidade pública, em situação de sinistro ou ocorrência semelhante, em condições que permitam presumir o seu falecimento.
Para efeitos da instrução do processo a certidão de óbito é substituída pela declaração do desaparecimento e das condições em que o mesmo se deu, acompanhada dos elementos em que se fundamenta a presunção da morte.
A declaração é prestada sob compromisso de honra pelo requerente e confirmada por escrito por duas testemunhas.
Na instrução do processo os organismos competentes podem exigir, caso seja necessário, outros documentos comprovativos do desaparecimento.
O pagamento das prestações em caso de desaparecimento tem natureza provisória e só se torna definitivo com a certidão de morte ou a declaração de morte presumida prevista no art. 114º do Código Civil.
Quando, após a atribuição das prestações, se verificar o aparecimento com vida do beneficiário ou se houver comprovado conhecimento da sua existência, há lugar à reposição das importâncias indevidamente recebidas, se tiver havido má fé de quem as recebeu.
[195] Nos termos do art. 2034º e 2037º do Código Civil. Pode ser declarada em sentença penal – art. 69º-A do CP (redacção da L 84/2014, 30.12).
[196] Nos termos do art. 2166º do Código Civil.
[197] Não releva para completar este prazo o tempo de união de facto anterior (Ac. TC. 515/2011).

logada judicialmente ou se esta não lhes tivesse sido atribuída por falta de capacidade económica do falecido para a prestar;
estações se, à data da morte do beneficiário, dele recebessem pensão de alimentos decretada ou homologada pelo tribunal ou se esta não lhes tivesse sido atribuída por falta de capacidade económica do falecido judicialmente reconhecida;

– membro de união de facto
pessoa que, no momento da morte do beneficiário não casado (solteiro ou divorciado) ou separado judicialmente de pessoas e bens, vivia com ele há mais de dois anos ininterruptos em condições análogas às dos cônjuges (união de facto), independentemente da necessidade de alimentos.[198]

ii) descendentes[199], ainda que nascituros, incluindo adoptados plenamente:
– até completarem 18 anos sem condições;
– de 18 anos ou mais não abrangidos pela segurança social:
– dos 18 aos 25 – frequência de ensino secundário ou superior[200-201] ou frequentem curso de formação profissional[202];

---

[198] Ou da necessidade de provar a impossibilidade de os obter dos familiares obrigados a alimentos nos termos da lei civil (art. 2009º CC).
De 1 de Janeiro de 1991 (data da entrada em vigor dos diplomas aplicáveis) a Dez 2010 (data de entrada em vigor das alterações à L 7/2001, 11/05, pela L 23/2010, 30/08) a aplicação do regime exigia, para além da acção judicial para reconhecimento destas condições, cinco pressupostos de ordem substantiva:
– que o companheiro do requerente tivesse falecido no estado de solteiro, divorciado ou separado de pessoas e bens;
– que a união em condições análogas às dos cônjuges tivesse perdurado por mais de 2 anos;
– que o requerente tivesse necessidade de alimentos;
– que o requerente os não pudesse obter do seu cônjuge ou ex-cônjuge ou de descendentes ou ascendentes ou de seus irmãos;
– que o requerente não os pudesse obter da herança do companheiro falecido.
[199] Para além do 1º grau (netos e bisnetos) só com direito a abono de família mesmo que o direito não tenha sido exercido.
E enteados de 1º grau menores (até aos 18 anos) com direito a alimentos do padrasto ou madrasta falecidos.
[200] Com direito a mais um ano lectivo (mais férias subsequentes) os que se não possam matricular por força da aplicação do *numerus clausus*.
[201] Os cursos de ensino privado e cooperativo são equiparados se autorizados.
O período de férias subsequente ao ano lectivo integra este.
[202] Que não determine enquadramento nos regimes de protecção social, se remunerado não exceder 2/3 do IAS.

- até aos 27 – mestrado, pós-graduação, tese de licenciatura e doutoramento[203] ou estágio de fim de curso[204];
- sem limite de idade – deficiente destinatário de prestações familiares.

iii) na falta dos familiares das alíneas anteriores, os ascendentes em qualquer grau a cargo do beneficiário falecido (em comunhão de mesa e habitação), à data do falecimento ou com direito a alimentos do beneficiário falecido, judicialmente reconhecido.

Requerimento

As pensões podem ser requeridas a todo o tempo ao ISS, IP, através do Centro Nacional de Pensões, sendo o requerimento entregue nos serviços da segurança social da área da residência do requerente[205].

Instrução do requerimento

O requerimento deve conter declarações relativas a:

- causa da morte – natural, acidente de trabalho, doença profissional ou da responsabilidade de terceiro;
- vinculação ou não do beneficiário falecido a regimes estrangeiros de segurança social para efeitos de aplicação dos instrumentos internacionais de segurança social;
- vinculação ou não ao regime do funcionalismo para efeitos da aplicação das normas sobre pensão unificada;
- titularidade ou não de outra pensão de sobrevivência por acidente de trabalho ou doença profissional, seu valor e entidade pagadora;
- existência ou não de terceiros causadores da morte, sua identificação e valor de eventuais indemnizações já recebidas;
- no requerimento da pensão provisória de sobrevivência é obrigatória a declaração do interessado, sob compromisso de honra, de que se encontra nas condições exigidas para a concessão da prestação.

---

[203] Os cursos de ensino privado e cooperativo são equiparados se autorizados. O período de férias subsequente ao ano lectivo integra este.
[204] Se for remunerado não exceder 2/3 do IAS.
[205] Ou pessoas que provem ter o menor ou incapaz a seu cargo bem como pelas pessoas que aguardem decisão judicial de suprimento do poder paternal, de interdição ou de inabilitação.

O requerimento deve ser acompanhado dos seguintes documentos:

- comprovativo do óbito do beneficiário (certidão de nascimento com o óbito averbado)[206];
- fotocópia do bilhete de identidade ou de cédula pessoal de cada um dos requerentes;
- fotocópia do cartão de contribuinte fiscal de cada um dos requerentes;
- documentos escolares de matrícula em ensino secundário ou superior, ou em curso de mestrado ou de pós-graduação ou comprovativo de preparação de tese de licenciatura ou doutoramento, consoante a idade do descendente, quando for caso disso[207];
- certidão de sentença judicial sobre o direito a alimentos, quando for o caso, ou relativa ao facto de que depende o direito;
- certidão de nascimento e certidão de sentença de divórcio (ex-cônjuges);
- declaração, sob compromisso de honra no caso de desaparecimento.

Montante

O montante é determinado pela aplicação de percentagens ao valor da pensão de invalidez ou de velhice que o beneficiário recebia ou que lhe seria calculada à data do seu falecimento, de acordo com as regras fixadas para a determinação de montantes das pensões[208].

Se o beneficiário se encontrar a receber pensão limitada[209], o cálculo da pensão é feito em função do montante a que o beneficiário teria direito se não existisse limitação.

Nas situações em que os beneficiários, à data da morte, não perfizerem 60 meses com contribuições, a pensão é calculada com base na fórmula R/60, sendo R o total das remunerações registadas em que se verificou incidência contributiva.

Percentagens aplicadas aos titulares que em cada momento tiverem direito:

i) cônjuges, ex-cônjuges e membros de união de facto:
   60% – se for um;
   70% – se for mais que um, repartidos por igual;

---

[206] Os vários averbamentos ao registo de nascimento fazem prova dos outros factos relevantes (casamentos, divórcios, separação judicial de pessoas e bens...).
[207] Pode ser efectuada por fotocópia simples do cartão de estudante.
[208] Tendo sempre como valor mínimo o estabelecido por lei para pensões de invalidez e velhice.
[209] V. Glossário.

No caso de ex-cônjuge, cônjuge separado judicialmente de pessoas e bens e pessoa cujo casamento tenha sido declarado nulo ou anulado, o montante da pensão de sobrevivência não pode exceder o valor da pensão de alimentos que recebia do beneficiário à data do seu falecimento.

ii) descendentes (de 1º grau, além de 1º grau e enteados menores):
   – se houver cônjuge, ex-cônjuge ou união de facto:
   20% – se for um;
   30% – se forem dois, repartidos por igual;
   40% – mais de dois, repartidos por igual;
   – se não houver cônjuge, ex-cônjuge ou membro de união de facto:
   40% – se for um;
   60% – se forem dois, repartidos por igual;
   80% – se forem mais de dois, repartidos por igual;

iii) ascendentes
   30% – se for um;
   50% – se forem dois, repartidos por igual;
   80% – se forem mais de dois, repartidos por igual.

A verificação de qualquer causa de extinção do direito à pensão ou o aparecimento de novo titular, determina novo cálculo ou nova repartição dos montantes nos termos prescritos, a partir do mês seguinte àquele em que se verificou o facto que determinou a mesma alteração.

Início da pensão

A pensão é devida a partir do início do mês seguinte ao do falecimento[210], no caso de ser requerida nos 6 meses imediatos ao evento e a partir do início do mês seguinte ao do requerimento no caso contrário.

No caso de nascituro a pensão só é devida a partir do mês seguinte ao do nascimento.

Período de concessão

Cônjuges e ex-cônjuges e união de facto:

– 5 anos – com menos de 35 anos à data da morte do beneficiário.

---

[210] Ou da data do trânsito em julgado da sentença judicial de que depender o direito (alimentos – ex-cônjuge, membro de união de facto) ou o seu exercício (suprimento judicial de incapacidade legal por menoridade ou interdição).

Prorrogável se tiver filhos comuns (do beneficiário e do cônjuge) com direito a pensão de sobrevivência, até ao termo do ano civil em que estes têm direito ou sem limite de tempo se a perda do direito dos filhos comuns acontecer depois dos 35 anos;
- sem limite de tempo:
  • com 35 anos ou mais à data do falecimento do beneficiário;
  • se atingirem os 35 anos enquanto tiverem direito à pensão;
  • em situação de incapacidade total e permanente para o trabalho à data da morte do beneficiário.

Descendentes:

- até aos 18 anos de idade;
- conforme as regras de atribuição para os descendentes maiores de 18 anos;
- sem limite de idade, caso se trate de descendente deficiente.

Manutenção

A concessão mantém-se:
- pelo período de férias subsequentes ao ano lectivo, se a pensão depender de matrícula em estabelecimento de ensino;
- no ano lectivo e férias subsequentes, caso não tenha podido matricular-se por força da aplicação da regra do *numerus clausus*.

Acumulação [211]

i) com abono de família bonificado ou subsídio mensal vitalício – cumulável;
ii) com rendimento de trabalho – cumulável.
iii) com pensões:
  - com pensão social, de viuvez, orfandade ou velhice do regime não contributivo ou de invalidez, velhice ou sobrevivência do equiparado ao não contributivo cumulável até ao limite do valor mínimo garantido das pensões do regime geral[212-213];

---

[211] As regras de acumulação são válidas para acumulação com pensões de regimes estrangeiros ou outros regimes de protecção social.
[212] Não há lugar a acumulação para os ascendentes ou descendentes com direito a pensão por direito próprio (invalidez ou velhice). Só podem acumular com outras pensões de sobrevivência. São cumuláveis entre si até ao mesmo limite.
[213] Havendo lugar à redução, esta verifica-se na pensão de natureza não contributiva ou na atribuída em último lugar.

- com pensão por morte do regime de acidentes de trabalho e doenças profissionais, cumulável se for superior e no montante que exceda o valor da pensão por risco profissional – pagamento diferencial (subsidiariedade);
- com pensões de invalidez ou velhice de cônjuges sobrevivos ou membros sobrevivos de união de facto do RG ou do RPSC, em função do valor global mensal percebido a título de pensão[214-215].

[214] Considera-se valor global mensal percebido a título de pensão o montante correspondente ao somatório do valor mensal de subvenção mensal vitalícia e subvenção de sobrevivência com todas as pensões de aposentação, reforma e equiparadas, pensões de velhice e invalidez, bem como pensões de sobrevivência, que sejam pagas, ao titular da pensão a atribuir ou a recalcular, por quaisquer entidades públicas, independentemente da respectiva natureza, institucional, associativa ou empresarial, do seu âmbito territorial, nacional, regional ou municipal, e do grau de independência ou autonomia, incluindo entidades reguladoras, de supervisão ou controlo e caixas de previdência de ordens profissionais, directamente ou por intermédio de terceiros, designadamente companhias de seguros e entidades gestoras de fundos de pensões.
Não relevam para a determinação do valor global as seguintes pensões: a deficientes das forças armadas, de preço de sangue, por condecorações, a ex-prisioneiros de guerra e a antigos combatentes.
[215] O acórdão do TC 413/2014 considerou inconstitucional as seguintes regras de acumulação:
– até € 2000 – livremente cumuláveis se forem de natureza contributiva;
Não há lugar a acumulação para os ascendentes ou descendentes com direito a pensão por direito próprio (invalidez ou velhice). Só podem acumular com outras pensões de sobrevivência.
– igual ou superior a € 2000 – calculado por aplicação, conforme o regime previamente determinado (A ou B), das seguintes taxas de formação de pensão:

Valor mensal global das pensões percebidas pelo titular (euros)	Taxa de formação da pensão	
	A (EPS)	B (geral)
De 2000 a 2250	44,0	53,0
De 2250,01 a 2500	43,0	51,0
De 2500,01 a 2750	40,0	48,0
De 2750,01 a 3000	38,0	45,0
De 3000,01 a 4000	34,0	41,0
Mais de 4000	33,0	39,0

Critérios para determinação do regime aplicável:
a) A pensão de sobrevivência a atribuir por morte de contribuinte do regime de protecção social convergente aposentado ou reformado com base no regime legal em vigor até 31 de Dezembro de 2005 ou de subscritor inscrito na CGA, I. P., até 31 de Agosto de 1993, falecido no activo, que se aposentaria com base naquele regime legal é calculada, segundo as regras do Estatuto das Pensões de Sobrevivência, aprovado pelo Decreto-Lei nº 142/73, de 31 de Março, com base nos valores da col. A;
b) A pensão de sobrevivência a atribuir por morte de beneficiário do regime geral de segurança social ou de contribuinte do regime de protecção social convergente inscrito na CGA, I. P., após 31 de agosto de 1993 não aposentado até 31 de Dezembro de 2005 é calculada, segundo as regras do regime de protecção na eventualidade da morte dos beneficiários do regime geral, aprovado pelo Decreto-Lei nº 322/90, de 18 de Outubro, com base nos valores da col. B;

Montantes adicionais

Nos meses de Julho e Dezembro de cada ano os pensionistas têm direito a receber uma prestação adicional de igual montante.[216]

Suspensão do pagamento

A suspensão do pagamento da pensão verifica-se sempre e enquanto os descendentes maiores de 18 anos exercerem actividade determinante de enquadramento na segurança social e até se tornarem a verificar os requisitos de atribuição (escolaridade, idade...).

A suspensão do pagamento, sem prejuízo da prescrição, não implica a perda do direito às pensões vencidas, sendo todas pagas logo que a causa da suspensão cesse (prova de escolaridade, devolução sistemática das pensões ou da correspondência enviada para a morada indicada, suspeita de recebimento indevido...).

Cessação do direito

O direito à pensão cessa a partir do mês seguinte àquele em que se extinguir o direito.

O direito à pensão extingue-se, em regra, sempre que as condições de atribuição deixem de estar presentes, designadamente:

- por morte do pensionista;
- pelo casamento ou união de facto dos pensionistas (cônjuges, ex-cônjuges ou membro de união de facto[217]);
- por declaração de incapacidade sucessória (indignidade e deserdação);
- com o aparecimento do beneficiário desaparecido ou declarado judicialmente morto[218];
- com a verificação do termo da sua concessão – pelo decurso do prazo durante o qual (5 anos) a pensão é paga ao cônjuge, ex-cônjuge ou união

---

c) A pensão de sobrevivência a atribuir por morte de contribuinte do regime de protecção social convergente aposentado ou reformado com base no regime legal em vigor a partir de 1 de Janeiro de 2006 ou de subscritor, falecido no activo, que se aposentaria com base naquele regime legal é calculada com base na aplicação dos valores da col. A ao montante da 1ª parcela da pensão de aposentação ou reforma e dos valores da col. B ao montante da 2ª parcela da mesma pensão, distribuindo-se o valor assim obtido pelos herdeiros hábeis na mesma proporção estabelecida no regime de protecção na eventualidade da morte dos beneficiários do regime geral, aprovado pelo Decreto-Lei nº 322/90, de 18 de Outubro.

[216] Ver nota correspondente na pensão de velhice – *nota 178, pág. 338*.
[217] Para membro de união de facto sobrevivo ver Ac. TRC de 28/03/06.
[218] Pode dar lugar à reposição do subsídio se tiver havido má fé de quem as recebeu.

de facto, capaz para o trabalho sem filhos comuns[219] que à data do falecimento do beneficiário tenha menos de 30 anos;
- alteração do grau de incapacidade ou por esta ter deixado de se verificar;
- quando o pensionista descendente atingir os limites de idade fixados;
- pela cessação do direito ao abono de família do descendente além do 1º grau.

Pensão provisória

É atribuída sempre que, para além do preenchimento das restantes condições, os destinatários:

- não exerçam actividade remunerada[220];
- não estejam a receber qualquer quantia a título de pré-reforma ou de situação equivalente;
- não estejam a receber quaisquer pensões de regimes de protecção social.

O montante desta pensão é igual ao valor mínimo da pensão de sobrevivência (valor mínimo da pensão de velhice na percentagem de cálculo respectivo).

Pensão unificada

Regime igual ao da pensão de velhice com as seguintes especificidades:

- 36 meses com contribuições no regime competente;
- opção de todos os sobreviventes.

b) **Especial**

i) Trabalhadores da Carris

Complemento de pensão aplicando as percentagens do regime geral aos complementos da pensão de invalidez ou velhice.

ii) Mineiros

O cálculo é feito com base no montante acrescido da pensão de invalidez e velhice.

---

[219] Com filhos comuns: o cônjuge mantém o direito até ao fim do ano civil em que cessar o direito à pensão de sobrevivência dos filhos comuns (do beneficiário e do cônjuge em causa) e mantê-la-ão sem limite de tempo se os filhos comuns perderem o direito depois daqueles atingirem os 35 anos de idade.
[220] Nem sejam beneficiários de prestações substitutivas de remuneração (subsídios no âmbito da parentalidade, doença, desemprego...).

4) **Pensão unificada (de invalidez, velhice e sobrevivência)**[221]
Consiste na atribuição de uma só pensão em função de dois regimes contributivos – o regime geral de segurança social e regime de protecção social convergente, com base nas seguintes regras:
- não é obrigatória – opção expressa do interessado;
- só pode ser atribuída pelo regime para que tenha havido contribuições ou quotizações em pelo menos:
  - 60 meses para a invalidez e velhice; e
  - 36 meses para a sobrevivência;
- se os requisitos se verificarem em ambos os regimes, rege-se pelo regime para que tenha sido feito o último pagamento de contribuições ou quotizações sem sobreposição – último regime ou regime competente – que verifica as condições de atribuição (prazo de garantia, idade), determina o montante e paga e actualiza a pensão unificada, recebendo do 1º regime a sua comparticipação;
- o 1º regime comparticipa na pensão unificada sem verificar as condições de atribuição;
- não é aplicável a quem já for pensionista por um dos regimes.
- os períodos cumpridos ao abrigo de legislação de outro país podem relevar, exclusivamente para abertura do direito à pensão, se tanto o regime geral da segurança social como a CGA aplicarem o instrumento legal que permite a totalização desses períodos.

Âmbito

Beneficiários activos (não pensionistas nem aposentados à data do requerimento) do regime geral de segurança social ou subscritores da Caixa Geral de Aposentações abrangidos pelos dois sistemas de protecção nacionais que não optem por pensões em separado.

Montante

O montante é igual à soma das pensões devidas pela aplicação separada de cada um dos regimes – a soma das pensões separadas de cada regime exige o cálculo de cada uma das pensões segundo as regras de cada regime;

---

[221] A pensão unificada por invalidez não é afectada pela tomada em consideração dos períodos contributivos do outro país (por totalização), quando o regime geral é o responsável exclusivo, na medida em que é determinada uma parcela autónoma correspondente à diferença entre a pensão totalizada com o estrangeiro e a parcela contributiva do regime geral.

A pensão unificada é actualizada de acordo com as regras do regime competente, sendo o encargo da actualização repartido por ambos os regimes na proporção da comparticipação inicial.

Instituição gestora

Instituição que gere o regime competente – o último regime.

Secção 2
Prestações por Riscos Físicos Profissionais[1]
Doenças Profissionais[2]

a. Prestações em geral

Âmbito pessoal

Trabalhadores por conta de outrem e equiparados[3], membros dos órgãos estatutários das pessoas colectivas[4] e trabalhadores independentes.

Titulares do direito às prestações por doença profissional

O direito às prestações é reconhecido ao beneficiário que seja portador de doença profissional.

---

[1] Aplicável aos acidentes de trabalho geridos pelas seguradoras.
[2] Eventualidade formalmente integrada no âmbito material do regime geral de segurança social dos trabalhadores vinculados por contrato de trabalho e dos trabalhadores independentes (art. 93º da Lei nº 98/2009, de 4 de Setembro).
Os trabalhadores destacados e estrangeiros seguem o regime geral de segurança social.
[3] Mesmo apenas cobertos por algumas eventualidades (regimes incompletos) desde que a taxa contributiva que lhes é aplicável integre o custo da protecção nas doenças profissionais (0,5%).
[4] O art. 4º da Lei nº 7/2009, de 12 de Fevereiro, que aprovou o Código do Trabalho dispõe sobre acidentes de trabalho e doenças profissionais do seguinte modo:
"1 – O regime relativo a acidentes de trabalho e doenças profissionais, previsto nos arts. 283º e 284º do Código do Trabalho, com as necessárias adaptações, aplica-se igualmente:
a) A praticante, aprendiz, estagiário e demais situações que devam considerar-se de formação profissional;
b) A administrador, director, gerente ou equiparado, sem contrato de trabalho, que seja remunerado por essa actividade;
c) A prestador de trabalho, sem subordinação jurídica, que desenvolve a sua actividade na dependência económica, nos termos do art. 10º do Código do Trabalho.
2 – O trabalhador que exerça actividade por conta própria deve efectuar um seguro que garanta o pagamento das prestações previstas nos artigos indicados no número anterior e respectiva legislação regulamentar".

O direito às prestações por morte de beneficiário que seja portador de doença profissional é reconhecido a familiares e equiparados[5].

Condições de atribuição das prestações a preencher cumulativamente pelo trabalhador[6]:

- estar afectado de doença profissional[7];
- ter estado exposto ao risco pela natureza da indústria, actividade ou condições, ambiente e técnicas do trabalho habitual[8].

Certificação e revisão de incapacidades

É da exclusiva responsabilidade da segurança social, sem prejuízo do diagnóstico presuntivo pelos médicos dos serviços de saúde, para efeitos da atribuição da indemnização por incapacidade temporária.

A qualidade de pensionista por doença profissional com grau de incapacidade permanente igual ou superior a 50% é equiparada à qualidade de pensionista por invalidez do regime geral.

Protecção da eventualidade

A protecção nas doenças profissionais tendo em vista, em conjunto com as intervenções de reabilitação e reintegração profissional, a adaptação ao traba-

---

[5] Ver infra.
[6] Não há prazo de garantia.
[7] Doenças profissionais são:
- as enumeradas na lista (D Reg 6/2001, 5/05 – versão do D Reg 76/2007, 17/06);
- lesões, perturbações funcionais ou doenças não incluídas naquela lista, desde que sejam consequência necessária e directa da actividade exercida e não represente normal desgaste do organismo.

À Comissão Nacional de Revisão da Lista de Doenças Profissionais, prevista no art. 94º da Lei nº 98/2009, de 4 de Setembro, com composição definida no D Reg 5/2001, 3/05, cabe a elaboração e actualização da lista de doenças profissionais.

As doenças profissionais são de participação obrigatória ao ISS, IP pelo médico que assistir o beneficiário, desde que seja de presumir a existência de doença profissional.

As doenças profissionais após confirmação dos casos clínicos são de comunicação obrigatória pelo ISS, IP à Direcção-Geral de Saúde (DGS), à Administração Regional de Saúde (ARS) da área, à DGERT, à Autoridade para as Condições de Trabalho (ACT) e ao empregador do beneficiário.

[8] São tomadas em conta, na medida do necessário, as actividades susceptíveis de provocarem o risco em causa, exercidas nos termos da legislação de outro Estado, se tal estiver previsto em instrumento internacional de segurança social a que Portugal se encontre vinculado.

Se o interessado tiver estado exposto ao mesmo risco nos termos do regime geral e da legislação de outro Estado ao qual Portugal se encontre vinculado por instrumento internacional, as prestações são concedidas de acordo com o disposto neste instrumento.

lho e a reparação dos danos emergentes da eventualidade, é assegurada pela atribuição de prestações:

- em espécie – de natureza médica, cirúrgica, farmacêutica, hospitalar e quaisquer outras, seja qual for a sua forma, desde que necessárias e adequadas ao restabelecimento do estado de saúde e da capacidade de trabalho ou de ganho do beneficiário e à sua recuperação para a vida activa;
- pecuniárias – indemnizações, pensões, prestações e subsídios.

Gestão

A avaliação, graduação e reparação das doenças profissionais diagnosticadas é da exclusiva responsabilidade da segurança social.[9]

Contra-ordenações[10]

Reabilitação

Aos trabalhadores afectados de lesão ou doença que lhes reduza a capacidade de trabalho ou de ganho em consequência de doença profissional (para além das prestações a que tiverem direito) deverá ser assegurada, na empresa ao serviço da qual ocorreu a doença, se for viável, a ocupação e função compatíveis com o respectivo estado e a respectiva capacidade residual, sendo assegurada, pela entidade empregadora, a formação profissional, a adaptação do posto de trabalho, o trabalho a tempo parcial e a licença para formação ou novo emprego.

b. Prestações em espécie

Todas as prestações seja qual for a forma que revistam desde que sejam necessárias e adequadas ao restabelecimento do estado de saúde e da capacidade de trabalho ou de ganho do trabalhador e à sua recuperação para a vida activa, designadamente:

---

[9] A reparação de doenças profissionais relativamente a trabalhadores que exercem funções públicas é partilhada entre as entidades empregadoras públicas (geral) e a CGA (incapacidade permanente e morte).
[10] Regime contra-ordenacional do Código do Trabalho – arts. 548º a 565º – nos termos do Cap V (arts. 167º a 173º) da L 98/2009, 4/09. V. infra Responsabilidade Contra-ordenacional em Garantias e Contencioso.

- assistência médica e cirúrgica, geral ou especializada, incluindo todos os elementos de diagnóstico e de tratamento que forem necessários, bem como as visitas domiciliárias[11];
- assistência medicamentosa e farmacêutica;
- cuidados de enfermagem;
- hospitalização e os tratamentos termais;
- hospedagem;
- transportes para observação, tratamento ou comparência a actos judiciais;
- fornecimento de produtos de apoio[12] e outros dispositivos técnicos de compensação das limitações funcionais, bem como a sua renovação e reparação;
- serviços de reabilitação e reintegração profissional e social, incluindo a adaptação do posto do trabalho;
- serviços de reabilitação médica ou funcional para a vida activa;
- apoio psicoterapêutico, sempre que necessário, à família do beneficiário[13].
- reembolso das despesas de deslocação, alimentação e alojamento indispensáveis à concretização das prestações anteriores.

As prestações em espécie são asseguradas, em regra, através de reembolsos das respectivas despesas[14].

Os reembolsos são objecto de requerimento dirigido à segurança social, devendo ser entregue nos serviços dos centros distritais do ISS, IP da área de

---

[11] Inclui a assistência psicológica e psiquiátrica, quando reconhecida como necessária pelo médico assistente.
[12] Nos termos do DL 93/2009, de 16 de Abril, é a actual designação das ajudas técnicas.
[13] Inclui a assistência psicológica e psiquiátrica, quando reconhecida como necessária pelo médico assistente.
[14] Os reembolsos relativos às despesas de cuidados de saúde a que haja lugar correspondem à totalidade das mesmas.
Os reembolsos relativos às despesas de deslocação, alojamento e alimentação efectuados pelo beneficiário e seus acompanhantes que impliquem deslocação do local da residência são efectuados, mediante documento comprovativo, nos seguintes termos:
- pelo montante integral correspondente à utilização de transporte colectivo público ou o custo decorrente do recurso a outro meio de transporte, quando aquele não exista ou não seja adequado ao estado de saúde do beneficiário, desde que devidamente comprovado por declaração médica ou por outras razões ponderosas atendíveis;
- até ao limite do menor valor de ajudas de custo para os funcionários e agentes da Administração Pública, e nos respectivos termos.
O pagamento das despesas do acompanhante do beneficiário depende de o estado de saúde do beneficiário o exigir, devidamente comprovado por declaração médica.

residência do requerente devendo ser requeridos pelos interessados ou seus representantes legais.

Os reembolsos das despesas com cuidados de saúde destinam-se a compensar, na totalidade, os gastos efectuados pelo beneficiário com assistência médica, cirúrgica, de enfermagem, medicamentosa e farmacêutica, decorrentes de doença profissional.

Os reembolsos das despesas com deslocações destinam-se a compensar, nos termos prescritos, as despesas de deslocação efectuadas pelo beneficiário, resultantes de recurso a cuidados de saúde, a exames de avaliação de incapacidade e a serviços de reabilitação e reintegração profissional, bem como de frequência de cursos de formação profissional.

Os reembolsos das despesas com alojamento e alimentação destinam-se a compensar, nos termos prescritos, os gastos efectuados pelo beneficiário decorrentes do recurso a prestações em espécie que impliquem deslocação do local da residência.

O reembolso das despesas depende, conforme o caso[15]:

- de prova da impossibilidade de recurso aos serviços oficiais e de autorização da segurança social para acesso a serviços privados;
- da necessidade de deslocação e permanência fora do local habitual da residência do beneficiário;
- de parecer de junta médica, quanto à necessidade de cuidados de saúde e da sua impossibilidade de tratamento no território português.

O reembolso, quando devido, deve ser efectuado pela segurança social, no prazo máximo de 30 dias a partir da data da entrega pelo beneficiário de documento comprovativo da despesa.

c. Prestações pecuniárias em geral

Natureza, determinação e graduação da incapacidade

A doença profissional pode determinar incapacidade temporária ou permanente para o trabalho.

A incapacidade temporária pode ser parcial ou absoluta.

A incapacidade permanente pode ser parcial, absoluta para o trabalho habitual e absoluta para todo e qualquer trabalho.

---

[15] A segurança social pode adiantar o respectivo montante no caso de o beneficiário se encontrar em situação de grave carência económica ou em qualquer outra situação que o justifique.

A incapacidade temporária de duração superior a 18 meses considera-se como permanente, devendo ser fixado o respectivo grau de incapacidade, salvo parecer clínico em contrário, não podendo, no entanto, aquela incapacidade ultrapassar os 30 meses.

O parecer clínico pode propor a continuidade da incapacidade temporária ou a atribuição de pensão provisória.

A determinação da incapacidade é efectuada de acordo com a tabela nacional de incapacidades por acidentes de trabalho e doenças profissionais, [16] elaborada e actualizada pela Comissão Permanente para a Revisão e Actualização da Tabela Nacional de Incapacidades [17].

O grau de incapacidade resultante define-se, em todos os casos, por coeficientes expressos em percentagens e determinados em função da natureza e da gravidade da doença, do estado geral do beneficiário, da sua idade e profissão, bem como da maior ou menor capacidade funcional residual para o exercício de outra profissão compatível e das demais circunstâncias que possam influir na sua capacidade de trabalho ou de ganho.

O grau de incapacidade é expresso pela unidade quando se verifique disfunção total com incapacidade permanente absoluta para todo e qualquer trabalho.

O coeficiente de incapacidade é fixado por aplicação das regras definidas na tabela nacional de incapacidades por acidentes de trabalho e doenças profissionais, em vigor à data da doença.

Requerimento

As prestações pecuniárias com excepção da indemnização por incapacidade temporária, do subsídio para readaptação de habitação e das prestações adicionais são objecto de requerimento dirigido à segurança social, devendo ser entregue nos serviços dos centos distritais da área de residência do requerente.

As prestações são requeridas pelos interessados ou seus representantes legais.

---

[16] Aprovada pelo DL 352/2007, 23/10.
[17] Prevista no art. 20 da L 98/2009, 04/09, e cuja composição e funcionamento estão previstos na Port 1036/2001, 23/08, cabe a interpretação, revisão e actualização das referidas tabelas. No art. 3º do DL 352/2007, 23/10, está prevista a constituição de comissões próprias.

A prestação por morte a favor de menor ou incapaz pode ainda ser requerida pela pessoa que prove tê-lo a seu cargo ou que aguarde decisão judicial de suprimento de incapacidade.

Retribuição de referência

A retribuição de referência a considerar no cálculo das indemnizações e pensões corresponde à retribuição anual ilíquida devida ao beneficiário nos 12 meses anteriores à cessação da exposição ao risco, ou à data da certificação da doença que determine incapacidade, se esta a preceder.

No caso de trabalho não regular e trabalho a tempo parcial com vinculação a mais de um empregador, bem como nos demais casos em que não seja aplicável o parágrafo anterior, a retribuição de referência é calculada pela média dos dias de trabalho e correspondentes retribuições auferidas pelo beneficiário no período de um ano anterior à certificação da doença profissional, ou no período em que houve efectiva prestação de trabalho. Na falta de elementos, e tendo em atenção a natureza dos serviços prestados, a categoria profissional do beneficiário e os usos, a retribuição é definida pela segurança social.

Para a determinação da retribuição de referência considera-se como:
- retribuição anual as 12 retribuições mensais ilíquidas acrescidas dos subsídios de Natal e de férias e outras retribuições anuais a que o trabalhador tenha direito com carácter de regularidade, nos 12 meses anteriores à cessação da exposição ao risco, ou à data da certificação da doença que determine incapacidade, se esta a preceder;
- retribuição diária a que se obtém pela divisão da retribuição anual pelo número de dias com registo de retribuições.

Quando a base de incidência contributiva tiver em conta retribuição convencional, a retribuição de referência corresponde ao valor que serve de base à incidência contributiva.

No caso de o beneficiário, ao contrair uma doença profissional, estar já afectado de incapacidade permanente resultante de acidente de trabalho ou outra doença profissional, a reparação é apenas a correspondente à diferença entre a incapacidade anterior e a que for calculada como se toda a incapacidade fosse imputada à última doença profissional. São tomadas em conta as incapacidades profissionais anteriores verificadas nos termos da legislação de outro Estado ao qual Portugal se encontre vinculado por instrumento internacional de segurança social.

Nesta situação e também aos casos de revisão em que haja agravamento de incapacidade é considerada a retribuição correspondente à última doença profissional, salvo se a anterior incapacidade igualmente decorrer de doença profissional e a correspondente prestação tiver por base retribuição superior, caso em que é esta a considerada.

Nos casos de incapacidade permanente absoluta para o trabalho habitual deve ser determinado um grau de incapacidade.

Pagamento

São prestações pecuniárias de atribuição única: a indemnização em capital, o subsídio por situação de elevada incapacidade permanente, os subsídios por morte e despesas de funeral e o subsídio para readaptação de habitação, sendo de atribuição continuada ou periódica todas as restantes.

O pagamento das prestações em dinheiro é efectuado no lugar da residência do beneficiário ou dos seus familiares se outro não for acordado.

Se o credor das prestações se ausentar para o estrangeiro, o pagamento é efectuado no local acordado, sem prejuízo do disposto em convenções internacionais ou acordos de reciprocidade.

Quando seja acordado, a pedido do beneficiário ou do beneficiário legal, para o pagamento das prestações, lugar diferente do da residência daqueles, a entidade responsável pode deduzir no montante das mesmas o acréscimo das despesas daí resultantes.

O acordo sobre o lugar ou periodicidade do pagamento só é válido se revestir a forma escrita.

Prestações adicionais

Nos meses de Junho e Novembro de cada ano, os titulares de pensões têm direito a receber, além da prestação mensal que lhes corresponda, um montante adicional de igual valor, incluindo o valor da prestação suplementar para assistência de terceira pessoa, quando a esta haja lugar.[18]

Acumulação

Não são acumuláveis com a retribuição resultante de actividade profissional as seguintes prestações:

– a indemnização por incapacidade temporária absoluta;

---

[18] Quanto a suspensões ver montantes adicionais na "Pensão de velhice".

- a bonificação da pensão, durante o exercício de actividade sujeita ao risco de doença ou doenças profissionais em relação às quais é pensionista;
- a pensão por incapacidade permanente absoluta para todo e qualquer trabalho e a pensão por incapacidade permanente absoluta para o trabalho habitual, desde que, quanto a esta, a retribuição decorra do exercício do mesmo trabalho ou actividade sujeita ao risco da doença profissional em relação à qual é pensionista.

A indemnização por incapacidade temporária é acumulável com subsídio de doença nos termos referidos no regime aplicável a esta prestação[19].

A pensão por incapacidade permanente por doença profissional é acumulável com a pensão atribuída por invalidez ou velhice, no âmbito de regimes de protecção social obrigatória, sem prejuízo das regras de acumulação próprias destes regimes[20].

O subsídio para a frequência de acções no âmbito da reabilitação profissional é cumulável com a indemnização por incapacidade temporária para o trabalho, a pensão provisória, a indemnização em capital e pensão por incapacidade permanente para o trabalho e o subsídio para readaptação de habitação não podendo no seu conjunto ultrapassar, mensalmente, o montante equivalente a seis vezes o valor de 1,1 do IAS.

Actualização

Os valores das pensões são periodicamente actualizados nos termos fixados no diploma de actualização das demais pensões do regime geral.

Revisão das pensões

Quando se verifique modificação da capacidade de ganho do beneficiário proveniente de agravamento, recidiva, recaída ou melhoria da lesão ou doença que deu origem à reparação, ou de intervenção clínica ou aplicação de prótese ou ortótese, ou ainda de formação ou reconversão profissional, as prestações poderão ser revistas de harmonia com a alteração verificada.

As pensões podem ser revistas pela segurança social oficiosamente ou a requerimento do beneficiário, podendo a revisão ser requerida a qualquer

---

[19] Ver regime em Subsídio de doença – acumulação.
[20] Ver regras em Pensão de velhice – acumulação de pensão – com outras pensões.

tempo, salvo nos dois primeiros anos, em que só poderá ser requerida uma vez no fim de cada ano.

Garantia do pagamento

O pagamento das pensões por incapacidade permanente ou morte e das indemnizações por incapacidade temporária que não possam ser pagas pela entidade legalmente autorizada a não transferir a responsabilidade da cobertura do risco por motivo de incapacidade económica objectivamente caracterizada em processo de insolvência e recuperação de empresas ou por motivo de ausência, desaparecimento ou impossibilidade de identificação, é suportado pela segurança social que fica constituída credora da entidade economicamente incapaz ou da respectiva massa insolvente, cabendo aos seus créditos, caso a entidade incapaz seja uma seguradora, graduação idêntica à dos credores específicos de seguros.

Remição

Pode ser remida, mediante requerimento do interessado ou por decisão judicial, a pensão devida por doença profissional sem carácter evolutivo, correspondente a incapacidade permanente parcial inferior a 30%.

Pode ser parcialmente remida, mediante requerimento ou por decisão judicial, a pensão devida por doença profissional sem carácter evolutivo, correspondente a incapacidade permanente parcial igual ou superior a 30%, desde que a pensão sobrante seja igual ou superior a 50% do valor de 1,1 IAS[21].

Contagem do prazo de prescrição

Para efeitos de prescrição do direito às prestações, a contagem do respectivo prazo inicia-se no dia seguinte àquele em que a prestação foi posta a pagamento, com conhecimento do credor.

Cessação das prestações

As prestações cessam nos termos das prestações do regime geral.

---

[21] O capital de remição é calculado nos termos do disposto na Port 11/2000, 13/01.

d. Prestações pecuniárias por incapacidade[22]

1) Indemnização por incapacidade temporária para o trabalho[23]

Destina-se a compensar o beneficiário, durante um período de tempo limitado, pela perda ou redução da capacidade de trabalho ou de ganho resultante de doença profissional.

i) Incapacidade temporária absoluta

Devida a partir do 1º dia de incapacidade sem prestação de trabalho.
Montantes diários de indemnização:
- 70% da retribuição de referência, nos primeiros 12 meses; e
- 75% da retribuição de referência no período subsequente;
- 80% da retribuição de referência, acrescido de 10% por cada pessoa a cargo até ao limite da retribuição por pneumoconiose associada à tuberculose.

ii) Incapacidade temporária parcial

Devida a partir da data da redução do trabalho e da correspondente certificação.
Montantes diários de indemnização:
- 70% do valor correspondente à redução sofrida na incapacidade geral de ganho;
- 80% da retribuição de referência, acrescido de 10% por cada pessoa a cargo até ao limite da retribuição por pneumoconiose associada à tuberculose.

A indemnização por incapacidade temporária é paga mensalmente e devida enquanto o beneficiário estiver em regime de tratamento ambulatório ou de reabilitação profissional.

O direito à indemnização por incapacidade temporária cessa com a alta clínica do beneficiário ou com a certificação da incapacidade permanente.

---

[22] O grau de incapacidade é dado pela Tabela Nacional de Incapacidades e fixado pela segurança social ou pelo tribunal do trabalho.

[23] As incapacidades temporárias de duração superior a 18 meses consideram-se permanentes, salvo parecer clínico em contrário, não podendo porém ultrapassar os 30 meses.

2) Pensão provisória[24] (por incapacidade permanente)

Destina-se a garantir uma protecção atempada e adequada nos casos de incapacidade permanente sempre que haja razões determinantes do retardamento[25] da atribuição das prestações.

Devida a partir do dia seguinte àquele em que deixou de haver lugar à indemnização por incapacidade temporária.

Montante igual ao valor mensal da indemnização por incapacidade temporária absoluta que estava a ser atribuída ou seria atribuível.

Os montantes pagos são considerados aquando da fixação final dos respectivos direitos.

A pensão provisória cessa na data da fixação definitiva da pensão ou da não verificação dos condicionalismos da atribuição desta prestação[26].

3) Pensão por incapacidade permanente para o trabalho[27]

Destina-se a compensar o beneficiário pela perda ou redução permanente da sua capacidade de trabalho ou de ganho resultante de doença profissional.

O requerimento dirigido à segurança social devendo ser entregue nos centros distritais deve ser acompanhado de informação médica, designadamente dos serviços oficiais de saúde e do médico do serviço de medicina do trabalho da respectiva entidade empregadora.

No caso de impossibilidade de os requerentes disporem dos elementos comprovativos devem os respectivos exames médicos ser efectuados nos centros distritais do ISS, IP ou requisitados por estes à entidade competente.

É devida a partir da data a que se reporta a certificação da respectiva situação, não podendo ser anterior à data do requerimento ou da participação obrigatória, salvo se, comprovadamente, se confirmar que a doença se reporta a data anterior.

É devida a partir do mês seguinte ao do requerimento, nos seguintes casos:

- na impossibilidade de a certificação médica reportar a incapacidade a essa data, caso em que a mesma se considera presumida – a incapacidade é considerada a partir da participação obrigatória, se anterior ao requerimento;

---

[24] Depende de requerimento do interessado e de parecer clínico, nos casos em que a incapacidade temporária for superior a 18 meses.
[25] Prendem-se com a necessidade de realizar exames médicos, análises clínicas, peritagens a viaturas...
[26] A não verificação dos condicionalismos de atribuição da pensão não dá lugar à restituição das pensões provisórias pagas.
[27] Quanto à indemnização em capital, ou seja a remição, de atribuição única e facultativa é admitida apenas em situações de incapacidade permanente parcial sem carácter evolutivo.

- se o beneficiário não instruiu o processo com o respectivo requerimento para avaliação de incapacidade por doença profissional no prazo de um ano a contar da data da comunicação da segurança social, para esse mesmo efeito.

A pensão por incapacidade permanente não pode ser suspensa ou reduzida mesmo que o beneficiário venha a auferir retribuição superior à que tinha antes da doença profissional, salvo em consequência de revisão da pensão.

A pensão por incapacidade permanente é paga adiantada e mensalmente até ao terceiro dia de cada mês, correspondendo cada prestação a 1/14 da pensão anual[28] sendo cumulável com qualquer outra.

i) absoluta para todo e qualquer trabalho

Sequencial à incapacidade temporária sem prestação de trabalho é devida a partir do primeiro dia em relação ao qual a mesma é certificada, não podendo, contudo, ser anterior ao primeiro dia de incapacidade temporária.

Pensão anual e vitalícia igual a 80% da retribuição de referência, acrescida de 10% por cada pessoa a cargo, até ao limite da retribuição;

ii) absoluta para o trabalho habitual

Pensão anual vitalícia compreendida entre 50 e 70% da retribuição de referência, conforme a maior ou menor capacidade funcional residual para o exercício de outra profissão compatível;

iii) parcial

Pensão anual e vitalícia correspondente a 70% da redução sofrida na capacidade geral de ganho;

Podem ser objecto de remição (de atribuição única) facultativamente:
- incapacidade inferior a 30% sem carácter evolutivo;
- incapacidade igual ou superior a 30% sem carácter evolutivo, desde que a pensão sobrante seja igual ou superior a 50% de 1,1 IAS.

iv) pensão bonificada

A pensão por incapacidade permanente é bonificada em 20% do seu valor relativamente a pensionista que, cessando a sua actividade profissional se encontre afectados por:

---

[28] Art. 72º da L 98/2009, de 4 de Setembro.

- pneumoconiose com grau de incapacidade permanente não inferior a 50% em que o coeficiente de desvalorização referido nos elementos radiográficos seja 10%, quando completar 50 anos de idade;
- doença profissional com um grau de incapacidade permanente não inferior a 70%, quando completar 50 anos de idade;
- doença profissional com um grau de incapacidade permanente não inferior a 80%, independentemente da sua idade.

O montante da pensão bonificada não pode exceder o valor da retribuição de referência que serve de base ao cálculo da pensão.

Devida a partir do mês seguinte ao da apresentação da documentação exigida para o efeito.

O requerimento do beneficiário deve ser instruído com declaração de cessação do exercício da actividade ou actividades profissionais determinantes da incapacidade permanente.

A bonificação é suspensa enquanto o pensionista exercer actividade sujeita ao risco da doença ou doenças profissionais em relação às quais é pensionista, situação da qual deve dar conhecimento à segurança social, no prazo de 10 dias subsequentes ao respectivo início.

Montante provisório

Pode ser atribuído sempre que, verificadas as condições determinantes do direito, por razões de ordem administrativa ou técnica, não imputáveis aos beneficiários, seja inviável a atribuição de pensão definitiva no prazo de três meses a partir da data de entrada do requerimento.

Devido a partir da data do requerimento, da participação obrigatória ou da morte do beneficiário.

Montante igual ao valor mensal da indemnização por incapacidade temporária absoluta que estava a ser atribuída ou seria atribuível.

4) Subsídio por situação de elevada incapacidade permanente
Destina-se a compensar o beneficiário, com incapacidade permanente absoluta ou incapacidade permanente parcial igual ou superior a 70%, pela perda ou elevada redução permanente da sua capacidade de trabalho ou de ganho.

A incapacidade permanente absoluta para o trabalho habitual confere ao beneficiário direito a um subsídio fixado entre 70% e 100% de 12 vezes o valor de 1,1 IAS, tendo em conta a capacidade funcional residual para o exercício de outra profissão compatível.

A incapacidade permanente parcial igual ou superior a 70% confere ao beneficiário o direito a um subsídio correspondente ao produto entre 12 vezes o valor de 1,1 IAS e o grau de incapacidade fixado.

O valor corresponde ao que estiver em vigor à data da fixação da incapacidade.

Nos casos em que se verifique cumulação de incapacidades, serve de base à ponderação o grau de incapacidade global fixado.

É de atribuição única e devido a partir da data da fixação da incapacidade.

e. Prestações pecuniárias por morte

Para efeitos de atribuição da pensão por morte, dos subsídios por morte e por despesas de funeral, considera-se o falecimento que decorra de doença profissional.

Em caso de falecimento por causa natural do beneficiário portador de doença profissional, depende de os seus familiares ou terceiros não terem direito a prestações equivalentes concedidas por qualquer outro regime de protecção social obrigatório.

Em caso de casamento declarado nulo ou anulado, tem direito às prestações por morte a pessoa que tenha celebrado o casamento de boa fé com o beneficiário e, à data da sua morte, receba pensão de alimentos decretada ou homologada judicialmente, ou quando esta não lhe tiver sido atribuída pelo tribunal por falta de capacidade económica do falecido para a prestar.

Não tem direito às prestações por morte a pessoa que careça de capacidade sucessória por motivo de indignidade [29], salvo se tiver sido reabilitada pelo beneficiário, ou de deserdação[30].

A prestação por morte a favor de menor ou incapaz pode ser requerida pela pessoa que prove tê-lo a seu cargo ou que aguarde decisão judicial de suprimento da incapacidade.

As prestações por morte são atribuídas a requerimento do interessado ou dos seus representantes legais, o qual deve ser instruído com os documentos comprovativos dos factos condicionantes da sua atribuição.

No caso de união de facto, segue o regime da pensão de sobrevivência do regime geral.

1) Pensão por morte

A pensão por morte é fixada em montante anual.

---

[29] Nos termos do art. 2034º a 2037º do CC, salvo se tiver havido reabilitação pelo beneficiário falecido. Pode ser declarada em sentença penal (art. 69º-A do CP – redacção da L 82/2014, 30/12)

[30] Nos termos do art. 2166º do CC.

A pensão por morte, incluindo a devida a nascituro, vence-se a partir do dia seguinte ao do falecimento do beneficiário e cumula-se com quaisquer outras.

É devida a partir do mês seguinte ao do falecimento do beneficiário no caso de ser requerida nos 12 meses imediatos ou a partir do mês seguinte ao do requerimento, em caso contrário.

A alteração dos montantes das pensões resultante da modificação do número de titulares tem lugar no mês seguinte ao da verificação do facto que a determinou.

Montantes

– cônjuge ou membro de união de facto[31]
Em percentagem da retribuição de referência do beneficiário:

30% até completar a idade de reforma por velhice; e
40% a partir desta idade ou da verificação de doença física ou mental que afecte sensivelmente a sua capacidade de trabalho;

– ex-cônjuge divorciado ou cônjuge judicialmente separado ou casamento declarado nulo ou anulado que tenha celebrado casamento de boa fé com o beneficiário, com direito a alimentos decretada ou homologada judicialmente à data da morte, ou se estes não lhe tiverem sido atribuídos pelo tribunal por falta de capacidade económica do falecido para as prestar:

Em percentagem da retribuição de referência do beneficiário

30% até completar a idade de reforma por velhice; e
40% a partir desta idade ou da verificação de doença física ou mental que afecte sensivelmente a sua capacidade de trabalho;

até ao limite do montante dos alimentos judicialmente fixados.

Se por morte do beneficiário houver concorrência entre os beneficiários a pensão é repartida na proporção dos respectivos direitos.

Qualquer dos beneficiários que contraia casamento ou passe a viver em união de facto recebe, por uma só vez, o triplo do valor da pensão anual, excepto se já tiver ocorrido a remição total da pensão.

---

[31] Membro de união de facto – pessoas não casadas ou separadas judicialmente de pessoas e bens que tenham vivido há mais de 2 anos em condições análogas às dos cônjuges à data do evento determinante do subsídio atribuível – nos termos do art. 2020º do CC.

- filhos, incluindo os nascituros e adoptados restritamente e enteados com direito a alimentos:
  - idade inferior a 18 anos;
  - entre os 18 e os 22 anos enquanto frequentarem ensino secundário ou equiparado;
  - entre os 18 e os 25 anos frequentarem curso de nível superior ou equiparado;
  - sem limite de idade quando afectados por deficiência ou doença crónica que afecte sensivelmente a sua capacidade para o trabalho.

nas seguintes percentagens da remuneração de referência:

- 20%, se for um;
- 40%, se forem dois;
- 50% se forem três ou mais;
- o dobro destes montantes, até ao limite de 80%, (40% se for 1 e 80% se forem 2 ou mais) se forem órfãos de pai e mãe.

- ascendentes e quaisquer parentes sucessíveis (tio, sobrinho e irmão) a cargo do beneficiário[32]:
  - se houver cônjuge ou filhos com direito a pensão – 10% da remuneração de referência cada um, não podendo o total das pensões exceder 30% desta;
  - se não houver cônjuge, ex-cônjuge ou filhos com direito a pensão:
- 15% da remuneração de referência até perfazerem a idade de reforma por velhice e;
- 20% a partir da idade de reforma por velhice ou quando afectados por deficiência ou doença crónica que afecte sensivelmente a sua capacidade para o trabalho;

não podendo o total das pensões exceder 80% da retribuição de referência do beneficiário para o que se procederá a rateio, se necessário.

Considera-se com capacidade para o trabalho sensivelmente afectada o beneficiário legal do beneficiário que sofra de deficiência ou doença crónica que lhe reduza definitivamente a sua capacidade geral de ganho em mais de 75%.

---

[32] Isto é, com rendimento não superior à pensão social ou ao dobro se forem casados desde que convivessem com o beneficiário em comunhão de mesa e habitação ou houvesse obrigação de alimentos decretado judicialmente.

Tem-se por definitiva a incapacidade de ganho quando seja de presumir que a doença não terá evolução favorável nos três anos subsequentes à data do seu reconhecimento.

Surgindo dúvidas sobre a incapacidade esta é fixada pelo tribunal.

As pensões por morte são cumuláveis, mas o seu total não pode exceder 80% da retribuição de referência.

Se as pensões excederem 80% da retribuição de referência, são sujeitas a rateio, enquanto esse montante se mostrar excedido.

Se durante o período em que a pensão for devida aos filhos qualquer um deles ficar órfão de pai e mãe, a respectiva pensão é aumentada para o dobro, até ao limite máximo de 80% da retribuição de referência.

As pensões dos filhos do beneficiário são, em cada mês, as correspondentes ao número dos que têm direito a pensão nesse mês.

As prestações por morte são atribuídas a requerimento do interessado ou dos seus representantes legais, o qual deve ser instruído com os documentos comprovativos dos factos condicionantes da sua atribuição.

No caso de união de facto, o requerimento da pensão deve ser instruído com certidão de sentença judicial proferida em acção de alimentos interposta contra a herança do falecido ou em acção declarativa contra a segurança social, da qual resulte o reconhecimento de que o requerente reúne as condições de facto legalmente exigidas para a atribuição dos alimentos.

A pedido da segurança social, os familiares e equiparados devem fazer prova anual da manutenção dos requisitos que lhes conferem o direito à pensão.

Cessação

O direito à pensão cessa nos termos gerais de cessação das correspondentes pensões do regime geral.

O direito à pensão por morte cessa, em especial, com:

- o casamento ou a união de facto do cônjuge sobrevivo, do ex-cônjuge do beneficiário falecido ou da pessoa que vivia com o beneficiário em união de facto;
- o trânsito em julgado de sentença de condenação do pensionista como autor, cúmplice ou encobridor do crime de homicídio voluntário, ainda que não consumado, na pessoa do beneficiário ou de outrem que concorra na respectiva pensão de sobrevivência, salvo se o ofendido o tiver reabilitado nos termos da lei civil;

– a declaração judicial de indignidade do pensionista, salvo se o beneficiário o tiver reabilitado e no caso de deserdação por parte do beneficiário, salvo se o pensionista for reabilitado, mediante acção de impugnação da deserdação.

Deveres

O cônjuge, ex-cônjuge ou membro de união de facto que esteja a receber pensão e celebre casamento ou inicie união de facto é obrigado a dar conhecimento à segurança social, nos 30 dias subsequentes à respectiva verificação e receberá, por uma só vez, o triplo do valor de pensão anual, excepto se já tiver ocorrido remição total de pensão.

Pensão provisória por morte

Depende[33] de não se considerar caracterizada a causa da morte, bem como de os respectivos interessados reunirem os condicionalismos legalmente previstos para o reconhecimento do respectivo direito e não se encontrem em qualquer das seguintes situações:

– exercício de actividade profissional remunerada;
– pré-reforma;
– pensionista de qualquer sistema de protecção social (obrigatório ou voluntário).

Montante: percentagens de cálculo das pensões por morte ao valor da retribuição de referência.

A pensão provisória cessa na data da fixação definitiva da pensão ou da não verificação dos condicionalismos da atribuição desta prestação[34].

Montante provisório

Pode ser atribuído sempre que, verificadas as condições determinantes do direito, por razões de ordem administrativa ou técnica, não imputáveis aos beneficiários, seja inviável a atribuição de pensão definitiva no prazo de três meses a partir da data de entrada do requerimento.

Devido a partir da data da morte do beneficiário.

Igual ao que resulta da aplicação das percentagens de cálculo das pensões por morte ao valor da retribuição de referência.

---

[33] Para além de parecer clínico.
[34] A não verificação dos condicionalismos de atribuição da pensão não dá lugar à restituição das pensões provisórias pagas.

2) Subsídio por morte

O subsídio por morte de atribuição única destina-se a compensar os encargos decorrentes do falecimento do beneficiário.

O subsídio por morte é igual a 12 vezes o valor de 1,1 IAS à data da morte, sendo atribuído:

- metade ao cônjuge, ex-cônjuge, cônjuge separado judicialmente ou à pessoa que com o beneficiário vivia em união de facto e metade aos filhos que tiverem direito a pensão;
- por inteiro ao cônjuge, ex-cônjuge, cônjuge separado judicialmente ou à pessoa que com o beneficiário vivia em união de facto ou aos filhos previstos na alínea anterior quando concorrerem isoladamente.

O subsídio a atribuir ao ex-cônjuge e ao cônjuge separado judicialmente depende de este ter direito a alimentos do beneficiário, não podendo exceder 12 vezes a pensão mensal que estiver a receber.

Requerido no prazo de 5 anos.

O subsídio por morte não é devido se o beneficiário não deixar beneficiários.

3) Subsídio por despesas de funeral

Destinatário: requerente que tiver efectuado as despesas de funeral.

O requerimento (no prazo de 1 ano) é instruído com documento comprovativo de o requerente ter efectuado o respectivo pagamento.

Montante (de atribuição única) das referidas despesas com o limite de 4 vezes o IAS, aumentado para o dobro em caso de transladação.

f. Outras prestações pecuniárias

1) Prestação suplementar para assistência de terceira pessoa

Destina-se a compensar os encargos com assistência de terceira pessoa em face da situação de dependência em que se encontre ou venha a encontrar o beneficiário por incapacidade permanente para o trabalho.

A atribuição da prestação depende de o beneficiário não poder, por si só, prover à satisfação das suas necessidades básicas diárias – nomeadamente, os actos relativos a cuidados de higiene pessoal, alimentação e locomoção – carecendo de assistência permanente de terceira pessoa.

O familiar do beneficiário que lhe preste assistência permanente é equiparado a terceira pessoa.

Não pode ser considerada terceira pessoa quem se encontre igualmente carecido de autonomia para a realização dos actos básicos da vida diária.

A assistência pode ser assegurada através da participação sucessiva e conjugada de várias pessoas, incluindo a prestação no âmbito do apoio domiciliário, durante o período mínimo de seis horas diárias.

A prestação de pagamento mensal é fixada em montante mensal do valor da retribuição paga à pessoa que presta assistência e tem como limite máximo o valor de 1,1 IAS.
Na falta de prova da retribuição: valor do complemento por dependência do regime geral mais elevado.

Quando o médico assistente entender que o beneficiário não pode dispensar a assistência de uma terceira pessoa, deve ser-lhe atribuída, a partir do dia seguinte ao da alta e até ao momento da fixação da pensão definitiva, uma prestação suplementar provisória equivalente ao montante mensal da prestação. Estes montantes são considerados aquando da fixação final dos respectivos direitos.
A prestação é anualmente actualizável na mesma percentagem em que o for o IAS.

A situação de dependência dos pensionistas por incapacidade permanente para o trabalho, reporta-se à data do respectivo requerimento, se for feita prova de que o requerente já necessitava de assistência de terceira pessoa e dela dispunha ou, caso contrário, à data em que se verificar esse condicionalismo.
O requerimento é instruído por:
- declaração do requerente da qual conste a existência da pessoa que presta ou se dispõe a prestar assistência, com especificação das condições em que a mesma é ou vai ser prestada;
- informação médica fundamentada dos serviços médicos da segurança social que ateste a situação de dependência.

Suspende-se sempre que se verifique o internamento em hospital ou estabelecimento similar por período de tempo superior a 30 dias, e durante o tempo em que os custos corram por conta da entidade responsável.

2) Subsídio para readaptação de habitação
Destina-se ao pagamento de despesas com a readaptação da habitação do beneficiário por incapacidade permanente para o trabalho que dela necessite, em função da sua incapacidade.

O beneficiário tem direito ao pagamento das despesas suportadas com a readaptação de habitação, até ao limite de 12 vezes o valor de 1,1 IAS à data da certificação da incapacidade.

É de atribuição única.

3) Subsídio para frequência de acções no âmbito da reabilitação profissional
Destina-se ao pagamento de despesas com acções que tenham por objectivo restabelecer as aptidões e capacidades profissionais do beneficiário sempre que a gravidade das lesões ou outras circunstâncias especiais o justifiquem.

A atribuição do subsídio depende de o beneficiário reunir, cumulativamente, as seguintes condições:

- ter capacidade remanescente adequada ao desempenho da profissão a que se referem as acções de reabilitação profissional;
- ter direito a indemnização ou pensão por incapacidade resultante do acidente de trabalho ou doença profissional;
- ter requerido a frequência de acção ou curso ou aceite proposta da segurança social;
- obter parecer favorável dos serviços médicos responsáveis pela avaliação das incapacidades por doenças profissionais.

O montante do subsídio corresponde ao montante das despesas efectuadas com a frequência do mesmo, sem prejuízo, caso se trate de acção ou curso organizado por entidade diversa do Instituto do Emprego e Formação Profissional, do limite do valor mensal correspondente ao valor de 1,1 do IAS.

É cumulável com indemnização por incapacidade temporária para o trabalho, pensão provisória, indemnização em capital e pensão por incapacidade permanente para o trabalho e o subsídio para readaptação de habitação, não podendo no seu conjunto ultrapassar, mensalmente, o montante equivalente a seis vezes o valor de 1,1 do IAS.

O subsídio para frequência de acções no âmbito da reabilitação profissional é devido a partir da data do início efectivo da frequência das mesmas, não podendo a sua duração, seguida ou interpolada, ser superior a 36 meses, salvo em situações excepcionais devidamente fundamentadas.

Secção 3
Prestações por Riscos Económicos

1) Compensação salarial ou retributiva[1]
Situação de redução temporária do período normal de trabalho ou suspensão do contrato de trabalho por facto respeitante à entidade empregadora.[2]

Âmbito

Trabalhadores subordinados em empresas do sector público ou privado por motivos de mercado, estruturais ou tecnológicos, catástrofes ou outras ocorrências que tenham afectado gravemente a actividade normal das empresas e tais medidas se mostrem indispensáveis para assegurar a viabilidade da empresa e a manutenção dos postos de trabalho.

Montante

O valor da compensação retributiva[3] é de 2/3 da retribuição mensal ilíquida ou a retribuição mínima mensal garantida, consoante o que for mais elevado (30% é suportado pelo empregador e 70% pela segurança social).

Este valor não pode, por si ou conjuntamente com a remuneração de trabalho prestado na empresa ou fora dela, ser superior ao triplo da retribuição mínima geral garantida[4].

---

[1] Ou remuneratória.
Para os profissionais da pesca, através do Fundo de Compensação Salarial dos Profissionais da Pesca, nos termos do DL 311/99, 10 Ago.
[2] Arts. 298º a 308º do Código do Trabalho. Doutrinariamente assumida como *"lay-off"*
[3] Regista-se por equivalência 1/3 da retribuição que o trabalhador não recebe.
[4] € 557 (2017 – continente). V. valores das RA nos quadros-síntese.

PRESTAÇÕES SUBSTITUTIVAS DE RENDIMENTO DE TRABALHO

Duração e extinção

A duração da atribuição depende da duração, da redução ou suspensão que são previamente definidas não podendo, em regra, ser superiores a:

- 6 meses, por razões conjunturais de mercado e por motivos económicos ou tecnológicos;
- um ano, no caso de catástrofe ou outra ocorrência que afecte gravemente a actividade normal da empresa.

Os prazos máximos indicados podem ser prorrogados até ao máximo de 6 meses, se houver acordo.

2) Reestruturação económica[5]

Âmbito

Trabalhadores desempregados que celebrem contrato de trabalho sem termo a tempo inteiro, pelo qual seja devida uma remuneração de base inferior à percebida no posto de trabalho que ocupavam antes da situação de desemprego involuntário que cumulativamente:

- o contrato de trabalho actual implique mudança geográfica, de profissão ou do sector de actividade;
- a profissão anterior tenha sido exercida durante pelo menos 3 anos ou tenha o trabalhador idade igual ou superior a 55 anos;
- o novo contrato de trabalho entre em execução dentro de 12 meses posteriores ao início da situação de desemprego.

Montante

Diferença entre os montantes da remuneração anterior e actual para um mesmo tempo de trabalho relativamente à remuneração de base mensal bem como ao subsídio de férias e ao de Natal quando devidos.

A redução da diferença implica redução da compensação.

O valor da compensação é lançado por equivalência.

Duração

Enquanto durar o contrato até um período máximo de 12 meses, desde o início efectivo da prestação de trabalho.

---

[5] Da responsabilidade financeira do IEFP. Exclui a compensação retributiva geral.

Requerimento

O requerimento é feito à segurança social sendo apresentado no centro de emprego da área de residência no prazo de 90 dias após o início da prestação de trabalho.

Instrução do requerimento:

- declaração da entidade empregadora[6] onde o trabalhador exerceu a actividade antes do desemprego involuntário com indicação dos seguintes elementos:
  - data da cessação do contrato de trabalho;
  - duração da actividade exercida;
  - montante da remuneração;
  - profissão do trabalhador;
  - sector de actividade da empresa e concelho da sua sede ou do estabelecimento onde exerceu a actividade;
- declaração da nova entidade empregadora onde conste:
  - data do início efectivo da prestação de trabalho;
  - montante da remuneração auferida;
  - profissão do trabalhador;
  - sector de actividade da empresa e concelho da sua sede ou do estabelecimento onde inicia nova prestação de trabalho.

3) Salários em atraso ou retribuições em mora

Âmbito

Trabalhadores por conta de outrem credores de retribuições não pagas pontualmente que suspendam a prestação de trabalho ou rescindam o contrato com este fundamento.

Prestações

Esta situação determina o direito à percepção do subsídio de desemprego[7] sem prejuízo dos limites legais e condições exigidas por este regime.

---

[6] Ou Autoridade para as Condições do Trabalho (ACT), no caso de recusa ou impossibilidade na obtenção da declaração.

[7] Sempre que ocorram situações sucessivas de suspensão da prestação de trabalho e rescisão do respectivo contrato de trabalho, a protecção no desemprego reporta-se à primeira data. As prestações não concedidas no período de suspensão são pagas após a rescisão do contrato (art. 62º do DL 220/2006, de 3 de Novembro).

4) Subsídios por cessação de actividade

a. Prestadores de serviços em entidades contratantes[8]

Objectivo

Visa compensar a perda de rendimentos dos trabalhadores independentes em consequência da cessação involuntária da actividade independente por desemprego – situação decorrente da cessação involuntária do contrato de prestação de serviços com entidade contratante[9] do trabalhador independente, economicamente dependente, com capacidade e disponibilidade para o trabalho e inscrito para emprego no centro de emprego.

Âmbito pessoal

Beneficiários enquadrados no regime dos trabalhadores independentes residentes em território português que sejam economicamente dependentes de uma única entidade contratante.

Consideram-se economicamente dependentes os trabalhadores independentes que obtenham de uma única entidade contratante 80% ou mais do valor total dos seus rendimentos anuais resultantes da actividade independente que determinem a constituição de obrigação contributiva.[10]

Condições de atribuição

O reconhecimento do direito ao subsídio depende da verificação cumulativa das seguintes condições:

- cessação involuntária do vínculo contratual celebrado com a entidade contratante;
- cumprimento do prazo de garantia;
- cumprimento da obrigação contributiva das entidades contratantes do trabalhador independente, nessa qualidade, em pelo menos dois anos

---

[8] DL 65/2012, de 15 de Março.

[9] São entidades contratantes as pessoas colectivas e as pessoas singulares com actividade empresarial, independentemente da sua natureza e das finalidades que prossigam, que no mesmo ano civil beneficiem de pelo menos 80% do valor total da actividade de trabalhador independente (art. 140º do Código dos Regimes Contributivos).

[10] Os trabalhadores que se encontrem isentos da obrigação de contribuir e a prestação de serviços que, por imposição legal, só possa ser desempenhada como trabalho independente (vg: mediadores de seguros) não estão sujeitos à obrigação contributiva (art. 150º, nº 4 do Código dos Regimes Contributivos).

civis, sendo um deles o ano imediatamente anterior ao da cessação do contrato de prestação de serviços;
- o trabalhador independente ser considerado economicamente dependente à data da cessação do contrato de prestação de serviços;
- inscrição no centro de emprego da área de residência para efeitos de emprego.

Não é reconhecido o direito à protecção aos beneficiários que à data da cessação involuntária do contrato de prestação de serviços tenham idade legal de acesso à pensão de velhice, desde que se encontre cumprido o respectivo prazo de garantia.

Prazo de garantia

720 dias de exercício de actividade independente, economicamente dependente, com o correspondente pagamento efectivo de contribuições, num período de 48 meses imediatamente anterior à data da cessação involuntária do contrato de prestação de serviços.

Os períodos de registo de remunerações correspondentes a situações de equivalência decorrentes da concessão do subsídio por cessação da actividade não são relevantes para efeitos de verificação do prazo de garantia.

Os períodos de registo de remunerações relevantes para o preenchimento de um prazo de garantia com atribuição de subsídio por cessação da actividade não são considerados para efeitos de prazo de garantia em nova situação de desemprego por cessação de contrato de trabalho ou de prestação de serviços com entidade contratante.

Os períodos de registos de remunerações decorrentes de coexistência de subsídio parcial por cessação de actividade e exercício de actividade profissional por conta de outrem ou independente, não relevam para efeitos do prazo de garantia.

Montante

O montante diário do subsídio é calculado de acordo com a seguinte fórmula[11]:

$$(E \times 0,65)/30 \times P$$

Para efeitos de aplicação da fórmula entende-se por:
- «E» o escalão de base de incidência contributiva em que o beneficiário se encontra posicionado à data da cessação do contrato de prestação de serviços;

---

[11] Majorado em 10% (desde Setembro de 2014) nas mesmas condições do subsídio de desemprego.

– «P» a percentagem correspondente à dependência económica do beneficiário relativamente à entidade contratante.

Requerimento

O requerimento é apresentado no centro de emprego da área da residência do beneficiário ou *online* no sítio da Internet da segurança social, no prazo de 90 dias consecutivos a contar da data do desemprego por cessação do contrato de prestação de serviços e precedido de inscrição para emprego no centro de emprego.

Considera-se data do desemprego o dia imediatamente subsequente àquele em que se verificou a cessação do contrato de prestação de serviços, indicado pela entidade contratante no requerimento.[12]

Registo de equivalências

O período de pagamento do subsídio dá lugar ao registo de remunerações por equivalência à entrada de contribuições pelo valor do subsídio, relevando para o prazo de garantia das prestações diferidas e imediatas, com excepção do desemprego por cessação do contrato de trabalho e por cessação do contrato de prestação de serviços.

Exclusão do regime de flexibilização da idade de pensão de velhice

O regime de flexibilização da idade de acesso à pensão de velhice previsto no regime jurídico de protecção no desemprego dos trabalhadores por conta de outrem não se aplica.

Financiamento

Contribuições das entidades contratantes (5%) sobre serviços prestados por trabalhadores independentes.

Subsídio parcial

Atribuído nas situações em que o trabalhador independente, residente em território português, após cessar o contrato de prestação de serviços com a enti-

---

[12] O requerimento é instruído com informação comprovativa da situação de cessação involuntária do contrato de prestação de serviços e da data a que se reporta.
Nas situações em que o requerimento seja apresentado *online* no sítio da Internet da segurança social, os respectivos meios de prova podem ser apresentados pela mesma via desde que correctamente digitalizados e integralmente apreensíveis.
Os beneficiários têm o dever de conservar os originais dos meios de prova, pelo prazo de cinco anos, bem como o dever de os apresentar sempre que solicitados pelos serviços competentes.

dade contratante, mantenha uma actividade profissional correspondente aos restantes 20% ou menos do valor total anual dos seus rendimentos de trabalho.

A titularidade do direito aos subsídios é reconhecida aos beneficiários que reúnam as respectivas condições de atribuição à data da cessação do contrato de prestação de serviços com entidade contratante e residam em território português.

Meios de prova específicos

A atribuição do subsídio parcial por cessação de actividade depende ainda da prova das seguintes condições especiais:
- tipo de actividade exercida;
- retribuição mensal do trabalho por conta de outrem a tempo parcial ou do montante ilíquido da actividade independente.

Registo de equivalências

A remuneração a registar por equivalência à entrada de contribuições é igual à diferença entre a remuneração por trabalho por conta de outrem ou entre o rendimento relevante da actividade exercida como trabalho independente e o valor do subsídio por cessação de actividade.

b. Empresários em nome individual e membros de órgãos estatutários[13]

Objectivo

Visa compensar a perda de rendimentos dos trabalhadores independentes com actividade empresarial, bem como dos gerentes e dos administradores das pessoas colectivas, em consequência da cessação de actividade profissional por motivos justificados que determinam o encerramento da empresa.

Âmbito pessoal

1) trabalhadores independentes com actividade empresarial;
   Consideram-se com actividade empresarial os trabalhadores independentes como tal enquadrados no respectivo regime que sejam:
   - empresários em nome individual (ENI) com rendimentos decorrentes do exercício de qualquer actividade comercial ou industrial[14];

---

[13] DL 12/2013, de 25 de Janeiro.
[14] Nos termos da alínea a) do nº 1 do art. 3º do Código do IRS.

- titulares de estabelecimentos individuais de responsabilidade limitada (EIRL);
- cônjuges dos trabalhadores independentes referidos nos parágrafos anteriores que com eles exerçam efectiva actividade profissional com carácter de regularidade e permanência.
2) membros dos órgãos estatutários das pessoas colectivas (MOE'S) que exerçam funções de gerência ou de administração.

Não são abrangidos os produtores agrícolas que exerçam efectiva actividade profissional na exploração agrícola e respectivos cônjuges que exerçam efectiva e regularmente actividade na exploração, como tal enquadrados no respectivo regime.

Condições de atribuição[15]

O reconhecimento do direito aos subsídios depende do preenchimento cumulativo das seguintes condições:

a) residência em território português com capacidade e disponibilidade para o trabalho;

b) encerramento da empresa ou cessação da actividade profissional de forma involuntária;

O encerramento da empresa ou a cessação da actividade profissional considera-se involuntária sempre que decorra de:

- redução significativa do volume de negócios que determine o encerramento da empresa ou a cessação da actividade para efeitos de IVA[16];
- sentença de declaração da insolvência nas situações em que seja determinada a cessação da actividade dos gerentes ou administradores ou em

---

[15] À data da cessação da actividade. Considera-se data da cessação de actividade o dia imediatamente subsequente àquele em que se verificou o encerramento da empresa ou a cessação da actividade profissional de forma involuntária.

[16] Entende-se que existe redução significativa do volume de negócios quando se verifique:
- redução do volume de facturação da actividade igual ou superior a 60% no ano relevante e nos dois anos imediatamente anteriores;
- apresentação de resultados negativos contabilísticos e fiscais no ano relevante e no ano imediatamente anterior.

Os membros dos órgãos estatutários devem ainda comprovar a cessação do respectivo enquadramento, nos termos e para os efeitos do nº 2 do art. 70º do Código dos Regimes Contributivos.

que o processo de insolvência culmine com o encerramento total e definitivo da empresa[17];
- ocorrência de motivos económicos, técnicos, produtivos e organizativos que inviabilizem a continuação da actividade económica ou profissional[18];
- motivos de força maior determinante da cessação da actividade económica ou profissional[19];
- perda de licença administrativa sempre que esta seja exigida para o exercício da actividade e desde que essa perda não seja motivada por incumprimentos contratuais ou pela prática de infracção administrativa ou delito imputável ao próprio.

c) cumprimento do prazo de garantia;
d) situação contributiva regularizada perante a segurança social, do próprio e da empresa;
e) perda de rendimentos que determine a cessação de actividade;
f) inscrição no centro de emprego da área de residência para efeitos de emprego;
g) idade inferior à idade legal de acesso à pensão de velhice[20].

Prazo de garantia

720 dias de exercício de actividade profissional, com o correspondente registo de remunerações num período de 48 meses imediatamente anterior à data da cessação de actividade.

Períodos de registo de remunerações não relevantes:
- correspondentes a situações de equivalência decorrentes da concessão do subsídio por cessação da actividade profissional não são relevantes para efeitos de verificação do prazo de garantia.

---

[17] Considera-se involuntária a cessação da actividade dos gerentes ou administradores ou a cessação da actividade da empresa desde que a insolvência não tenha sido qualificada como culposa em consequência de actuação dolosa ou com culpa grave dos gerentes ou administradores.
[18] Considera-se existir ocorrência de motivos económicos, técnicos, produtivos e organizativos que inviabilizem a continuação da actividade económica ou profissional, nas situações de impossibilidade superveniente, prática ou legal, de continuação da actividade, que não caibam nas outras situações.
[19] Quando ocorram motivos de força maior, exige-se o encerramento do estabelecimento aberto ao público enquanto os beneficiários se encontrem a receber a prestação.
[20] Ou com idade superior á idade legal de acesso à pensão de velhice, se não se encontrar cumprido o respectivo prazo de garantia.

– decorrentes de coexistência de subsídio parcial por cessação de actividade profissional e exercício de actividade profissional por conta de outrem ou independente, nos termos deste regime.

Os períodos de registo de remunerações relevantes para o preenchimento de um prazo de garantia com atribuição do subsídio por cessação da actividade profissional não são considerados para efeitos de prazo de garantia em nova situação de cessação de actividade profissional.

Montante

O montante diário do subsídio por cessação da actividade profissional é de 65% da remuneração de referência e calculado na base de 30 dias por mês.[21]

A remuneração de referência corresponde à remuneração média diária definida por R/360, em que R representa o total das remunerações registadas nos 12 meses civis que precedem o 2º mês anterior ao da data da cessação de actividade profissional.

Requerimento

O requerimento deve ser apresentado no centro de emprego da área da residência do beneficiário ou no sítio da segurança social na Internet no prazo de 90 dias consecutivos a contar da data do encerramento da empresa ou da cessação da actividade profissional e instruído com documentos comprovativos da involuntariedade do encerramento da empresa ou da cessação da actividade profissional e da data a que se reporta.[22]

Registo de equivalências

O período de pagamento do subsídio por cessação de actividade dá lugar ao registo de remunerações por equivalência à entrada de contribuições pelo valor do subsídio, relevando para o prazo de garantia das prestações diferidas e imediatas, com excepção das prestações na eventualidade de desemprego.

Nas situações de atribuição de subsídio parcial de cessação de actividade, a remuneração a registar por equivalência à entrada de contribuições é igual

---

[21] Majorado em 10% (desde Setembro de 2014) nas mesmas condições do subsídio de desemprego.
[22] Modelo: Desp 15 654/2014, de 19/12 (DR 2ª, 250, 29/12).
Nas situações em que o requerimento seja apresentado no sítio da segurança social na Internet, os respectivos meios de prova podem ser apresentados pela mesma via desde que correctamente digitalizados e integralmente apreensíveis.
Os beneficiários têm o dever de conservar os originais dos meios de prova, pelo prazo de cinco anos, bem como o dever de os apresentar sempre que solicitados pelos serviços competentes.

à diferença entre a remuneração por trabalho por conta de outrem ou entre o rendimento relevante da actividade exercida como trabalho independente e o valor do subsídio por cessação de actividade.

Exclusão do regime de flexibilização da idade de pensão de velhice

O regime de flexibilização da idade de acesso à pensão de velhice previsto no regime jurídico de protecção no desemprego dos trabalhadores por conta de outrem não se aplica.

Subsídio parcial

A titularidade do direito aos subsídios é reconhecida aos beneficiários que reúnam as respectivas condições de atribuição à data da cessação da actividade e residam em território português.

Meios de prova específicos

A atribuição do subsídio parcial por cessação de actividade profissional depende da prova das seguintes condições especiais:
- tipo de actividade exercida;
- retribuição mensal do trabalho por conta de outrem a tempo parcial ou do montante ilíquido da actividade independente.

Registo de equivalências

A remuneração a registar por equivalência à entrada de contribuições é igual à diferença entre a remuneração por trabalho por conta de outrem ou entre o rendimento relevante da actividade exercida como trabalho independente e o valor do subsídio por cessação de actividade.

5) Subsídio de desemprego

a) Geral

Âmbito e pressupostos de atribuição

Beneficiários cujo contrato de trabalho por conta de outrem[23] tenha ces-

---

[23] Trabalhadores do serviço doméstico com contribuições para a segurança social sobre remunerações efectivas.
Para ENI, MOE's e prestadores de serviços em entidades contribuintes ver Subsídio por cessação de actividade (supra).

sado e estejam em situação de desemprego involuntário[24] e ex-pensionistas de invalidez sem actividade profissional (revalidados[25]), residentes em território português à data do desemprego.[26]

São pressupostos de atribuição do subsídio:

- o desemprego involuntário do beneficiário ou situação equivalente[27] e
- a inscrição para emprego no centro de emprego da área da residência.

[24] A gerência de sociedade comercial não remunerada não afecta a concessão (AC STA nº 4/2013). Aplica-se aos salários em atraso (art. 306º da Lei nº 35/2004, de 7 de Julho) e aos militares em regime voluntário (RV) a quem caduque a prestação de serviço (DL 320-A/2000, de 15 Dez).
[25] Considera-se em situação de desemprego involuntário o trabalhador que, tendo sido reformado por invalidez, no âmbito do regime geral, não exercendo simultaneamente actividade profissional, é declarado apto para o trabalho, em posterior exame de revisão da incapacidade.
[26] – Trabalhadores não comunitários com título válido de residência;
– Refugiados e apátridas com título de protecção temporária;.
[27] Situação que resulta da cessação do contrato de trabalho por:
– *Iniciativa do empregador* nos casos de despedimento com justa causa, presume-se haver desemprego involuntário desde que:
• o fundamento invocado pelo empregador não constitua justa causa de despedimento por facto imputável ao trabalhador ou, constituindo, o trabalhador faça prova de interposição de acção judicial contra o empregador;
• o empregador efectue despedimento sem cumprimento das formalidades previstas no Código do Trabalho, desde que o trabalhador faça prova da propositura de acção judicial contra o empregador. Aplicável ao despedimento colectivo por extinção de postos de trabalho ou por inadaptação ao posto de trabalho sem as formalidades previstas no Código do Trabalho.
– *Caducidade do contrato não determinada por atribuição de pensão;*
– *Resolução com justa causa por iniciativa do trabalhador* presume-se haver desemprego involuntário quando o fundamento de justa causa invocado pelo trabalhador não seja contraditado pelo empregador ou, sendo-o, o trabalhador faça prova de interposição de acção judicial contra o empregador;
– *Acordo de revogação* (desde 4 de Novembro de 2006) – situações de cessação de contrato de trabalho integradas num processo de redução de efectivos, quer por motivo de reestruturação, viabilização ou recuperação da empresa, quer ainda por a empresa se encontrar em situação económica difícil, independentemente da sua dimensão.
Para este efeito, considera-se:
• *Empresa em situação de recuperação ou viabilização*, aquela que se encontre em processo especial de recuperação, previsto no Código da Insolvência e da Recuperação de Empresas, ou no procedimento extra-judicial de conciliação.
• *Empresa em situação económica difícil*, aquela que assim seja declarada nos termos do disposto no Decreto-Lei nº 353-H/77, de 29 de Agosto.
• *Empresa em reestruturação:*
– pertencente a sector assim declarado por diploma próprio nos termos do disposto no Decreto-Lei nº 251/86, de 25 de Agosto, e no nº 1 do art. 5º do Decreto-Lei nº 206/87, de 16 de Maio;
– aquela que assim for declarada para os efeitos previstos no regime de protecção, através de despacho favorável do membro do Governo responsável pela área do emprego, consultado o Ministério da Economia e do Emprego e da Solidariedade e da Segurança Social, após apresentação de projecto que demonstre inequivocamente que a dimensão da reestruturação da empresa, necessária à sua

São condições de inscrição no centro de emprego:
- capacidade para o trabalho – aptidão para ocupar um posto de trabalho; e
- disponibilidade para o trabalho – traduz-se nas seguintes obrigações assumidas pelo trabalhador, com sujeição a controlo pelos centros de emprego:
- procura activa de emprego pelos seus próprios meios[28];
- aceitação de emprego conveniente[29];

viabilidade económica e financeira, determina a necessidade de ultrapassar os limites previstos para as situações de cessação do contrato de trabalho por acordo.
– *Situações de cessação do contrato de trabalho por acordo* fundamentadas em motivos que permitam o recurso ao despedimento colectivo ou por extinção do posto de trabalho, tendo em conta a dimensão da empresa e do número de trabalhadores abrangidos, de acordo com os seguintes limites quantitativos, em cada triénio:
• nas empresas que empreguem até 250 trabalhadores, são consideradas as cessações de contrato de trabalho até três trabalhadores inclusive ou até 25% do quadro de pessoal;
• nas empresas que empreguem mais de 250 trabalhadores, são consideradas as cessações de contrato de trabalho até 62 trabalhadores inclusive, ou até 20% do quadro de pessoal, com um limite máximo de 80 trabalhadores;
Estes limites são aferidos por referência aos 3 últimos anos, cuja contagem se inicia na data da cessação do contrato, inclusive, e pelo número de trabalhadores da empresa no mês anterior ao da data do início do triénio, com observância do critério mais favorável.
Não são consideradas como desemprego involuntário as situações em que o trabalhador:
– não solicite a renovação do contrato quando esta, nos termos de legislação própria, dependa de requerimento;
– recuse, de forma injustificada, a continuação ao serviço no termo do contrato, se essa continuação lhe tiver sido proposta ou decorrer do incumprimento, pelo empregador, do prazo de aviso prévio de caducidade.

[28] Realização de forma continuada de um conjunto de diligências do candidato a emprego com vista à inserção sócio-profissional no mercado de trabalho pelos seus próprios meios, concretizando-se, designadamente, através das seguintes diligências:
– respostas escritas a anúncios de emprego;
– respostas ou comparências a ofertas de emprego divulgadas pelo centro de emprego ou pelos meios de comunicação social;
– apresentações de candidaturas espontâneas;
– diligências para a criação do próprio emprego ou para a criação de uma nova iniciativa empresarial;
– respostas a ofertas disponíveis na Internet;
– registos do *curriculum vitae* em sítios da Internet.

[29] Aquele que, cumulativamente:
– respeite as retribuições mínimas e demais condições estabelecidas na lei geral ou em instrumento de regulamentação colectiva de trabalho aplicável;
– consista no exercício de funções ou tarefas susceptíveis de poderem ser desempenhadas pelo trabalhador, considerando, nomeadamente, as suas aptidões físicas, habilitações escolares, formação profissional, competências e experiências profissionais, ainda que se situem em sector de actividade ou profissão distinta da ocupação anterior ao momento do desemprego;

- aceitação de trabalho socialmente necessário[30];
- aceitação de formação profissional;
- aceitação de outras medidas activas de emprego em vigor que se revelem ajustadas ao perfil dos beneficiários, designadamente as previstas no plano pessoal de emprego[31] (PPE);

– garanta uma retribuição ilíquida igual ou superior ao valor da prestação de desemprego, acrescido de 10%, se a oferta de emprego ocorrer durante os primeiros 12 meses de concessão de prestações de desemprego, ou igual ou superior ao valor da prestação de desemprego, se aquela oferta ocorrer no decurso ou após o 13º mês;
– assegure que o valor das despesas de transporte entre a residência e o local de trabalho cumpra uma das seguintes condições:
• não seja superior a 10% da retribuição mensal ilíquida a auferir;
• não ultrapasse as despesas de deslocação no emprego imediatamente anterior desde que a retribuição da oferta de emprego seja igual ou superior à auferida no emprego imediatamente anterior;
• o empregador suporte as despesas com a deslocação entre a residência e o local de trabalho ou assegure gratuitamente o meio de transporte.
É sempre considerado o valor das despesas de deslocação em transportes colectivos públicos.
– garanta que o tempo médio de deslocação entre a residência e o local de trabalho proposto:
• não exceda 25% do horário de trabalho, salvo nas situações em que o beneficiário tenha filhos menores ou dependentes a cargo, em que a percentagem é reduzida para 20%;
• excedendo 25% do horário de trabalho da oferta de emprego, não seja superior ao tempo de deslocação no emprego imediatamente anterior.
Para este efeito, tem-se em conta o tempo médio de deslocação em transportes colectivos públicos, designadamente, através dos elementos resultantes de dados estatísticos oficiais.

[30] Mantendo o direito às prestações de desemprego pelo período de concessão inicialmente definido.
É *trabalho socialmente necessário* o que deva ser desenvolvido no âmbito de programas ocupacionais cujo regime é regulado em diploma próprio, organizados por entidades públicas ou privadas sem fins lucrativos, em benefício da colectividade e por razões de necessidade social ou colectiva, para o qual os titulares das prestações tenham capacidade e não recusem com base em motivos atendíveis invocados.

[31] Trata-se de um instrumento de co-responsabilização, contratualizado entre o centro de emprego e o beneficiário, em que, de acordo com o perfil e circunstâncias específicas de cada beneficiário bem como do mercado de trabalho em que se insere, se definem e estruturam acções que visam a sua integração no mercado de trabalho.
O PPE é elaborado conjuntamente pelo beneficiário e pelo centro de emprego da sua área de residência, sendo a aceitação do mesmo formalizada através da sua assinatura por ambas as partes, identificando e prevendo, designadamente:
– o conjunto de acções previsíveis do processo de inserção no mercado de trabalho;
– as diligências mínimas exigíveis em cumprimento do dever de procura activa de emprego;
– as acções de acompanhamento, avaliação e controlo a promover pelo centro de emprego.
Considera-se relevante a prestação de trabalho em regime de voluntariado e a prestação de trabalho de utilidade social a favor de entidades sem fins lucrativos desde que se encontre salvaguardada a sua compatibilidade com a procura activa de emprego.
O plano pessoal de emprego (PPE):

- aceitação e cumprimento do PPE e acções nele previstas;
- sujeição a medidas de acompanhamento, controlo e avaliação promovidas pelos centros de emprego.

Condições de atribuição[32]

- prazo de garantia – trabalho por conta de outrem[33] durante 360 dias completos[34] com registo de remunerações[35] nos 24 meses imediatamente anteriores à data do desemprego;[36]
- inscrição como candidato a emprego no centro de emprego da área da residência;

– inicia-se no momento da sua formalização e é celebrado na sequência da inscrição do candidato para emprego no centro de emprego, nos prazos e termos a definir em regulamentação posterior;
– pode ser objecto de reformulação por iniciativa do centro de emprego quando da sua avaliação resulte a necessidade do seu reajustamento ao mercado de emprego ou a novas medidas de trabalho;
– cessa com a inserção do beneficiário no mercado de trabalho bem como pela anulação da inscrição para emprego no centro de emprego.

[32] Consideramos a situação de desemprego involuntário como pressuposto de atribuição. A capacidade e a disponibilidade para o trabalho são pressupostos de inscrição no centro de emprego.
[33] ou actividade ocupacional.
[34] Podem ser contados dias de trabalho prestado no mês da eventualidade, se necessário.
Os meios dias são contados nessa proporção.
[35] O prazo era de 450 dias até 30 de Junho de 2012 (art. 8º, nº 2 do DL 64/2012, de 15 de Março).
Os períodos de registo de remunerações contados para o preenchimento do prazo de garantia numa situação que se verifique a atribuição de prestação de desemprego não são considerados para uma nova situação de desemprego;
Não são considerados os períodos de registo de remunerações relativos a situação de:
– equivalência resultante de concessão de subsídio de desemprego;
– coexistência de subsídio de desemprego parcial e exercício de actividade profissional por conta de outrem ou independente.
Aos trabalhadores agrícolas e do serviço doméstico só podem ser contados no máximo por equivalência 120 dias.
Pode ser preenchido por totalização de períodos contributivos noutros Estados do EEE e Suíça.
[36] Nas situações em que se mostre necessário para o preenchimento do respectivo prazo de garantia, relevam:
– os dias de trabalho prestados no mês em que ocorreu o desemprego;
– os dias de férias vencidos e não gozados na vigência do contrato de trabalho.
O período de ausência de registo de remunerações durante o período de concessão de pensões provisórias de invalidez ou no âmbito da protecção nos riscos profissionais não é considerado para efeitos de contagem do prazo de garantia e de cálculo da remuneração de referência das prestações de desemprego, relevando os períodos de registo de remunerações anteriores e posteriores.
Para profissionais das artes do espectáculo e do audiovisual – 450 dias de trabalho por conta de outrem, com o correspondente registo de remunerações, num período de 36 meses imediatamente anterior à data do desemprego (art. 21º-A da Lei nº 4/2008, de 7 de Fevereiro).
Para os desempregados em sectores em reestruturação: 270 dias em 12 meses.

– idade à data do desemprego inferior à data legal de acesso à pensão de velhice (cumprido o prazo de garantia).

Requerimento e provas

O subsídio de desemprego deve ser requerido no centro de emprego da área da residência do interessado[37] ou *online* no sítio da Internet da segurança social[38] no prazo de 90 dias consecutivos a contar da data do desemprego.[39]

O acto do requerimento ou a entrega das provas após o decurso do prazo previsto nos casos em que a mesma seja efectuada durante o período legal de concessão das prestações de desemprego determina a redução no período de concessão das prestações pelo período de tempo respeitante ao atraso verificado.

Os beneficiários que, durante o prazo para requerer, se encontrem em situação de incapacidade temporária para o trabalho por motivo de doença iniciada após a data do desemprego impeditiva da sua inscrição no centro de emprego, podem inscrever-se e requerer as respectivas prestações de desemprego através de um representante.

O prazo para requerer as prestações é suspenso durante o período de tempo em que ocorrerem as seguintes situações:

– incapacidade por doença[40];

---

[37] Mediante a recolha de dados pelo funcionário do centro de emprego. Já não há requerimento em suporte papel.

[38] Após inscrição para emprego no centro de emprego da área de residência do interessado.
A apresentação do requerimento é dispensada nos casos de reinício do pagamento das prestações de desemprego que se encontrava suspenso. Neste caso é exigida a inscrição para emprego, no centro de emprego da área da residência do beneficiário e a declaração do empregador comprovativa da situação de desemprego, no caso de exercício de actividade por conta de outrem.

[39] Dia imediatamente subsequente àquele em que se verificou a cessação do contrato de trabalho ou dia 1 do mês seguinte àquele em que foi comunicada ao beneficiário a declaração de aptidão para o trabalho (ex-pensionistas de invalidez – revalidados).

[40] Engloba incapacidade temporária absoluta por doença profissional ou acidente de trabalho.
No caso de doença prolongada por mais de 30 dias, seguidos ou interpolados, no período de 90 dias após o desemprego, o prazo para requerer é suspenso se a incapacidade for confirmada pelo sistema de verificação de incapacidades, após comunicação do facto pelo interessado, nos seguinte termos:.
a) Quando o beneficiário requerer a intervenção do sistema de verificação de incapacidades até ao 30º dia:
i) O prazo mantém-se suspenso, no caso do sistema de verificação de incapacidades confirmar a incapacidade do beneficiário;
ii) A contagem do prazo reinicia-se a partir da data da deliberação da não confirmação, no caso do sistema de verificação de incapacidades não confirmar a incapacidade do beneficiário;
b) Quando o beneficiário requerer a intervenção do sistema de verificação de incapacidades após o 30º dia, com o prazo para requerer em curso, é o mesmo suspenso a partir da data do requerimento, aplicando-se, posteriormente, os critérios fixados na alínea a).

- protecção na maternidade, paternidade ou adopção;
- detenção em estabelecimento prisional ou outras medidas de coacção privativas da liberdade[41];
- exercício de actividade de manifesto interesse público (eleitos locais, sindicalistas);
- tempo entre o pedido do beneficiário e a emissão pela Autoridade para as Condições de Trabalho da declaração comprovativa da situação de desemprego, nos casos de recusa ou impossibilidade de entrega da declaração pelo empregador;
- durante o período de concessão de pensão provisória de invalidez ou no âmbito da protecção nos riscos profissionais.

A contagem do prazo para requerer as prestações de desemprego por trabalhadores reclusos em regime aberto, por ocorrência da eventualidade de desemprego durante o período de reclusão, inicia-se no dia seguinte ao termo deste período.

O acto do requerimento é acompanhado de:[42]

- declaração da entidade empregadora[43] comprovativa da situação de desemprego e da data da última remuneração;
- para ex-pensionistas de invalidez: documento comprovativo que o pensionista de invalidez foi considerado apto.

Montante

O montante diário do subsídio de desemprego, desde a data do desemprego, calculado na base de 30 dias por mês é igual a uma percentagem da remuneração de referência (média diária dos primeiros 12 meses civis que pre-

---

[41] Por analogia com a suspensão do pagamento.

[42] Os documentos a apresentar no acto do requerimento podem ser digitalizados, quando este for apresentado através do serviço Segurança Social Directa.
Os originais dos meios de prova devem ser guardados durante 5 anos e apresentados sempre que os serviços os solicitem.

[43] A entregar ao trabalhador no prazo de 5 dias úteis a contar da sua solicitação:
- em impresso de modelo RP5044/2013-DGSS; ou
- através da Internet, no *site* da segurança social, no serviço Segurança Social Directa. Neste caso, o empregador deve obter autorização prévia do beneficiário e entregar-lhe cópia da declaração.
Coima pela não entrega ver nota 70.
No caso de impossibilidade ou recusa da entidade empregadora, compete à Autoridade para as Condições de Trabalho emitir a declaração no prazo de 30 dias a partir da data do requerimento do interessado.

cedem o 2º anterior ao da data de desemprego) – R/360, em que R é o total das remunerações dos 12 meses considerados[44], nos seguintes termos:[45]

- 65%[46] durante 180 dias;
- 55% a partir do 181º dia;

Limites ao montante mensal:

- não pode ser superior a duas vezes e meia o valor do indexante dos

---

[44] São consideradas as importâncias relativas aos subsídios de Natal, de férias e outros de natureza análoga.
Não são consideradas as remunerações por trabalho independente.
A fórmula é (R1 + R2)/365 se no período de referência (12 meses) tiver havido prestação de trabalho em Portugal e noutro Estado-membro da UE, do EEE e da Suíça.
Sendo R1 o montante das remunerações registadas em Portugal no período de referência e R2 o montante obtido pela multiplicação da remuneração média diária em Portugal, período de referência, pelo número de dias de trabalho no outro Estado-membro dentro do mesmo período.
A fórmula R2/365 se no período de referência não houve prestação de trabalho em Portugal, tendo havido trabalho somente nos primeiros 2 meses que precederam o desemprego, mas, dentro do mesmo período, exerceu actividade noutro Estado-membro.
Sendo R2 o montante obtido pela multiplicação da remuneração média diária em Portugal a partir do 1º dia do 2º mês anterior ao desemprego e até à véspera do mesmo pelo número de dias de trabalho prestado no outro Estado-membro dentro do mesmo período de referência.

[45] Em 2013 (desde Agosto) contribuição de 6%, sem afectar as situações de majoração.

[46] 100% de remuneração média, quando esta for inferior ao IAS.
Majorado em 10% (desde Setembro de 2014) nas situações seguintes:
– por cada um dos beneficiários, quando, no mesmo agregado familiar, ambos os cônjuges ou pessoas que vivam em união de facto sejam titulares do subsídio de desemprego ou de subsídio por cessação de actividade e tenham filhos ou equiparados a cargo;
– quando, no agregado monoparental (determinado nos termos do art. 8-A do DL 176/2003, 02/08), o parente único seja titular do subsídio de desemprego ou de subsídio por cessação de actividade e não aufira pensão de alimentos decretada ou homologada pelo tribunal.
Sempre que um dos cônjuges ou uma das pessoas que vivam em união de facto deixe de ser titular do subsídio por cessação de actividade ou do subsídio de desemprego e, neste último caso, lhe seja atribuído subsídio social de desemprego subsequente ou, permanecendo em situação de desemprego, não aufira qualquer prestação social por essa eventualidade, mantém-se a majoração do subsídio de desemprego ou do subsídio por cessação de actividade em relação ao outro beneficiário.
A majoração depende de requerimento e da prova das condições de atribuição.
O regime de bonificação aplica-se aos beneficiários:
– que se encontrem a receber subsídio de desemprego ou subsídio por cessação de actividade em 1 de Janeiro do ano em que a majoração é concedida;
– cujos requerimentos para atribuição de subsídio de desemprego ou de subsídio por cessação de actividade estejam dependentes de decisão por parte dos serviços competentes;
– que apresentem o requerimento para atribuição do subsídio de desemprego ou do subsídio por cessação de actividade durante o período de vigência da majoração.

apoios sociais (IAS)[47] nem inferior ao valor desse indexante; e ainda
- não pode ser superior a 75% do valor líquido da remuneração de referência[48] que serviu de base de cálculo ao subsídio de desemprego, nem inferior ao valor do IAS;
- não pode, em qualquer caso, ser superior ao valor líquido da remuneração de referência que serviu de base de cálculo ao subsídio.

Para os ex-pensionistas de invalidez o montante é o do subsídio social de desemprego, não podendo ser superior ao montante da pensão a que tinham direito.

O montante pode ser pago de uma só vez (com apresentação de projecto de criação do próprio emprego) – soma dos valores mensais que seriam pagos durante o período de concessão.[49-50]

Na situação de salários em atraso a remuneração a considerar é:
- na suspensão do contrato de trabalho: remunerações confirmadas pela entidade empregadora ou pela ACT;
- na resolução do contrato de trabalho: valor da última remuneração completa anterior à situação de mora.

Período de atribuição

Em função da idade do beneficiário à data do requerimento e do número de meses com registo de remunerações.[51]

---

[47] Valor do IAS € 421,32.
Sempre que o valor do indexante dos apoios sociais (IAS) seja actualizado, o novo valor é considerado a partir da produção de efeitos do diploma que procede à sua fixação.
[48] Com dedução ao valor ilíquido da taxa contributiva que seria imputável ao beneficiário e da taxa de retenção do IRS.
[49] Nos termos da Portaria nº 985/2009, 4/09, e do Despacho nº 7131/2011, 3/05 (DR, 2ª, 11/05/11) e sem registo de remunerações – art. 72º, nº 1, f) do D Reg 1-A/2011, 3/01, e 11º do Despacho.
[50] Esta situação não é cumulável com outra actividade remunerada durante o período de concessão nem com subsídio de reconversão profissional (art. 21º-B nº 6 da L 4/2008, 07/02).
[51] Transitoriamente, com prazo de garantia anterior (450 dias) em 31/03/2012, na primeira situação de desemprego ocorrida após 01/04/2012:

Idade do beneficiário	Nº de meses com registo de remunerações	Período de concessão	
		nº de dias	Acréscimo
Inferior a 30 anos	Igual ou inferior a 24	270	-
	Superior a 24	360	30 dias por cada 5 anos com registo de remunerações
Igual ou superior a 30 e inferior a 40 anos	Igual ou inferior a 48	360	-
	Superior a 48	540	30 dias por cada 5 anos com registo de remunerações nos últimos 20 anos

PRESTAÇÕES SUBSTITUTIVAS DE RENDIMENTO DE TRABALHO

Idade do beneficiário	Nº de meses com registo de remunerações	Período de concessão	
		nº de dias	Acréscimo
Inferior a 30 anos	Igual ou inferior a 15	150	30 dias por cada 5 anos com registo de remunerações nos últimos 20 anos
	15 a 24	210	
	Superior a 24	330	
Igual ou superior a 30 e inferior a 40 anos	Igual ou inferior a 15	180	
	15 a 24	330	
	Superior a 24	420	
Igual ou superior a 40 e inferior a 50 anos	Igual ou inferior a 15	210	45 dias por cada 5 anos com registo de remunerações nos últimos 20 anos
	15 a 24	360	
	Superior a 24	540	
Igual ou superior a 50 anos	Igual ou inferior a 15	270	60 dias por cada 5 anos com registo de remunerações nos últimos 20 anos
	15 a 24	480	
	Superior a 24	540	

Para os períodos de concessão do subsídio e respectivos acréscimos são apenas considerados os períodos de registo de remunerações posteriores à última situação de desemprego subsidiado.

Nas situações em que o trabalhador tenha retomado o exercício de actividade profissional no decurso dos primeiros seis meses de atribuição das prestações é considerado ainda, na determinação do período de concessão e respectivo acréscimo da prestação de desemprego imediatamente subsequente, o período de remunerações tido em conta na atribuição da prestação de desemprego imediatamente anterior.

Se o trabalhador não beneficiar dos acréscimos por ter retomado o trabalho antes de esgotado o período de concessão da prestação de desemprego (inicial), os períodos de registo de remunerações que não tenham sido considerados, são tidos em conta para determinar a acréscimo em posterior situação de desemprego.

Igual ou superior a 40 e inferior a 45 anos	Igual ou inferior a 60	540	-
	Superior a 60	720	30 dias por cada 5 anos com registo de remunerações nos últimos 20 anos
Igual ou superior a 45 anos	Igual ou inferior a 72	720	-
	Superior a 72	900	60 dias por cada 5 anos com registo de remunerações nos últimos 20 anos

Desempregados de sectores em reestruturação: duração máxima independentemente da idade. Para ex-militares: período idêntico ao da duração do serviço, não podendo ultrapassar 30 meses.

O subsídio é pago mensalmente[52] desde a data do requerimento ou, para os ex-pensionistas de invalidez, a partir do dia 1 do mês seguinte àquele em que foi comunicada ao beneficiário a declaração de aptidão para o trabalho.

Nas situações de entrega do requerimento ou das provas após o decurso do prazo de 90 dias consecutivos a contar da data do desemprego e nos casos em que a mesma seja efectuada durante o período legal de concessão das prestações de desemprego[53], as prestações de desemprego são devidas desde a data de apresentação do requerimento ou das provas, deduzindo-se no período de concessão os dias decorridos entre o termo do prazo para a apresentação do requerimento ou apresentação das provas e a data da apresentação dos mesmos.

Nas situações de frequência de formação profissional com atribuição de compensação remuneratória, o período de concessão das prestações a que o beneficiário teria direito, após o curso de formação profissional, é reduzido em função dos valores das prestações parciais de desemprego pagas durante a frequência do curso.[54]

Esgotado o período de concessão o beneficiário pode:
- se preencher as condições de antecipação, aceder à pensão antecipada por desemprego de longa duração[55];
- aceder ao subsídio social de desemprego subsequente se não preencher as condições de antecipação e preencher as condições de recursos.

Acumulação

O subsídio de desemprego não é acumulável com:
- prestações substitutivas de perda de remuneração de trabalho[56], nomeadamente:
  - subsídio de doença;
  - subsídio de maternidade, paternidade e adopção;
  - pensões de sistemas de protecção social obrigatório (RPSC, regimes estrangeiros...);
  - garantia salarial;

---

[52] Pode ser feito o pagamento total ou parcial do montante único do subsídio por criação do próprio emprego (conforme já referido supra em Montante).
[53] Determinantes da redução no período de concessão das prestações pelo período de tempo respeitante ao atraso verificado.
[54] Não são considerados os subsídios de alimentação, de transporte e de alojamento.
[55] Ver em Pensão de velhice – pensão antecipada por desemprego de longa duração.
[56] V. sanções pág. 602.

- prestações de pré-reforma ou atribuições pecuniárias regulares (rendas) pagas pelo empregador por cessação de contrato de trabalho.

Durante o período de concessão das prestações de desemprego é proibida a sua acumulação com rendimentos provenientes do exercício de trabalho, ou actividade, a qualquer título, em empresa com a qual o beneficiário manteve uma relação laboral cuja cessação tenha dado origem ao reconhecimento do direito àquelas prestações, ou em empresa ou grupo empresarial que tenha uma relação de domínio ou de grupo com aquela[57].

Porém, é cumulável com prestações pecuniárias (indemnizações e pensões) por acidente de trabalho ou doença profissional. No entanto, se se tratar de incapacidade temporária parcial de origem profissional, o valor do subsídio de desemprego é deduzido do valor da respectiva prestação (indemnização por incapacidade temporária parcial).

Registo de equivalências

Os períodos de pagamento de subsídio de desemprego e de subsídio social de desemprego inicial dão lugar ao registo de remunerações por equivalência à entrada de contribuições pelo valor da remuneração de referência que serviu de base ao cálculo da prestação, que não pode em qualquer caso ser superior a oito vezes o valor do IAS.

Os períodos de pagamento do subsídio social de desemprego subsequente ao subsídio de desemprego dão lugar ao registo de remunerações por equivalência à entrada de contribuições pelo valor do subsídio de desemprego anteriormente auferido.

Nos casos de atribuição de prestações de desemprego aos beneficiários ex-pensionistas de invalidez, a remuneração a registar por equivalência à entrada de contribuições corresponde ao subsídio atribuído.

Nas situações de atribuição de subsídio de desemprego parcial, a remuneração a registar por equivalência à entrada de contribuições é igual à diferença entre a remuneração por trabalho por conta de outrem ou entre o rendimento relevante da actividade exercida como trabalho independente e a remuneração de referência que serviu de base de cálculo ao subsídio de desemprego.

Nas situações de frequência de curso de formação profissional, sempre que o valor da compensação remuneratória seja inferior à remuneração registada, nos termos da regra geral, há lugar ao registo de remunerações por equivalên-

---

[57] Nos termos dos arts. 486º e segs. do Código das Sociedades Comerciais.

cia pela diferença entre a referida remuneração e o montante da compensação remuneratória.

Suspensão do pagamento

Suspendem o pagamento do subsídio:

- exercício de actividade profissional[58] por conta de outrem ou por conta própria[59] por período consecutivo inferior a 3 anos;
- período de exercício de actividade profissional determinante do reconhecimento do direito ao subsídio de desemprego parcial, quando o rendimento relevante da actividade profissional independente ou a retribuição do trabalho por conta de outrem for igual ou superior ao valor do subsídio de desemprego, consoante o caso;
- frequência de curso de formação profissional com atribuição de compensação remuneratória[60];
- detenção em estabelecimento prisional ou aplicação de outras medidas de coacção privativas da liberdade;
- registo de remunerações relativo a férias não gozadas na vigência do contrato de trabalho;
- ausência do território português[61] sem prova de actividade profissional por período até 3 meses;
- reconhecimento do direito às seguintes prestações:
  • subsídios por risco clínico durante a gravidez;
  • subsídio por interrupção da gravidez;
  • subsídio parental inicial;

---

[58] Em território português ou fora dele (neste caso com indicação de residência e prova de exercício de actividade profissional).
A gerência de sociedade comercial não remunerada não afecta a concessão (AC STA nº 4/2013).
No caso de violação do dever de comunicação de início de actividade profissional determinante da suspensão do pagamento das prestações e tendo em conta a gravidade da infracção, pode ser aplicada ao beneficiário, simultaneamente com a coima a que houver lugar, a sanção acessória de privação de acesso às prestações de desemprego pelo período máximo de dois anos, contado a partir da decisão condenatória definitiva.

[59] Nas situações de exercício de actividade profissional por conta própria em que o respectivo pagamento é identificado, para efeitos fiscais, como acto isolado, o número de dias de suspensão do pagamento das prestações é apurado pela divisão do montante recebido pelo valor da remuneração de referência.

[60] A suspensão só abrange o valor da compensação se o valor desta for inferior ao subsídio de desemprego.

[61] Excepto durante o período anual de dispensa de cumprimento de deveres (30 dias ininterruptos) comunicado ao centro de emprego e nas situações de deslocação para tratamento médico desde que esta necessidade seja atestada.

- subsídio parental inicial exclusivo do pai;
- subsídio parental inicial exclusivo da mãe; ou
- subsídio parental inicial atribuído a um progenitor em caso de impossibilidade do outro; e
- subsídio por adopção.

O reinício do pagamento das prestações não depende de requerimento mas depende:

- da verificação da capacidade e disponibilidade para o trabalho concretizada na inscrição para emprego no centro de emprego[62]; e
- da caracterização do desemprego como involuntário,[63] devendo o beneficiário apresentar a declaração do empregador comprovativa da situação de desemprego.

Cessação

O direito ao subsídio cessa[64] com:

- termo do prazo de concessão;
- atribuição de novas prestações de desemprego, sem prejuízo de reinício do pagamento das prestações caso lhe seja mais favorável;
- exercício de actividade profissional[65] por conta de outrem ou por conta própria por período consecutivo igual ou superior a 3 anos;
- passagem do beneficiário à situação de reforma por invalidez;
- idade legal de reforma por velhice do beneficiário se a ela tiver direito;
- utilização de qualquer meio fraudulento por acção ou por omissão determinante de ilegalidade relativa à atribuição e ao montante das prestações;[66]
- ausência do território português sem prova de actividade profissional por período superior a 3 meses;
- suspensão superior a 5 anos, contados da data do requerimento;

---

[62] Não aplicável às situações de maternidade.
[63] Nas situações de exercício de actividade por conta de outrem.
[64] No dia imediato à verificação do facto.
[65] No território português ou fora dele (neste caso com identificação de residência e prova de actividade profissional).
A gerência de sociedade comercial não remunerada não afecta a concessão (AC STA nº 4/2013)
[66] € 1250 a € 12 500. Sem prejuízo da responsabilidade criminal configurando falsas declarações.

- anulação de inscrição para emprego no centro de emprego pelas seguintes actuações injustificadas do beneficiário:[67]
  - recusa de emprego conveniente, de trabalho socialmente necessário, de formação profissional, do plano pessoal de emprego, bem como de outras medidas activas de emprego;
  - segundo incumprimento do dever de procurar activamente emprego pelos seus próprios meios e efectuar a sua demonstração perante o centro de emprego;
  - recusa ou desistência injustificada ou a exclusão justificada de medidas activas de emprego, previstas no plano pessoal de emprego, bem como o segundo incumprimento das restantes obrigações e acções previstas neste plano;
  - desistência injustificada ou exclusão justificada de trabalho socialmente necessário e formação profissional;
  - falta de comparência à convocatória do centro de emprego ou nas entidades para onde foi encaminhado pelo centro de emprego;

Gestão

A gestão das prestações de desemprego compete, no continente, ao ISS, IP, através dos seus centros distritais e, nas regionais autónomas, ao ISSA na RA Açores e ao ISSM na RA Madeira.

- *deveres dos beneficiários*

Durante o período de concessão das prestações de desemprego, constitui dever dos beneficiários:
- aceitar emprego conveniente;
- aceitar trabalho socialmente necessário;
- aceitar formação profissional;
- aceitar outras medidas activas de emprego em vigor desde que ajustadas ao perfil dos beneficiários;
- procurar activamente emprego pelos seus próprios meios e efectuar a sua demonstração perante o centro de emprego;
- sujeitar-se a medidas de avaliação, acompanhamento e controlo, nomeadamente comparecer nas datas e nos locais que lhes forem determinados pelo centro de emprego.

---

[67] Os beneficiários só podem voltar a inscrever-se no centro de emprego decorridos 90 dias consecutivos a contar da data da decisão de anulação.

Os beneficiários são dispensados, mediante comunicação prévia ao centro de emprego com a antecedência mínima de 30 dias, do cumprimento dos deveres estabelecidos durante o período anual máximo de 30 dias ininterruptos.

Durante o período de concessão das prestações de desemprego, os beneficiários devem comunicar no prazo de 5 dias[68] a contar da data do conhecimento do facto:

i) ao centro de emprego:
 – a alteração de residência;
 – o período anual de dispensa do cumprimento de deveres (até 30 dias ininterruptos);
 – o período de ausência do território português;
 – o início e o termo do período de duração da protecção na maternidade;
 – as situações de doença (no prazo de 5 dias a contar da data do seu início).
ii) ao serviço da segurança social da área de residência qualquer facto susceptível de determinar:
 – a suspensão ou a cessação das prestações;
 – a redução dos montantes do subsídio social de desemprego;
 – a decisão judicial proferida no âmbito do processo de interposição judicial contra o empregador.

A restituição das prestações indevidamente recebidas é efectuada nos termos estabelecidos no respectivo regime jurídico, sem prejuízo da responsabilidade contra-ordenacional ou criminal a que houver lugar.

São justificadas no prazo máximo de 5 dias úteis a contar da data da verificação dos factos que as determinaram,[69] as seguintes situações:

 – faltas de comparência do beneficiário, nas datas e locais determinados pelos centros de emprego;
 – recusas de emprego conveniente, recusas ou desistências de trabalho socialmente necessário, formação profissional ou de outra medida activa de emprego;

---

[68] Com excepção da comunicação de dispensa de deveres.
[69] De acordo com o regime previsto no CT para as faltas ao trabalho, com as necessárias adaptações.

As situações de impedimento por doença são justificadas no prazo máximo de 5 dias úteis, a contar do início da doença.

- *deveres dos empregadores*
  - em caso de cessação do contrato de trabalho, o empregador é obrigado a entregar ao trabalhador as declarações para instrução do requerimento das prestações no prazo de cinco dias úteis a contar da data em que o trabalhador as solicite;[70]
  - declarar que não ultrapassou os limites estabelecidos, tendo em conta a dimensão da empresa e o número de trabalhadores, para que o desemprego seja considerado como involuntário, nas situações de cessação por acordo, por motivos que permitam o recurso ao despedimento colectivo ou por extinção do posto de trabalho;
  - nas situações de cessação de contrato de trabalho por acordo, não induzir o trabalhador na convicção de que estão reunidas as condições exigidas por lei para acesso às prestações de desemprego e as mesmas não se venham a verificar, sob pena de o empregador ficar responsável perante a segurança social pelo pagamento do montante do subsídio correspondente à totalidade do período de concessão da prestação inicial.

Reclamações e recursos

As decisões proferidas pelos centros de emprego e serviços e instituições de segurança social relativas a matéria das suas competências são comunicadas aos beneficiários.[71]

Sempre que tais decisões devam ser precedidas de audiência prévia dos interessados, os beneficiários dispõem do prazo de cinco dias úteis para se pronunciarem.

Destas decisões não cabe reclamação.

Das decisões de anulação de inscrição proferidas pelos centros de emprego, pode ser apresentado recurso não contencioso para a entidade com competência para o apreciar – a Comissão de Recursos[72]. Das decisões da comissão não cabe recurso administrativo.

---

[70] Nos termos do art. 314º do CT, contra-ordenação leve. Para coimas ver "Contra-ordenações". Sem prejuízo da possibilidade de as declarações serem apresentadas *online* no sítio da Internet da segurança social.

[71] Com observância das normas aplicáveis do CPA.

[72] Para as atribuições e competências da comissão de recursos, a nomeação e duração do mandato dos seus titulares, bem como a periodicidade da emissão de relatórios globais de actividade ver Port 1301/2007, 3/10.

b) Bordadeiras de casa (R A Madeira)

Âmbito e condições de atribuição

Bordadeiras que, nos últimos 3 anos com termo inicial a 1 de Janeiro de 1992, exercerem de forma habitual a profissão de bordadeira de casa e estejam há mais de 3 meses sem trabalho, ambas as situações comprovadas pelo Instituto de Bordados, Tapeçarias e Artesanato da Madeira.

Montante

O cálculo é feito nos termos do regime geral não podendo o seu montante ser inferior a € 49,88.

Este valor mínimo de subsídio é aplicável às bordadeiras sem passado contributivo desde que os seus rendimentos sejam inferiores ao valor da pensão social.

Período de concessão

Nos termos do regime geral.

Suspensão

Se ocorrer exercício esporádico de actividade durante a atribuição suspende-se a atribuição.

6) Subsídio de desemprego parcial

Âmbito

Quem seja requerente ou titular de subsídio de desemprego e exerça, ou venha a exercer, uma actividade profissional por conta de outrem a tempo parcial, com um período normal de trabalho semanal inferior ao praticado a tempo completo em situação comparável, ou uma actividade profissional independente desde que o valor do rendimento relevante do trabalho independente ou da retribuição do trabalho por conta de outrem a tempo parcial seja inferior ao montante do subsídio de desemprego.

O direito ao subsídio apenas é reconhecido aos beneficiários que reúnam as condições de atribuição do subsídio de desemprego.

Requerimento

No decurso do período de atribuição do subsídio de desemprego não depende de requerimento, sendo porém de 90 dias seguidos a contar do início da actividade profissional, o prazo para apresentação de meios específicos de prova.

Deve ser apresentada prova do tipo de actividade profissional exercida e, consoante o caso, do montante da retribuição mensal do trabalho por conta de outrem ou do rendimento ilíquido da actividade profissional independente ou, nas situações de início de actividade, dos rendimentos presumidos declarados para efeitos fiscais.

Montante

Corresponde à diferença entre o montante do subsídio de desemprego acrescido de 35% do seu valor e a retribuição do trabalho por conta de outrem.

Nas situações em que o beneficiário exerce uma actividade profissional independente, o montante do subsídio de desemprego parcial corresponde à diferença entre:

- o valor do subsídio de desemprego acrescido de 35% do seu valor; e
- o valor do duodécimo do seu rendimento anual relevante, ou, no caso de início de actividade, do rendimento relevante presumido pelo beneficiário para efeitos fiscais [73].

O montante do subsídio de desemprego parcial permanece igual ao subsídio de desemprego, nas situações em que, cumulativamente:

- o subsídio de desemprego, acrescido de 35% do seu valor, corresponda a um montante inferior à remuneração mínima mensal garantida; e
- a soma dos rendimentos de trabalho por conta de outrem, ou trabalho independente, com o subsídio de desemprego parcial corresponda a um valor inferior à remuneração mínima mensal garantida.

O montante do subsídio de desemprego parcial não pode, em qualquer caso, ser superior ao montante do subsídio de desemprego que lhe corresponda.

Período de concessão

O início do pagamento do subsídio de desemprego parcial tem lugar a partir da data de início da actividade profissional, por conta de outrem ou independente, se ela ocorrer durante o período de atribuição das prestações, ou da

---

[73] O montante do subsídio de desemprego parcial é recalculado sempre que o valor presumido não seja confirmado.

data do requerimento do subsídio de desemprego se o início daquela actividade for anterior à data do desemprego.

A duração do período de atribuição do subsídio de desemprego parcial tem como limite o período de concessão definido para o subsídio de desemprego.

Manutenção

Os titulares que se encontrem em situação de incapacidade para o trabalho por doença ou por impedimento no âmbito da protecção na parentalidade diferente do que determina a suspensão do pagamento das prestações, têm direito a receber o subsídio de desemprego durante o período de incapacidade ou de impedimento.

Registo por equivalência

A remuneração a registar por equivalência à entrada de contribuições é igual à diferença entre a remuneração por trabalho por conta de outrem ou entre o rendimento relevante da actividade exercida como trabalho independente e a remuneração de referência que serviu de base de cálculo ao subsídio de desemprego.

7) Subvenção a trabalhadores de empresas paralisadas

Âmbito

Trabalhadores de empresas paralisadas cuja situação seja equiparada à situação de desemprego involuntário (por inexistência de prestação de trabalho e atraso no pagamento da remuneração por período não inferior a 1 mês).

Prestações

Subsídio social de desemprego, ficando as instituições de segurança social sub-rogadas no direito dos trabalhadores aos salários.

Requerimento

A situação de equiparação deve ser requerida pelo trabalhador individual ou colectivamente ou seus representantes ao membro do Governo responsável pela área do emprego, sendo o requerimento entregue no centro de emprego da área da localização da empresa paralisada.

Capítulo II
Prestações Não Substitutivas de Rendimento de Trabalho
(sistema de protecção social de cidadania)

Secção 1
Prestações Compensatórias de Encargos Familiares

PRESTAÇÕES FAMILIARES[1] (SUBSISTEMA DE PRESTAÇÕES FAMILIARES)

a. Em geral

1) *Abono de família (para crianças e jovens)*

Âmbito e condições de atribuição

O direito é reconhecido a crianças e jovens residentes em território português ou em situação equiparada, isolados[2] ou inseridos em agregados familiares cujos rendimentos de referência não sejam superiores a 1,5 IAS, que:
- nasçam com vida;
- não exerçam actividade enquadrada por regime de protecção obrigatória;
- dentro dos seguintes limites de idade:
  • até perfazerem a idade de 16 anos, sem condições escolares;[3]

---

[1] Segundo o critério teleológico ou funcional (doutrinário). Nos termos do critério exegético são apenas as elencadas na lei.
Por contraposição às prestações imediatas e diferidas, a sua atribuição não é determinada por perda ou diminuição de rendimentos do trabalho, mas por agravamento das despesas no agregado.
[2] São consideradas pessoas isoladas, as crianças e jovens titulares do direito às prestações que estejam em situação de internamento em estabelecimentos de apoio social, públicos ou privados sem fins lucrativos, cujo funcionamento seja financiado pelo Estado ou por outras pessoas colectivas de direito público ou de direito privado e utilidade pública, bem como aos internados em centros de acolhimento, centros tutelares educativos ou de detenção
[3] Legalmente sujeitos ao regime de escolaridade obrigatória até aos 18 anos (L 85/2009, 27/08, e DL 176/2012, 2/08).

- dos 16 aos 18 anos, se matriculados no ensino básico;[4]
- dos 18 aos 21 anos, se matriculados no ensino secundário;[5]
- dos 21 aos 24 anos, se matriculados no ensino superior;[6]
- até aos 24 anos para descendentes portadores de deficiência que preencham as condições de atribuição da bonificação por deficiência. Se se encontrarem a estudar ao nível do ensino superior ou equivalente, beneficiam de alargamento por 3 anos.

Os limites etários são aplicáveis às situações de frequência de cursos de formação profissional, sendo o nível do curso determinado pelo grau de habilitações exigidas no respectivo ingresso ou se esta exigência não existir, a habilitação que o destinatário possuir.

Os limites etários são alargados até 3 anos sempre que, mediante declaração médica, se verifique que os descendentes sofrem de doença ou foram vítimas de acidente que impossibilite o normal aproveitamento escolar.

Consideram-se equiparados aos cursos oficiais os ministrados em estabelecimentos de ensino particular e cooperativo, desde que possuam autorização legal de funcionamento.

Nos casos em que os descendentes atinjam, no decurso do ano escolar (de 1 de Setembro a 31 de Agosto) a idade limite para a atribuição do subsídio, em relação ao nível de ensino que frequentem, mantêm o direito até ao termo do referido ano.

É considerado residente em Portugal:

- cidadão português que possua domicílio em território português;
Consideram-se cidadãos portugueses residentes em território português os trabalhadores que exercem funções públicas na Administração Pública portuguesa, quer tenham vínculo de direito público ou privado, e os membros do respectivo agregado familiar, desde que aqueles pres-

---

[4] Ou curso equivalente ou de nível subsequente ou se frequentarem estágio de fim de curso indispensável à obtenção do respectivo diploma.
A educação escolar compreende:
• ensino básico com duração de 9 anos (desde os 6 anos de idade) constituído por três ciclos (1º – 4 anos; 2º – 2 anos; 3º – 3 anos);
• ensino secundário com duração de 3 anos;
• ensino superior.
A prova escolar é feita oficiosamente, isto é, sem intervenção dos beneficiários.
[5] Ver nota anterior.
[6] Ver nota 4.

tem serviço no estrangeiro e sejam remunerados, total ou parcialmente, pelo Estado português;
- cidadão estrangeiro, refugiado ou apátrida habilitado com título válido de autorização de residência em território português.

Consideram-se equiparados a residentes:
i) os refugiados ou apátridas portadores de título de protecção temporária válido;
ii) os cidadãos estrangeiros portadores dos seguintes títulos válidos[7]:
   - visto de residência, quando emitido ao abrigo do reagrupamento familiar;
   - visto de estada temporária;
   - prorrogação de permanência, quando referida aos familiares de titulares de visto de trabalho, autorização de permanência e visto de estudo.

A comprovação destas situações é realizada mediante apresentação dos seguintes documentos:
- os referidos títulos;
- documento válido de prorrogação dos mesmos títulos;
- recibo comprovativo de pedido de prorrogação dos títulos;
- recibo comprovativo do pedido de concessão de autorização de residência.

Requerimento[8]

O subsídio deve ser requerido no prazo de seis meses contados a partir do 1º dia do mês seguinte àquele em que ocorreu o facto determinante da sua concessão[9] no centro distrital do ISS, IP da área de residência do requerente:

---

[7] Nos termos da Lei nº 3/2007, de 4 de Julho.
[8] Modelo RP 5045/2011-DGSS.
[9] Ou do 1º dia do mês seguinte ao da transcrição nos registos centrais, quando a ele sujeitos, ou do 1º dia do mês seguinte ao da data do trânsito em julgado da decisão judicial do reconhecimento da situação que dela dependa.
Quanto às declarações necessárias ver "declaração e prova".

- pelos pais ou pessoas equiparadas por situação de facto ou pelos representantes legais, desde que os titulares do direito à prestação estejam inseridos no seu agregado familiar[10];
- por pessoa idónea que viva em comunhão de mesa e habitação com o titular do direito à prestação, por pessoa a quem o mesmo esteja confiado administrativa ou judicialmente ou pela entidade que o tenha à sua guarda e cuidados que lhe preste ou se disponha a prestar-lhe assistência, desde que a situação seja devidamente comprovada (vg: família de acolhimento[11]);
- pelo próprio titular, se for maior de 18 anos.

É dispensada a apresentação de requerimento sempre que tenha sido apresentado requerimento de abono de família pré-natal, sem prejuízo da identificação civil da criança.

Início

O início da atribuição verifica-se no mês seguinte àquele em que ocorreu o facto determinante da sua concessão, desde que tenha sido requerida no prazo de seis meses.

Se assim não for, o início tem lugar no mês seguinte àquele em que deu entrada o requerimento.

Determinação do montante

O montante é determinado em função dos seguintes critérios de modulação:

i) do nível de rendimentos de referência do agregado familiar[12], em que a mesma se insere, agrupados em 5 escalões indexados ao valor do IAS[13], em vigor à data a que se reporta o apuramento dos rendimentos, a saber:

---

[10] Deve ser a mesma pessoa a requerer todas as prestações familiares no mesmo agregado.
Consideram-se em economia familiar as pessoas que vivam em comunhão de mesa e habitação e tenham estabelecido entre si uma vivência comum de entreajuda e partilha de recursos.
A condição de vivência em comunhão de mesa e habitação pode ser dispensada por razões devidamente justificadas.
[11] Nos termos do art. 36º, nº 4 do DL 11/2008, de 17 de Janeiro.
[12] Para determinação dos rendimentos e da composição do agregado ver Prestações em geral – Condição de recursos.
[13] Valor do IAS a considerar nas prestações a atribuir:
em 2008: € 397,86 (valor de 2007);
em 2009: € 407,41 (valor de 2008);
desde 2010 a 2017: € 419,22 (valor de 2009 a 2016);
em 2018; € 421,32 (valor de 2017).

- 1º escalão – rendimentos iguais ou inferiores a 0,5 x IAS x 14;
- 2º escalão – rendimentos superiores a 0,5 x IAS x 14 e iguais ou inferiores a 1 x IAS x 14;
- 3º escalão – rendimentos superiores a 1 x IAS x 14 e iguais ou inferiores a 1,5 x IAS x 14;
- 4º escalão – rendimentos superiores a 1,5 x IAS x 14 e iguais ou inferiores a 2,5 x IAS x 14;
- 5ª escalão – rendimentos superiores a 2,5 x IAS x 14.

O escalão resulta da soma do total de rendimentos de cada elemento do agregado familiar a dividir pelo número de titulares de direito ao abono, inseridos no agregado familiar, acrescido de um.

Sempre que haja modificação da composição do agregado familiar que determine alteração dos rendimentos de referência (incluindo o número de crianças ou jovens inseridos nesse agregado, com direito ao abono), o escalão deve ser reavaliado. Os efeitos decorrentes da reavaliação produzem-se a partir do mês seguinte àquele em que ocorreram os factos determinantes da alteração do escalão.

ii) da idade da criança ou jovem com direito à prestação

- até aos 12 meses de idade – majoração fixada pelas portarias de actualização de valores;

iii) do número de crianças e jovens dos 12 aos 36 meses de idade com direito ao abono de família no mesmo agregado – majoração com 2 ou mais crianças no agregado.

iv) da inserção em agregado monoparental[14]

Acrescendo 35% ao montante do abono (considerando os subsídios, as majorações e as bonificações).

---

[14] É considerado agregado monoparental o constituído por um único parente ou afim em linha recta ascendente e em linha colateral, até ao 2º grau, ou equiparado, a viver com os titulares do direito ao abono de família para crianças e jovens.
Constituem situações de falsa monoparentalidade (fraude à lei), nomeadamente:
– situação de união de facto não declarada – o unido de facto homem não declara integrar o agregado que vai crescendo em número de filhos;
– situação de família *poligínica* de cidadão estrangeiro (nomeadamente muçulmano) – o 2º cônjuge mulher e os segs. se forem considerados para o direito português como pessoas isoladas e, assim, os seus descendentes em agregado monoparental embora em constante crescimento.

Montante adicional

Os titulares do direito a abono de família, compreendidos no 1º escalão de rendimentos, de idade compreendida entre 6 e 16 anos durante o ano civil que estiver em curso, têm direito a receber, no mês de Setembro, além do subsídio que lhes corresponde, um montante adicional de igual quantitativo que visa compensar as despesas com encargos escolares, desde que matriculados em estabelecimento de ensino.

A situação de matrícula é verificada oficiosamente, pelas instituições ou serviços competentes.

Montantes[15] com abono de família pré-natal e majorações[16]

Prestações familiares	Montantes (e)					
	Valor do abono de família em função da idade do titular e do rendimento do agregado					
- Abono de família e pré-natal; - Majorações (d) - Montante adicional (b) - Bolsa de estudo (f)	Escalões por rendimento anual do agregado em 2016 (IAS de 2016)	1) pré-natal (a) 2) até aos 12 meses de idade	3) Desde os 12 aos 36 meses de idade (por semestre)			4) Desde os 36 meses de idade até ao limite da idade escolar (18 anos – regra)
			1º filho	2º filho	3º ou mais filhos	
	1º escalão: igual ou inferior a € 2934,54	€ 146,42	€ 54,90	€ 91,50	€ 128,10	€ 36,60 (b) (f)
			€ 73,21	€ 109,81	€ 146,41	
	2º escalão: entre € 2934,55 e € 5869,08	€ 120,86	€ 45,33	€ 75,55	€ 105,77	€ 30,22 (f)
			€ 60,43	€ 90,64	€ 120,87	
	3º escalão: entre € 5869,09 e € 8803,62	€ 95,08	€ 38,64	€ 65,99	€ 93,33	€ 27,35
			€ 49,93	€ 72,28	€ 104,62	
	4º escalão Entre € 8803,63 e € 14 672,70	Só abono de família (sem pré-natal) só até aos 36 meses de idade, sem majorações (excepto monoparentalidade) € 9,46 (1º semestre) e € 18,91 (2º semestre)				—
Subsídio de funeral (c)	€ 214,93					

(a) Desde o mês seguinte à 13ª semana de gestação (desde o 4º mês de gravidez) em regra durante 6 meses.

---

[15] Fixados em portaria.
[16] Para a RA Açores, desde 2009, acresce o complemento açoriano ao abono (D Leg Reg 25/2008/A, 06.08, com alterações), atribuído em função da idade (até 24 meses e com mais de 24 meses) e em percentagens variáveis em função do escalão de rendimento. Ver em prestações não contributivas.

(b) **Montante adicional** em Setembro (13ª mensalidade) para encargos escolares com idade entre 6 e 16 anos matriculados em estabelecimentos de ensino (1º escalão).
(c) Prestação única.
(d) **Majorações:**
1ª – até aos 12 meses de idade (1º ao 3º escalão);
2ª – por famílias mais numerosas (dos 12 aos 36 meses de idade) (1º ao 3º escalão);;
3ª – 35% para agregados monoparentais (4 escalões).
(e) Acresce **complemento açoriano de abono** (RA Açores).
(f) **Bolsa de estudo** – uma mensalidade por mês – alunos do 10º, 11º e 12º anos de escolaridade, até aos 18 anos integrados em agregados dos 1º e 2º escalões. Responsabilidade financeira do Ministério da Educação.

Pagamento

O abono é pago mensalmente aos requerentes.
Porém é pago:

- havendo decisão judicial com trânsito em julgado, à pessoa indicada;
- se necessário, para garantir a aplicação das prestações, em favor dos seus titulares, directamente a outra das pessoas com legitimidade para requerer[17].

A falta de apresentação da prova anual de rendimentos e da composição do agregado familiar (quando não oficiosa) determina a suspensão do pagamento do abono de família a partir do segundo mês seguinte ao termo do prazo.

Manutenção do direito

O direito ao abono é mantido quando se verifiquem as seguintes situações em relação aos titulares:

- não tenham podido matricular-se, por força da aplicação das regras de acesso ao ensino superior (*numerus clausus*):
  • o direito mantém-se no ano escolar subsequente ao 12º ano de escolaridade, aos estudantes que já tenham idade compreendida nos limites fixados para a frequência do ensino de nível superior;
  • mantém-se até ser atingida a idade estabelecida para frequência do ensino secundário, aos estudantes que concluam o 12º ano de escolaridade antes daquele limite etário.
- por motivos curriculares estejam impedidos de se matricular no ano lectivo subsequente, o direito mantém-se até ao limite etário fixado para o grupo de ensino em que se inserem as disciplinas cuja aprovação visam obter.

---

[17] Nomeadamente às famílias de acolhimento – art. 36º do DL 11/2008, 17/01.

Suspensão do direito

O direito ao abono suspende-se a partir do mês seguinte àquele em que o descendente inicie exercício de actividade profissional enquadrada por regime de protecção social obrigatório.

No mês seguinte àquele em que se voltem a verificar condicionalismos de atribuição, o direito pode ser retomado por mera solicitação dos interessados.

Acumulação

O abono de família é cumulável com:
- prestações garantidas por encargos no domínio da deficiência ou dependência no âmbito do subsistema de protecção familiar;
- prestações por morte garantidas no âmbito dos subsistemas previdencial e de solidariedade;
- prestação do rendimento social de inserção, no âmbito do subsistema de solidariedade.

O abono não é cumulável com:
- prestações emergentes do mesmo facto, respeitante ao mesmo interesse protegido ainda que atribuídos por regimes diferentes;
- prestações do regime não contributivo, salvo tratando-se de prestações por morte ou prestação do rendimento social de inserção;
- rendimentos de trabalho auferidos pelo seu titular.

Cessação do direito

O direito ao abono cessa no mês seguinte àquele em que deixar de se verificar algum dos condicionalismos determinantes da sua atribuição, que não dê lugar a suspensão do direito.

Prescrição

O direito ao abono prescreve a favor das instituições no prazo de 5 anos. A contagem do respectivo prazo inicia-se no dia seguinte àquele em que as mesmas foram postas a pagamento.

Equiparam-se a prestações postas a pagamento as que se encontrem legalmente suspensas por incumprimento de obrigações imputável ao titular ou às pessoas a quem as prestações são pagas.

Gestão

Cabe no continente[18] ao ISS, IP através do centro distrital da área da residência do titular.

---

[18] Nas regiões autónomas às instituições regionais próprias.

2) Abono de família pré-natal

O abono de família pré-natal é uma prestação mensal de concessão continuada que visa incentivar a maternidade através da compensação de encargos acrescidos durante o período de gravidez, uma vez atingida a 13ª semana de gestação.

Âmbito e condições de atribuição[19]

Mulher grávida que

- atinja a 13ª semana de gestação; e
- satisfaça, à data da apresentação do requerimento, a condição geral de residência do abono de família.

Prova do tempo de gravidez e do número previsível de nascituros.

Requerimento

A apresentar pela mulher grávida durante o período de gestação que antecede o nascimento ou pela mãe no prazo para apresentação do requerimento do abono de família (6 meses), sendo neste caso dispensada a certificação médica do tempo de gravidez e do número de nascituros.

O requerimento de abono de família após o nascimento é válido para o reconhecimento do abono de família pré-natal.

Montante

Igual ao do abono de família, nos mesmos escalões[20] acrescido da majoração dos 12 primeiros meses, multiplicado pelo número de nascituros.
(*V. valores no quadro de montantes do abono de família*)

Período de atribuição

Desde o mês seguinte à 13ª semana de gestação (4º mês de gravidez) e, em regra, durante 6 meses.
Mas:

- se o período de gestação for superior a 40 semanas, até ao mês do nascimento, inclusive;

---

[19] Condição de recursos e escalões (V. Abono de família para crianças e jovens).
[20] Os rendimentos de referência a considerar na determinação do escalão de que depende a modulação do abono resultam da soma do total de rendimentos de cada elemento do agregado familiar a dividir pelo número de titulares de direito ao abono, inseridos no agregado familiar, acrescido de um e de mais o número dos nascituros.

– se o período de gestação for inferior a 40 semanas, em virtude de nascimento prematuro, a prestação é garantida pelo período de 6 meses, cumulando com o abono de família geral.

No caso de aborto é concedido até ao mês da interrupção da gravidez, inclusive.

Acumulação

O abono de família pré-natal é cumulável com as prestações garantidas pelo sistema de segurança social.

O abono de família pré-natal e o subsídio de funeral são cumuláveis com rendimentos de trabalho auferidos pelo seu titular.

3) Bolsa de estudo

A bolsa de estudo é uma prestação pecuniária mensal de concessão continuada que visa combater o abandono escolar, melhorar a qualificação dos jovens em idade escolar e compensar os encargos acrescidos com a frequência obrigatória de nível secundário da educação ou equivalente.[21]

Condições de atribuição

Têm direito à bolsa de estudo as crianças e jovens abrangidos pelo âmbito pessoal do abono de família que satisfaçam as respectivas condições de atribuição.

O direito à bolsa de estudo é reconhecido ao titular do abono de família que satisfaça cumulativamente as seguintes condições:

– estar inserido em agregado familiar com rendimentos correspondentes ao 1º ou 2º escalão;
– estar matriculado e a frequentar o 10º, 11º ou 12º ano de escolaridade ou nível de escolaridade equivalente;
– possuir idade inferior a 18 anos;
– ter aproveitamento escolar durante a frequência do ensino secundário ou de nível de escolaridade equivalente.

---

[21] Responsabilidade financeira do Ministério da Educação. Para nível superior, conforme regulamento próprio do ME.
Para bolsas de estudo de trabalhadores estudantes na RAA – D Leg Reg 14/2010/A, 26/05.

Nos casos em que seja atingida, no decurso do ano escolar, a idade limite para a atribuição da bolsa de estudo, mantém-se o direito à mesma até ao termo do referido ano.

Montante

O montante da bolsa de estudo é igual ao valor do abono de família que esteja a ser atribuído ao seu titular.

Período de concessão

O direito à bolsa de estudo nasce no mês em que se inicia o ano escolar, ou no início do mês seguinte àquele em que ocorra o facto determinante da sua concessão, se este for posterior, e mantém-se até à conclusão do nível secundário da educação ou equivalente, desde que se mantenham as condições de atribuição.

Suspensão e retoma do direito

O direito à bolsa de estudo é suspenso se houver exercício de actividade laboral ou qualquer outra situação que determine a suspensão do abono de família. Esta suspensão não prejudica a sua retoma, por solicitação dos interessados, quando voltarem a verificar-se os condicionalismos de atribuição.

A suspensão e a retoma do direito têm lugar no mês seguinte àquele em que a entidade gestora da prestação teve conhecimento dos factos respectivamente determinantes.

Cessação

O direito à bolsa de estudo cessa nas situações de cessação do direito ao abono de família ou quando deixe de se verificar alguma das condições de atribuição específicas.

Os efeitos da cessação reportam-se ao início do mês seguinte àquele em que deixarem de se verificar as condições de atribuição.

Requerimento

A bolsa de estudo é de atribuição oficiosa.

4) Complemento de pensão por cônjuge a cargo[22]

Âmbito

Pensionistas do regime contributivo com pensão de valor até € 600 (soma de todas as pensões recebidas pelo pensionista com a mesma natureza[23]) com cônjuge a cargo.

Condição de recursos

O cônjuge ter rendimentos de qualquer natureza inferiores ao valor do complemento a conceder.

O valor de todas as pensões recebidas pelo pensionista com a mesma natureza[24] não pode ser superior a € 600.

As pensões por incapacidade permanente para o trabalho e por morte, decorrentes de acidente de trabalho ou doença profissional do pensionista, bem como outras pensões de natureza indemnizatória não são considerados como pensões para este efeito.

Valor mensal

€ 37,13

Redução

Se o cônjuge do pensionista tiver rendimentos próprios o complemento será igual à diferença entre o montante do rendimento e o valor do complemento.

5) Reembolso das despesas de funeral

Destinatários

Quem provar ter efectuado as despesas de funeral de pessoa residente em território português ou equiparado.

---

[22] Só para pensões requeridas até 31 de Dezembro de 1993.

[23] As pensões por incapacidade permanente para o trabalho e por morte, decorrentes de acidente de trabalho ou doença profissional, bem como outras pensões de natureza indemnizatória não são consideradas nesta soma.
Considera-se que têm a mesma natureza, por um lado, as pensões atribuídas por morte e, por outro, todas as outras pensões.

[24] Considera-se que têm a mesma natureza, por um lado, as pensões atribuídas por morte e, por outro, todas as outras pensões.

Condições de atribuição

Não existirem pessoas com direito ao subsídio por morte.

Requerimento

Prazo de 90 dias a contar da data do falecimento.
Conteúdo:

- identificação da pessoa[25] (singular ou colectiva) que suportou as despesas com o funeral do beneficiário;
- declaração sob compromisso de honra de devolução do montante pago no caso do direito se extinguir pelo aparecimento de um titular com direito a subsídio por morte.

Instrução:

- fotocópia do BI do requerente;
- certidão de óbito do beneficiário;
- recibo comprovativo do valor das despesas de funeral do beneficiário e da pessoa que as suportou.

Montante

Valor das despesas comprovadas com o funeral (transporte, transladação do cadáver, caixão e enterramento) desde que não ultrapasse o montante do subsídio por morte não atribuído[26].

6) Subsídio de funeral

Âmbito

O subsídio é concedido a quem tenha efectuado as despesas de funeral pelo falecimento de membro do seu agregado familiar[27] ou de outras pessoas residentes em território português que não sejam beneficiários abrangidos pelos regimes de protecção social (do sector público ou privado) com direito a subsídio por morte.

---

[25] Pode não ter relações de parentesco com o beneficiário.
[26] Regra: até três vezes o valor do IAS (€ 1263,96 – 2017). V. regimes especiais em subsídio por morte.
[27] Incluindo nascituros – fetos e nados-mortos.

Consideram-se equiparados a residentes em território português os cidadãos estrangeiros portadores de títulos válidos de autorização de permanência ou visto de trabalho, bem como os refugiados ou apátridas, portadores de título de protecção temporária válidos.

Há lugar ao reembolso se a morte tiver resultado de acto de terceiro pela qual seja devida indemnização por despesas de funeral.

Requerimento

O subsídio deve ser requerido no prazo de seis meses contados a partir do 1º dia do mês seguinte àquele em que ocorreu o facto determinante da sua concessão (o óbito) no centro distrital do ISS, IP da área do requerente.

Montante

Pago de uma só vez: € 214,93.

Acumulação

Cumulável com a generalidade das prestações garantidas no âmbito dos subsistemas do sistema público de segurança social e com rendimentos de trabalho auferidos pelo titular.

Prescrição

O direito ao subsídio prescreve a favor das instituições no prazo de 5 anos. A contagem do respectivo prazo inicia-se no dia seguinte àquele em que as mesmas forem postas a pagamento.

Equiparam-se a prestações postas a pagamento as que se encontrem legalmente suspensas por incumprimento de obrigação imputável ao beneficiário ou às pessoas a quem as prestações são pagas.

Gestão (V. Abono de família)

Declaração e prova

– certidão de óbito;
– recibo das despesas de funeral;
– declaração de existência de responsabilidade de terceiro.

7) Subsídio mensal vitalício

Âmbito

Beneficiários activos inscritos em qualquer regime obrigatório de segurança social[28] com registo de remunerações nos últimos 12 meses que precedam o 2º mês anterior (12 primeiros dos 14 últimos) ao da entrega do requerimento ou do facto determinante da sua concessão.

Relativamente quer a pensionistas quer a pensionistas por riscos profissionais (com incapacidade permanente igual ou superior a 50%) o registo de remunerações é dispensado.

Se o beneficiário falecer antes da apresentação do requerimento os 12 meses com registo de remunerações devem encontrar-se nos 12 anteriores à data do falecimento.

Familiares que conferem direito

Descendentes a cargo do beneficiário maiores de 24 anos, portadores de deficiência de natureza física, orgânica, sensorial, motora ou mental, que se encontrem em situação que os impossibilite de proverem normalmente à sua subsistência pelo exercício de actividade profissional.[29]

Requerimento

O subsídio deve ser requerido pelo beneficiário no prazo de seis meses contados a partir do mês seguinte àquele em que ocorreu o facto determinante da sua concessão.

Na falta de requerimento do beneficiário, por falecimento ou omissão, podem requerer as prestações:

- cônjuge ou beneficiário;
- a pessoa com quem o descendente viva em comunhão de mesa e habitação ou entidade que o tenha à sua guarda, desde que a situação seja devidamente comprovada;
- o próprio descendente se for maior de 16 anos.

Montante

€ 177,64.

---

[28] Excepto regime dos trabalhadores independentes.
[29] Quanto à composição do agregado e dependência económica ver prestações em geral.

Com complemento extraordinário de solidariedade que acresce oficiosamente:

€ 195,34 até aos 70 anos;
€ 213,02 com 70 anos ou mais.

Direito de opção

Os titulares que satisfaçam as condições de atribuição da pensão social podem optar pelo direito a esta prestação.

Prescrição

O direito ao subsídio prescreve a favor das instituições no prazo de 5 anos. A contagem do respectivo prazo inicia-se no dia seguinte àquele em que as mesmas forem postas a pagamento.

Equiparam-se a prestações postas a pagamento as que se encontrem legalmente suspensas por incumprimento de obrigações imputável ao beneficiário ou às pessoas a quem as prestações são pagas.

Gestão (V. Abono de família)

Prova

A prova de deficiência é efectuada por certificação emitida pelo sistema de verificação de incapacidades do centro distrital do ISS, IP da área de residência do interessado.

Dispensada a renovação da prova da deficiência sempre que pelas suas características de amplitude e gravidade seja considerada permanente.

8) Subsídio por morte[30]

Prestação única atribuída pela morte de beneficiário com o objectivo de satisfação de encargos desta eventualidade.

Condições de atribuição

O direito é reconhecido aos familiares do beneficiário independentemente da verificação de prazo de garantia[31].

---

[30] O regime de doenças profissionais tem prestação própria com a mesma designação.
[31] Porém, 36 meses de contribuições para o regime do seguro social voluntário.

Destinatários

Todas as pessoas com direito a pensão de sobrevivência (cônjuges, ex-cônjuges ou membros de união de facto e descendentes, ascendentes) e na falta destes outros parentes, afins e equiparados em linha recta e até ao 3º grau da linha colateral, incluindo adoptados restritamente, a cargo do beneficiário à data da morte deste.

O direito ao subsídio defere-se pela ordem e nos termos seguintes:

- metade ao cônjuge, ex-cônjuge ou situação de união de facto e metade aos descendentes[32] ainda que nascituros ou adoptados plenamente se houver simultaneamente um e outros;
- por inteiro ao cônjuge, ex-cônjuge ou união de facto ou aos descendentes[33] ainda que nascituros e adoptados plenamente se não houver um ou outros;
- por inteiro aos ascendentes ou equiparados ou outros parentes ou afins ou equiparados em linha recta e até ao 3º grau da linha colateral, incluindo os adoptados e adoptantes restritamente[34], nos demais casos.

Não havendo titulares com direito ao subsídio por morte há lugar ao reembolso das despesas de funeral[35].

Montante

O subsídio corresponde a 3 vezes o valor do IAS[36-37].

Requerimento

O requerimento deverá ser entregue no prazo de 180 dias a contar da data do falecimento ou desaparecimento do beneficiário[38] acompanhado dos documentos comprovativos do pagamento das despesas de funeral.

---

[32] E enteados com direito a alimentos.
[33] E enteados com direito a alimentos.
[34] Todos a cargo do beneficiário, isto é, com rendimento não superior à pensão social ou ao dobro se forem casados desde que convivessem com o beneficiário em comunhão de mesa e habitação ou houvesse obrigação de alimentos decretado judicialmente.
[35] Ver prestação própria.
[36] Vários regimes especiais de antigas caixas praticam prestações complementares mantidos pelo art. 4º do DL 26/2012, de 6 de Fevereiro:
– mais 6 vezes a remuneração de referência: Cimentos, EPAL, TLP e Rádio Marconi; e
– mais 8 vezes a remuneração de referência – CRGE.
[37] IAS: € 421,32 x 3 – € 1263,96.
[38] Para a instrução do requerimento ver Pensão de sobrevivência.

b. Por deficiência

1) Bonificação por deficiência[39]

Âmbito

Beneficiários activos inscritos em qualquer regime obrigatório de segurança social[40] com registo de remunerações nos 12 meses que precedem o 2º mês anterior ao da data da apresentação do requerimento (12 primeiros dos 14 últimos).

Relativamente quer a pensionistas quer a pensionistas por riscos profissionais (com incapacidade permanente igual ou superior a 50%) o registo de remunerações é dispensado.

Se o beneficiário falecer antes da apresentação do requerimento os 12 meses com registo de remunerações devem encontrar-se nos 12 anteriores à data do falecimento.

Pessoas que conferem direito

Descendentes ou equiparados de idade inferior a 24 anos, que, por motivo de perda ou anomalia congénita ou adquirida, da estrutura ou função psicológica, intelectual, fisiológica ou anatómica, se encontrem em algumas das seguintes situações:

- estejam a cargo do beneficiário[41];
- não exerçam actividade profissional abrangida pelo regime de protecção social obrigatório;
- necessitem de apoio individualizado pedagógico e ou terapêutico específico, adequado à natureza e características da deficiência de que sejam portadores;
- frequentem, estejam internados ou em condições de frequência ou de internamento em estabelecimentos especializados de reabilitação.

Os titulares do abono de família com bonificação por deficiência que satisfaçam as condições de atribuição da pensão social de invalidez podem optar por esta prestação.

Requerimento

O subsídio deve ser requerido pelo beneficiário no prazo de seis meses contados a partir do mês seguinte àquele em que ocorreu o facto determinante da sua concessão.

---

[39] Atribuído independentemente do direito ao abono de família.
[40] Excepto regime dos trabalhadores independentes.
[41] Para pessoas a cargo ver prestações em geral.

Na falta de requerimento do beneficiário, por falecimento ou omissão, podem requerer as prestações:

- cônjuge ou beneficiário;
- a pessoa com quem o descendente viva em comunhão de mesa e habitação ou entidade que o tenha à sua guarda, desde que a situação seja devidamente comprovada;
- o próprio descendente, se for maior de 16 anos.

Montante

O montante da bonificação por deficiência – modulação em função de três faixas etárias sem condição de recursos

- até aos 14 anos – € 61,57;
- dos 14 aos 18 anos – € 89,67;
- dos 18 aos 24 anos – € 120,04.

Cumulação

É cumulável com subsídio de educação especial.

Provas

Certificação por equipa multidisciplinar de avaliação médico-pedagógica, por médico especialista na deficiência em causa ou pelo médico assistente, até 31 de Outubro de cada ano.

É dispensada a sua renovação anual sempre que esta pelas suas características de amplitude e gravidade, seja considerada permanente.

2) *Subsídio (por frequência de estabelecimento) de educação especial*[42]

Objectivo

Assegurar a compensação de encargos resultantes da aplicação de formas específicas de apoio a crianças e jovens com deficiência.

---

[42] Prestação comum ao regime não contributivo. O apoio financeiro aos alunos através da acção social escolar é fixado pelo Ministério da Educação.

PRESTAÇÕES NÃO SUBSTITUTIVAS DE RENDIMENTO DE TRABALHO

Âmbito

Beneficiários activos inscritos em qualquer regime obrigatório de segurança social[43] com registo de remunerações nos 12 meses que precedem o 2º mês anterior ao da data da apresentação do requerimento (12 primeiros dos 14 últimos).

Relativamente quer a pensionistas quer a pensionistas por riscos profissionais (com incapacidade permanente igual ou superior a 50%) o registo de remunerações é dispensado.

Se o beneficiário falecer antes da apresentação do requerimento os 12 meses com registo de remunerações devem encontrar-se nos 12 anteriores à data do falecimento.

Pessoas que conferem direito

Descendentes ou equiparados de idade inferior a 24 anos (a cargo do beneficiário[44] e que não exerçam actividade profissional abrangida pelo regime de protecção social obrigatório)que possuam comprovada redução permanente de capacidade física, motora, orgânica, sensorial ou intelectual[45], desde que por motivo dessa deficiência se encontrem em qualquer das seguintes situações:

- frequentem estabelecimento de educação especial[46] que implique o pagamento de mensalidade;
- careçam de ingressar em estabelecimento regular, após a frequência de ensino especial, por não poderem ou deverem transitar para estabelecimentos oficiais ou, tendo transitado, necessitem de apoio individual por técnico especializado;
- sejam portadores de deficiência que, embora não exigindo por si, ensino especial, requeira apoio individual por técnico especializado;

---

[43] Excepto regime dos trabalhadores independentes.
[44] Para pessoas a cargo ver composição do agregado familiar em prestações em geral.
[45] A redução permanente da capacidade física, motora, orgânica, sensorial ou intelectual é determinada por declaração de médico especialista, comprovativa desse estado.
Tal declaração médica deve indicar, com a conveniente e inequívoca fundamentação, a natureza da deficiência e o apoio necessário à criança ou jovem.
O apoio prescrito à criança ou jovem com deficiência não pode ser prestado:
a) Pelo médico especialista que elabora a declaração médica referida no nº 1;
b) Por clínica médica em que o médico especialista que elabora a declaração médica referida no nº 1 tenha participação societária ou com a qual mantenha uma relação laboral.
Os serviços de segurança social podem submeter os processos e ou as crianças e jovens com deficiência a equipas multidisciplinares de avaliação médico-pedagógica, constituídas nos termos Desp 11498/2016, 22 Set – DR 2ª, nº 186, 27/09/2016)
[46] São estabelecimentos de ensino especial os reconhecidos como tal pelo ministério competente.

– frequentem creche ou jardim de infância regular como meio específico necessário de superar a deficiência e obter mais rapidamente a integração social.

Requerimento

O subsídio é requerido em cada ano.

Início de atribuição

O subsídio é atribuído a partir do mês em que a criança ou jovem com deficiência inicia a frequência do estabelecimento ou o recebimento do apoio individual, mas não antes daquele em que der entrada o requerimento ou documento equivalente.

Tratando-se de subsídio para frequência de estabelecimento o pedido de concessão deve ser apresentado até um mês antes do início do ano lectivo; se apresentado no decurso do ano lectivo deve ser justificado.

Período de concessão

O subsídio mantém-se:

– durante o ano lectivo (11 meses[47]) fixado para o funcionamento do estabelecimento que frequentam;
– enquanto carecerem de apoio individual.

Montante do subsídio

O subsídio é igual a:

– no caso de frequência de estabelecimento: diferença entre a mensalidade estabelecida[48] e o valor da comparticipação familiar, isto é, mensalidade menos a comparticipação familiar;

---

[47] Não ano escolar.
[48] Valores máximos das mensalidades (custo real da educação especial).
Desde o ano lectivo 2008/2009:
• com fins lucrativos (idade inferior a 6 e superior a 18):
– externato ou apoio individual por professor especializado – € 293,45;
– semi-internato – € 376,24;
– internato – € 712,12.
• com fins lucrativos (idade entre os 6 e os 18 anos:
– internato – € 406,88 (nas outras modalidades vigora a gratuitidade do ensino).
• cooperativas e associações (idade inferior a 6 e superior a 18 anos):
– semi-internato – € 152,85 (nas outras modalidades e idades vigora a gratuitidade do ensino).

- nos outros casos[49]: diferença entre o custo e a comparticipação familiar, não podendo exceder o valor máximo da mensalidade correspondente à modalidade de externato.

A comparticipação familiar é determinada em função da poupança do agregado familiar.

O cálculo da poupança obedece à fórmula:

$$P = \frac{R - (D + H)}{12 \times n}$$

em que P representa o valor da poupança, R o das receitas ilíquidas anuais, D o das despesas fixas anuais (com tabela própria[50]); H o das despesas anuais referentes à renda da habitação principal ou equivalente e n o número de elementos do agregado familiar.

O valor P determinará a percentagem aplicável segundo a seguinte tabela (desde Set. 2008):

Poupança familiar mensal (em euros)	Comparticipação familiar em percentagem da poupança familiar		
	Internato	Semi--internato	Externato
Até 33,81	50	0	0
De 33,82 a 37,98	55	30	15
De 37,99 a 42,25	60	38	19
De 42,26 a 46,46	65	46	23
De 46,47 a 50,63	70	54	27
De 50.64 a 54,85	75	64	32
De 54,86 a 59,06	80	74	38
De 59,07 a 63,21	90	87	44
Mais de 63,21	100	100	50

[49] Por exemplo por técnico especializado.
[50] Tabela desde Set. 2008:

Número de elementos do agregado familiar	Despesas anuais fixas sem o valor relativo à habitação (em euros)
2	5 407,23
3	7 486,94
4	8 853,61
5	10 160,85
6	10 992,72
7	11 527,53
8	12 121,72
9	12 537,67
10	12 894,19

Na modalidade de internato a comparticipação não pode ser inferior ao montante do abono de família concedido a crianças e jovens de idade superior a 12 meses, correspondente ao 3º escalão, deduzido do montante da bonificação por deficiência que lhe acresçam, se for caso disso.

Na modalidade de semi-internato, a comparticipação não pode ser inferior a metade do valor apurado nos termos fixados no parágrafo anterior.

Por agregado familiar consideram-se os encarregados de educação da criança ou jovem com deficiência, descendentes e ascendentes ou equiparados que vivam a cargo daqueles.[51]

Consideram-se receitas do agregado:[52]

- os vencimentos líquidos anuais dos pais ou encarregados de educação da criança ou jovem com deficiência;
- os valores anuais das pensões de reforma, das pensões de sobrevivência ou da pensão social dos membros do agregado;
- outros proventos que intervenham na economia do agregado.

A comparticipação familiar de um agregado com mais de uma criança ou jovem com deficiência com direito a subsídio determina-se aplicando ao valor das comparticipações calculadas para cada criança ou jovem com deficiência a correspondente percentagem, de acordo com as seguintes percentagens:

- 2 crianças ou jovens com deficiência, 150%;
- 3 crianças ou jovens com deficiência, 165%;
- 4 ou mais crianças ou jovens com deficiência, 175%.

Deduções aos valores das mensalidades

- na modalidade de semi-internato, as famílias dos alunos com idade inferior a 6 e superior a 18 anos que assegurem directamente a alimentação e transporte podem solicitar que ao valor das respectivas mensalidades sejam deduzidos os montantes atribuídos a estas rubricas por portaria;[53]
- na modalidade de externato, as famílias que assegurem directamente o transporte podem solicitar que ao valor da respectiva mensalidade seja deduzido o montante estabelecido para o transporte.

---

[51] Ver composição do agregado *na pág. 252*.
[52] Ver rendimentos relevantes *na pág. 253*.
[53] Nos termos seguintes: alimentação – € 75,39; transporte – € 51,12.

Encargos com transporte

Pelos transportes que os colégios de educação especial venham a assegurar para a frequência dos respectivos alunos podem ser cobrados, dentro dos escalões quilométricos fixados por portaria contados a partir da zona periférica.[54]

Considera-se zona periférica a excedente a um raio de 3 km a partir do estabelecimento.

Na determinação dos escalões deve ser apurada a contagem quilométrica pelo percurso mais curto entre o estabelecimento de ensino especial e a residência do utente, deduzida a distância de 3 Km.

Redução

Se, por força da aplicação de cláusulas constantes de regulamentação colectiva de trabalho, for concedido subsídio com o mesmo fim pela entidade empregadora do encarregado de educação da criança ou jovem com deficiência, o subsídio de educação especial só é atribuído se aquele for inferior e até à concorrência deste.

A quem é pago

O subsídio é pago:

- aos encarregados de educação da criança ou jovem com deficiência, em regra;
- a outra pessoa que tenha o menor a cargo;
- directamente ao estabelecimento, a pedido das pessoas a quem é devido ou por determinação do organismo processador se, de modo reiterado, o encarregado de educação não utilizar o subsídio para o fim a que se destina;
- à família de acolhimento[55].

Acumulação

Cumulável com bonificação por deficiência, subsídio mensal vitalício e com pensão social de invalidez.

Não cumulável com subsídio por assistência de 3ª pessoa.

---

[54] Nos seguintes montantes:
- pelos primeiros 5 km – € 32,44;
- de 5 km a 10 km – € 39,94;
- de 10 km a 15 km – € 51,72;
- mais de 15 km – € 63,69.

[55] Nos termos do art. 36º do DL 11/2008, 17/01.

Gestão (V. Abono de família)

Instrução do processo

- requerimento;
- documento de matrícula no caso de frequência em estabelecimento;
- declaração médica comprovativa de deficiência e do atendimento necessário da criança ou jovem com deficiência;
- declaração das receitas ilíquidas do agregado;
- declaração das despesas anuais com a habitação;
- declaração de não atribuição ou do valor da prestação para o mesmo fim pela entidade empregadora (por força de regulamentação colectiva de trabalho).[56]

b. Por dependência

1) Complemento por dependência[57]

Âmbito

Pensionistas de invalidez, velhice e sobrevivência do regime geral de segurança social, do regime do seguro social voluntário, do regime não contributivo e equiparados, bem como os aposentados por invalidez do regime de protecção social convergente no âmbito do regime especial de protecção na invalidez, que se encontrem em situação de dependência.

São ainda abrangidos os beneficiários dos regimes referidos no parágrafo anterior, portadores de doença susceptível de originar invalidez especial no âmbito do regime especial de protecção na invalidez, desde que se encontrem em situação de dependência.

Condições de atribuição

- manifestação de vontade do interessado;
- a qualidade de pensionista ou de beneficiário;
- certificação da situação de dependência e respectivo grau.

---

[56] O subsídio só é atribuído se a atribuição da entidade empregadora for inferior e até à concorrência deste.

[57] Prestação comum ao regime não contributivo (titulares de pensão social) e equiparados (pensionistas do regime especial das actividades agrícolas) e grupos fechados (trabalhadores ferroviários e Transportes Colectivos do Porto), sem exigência de condições de recursos.
O regime dos acidentes de trabalho e doenças profissionais tem uma prestação correspondente: subsídio por situação de elevada incapacidade permanente. *(V. pág. 370).*

Caracterização da dependência

Consideram-se em situação de dependência os indivíduos que, não possam praticar com autonomia os actos indispensáveis à satisfação das necessidades básicas da vida quotidiana (actos relativos à alimentação, locomoção e cuidados de higiene pessoal) e careçam de assistência de outra pessoa[58].

Graus de dependência:

– 1º grau: indivíduos que não possam praticar, com autonomia, os actos indispensáveis à satisfação de necessidades básicas da vida quotidiana;
– 2º grau: indivíduos que acumulam as situações de dependência do 1º grau e se encontrem acamados ou apresentem quadros de demência grave.

A assistência por terceira pessoa (não dependente) pode ser assegurada através da participação sucessiva e conjugada de várias pessoas, incluindo a prestada no âmbito do apoio domiciliário ou em estabelecimento de apoio social.

O familiar do dependente que lhe preste assistência permanente é considerado terceira pessoa para efeitos de atribuição do subsídio.

A certificação da situação de dependência é realizada no âmbito do sistema de verificação de incapacidades do centro distrital do ISS, IP da área de residência do interessado, donde consta o grau de dependência, a necessidade de assistência de outrem e a data a partir da qual é certificada a situação de dependência.

A avaliação da situação de dependência e a respectiva graduação devem ser efectuadas atendendo à idade dos interessados e às suas capacidades físicas, orgânicas anátomo-funcionais, psíquicas e psicológicas, para a realização autónoma dos actos indispensáveis à satisfação das necessidades básicas da vida quotidiana.[59]

Os titulares do complemento por dependência podem ser sujeitos a exames de revisão, a seu pedido ou por decisão das instituições competentes, ressalvadas, neste caso, as situações de atribuição oficiosa.

Requerimento

O subsídio deve ser requerido à segurança social pelos interessados na sua atribuição ou pelos respectivos familiares ou outras pessoas ou instituições que lhes prestem ou se disponham a prestar-lhes assistência.

---

[58] Para doentes do foro oncológico basta deixar de ter, em consequência da doença, possibilidade de locomoção.
[59] A eventual aplicação da Tabela Nacional de Funcionalidades, anexa ao Despacho nº 10218/2014, de 1 de Agosto, publicado no *Diário da República* nº 152, 2ª série, de 8 de Agosto, está em reavaliação (V. nota à pensão de invalidez).

O requerimento pode ser apresentado conjuntamente com o da pensão a que o interessado tenha direito ou, a todo o tempo, se posteriormente.

No caso de o interessado residir no estrangeiro, o requerimento é entregue nas instituições previstas para o efeito nos instrumentos internacionais aplicáveis e, na sua falta, na instituição gestora da pensão a que o mesmo tenha direito.

O requerimento deve ser acompanhado dos seguintes documentos:

- documento de identificação do pensionista;
- documento de identificação da pessoa que presta assistência (singular ou colectiva);
- cartão de contribuinte;
- informação médica fundamentada;
- declaração se pretende que o pagamento seja efectuado através de transferência bancária.

O requerimento deve ser acompanhado dos seguintes elementos probatórios:

- declaração referente à modalidade de assistência que é ou irá ser prestada ao interessado, da qual conste a identificação das pessoas ou entidades que por ela se responsabilizam e as condições específicas da prestação daquela assistência;
- informação médica, devidamente fundamentada e instruída, relativa à situação de dependência do interessado;
- de inacumulabilidade, da qual conste se foi requerida ou atribuída prestação idêntica ou análoga em relação ao mesmo titular e, em caso afirmativo, por que regime;
- declaração de inexistência de rendimentos de trabalho.

Nos casos em que a situação de dependência decorra de acto de terceiro os interessados devem, ainda, declarar:

a) quais os eventuais responsáveis;
b) se houve lugar a indemnização e, em caso afirmativo, o respectivo montante.

Início da prestação

Esta prestação é devida a partir do mês seguinte ao da apresentação do requerimento desde que se comprove que o interessado reúne já todas as condições de atribuição ou, caso contrário, desde o mês seguinte àquele em que as mesmas se verifiquem.

Montante

Pensionistas de invalidez, velhice e sobrevivência do regime geral:

- 1º grau – 50% do montante da pensão social (€ 101,68);
- 2º grau – 90% do mesmo valor (€ 183,02).

Pensionistas de invalidez, velhice e sobrevivência das actividades agrícolas e do regime não contributivo e equiparados:

- 1º grau – 45% do montante da pensão social (€ 91,51);
- 2º grau – 85% do mesmo valor (€ 172,85).

Nos meses de Julho e Dezembro de cada ano é concedida uma prestação adicional de montante igual ao do complemento por dependência a que o pensionista tenha direito.

Com assistência prestada em estabelecimento de apoio social o montante é o do 1º grau do regime que lhe corresponde.

Acumulação

O complemento por dependência não é cumulável com rendimentos de trabalho.

Não é permitida a acumulação de complementos por dependência em relação ao mesmo titular.

Os pensionistas que reúnam as condições de atribuição do complemento por dependência no âmbito de mais de um regime podem optar pela atribuição da prestação que lhes seja mais favorável.

Não é permitida a acumulação em relação ao mesmo titular entre o complemento por dependência e prestação análoga, atribuída no âmbito de regimes diferentes, salvo se o valor desta for inferior, caso em que o montante da prestação a atribuir será igual à respectiva diferença. Considera-se prestação análoga a que tenha por objectivo a protecção na situação de dependência.

Os pensionistas que reúnam as condições de atribuição do complemento por dependência e do subsídio por assistência de terceira pessoa (que integra a protecção por encargos familiares) podem optar por uma daquelas prestações.

Suspensão da prestação

A concessão do complemento por dependência é suspensa quando:

- ocorra uma das causas determinantes da suspensão da concessão das pensões de que o beneficiário seja titular, nos termos dos respectivos regimes jurídicos;

- se verifique que não está a ser prestada ao titular da prestação a assistência nos termos declarados;
- o titular adopte procedimentos que impeçam ou retardem a avaliação da subsistência da situação de dependência, nomeadamente a ausência injustificada a exame médico e a não actuação para obtenção de elementos clínicos.

Cessação da prestação

O direito à prestação cessa no último dia do mês em que deixar de se verificar algum dos condicionalismos determinantes da sua atribuição que não dê lugar à suspensão do direito.

A cessação do direito à prestação decorrente da revisão da situação de dependência produz efeitos a partir do mês seguinte ao da comunicação do facto ao seu titular pela segurança social.

Deveres dos beneficiários

Os titulares de complemento por dependência devem:

- comunicar à instituição que lhe concede a prestação o início de actividade profissional;
- comunicar se requereram ou lhes foi atribuída prestação idêntica ou análoga no âmbito dos mesmos ou de diferentes regimes;
- declarar qualquer situação determinante da suspensão ou da cessação da prestação no prazo de 30 dias após a ocorrência do respectivo evento, se outro prazo lhes não for fixado pela instituição competente.

Prescrição

O direito ao subsídio prescreve a favor das instituições no prazo de 5 anos. A contagem do respectivo prazo inicia-se no dia seguinte àquele em que as mesmas foram postas a pagamento.

Equiparam-se a prestações postas a pagamento as que se encontrem legalmente suspensas por incumprimento de obrigações imputável ao beneficiário ou às pessoas a quem as prestações são pagas.

Gestão

A gestão desta prestação compete à instituição gestora da pensão de que o interessado seja titular.

2) Subsídio por assistência de terceira pessoa[60]

Âmbito

Beneficiários activos inscritos em qualquer regime obrigatório de segurança social[61] com registo de remunerações nos 12 meses que precedem o 2º mês anterior ao da data da apresentação do requerimento (12 primeiros dos 14 últimos).

Relativamente quer a pensionistas quer a pensionistas por riscos profissionais (com incapacidade permanente igual ou superior a 50%) o registo de remunerações é dispensado.

Se o beneficiário falecer antes da apresentação do requerimento os 12 meses com registo de remunerações devem encontrar-se nos 12 anteriores à data do falecimento.

Pessoas que conferem direito

Descendentes a cargo do beneficiário titulares de abono de família com bonificação por deficiência ou de subsídio mensal vitalício em situação de dependência que exijam o acompanhamento permanente de terceira pessoa[62].

Caracterização da dependência

Consideram-se em situação de dependência as crianças ou jovens com deficiência que, por causas exclusivamente imputáveis à deficiência, não possam praticar com autonomia os actos indispensáveis à satisfação das necessidades básicas da vida quotidiana (actos relativos à alimentação, locomoção e cuidados de higiene pessoal) e careçam de assistência permanente de outra pessoa.

A assistência por terceira pessoa (não dependente) considera-se permanente quando implique um atendimento de, pelo menos, seis horas diárias, podendo ser assegurada através da participação sucessiva e conjugada de várias pessoas, incluindo a prestada no âmbito de apoio domiciliário.

O familiar do dependente que lhe preste assistência permanente é considerado terceira pessoa para efeitos de atribuição de subsídio.

Exclusão

Não há lugar à concessão:

---

[60] Prestação comum ao regime não contributivo.
[61] Excepto regime dos trabalhadores independentes.
[62] Quanto à composição do agregado e estar a cargo do beneficiário ver prestações em geral.
A condição de viver em comunhão de mesa e habitação pode ser dispensada por razões devidamente justificadas.

- se houver direito ao subsídio de educação especial;
- se a criança ou jovem com deficiência beneficiar de assistência permanente prestada em estabelecimento de saúde ou de apoio social, oficial ou particular sem fins lucrativos e cujo funcionamento seja financiado pelo Estado ou outras pessoas colectivas de direito público ou de direito privado e utilidade pública.

Requerimento

O subsídio deve ser requerido pelo beneficiário no prazo de seis meses contados a partir do mês seguinte àquele em que ocorreu o facto determinante da sua concessão.

Na falta de requerimento do beneficiário, por falecimento ou omissão, podem requerer as prestações:

- cônjuge do beneficiário;
- a pessoa com quem o descendente viva em comunhão de mesa e habitação ou entidade que o tenha à sua guarda, desde que a situação seja devidamente comprovada;
- o próprio descendente se for maior de 16 anos.

Início da atribuição

É atribuído a partir do mês seguinte ao do requerimento, se a criança ou jovem com deficiência dispunha já de assistência de terceira pessoa ou, caso contrário, desde o mês em que se efective.

Montante mensal

€ 101,68

Pagamento

Pode ser pago à família de acolhimento.[63]

Prescrição

O direito ao subsídio prescreve a favor das instituições no prazo de 5 anos. A contagem do respectivo prazo inicia-se no dia seguinte àquele em que as mesmas forem postas a pagamento.

---

[63] Art. 36º do DL 11/2008, de 17 de Janeiro.

Equiparam-se a prestações postas a pagamento as que se encontrem legalmente suspensas por incumprimento de obrigações imputável ao beneficiário ou às pessoas a quem as prestações são pagas.

Gestão (V. Abono de família)

Prova

A existência de terceira pessoa deve ser declarada no acto de requerimento bem como os termos em que a mesma presta assistência ou se dispõe a prestar.

A prova da situação de dependência é feita por certificação emitida pelo serviço de verificação de incapacidades do centro distrital do ISS, IP da área de residência do interessado.

Secção 2
Prestações Não Contributivas
(subsistema de solidariedade)[1]

1) Complemento extraordinário de solidariedade

Âmbito

Titulares das prestações dos regimes não contributivos e equiparados e do subsídio mensal vitalício.

Condições de atribuição

Excluem-se os titulares que beneficiem de pensões cujo montante corresponda ao valor da pensão mínima do regime geral.

Montante

Acrescido oficiosamente aos valores das pensões sociais de invalidez e velhice e ao valor do subsídio mensal vitalício:[2]

Com menos de 70 anos: € 17,70;
Com idade igual ou superior a 70 anos: € 35,38.
14 prestações por ano.

Nas situações de alteração do respectivo montante por motivo de idade, o novo valor é devido a partir do mês seguinte àquele em que o titular tiver completado 70 anos.

---

[1] Para além das prestações familiares: Complemento por dependência, Subsídio por assistência de 3ª pessoa e Subsídio de educação especial.
Trata-se de um seguro nacional ou beveridgiano.
[2] Fixado por portaria.

O valor do complemento extraordinário de solidariedade não constitui parte integrante das prestações às quais acresce e não releva para quaisquer outros efeitos, não sendo considerado, designadamente:

- na determinação do quantitativo de quaisquer outras prestações, cujo montante seja indexado ao valor das pensões sociais de invalidez e de velhice do regime não contributivo;
- na fixação de quaisquer valores referenciais, indexados às pensões referidas no parágrafo anterior designadamente para acesso ou cumulação de prestações;
- na atribuição e na fixação do valor da prestação do rendimento social de inserção.

Requerimento

A prestação é de atribuição oficiosa, isto é, não precisa de ser requerida.

2) Complemento social

Âmbito

Pensionistas do regime geral com valor da pensão regulamentar[3] de montante inferior ao valor mínimo de pensão correspondente à sua situação contributiva.

Condições de atribuição

É dispensada a condição de recursos e a de residência.
Não precisa de ser requerida.

Montante

Diferença entre o valor mínimo garantido e o valor da pensão regulamentar.

3) Complemento solidário para idosos

Âmbito

Têm direito ao complemento solidário para idosos:

---

[3] Pensão estatutária é a que resulta da aplicação das regras de cálculo.
Pensão regulamentar é igual à soma do montante da pensão estatutária acrescido das actualizações das pensões e, se for caso disso, dos acréscimos decorrentes de actividade exercida em acumulação.

- titulares de pensões de velhice e sobrevivência ou equiparadas[4] de qualquer sistema de protecção social português ou estrangeiro que residam legalmente em território português[5];
- cidadãos portugueses que não reúnam as condições de atribuição da pensão social por não preencherem as condições de recursos;
- titulares do subsídio mensal vitalício.

Condições de atribuição

Condições cumulativas gerais do requerente:
- idade igual ou superior à idade normal de acesso à pensão de velhice do regime geral[6];
- residir em território português[7] pelo menos nos últimos 6 anos imediatamente anteriores[8] à data da apresentação do requerimento[9];

---

[4] São pensões equiparadas:
- pensões substitutivas de rendimentos de trabalho;
- pensões destinadas a garantir mínimos de subsistência, de natureza não indemnizatória, nem de prémio de seguro;
- pensões derivadas cuja atribuição seja periódica e por tempo indeterminado, que integrem a protecção nas eventualidades de invalidez, velhice e morte dos respectivos sistemas de protecção social.

[5] Consideram-se residentes legais:
– cidadãos portugueses;
– estrangeiros com título válido de autorização de residência;
– refugiados e apátridas com títulos válidos de protecção temporária que permaneçam em território português pelo menos 270 dias em cada ano civil;
– estrangeiros detentores de qualquer título válido.

[6] Ver quadro-síntese. Em 2007 a idade de acesso à prestação foi de 70 anos.

[7] Prova de residência:
- por atestado da junta de freguesia;
- por outro documento que o demonstre;
- para cidadão português, por verificação oficiosa dos elementos constantes na segurança social;
- para cidadãos estrangeiros, refugiados e apátridas, títulos válidos ou declaração de entidade competente.

[8] 270 dias em cada ano civil contínuos e ininterruptos.

[9] A condição de recursos não é aplicável a cidadãos portugueses que tenham exercido a última actividade profissional no estrangeiro, desde que, cumulativamente:
– à data do requerimento residam em território português;
– residam em território português pelo período igual ao que intermediou entre o momento em que lhe foi atribuída a pensão de velhice, de sobrevivência ou equiparada e o momento da apresentação do requerimento;
– a atribuição da pensão de velhice, de sobrevivência ou equiparada não tenha ocorrido há mais de 6 anos.

– possuir recursos de montante inferior ao valor de referência[10].

São tidos em consideração os rendimentos anuais do ano civil anterior ao da data da apresentação do requerimento:

– do requerente e do seu cônjuge ou de membro de união de facto;
– dos filhos do requerente na qualidade de legalmente obrigados à prestação de alimentos (componente de solidariedade familiar).

Componente de solidariedade familiar

O rendimento por adulto equivalente de cada um dos agregados fiscais dos filhos do requerente determina a componente de solidariedade familiar ou a exclusão do direito ao complemento.

O rendimento por adulto equivalente é determinado segundo a seguinte fórmula:

$$Rae = R/ae$$

em que:
Rae é o rendimento por adulto equivalente;
R é o rendimento do agregado fiscal do filho do requerente;
ae é o número de adultos equivalentes do agregado fiscal do filho do requerente calculado de acordo com uma escala de equivalência que atribui um peso de 1 ao primeiro adulto, ou primeiro menor quando não existam adultos, de 0,7 a cada um dos restantes adultos e de 0,5 a cada um dos menores, considerados no ano a que se reportam os rendimentos.

O valor do rendimento por adulto equivalente de cada um dos agregados fiscais dos filhos é integrado num dos seguintes escalões:

Escalões de rendimento por adulto equivalente (Rae), por indexação ao valor de referência do complemento (VR);
Escalão 1 – até 2,5 x VR;
Escalão 2 – superior a 2,5 x VR até 3,5 x VR;
Escalão 3 – superior a 3,5 x VR até 5 x VR;
Escalão 4 – superior a 5 x VR.

A componente de solidariedade familiar assume os valores de 0%, 5% ou 10% do valor de referência do complemento para os 1º, 2º ou 3º escalões, respectivamente.

Quando o valor do rendimento por adulto equivalente se situa no 4º escalão determina a exclusão do requerente do direito ao complemento.

---

[10] Ver valor de referência em montante.

O total da componente de solidariedade familiar resulta do somatório das componentes de solidariedade familiar apuradas para cada um dos filhos do requerente. Os apoios dados pelos filhos do requerente a título de transferências monetárias ou de pagamento de equipamentos sociais são sempre considerados como solidariedade familiar, substituindo o valor resultante do total da componente de solidariedade sempre que o seu total seja superior a este último.

Para a determinação da componente de solidariedade familiar são considerados os filhos que sejam sujeitos passivos, nos termos do disposto no Código do IRS, com excepção dos que tenham falecido.

Condições cumulativas relativas ao agregado familiar:

- autorização da entidade gestora a aceder à informação fiscal e bancária relevante para atribuição da prestação;
- declaração da disponibilidade para exercer o direito a outras prestações de segurança social a que tenha ou venha a ter direito;
- declaração da disponibilidade para exercer o direito de crédito que tenha ou venha a ter sobre terceiros.

Requerimento

A atribuição depende da apresentação de requerimento dirigido à entidade gestora.

Têm legitimidade para requerer o complemento solidário para idosos, para além dos interessados, os respectivos familiares ou outras pessoas ou instituições que lhes prestem ou se disponham a prestar assistência, sempre que os mesmos não possam proceder à apresentação do respectivo requerimento.

Montante

Elementos para cálculo:

- composição do agregado do requerente;
- montante de recursos do requerente com a componente da solidariedade familiar; e
- valor de referência do complemento, acrescido de 75% daquele valor para o agregado familiar com dois elementos.[11]

[11] Valor de referência anual:

	2008	2009	2010 a 2012	2013 a 2015	2016	2017
1 elemento	€ 4800	€ 4960	€ 5022	€ 4909	€ 5022	€ 5084,30
2 elementos	€ 8400	€ 8680	€ 8789	€ 8590	€ 8789	€ 8897,53

Apuramento dos recursos do requerente

Os recursos do requerente integram o rendimento anual dos elementos que compõem o seu agregado familiar.

Nas situações em que o agregado familiar do requerente é constituído apenas pelo próprio, o montante dos recursos do requerente é apurado através do somatório dos seus rendimentos, acrescido da componente de solidariedade familiar.

Nas situações em que o agregado familiar do requerente é constituído pelo próprio e pelo seu cônjuge ou pessoa que com ele viva em união de facto, os recursos do requerente são apurados nos seguintes termos:

a) somatório dos rendimentos individualizados do requerente, acrescido da componente de solidariedade familiar;
b) somatório dos rendimentos do agregado familiar do requerente, acrescido da componente de solidariedade familiar.

Nas situações em que ambos os membros do agregado familiar são requerentes ou sendo um deles titular do complemento e o outro requerente, os recursos de cada um deles são apurados através do somatório dos rendimentos de ambos, acrescido das respectivas componentes da solidariedade familiar.

Mas sempre que o elemento do agregado familiar, com maior valor de rendimentos individualizados acrescido da componente de solidariedade familiar que não verifique apenas uma das condições de recursos deixa de ser considerado como requerente, passando, a partir desse momento, a ser tratado como cônjuge, sendo o montante dos recursos do requerente determinado separadamente.

Cálculo

– agregado constituído apenas pelo requerente:
diferença entre o valor de referência e o montante dos recursos do requerente;
– agregado constituído pelo requerente e pelo seu cônjuge ou membro de união de facto:
o menor dos valores resultantes da:
 • diferença entre o valor de referência do complemento (sem acréscimo) e o montante dos recursos do requerente (individualizados) acrescido da componente de solidariedade familiar; ou
 • diferença entre o valor de referência do complemento com acréscimo de 1,75 e o montante dos recursos do agregado do requerente acrescido da componente de agregado familiar;

- ambos os membros do agregado familiar são requerentes:
diferença entre o valor de referência do complemento com acréscimo de 1,75 e o montante dos recursos de um dos requerentes (apurado através do somatório dos rendimentos de ambos) repartida por cada um de forma proporcional às respectivas necessidades, considerados os rendimentos individuais de um e de outro nos termos da fórmula seguinte:

$$A = \frac{VR - Y}{2VR - Y - Z}$$

$$B = 1 - A$$

em que:

A é o ponderador do 1º requerente;
B é o ponderador do 2º requerente;
VR é o valor de referência do complemento;
Y é o total dos rendimentos individuais do primeiro requerente, acrescidos da respectiva componente de solidariedade familiar;
Z é o total dos rendimentos individuais do segundo requerente, acrescidos da respectiva componente de solidariedade familiar.

Início da atribuição

A partir do mês seguinte ao da recepção do requerimento desde que devidamente instruído.

Pagamento

Pago mensalmente por referência a 12 meses.

Pago aos respectivos titulares ou aos seus representantes legais. Poderá porém ser pago às pessoas ou entidades que prestem assistência aos titulares do direito, desde que consideradas idóneas pela instituição gestora, nas seguintes situações:

- quando os titulares do complemento solidário para idosos sejam incapazes e se encontrem a aguardar a nomeação do respectivo representante legal;
- quando os titulares se encontrem impossibilitados de modo temporário ou permanente de receber a prestação, por motivo de doença, ou se encontrem internados em estabelecimentos de apoio social ou equiparados.

Deveres dos beneficiários

Os titulares do complemento solidário para idosos são obrigados a:

- comunicar qualquer alteração de residência e de composição do seu agregado familiar;
- apresentar todos os meios probatórios que sejam solicitados pela instituição gestora, nomeadamente para avaliação da situação patrimonial, financeira e económica dos membros do seu agregado familiar e dos agregados fiscais dos seus filhos.

Estas obrigações têm de ser cumpridas no prazo de 15 dias úteis a contar da data da ocorrência dos factos ou da notificação pela instituição gestora.

As falsas declarações, omissões ou outros factos relativos aos deveres dos beneficiários dos quais resultem a atribuição indevida não impedem a produção dos efeitos previstos, sem prejuízo:

- da aplicação do regime da responsabilidade emergente do recebimento de prestações indevidas;
- do apuramento de responsabilidade penal ou contra-ordenacional.

Obrigação de exercício de direitos e sub-rogação

Sempre que o requerente tenha direito a outras prestações de segurança social, fica obrigado a exercê-lo, no prazo de 60 dias úteis a contar da data da notificação do direito, ou no prazo que se encontre estabelecido no regime jurídico da prestação, se este for superior.

Nas situações em que o requerente tenha direitos de crédito relativamente a terceiros, fica obrigado a exercer esses direitos no prazo de 60 dias úteis a contar da data da notificação para o efeito.

A entidade gestora fica sub-rogada no exercício do direito nos casos em que o titular do complemento solidário para idosos não o exerça.

Suspensão e retoma

O direito é suspenso por:

- não verificação da condição de recursos;
- não permanência em território português exigida;
- incumprimento dos deveres de comunicação ou prova;
- privação de liberdade.

A suspensão do direito inicia-se a partir do mês seguinte àquele em que ocorreram os factos que a determinaram.

Consideram-se «prestações indevidamente pagas» as que o forem em momento posterior ao que determina a suspensão da prestação.

A decisão de suspensão do complemento não está sujeita a audiência prévia dos interessados.

A entidade gestora deve notificar a suspensão do direito no prazo máximo de 30 dias úteis após o conhecimento dos factos que a determinaram, devendo, em igual prazo, solicitar a devolução de prestações indevidamente pagas.

A retoma do direito tem lugar no mês seguinte àquele em que deixem de se verificar os condicionalismos que hajam determinado a suspensão, sem prejuízo do regime de cessação do direito.

Cessação

O direito cessa:

- decorridos 2 anos após o início da suspensão;
- por morte do titular;
- por desistência do titular;
- por aplicação de sanção que determine a privação do direito à prestação.

4) *Pensão de orfandade*

Âmbito

Órfãos portugueses (residentes) de pessoas não abrangidas por qualquer regime de protecção social.

Condição de recursos

- rendimentos ilíquidos mensais iguais ou inferiores a 40% do IAS, desde que o rendimento do respectivo agregado familiar não seja superior a vez e meia o IAS;
- condição especial: ter um agregado familiar cuja capitação não seja superior a 30% do IAS e estar em situação de risco ou disfunção social grave.

Montante/cálculo

Nos termos da pensão de sobrevivência[12] com base no valor da pensão social geral[13], em 14 prestações mensais (12 + Jul + Dez).

---

[12] Ou seja: "O cálculo da pensão será efectuado de acordo com as regras do" regime da pensão de sobrevivência (art. 9º do DL 160/80, 27/05).

[13] Mesmo que o *de cujus* seja beneficiário de pensão social especial de invalidez.

Assim, se houver cônjuge ou membro de união de facto com direito a pensão de viuvez:

1 descendente – 20% da pensão social;
2 descendentes – 30% da pensão social (repartidos por igual);
3 ou mais descendentes – 40% da pensão social (repartidos por igual).

Se não houver cônjuge ou membro de união de facto com direito a pensão de viuvez, as percentagens sobem para o dobro.

Período de concessão

Até à maioridade ou emancipação.

Documentação

- documento de identificação do órfão;
- declaração do montante dos rendimentos e origem dos mesmos.

5) Pensão social

Âmbito

Têm direito a pensão social:

- os cidadãos portugueses residentes em território português[14] que estejam cumulativamente nas seguintes condições:[15]
  - não se encontrem abrangidos por qualquer regime de inscrição obrigatória;
  - não tenham rendimentos superiores aos estabelecidos nas condições de recursos;
- os trabalhadores que, embora abrangidos por algum dos regimes e dentro da condição de recursos desta prestação:
  - não satisfaçam os prazos de garantia definidos nesses regimes;
  - sendo pensionistas de invalidez, velhice ou sobrevivência o valor da pensão seja inferior ao valor da pensão social.

Condições de atribuição

a) Pensão social de velhice – idade igual ou superior à idade normal de acesso à pensão de velhice do regime geral;

---

[14] Condição que pode ser dispensada.
[15] Pressuposta a situação de carência económica.

b) Pensão social de invalidez – idade igual ou superior a 18 anos que forem reconhecidos com incapacidade permanente para toda e qualquer profissão[16] confirmada pelo SVI.

Condição de recursos[17]

Rendimento ilíquido mensal não superior a 40% do IAS ou de 60% do IAS, tratando-se de casal[18].

São relevantes as situações de união e de separação de facto.

O valor das pensões de sobrevivência inferiores aos valores da pensão social e das pensões de viuvez não são considerados para efeitos de condições de recursos.

Esta prestação pode ser atribuída em substituição da bonificação por deficiência ou do subsídio mensal vitalício, desde que se verifiquem as condições de recursos.

Montante

Montante mensal em percentagem do IAS[19], acrescendo oficiosamente o complemento extraordinário de solidariedade.[20]

São pagas 14 prestações por ano (12 + Jul + Dez).

Acumulação

A pensão social é cumulável com pensão de sobrevivência de outros regimes de protecção social.

---

[16] O exercício de actividade profissional suspende a pensão.
[17] A pensão social de invalidez por paramiloidose é atribuída sem condição de recursos.
[18] Os subsídios pagos aos formandos deficientes não são considerados rendimentos para este efeito. Os valores das bolsas de acção profissional são considerados.
[19] Ou seja, sem complemento extraordinário de solidariedade:

2011	2012	2013	2014	2015	2016	2017
€ 189,52	€ 195,40	€ 197,55	€ 199,53	€201,53	€ 202,34	€ 203,75

O montante da pensão social de invalidez especial é o do valor da pensão mínima do regime geral

2010/2011	2012	2013	2014	2015	2016	2017
€ 246,36	€ 254,20	€ 256,79	€ 259,36	€261,95	€ 263	€ 264,32

[20] Assim, até aos 70 anos: € 221,05 e com 70 anos ou mais: € 239,13.

Pensão social de substituição

A pensão social substitui as pensões de velhice, invalidez ou sobrevivência enquanto estas forem de montante inferior podendo haver retoma se se tornarem de montante superior.

Os pensionistas podem optar pela pensão que lhes for mais favorável.

Quando a pensão social adicionada ao complemento por dependência for superior à pensão do regime contributivo, pode o pensionista optar por aquelas duas.

O descendente pensionista de pensão social de invalidez pode optar pela pensão de sobrevivência do regime contributivo, na medida em que a pensão de sobrevivência é cumulável com bonificação por deficiência ou subsídio mensal vitalício.

Pensão social reduzida

Depois da atribuição da pensão social, se se verificar aumento de rendimentos que ultrapasse o estabelecido como condição de recursos, a pensão social será reduzida do valor correspondente ao excesso, a partir do mês seguinte ao da verificação do facto.

Não há lugar à atribuição da pensão social nos casos em que resultem valores inferiores ao montante mais baixo do abono de família [21].

Documentação

- formulário de inscrição;
- certidão de nascimento ou bilhete de identidade;
- declaração formal do requerente do montante e origem dos rendimentos que aufere.

Instrução do processo

- relatório do serviço social, quando os elementos constantes do processo não sejam suficientes;
- relatório da comissão de verificação quando se trate de pensão social de invalidez.

Actualização dos meios de prova

Os titulares da pensão social, sob pena de suspensão da pensão devem apresentar de 3 em 3 anos, nos prazos que forem estabelecidos, prova da manutenção das condições de recursos.

---

[21] € 27,35.

A superveniência de rendimentos que ultrapassem a condição de recursos será obrigatoriamente comunicada à segurança social no mês seguinte àquele em que se verificou.

6) Pensão de viuvez

Destinatários

Cônjuge sobrevivo ou membro de união de facto de pensionista de pensão social que por si não tenha direito a qualquer pensão, enquanto se mantiver a viuvez ou não ocorra união de facto[22].

Condições de atribuição

Condição de recursos da pensão social.
Para a condição de recursos não são considerados os valores da pensão social (de invalidez e velhice), nem os valores das pensões de invalidez e velhice dos regimes equiparados ao não contributivo.

Cálculo

60% do valor da pensão social geral[23-24].
São pagas 14 prestações mensais (12 + Jul + Dez).

Acumulação

A pensão de viuvez é acumulável com pensão de invalidez ou velhice do regime não contributivo e dos regimes equiparados ao não contributivo até ao valor do montante mínimo das pensões de invalidez e velhice do regime geral.

---

[22] Por analogia com a pensão de sobrevivência.
[23] Não há complemento extraordinário de solidariedade.
Evolução de montantes

2013	2014	2015	2016	2017
€ 118,53	€ 119,72	€ 120,92	€ 121,40	€ 122,01

[24] Mesmo que o *de cujus* fosse beneficiário de pensão social especial de invalidez (paramiloidose, doença do Machado ...).

7) Prestação do rendimento social de inserção

- *Objecto*

O rendimento social de inserção consiste numa prestação incluída no subsistema de solidariedade[25] e um programa de inserção social[26] por forma a assegurar às pessoas e seus agregados familiares recursos que contribuam para a satisfação das suas necessidades mínimas e para o favorecimento de uma progressiva inserção social, laboral e comunitária.[27]

- *Titularidade*

Podem ser titulares[28] do direito ao rendimento social de inserção:[29]

- pessoas com idade igual ou superior a 18 anos;
- pessoas com idade inferior a 18 anos em situação de autonomia económica[30] que:
    i) tenham menores ou deficientes a cargo e na exclusiva dependência económica do seu agregado familiar;

---

[25] "A prestação do rendimento social de inserção é uma prestação pecuniária de natureza transitória, variável em função do rendimento e da composição do agregado familiar do requerente e calculada por aplicação de uma escala de equivalência ao valor do rendimento social de inserção".

[26] "O contrato de inserção do rendimento social de inserção consubstancia-se num conjunto articulado e coerente de acções, faseadas no tempo, estabelecido de acordo com as características e condições do agregado familiar do requerente da prestação, com vista à plena integração social dos seus membros".

[27] O rendimento social de inserção e respectivos custos de administração são financiados por transferência do Orçamento do Estado (art. 90º da Lei nº 4/2007, de 16 de Janeiro, e art. 11º, nº 1 b) do DL 367/2007, de 2 de Novembro).

[28] Os que requerem. Se mais do que um membro do agregado está em condições de requerer, deve ser designado por acordo o titular.
São beneficiários o titular e o seu agregado.
As vítimas de violência doméstica integradas em casa de abrigo podem beneficiar desta prestação mantendo-se a gratificação das casas de abrigo.

[29] Nos casos de interdição ou de inabilitação o direito ao rendimento social de inserção é exercido por tutor ou curador, nos termos da lei civil (arts. 138º a 156º do Código Civil).

[30] Consideram-se em situação de autonomia económica as pessoas com idade inferior a 18 anos que não estejam na efectiva dependência económica de outrem a quem incumba legalmente a obrigação de alimentos, nem se encontrem em situação de internamento em estabelecimentos de apoio social, públicos ou privados sem fins lucrativos, cujo funcionamento seja financiado pelo Estado ou por outras pessoas colectivas de direito público ou de direito privado e utilidade pública, bem como os internados em centros de acolhimento, centros tutelares educativos ou de detenção, ou em situação de acolhimento familiar, desde que aufiram rendimentos próprios superiores a 70% do valor do rendimento social de inserção.

ii) sejam mulheres que estejam grávidas;
iii) sejam casados ou vivam em união de facto há mais de dois anos[31].

- *Condições de atribuição*

O reconhecimento do direito depende de o requerente, à data da apresentação do requerimento, cumprir cumulativamente as condições seguintes:
  a) Possuir residência legal em Portugal há, pelo menos, um ano, se for cidadão português[32], ou nacional de Estado membro da União Europeia, de Estado que faça parte do Espaço Económico Europeu ou de um Estado terceiro que tenha celebrado um acordo de livre circulação de pessoas com a União Europeia[33];
  b) Possuir residência legal em Portugal nos últimos 3 anos, se for nacional de outro Estado[34];
  c) Não auferir rendimentos ou prestações sociais, próprios ou do conjunto dos membros que compõem o agregado familiar, superiores aos definidos;
  d) O valor do património mobiliário[35] do requerente e do seu agregado familiar não ser superior a 60 vezes o valor do indexante dos apoios sociais (IAS)[36];
  e) O valor dos bens móveis sujeitos a registo, designadamente, veículos automóveis, embarcações e aeronaves, não ser superior a 60 vezes o valor do IAS;

---

[31] Esta exigência legal da 2ª parte desta alínea não se entende: a contagem dos 2 anos só pode iniciar-se aos 16 anos (idade núbil) (art. 1601º a) do Código Civil).
[32] Condição ilegal por contrariar a lei da segurança social, nos termos do Ac TC 141/2015.
[33] A comprovação da residência legal em Portugal faz-se através de (Lei nº 37/2006, de 9 de Agosto):
– atestado de residência emitido pela junta de freguesia da área de residência do interessado para os cidadãos portugueses;
– certidão do registo do direito de residência emitida pela câmara municipal da área de residência do interessado para os nacionais da UE, EEE e Estados com acordo de circulação de pessoas (vg: Suíça).
O prazo de residência não é aplicável a menores de 3 anos.
[34] A residência legal em Portugal comprova-se através de autorização de residência, concedida nos termos do regime jurídico de entrada, permanência, saída e afastamento de estrangeiros do território nacional (Lei nº 23/2007, de 4 de Julho).
O prazo de residência não é aplicável a menores de 3 anos.
[35] Considera-se património mobiliário os depósitos bancários e outros valores mobiliários, designadamente acções, obrigações, certificados de aforro, títulos de participação e unidades de participação em instituições de investimento colectivo.
[36] Valor do IAS € 421,32 (x 60 = € 25 279,20).

f) Celebrar e cumprir o contrato de inserção, designadamente através da disponibilidade activa para o trabalho, para a formação ou para outras formas de inserção que se revelem adequadas;
g) Estar inscrito num centro de emprego, caso esteja desempregado e reúna as condições para o trabalho; [37]
h) Fornecer todos os meios probatórios que sejam solicitados no âmbito da instrução do processo, nomeadamente ao nível da avaliação da situação patrimonial, financeira e económica do requerente e da dos membros do seu agregado familiar e
i) Permitir à entidade gestora competente o acesso a todas as informações relevantes para efectuar a avaliação[38];
j) Ter decorrido o período de um ano após a cessação de contrato de trabalho sem justa causa por iniciativa do requerente;
k) Não se encontrar em prisão preventiva ou a cumprir pena de prisão em estabelecimento prisional ou institucionalizado em equipamentos financiados pelo Estado;
l) Disponibilidade para requerer outras prestações de segurança social a que tenha direito e para exercer o direito de acção para a cobrança de eventuais créditos sobre terceiros ou para reconhecimento do direito a alimentos[39].

O disposto nas alíneas a), b), e), f), g), i), j) e k) é aplicável aos membros do agregado familiar do requerente.

---

[37] Encontram-se dispensadas da condição de estar inscrito no centro de emprego as pessoas que se encontram a trabalhar e ainda aquelas que apresentem documento do centro de emprego que ateste não reunirem condições para trabalho.

[38] Através da declaração de autorização de acesso a informação detida por terceiros.

[39] Ou seja, o requerente está obrigado a requerer outras prestações de segurança social a que tenha direito, bem como créditos sobre terceiros e o direito a alimentos.
Regime da sub-rogação:
Nos casos em que o requerente não possa, por si, requerer outras prestações da segurança social a que tenha direito, devem as mesmas ser requeridas, em seu nome, pela entidade gestora competente para a atribuição da prestação.
Quando seja reconhecido ao titular da prestação, com eficácia retroactiva, o direito a outras prestações do sistema previdencial e do subsistema de solidariedade, fica a entidade gestora competente sub-rogada no direito aos montantes correspondentes à prestação do rendimento social de inserção entretanto pagos e até à concorrência do respectivo valor.
Sempre que o titular da prestação não possa, por si, exercer o direito de acção para cobrança dos seus créditos ou para reconhecimento do direito a alimentos, é reconhecido à entidade gestora competente para a atribuição da prestação o direito de interpor as respectivas acções judiciais.

Dispensa da condição de celebração do contrato de inserção

Encontram-se dispensadas na vertente da disponibilidade activa para a inserção profissional, as pessoas que se encontrem numa das seguintes situações:

- incapacidade física (saúde) para o trabalho[40];
- incapacidade fisiológica (idade): sejam menores de 16 anos, ou tenham idade igual ou superior a 65 anos;
- motivos familiares: se encontrem a prestar apoio indispensável a membros do seu agregado familiar[41].

Estas pessoas ficam obrigadas a fornecer à entidade gestora competente todos os meios probatórios relativos à avaliação da condição de recursos, instrução do processo de atribuição e renovação do direito, ou que se revelem necessários à clarificação de factos e situações verificadas em sede de acção de fiscalização.

A cessação das situações de incapacidade, de apoio à família ou de exercício de actividade implica o cumprimento das condições de celebração de contrato de inserção e de estar inscrito no centro de emprego, a partir da data da ocorrência dessa cessação.

Composição do agregado familiar

Para além do requerente, integram o respectivo agregado familiar as seguintes pessoas que com ele vivam em economia comum[42]:

- cônjuge ou membro de união de facto há mais de dois anos;
- parentes e afins maiores, em linha recta e em linha colateral, até ao 3º grau;

---

[40] A prova de incapacidade para o trabalho é efectuada através de certificação médica nos termos previstos no regime jurídico de protecção na doença, sem prejuízo de confirmação oficiosa, a todo o tempo, pelo sistema de verificação de incapacidades.

[41] A prova de apoio indispensável a membros do agregado familiar é feita nos termos da prova da incapacidade para o trabalho.
O contrato de inserção deve identificar a pessoa que presta o apoio, bem como os membros do agregado familiar a quem o apoio é prestado, assim como a natureza e previsão da sua duração.

[42] Consideram-se em economia comum as pessoas que vivam em comunhão de mesa e habitação e tenham estabelecido entre si uma vivência comum de entreajuda e partilha de recursos.
Considera-se que a situação de economia comum se mantém nos casos em que se verifique a deslocação, por período igual ou inferior a 30 dias, do titular ou de algum dos membros do agregado familiar e, ainda que por período superior, se a mesma for devida a razões de saúde, estudo, formação profissional ou de relação de trabalho que revista carácter temporário, ainda que essa ausência se tenha iniciado em momento anterior ao do requerimento.

- parentes e afins menores em linha recta e em linha colateral;
- adoptantes, tutores e pessoas a quem o requerente esteja confiado por decisão judicial ou administrativa de entidades ou serviços legalmente competentes para o efeito;
- adoptados e tutelados pelo requerente ou qualquer dos elementos do agregado familiar e crianças e jovens, confiados por decisão judicial ou administrativa de entidades ou serviços legalmente competentes para o efeito ao requerente ou a qualquer dos elementos do agregado familiar.

Considera-se equiparada a afinidade a relação familiar resultante de situação de união de facto há mais de dois anos.

A situação pessoal e familiar dos membros do agregado familiar relevante é aquela que se verificar à data da apresentação do requerimento ou à data em que deva ser efectuada a declaração da respectiva composição.

As pessoas não podem, simultaneamente, fazer parte de agregados familiares distintos, por referência ao mesmo titular do direito à prestação.

Não são considerados como elementos do agregado familiar as pessoas que se encontrem em qualquer das seguintes situações:

- as crianças e jovens titulares do direito às prestações que estejam em situação de internamento em estabelecimentos de apoio social, públicos ou privados sem fins lucrativos, cujo funcionamento seja financiado pelo Estado ou por outras pessoas colectivas de direito público ou de direito privado e utilidade pública, bem como os internados em centros de acolhimento, centros tutelares educativos ou de detenção são considerados pessoas isoladas;
- quando exista vínculo contratual entre as pessoas, designadamente sublocação e hospedagem que implique residência ou habitação comum;
- quando exista a obrigação de convivência por prestação de actividade laboral para com alguma das pessoas do agregado familiar;
- sempre que a economia comum esteja relacionada com a prossecução de finalidades transitórias;
- quando exista coacção física ou psicológica ou outra conduta atentatória da autodeterminação individual relativamente a alguma das pessoas inseridas no agregado familiar.

- *Montante da prestação*

Determinação

O montante da prestação do rendimento social de inserção a atribuir é determinado pela diferença[43] entre:

- a soma da percentagem do valor de referência do rendimento social de inserção[44] correspondente à composição do agregado familiar do requerente, nos seguintes termos:
  - 100% do valor de referência pelo requerente;
  - 70% do valor de referência por cada indivíduo maior;
  - 50% do valor de referência por cada indivíduo menor; e
- a soma dos rendimentos daquele agregado[45].

São considerados maiores os menores que preencham as condições de titularidade, assim como os seus cônjuges ou os menores que com eles vivam em união de facto.

Rendimentos a considerar

É considerada a totalidade dos rendimentos do agregado familiar no mês anterior à data da apresentação do requerimento de atribuição, ou, sempre que os rendimentos sejam variáveis, a média dos rendimentos auferidos nos três meses imediatamente anteriores ao da data do requerimento[46].

Consideram-se, nomeadamente, os seguintes rendimentos do requerente e do seu agregado familiar:

a) Rendimentos de trabalho

São considerados 80% dos rendimentos de trabalho, após a dedução dos

---

[43] Trata-se de uma prestação diferencial.
[44] Valor de referência do RSI em percentagem do IAS (art. 31º da Port 257/2012, 27/08).

Ano	2015	2016	2017
% IAS	42,495%	43,173%	43,634%
Montante	€ 178,15	€ 180,99	€ 183,84

[45] Valor mínimo: 5% do valor do valor de referência do RSI (€ 9,19)
[46] Com excepção dos rendimentos de capitais e prediais, cuja determinação é efectuada com regime próprio.
Para efeitos de manutenção da prestação de rendimento social de inserção, o respectivo valor não é contabilizado como rendimento relevante para a verificação da condição de recursos.

montantes correspondentes às quotizações devidas pelos trabalhadores para os regimes de protecção social obrigatórios.[47]

Durante o período de concessão do rendimento social de inserção, quando o titular ou membro do agregado familiar em situação de desemprego inicie uma nova situação laboral, apenas são considerados 50% dos rendimentos de trabalho obtidos durante os primeiros 12 meses, seguidos ou interpolados, deduzidos os montantes referentes às quotizações obrigatórias para os regimes de protecção social obrigatórios.[48]

Na determinação dos rendimentos de trabalho são considerados os duodécimos referentes aos subsídios de férias e de Natal.

i) Rendimentos de trabalho dependente

Rendimentos anuais ilíquidos como tal considerados nos termos do disposto no Código do Imposto do Rendimento das Pessoas Singulares (CIRS).

Os rendimentos a declarar para efeitos da atribuição da prestação são os efectivamente auferidos no mês anterior ao da apresentação do requerimento, ou, no caso de rendimentos variáveis, os efectivamente auferidos nos três meses anteriores, não podendo, no entanto, ser inferiores aos declarados como base de incidência contributiva para o regime geral de segurança social dos trabalhadores por conta de outrem.

Quando tenha ocorrido a cessação da relação de trabalho subordinado ou tenha sido alterado o montante da remuneração no mês anterior ao da apresentação do requerimento, deverá atender-se à declaração do requerente, sem prejuízo da averiguação oficiosa que se tenha por necessária.

Os montantes das remunerações auferidas no mês anterior ao da apresentação do requerimento que se reportem a actividades exercidas em período anterior não são considerados no cálculo da prestação.

ii) Rendimentos empresariais e profissionais

Rendimento anual no domínio das actividades dos trabalhadores independentes, através da aplicação dos coeficientes de 20% ao valor das vendas de mercadorias e de produtos e 70% ao valor dos serviços prestados[49].

---

[47] Considera-se equiparado a rendimentos de trabalho 80% do subsídio mensal recebido pelos beneficiários do rendimento social de inserção no exercício de actividades ocupacionais de interesse social no âmbito de programas na área do emprego.

[48] A renovação do direito ao rendimento social de inserção não determina alteração desta percentagem.

[49] Nos termos do mecanismo de determinação do rendimento relevante dos trabalhadores independentes (art. 162º do CRC).

Os rendimentos de trabalho independente a considerar para efeitos da atribuição da prestação correspondem à média dos valores efectivamente auferidos nos três meses anteriores ao da apresentação do requerimento, não podendo, no entanto, ser inferiores aos efectivamente considerados, em cada caso, como base de incidência contributiva para o regime geral de segurança social dos trabalhadores independentes ou outros regimes de protecção social obrigatórios.

b) Rendimentos de capitais

Rendimentos como tal considerados nos termos do disposto no CIRS, designadamente os juros de depósitos bancários, dividendos de acções ou rendimentos de outros activos financeiros.

Sempre que estes rendimentos sejam inferiores a 5% do valor dos créditos depositados em contas bancárias e de outros valores mobiliários, de que o requerente ou qualquer elemento do seu agregado familiar sejam titulares em 31 de Dezembro do ano relevante, considera-se como rendimento o montante resultante da aplicação daquela percentagem.

c) Rendimentos prediais

Rendimentos como tal considerados nos termos do disposto no CIRS, designadamente as rendas dos prédios rústicos, urbanos e mistos, pagas ou colocadas à disposição dos respectivos titulares, bem como as importâncias relativas à cedência do uso do prédio ou de parte dele e aos serviços relacionados com aquela cedência, a diferença auferida pelo sublocador entre a renda recebida do subarrendatário e a paga ao senhorio, à cedência do uso, total ou parcial, de bens imóveis e a cedência de uso de partes comuns de prédios.

Sempre que estes rendimentos sejam inferiores a 5% do valor mais elevado dos imóveis que conste da caderneta predial actualizada ou da certidão de teor matricial, emitida pelos serviços de finanças competentes, ou do documento que haja titulado a respectiva aquisição, reportado a 31 de Dezembro do ano relevante, considera-se como rendimento o montante resultante da aplicação daquela percentagem.[50]

---

[50] Esta regra não se aplica ao imóvel destinado a habitação permanente do requerente e do respectivo agregado familiar, salvo se o seu valor patrimonial for superior a 450 vezes o valor do IAS, situação em que é considerado como rendimento o montante igual a 5% do valor que exceda aquele limite.

d) Pensões

Valor anual das pensões do requerente ou dos elementos do seu agregado familiar, designadamente:

- pensões de velhice, de invalidez, de sobrevivência, de aposentação, de reforma, ou outras de idêntica natureza;
- rendas temporárias ou vitalícias;
- prestações a cargo de companhias de seguros ou de fundos de pensões;
- pensões de alimentos.[51]

e) Prestações sociais

Todas as prestações, subsídios ou apoios sociais atribuídos de forma continuada, com excepção das prestações por encargos familiares, encargos no domínio da deficiência e encargos no domínio da dependência do subsistema de protecção familiar.

f) Apoios à habitação

Subsídios de residência, subsídios de renda de casa e todos os apoios públicos no âmbito da habitação social, com carácter de regularidade, incluindo os relativos à renda social e à renda apoiada.[52]

g) Outros rendimentos

Nos casos em que o requerente ou os membros do seu agregado familiar detenham outras fontes de rendimento fixas ou variáveis, estas devem ser consideradas para efeitos de atribuição e cálculo da prestação[53].

- *Atribuição da prestação e contrato de inserção*

Instrução do processo e decisão

A atribuição da prestação de RSI depende de requerimento [54] devidamente preenchido com todos os elementos indispensáveis e ser acompanhado de toda

---

[51] Sendo equiparados os apoios no âmbito do Fundo de Garantia de Alimentos Devidos a Menores e outros de natureza análoga.
[52] Considera-se que o valor do apoio público no âmbito da habitação social corresponde a € 15,45 (1º ano); € 30,90 (2º ano) e € 46,36 (a partir do 3º ano).
[53] Com excepção dos apoios decretados para menores pelo Tribunal.
[54] Modelo RSI 1/2012/DGSS.

a documentação obrigatória nele referenciada e pode ser apresentado em qualquer serviço da segurança social.

Nos casos em que, à data do requerimento, o requerente não tenha domicílio estável, deve o mesmo escolher como domicílio, para efeitos da aplicação do presente diploma, uma das entidades próximas da zona em que habitualmente se encontra e com a qual se relacione.

O requerimento deve ser obrigatoriamente instruído com a seguinte documentação relativa ao requerente e aos membros do seu agregado familiar:

- fotocópia dos documentos de identificação civil e de identificação fiscal;[55]
- fotocópia dos documentos comprovativos de residência legal em território nacional emitidos por entidade competente, onde conste a duração da residência;
- fotocópia dos recibos comprovativos das remunerações efectivamente auferidas no mês anterior ao de apresentação do requerimento, no caso de rendimentos regulares;
- fotocópia dos recibos comprovativos das remunerações efectivamente auferidas nos três meses anteriores ao de apresentação do requerimento, no caso de rendimentos variáveis;
- certificado de incapacidade temporária para o trabalho (CIT) comprovativo das situações de dispensa das condições gerais de atribuição;
- prova da deficiência comprovativa da situação dos deficientes a cargo;
- declaração médica que comprove a gravidez, se for o caso;
- fotocópia da declaração apresentada para efeitos de imposto sobre o rendimento das pessoas singulares relativa ao ano civil anterior ao do requerimento nos casos em que não haja dispensa de apresentação da mesma, nos termos do código do IRS, sempre que os serviços da entidade gestora competente não disponham dessa informação.

Quando o requerente ou algum dos membros do seu agregado familiar declarar no requerimento possuir rendimentos de capitais ou prediais, deve ainda apresentar:

- fotocópia comprovativa da emissão dos recibos de renda;

---

[55] Sempre que os dados de identificação do requerente ou dos membros do seu agregado familiar já constem actualizados no sistema de informação da segurança social, dispensa-se a apresentação dos respectivos documentos de prova.

- fotocópias de documentos comprovativos do valor dos créditos depositados em contas bancárias e dos valores mobiliários admitidos à negociação em mercado regulamentado, bem como dos respectivos rendimentos, nomeadamente extractos de conta.

Quando o requerente ou algum dos membros do seu agregado familiar declarar possuir bens móveis sujeitos a registo deve ser apresentada fotocópia do respectivo título de propriedade.

Falta de apresentação de documentos

Sempre que o serviço competente verifique a falta de algum documento necessário ao reconhecimento do direito, comunica o facto ao interessado, advertindo-o de que a não apresentação dos documentos em falta, no prazo de 10 dias úteis, determina o arquivamento do processo.[56]

A falta de entrega da declaração de autorização para acesso a informação detida por terceiros, quando solicitada, determina o arquivamento do processo nas situações de atribuição da prestação e de suspensão da prestação nas restantes situações de averiguação oficiosa de rendimentos.

A instrução do processo resultante de novo requerimento deve ser feita com o aproveitamento possível dos elementos que integram o processo anterior.

Averiguação oficiosa de rendimentos

Os rendimentos declarados são verificados oficiosamente:

- no momento de atribuição da prestação;
- no momento da renovação anual;
- seis meses após a data da atribuição ou da renovação da prestação.

A averiguação referida pode ainda ser desencadeada sempre que existam indícios objectivos e seguros de que o requerente ou algum dos membros do seu agregado familiar dispõem de rendimentos suficientes para satisfazer as suas necessidades.

A alteração dos rendimentos declarados, no âmbito da verificação oficiosa dos rendimentos pode determinar o indeferimento, a revisão do valor, ou a cessação da prestação, sem prejuízo da restituição das prestações indevidamente pagas.

---

[56] Nos termos do art. 119º do CPA.

A verificação oficiosa dos rendimentos é efectuada tendo em conta a informação disponível no sistema de segurança social, bem como através de interconexão de dados entre as bases de dados da segurança social e da administração fiscal.[57]

Para comprovação das declarações de rendimentos e de património do requerente e do seu agregado familiar, a segurança social pode solicitar a entrega de declaração de autorização concedida de forma livre, específica e inequívoca para acesso a informação detida por terceiros, designadamente informação fiscal e bancária. Assim, as entidades que disponham de informações relevantes para a atribuição e cálculo da prestação, nomeadamente os serviços da administração fiscal, devem fornecer as informações que forem solicitadas pelas entidades competentes da segurança social no exercício da autorização concedida pelos beneficiários.

Decisão

A decisão final do processo pondera todos os elementos probatórios, podendo ser indeferida a atribuição da prestação quando existam indícios objectivos e seguros de que o requerente dispõe de rendimentos que o excluem do acesso ao direito.[58]

Em caso de deferimento do requerimento de atribuição do rendimento social de inserção, a decisão quanto ao pagamento da respectiva prestação produz efeitos desde a data da celebração do contrato de inserção, quando esta ocorra dentro do prazo de 60 dias.

Nas situações em que a celebração do contrato de inserção ocorra depois deste prazo por facto não imputável ao requerente, o pagamento da prestação produz efeitos a partir do termo do referido prazo.

- *Elaboração, conteúdo e revisão do contrato de inserção*

O contrato de inserção deve ser celebrado pelo técnico gestor do processo, pelo requerente e pelos membros do agregado familiar que o devam cumprir, no prazo máximo de 60 dias após a apresentação do requerimento da prestação, devidamente instruído.

A celebração do contrato de inserção é precedida da realização de um relatório social, elaborado pelo técnico gestor do processo em resultado do diagnóstico social efectuado, o qual deve conter elementos relevantes para a

---

[57] Nos termos previstos no Decreto-Lei nº 92/2004, de 20 de Abril.
[58] Neste caso, com audiência prévia do requerente – arts. 121º e segs. do CPA.

caracterização da situação sócio-económica do requerente e do seu agregado familiar, nomeadamente:

- identificação do requerente e das pessoas que com este vivam em economia comum;
- relações de parentesco entre o requerente e as pessoas que com ele vivam em economia comum;
- rendimentos e situação patrimonial, financeira e económica do requerente e dos restantes membros do agregado familiar;
- identificação de situações determinantes da dispensa de disponibilidade activa para a inserção profissional;
- identificação dos principais problemas e das situações jurídico-legais, que condicionam a autonomia social e económica do requerente e dos membros do agregado familiar;
- identificação das capacidades e potencialidades, reveladas pelo requerente e pelos membros do seu agregado familiar que devem celebrar o contrato de inserção;
- identificação das acções que o requerente e os membros do seu agregado familiar devem prosseguir com vista à plena integração social e profissional, nomeadamente no âmbito do plano pessoal de emprego, elaborado pelos serviços públicos de emprego, com vista à sua integração no contrato de inserção.

O relatório social tem natureza confidencial, sem prejuízo de deverem ser extraídos os elementos necessários à confirmação ou não das declarações constantes do requerimento para a atribuição da prestação e à fundamentação do contrato de inserção.

O contrato de inserção deve ser elaborado em conjunto com o requerente da prestação e com os restantes membros do agregado familiar, que o devam prosseguir, tendo em consideração todos os dados constantes do relatório social.

O contrato de inserção deve integrar os objectivos que se propõe atingir, as acções que se perspectivam como adequadas aos objectivos em causa, bem como a inventariação e a origem dos meios necessários à sua efectiva realização, por referência ao conjunto do agregado familiar e, especificamente, a cada um dos seus membros.

As acções previstas no contrato de inserção integram, para além de outras actividades, as do âmbito da inserção profissional e do âmbito da acção social, através da utilização de equipamentos, serviços e outras actividades de apoio social, desenvolvidas por instituições de solidariedade social e regem-se pelo regime específico, previsto para cada área de intervenção do sector em que as mesmas se integram.

Quando o contrato de inserção tiver estabelecido a realização de acções de inserção profissional, promovidas pelos serviços públicos de emprego, os beneficiários da prestação assumem a obrigação de aceitar um plano pessoal de emprego, que se considera parte integrante do contrato de inserção. Nos casos em que o beneficiário já possua um plano pessoal de emprego, o mesmo é considerado parte integrante do respectivo contrato de inserção.

Do contrato de inserção devem constar os apoios e medidas de inserção, os direitos e deveres do requerente e dos membros do seu agregado familiar que a ele devam ficar vinculados, bem como as medidas de acompanhamento do cumprimento do contrato de inserção a realizar pelos serviços competentes.[59]

As medidas de inserção compreendem, nomeadamente:
- aceitação de trabalho ou de formação profissional;
- frequência de sistema educativo ou de aprendizagem;[60]
- participação em programas de ocupação ou outros de carácter temporário, a tempo parcial ou completo, que favoreçam a inserção no mercado de trabalho ou prossigam objectivos socialmente necessários ou actividades socialmente úteis para a comunidade;[61]
- cumprimento de acções de orientação vocacional e de formação profissional;
- cumprimento de acções de reabilitação profissional;
- cumprimento de acções de prevenção, tratamento e reabilitação na área da toxicodependência;
- desenvolvimento de actividades no âmbito das instituições de solidariedade social;
- utilização de equipamentos de apoio social;
- apoio domiciliário;
- incentivos à criação de actividades por conta própria ou à criação do próprio emprego.

---

[59] Os apoios devem ser providenciados pelos ministérios competentes em cada sector de intervenção ou pelas entidades que para tal se disponibilizem.
[60] De acordo com o regime de assiduidade a definir por despacho conjunto dos membros do Governo responsáveis pelas áreas da educação, do emprego e da solidariedade e da segurança social.
[61] DL 221/2012, de 12 de Outubro.

Nos casos em que se verifique a necessidade de rever as acções previstas no contrato de inserção ou de prever novas acções, o técnico gestor do processo deve programá-las com os signatários do contrato de inserção.[62]

- *Início e período de atribuição*

O rendimento social de inserção é devido a partir da data de celebração do contrato de inserção pelo período de 12 meses, sendo susceptível de ser renovado mediante a apresentação de pedido de renovação da prestação.

Nas situações em que o contrato de inserção não seja celebrado no prazo de 60 dias por facto não imputável ao requerente, o rendimento social de inserção é devido a partir do termo desse prazo.

O pedido de renovação da prestação deve ser apresentado pelo titular em qualquer serviço da entidade gestora competente, com a antecedência de dois meses em relação ao final do período de concessão[63], instruído com os meios de prova, relativamente aos quais existam alterações face aos elementos existentes no processo.[64]

O titular do direito é obrigado a comunicar, no prazo de 10 dias, à entidade gestora competente as alterações susceptíveis de influir na modificação ou extinção daquele direito, bem como a alteração de residência.

- *Revisão da prestação*

A prestação é revista sempre que, durante o período de atribuição, se verifique:

- alteração da composição do agregado familiar;
- alteração dos rendimentos do agregado familiar.

A prestação pode ainda ser revista a todo o tempo, nomeadamente aquando da comunicação anual da prova de rendimentos, da averiguação oficiosa de rendimentos e no momento da renovação do direito e sempre que ocorra a alteração do valor do rendimento social de inserção ou do IAS.

Da revisão da prestação pode resultar a alteração do seu montante, bem como a sua suspensão ou cessação.

---

[62] Estas alterações são formalizadas sob a forma de adenda ao contrato de inserção, passando a fazer parte integrante deste.
[63] Modelo RSI 1/2012/DGSS.
[64] A decisão sobre a renovação da prestação deve ser proferida no prazo máximo de 30 dias após a apresentação do pedido de renovação.

Efeitos da revisão da prestação

A alteração do montante da prestação e a respectiva suspensão ou cessação ocorrem no mês seguinte àquele em que se verifiquem as circunstâncias determinantes daquelas situações.

Sempre que a comunicação da alteração das circunstâncias não seja efectuada no prazo de 10 dias, os respectivos efeitos só se verificam no mês seguinte ao da sua apresentação, nos casos em que a revisão da prestação determine um aumento do respectivo montante.

A revisão da prestação determinada por alteração do valor do rendimento social de inserção ou do IAS, ou dos rendimentos mensais do agregado familiar, produz efeitos no mês em que estas alterações se verifiquem.

- *Suspensão e retoma da prestação*

A prestação é suspensa nas seguintes situações:

- quando o titular não realize as acções necessárias ao exercício dos direitos a prestações ou créditos, no prazo de 90 dias após o despacho de atribuição da prestação ou após o conhecimento pelos serviços de situações supervenientes ocorridas no decurso da respectiva atribuição;
- quando se verifique o incumprimento da obrigação de comunicação de alterações;
- após o início de exercício de actividade profissional, frequência de cursos de formação ou atribuição de subsídios de parentalidade, durante o período máximo de 180 dias, sempre que o valor das respectivas remunerações ou o valor dos subsídios, determinem a cessação da prestação por rendimentos superiores aos definidos;
- não disponibilização de elementos relevantes para avaliação da manutenção do direito à prestação;
- no termo do período de concessão da prestação quando não tenha sido apresentado o pedido de renovação devidamente instruído;
- cumprimento de prisão preventiva em estabelecimento prisional.

Quando deixe de se verificar a situação que determinou a suspensão do direito à prestação, é retomado o seu pagamento no mês seguinte àquele em que a entidade gestora competente tenha conhecimento dos factos determinantes da retoma.

- *Cessação do direito*

O rendimento social de inserção cessa nas seguintes situações:

- quando deixem de se verificar os requisitos e condições de atribuição;
- decorridos 90 dias após o início da suspensão da prestação sem que tenha sido suprida a causa de suspensão;
- incumprimento injustificado do contrato de inserção;
- após o decurso do prazo de suspensão de 180 dias por exercício de actividade profissional;
- por recusa de emprego conveniente, de trabalho socialmente necessário, de actividade socialmente útil ou de formação profissional, nos termos do regime do subsídio de desemprego;
- no caso de falsas declarações ou prática de ameaça ou coacção sobre funcionário da entidade gestora competente ou de instituição com competência para a celebração e acompanhamento dos contratos de inserção;
- falta de comparência injustificada a quaisquer convocatórias efectuadas pela entidade gestora competente;
- cumprimento de pena de prisão em estabelecimento prisional;
- institucionalização em equipamentos financiados pelos Estado;
- por morte do titular.

Manutenção do contrato de inserção

A suspensão ou a cessação da prestação em virtude da alteração de rendimentos ou da composição do agregado familiar não prejudica a manutenção das acções de inserção em curso e das demais previstas no contrato de inserção ainda que não iniciadas.

• *Penhorabilidade da prestação*

A prestação do rendimento social de inserção é parcialmente penhorável nos termos das prestações em geral.

• *Restituição das prestações*

A prestação do rendimento social de inserção que tenha sido paga indevidamente deve ser restituída nos termos estabelecidos no regime jurídico da responsabilidade emergente do recebimento de prestações indevidas, independentemente da responsabilidade contra-ordenacional ou criminal a que houver lugar.

• *Regime sancionatório*

São susceptíveis de responsabilidade os titulares ou beneficiários do direito ao rendimento social de inserção que pratiquem algum dos seguintes actos:

1) *Recusa de celebração do contrato de inserção*

A recusa de celebração do contrato de inserção por parte do requerente implica o indeferimento do requerimento da prestação e o não reconhecimento do direito ao rendimento social de inserção durante o período de 24 meses após a recusa.

A recusa de celebração do contrato de inserção por parte de elemento do agregado familiar do requerente que o deva prosseguir implica que este deixe de ser considerado para efeitos de determinação do rendimento social de inserção do agregado familiar que integra e que os respectivos rendimentos continuem a ser considerados no cálculo do montante da prestação.

Ao requerente e aos membros do seu agregado familiar que recusem a celebração do contrato de inserção não poderá ser reconhecido o direito ao rendimento social de inserção e deixam de ser considerados como fazendo parte do agregado familiar em posterior requerimento da prestação apresentado por qualquer elemento do mesmo agregado familiar, durante o período de 12 meses, após a recusa, continuando os seus rendimentos a ser contemplados para efeitos de cálculo do montante da prestação.

Considera-se que existe recusa da celebração do contrato de inserção quando o requerente ou os membros do seu agregado familiar:

- não compareçam a qualquer convocatória através de notificação pessoal, carta registada, ou qualquer outro meio legalmente admissível, nomeadamente notificação electrónica, sem que se verifique causa justificativa, apresentada no prazo de 5 dias após a data do acto para que foi convocado;
- adoptem injustificadamente uma atitude de rejeição das acções de inserção disponibilizadas no decurso do processo de negociação do contrato de inserção que sejam objectivamente adequadas às aptidões físicas, habilitações escolares e formação e experiência profissional.

Constituem causas justificativas da falta de comparência à convocatória as seguintes situações devidamente comprovadas:

- doença do próprio ou do membro do agregado familiar a quem preste assistência, certificada nos termos previstos no regime jurídico de protecção na doença no âmbito do sistema previdencial, sem prejuízo de confirmação oficiosa, a todo o tempo, pelo sistema de verificação de incapacidades;
- exercício de actividade laboral ou realização de diligências tendentes à sua obtenção;
- cumprimento de obrigação legal ou decorrente do processo de negociação do contrato de inserção;

– falecimento de cônjuge, parentes e afins, em linha recta e em linha colateral, até ao 2º grau, ou até ao 3º grau caso vivam em economia comum.

2) *Incumprimento do contrato de inserção*

Nos casos em que se verifique a falta ou recusa injustificada de uma acção ou medida que integre o contrato de inserção, o titular ou beneficiário é sancionado com a cessação da prestação e não lhe poderá ser reconhecido o direito ao rendimento social de inserção durante o período de 12 meses, após a recusa, deixando de ser considerado para efeitos de determinação do rendimento social de inserção do agregado familiar que integra e os respectivos rendimentos continuam a ser considerados no cálculo do montante da prestação.

Em caso de incumprimento injustificado do contrato de inserção que ocorra na sequência de oferta de trabalho conveniente, trabalho socialmente necessário, actividade socialmente útil, ou formação profissional, no âmbito do regime jurídico de protecção social no desemprego, a prestação cessa e ao titular ou beneficiário, bem como aos elementos que compõem o seu agregado familiar, não poderá ser reconhecido o direito ao rendimento social de inserção, durante o período de 24 meses após a recusa, deixando de ser considerado para efeitos de determinação do rendimento social de inserção do agregado familiar que integra e os respectivos rendimentos continuam a ser considerados no cálculo do montante da prestação.

3) *Falsas declarações*

A prestação de falsas declarações[65] ou a prática de ameaças ou coacção sobre funcionário da entidade gestora competente ou de instituição com competência para a celebração e acompanhamento dos contratos de inserção, no âmbito do rendimento social de inserção, determina a cessação da prestação e a inibição ao seu acesso,[66] durante o período de 24 meses após o conhecimento do

---

[65] Nos termos do art. 348º-A do CP.
[66] Bem como a quaisquer outras prestações ou apoios de natureza não contributiva (objecto do Decreto-Lei nº 70/2010, de 16 de Junho), a saber (V. Sanções acessórias, pág. 603):
• complemento solidário para idosos;
• por encargos familiares;
• subsídio social de desemprego;
• subsídios sociais no âmbito da parentalidade;
• comparticipação de medicamentos;
• pagamento das prestações de alimentos, no âmbito do Fundo de Garantia de Alimentos a Menores;
• comparticipação da segurança social aos utentes das unidades de média duração e reabilitação e aos utentes das unidades de longa duração e manutenção, no âmbito da Rede Nacional de Cuidados Continuados Integrados;

facto, sem prejuízo da restituição das prestações indevidamente pagas e da responsabilidade penal a que haja lugar.

4) *Recusa da celebração do plano pessoal de emprego*

A verificação de qualquer das causas de anulação da inscrição no centro de emprego, por facto imputável aos elementos do agregado familiar beneficiário de rendimento social de inserção, tem por consequência que o mesmo deixe de ser considerado para efeitos de determinação do rendimento social de inserção do seu agregado familiar e que os rendimentos que aufira continuem a ser contemplados para efeitos de cálculo do montante da prestação.

- *Competências da segurança social*
  - reconhecer o direito, atribuir e proceder ao pagamento da prestação;
  - exercer o direito de sub-rogação de direitos e créditos dos requerentes;
  - promover a criação dos núcleos locais de inserção [67], definir o respectivo âmbito territorial de intervenção e assegurar o respectivo apoio administrativo e financeiro;
  - celebrar os protocolos de contratualização com instituição particular de solidariedade social ou outras entidades que prossigam idêntico fim e autarquias locais a celebração e o acompanhamento dos contratos de inserção, bem como a realização de trabalho socialmente necessário e actividade socialmente útil para a comunidade.[68]

• apoios sociais à habitação atribuídos pelo Estado se o apoio depender de condição de recursos dos beneficiários;
• outros apoios sociais ou subsídios atribuídos pelos serviços da administração central do Estado.
[67] A composição e competência dos núcleos locais de inserção constam dos arts. 21º e segs. da Port 257/2012, de 27 de Agosto.
[68] Considera-se actividade socialmente útil a ocupação temporária a que ficam sujeitos titulares do rendimento social de inserção e os membros do respectivo agregado familiar, desenvolvida a favor de entidades sem fins lucrativos, ou do sector da economia social, designadas por entidades promotoras, com vista à satisfação de necessidades sociais e comunitárias.– DL 221/2012, de 12 de Outubro.

8) Subsídio social de desemprego

Âmbito

Trabalhadores que, não tendo o prazo de garantia exigido para o subsídio de desemprego mas preenchendo as restantes condições de atribuição do mesmo subsídio sejam trabalhadores por conta de outrem a tempo inteiro durante 180 dias com registo de remunerações nos 12 meses imediatamente anteriores à data do desemprego – atribuição inicial.[69]

Beneficiários desempregados que tenham esgotado os prazos de concessão do subsídio de desemprego, mesmo o parcial[70] – atribuição subsequente.

Nas situações em que o beneficiário esteja a receber subsídio de desemprego parcial e o contrato de trabalho a tempo parcial cesse após o termo do período de concessão daquele subsídio sem que tenha sido adquirido novo direito a prestações de desemprego, mantém-se o acesso ao subsídio social de desemprego subsequente desde que se encontre preenchida a condição de recursos.

Condição de recursos[71]

Não têm direito ao subsídio social de desemprego os trabalhadores cujo agregado familiar tenha em média *per capita* rendimentos superiores a 80% do IAS[72].

Requerimento

O subsídio de atribuição inicial deve ser requerido nos termos do subsídio de desemprego.

---

[69] Nas situações em que se mostre necessário para o preenchimento do respectivo prazo de garantia, podem ser considerados:
a) Os dias de trabalho prestados no mês em que ocorreu o desemprego;
b) Os dias de férias vencidos e não gozados na vigência do contrato de trabalho.
Para os trabalhadores dos sectores em restruturação: 120 dias em 9 meses.
Para profissionais das artes do espectáculo e do audiovisual – 180 dias de trabalho por conta de outrem, com o correspondente registo de remunerações, num período de 18 meses imediatamente anterior à data do desemprego.
[70] Logo que perfaçam a idade legal (variável – V. pensão de velhice – pensão antecipada) podem exercer o direito à pensão de velhice antecipada, desde que mantenham a situação de desemprego involuntário.
[71] Para caracterização dos rendimentos e do agregado ver "Prestações em geral".
Aplicável a ex-pensionistas de invalidez.
[72] À data do desemprego (para a atribuição inicial) ou à data da cessação da atribuição do subsídio de desemprego (subsequente).
A alteração do rendimento para valor superior determina a cessação das prestações, no dia imediato à verificação do facto.
Através de declaração de composição e rendimentos do agregado familiar (art. 2º Port 249/2011, de 22 de Junho) Modelo MG 8/2011-DGSS.

O subsídio de atribuição sequencial não depende de requerimento, sendo porém de 90 dias[73], seguidos a contar da data da cessação do subsídio de desemprego, o prazo para apresentação das provas, designadamente da condição de recursos.

Meios de prova da atribuição inicial[74]:

- declaração da composição do agregado familiar;
- documentos fiscais, cópias dos recibos das retribuições auferidas ou outros meios comprovativos dos rendimentos do agregado familiar.

Montante

O montante diário do subsídio referido ao valor do IAS, calculado na base de 30 dias de trabalho por mês é o seguinte:

- 100% para trabalhadores com agregado[75];
- 80% para os trabalhadores isolados[76].

Valor máximo do subsídio:

- valor líquido da remuneração de referência;[77]
- para ex-pensionistas: valor da pensão de invalidez a que o beneficiário tinha direito;
- no subsídio subsequente: valor do subsídio de desemprego que o antecedeu.

O subsídio social de desemprego inicial pode ser pago por uma só vez (com apresentação de projecto do próprio emprego) no montante dos valores mensais que seriam pagos durante o período de concessão.

---

[73] Contados do dia seguinte àquele em que cessou o período de concessão do subsídio de desemprego para o subsídio social de desemprego (subsequente) ou do início do trabalho a tempo parcial para o subsídio de desemprego parcial.

[74] Nas situações em que o requerimento seja apresentado *online* no sítio da Internet da segurança social, os respectivos meios de prova podem ser apresentados pela mesma via desde que correctamente digitalizados e integralmente apreensíveis.

[75] Altera-se sempre que se altere o rendimento ou o agregado.

[76] Altera-se sempre que se altere o rendimento ou o agregado.

[77] Remuneração de referência diária: R/180 em que R é igual à soma das remunerações registadas nos primeiros 6 meses civis que precedem o 2º mês anterior ao da data do desemprego, sendo de considerar os montantes registados relativos a subsídios de férias e de Natal devidos naquele período.

Período de concessão[78]

Atribuição subsequente:

- com menos de 40 anos de idade – metade da duração do subsídio de desemprego.
- com 40 anos ou mais de idade – duração do subsídio de desemprego.

Atribuição inicial: igual à do subsídio de desemprego.

A idade a considerar é a que o beneficiário tenha à data da atribuição do subsídio social.

Esgotados os prazos pode aceder à pensão antecipada por desemprego de longa duração, se preencher as condições de acesso.

Na atribuição com idade igual ou superior a 52 anos[79] prolonga-se o subsídio até à idade em que podem requerer a pensão de velhice antecipada por desemprego de longa duração[80] desde que mantenham as condições de atribuição do subsídio social[81].

---

[78] Pode ser feito o pagamento do montante global nas condições do subsídio de desemprego.
[79] À data do desemprego.
[80] Se preencherem as condições de atribuição da pensão de velhice.
[81] Designadamente, nova prova da condição de recursos.

Acresce uma *medida extraordinária de apoio aos desempregados de longa duração* – anos de 2016 e 2017 – a atribuir aos desempregados inscritos no regime geral de segurança social que tenham cessado o período de concessão do subsídio social de desemprego inicial ou subsequente.

Duração e montante

Esta prestação social é atribuída durante um período de 180 dias e concretiza-se na concessão de uma prestação pecuniária mensal de valor igual a 80% do montante do último subsídio social de desemprego pago.

Âmbito

Beneficiários que se encontrem em situação de desemprego não subsidiado, após cessação do período de concessão do subsídio social de desemprego inicial ou subsequente, desde que, à data da apresentação do requerimento, se verifiquem as seguintes condições de atribuição:

a) Terem decorrido 360 dias após a data da cessação do período de concessão do subsídio social de desemprego;
b) Estarem em situação de desemprego involuntário;
c) Terem capacidade e disponibilidade para o trabalho e com inscrição activa no centro de emprego;
d) Preencherem a condição de recursos legalmente prevista para acesso ao subsídio social de desemprego.

Os serviços competentes devem notificar atempadamente e por escrito todos os beneficiários elegíveis para que estes possam efectuar o respectivo requerimento, que deve ser apresentado nos serviços de segurança social da área de residência do beneficiário, no prazo máximo de 90 dias a contar do dia seguinte ao do termo do período previsto na *alínea a)*.

A prestação social é devida a partir da data de apresentação do requerimento.

Prova

A manutenção do direito ao subsídio social de desemprego depende de os beneficiários renovarem, no sítio da Internet da segurança social ou no serviço de segurança social da respectiva área de residência, a prova da composição do agregado familiar e dos respectivos rendimentos durante o mês em que completem cada período de 180 dias consecutivos de atribuição do subsídio.

A falta da renovação da prova determina a suspensão do pagamento da prestação a partir do início do mês seguinte àquele em que a prova devia ter sido efectuada.

A não renovação da prova durante o mês seguinte àquele em que a prova devia ter sido efectuada determina a cessação da prestação.

9) Subsídios sociais de parentalidade (no âmbito da maternidade, paternidade e adopção)

Âmbito pessoal
- cidadãos portugueses e os cidadãos estrangeiros, refugiados e apátridas não abrangidos por qualquer regime de protecção social de enquadramento obrigatório – apenas os subsídios sociais parental e por adopção;
- pessoas referidas no parágrafo anterior abrangidas por regime de protecção social de enquadramento obrigatório ou pelo seguro social voluntário com exercício de actividade profissional determinante de enquadramento obrigatório nesses regimes cujo esquema de protecção integre a eventualidade, sem direito às correspondentes prestações – todos os subsídios sociais;
- beneficiários que estejam a receber prestações de desemprego determinando a suspensão do pagamento das prestações de desemprego, durante o período de concessão – apenas os subsídios sociais parental e por adopção.

A não apresentação do requerimento no prazo estabelecido implica a perda do direito à prestação social.

A prestação social abrange os beneficiários desempregados não subsidiados que, à data da entrada em vigor da presente lei, ainda não tenham ultrapassado o período previsto na *alínea a)*.

A prestação social cessa antes do termo do período de 180 dias nos casos de incumprimento injustificado dos deveres e comunicações nos termos do subsídio de desemprego, com as devidas adaptações, bem como quando deixem de se verificar as condições de atribuição previstas nas *alíneas b), c) e d)*.

O pagamento da prestação social dá lugar ao registo de remunerações por equivalência à entrada de contribuições pelo valor auferido.

A esta prestação social aplicam-se, subsidiariamente, com as devidas adaptações, as disposições relativas ao subsídio social de desemprego.

Âmbito material

A protecção concretiza-se na concessão dos seguintes subsídios[82]:

- subsídio social por risco clínico durante a gravidez;
- subsídio social por interrupção da gravidez;
- subsídio social parental, nas seguintes modalidades:
  - subsídio social parental inicial;
  - subsídio social parental inicial exclusivo da mãe;
  - subsídio social parental inicial a gozar por um progenitor em caso de impossibilidade do outro;
  - subsídio social parental inicial exclusivo do pai;
- subsídio social por adopção;
- subsídio social por riscos específicos.

Condições de atribuição

O reconhecimento do direito aos subsídios depende do cumprimento das condições de atribuição à data do facto determinante da protecção [83].

Constituem condições comuns de atribuição:

– A residência em território português.

Sem prejuízo do estabelecido em instrumento internacional a que Portugal se encontre vinculado ou de legislação especial aplicável, é considerado residente o cidadão português que possua domicílio habitual em território português, bem como o cidadão estrangeiro, refugiado ou apátrida habilitado com título válido de autorização de residência em território português ou em situação equiparada.

Consideram-se equiparados a residentes os refugiados e apátridas portadores de títulos de protecção temporária válidos, bem como os estrangeiros portadores de títulos válidos de autorização de residência ou de prorrogação de permanência.

– O preenchimento de condição de recursos.

A condição de recursos é definida em função dos rendimentos mensais *per capita* do agregado familiar que não podem ultrapassar 80% do IAS[84].

---

[82] Os subsídios sociais previstos estão subordinados à caracterização dos correspondentes subsídios atribuídos no âmbito do sistema previdencial, com as devidas adaptações.

[83] Entende-se por factos determinantes da protecção o parto, a ocorrência de risco clínico durante a gravidez, a interrupção da gravidez, o risco específico e a confiança judicial ou administrativa com vista à adopção nos termos do art. 1978º do Código Civil.

[84] IAS € 421,32 (2017).

Através de declaração de composição e rendimentos do agregado familiar (art. 2º Portaria nº 249/2011, de 22 de Junho) – modelo MG 8/2011-DGSS.

O valor das prestações de desemprego, a suspender nas situações de reconhecimento de direito aos subsídios sociais, não releva para efeitos de apuramento da condição de recursos.

Montante diário

- por risco clínico em caso de gravidez, por interrupção da gravidez e por riscos específicos é igual a 80% de 1/30 do valor do IAS[85].
- subsídio social parental inicial:
  - no período de 120 dias, o montante diário é igual a 80% de 1/30 do valor do IAS;
  - no caso de opção pelo período de 150 dias, o montante diário é igual a 64% de um 30 avos do valor do IAS;
  - no caso de opção pelo período de 150 dias nas situações em que cada um dos progenitores goze pelo menos 30 dias consecutivos, ou dois períodos de 15 dias igualmente consecutivos, o montante diário é igual a 80% de 1/30 do valor IAS;
  - no caso de opção pelo período de 180 dias, nas situações em que cada um dos progenitores goze pelo menos 30 dias consecutivos, ou dois períodos de 15 dias igualmente consecutivos, o montante diário é igual a 66% de 1/30 do valor do IAS.
- subsídio parental inicial exclusivo do pai é igual a 80% de 1/30 do valor do IAS.
- subsídios devidos nos períodos de acréscimo à licença parental inicial pelo nascimento de gémeos é igual a 80% de 1/30 do valor do IAS.
- subsídio social por adopção é igual ao que resulta do fixado relativamente ao subsídio social parental inicial consoante a modalidade a que corresponda, e ao valor fixado no parágrafo anterior no caso de adopções múltiplas.

Período de concessão

Igual ao fixado para os correspondentes subsídios no âmbito do sistema previdencial.

Os subsídios sociais são devidos a partir do dia em que ocorre o facto determinante da protecção.

---

[85] € 14,04/dia.

Inacumulabilidade com prestações

Os subsídios sociais não são acumuláveis com prestações compensatórias de perda de retribuição de trabalho, excepto com pensões de sobrevivência, auferidas pelo titular no âmbito do sistema previdencial ou de outros regimes obrigatórios de protecção social.

Os subsídios sociais não são acumuláveis com outras prestações concedidas no âmbito do subsistema de solidariedade, excepto com o rendimento social de inserção e com o complemento solidário para idosos.

Dispensa de requerimento

A apresentação do requerimento é dispensada nas situações em que a certificação médica seja emitida pelos estabelecimentos ou serviços de saúde competentes do Serviço Nacional de Saúde[86] através de formulário próprio para efeitos de atribuição dos seguintes subsídios:

- por risco clínico durante a gravidez;
- por interrupção da gravidez;
- para assistência a filho;
- para assistência a neto menor.

Consideram-se válidos para a atribuição dos subsídios os requerimentos dos correspondentes subsídios do sistema previdencial que tenham sido indeferidos.

Meios de prova

Para além dos meios de prova exigidos para os correspondentes subsídios do sistema previdencial a atribuição dos subsídios sociais depende, ainda, dos seguintes elementos obtidos oficiosamente:

- composição do agregado familiar e respectivos rendimentos;
- comprovação de residência em território português.

Na impossibilidade de obtenção oficiosa destes elementos os serviços competentes notificam os beneficiários para efectuarem a respectiva apresentação.

Regime subsidiário

Em tudo o que não esteja especialmente previsto são aplicáveis, com as devidas adaptações, as regras do sistema previdencial.

---

[86] Consideram-se serviços competentes as entidades prestadoras de cuidados de saúde, designadamente centros de saúde e hospitais, com excepção dos serviços de urgência.

Capítulo III
Prestações (Associadas) da Responsabilidade Financeira de Outras Entidades ou Fundos Próprios

1) *Antigos combatentes – Acréscimo vitalício de pensão, complemento especial de pensão e suplemento especial de pensão* (Ministério das Finanças)

Âmbito pessoal

Beneficiários da segurança social antigos combatentes em condições especiais de dificuldade ou perigo.

Âmbito material
  i) Acréscimo vitalício de pensão relativamente aos antigos combatentes pensionistas da segurança social ou da CGA que tenham pago quotizações ou contribuições referentes ao período de tempo acrescido e que não tenham requerido o reembolso;
  ii) Complemento especial de pensão para os pensionistas da segurança social que não pagaram contribuições;
  iii) Suplemento especial de pensão para os restantes beneficiários que não tenham acesso às outras prestações.

Contagem do tempo de serviço

O serviço prestado em condições especiais de dificuldade ou perigo é objecto das seguintes percentagens de aumento[1]:
  – 100% – em campanha na zona da frente: pessoal do exército fazendo parte das forças em operações que tenham estado em contacto directo com o inimigo;

---
[1] Nos termos do art. 6º do DL 28 404, de 31 de Dezembro de 1937.

- 50% – em campanha, fora da zona da frente: pessoal do exército fazendo parte das forças envolvidas em operações mas que não tenham estado em contacto directo com o inimigo;
- 40% – pessoal navegante da força aérea;
- 20% – nas colónias em comissão militar.

Montantes

i) Acréscimo vitalício de pensão

Valor que resulte da conversão da percentagem do custo das quotizações ou contribuições pagas referentes ao período de tempo acrescido. Ou seja, produto do montante dessas contribuições pagas, devidamente actualizadas, pelo coeficiente actuarial, com tabela própria[2], correspondente à idade do beneficiário à data do início de atribuição da pensão ou a Janeiro de 2004 se se tratar de antigos combatentes já pensionistas.

É pago numa única prestação anualmente no mês de Outubro, correspondendo a 12 mensalidades.

ii) Complemento especial de pensão

3,5% do valor da pensão social por cada ano de prestação de serviço militar, ou duodécimo daquele valor por cada mês de serviço.

É pago numa única prestação anualmente, no mês de Outubro, correspondendo a 14 mensalidades.

iii) Suplemento especial de pensão

Montante anual em função do tempo de serviço bonificado:

- € 75 – até 11 meses;
- € 100 – entre 12 e 23 meses;
- € 150 – igual ou superior a 24 meses.

É pago numa única prestação anualmente, no mês de Outubro, correspondendo a 14 mensalidades.

---

[2] Anexa à Lei nº 3/2009, de 13 de Janeiro.

2) Compensação por cessação de contrato de trabalho (Fundo de compensação do trabalho – FCT)[3]

Âmbito pessoal

Trabalhadores contratados desde 1 de Outubro de 2013 cujas relações de trabalho sejam reguladas pelo Código do Trabalho. Excluindo:
- contratos de trabalho de muito curta duração;
- trabalhadores que exercem funções públicas.

Contribuição da entidade empregadora[4]

As entregas são pagas 12 vezes por ano, mensalmente e nos prazos previstos para pagamento de contribuições à segurança social, nas seguintes percentagens da retribuição base e diuturnidades:
para o Fundo de Compensação do Trabalho (FCT) – 0,925%;[5]
para o Fundo de Garantia de Compensação do Trabalho (FGCT) – 0,075%.[6]

Montante

Pagamento pelos fundos de montantes entregues pelo empregador (acrescidos de valorização positiva) até metade do valor da compensação devida por cessação do contrato de trabalho calculada nos termos do Código do Trabalho[7].

3) Complemento açoriano de abono (RAA)

Âmbito pessoal

Residentes permanentes na região titulares do abono de família.[8]
Entende-se por residência permanente a residência na região ou permanência no respectivo território por mais de 183 dias, nesta se situando a sua residência habitual e que aí esteja registado para efeitos fiscais.

---

[3] L 70/2013, 30/08, e Port 294-A/2013, 30/09.
[4] Incluindo as empresas de trabalho temporário qualquer que seja a duração do contrato com trabalhador temporário.
[5] Fundo de capitalização individual gerido pelo Instituto de Gestão dos Fundos de Capitalização da Segurança Social, IP (IGFCSS, IP).
[6] Fundo de natureza mutualista gerido pelo IGFSS, IP.
[7] Art. 366º do CT.
[8] Previstos no disposto na alínea a) do nº 1 e no nº 2 do art. 3º do DL 176/2003, 02/08.

Montante

O montante do complemento açoriano fixado[9] é abonado em 12 mensalidades, por altura do pagamento do abono de família.

O montante efectivo a abonar é determinado de acordo com a seguinte tabela:

Escalões etários	Escalões de rendimento nos termos do abono de família				
	1º	2º	3º	4º	5º
Até 24 meses	100%	80%	70%	60%	55%
Com mais de 24 meses	38%	25%	20%	18%	15%

Majoração no complemento açoriano ao abono de família

Destinatários: filhos de pessoas desempregadas que tenham deixado de usufruir do subsídio social de desemprego.[10]

Valor da majoração: 100% do montante atribuído a cada escalão do complemento açoriano ao abono de família.

Deve ser apresentado, nos serviços da segurança social da respectiva área de residência, requerimento acompanhado de documento que comprove a situação de desemprego, emitido pela respectiva Agência de Qualificação e Emprego, e que, entretanto, não tenha recusado uma oferta de emprego considerado conveniente[11].

4) Complemento para aquisição de medicamentos (COMPAMID) (RAA)

Objecto

Complemento de pensão destinado exclusivamente ao pagamento, pelos utentes do Serviço Regional de Saúde, de medicamentos genéricos, ou de medicamentos de marca quando, comprovadamente, não exista no mercado medicamentos genéricos, com igual dosagem e na mesma forma farmacêutica do medicamento de marca, prescritos em receita médica no âmbito daquele Serviço.

---

[9] O montante actualizado mediante *resolução do conselho do governo*, com efeitos a partir de 1 de Janeiro de cada ano, tendo em conta, designadamente, os valores previstos para a inflação:

Ano	2008	2011	2012	2016
Valores	Valor inicial € 12	+ 11%	+ 10%	+ 15%

[10] Por força do disposto na alínea b) do nº 1 do art. 1º do DL 77/2010, 24/06.
[11] Ver conceito: *nota 29 pág. 391*.

Âmbito

- pensionistas residentes na Região Autónoma dos Açores, com idade igual ou superior a 65 anos de idade;
- titulares de pensões de invalidez independentemente da idade;

que aufiram um rendimento *per capita* que não ultrapasse anualmente 12 vezes o valor da retribuição mínima mensal garantida em vigor na Região Autónoma dos Açores[12], apurado de acordo com a última declaração de IRS disponível.[13]

Montante

O valor anual do COMPAMID (atribuído com a pensão do mês de Maio) até 50% da retribuição mínima mensal garantida em vigor na Região Autónoma dos Açores, sendo actualizável em função da actualização da mesma.

Processo de atribuição

A emissão e atribuição do COMPAMID compete à Secretaria Regional da Solidariedade Social.

O COMPAMID é emitido em documento próprio[14], que deve identificar, nomeadamente, o beneficiário da segurança social e o ano a que respeita.[15]

5) *Complemento regional de pensão*[16]

Âmbito

Pensionistas[17] (titulares de pensões, isoladas ou conjuntas, dos regimes de segurança social e de aposentados da função pública, incluindo os beneficiá-

---

[12] Ver valor nos quadros-síntese.
[13] São contabilizados os rendimentos do membro de união de facto, ainda que não tenha optado pelo regime da tributação dos sujeitos passivos casados e não separados judicialmente de pessoas e bens.
[14] Modelo aprovado por portaria do Secretário Regional competente em matéria de segurança social.
[15] O COMPAMID deve prever a existência de um campo, com várias partições idênticas, que se destinam a ser preenchidas pela farmácia em que o COMPAMID é utilizado com os seguintes elementos:
- indicação da data de cada utilização na aquisição de medicamentos;
- indicação do montante de cada utilização;
- saldo remanescente após cada utilização;
- identificação da farmácia onde cada utilização é efectuada.
[16] Responsabilidade da Região Autónoma dos Açores.
[17] Mesmo com ajudas comunitárias à cessação de actividade.

rios de pensões sociais, de doenças profissionais, de sobrevivência, de acidente de trabalho e beneficiários de pensões de outros sistemas de protecção social) com residência permanente na Região Autónoma dos Açores[18].

Montante

Relativamente ao valor mensal fixado anualmente[19]:

100% – com rendimentos mensais inferiores ou iguais à RMMG regional[20];

90% – com rendimentos mensais superiores à RMMG regional e inferiores ou iguais a 1,044 desse valor;

70% – com rendimentos mensais superioresa a 1,044 da RMMG regional e inferior ou igual a € 696,00;

50% – com rendimentos mensais superiores a € 696,00 e inferior ou igual a € 1.693,00, no caso de pensionistas deficientes.

Para o apuramento do rendimento relevante são considerados a pensão, o trabalho ea actividade por conta própria não sendo considerados o complemento por dependência, complemento por cônjuge a cargo, complemento solidário para idosos e outros de natureza análoga.

São pagas 14 mensalidades por ano.

Sempre que da atribuição do complemento regional de pensão resultar a mudança da taxa de incidência do imposto sobre o rendimento das pessoas singulares (IRS), devidamente comprovada pelo beneficiário, será garantido, sobre o montante ilíquido apurado, o acréscimo de complemento, correspondente a 25% do quantitativo referido.

Prova

De Janeiro a Março de cada ano os beneficiários apresentarão, nos serviços da segurança social, documento que comprove o quantitativo que auferem, referente à pensão.

---

[18] Entende-se por residência permanente a residência na Região ou permanência no respectivo território por mais de 183 dias/ano, nesta se situando a sua residência habitual e que aí esteja registado para efeitos fiscais.
[19] Em 2016: € 54,14.
[20] V. valor nos quadros-síntese.

6) *Garantia salarial*

Âmbito

Trabalhadores por conta de outrem credores de retribuições ou indemnização ou compensação por cessação de contrato de trabalho devidas e não pagas em situação de insolvência ou em situação económica difícil.

Não são abrangidos os trabalhadores que:

- tenham recebido prestação da segurança social por incapacidade temporária de trabalho no período a que respeita a garantia salarial;
- beneficiem da situação de subvenção a trabalhadores de empresas paralisadas.

Montante

6 meses[21] de retribuição mensal (pagos de uma só vez), não podendo a retribuição considerada exceder o triplo do IAS[22], ficando o Fundo de Garantia Salarial sub-rogado no direito do trabalhador à percepção do montante dos valores desembolsados.

Requerimento e provas

A garantia salarial deve ser requerida no prazo de 9 meses a contar do início da contagem do prazo prescricional dos créditos (1 ano).

O requerimento deve ser acompanhado de:

- certidão ou cópia autenticada comprovativa dos créditos reclamados pelo trabalhador emitida pelo tribunal competente onde corre o processo de insolvência ou pelo IAPMEI, no caso de ter sido requerido o procedimento de conciliação;
- declaração, emitida pelo empregador, comprovativa da natureza e do montante dos créditos em dívida declarados no requerimento pelo trabalhador, quando o mesmo não seja parte constituída;
- declaração de igual teor, emitida pela Autoridade para as Condições do Trabalho.

---

[21] Imediatamente anterior à data da declaração de qualquer das situações previstas.
[22] Deduzindo-se as contribuições para a segurança social (que não liberam o empregador do pagamento do valor das contribuições devidas) e a retenção na fonte do IRS.

7) Pagamento de retribuição intercalar por ilicitude de despedimento[23]

Âmbito pessoal e material

Pagamento aos trabalhadores despedidos ilicitamente das retribuições devidas após o decurso de 12 meses[24] desde a apresentação do formulário da oposição do trabalhador até à notificação da decisão de 1ª instância[25].

Condições de pagamento

- o tribunal determina, na decisão em 1ª instância que declare a ilicitude do despedimento, que o pagamento das retribuições devidas ao trabalhador seja efectuado pelo ISS, IP;
- o ISS, IP é sempre notificado da decisão da interposição de recurso da decisão que declare a ilicitude do despedimento, bem como da decisão proferida em sede de recurso;
- o ISS, IP efectua o pagamento ao trabalhador das retribuições até 30 dias após o trânsito em julgado da decisão que declare a ilicitude do despedimento.

Financiamento

Orçamento do Estado.

8) Períodos contributivos das ex-colónias

Âmbito pessoal

Têm direito ao reconhecimento, no âmbito do sistema de segurança social português, dos períodos contributivos verificados nas caixas de previdência de inscrição obrigatória dos territórios das ex-colónias portuguesas até à inde-

---

[23] Arts. 98º-N e 98º-O do CPT.
[24] No período de 12 meses não se incluem:
a) Os períodos de suspensão da instância (nos termos do art. 269º do Código de Processo Civil);
b) O período correspondente à mediação, tentativa de conciliação e ao aperfeiçoamento dos articulados;
c) Os períodos de férias judiciais.
[25] Às retribuições deduzem-se:
- as importâncias que o trabalhador aufira com a cessação do contrato e que não receberia se não fosse o despedimento;
- a retribuição relativa ao período decorrido desde o despedimento até 30 dias antes da propositura da acção, se esta não for proposta nos 30 dias subsequentes ao despedimento;
- o subsídio de desemprego atribuído ao trabalhador no período após o despedimento.

pendência desses territórios as pessoas que preencham cumulativamente os seguintes requisitos:

a) tenham exercido nos territórios das ex-colónias portuguesas actividade profissional por conta de outrem ou por conta própria;
b) não recebam dos novos Estados de expressão oficial portuguesa a protecção social correspondente aos períodos contributivos verificados;
c) residam ou não em Portugal;

O direito apenas engloba os períodos contributivos verificados em caixas de previdência de inscrição obrigatória, cujo esquema de benefícios incluísse a atribuição de pensões e em relação aos quais não se tenha verificado reembolso de contribuições.

Objectivos

O reconhecimento dos períodos contributivos pode ter em vista:

a) O preenchimento dos prazos de garantia necessários para concessão de pensões de invalidez, velhice e sobrevivência;
b) O registo de contribuições na carreira do beneficiário, por forma a completá-la, no sentido da melhoria quantitativa das prestações que, de futuro, lhe venham a ser atribuídas no âmbito do sistema de segurança social português.

Requerimento[26]

A abertura do processo para reconhecimento dos períodos contributivos em questão depende da apresentação de requerimento do interessado, devidamente instruído com:

a) documentos que constituem meio de prova legal da sua identificação;
b) documento que constitua meio de prova dos períodos contributivos cujo reconhecimento se pretende e de que não lhe está a ser atribuída a protecção social correspondente à carreira contributiva verificada nas ex--colónias[27];

---

[26] Pode ser requerido a todo o tempo.
[27] Por exemplo, a certidão emitida pela instituição de previdência que abrangeu o interessado ou instituição que lhe tenha sucedido, donde conste o correspondente registo de salários, bem como a indicação de não lhe estar a ser concedida a correspondente protecção social e na sua falta poderão ser aceites quaisquer outros meios de prova que indiquem claramente os períodos contributivos verificados, bem como a correspondente situação de desprotecção.
Meios de prova apreciados nos termos da Port 52/91, 18/01.

c) documento que constitua meio de prova de que a atribuição de pensões integrava o esquema de benefícios da caixa de previdência de inscrição obrigatória em causa.

Instituição competente

O requerimento deve ser apresentado na instituição que, à sua data, abranja o interessado, se o mesmo for beneficiário activo da segurança social, ou, caso contrário, no centro distrital do ISS, IP da área da sua residência, cabendo a decisão final do processo de reconhecimento ao respectivo órgão directivo.

No caso de o interessado não residir em território nacional, a instituição competente é o ISS, IP.

Efeitos

O reconhecimento de períodos contributivos apenas produz efeitos em relação às prestações incluídas no seu âmbito que se vencerem após a apresentação do requerimento do interessado.

O registo de remunerações a efectuar corresponde ao constante das folhas de remunerações entradas nas instituições de previdência das ex-colónias em relação às quais se verificou o efectivo pagamento de contribuições.

Quando o reconhecimento de períodos contributivos se basear em meio de prova diverso da certidão emitida pela instituição de previdência que abrangeu o interessado ou instituição que lhe tenha sucedido, donde conste o correspondente registo de salários, bem como a indicação de não lhe estar a ser concedida a correspondente protecção social, a sua produção de efeitos é limitada ao preenchimento dos períodos de garantia e à formação da taxa global das pensões de invalidez, velhice e sobrevivência do regime geral de segurança social.

Financiamento

Os encargos com as prestações são suportados pela Direcção-Geral do Tesouro, a qual transfere, anualmente, para o IGFSS, IP as verbas necessárias.

9) *Prestação de alimentos*

Âmbito

Menores residentes em território português credores de alimentos judicialmente fixados que:

– não tenham rendimentos líquidos superiores ao IAS;

– nem beneficiem de rendimentos de outrem a cuja guarda se encontre superiores ao IAS, isto é, quando a capitação de rendimentos do respectivo agregado familiar não seja superior àquele valor.

Montante

Até 1 IAS mensais por cada devedor, desde a constituição da situação.

Gestão

Cabe ao IGFSS, IP, através do Fundo de Garantia dos Alimentos Devidos a Menores, assegurar o pagamento das prestações por ordem do tribunal competente, através dos serviços da segurança social.

O Fundo fica sub-rogado em todos os direitos do menor a quem sejam atribuídas prestações, com vista à garantia do respectivo reembolso.[28]

10) *Protecção jurídica*[29]

Âmbito material

A protecção jurídica reveste as modalidades de consulta jurídica e de apoio judiciário.

A protecção jurídica é concedida para questões ou causas judiciais concretas ou susceptíveis de concretização em que o utente tenha um interesse próprio e que versem sobre direitos directamente lesados ou ameaçados de lesão.

No caso de litígio transfronteiriço, em que os tribunais competentes pertençam a outro Estado da União Europeia, a protecção jurídica abrange ainda o apoio pré-contencioso e os encargos específicos decorrentes do carácter transfronteiriço do litígio[30].

Âmbito pessoal

Têm direito a protecção jurídica os cidadãos portugueses e da União Europeia, bem como os estrangeiros e os apátridas com título de residência válido num Estado-membro da União Europeia, que demonstrem estar em situação de insuficiência económica.

---

[28] Garantido nos termos do DL 164/99, 13/05.
[29] Da responsabilidade financeira do Ministério da Justiça.
[30] Nos termos do DL 71/2005, 17/03.

Aos estrangeiros sem título de residência válido num Estado-membro da União Europeia é reconhecido o direito a protecção jurídica, na medida em que ele seja atribuído aos portugueses pelas leis dos respectivos Estados.

As pessoas colectivas com fins lucrativos e os estabelecimentos individuais de responsabilidade limitada não têm direito a protecção jurídica.

As pessoas colectivas sem fins lucrativos têm apenas direito à protecção jurídica na modalidade de apoio judiciário, devendo para tal fazer a prova de insuficiência económica.

A protecção jurídica não pode ser concedida às pessoas que alienaram ou oneraram todos ou parte dos seus bens para se colocarem em condições de o obter, nem, tratando-se de apoio judiciário, aos cessionários do direito ou objecto controvertido, quando a cessão tenha sido realizada com o propósito de obter aquele benefício.

Insuficiência económica

Encontra-se em situação de insuficiência económica aquele que, tendo em conta o rendimento, o património e a despesa permanente do seu agregado familiar, não tem condições objectivas para suportar pontualmente os custos de um processo.[31]

Noção, âmbito material e âmbito de aplicação do apoio judiciário

O apoio judiciário compreende as seguintes modalidades:[32]

- dispensa de taxa de justiça e demais encargos com o processo;
- nomeação e pagamento da compensação de patrono;
- pagamento da compensação de defensor oficioso;
- pagamento faseado de taxa de justiça e demais encargos com o processo;
- nomeação e pagamento faseado da compensação de patrono;
- pagamento faseado da compensação de defensor oficioso;
- atribuição de agente de execução.

Nas modalidades de pagamento faseado, o valor da prestação mensal dos beneficiários de apoio judiciário é o seguinte:[33]

---

[31] Aplica-se, com as necessárias adaptações, às pessoas colectivas sem fins lucrativos.
[32] Se o requerente de apoio judiciário for uma pessoa colectiva, o apoio judiciário não compreende a modalidade de pagamento faseado.
[33] A periodicidade do pagamento pode ser alterada em função do valor das prestações, nos seguintes termos:
- se o valor da prestação apurado for igual ou superior a 0,5 UC (€ 51), a liquidação é efectuada mensalmente;

- 1/72 do valor anual do rendimento relevante para efeitos de protecção jurídica, se este for igual ou inferior a uma vez e meia o valor do IAS[34];
- 1/36 do valor anual do rendimento relevante para efeitos de protecção jurídica, se este for superior a uma vez e meia o valor do IAS.

Nas modalidades de pagamento faseado não são exigíveis as prestações que se vençam após o decurso de quatro anos desde o trânsito em julgado da decisão final da causa. Havendo pluralidade de causas relativas ao mesmo requerente ou a elementos do seu agregado familiar, o prazo conta-se desde o trânsito em julgado da última decisão final.

No caso de pedido de apoio judiciário por residente noutro Estado-membro da União Europeia para acção em que tribunais portugueses sejam competentes, o apoio judiciário abrange os encargos específicos decorrentes do carácter transfronteiriço do litígio[35].

O regime de apoio judiciário aplica-se em todos os tribunais, qualquer que seja a forma do processo, nos julgados de paz e noutras estruturas de resolução alternativa de litígios definidos por portaria do membro do Governo responsável pela área da justiça[36].

O regime de apoio judiciário aplica-se, também, com as devidas adaptações, nos processos de contra-ordenação.

Apreciação da insuficiência económica

A insuficiência económica das pessoas singulares é apreciada de acordo com os seguintes critérios:
- o requerente cujo agregado familiar tenha um rendimento relevante para efeitos de protecção jurídica igual ou inferior a três quartos do indexante

- se o valor da prestação for inferior a 0,5 UC, a liquidação é efectuada trimestral ou semestralmente, consoante, respectivamente, o seu triplo ou o seu sêxtuplo perfaçam, no mínimo, 0,5 UC.
- nos restantes casos, a liquidação da prestação apurada, é efectuada anualmente.

Valor a liquidar pelo requerente:

Montante (M) apurado (expresso em euros)	Valor a liquidar (expresso em euros)
M < 60	45
60 ≤ M < 80	60
80 ≤ M < 120	80
120 ≤ M < 160	120
M ≥ 160	160

[34] IAS € 421,32.
[35] Nos termos do DL 71/2005, 17/03.
[36] Trata-se da Port 10/2008, 03/01 (art. 9º e anexo).

de apoios sociais não tem condições objectivas para suportar qualquer quantia relacionada com os custos de um processo, devendo igualmente beneficiar de atribuição de agente de execução e de consulta jurídica gratuita;
- o requerente cujo agregado familiar tenha um rendimento relevante para efeitos de protecção jurídica superior a três quartos e igual ou inferior a duas vezes e meia o valor do indexante de apoios sociais tem condições objectivas para suportar os custos de uma consulta jurídica sujeita ao pagamento prévio de uma taxa, mas não tem condições objectivas para suportar pontualmente os custos de um processo e, por esse motivo, beneficia de apoio judiciário nas modalidades de pagamento faseado e de atribuição de agente de execução;
- não se encontra em situação de insuficiência económica o requerente cujo agregado familiar tenha um rendimento relevante para efeitos de protecção jurídica superior a duas vezes e meia o valor do indexante de apoios sociais.

Determinação do valor do rendimento relevante

Cálculo do rendimento relevante para efeitos de protecção jurídica

a) Rendimento relevante para efeitos de protecção jurídica

i) – O rendimento relevante para efeitos de protecção jurídica (YAP) é o montante que resulta da diferença entre o valor do rendimento líquido completo do agregado familiar (YC) e o valor da dedução relevante para efeitos de protecção jurídica (A), ou seja, YAP = YC – A.

ii) – O rendimento relevante para efeitos de protecção jurídica (YAP) é expresso em múltiplos do indexante de apoios sociais.

b) Rendimento líquido completo do agregado familiar

i) – O valor do rendimento líquido completo do agregado familiar (YC) resulta da soma do valor da receita líquida do agregado familiar (Y) com o montante da renda financeira implícita calculada com base nos activos patrimoniais do agregado familiar (YR), ou seja, YC = Y + YR.

ii) – Por receita líquida do agregado familiar (Y) entende-se o rendimento depois da dedução do imposto sobre o rendimento e das contribuições obrigatórias para regimes de protecção social e dos descontos judiciais[37].

---

[37] Importâncias que por decisão judicial oneram o rendimento.

iii) – O cálculo da renda financeira implícita é efectuado nos termos previstos no e).

c) Dedução relevante para efeitos de protecção jurídica

i) – O valor da dedução relevante para efeitos de protecção jurídica (A) resulta da soma do valor da dedução de encargos com necessidades básicas do agregado familiar (D) com o montante da dedução de encargos com a habitação do agregado familiar (H), ou seja, A = D + H.

ii) – O valor da dedução de encargos com necessidades básicas do agregado familiar (D) resulta da aplicação da seguinte fórmula:

$$D = [1 + Ln\,(1 + \frac{n-1}{2})] \times d \times YC$$

em que *n* é o número de elementos do agregado familiar e *d* é o coeficiente de dedução de despesas com necessidades básicas do agregado familiar, determinado em função dos diversos escalões de rendimento, de acordo com o previsto na tabela do nº VI.

iii) – O montante da dedução de encargos com a habitação do agregado familiar (H) resulta da aplicação do coeficiente (h) ao valor do rendimento líquido completo do agregado familiar (YC), ou seja, H = h + YC, em que h é determinado em função dos diversos escalões de rendimento, de acordo com o previsto na tabela do nº VII.

d) Fórmula de cálculo do valor do rendimento relevante para efeitos de protecção jurídica

O valor do rendimento relevante para efeitos de protecção jurídica, especificado nos nºs I a III, é calculado através da seguinte fórmula:

$$YAP = \{1 - [1 + Ln\,(\frac{n+1}{2})] \times d - h\} \times YC$$

A fórmula de cálculo resulta das seguintes identidades algébricas:

YAP = YC – A

A = D + H

D = [1 + Ln (1+ n – 1] x d x YC

Portanto, por operações aritméticas elementares:

YAP = YC – (D + H)

$$YAP = YC - \{[1 + Ln\,(1 + \underline{n-1})] \times d \times YC + h \times YC\}$$
$$2$$

$$YAP = YC - \{[1 + Ln\,(\underline{n+1})] \times d \times YC + h \times YC\}$$
$$2$$

$$YAP = \{1 - [1 + Ln\,(\underline{n+1})] \times d - h\} \times YC$$
$$2$$

e) Cálculo da renda financeira implícita

i) – O montante da renda financeira implícita a que se refere o nº 1 do b) é calculado mediante a aplicação de uma taxa de juro de referência ao valor dos activos patrimoniais do agregado familiar.

ii) – A taxa de juro de referência é a taxa EURIBOR a seis meses correspondente ao valor médio verificado nos meses de Dezembro ou de Junho últimos, consoante o requerimento de protecção jurídica seja apresentado, respectivamente, no 1º ou no 2º semestres do ano civil em curso.

iii) – Entende-se por valor dos bens imóveis aquele que for mais elevado entre o declarado pelo requerente no pedido de protecção jurídica, o inscrito na matriz predial e o constante do documento que haja titulado a respectiva aquisição.

iv) – Quando se trate da casa de morada de família, no cálculo referido no nº 1 apenas se contabiliza o valor daquela se for superior a € 100 000 e na estrita medida desse excesso.

v) – O valor das participações sociais e dos valores mobiliários é aquele que resultar da cotação observada em bolsa no dia anterior ao da apresentação do requerimento de protecção jurídica ou, na falta deste, o seu valor nominal.

vi) – Entende-se por valor dos bens móveis sujeitos a registo o respectivo valor de mercado.

f) Tabela a que se refere o ii) do c)

Escalões de rendimento líquido completo do agregado familiar (YC) (valores anuais expressos em euros)	Coeficientes de dedução de despesa (d)
$4\,500 \leq YC < 9\,000$	0,320
$9\,000 \leq YC < 13\,500$	0,288
$13\,500 \leq YC < 18\,000$	0,264
$YC \geq 18\,000$	0,217

g) Tabela a que se refere o nº 3 do nº III

Escalões de rendimento líquido completo do agregado familiar (YC) (valores anuais expressos em euros)	Coeficientes de dedução de despesa (d)
4 500 ≤ YC < 9 000..	0,238
9 000 ≤ YC < 13 500..	0,207
13 500 ≤ YC < 18 000..	0,198
YC ≥ 18 000..	0,184

Considera-se que pertencem ao mesmo agregado familiar as pessoas que vivam em economia comum com o requerente de protecção jurídica.

O valor da taxa devida pela prestação da consulta jurídica é fixado por portaria do membro do Governo responsável pela área da justiça.[38]

Se o valor dos créditos depositados em contas bancárias e o montante de valores mobiliários admitidos à negociação em mercado regulamentado de que o requerente ou qualquer membro do seu agregado familiar sejam titulares forem superiores a 24 vezes o valor do indexante de apoios sociais, considera-se que o requerente de protecção jurídica não se encontra em situação de insuficiência económica, independentemente do valor do rendimento relevante para efeitos de protecção jurídica do agregado familiar.

O requerente pode solicitar, excepcionalmente e por motivo justificado, que a apreciação da insuficiência económica tenha em conta apenas o rendimento, o património e a despesa permanente próprios ou dele e de alguns elementos do seu agregado familiar.

Em caso de litígio com um ou mais elementos do agregado familiar, a apreciação da insuficiência económica tem em conta apenas o rendimento, o património e a despesa permanente do requerente ou dele e de alguns elementos do seu agregado familiar, desde que ele o solicite.

Se, perante um caso concreto, o dirigente máximo dos serviços de segurança social competente para a decisão sobre a concessão de protecção jurídica entender que a aplicação dos critérios previstos nos números anteriores conduz a uma manifesta negação do acesso ao direito e aos tribunais pode, por despacho especialmente fundamentado e sem possibilidade de delegação, decidir de forma diversa daquela que resulta da aplicação dos referidos critérios.

Requerimento

O requerimento, formulado em modelo próprio, pode ser apresentado pessoalmente em qualquer serviço de atendimento ao público da segurança

---

[38] Trata-se da Port 10/2008, 03/01 (art. 1º) – € 30.

social ou enviado por telecópia, por via postal[39] ou por transmissão electrónica, devendo especificar a modalidade de protecção jurídica pretendida e quais as que pretende cumular.

Têm legitimidade para requerer:

- o interessado na sua concessão;
- o Ministério Público em representação do interessado;
- advogado, advogado estagiário ou solicitador em representação do interessado[40].

Decisão

A decisão sobre a concessão de apoio judiciário, proferida no prazo de 30 dias[41], compete ao dirigente máximo dos serviços de segurança social[42] da área de residência do requerente. Esta competência é delegável e susceptível de subdelegação.

Cancelamento

A protecção jurídica é cancelada, quer na sua totalidade quer relativamente a alguma das suas modalidades:

- se o requerente ou o respectivo agregado familiar adquirirem meios suficientes para poder dispensá-la;
- quando se prove por novos documentos a insubsistência das razões pelas quais foi concedida;
- se os documentos que serviram de base à concessão forem declarados falsos por decisão com trânsito em julgado;
- se, em recurso, for confirmada a condenação do requerente como litigante de má fé;
- se, em acção de alimentos provisórios, for atribuída ao requerente uma quantia para custeio da demanda;
- se o requerente a quem tiver sido concedido apoio judiciário em modalidade de pagamento faseado não proceder ao pagamento de uma prestação e mantiver esse incumprimento no termo do prazo que lhe for concedido para proceder ao pagamento em falta acrescido de multa equivalente à prestação em falta.

---

[39] O serviço receptor deve remeter ao requerente uma cópia com o carimbo de recepção aposto.
[40] A representação pode ser comprovada apenas pelas assinaturas conjuntas do interessado e do patrono.
[41] Se este prazo não for respeitado considera-se tacitamente deferido o pedido.
[42] Trata-se do director do centro distrital do ISS, IP.

Na situação de aquisição de meios, o requerente deve declarar, logo que o facto se verifique, que está em condições de dispensar a protecção jurídica em alguma ou em todas as modalidades concedidas, sob pena de ficar sujeito às sanções previstas para a litigância de má fé.

A protecção jurídica pode ser cancelada oficiosamente pelos serviços da segurança social ou a requerimento do Ministério Público, da Ordem dos Advogados, da parte contrária, do patrono nomeado ou do agente de execução atribuído.

O requerente de protecção jurídica é sempre ouvido.

Sendo cancelada a protecção jurídica concedida, a decisão é comunicada ao tribunal competente e à Ordem dos Advogados ou à Câmara dos Solicitadores, conforme os casos.

Caducidade

A protecção jurídica caduca nas seguintes situações:

- pelo falecimento da pessoa singular ou pela extinção ou dissolução da pessoa colectiva a quem foi concedida, salvo se os sucessores na lide, no incidente da sua habilitação, juntarem cópia do requerimento de apoio judiciário e os mesmos vierem a ser deferidos;
- pelo decurso do prazo de um ano após a sua concessão sem que tenha sido prestada consulta ou instaurada acção em juízo, por razão imputável ao requerente.

O apoio judiciário nas modalidades de nomeação e pagamento de honorários de patrono e de nomeação e pagamento faseado de honorários de patrono é incompatível com o patrocínio pelo Ministério Público nos termos previstos no Código de Processo do Trabalho.

Recurso

Esta decisão é susceptível de impugnação judicial[43]. O recurso de impugnação deve ser interposto directamente pelo interessado e dirigido por escrito[44] no serviço de segurança social que apreciou o pedido, no prazo de 15 dias após o conhecimento da decisão.

---

[43] Não é susceptível de reclamação nem de recurso hierárquico ou tutelar.
[44] Não carece de ser articulado, sendo admissível apenas prova documental, cuja obtenção pode ser requerida através do tribunal.

Recebido o recurso o serviço da segurança social tem 10 dias para revogar a decisão ou, mantendo-a, enviar aquele e cópia integral do processo administrativo ao tribunal competente[45] cuja decisão é irrecorrível.

11) *Subsídio de lar*[46]

Destinatários

Profissionais de seguros casados ou em situação equivalente ou, se solteiros, separados ou viúvos com descendentes a cargo.

Montante

Fórmula: $S = 0{,}95 \times C/N \times 12$

em que:
  S – montante do subsídio;
  C – total de contribuições pagas para o fundo no ano anterior;
  N – número de beneficiários com direito no ano anterior.

12) *Subsídio de reconversão profissional*

Âmbito

Profissionais das artes do espectáculo e do audiovisual que cessem a sua actividade antes da idade normal de reforma.

Condições de atribuição

Devem satisfazer cumulativamente as seguintes condições:

– terem exercido comprovadamente uma actividade artística como profissionais durante um período não inferior a 10 anos, com registo de remunerações nos últimos 5 últimos anos;
– terem cessado o exercício da actividade artística há mais de 6 meses e menos de 2 anos;
– terem idade inferior à estabelecida para acesso à pensão de velhice;
– terem rendimentos inferiores à RMMG.

---

[45] O tribunal competente é o tribunal de comarca da área do serviço que apreciou o pedido ou o tribunal em que a acção se encontra pendente.
Quanto à tramitação processual ver Ac. TC 658/2011.
[46] Suportado financeiramente pelo Fundo Especial de Segurança Social dos Profissionais de Seguros.

Montante e período de atribuição

O montante é fixado caso a caso, tendo em atenção os elementos constantes do processo[47] e a duração do estágio de reconversão profissional, não podendo exceder o valor de 12 vezes o IAS.

O subsídio pode ser atribuído de uma só vez[48] ou em prestações mensais num máximo de 24.

Requerimento

Esta prestação deve ser requerida nos serviços da segurança social, devendo o requerimento ser acompanhado dos seguintes documentos:

- certidão de registo de nascimento, bilhete de identidade ou outro documento de identificação bastante;
- declaração formal do interesse quanto à cessação da actividade artística, data a que a mesma se reporta e montante dos seus rendimentos;
- projecto fundamentado para a reconversão profissional contendo a previsão dos meios financeiros necessários.

Financiamento

- Departamento que tem a tutela da cultura e
- Instituto do Emprego e Formação Profissional.

---

[47] Designadamente do relatório da segurança social sobre as condições sócio-económicas do interessado e outro sobre a viabilidade do projecto de reconversão profissional.
[48] Nos termos do regime do pagamento do subsídio de desemprego de uma vez.

Título V
Prestações Complementares

Capítulo I
Regime Público de Capitalização
(de iniciativa pública)

Noção

Nos termos da lei[1], trata-se de um regime de prestações complementares das atribuídas nos outros regimes contributivos da segurança social, de prestações definidas[2] e subscrição voluntária e individual, em regime de capitalização[3].

Objectivo

Reforçar a protecção social dos aderentes quando da sua passagem à situação de pensionistas ou de aposentados por velhice ou por invalidez absoluta.

Âmbito pessoal

Pessoas que, em função de actividade profissional, se encontram abrangidas por um regime de protecção social de enquadramento obrigatório.

Âmbito material

À idade da reforma e de aposentação por velhice ou por invalidez absoluta, optar entre:

---

[1] Art. 82º da L 4/2007, 16/01 (lei da segurança social).
[2] Trata-se de definir previamente o montante das prestações a atribuir no futuro, pressupondo, assim, que as contribuições são de montante variável e com aptidão para garantir o nível das prestações. Diversamente se pode falar de contribuição definida: o que varia, neste caso, é o valor da prestação que não tem taxa fixa de substituição.
[3] DL 26/2008, 22/02.

- recebimento de complemento de pensão, na forma de renda vitalícia pelo resgate total do capital acumulado; ou
- transferência do capital acumulado para plano de complemento de filhos e de cônjuge.

Contribuições

Pagamento mensal de 2%, 4% ou 6% sobre a média remuneratória.

Financiamento

Caracterizando-se como contribuição definida e de capitalização real.

A realização do plano de complementos é concretizada através do Fundo de Certificados de Reforma, gerido pelo Instituto de Gestão de Fundos de Capitalização da Segurança Social.

Capítulo II
Regimes Complementares
(de iniciativa particular)

Objectivo

Garantir prestações complementares das previstas pelos regimes de segurança social, de constituição facultativa, podendo ser:
- de iniciativa colectiva[1] – (cooperativa e social e privada colectiva) – a favor de um grupo determinado de pessoas, por decisão dos interessados ou de terceiro (caso dos regimes profissionais complementares); ou
- de iniciativa individual – (privada singular) – adesão individual dos cidadãos a um regime complementar (planos poupança-reforma, seguros de vida, seguros de capitalização e modalidades mutualistas).

Criação e supervisão

A criação e modificação dos regimes complementares de iniciativa colectiva e individual e a sua articulação com o subsistema previdencial são definidas por lei que regula, designadamente, o seu âmbito material, as condições técnicas e financeiras dos benefícios e a garantia dos respectivos direitos.

A regulamentação dos regimes complementares de iniciativa colectiva deve ainda:
- concretizar o princípio da igualdade de tratamento em função do sexo e a protecção jurídica dos direitos adquiridos e em formação;
- fixar as regras relativas à portabilidade daqueles direitos, à igualdade de tratamento fiscal entre regimes e ao direito à informação.

---

[1] Não corresponde à noção de técnicas individualistas e colectivas (sem ou com dispersão dos riscos pelos interessados) na medida em que a lei coloca a modalidade mutualista na iniciativa individual.

A regulação, a supervisão prudencial e a fiscalização dos regimes complementares de iniciativa colectiva e individual é exercida pelas entidades legalmente definidas, fazendo respeitar os mecanismos de garantia destes mesmos regimes.

Administração

Podem ser administrados por entidades públicas, cooperativas ou privadas, nomeadamente de natureza mutualista, criadas para esse efeito.

Se, no âmbito de um regime profissional complementar, estiver em causa a atribuição de prestações nas eventualidades invalidez, velhice e morte, a respectiva gestão tem de ser concedida a uma entidade jurídica distinta da entidade que instituiu o regime.

1. Prestações dos regimes

a. *Regimes profissionais complementares* [2]

Noção

Regimes complementares de iniciativa cooperativa e social e privada colectiva que abranjam trabalhadores por conta de outrem (de uma empresa, de grupos de empresas ou de outras entidades empregadoras, de um sector profissional ou interprofissional) ou trabalhadores independentes.

Âmbito pessoal

Trabalhadores por conta de outrem (de empresas isoladas, de grupos de empresas, de sectores profissionais e de ramos de actividade) e trabalhadores independentes.

Âmbito material

Eventualidades integradas no âmbito do regime contributivo de segurança social.

Constituição

Por iniciativa das entidades empregadoras e dos respectivos trabalhadores concretizando-se num acordo do qual devem constar os objectivos e o conteúdo do regime profissional complementar.

---

[2] Nos termos do DL 225/89, 06/07.

Financiamento

Quotizações das entidades empregadoras e dos trabalhadores.[3]

Gestão financeira

Efectuada em regime de capitalização por entidades diferenciadas das empresas instituidoras mediante a celebração de um acordo de gestão com:

– associações mutualistas;
– empresas seguradoras;
– entidades de direito privado criadas com essa finalidade.

b. *Prestações atribuídas pelas associações mutualistas*[4]

2. Prestações de acção social[5]

Para além das prestações pecuniárias, actividades de apoio social em equipamentos e serviços do âmbito da segurança social relativas a crianças, jovens, pessoas idosas ou pessoas com deficiência, exercidas, designadamente, em creches, centros de actividade de tempos livres, lares para crianças e jovens, estruturas residenciais para idosos, centros de dia, lares para pessoas com deficiência, centros de actividades ocupacionais para deficientes e serviços de apoio domiciliário;

Prestações destinadas à prevenção e reparação de situações de carência, de disfunção e de marginalização social atribuídas pelo:

– sector social (IPSS...) através de acordos de cooperação ou de gestão[6] e do Pacto de Cooperação para a Solidariedade Social e dos protocolos daí decorrentes;
– sector privado – prestação de serviços e estabelecimentos privados sujeitos a licenciamento, inspecção e fiscalização do Estado[7].

---

[3] A lei não afasta a situação de cotização apenas pelas entidades empregadoras.
[4] Atribuem igualmente prestações na área da saúde. Trata-se de instituições particulares de solidariedade social reguladas em termos próprios: Código das Associações Mutualistas, aprovado pelo DL 72/90, 03/03
[5] Embora a lei se limite a prever prestações complementares de seguro social.
[6] Port 196-A/2015, 01/07 (continente e RA Madeira).
[7] Nos termos do DL 64/2007, 14/03 (versão do DL 33/2014, de 04/03).

Parte IV
**Trabalhadores Migrantes
Direito Internacional Público
e Privado de Segurança Social**

Capítulo I
Regimes e Prestações de Segurança Social nos Instrumentos de Coordenação

Secção 1
Princípios e regras gerais no âmbito dos instrumentos bilaterais[1]

1. Princípio da igualdade de tratamento
Nas convenções bilaterais fundadas sobre a estrita reciprocidade de compromissos que vinculam os Estados contratantes, visando unicamente os regimes contributivos de segurança social (aqueles cujo financiamento é parcial ou totalmente assegurado pelas quotizações de trabalhadores e/ou empregadores) este princípio reveste carácter teórico.

2. Princípio da determinação da legislação aplicável ou da unicidade da legislação aplicável
Em princípio os trabalhadores ocupados no território de um dos Estados contratantes estão sujeitos à legislação em vigor no lugar do seu trabalho.[2]

Porém não alteram o regime de protecção:

– trabalhadores destacados – os que são enviados pelo seu empregador por um período relativamente curto (12 meses ou mais prorrogável[3]), para um Estado que não aquele onde exerce a sua ocupação habitual – mantém-se o regime de protecção do lugar da ocupação habitual;

---

[1] Ver enumeração no anexo.
[2] Se membro de tripulação de navio – legislação do Estado da bandeira.
[3] Períodos máximos de destacamento prorrogáveis (no âmbito das convenções bilaterais):
12 meses – Argentina, Brasil e Reino Unido (Ilhas do Canal);
24 meses – Andorra, Cabo Verde, Canadá, Canadá Quebeque e Venezuela;
36 meses – Chile e Marrocos;
4 anos – Austrália;
5 anos – EUA.

- pessoal de empresas de transportes ocupados noutro Estado – mantém-se sujeito às disposições em vigor no Estado onde a empresa tem a sua sede;
- pessoal que ocupa um emprego de Estado ou que pertença a um serviço administrativo oficial destacados por conta desse Estado noutro;
- funcionários diplomáticos, administrativos e técnicos das missões diplomáticas – continuam sujeitos à legislação do Estado que representam;
- trabalhadores que estejam ao serviço pessoal de agentes das missões diplomáticas ou consulares que podem optar, se forem cidadãos do Estado representado, pela aplicação da legislação do seu Estado de origem.

3. Protecção dos direitos em curso de aquisição[4]

1) Na abertura do direito às prestações

São considerados os períodos de seguro verificados sob legislação nacional do Estado de origem para o cálculo do período de garantia requerido no país de destino (totalização).

2) No cálculo das prestações

O facto de um trabalhador ter estado sujeito sucessiva ou alternadamente às legislações de dois Estados contratantes faz funcionar um conjunto de regras para o estabelecimento do direito às prestações.

Há que considerar dois grupos de soluções:

a) Os que prevêem a totalização dos períodos de seguro cumpridos para determinação do valor.

Assim:

- os períodos de seguro verificados nos dois Estados são totalizados;
- cada Estado calcula um montante de pensão na base de períodos totalizados (*pensão teórica*);
- o montante teórico obtido é multiplicado em cada um dos Estados por uma fracção cujo denominador corresponde aos períodos de seguro totalizados e o numerador aos períodos de seguro tomados em consideração em virtude da legislação nacional – "*pro rata temporis*" (*pensão prorratizada*)[5].

---

[4] Releva predominantemente para as eventualidades invalidez, velhice e morte.
[5] São estas as pensões pagas por cada um dos Estados.

Exemplo:

Carreira contributiva de 40 anos, sendo 10 anos no Estado A e 30 no Estado B.
Pensão teórica (completa de 40 anos), no Estado A[6] – € 1000 e
no Estado B[7] – € 1500.
Responsabilidade: do Estado A – € 1000 x 10/40 = € 250:
do Estado B – € 1500 x 30/40 = € 1125;
Total do valor da pensão: € 250 + € 1125 = € 1375.

b) Os que não tomam em consideração os períodos de outras partes, a não ser e na medida do necessário para preenchimento do prazo de garantia.

O organismo competente encarregado de estabelecer o direito às prestações aplica a sua legislação nacional directa e exclusivamente em função dos períodos de seguro cumpridos neste Estado – *cálculo directo*;
Quando for necessário tomar em consideração períodos de seguro de outra parte, o montante da pensão é determinado em função da relação existente entre o período previsto na lei como prazo de garantia e o período de seguro efectivamente cumprido ao abrigo da legislação em causa (*cálculo proporcional*).

Exemplo:

Prazo de garantia de 20 anos no Estado A, tendo cumprido apenas 15 anos neste Estado;
Tem 15 anos no Estado B, onde vai considerar 5 anos.
A pensão é de 15/20 da que seria concedida na base de 20 anos efectivamente cumpridos no Estado em causa.

4. Conservação de direitos adquiridos

Visa a supressão ou atenuação das condições de territorialidade impostos pelas legislações nacionais para o benefício das prestações, ou seja, a possibilidade de exportar as prestações.

1) Seguro-doença

– cuidados de saúde – prestações conforme a legislação do Estado de residência, garantidas pelos instituições deste Estado mas a cargo da instituição competente;

---

[6] Nos termos da legislação aplicável no Estado A.
[7] Nos termos da legislação aplicável no Estado B.

- prestações pecuniárias – garantidas directamente pela instituição competente, com controle administrativo efectuado pelas instituições do Estado de residência a pedido da instituição competente.

2) Invalidez
As prestações são pagas pela instituição competente aos cidadãos dos Estados contratantes mesmo que não residam no território do Estado devedor das prestações.

3) Prestações familiares
Os trabalhadores migrantes cujos filhos tenham permanecido do Estado de origem têm direito às prestações familiares mas nas condições de atribuição e valores acordados em arranjo administrativo.

4) Desemprego
É residual o afastamento da regra da territorialidade, isto é, a atribuição fora do território nacional (dada a disponibilidade do desempregado para o mercado de emprego do Estado competente e a necessidade de controle da sua atribuição).

Secção 2
No Quadro de Organizações Internacionais ou Supranacionais

1. CONSELHO DA EUROPA

- *Acordos Provisórios*[1] *Europeus* (11 de Dezembro de 1953)
  - relativo à segurança social com exclusão dos regimes relativos à velhice, invalidez e sobrevivência;
  - relativo ao regime de segurança social relativos à velhice, invalidez e sobrevivência.

Generalizam a igualdade de tratamento entre cidadãos dos Estados-membros e prevêem a aplicação de todos os acordos de segurança social concluídos entre dois ou mais Estados-membros, na hipótese de ocupação do trabalhador em mais de dois Estados.

Trata-se de convenções gerais[2] fundadas no conjunto dos acordos bilaterais.

- *Convenção Europeia de Segurança Social* e Acordo Complementar (14 de Dezembro de 1972)

Substitui os acordos provisórios europeus para os Estados que a ratificam.
Ratificada por: Áustria, Bélgica, Espanha, Itália, Luxemburgo, Países Baixos, Portugal e Turquia.

---

[1] Concebidos para serem substituídos ulteriormente por uma convenção multilateral que regulasse autonomamente e não por mera remissão para as bilaterais, as questões surgidas com a aplicação do Direito Internacional. Tratou-se da Convenção Europeia de Segurança Social.

[2] Convenção geral é aquela que cobre relativamente aos Estados contratantes o conjunto das legislações nacionais às quais estão sujeitos todos os trabalhadores assalariados e assimilados bem como os membros da sua família ou, em certos casos, o conjunto da população.

No âmbito da União Europeia ou comunitário só se aplica se for mais favorável que normas idênticas dos regulamentos de segurança social.

2. UNIÃO EUROPEIA

a. Direito originário[3] – Tratado sobre o Funcionamento da União Europeia (TFUE)[4]

---

[3] Ver conceito no glossário.
[4] Versão consolidada: JO C 326, de 26 de Outubro de 2012.

O Tratado da Comunidade Europeia do Carvão e do Aço (CECA) (Tratado de Paris, 18 de Abril de 1951 – entrado em vigor em 23 de Julho de 1952) é o mais antigo dos 3 tratados que fundaram a então CEE (os outros 2: Tratado CEE e Tratado Euratom) atingiu o termo de vigência em 23 de Julho de 2002 (50 anos, conforme previsto). A matéria está integrada no Direito da União Europeia ou Comunitário comum.
Tratados principais (1 DEZ 2009) (para além dos actos de adesão relativos aos 7 alargamentos):
1) – **Tratado da União Europeia** (TUE)
– Tratado de Maastricht, de 7 de Fevereiro de 1992 (1993) – Resolução da Assembleia da República nº 40/92, de 30 de Dezembro; alterado pelos:
– Tratado de Amesterdão, de 2 de Outubro de 1997 (1999) – Republicou o tratado – Resolução da Assembleia da República nº 7/99, de 19 de Fevereiro,
– Tratado de Nice, de 6 de Fevereiro de 2001 (2003) – Resolução da Assembleia da República nº 79/2001, de 18 de Dezembro
– Tratado de Lisboa, de 13 de Dezembro de 2007 (2008) – Resolução da Assembleia da República nº 19/2008, de 19 de Maio – Entrou em vigor em 1 de Dezembro de 2009.
2) – **Tratado sobre o Funcionamento da União Europeia** (TFUE) (ex-Tratado que institui a Comunidade Europeia)
– Tratado de Roma, de 25 de Março de 1957 (em vigor em Janeiro de 1958) – Tratado que institui a Comunidade Económica Europeia (CEE) – Resolução da Assembleia da República nº 22/85, de 18 de Setembro – Adesão de Portugal (1986), alterado e redenominado pelos:
– Tratado Bruxelas, de 8 de Abril de 1985, que institui um Conselho único e uma Comissão única das Comunidades Europeias – Resolução da Assembleia da República nº 22/85, de 18 de Setembro – Adesão de Portugal (1986);
– Acto Único Europeu, de 17 (Luxemburgo) e 28 (Haia) de Fevereiro de 1986 (1987) – Resolução da Assembleia da República nº 32/86, de 26 de Dezembro;
– Tratado de Maastricht, de 7 de Fevereiro de 1992 (1993) – Resolução da Assembleia da República nº 40/92, de 30 de Dezembro;
– Tratado de Amesterdão, de 2 de Outubro de 1997 (1999) – Republicou o tratado – Resolução da Assembleia da República nº 7/99, de 19 de Fevereiro;
– Tratado de Nice, de 6 de Fevereiro de 2001 (2003) – Resolução da Assembleia da República nº 79/2001, de 18 de Dezembro;
– Tratado de Lisboa, de 13 de Dezembro de 2007 (2008) – Resolução da Assembleia da República nº 19/2008, de 19 de Maio – Entrou em vigor em 1 de Dezembro de 2009.
3) – **Tratado que institui a Comunidade Europeia da Energia Atómica** (CEEA)
– Tratado de Roma (1957) – Resolução da Assembleia da República nº 22/85, de 18 de Setembro – Adesão de Portugal.

- Art. 45º TFUE – livre circulação de trabalhadores;
- Art. 48º TFUE[5] – estabelecimento de um sistema de:
  - totalização de todos os períodos tomados em consideração pelas diferentes legislações nacionais;
  - pagamento extraterritorial das prestações às pessoas residindo no território dos Estados-membros.

Adoptando regulamentos que:

- não modifiquem as legislações dos Estados-membros mas assegurem a sua coordenação;
- sejam obrigatórios em todos os seus elementos e directamente aplicáveis em todos os Estados-membros.

b. Direito derivado[6] – Regulamentos do Parlamento e do Conselho – os designados Regulamentos Europeus de Segurança Social

A saber:

- Regulamento (CE) nº 883/2004 do Parlamento e do Conselho de 29 de Abril de 2004 (JOUE L 200, de 7 de Junho de 2004)[7] (regulamento de base), alterado pelo Regulamento (CE) nº 988/2009 do Parlamento e do Conselho de 16 de Setembro de 2009 (JOUE L 284, de 30 de Outubro de 2009);

---

[5] Art. 48º (ex-art. 42º TCE)
"O Parlamento Europeu e o Conselho, deliberando de acordo com o processo legislativo ordinário, tomarão, no domínio da segurança social, as medidas necessárias ao estabelecimento da livre circulação dos trabalhadores, instituindo, designadamente, um sistema que assegure aos trabalhadores migrantes, assalariados e não assalariados, e às pessoas que deles dependam:
a) A totalização de todos os períodos tomados em consideração pelas diversas legislações nacionais, tanto para fins de aquisição e manutenção do direito às prestações, como para o cálculo destas;
b) O pagamento das prestações aos residentes nos territórios dos Estados-membros.
Quando um membro do Conselho declare que um projecto de acto legislativo a que se refere o primeiro parágrafo prejudica aspectos importantes do seu sistema de segurança social, designadamente no que diz respeito ao âmbito de aplicação, custo ou estrutura financeira, ou que afecta o equilíbrio financeiro desse sistema, pode solicitar que esse projecto seja submetido ao Conselho Europeu. Nesse caso, fica suspenso o processo legislativo ordinário. Após debate e no prazo de quatro meses a contar da data da suspensão, o Conselho Europeu:
a) Remete o projecto ao Conselho, o qual porá fim à suspensão do processo legislativo ordinário; ou
b) Não se pronuncia ou solicita à Comissão que apresente uma nova proposta; nesse caso, considerase que o acto inicialmente proposto não foi adoptado."
[6] Ver conceitos no glossário.
[7] Entrados em vigor em 1 de Maio de 2010.

– Regulamento (CE) nº 987/2009 do Parlamento e do Conselho de 16 de Setembro de 2009 (JOUE L 284, de 30 de Outubro de 2009)[8] (regulamento de aplicação).

c. Regimes aplicáveis[9]

a) Princípio da boa administração

As instituições devem dar resposta a todos os pedidos num prazo razoável e devem comunicar aos interessados qualquer informação necessária para o exercício dos direitos que lhes são conferidos pelo regulamento de base. Além disso, em caso de dificuldades de interpretação ou de aplicação dos regulamentos, as instituições devem estabelecer contactos com vista a encontrar uma solução para a pessoa em causa[10].

Os intercâmbios entre as autoridades e as instituições dos Estados-membros e as pessoas abrangidas assentam nos princípios de serviço público, eficiência, assistência activa, rápida prestação de serviços e acessibilidade.[11]

Donde decorre o processo de desmaterialização da informação, através quer do:

– *EESSI (Electronic Exchange of Social Security Information)* – sistema que compreende um conjunto de disposições gerais relativas à cooperação e ao intercâmbio de dados por meios electrónicos, (para além de procedimentos relativos a cada categoria de prestações) no âmbito de uma arquitectura europeia comum, composta por uma parte internacional, desenvolvida pela Comissão Europeia, e por uma parte nacional, da responsabilidade dos Estados-membros; dos

– *SEDs (Structured Electronic Documents)* – documentos electrónicos estruturados para troca de informação entre as instituições dos diferentes Estados-membros no âmbito dos regulamentos;[12] e do

– Directório de instituições – base de dados que reúne todos os elementos de contacto relativos às autoridades e instituições competentes e insti-

---

[8] Ver nota anterior.
[9] Art. 1º do Reg 883/2004.
[10] Art. 76º do Reg 883/2004.
[11] Nº 1 do art. 2º do Reg 987/2009.
[12] Referenciados alfanumericamente em função da matéria (tal como as Decisões da Comissão Administrativa): A – Determinação da legislação aplicável; E – procedimentos: F – prestações familiares; H – questões administrativas; P – pensões; S – doença; U – desemprego.
Substitui a troca de informação através de documentos em papel (Formulários E).
Os *DPs* são documentos portáteis em papel entregues aos interessados.

tuições designadas dos Estados-membros às quais compete dar execução às disposições relativas às diferentes categorias de prestações, gerida pela Comissão Europeia e acessível ao público.[13]

b) Campo de aplicação pessoal

- Nacionais de um Estado-membro da União Europeia (UE)[14], do EEE[15] e Suíça,[16] apátridas e refugiados residentes num Estado-membro que estejam ou tenham estado sujeitos à legislação de um ou mais Estados-membros (pessoas seguradas pelo exercício de actividade profissional por conta de outrem ou por conta própria e titulares de pensões), bem como aos seus familiares e sobreviventes;
- sobreviventes das pessoas que tenham estado sujeitas à legislação de um ou mais Estados-membros, independentemente da nacionalidade dessas pessoas, sempre que os seus sobreviventes sejam nacionais de um Estado-membro, ou apátridas ou refugiados residentes num dos Estados-membros.
- nacionais de Estados terceiros que ainda não estão abrangidos pelos regulamentos comunitários por razões exclusivas de nacionalidade[17].

---

[13] Previsto no nº 4 do art. 88º do Reg 987/2009. Ver características da base de dados no Anexo 4 do Reg 987/2009.
[14] Estados-membros da União Europeia (28) por ordem de adesão:
- Estados fundadores: Alemanha, Benelux (Bélgica, Holanda e Luxemburgo), França e Itália (1958) – Tratado de Roma, de 25/03/1957;
- 1º alargamento (1973): Dinamarca, Irlanda e Reino Unido – Tratado de Bruxelas, de 28/01/1972 (JO L 73, 27/03/1972);
- 2º alargamento (1981): Grécia – Tratado de Atenas, de 28 de Maio de 1979 (JO L 291, 19/11/1979);
- 3º alargamento (1986): Espanha e Portugal – Tratado de Lisboa e Madrid, de 12/06/1985 (JO Especial, 15/11/1985) (RAR 22/85, 18/09);
- 4º alargamento (1995): Áustria, Finlândia e Suécia – Tratado de Corfu, 24/06/1994 (JO C 241, 29/08/1994);
- 5º alargamento (2004): Chipre, Eslovénia, Estónia, Hungria, Letónia, Lituânia, Malta, Polónia, República Checa e República Eslovaca – Tratado de Atenas, 16/04/2003 (JOUE L236, 23/09/2003);
- 6º alargamento (2007): Bulgária e Roménia – Tratado do Luxemburgo, 25/04/2005 JOUE L 157, 21/06/2005) (RAR 52-A/2006, 27/07);
- 7º alargamento (Julho de 2013): Croácia – Tratado de Bruxelas, 09/12/2011 (JOUE L 112, 24/04/2012).
[15] Nos termos da Decisão do Comité Misto do EEE nº 76/2011, 01/07 (JO L 262, 6/10/2011). Estados que integram o Espaço Económico Europeu (EEE) (1992): Noruega, Islândia e Liechenstein. (RAR 35/92, 18/12).
[16] Nos termos do Acordo sobre Livre Circulação de Pessoas (2000) (RAR 72/2000, 13/11) e decisão do Comité Misto nº 1/2012, de 3 de Março (JO L 103, 13/04/2012).
[17] Reg (UE) nº 1231/2010 do Parlamento Europeu e do Conselho, de 24 de Novembro de 2010, que torna extensivas as disposições dos Regs. (CE) nº 883/2004 e n.º 987/2009 aos nacionais de

Porém os Regulamentos (CEE) n°s 1408/71 e 574/72 continuam transitoriamente em vigor após 1 de Maio de 2010[18] relativamente às situações que tenham sido ou devam ser apreciadas ao abrigo destes regulamentos.[19]

c) Campo de aplicação material

Legislações relativa aos 9 ramos clássicos da segurança social (doença, maternidade e paternidade, invalidez, velhice, sobrevivência, acidentes de trabalho e doenças profissionais, morte, desemprego e prestações familiares), à pré-reforma e prestações por dependência (cuidados de longa duração [20]) no quadro de regimes gerais e especiais, contributivos e não contributivos não expressamente ressalvados nos anexos.

Excluem-se:

- assistência social e médica;
- prestações em relação às quais um Estado-membro assume a responsabilidade por prejuízos causados a pessoas e garante uma compensação, como é o caso das concedidas a vítimas de guerra e de acções militares ou das suas consequências; vítimas de crimes, assassínio ou actos terroristas; vítimas de prejuízos causados por agentes do Estado-membro no exercício das suas funções; ou vítimas de discriminação por razões de ordem política ou religiosa ou devido à sua origem familiar.

Estados terceiros que ainda não estão abrangidos por estas disposições por razões exclusivas de nacionalidade.
[18] Pelo que os formulários E continuarão também a ser utilizados.
[19] Por exemplo, nos casos do n° 8 do art. 87° do Reg 883/2004.
Disposições transitórias:
· Enquanto se mantiver inalterada a situação relevante a pessoa em causa pode continuar sujeita à legislação do Estado-membro determinada nos termos dos anteriores regulamentos.
· Essa situação, contudo, só poderá manter-se durante um período máximo de 10 anos. A partir de 1 de Maio de 2020, cessa esta excepção e a determinação da legislação aplicável é feita exclusivamente nos termos dos actuais regulamentos.
· Ou seja, para que a legislação determinada nos termos do Reg 1408/71 continue a aplicar-se é condição *sine qua non* que se mantenha inalterada a situação relevante e terá que existir uma actividade efectiva em dois ou mais Estados-membros.
· Constitui alteração da situação relevante a alteração de algum dos aspectos/factos decisivos com base nos quais foi determinada a legislação aplicável ao abrigo do Reg 1408/71, determinando a alteração daquela legislação ao abrigo do Reg 883/2004.
· Se, ao abrigo do n° 8 do citado art. 87°, o interessado apresentar um pedido para ficar sujeito à legislação aplicável em conformidade com as regras do Reg 883/2004, caberá à instituição competente do Estado-membro de residência proceder à determinação dessa legislação.
[20] Alemanha, Áustria e Luxemburgo.

d) Coexistência de convenções

O Regulamento (CE) nº 883/2004 substitui qualquer convenção em matéria de segurança social aplicável entre Estados-membros. No entanto, continuam a aplicar-se determinadas disposições de convenções em matéria de segurança social celebradas pelos Estados-membros antes da data da sua aplicação, se forem mais favoráveis para os beneficiários ou se resultarem de circunstâncias históricas específicas e tiverem efeitos limitados no tempo. Para que continuem a aplicar-se, essas disposições devem estar inscritas no anexo II do Regulamento. Se, por motivos objectivos, não for possível alargar algumas dessas disposições a todas as pessoas a quem o regulamento é aplicável, tal deve ser especificado.

Dois ou mais Estados-membros podem, se necessário, celebrar entre si convenções baseadas nos princípios e no espírito do referido regulamento.

e) Igualdade de tratamento (princípio da)

As pessoas a quem os regulamentos se aplicam beneficiam dos direitos e ficam sujeitas às obrigações da legislação de qualquer Estado-membro nas mesmas condições que os nacionais desse Estado-membro.

Este princípio estende-se ao direito de eleger membros dos órgãos das instituições de segurança social ou de participar na sua designação. Porém, o direito de ser eleito (elegibilidade) pode estar restrita a nacionais do Estado da instituição.

f) Conservação dos direitos (adquiridos ou em curso de aquisição). Totalização

A instituição competente de um Estado-membro cuja legislação faça depender do cumprimento de períodos de seguro, de emprego, de actividade por conta própria ou de residência:

- a aquisição, a conservação, a duração ou a recuperação do direito às prestações;
- a aplicação de uma legislação; ou
- o acesso ou isenção em relação ao seguro voluntário, facultativo continuado ou obrigatório;

deve ter em conta, na medida do necessário, os períodos de seguro, de emprego, de actividade por conta própria ou de residência cumpridos ao abrigo da legislação de outro Estado-membro como se se tratasse de períodos cumpridos ao abrigo da legislação aplicada por aquela instituição.

Verifica-se, tal como relativamente às convenções, nas prestações pecuniárias, a regra da *totalização* dos períodos de seguro para abertura do direito às prestações – pela totalização dos períodos de emprego ou residência verificados no âmbito da legislação de dois ou mais Estados-membros.

g) Derrogação das regras de residência. Exportação de prestações

As prestações pecuniárias devidas nos termos da legislação de um ou mais Estados-membros ou do regulamento de base não devem sofrer qualquer redução, modificação, suspensão, supressão ou apreensão pelo facto de o beneficiário ou os seus familiares residirem num Estado-membro que não seja aquele em que se situa a instituição responsável pela concessão das prestações.

Este princípio não se aplica, em regra, às prestações não contributivas.[21]

h) Determinação da legislação aplicável [22]

Regras gerais[23]

As pessoas a quem os regulamentos se aplicam apenas estão sujeitas à legislação de um Estado-membro – princípio da unicidade da legislação aplicável. Essa legislação é determinada do seguinte modo:

- a pessoa que exerça uma actividade por conta de outrem ou por conta própria num Estado-membro está sujeita à legislação desse Estado-membro – princípio *lex loci laboris*;
- o funcionário público está sujeito à legislação do Estado-membro de que dependa a administração que o emprega;
- a pessoa que receba prestações por desemprego ao abrigo da legislação do Estado-membro de residência está sujeita à legislação desse Estado-membro;
- a pessoa chamada, uma ou mais vezes, para o serviço militar ou para o serviço civil de um Estado-membro está sujeita à legislação desse Estado-membro;
- outra pessoa à qual não sejam aplicáveis os parágrafos anteriores está sujeita à legislação do Estado-membro de residência, sem prejuízo de outras disposições que lhe garantam prestações ao abrigo da legislação de um ou mais outros Estados-membros.

---

[21] Designadamente as referidas no Anexo X, nos termos do nº 3 do art. 70º do Reg 883/2004.
[22] Arts. 11º a 16º do Reg 883/2004 e 14º a 21º do Reg 987/2009.
[23] Art. 11º do Reg 883/2004.
Estas regras podem ser derrogadas pelas autoridades de dois ou mais Estados competentes no interesse de certas pessoas ou de certos grupos de pessoas. (V. Excepções infra).

Uma actividade por conta de outrem ou por conta própria normalmente exercida a bordo de um navio no mar com pavilhão de um Estado-membro é considerada uma actividade exercida nesse Estado-membro. Contudo, a pessoa que exerça uma actividade por conta de outrem a bordo de um navio com pavilhão de um Estado-membro e que seja remunerada, em virtude desta actividade, por uma empresa ou pessoa que tenha a sede ou domicílio noutro Estado-membro, está sujeita à legislação deste último Estado-membro, desde que aí resida. A empresa ou pessoa que pagar a remuneração é considerada o empregador para efeitos da referida legislação.

Os agentes contratuais (pessoal auxiliar) das Comunidades Europeias[24] podem optar entre a aplicação da legislação do Estado-membro:

- em que trabalham;
- a que tiverem estado sujeitos em último lugar;
- de que são nacionais.

Exceptuam-se as disposições relativas aos abonos de família que são concedidos nos termos do regime aplicável àquele pessoal.
O direito de opção só pode ser exercido uma vez, e produz efeitos a partir da data de entrada ao serviço.

Regras específicas

i) Destacamento (actividade por conta de outrem)[25]

A pessoa que exerça uma actividade por conta de outrem num Estado-membro, ao serviço de um empregador que normalmente exerça as suas actividades nesse Estado-membro, e que seja destacada por esse empregador para realizar um trabalho por conta deste noutro Estado-membro, continua sujeita à legislação do primeiro Estado-membro, na condição de a duração previsível do referido trabalho não exceder 24 meses e de não ser enviada em substituição de outra pessoa.

Assim, só existe destacamento se:

- a pessoa for enviada pelo seu empregador para outro Estado-membro para aí realizar um trabalho por um período definido não superior a 24 meses;
- a pessoa destacada não for enviada para substituir outra pessoa;

[24] Art. 15º do Reg 883/2004.
[25] Trabalhador destacado – pessoa que exerce actividade assalariada no território de um Estado-membro, ao serviço de uma empresa de que normalmente depende, for exercer a sua actividade profissional por conta dessa empresa para o território de outro Estado-membro.

- se mantiver o *vínculo orgânico*, bem como a relação de dependência entre a pessoa destacada e o empregador;
- o empregador executar *actividades substanciais* no Estado-membro de envio.

Para verificação da *subsistência do vínculo orgânico* e da relação de subordinação do trabalhador ao empregador que o destacou, devem ser tidos em conta determinados elementos:[26]

- a responsabilidade em matéria de recrutamento;
- não devem subsistir dúvidas de que durante todo o período de destacamento o contrato de trabalho se mantém entre as partes envolvidas na celebração do mesmo;
- a obrigação de remuneração compete à empresa que celebrou o contrato (embora possam existir eventuais acordos entre o empregador no país de envio e a empresa no país de emprego no que respeita ao pagamento de trabalhadores);
- o poder disciplinar sobre o trabalhador deve manter-se na empresa que destaca;
- o poder de resolução do contrato de trabalho (despedimento) deve pertencer exclusivamente à empresa que destaca;
- o poder para determinar a natureza do trabalho, no sentido do serviço genérico a prestar pelo trabalhador destacado, deve ser conservado pelo empregador do país de envio.

A existência de *actividades substanciais* no Estado de envio pode ser verificada através do controlo de alguns factores objectivos, como, por exemplo:

- o lugar onde a empresa de envio tem a sua sede e a sua administração;
- o efectivo do pessoal administrativo que trabalha no Estado-membro da sede e no Estado de emprego (a presença exclusiva de pessoal administrativo no Estado de envio exclui a aplicação das disposições comunitárias em matéria de destacamento);
- o lugar de recrutamento dos trabalhadores destacados;
- o lugar onde é celebrada a maior parte dos contratos com os clientes;
- o direito aplicável aos contratos celebrados pela empresa de envio com os seus trabalhadores e com os seus clientes;
- o volume de negócios realizado pela empresa no Estado-membro de envio e no Estado-membro de emprego, durante um período suficientemente significativo;
- o número de contratos executados no Estado de envio.

---

[26] Decisão nº A2.

Relativamente a trabalhadores recrutados com vista a serem destacados para outro Estado-membro[27] existe destacamento se imediatamente antes do início dessa actividade o trabalhador já estiver sujeito à legislação do Estado--membro onde o empregador está estabelecido. Um período de um mês pode ser considerado suficiente para preencher este requisito. No que respeita a períodos mais curtos, a avaliação deve ser feita caso a caso, tendo em conta todos os outros factores em questão.[28]

Relativamente a trabalhadores destacados para trabalhar em várias empresas no Estado de emprego:[29]

O facto de um trabalhador em situação de destacamento trabalhar, sucessiva ou simultaneamente, para duas ou mais empresas do mesmo Estado de emprego, não exclui a aplicação do regime de destacamento, desde que o trabalhador continue a exercer a sua actividade por conta da empresa que o destacou.

O elemento essencial e decisivo é que o trabalho continue a ser realizado por conta da empresa destacante.

Importa, pois, verificar sempre a subsistência do vínculo orgânico entre o trabalhador destacado e a empresa de envio durante todo o período de destacamento.

O destacamento sucessivo para diferentes Estados-membros dá origem a novos destacamentos.[30]

Além disso, quando um trabalhador tiver terminado o respectivo período de destacamento (de 24 meses), não pode seguir-se novo período de destacamento relativamente a esse trabalhador, relativamente às mesmas empresas e ao mesmo Estado-membro antes de terem decorrido pelo menos dois meses desde o fim do destacamento anterior[31]. Este princípio pode, no entanto, ser derrogado em circunstâncias específicas.[32]

Situações em que não é aplicável a regulamentação em matéria de destacamento[33]:

– uma pessoa exerce normal e simultaneamente actividade em diferentes Estados-membros[34];

---

[27] Nº 1 do art. 14º do Reg 987/2009.
[28] Decisão nº A2 da Comissão Administrativa.
[29] V. nota anterior.
[30] Ver nota anterior.
[31] Ver nota anterior.
[32] Art. 16º do Reg 883/2004.
[33] Decisão nº A2 da Comissão Administrativa.
[34] Nos termos do art. 13º do Reg 883/2004.

- a empresa para a qual o trabalhador foi destacado o coloca à disposição de outra empresa no Estado em que a primeira empresa está situada;
- o trabalhador é destacado para um Estado-membro e depois é colocado à disposição de uma empresa situada noutro Estado-membro;
- o trabalhador é recrutado num Estado-membro para ser enviado por uma empresa situada num segundo Estado-membro para uma empresa de um terceiro Estado-membro.

ii) Actividade por conta própria noutro Estado-membro

A pessoa que exerça normalmente uma actividade por conta própria num Estado-membro e vá exercer uma actividade semelhante noutro Estado-membro permanece sujeita à legislação do primeiro Estado-membro, na condição de a duração previsível da referida actividade não exceder 24 meses.

Uma pessoa que exerce normalmente uma actividade por conta própria, é uma pessoa que:

- exerce uma parte substancial das suas actividades no território do Estado-membro em que está estabelecida, e que
- exerceu a sua actividade durante algum tempo antes da data em que vai exercer actividade temporária para outro Estado-membro, e
- continua a cumprir, no Estado-membro onde está estabelecida, os requisitos necessários que permitam prosseguir o exercício da sua actividade após o regresso.[35]

Considera-se cumprido o requisito de actividade exercida "*durante algum tempo*" antes da data em que uma pessoa pretende ir exercer temporariamente actividade por conta própria noutro Estado-membro, se essa actividade tiver sido exercida durante dois meses no Estado-membro onde a pessoa se encontra estabelecida.[36]

Para se determinar se a actividade que um trabalhador por conta própria vai exercer noutro Estado-membro é semelhante à actividade normalmente exercida no Estado-membro onde está estabelecido, deve ser tida em conta a natureza real da actividade, e não o modo como essa actividade está qualificada no Estado de emprego.[37]

---

[35] Nº 3 do art. 14º do Reg 987/2009.
[36] Critério meramente indicativo estabelecido na Decisão nº A2.
[37] Nº 4 do art. 14º do Reg 987/2009.

iii) Exercício de actividades em dois ou mais Estados-membros[38]

- A pessoa que exerça normalmente uma actividade *por conta de outrem* em dois ou mais Estados-membros está sujeita à legislação:
    - do Estado-membro de residência, se exercer parte substancial da sua actividade nesse Estado-membro ou se depender de várias empresas ou empregadores que tenham a sua sede ou domicílio em diferentes Estados-membros;
    - do Estado-membro em que a empresa ou o empregador tem a sua sede ou domicílio, se não exercer uma parte substancial das suas actividades no Estado-membro de residência.
    - Estado-membro de residência se por conta de um empregador estabelecido fora do território da UE[39], e residir num Estado-membro, não exercendo nesse Estado uma actividade substancial.[40]

Sendo que pessoa que exerce normalmente uma actividade por conta de outrem em dois ou mais Estados-membros é uma pessoa que[41]:

- exercendo uma actividade num Estado-membro, exerce simultaneamente outra actividade noutro ou noutros Estados-membros, independentemente da duração e da natureza da segunda actividade;
- exerce de forma continuada actividades alternadas, excluindo actividades de âmbito marginal em dois ou mais Estados-membros, independentemente da frequência ou da regularidade da alternância das actividades.

Considera-se uma parte substancial de uma actividade por conta de outrem exercida num Estado-membro uma grande parte das actividades que a pessoa

---

[38] Art. 13º do Reg 883/2004.
[39] Obrigações do empregador (art. 21º do Reg 987/2009).
Um empregador que não tenha a sua sede ou centro de actividades no Estado-membro cuja legislação é aplicável aos seus trabalhadores deve cumprir as obrigações previstas pela legislação daquele Estado-membro, designadamente a obrigação de pagamento das contribuições.
Se o empregador não tiver o centro de actividades no Estado-membro cuja legislação é aplicável a um seu trabalhador, pode estabelecer um acordo com o trabalhador no sentido de ele executar as obrigações do empregador, por conta deste, no que respeita ao pagamento das contribuições. O empregador dará conhecimento daquele acordo à instituição competente do Estado-membro onde é realizado o trabalho.
[40] Nº 11 do art. 14º do Reg 987/2009.
[41] Art. 14º do Reg 987/2009.

exerce nesse Estado, sem que seja necessariamente a maior parte dessas actividades.[42]

Para determinar se uma pessoa que exerce actividade por conta de outrem exerce parte substancial dessa actividade num Estado-membro, deve ser tido em conta:

– o tempo de trabalho, e/ou
– a remuneração.

No quadro de uma avaliação global, se o tempo despendido por uma pessoa numa actividade num Estado-membro for inferior a 25% e/ou a remuneração for igualmente inferior a 25%, considera-se que no Estado em questão não é exercida uma parte substancial dessa actividade.

Além dos critérios atrás mencionados, para se determinar qual é a legislação aplicável a essa pessoa deve também ser tida em conta a situação previsível nos 12 meses civis seguintes.

• A pessoa que exerça normalmente uma actividade *por conta própria* em dois ou mais Estados-membros está sujeita à legislação:

– do Estado-membro de residência, se exercer parte substancial da sua actividade nesse Estado-membro;
– do Estado-membro em que se encontra o centro de interesse das suas actividades, se não residir num dos Estados-membros em que exerce parte substancial da sua actividade.

Sendo que uma pessoa que exerce normalmente uma actividade por conta própria em dois ou mais Estados-membros é uma pessoa que, simultânea ou alternadamente, exerce uma ou mais actividades diferentes por conta própria, em dois ou mais Estados-membros, independentemente da natureza dessas actividades.

Uma parte substancial de uma actividade por conta própria exercida num Estado-membro é uma grande parte das actividades (por conta própria) que a pessoa exerce nesse Estado, não sendo necessariamente a maior parte dessas actividades.[43]

Para determinar se uma pessoa que exerce actividade por conta própria exerce parte substancial dessa actividade num Estado-membro, deve ser tido em conta:

– o volume de negócios;

---

[42] Nº 8 do art. 14º do Reg 987/2009.
[43] Nº 8 do art. 14º do Reg 987/2009.

- o tempo de trabalho;
- o número de serviços prestados; e/ou
- os rendimentos.

Se, no quadro de uma avaliação global, se verificar que não se encontram satisfeitos pelo menos 25% dos critérios atrás referidos, considera-se que a pessoa não exerce no Estado-membro em questão uma parte substancial das suas actividades.

O *centro de interesse das actividades* deve ser determinado tendo em conta todos os elementos que compõem as actividades profissionais da pessoa, designadamente:[44]

- o lugar em que se situa o centro fixo e permanente das actividades;
- a natureza habitual ou permanente das actividades exercidas;
- o número de serviços prestados;
- a vontade da pessoa em resultado de todas as circunstâncias.

Além dos critérios atrás mencionados, aquando da determinação da legislação a aplicar deve ser igualmente tida em consideração a situação previsível nos 12 meses civis seguintes.

• A pessoa que exerça normalmente uma actividade por conta de outrem e uma actividade por conta própria em diferentes Estados-membros está sujeita à legislação do Estado-membro em que exerce uma actividade por conta de outrem[45] ou, se exercer tal actividade em dois ou mais Estados-membros, à legislação determinada de acordo com as regras dos parágrafos anteriores.

A pessoa empregada como funcionário público num Estado-membro e que exerça uma actividade por conta de outrem e/ou por conta própria em um ou mais Estados-membros está sujeita à legislação do Estado-membro de que depende a administração que a emprega como funcionário público.

Para efeitos da legislação assim determinada, as pessoas que exercem actividades em 2 ou mais Estados-membros são consideradas como se exercessem todas as suas actividades por conta de outrem ou por conta própria e recebessem a totalidade dos seus rendimentos no Estado-membro em causa.

---

[44] Nº 9 do art. 14º do Reg 987/2009.
[45] Na hipótese de actividade por conta de outrem no Estado A em que não reside (por exemplo, por teletrabalho) eleito como Estado competente por estas regras e actividade por conta própria no Estado B onde reside, só uma solução análoga ao regime do destacamento poderá garantir o respeito pelos direitos do trabalhador.

Excepções[46]

As autoridades competentes de dois ou mais Estados-membros (ou os organismos designados por essas autoridades) podem estabelecer, de comum acordo, excepções às regras gerais da determinação da legislação aplicável, no interesse de determinadas pessoas ou categorias de pessoas.

Essa autorização permite que determinada pessoa fique sujeita (ou se mantenha sujeita) à legislação de outro Estado-membro que não aquele em que é exercida actividade, não carece da existência de vínculo orgânico a qualquer empregador noutro Estado-membro, nem está limitada a um período de tempo determinado. Deve, no entanto, tratar-se sempre de uma actividade com carácter temporário.

---

[46] Art. 16º do Reg 883/2004.

Capítulo II
Instrumentos Internacionais

1. Tipos de instrumentos ou actos internacionais de aproximação de legislações de segurança social

a. Quanto ao objectivo

- Desenvolvimento de legislações nacionais[1] (Convenções normativas);
- Harmonização de regimes (Directivas e Recomendações);
- Coordenação de regimes nacionais (Convenções bilaterais ou multilaterais).

b. Quanto ao âmbito de aplicação

- Bilaterais – negociadas e aplicadas entre dois Estados;
- Multilaterais – em regra concluídas no quadro de uma organização internacional, com fundamento num tratado ou acto constitutivo. Podem ser:
  - universais – OIT;
  - regionais – Conselho da Europa e Comunidade Ibero-Americana de Segurança Social.

c. Quanto à forma

- Convenções
  - normativas (Convenção 102 da OIT, Carta Social Europeia e Código Europeu de Segurança Social do Conselho da Europa);
  - de coordenação (Convenção Europeia de Segurança Social do Conselho da Europa e convenções bilaterais);

---

[1] Normas a integrar nas legislações dos Estados aderentes.

- Regulamentos (coordenação) – Regs CE nº 883/2004 e 987/2009;
- Directivas (harmonização) (UE);
- Recomendações (UE e OIT – não vinculativas);
- Arranjos administrativos – acordos administrativos entre Estados.

2. Principais instrumentos internacionais de segurança social, quanto à função[2]

a. *Instrumentos declarativos*[3]

Organização das Nações Unidas (ONU)

- Carta das Nações Unidas (1945) (art. 55º) – DR, I, de 22/5/91;
- Declaração Universal dos Direitos do Homem (1948) (arts. 22º e 25º) – DR, I, de 7/3/78;
- Pacto Internacional sobre Direitos Económicos, Sociais e Culturais (1966) (arts. 9º e 10º) – Lei nº 45/78, de 11 de Julho;
- Convenção sobre Eliminação de Todas as Formas de Discriminação contra as Mulheres (1979) (arts. 11º a 13º) – Lei nº 23/80, de 26 de Julho;
- Convenção sobre os Direitos das Crianças (1990) (arts. 18º, 20º, 26º e 27º) – Resolução da Assembleia da República nº 20/90, de 12 de Setembro.

Organização Internacional do Trabalho (OIT)

- Recomendação nº 202 sobre a norma mínima da segurança social, aprovada na 101ª reunião da Conferência Internacional do Trabalho, Genebra, 14 de Junho de 2012.[4]

---

[2] Os diplomas nacionais indicados são os de aprovação para ratificação.
[3] Para além das declarações sem valor jurídico – declarações políticas puramente proclamatórias, (referidas na Introdução) tais como *Carta do Atlântico* (1941), *Declaração de Santiago do Chile* (1942) e *Declaração de Filadélfia* (1944).
O *instrumento declarativo* deve entender-se como uma declaração de princípio, constituída por uma enumeração mais ou menos generosa de ideais a atingir, reconhecendo direitos sem no entanto precisar o seu conteúdo. Tem como única ambição a melhoria das legislações nacionais e tende essencialmente a elevar os níveis de protecção social. Em regra, tem um valor mais moral que jurídico, caso da *Declaração Universal dos Direitos do Homem* (apenas no âmbito que nos ocupa) e da própria *Carta das Nações Unidas*.
[4] Na sequência do 4º Fórum de Alto Nível sobre a Eficácia da Ajuda, *Busan*, de 29 de Novembro a 1 de Dezembro de 2011. V. nota 81 da pág. 69.

Conselho da Europa

- Convenção Europeia para Protecção dos Direitos do Homem e das Liberdades Fundamentais (1950)[5].

União Europeia

- Carta Comunitária dos Direitos Sociais Fundamentais dos Trabalhadores (1989)[6]
- Carta dos Direitos Fundamentais da União Europeia, proclamada em 7 de Dezembro de 2000[7].

b. *Instrumentos normativos* (harmonização)[8]
Trata-se de instrumentos concluídos no quadro de uma organização internacional não criadores de direitos subjectivos mas de normas a integrar nas legislações dos Estados[9] que aderem a estes instrumentos ou que os ratificam (quando for o caso), visando promover o desenvolvimento das legislações nacionais de segurança social.

1) Principais convenções adoptadas pela Conferência Geral da Organização Internacional do Trabalho (OIT) (após 1944)

nº 102 – Segurança Social (norma mínima) (1952) – RAR 31/92, de 30 de Junho;[10]

nº 103 – Protecção da maternidade (1952) – Dec Gov 63/84, 10 de Outubro;

---

[5] Objecto de adesão da União Europeia – nº 2 do art. 6º do TUE.
[6] Aliás referida no art. 151º da TFUE.
[7] Aplicável no âmbito da União Europeia, nos termos do nº 1 do art. 6º do TUE.
Versão consolidada: JO C nº 202, de 7 de Junho de 2016.
Outras versões: com as alterações introduzidas em 2007 e anotada – JO C 303, de 14/12/2007;
JO C 83, de 30/03/2010;
JO C 326, de 26/10/2012.
[8] Os *instrumentos normativos*, os chamados "*tratados de unificação*", são os que visam promover o desenvolvimento das legislações nacionais de segurança social. Os Estados que os ratificam obrigam-se a instaurar um sistema de segurança social que assegure aos indivíduos uma protecção conforme a norma posta por estes instrumentos. Implicam uma reciprocidade de compromissos entre Estados e facilitam a coordenação dos sistemas nacionais (caso das convenções da OIT).
Contrapõem-se funcionalmente aos *instrumentos de coordenação*.
Outros tendem apenas ao estabelecimento de estatutos internacionais – caso dos refugiados (Convenção de 28 de Julho de 1951 (ONU) e Protocolo de Nova Iorque, de 31 de Janeiro de 1967) e dos apátridas (Convenção de Nova Iorque, de 28 de Setembro de 1954).
[9] Técnica das directivas.
[10] Há uma 1ª aprovação pelo Dec 94/81, de 22 de Julho.

nº 118 – Igualdade de tratamento (segurança social) (1962);
nº 121 – Prestações por acidentes de trabalho e doenças profissionais (1964);
nº 157 – Sistema internacional de manutenção de direitos em matéria de Segurança Social (1982);
nº 183 – Protecção na maternidade (revista) (2000) – RAR 108/2012, de 3 de Agosto.

2) Convenções adoptadas pelo Conselho de Europa

- Carta Social Europeia (18 de Outubro de 1961)[11] – Resolução Assembleia da República nº 21/91, de 6 de Agosto, e Protocolo Adicional (5 de Maio de 1988) – convenção internacional que, entre outras questões sociais, prevê o direito à segurança social, regulando o modo do seu exercício efectivo (art. 12º);
- Código Europeu de Segurança Social e Protocolo Adicional (16 de Abril de 1964) – Decreto do Governo nº 35/83, de 13 de Maio – convenção internacional que corresponde no âmbito do Conselho da Europa à Convenção nº 102 da OIT, sendo a norma mínima mais elevada e mais bem adaptada à realidade europeia;
- Código Europeu de Segurança Social Revisto (6 de Novembro de 1990)[12];
- Carta Social Europeia Revista (3 de Maio de 1996) – Resolução da Assembleia da República nº 64-A/2001, de 17 de Outubro.

3) Directivas Comunitárias (regimes legais[13])

- Directiva 79/7/CEE do Conselho, de 19 de Dezembro de 1978 – Terceira directiva relativa à igualdade de tratamento entre homens e mulheres

---

[11] Aliás referida no art. 151º do TFUE. V. Carta Social Europeia Revista (1996).
[12] Ainda não ratificado por Portugal.
[13] Por oposição a regimes profissionais, que são as seguintes (em matéria de segurança social):
– Directiva 98/49/CE do Conselho, de 29/6/98 (JO L 209, 25/07/98) – Salvaguarda dos direitos a pensão complementar;
– Directiva 2001/23/CE do Conselho, de 12 de Março de 2001 (JO L 82, 22/03/2001) – Manutenção dos direitos do trabalhador em caso de transferência de empresas ou estabelecimentos;
– Directiva 2006/54/CE do Parlamento Europeu e do Conselho, de 5 de Julho de 2006 (JO L 204, 26/07/2006) – Princípio da igualdade de tratamento entre homens e mulheres;
– Directiva 2008/94/CE do Parlamento Europeu e do Conselho, de 22 de Outubro de 2008 (JO L 283, 28/10/2008) – Protecção dos trabalhadores assalariados na situação de insolvência do empregador;
– Directiva 2014/50/UE do Parlamento e do Conselho, de 16 de Abril de 2014 – Melhoria na aquisição e manutenção de prestações complementares.

em matéria de segurança social (Não se aplica porém às prestações de sobrevivência nem às prestações familiares);
- Directiva 92/85/CE do Conselho, de 19 de Outubro de 1992 – maternidade (norma mínima);
- Directiva 96/34/CE do Conselho, de 3 de Junho de 1996 – licença parental;
- Directiva 96/71/CE, de 16 de Dezembro – Destacamento de trabalhadores no âmbito de uma prestação de serviços;
- Directiva 97/81/CE do Conselho, de 15 de Dezembro de 1997 – trabalho a tempo parcial;
- Directiva 98/23/CE do Conselho, de 7 de Abril 1998 – Altera a Directiva 97/81;
- Directiva 2000/78/CE do Conselho, de 27 de Novembro – Igualdade de tratamento no emprego e na actividade profissional;
- Directiva 2008/55/CE, de 26 de Maio de 2008 – Assistência mútua em matéria de cobrança de crédito;
- Directiva 2010/41/UE do Parlamento Europeu e do Conselho de 2 de Julho de 2010 – princípio da igualdade de tratamento entre homens e mulheres que exercem actividade independente;
- Directiva 2011/24/UE do Parlamento Europeu e do Conselho, de 9 de Março de 2011 (JO L 88, de 4/4/2011) – Cuidados de saúde transfronteiriços;
- Directiva 2011/95/UE do Parlamento Europeu e do Conselho, de 13 de Dezembro de 2011 (JO L 337, 20/12/2011) – Estatuto uniforme para refugiados;
- Directiva 2011/98/UE do Parlamento Europeu e do Conselho, de 13 de Dezembro de 2011 (JO L 343, 23/12/2011) – Igualdade de tratamento para trabalhadores de países terceiros;
- Directiva de Execução 2012/52/UE da Comissão, de 20 Dezembro 2012 – Cuidados de saúde transfronteiriços;
- Directiva 2014/54/UE do Parlamento e do Conselho, de 16 de Abril de 2014 – Livre circulação de trabalhadores (complementa o Reg 492/2011);
- Directiva 2014/67/UE do Parlamento e do Conselho, de 15 de Maio de 2014 – Destacamento de prestação de serviços (execução da Directiva 96/71/CE).

4) Comunidade Ibero-Americana de Segurança Social

- Código Ibero-Americano de Segurança Social e Protocolos (1995) – Resolução da Assembleia da República nº 37/2000, de 13 de Abril.

c. Instrumentos de coordenação

Conselho da Europa

- Acordos Provisórios (1953) – Decretos nº 3/78, 9 de Janeiro e 13/78, de 26 de Janeiro;
- Convenção Europeia de Assistência Social e Médica (1953) – DL nº 182/77, de 31 de Dezembro;
- Convenção Europeia de Segurança Social e Acordo Complementar (1972) – Dec nº 117/82, de 19 de Outubro.[14]

União Europeia, EEE e Suíça[15]

- Regulamento (CE) nº 883/2004 do Parlamento e do Conselho, de 29 de Abril de 2004 – JO L 200, 02/06/2004 – regulamento base;[16]
- Regulamento (CE) nº 987/2009 do Parlamento e do Conselho, de 16 de Setembro de 2009 – JO L 284, 10/10/2009 – regulamento de aplicação;[17]
- Regulamento (UE) nº 1231/2010 do Parlamento Europeu e do Conselho, de 24 de Novembro de 2010 que torna extensivas as disposições do Regulamento (CE) nº 883/2004 e (CE) nº 987/2009 aos nacionais de Estados terceiros que ainda não estão abrangidos por estas disposições por razões exclusivas de nacionalidade.

Comunidade Ibero-Americana de Segurança Social

- Convenção Ibero-Americana de Segurança Social, 26 de Janeiro de 1978 – Decreto do Governo nº 85/84, de 31 de Dezembro;
- Convenção Ibero-Americana de Cooperação no Domínio da Segurança Social, 26 de Janeiro de 1978 – Decreto do Governo nº 86/84, de 31 de Dezembro;
- Convenção Multilateral Ibero-americana de Segurança Social, de 10 de Novembro de 2007 – (invalidez, velhice e sobrevivência) – Decreto nº 15/2010, de 27 de Outubro;
- Tratado da Comunidade Ibero-Americana de Segurança Social (17 de Março de 1982 – Resolução da Assembleia da República nº 8/87, de 7 de Março;

---

[14] Tem protocolo de alteração – Estrasburgo, 11/5/94 (Decreto nº 23/2000, de 14 de Setembro).
[15] O Regulamento (CE) nº 118/97 do Conselho, de 2 de Dezembro de 1996, constitui a última versão actualizada até então dos Regs 1408/71 e 574/72 que em geral vigoraram até Abril de 2010.
[16] Tem versão consolidada no site da UE.
[17] Ver nota anterior.

- Acordo de Aplicação da Convenção Multilateral Ibero-Americana de Segurança Social, de 11 de Setembro de 2009 – Decreto nº 20/2014, de 21 de Julho.

Convenções e acordos bilaterais celebrados por Portugal[18]

- Andorra – Decreto nº 12/90, de 2 de Maio – Convenção e Acordo Administrativo
- Angola – Decreto nº 32/2004, de 29 de Outubro – Convenção
- Argentina[19] – Decreto nº 10/2009, de 3 de Abril – Convenção
- Austrália – Decreto nº 12/2002, de 13 de Abril – Convenção
  - Aviso nº 1/2003, de 7 de Janeiro
  - Aviso nº 228/2003, de 4 de Dezembro – Acordo Administrativo
- Brasil – Resolução da Assembleia da República nº 54/94, de 27 de Agosto
  – Acordo e Ajuste Administrativo
  - Resolução da Assembleia da República nº 6/2009, de 26 de Fevereiro
    – Altera o Acordo
  - Aviso nº 80/2013, de 28 de Junho – Entrada em vigor
- Cabo Verde – Decreto 2/2005, de 4 de Fevereiro – Convenção
  - Aviso nº 379/2007, de 20 de Novembro – Acordo Administrativo
- Canadá – Aviso de 10 de Fevereiro de 1981 – Arranjo Administrativo
  - Decreto nº 34/81, de 5 de Março[20]
  - Aviso de 6 de Maio de 1981
  - Aviso de 22 de Setembro de 1981 – Ajuste – Quebeque
  - Portaria nº 433/84, de 3 de Julho – Ajuste – Ontário (acidentes de trabalho e doenças profissionais)
  - Decreto nº 61/91, de 5 de Dezembro – Acordo Administrativo – Quebeque
- Chile – Decreto nº 34/99, de 1 de Setembro – Convenção
  - Decreto nº 57/99, de 16 de Dezembro – Acordo Administrativo;
- Estados Unidos da América
  - Decreto nº 47/88, de 28 de Dezembro – Ajuste Administrativo
  - Decreto nº 48/88, de 28 de Dezembro – Acordo
- Guiné-Bissau – Decreto nº 35/94, de 21 Novembro – Convenção
  - Decreto nº 30/99, de 10 de Agosto – Acordo Administrativo

---

[18] As convenções com Angola, Moçambique, Guiné-Bissau e S. Tomé e Príncipe ainda não estão em vigor.
[19] Até 31 de Outubro de 2014 vigorou a Convenção aprovada pelo DL nº 47190, de 9 de Setembro de 1966 (aviso DR, I, 3/10/2014).
[20] Há ajustes com as províncias do Quebeque e do Ontário.

- Índia – Decreto nº 5/2017, de 31 de Janeiro – Convenção
- Marrocos – Decreto nº 27/99, de 23 de Julho – Convenção;
  - Aviso nº 127/2010, de 16 de Julho – Acordo Administrativo
- Moçambique [21] – Decreto nº 19/2011, de 6 de Dezembro – Convenção
- Moldova – Resolução da Assembleia da República nº 108/2010, de 24 de Setembro – Convenção
  - Aviso nº 241/2011, de 2 de Dezembro – Acordo Administrativo
- Reino Unido (Ilhas do Canal [22]) – Decreto nº 16/79, de 14 Fevereiro
  - Aviso de 25 de Setembro de 1982
- Roménia – Resolução da Assembleia da República nº 8/2009, de 26 de Fevereiro – Convenção
  - Aviso nº 34/2009, de 1 de Julho – Entrada em vigor da Convenção
- S. Tomé e Príncipe – Decreto nº 24/2005, de 7 de Novembro – Convenção
  - Aviso nº 451/2005, de 19 de Dezembro – Acordo Administrativo
- Tunísia – Resolução da Assembleia da República nº 29/2009, de 17 de Abril – Convenção
  - Aviso nº 33/2009, de 1 de Julho – Entrada em vigor da Convenção
  - Aviso nº 96/2010, de 25 de Junho – Acordo Administrativo
- Ucrânia – Decreto nº 8/2010, de 27 de Abril – Convenção
  - Aviso nº 78/2010, de 4 de Junho – Acordo Administrativo
- Uruguai – Aviso DR, I, de 1/7/87 – Acordo Administrativo
- Venezuela – Decreto nº 27/92, de 2 de Junho – Convenção e Acordo Administrativo

---

[21] Com Moçambique há protocolos de cooperação – Decreto nº 40/99 e 41/99, de 21 de Outubro.
[22] Jersey, Guernesey, Herm, Jethou e Man.

Parte V
Gestão da Segurança Social

Título I
Organização Administrativa da Segurança Social Administrações Públicas[1]

1. ADMINISTRAÇÃO CENTRAL DO ESTADO (directa)

a. GOVERNO

- *MINISTÉRIO DO TRABALHO, SOLIDARIEDADE E SEGURANÇA SOCIAL[2] (MTSSS)[3]*

Missão

Formular, conduzir, executar e avaliar as políticas de emprego, de formação profissional, de relações laborais e condições de trabalho, solidariedade e segurança social, bem como a coordenação das políticas sociais de apoio à família, crianças e jovens em risco, idosos e natalidade, de inclusão das pessoas com deficiência, de combate à pobreza e de promoção da inclusão social.

Estrutura orgânica

O MTSSS prossegue as suas atribuições através de serviços integrados na administração directa do Estado, de organismos integrados na administração indirecta do Estado, de órgão consultivo e de outras estruturas. A saber:

i) Administração directa do Estado

Integram a administração directa do Estado, no âmbito do MTSSS, os seguintes serviços centrais:

---

[1] Ver organigrama a *pág. 673*.
[2] O Ministro é coadjuvado em matéria de segurança social pela Secretária de Estado da Segurança Social.
[3] DL 167-C/2013, 31/12 e DL 251-A/2015, 17/12.

- Inspecção-Geral do Ministério do Trabalho, Solidariedade e Segurança Social;
- Direcção-Geral da Segurança Social;
- Gabinete de Estratégia e Planeamento.

ii) Administração indirecta do Estado

Prosseguem atribuições do MTSSS, sob superintendência e tutela do respectivo ministro, os seguintes organismos:

- Instituto da Segurança Social, I. P.;
- Instituto de Gestão Financeira da Segurança Social, I. P.;
- Instituto de Gestão de Fundos de Capitalização da Segurança Social, I. P.;
- Instituto Nacional para a Reabilitação, I. P.;
- Casa Pia de Lisboa, I. P.;
- Instituto de Informática, IP.;
- Caixa Geral de Aposentações, IP.

A superintendência e tutela relativas ao Instituto de Informática, I. P., são exercidas em conjunto pelos membros do Governo responsáveis pelas áreas da segurança social e finanças, para efeitos das matérias relacionadas com a colecta de contribuições.

A superintendência e tutela relativas à Caixa Geral de Aposentações, I. P., são exercidas em conjunto pelos membros do Governo responsáveis pelas áreas da segurança social e das finanças e Administração Pública nas matérias objecto de negociação colectiva ou de participação dos trabalhadores da Administração Pública, através das suas associações sindicais, e na elaboração de legislação com incidência orçamental.

iii) Órgão consultivo

Conselho Nacional para as Políticas de Solidariedade, Voluntariado, Família, Reabilitação e Segurança Social.

iv) Outras estruturas

O MTSSS exerce tutela sobre a Santa Casa da Misericórdia de Lisboa.

No âmbito do MTSSS funciona a Comissão Nacional de Promoção dos Direitos e Protecção de Crianças e Jovens.

São entidades externalizadas do MTSSS:

- Fundação Inatel;
- Cooperativa António Sérgio para a Economia Social – Cooperativa de Interesse Público de Responsabilidade Limitada (CASES).

b. SERVIÇOS PÚBLICOS CENTRAIS

1) DIREcção-GERAL DA SEGURANÇA SOCIAL (DGSS)[4]

Missão

Concepção, coordenação e apoio nas áreas do sistema da segurança social, incluindo a protecção contra os riscos profissionais, bem como o estudo, a negociação técnica e a coordenação da aplicação dos instrumentos internacionais relativos à legislação do mencionado sistema.

No âmbito das questões legislativas e regulamentares relacionadas com a Sociedade Cooperativa Europeia, cabe à DGSS estudar, propor e acompanhar os processos normativos, procedendo a consulta prévia da Cooperativa António Sérgio para a Economia Social – Cooperativa de Interesse Público de Responsabilidade Limitada (CASES).

O *Conselho Consultivo para a Coordenação Internacional de Segurança Social* é o órgão de consulta, apoio e participação na definição das políticas de coordenação internacional de segurança social.

2) INSPECÇÃO-GERAL DO MINISTÉRIO DO TRABALHO, SOLIDARIEDADE E SEGURANÇA SOCIAL (IGMTSSS)[5]

Missão

Apreciar a legalidade e regularidade dos actos praticados pelos serviços e organismos do MTSSS ou sujeitos à tutela do ministro, bem como avaliar a sua gestão e os seus resultados, através do controlo de auditoria técnica, de desempenho e financeira.

Atribuições

- apreciar a conformidade legal e regulamentar dos actos dos serviços e organismos do MTSSS e avaliar o seu desempenho e gestão, através da realização de acções de inspecção e de auditoria;
- auditar os sistemas e procedimentos de controlo interno dos serviços e organismos da área de actuação do MTSSS, no quadro das responsabilidades cometidas ao Sistema de Controlo Interno da Administração Financeira do Estado pela Lei de Enquadramento Orçamental;
- avaliar a qualidade dos serviços prestados ao cidadão.

---

[4] D Reg 36/2012, 27/03.
[5] D Reg 22/2012, 08/02.
V. Procedimentos inspectivos (infra)

3) *GABINETE DE ESTRATÉGIA E PLANEAMENTO (GEP)* [6]

Missão

Garantir o apoio técnico à formulação de políticas e ao planeamento estratégico e operacional, em articulação com a programação financeira, assegurar, directamente ou sob sua coordenação, as relações internacionais e a cooperação com os países de língua oficial portuguesa e acompanhar e avaliar a execução de políticas, dos instrumentos de planeamento e os resultados dos sistemas de organização e gestão, em articulação com os demais serviços do MTSSS.

c. Órgãos consultivos

1) *Conselho Nacional para as Políticas de Solidariedade, Voluntariado, Família, Reabilitação e Segurança Social (CNPSSS)* [7]

Missão

Coadjuvar o membro do Governo responsável pela área da solidariedade e da segurança social na definição e execução das diversas políticas a prosseguir no âmbito do respectivo ministério.

Funciona sob articulação dos membros do Governo responsáveis pelas áreas da solidariedade, da segurança social e da igualdade de género.

2) *Conselho Nacional para a Economia Social* (CNES) [8]

Órgão de acompanhamento e de consulta do Governo no domínio das estratégias e das políticas públicas de promoção e de desenvolvimento da economia social.

O apoio administrativo e financeiro ao funcionamento do CNES é assegurado pela Cooperativa António Sérgio para a Economia Social.

---

[6] D Reg 24/2012, 13/02, (alterado e republicado pelo DL 14/2015, 26/01) e Port 187/2012, 14/06.
[7] DL 48/2017, 22 de Maio..
[8] RCM 55/2010, 04/08 (versão da RCM 103/2012, 07/12).

2. ADMINISTRAÇÃO ESTADUAL INDIRECTA – INSTITUTOS PÚBLICOS[9]

a. Instituições da segurança social (Continente)[10] – Institutos públicos de regime especial[11]

1) *Instituto da Segurança Social, I.P. (ISS, I.P.)*[12]

Natureza jurídica

Instituto público de regime especial integrado na administração indirecta do Estado, dotado de autonomia administrativa e financeira e património próprio, prosseguindo atribuições do ministério responsável pela área da segurança social, sob superintendência e tutela do respectivo ministro.

Âmbito territorial e sede

É um organismo central com jurisdição sobre o território continental[13], com sede em Lisboa.

Missão

Gestão dos regimes de segurança social, incluindo o tratamento, recuperação e reparação de doenças ou incapacidades resultantes de riscos profissionais, o reconhecimento dos direitos e o cumprimento das obrigações decorrentes dos regimes de segurança social e demais subsistemas da segurança social, incluindo o exercício da acção social, bem como assegurar a aplicação dos acordos internacionais no âmbito do sistema da segurança social.

Órgãos

i) *Conselho directivo*

Compete-lhe dirigir a actividade do ISS, IP, tendo em vista, designadamente, a garantia dos direitos e do cumprimento dos deveres dos beneficiários e contribuintes, bem como o regular exercício e desenvolvimento da acção social.

---

[9] Regime geral dos institutos públicos: Lei nº 3/2004, de 15 de Janeiro (com alterações).
[10] Enumeradas no DL 39/2011, 21/03.
[11] Com a aplicação do Estatuto de Gestor Público e classificados pela RCM 34/2012, 15/03.
[12] DL 83/2012, 30/03, e Port 135/2012, 08/05 (versão da Port 102/2017, 08/03).
[13] Para as regiões autónomas instituições próprias.

ii) *Fiscal único*[14]

iii) *Conselho consultivo*

Órgão de consulta, apoio e participação na definição das linhas gerais de actuação do ISS, IP, e nas tomadas de decisão do conselho directivo.

iv) *Conselho médico*

Órgão de consulta, apoio e participação para as questões de natureza médico-funcional, no âmbito do sistema de verificação de incapacidades que funciona junto do ISS, IP.

v) *Conselho de Apoio para Assuntos de Protecção contra os Riscos Profissionais*

Órgão de apoio à gestão para matérias relacionadas com a protecção contra os riscos profissionais.

Estrutura

- Unidades orgânicas centrais – *Serviços centrais – Áreas operacionais*

i) *Departamento de Prestações e Contribuições (DPC)*

Compete assegurar a correcta aplicação da legislação em matérias de obrigações contributivas e o controlo da cobrança das contribuições e prestações.

ii) *Departamento de Comunicação e Gestão do Cliente (DCGC)*

Compete assegurar a gestão e a uniformização dos procedimentos do atendimento ao cidadão, definir as estratégias de comunicação interna e externa e implementar as respectivas acções.

iii) *Departamento de Desenvolvimento Social (DDS)*

Compete propor medidas, regular e definir parâmetros para o cumprimento de normativos, com vista ao desenvolvimento e a execução das políticas de acção social, das medidas de combate à pobreza e de promoção da inclusão social e a dinamização da cooperação com as entidades do sector social ou outras necessárias à respectiva execução da sua actividade.

iv) *Departamento de Fiscalização (DF)*

Compete exercer a acção fiscalizadora no cumprimento dos direitos e obrigações dos beneficiários e contribuintes do sistema de segurança social, insti-

---

[14] Nos termos do regime dos institutos públicos (L 3/2004, 15/01, com alterações).

tuições particulares de solidariedade social (IPSS) e outras entidades privadas que exerçam actividades de apoio social.[15] Especificamente:

- desenvolver, em articulação com o DCGC, acções de esclarecimento e orientação dos beneficiários e contribuintes sobre os seus direitos e obrigações para com a segurança social, tendo em vista prevenir ou corrigir a prática de infracções;
- fiscalizar o cumprimento das obrigações dos beneficiários e contribuintes, nomeadamente as relacionadas com o enquadramento, a inscrição, o registo e a declaração de remunerações;
- elaborar e determinar o registo oficioso das declarações de remunerações, na sequência do resultado da acção inspectiva;
- fiscalizar os beneficiários de prestações sociais e, caso conclua pela não verificação, total ou parcial, dos requisitos necessários à manutenção dos mesmos, determinar aos serviços competentes pela atribuição dos direitos que procedam à realização das diligências adequadas à correcção das irregularidades detectadas;
- elaborar autos de notícia respeitantes às actuações ilegais de beneficiários e contribuintes, detectadas no exercício das suas funções;
- exercer a acção fiscalizadora das IPSS e de outras entidades privadas que exerçam actividades de apoio social;
- efectuar a prospecção e o levantamento de estabelecimentos clandestinos e a funcionar ilegalmente;
- desenvolver as acções necessárias ao encerramento dos estabelecimentos que exerçam actividades de apoio social;
- informar e esclarecer as entidades proprietárias e os utentes de estabelecimentos de apoio social quanto aos seus direitos e obrigações, com vista a prevenir ou corrigir a prática de infracções;
- elaborar autos de notícia respeitantes às actuações ilegais das IPSS e de outras entidades privadas, detectadas no exercício das suas funções;
- desenvolver as acções necessárias à instrução dos processos de investigação no âmbito de condutas ilícitas dos beneficiários e contribuintes em relação à segurança social;
- promover e realizar acções de prevenção criminal.

v) Departamento de Protecção contra Riscos Profissionais (DPRP)
Compete-lhe a responsabilidade pela gestão do tratamento, reparação e recuperação de doenças ou incapacidades emergentes de riscos profissionais.

---

[15] Ver "Procedimentos inspectivos" infra.

- *Centro Nacional de Pensões (CNP)*

Serviço do ISS, IP, de âmbito nacional, responsável pela gestão das prestações diferidas do sistema de segurança social e de outras que com elas se relacionem ou sejam determinadas pelo mesmo facto.

- *Serviços desconcentrados – Centros distritais do ISS, IP*

Serviços responsáveis, ao nível de cada um dos 18 distritos do continente, pela execução das medidas necessárias ao desenvolvimento e gestão das prestações, das contribuições e da acção social.

A actuação dos centros distritais pode desenvolver-se de forma deslocalizada mediante *serviços locais* de proximidade com os cidadãos com competência para prestar atendimento ao público no âmbito do relacionamento do cidadão com a segurança social, a operar na sua área de intervenção, em regra concelho[16].

- *Estabelecimentos integrados*

A actividade do ISS, IP pode desenvolver-se, também, através de estabelecimentos integrados[17] que prosseguem modalidades de acção social integrada, visando o apoio às populações, nomeadamente nas áreas da infância, juventude, reabilitação, idosos e família.

Os estabelecimentos integrados encontram-se na dependência do ISS, IP, sob a sua gestão directa ou sob a gestão de outras entidades, designadamente de instituições particulares de solidariedade social (IPSS) ou da Santa Casa da Misericórdia de Lisboa (SCML), através de acordos de gestão.

Os estabelecimentos integrados sob gestão directa do ISS, IP são dirigidos por um director de estabelecimento, na dependência do centro distrital da área geográfica onde se inserem.

- *Sistema de Verificação de Incapacidades (SVI)*

Objecto

- confirmação da subsistência das condições de incapacidade temporária determinante do direito ao subsídio de doença;
- verificação e revisão de situações de incapacidade permanente determinantes do direito a pensões de invalidez e sobrevivência dos regimes de segurança social;

---

[16] Para além do atendimento em lojas do cidadão ou espaços do cidadão.
[17] Lista dos estabelecimentos anexa aos Estatutos do ISS, IP (Port 135/2012, 08/05, versão da Port 102/2017, 08/03) já considerados os centros educativos transferidos para o ISS, IP pela Port 101/2008, 01/02.

- verificação das situações de dependência determinantes do direito ao subsídio por assistência de terceira pessoa[18];
- verificação das situações de deficiência determinantes do direito ao subsídio mensal vitalício;
- verificação da aptidão para o trabalho exigida para o enquadramento no regime de seguro social voluntário;
- confirmação das situações de incapacidade temporária dos beneficiários a receber prestações de desemprego.

Verificação de incapacidade temporária

Às *comissões de verificação e de reavaliação*, cabe-lhes, através da realização de exames médicos, a verificação das condições de subsistência das incapacidades temporárias relativas à concessão do subsídio de doença.[19]

Compete às *comissões de verificação de incapacidade temporária*, face à situação clínica do beneficiário:

- deliberar sobre a subsistência da incapacidade temporária;
- emitir os pareceres médicos que lhes forem solicitados pelos serviços.

Compete às *comissões de reavaliação* de incapacidade temporária pronunciar-se sobre a subsistência de incapacidade temporária dos beneficiários, quando se verifique uma das seguintes situações:

- certificação, devidamente fundamentada pelos serviços de saúde, de uma nova situação de incapacidade do beneficiário no período de 90 dias subsequente à data da deliberação da comissão de verificação que considerou a não subsistência de incapacidade temporária para o trabalho;
- manutenção pelos serviços de saúde da situação de incapacidade temporária, após deliberação da comissão de verificação que considerou a não subsistência de incapacidade para o trabalho.

Verificação de incapacidade permanente

Às *comissões de verificação e de recurso*, cabe-lhes, através da realização de exames médicos, a verificação das situações de incapacidade permanente em situações invalidantes ou de situações de deficiência pela análise dos dados relativos

---

[18] Por analogia também complemento por dependência.
[19] Não prejudica a competência atribuída, em termos gerais, aos serviços de saúde, pelo regime jurídico de protecção na doença, para a comprovação da situação de incapacidade temporária para o trabalho dos beneficiários do regime geral de segurança social, nem a atribuída aos serviços e entidades competentes para a verificação das situações causadas por riscos profissionais ou deficiência.

às condições físicas, motoras, orgânicas, sensoriais e intelectuais dos beneficiários como as referentes às suas repercussões sócio-profissionais.

Compete, em geral, aos médicos relatores e às comissões de verificação:

- verificar os danos físicos, orgânicos, anátomo-funcionais, psíquicos e psicológicos dos requerentes ou titulares de prestações pecuniárias dos regimes de segurança social, determinando, com base em todos os elementos de diagnóstico que forem necessários, a origem, a natureza e a extensão da redução física motora, orgânica, sensorial ou intelectual provocada pela incapacidade;
- considerar as capacidades remanescentes do interessado e avaliar as repercussões sócio-profissionais da incapacidade face às perspectivas concretas e actuais da sua reabilitação profissional e inserção no mercado normal de emprego;
- estudar e propor os métodos mais adequados a uma eficaz, objectiva e justa avaliação da incapacidade com base na ponderação das necessidades específicas decorrentes das limitações funcionais detectadas, bem como proceder à definição dos meios necessários à recuperação, com vista ao aproveitamento das capacidades remanescentes.

Compete às *comissões de verificação*:

- apreciar os processos clínicos dos requerentes das prestações ou dos beneficiários sujeitos a processo oficioso de verificação de incapacidade com base nos dados coligidos pelo médico relator e nos demais elementos de diagnóstico constantes do respectivo processo;
- verificar a origem, a natureza, a extensão e a presumível duração de incapacidade detectada, não susceptível de superação através de acções de recuperação funcional ou de adequados e viáveis meios de compensação;
- determinar, com base nas capacidades remanescentes e nas efectivas possibilidades de reabilitação profissional e inserção no mercado normal de emprego, a redução da capacidade profissional do beneficiário;
- concluir sobre o enquadramento das situações verificadas nos critérios legais de atribuição das prestações em causa, especificando as datas a que se reporta a verificação de incapacidade ou de dependência;
- proceder à revisão das situações de incapacidade permanente que abriram direito às prestações, tendo em vista pronunciar-se sobre a evolução das mesmas.

Compete às *comissões de recurso* apreciar as deliberações das comissões de verificação relativas à situação dos requerentes, não só em relação às condições de saúde, mas também às repercussões sócio-profissionais da incapacidade.

2) *Instituto de Gestão Financeira da Segurança Social, IP (IGFSS, IP)*[20]

Natureza

Instituto público de regime especial integrado na administração indirecta do Estado, dotado de autonomia administrativa e financeira e património próprio, prosseguindo atribuições do Ministério responsável pela área da segurança social, sob superintendência e tutela do respectivo ministro.[21]

Jurisdição territorial e sede

É um organismo central com jurisdição sobre o território continental[22], com sede em Lisboa.

Missão

Gestão financeira unificada dos recursos económicos consignados no orçamento da segurança social.

Áreas de intervenção

- Orçamento e conta;
- Gestão da dívida;
- Património imobiliário;
- Gestão financeira;
- Controlo interno da administração financeira dos organismos que integram o sistema de segurança social.

Atribuições na área da gestão financeira, nomeadamente:

- optimizar a gestão dos recursos financeiros do sistema de segurança social;
- desempenhar as funções de tesouraria única do sistema de segurança social, assegurando e controlando os pagamentos, bem como a arrecadação das receitas e dos respectivos fundos;
- contrair os financiamentos necessários ao equilíbrio financeiro do sistema;
- assegurar a gestão dos seguintes fundos:
  • Fundo de Garantia dos Alimentos Devidos a Menores[23];

---

[20] DL 84/2012, 30/03, e Port 417/2012, 19/12.
[21] Sendo equiparado ao Estado para efeitos de aplicação do Código das Sociedades Comerciais (art. 545º do CSC).
[22] Para as regiões autónomas instituições próprias.
[23] Nos termos da L 75/98, 19/11 e DL 164/99, 13/05.

- Fundo de Garantia de Compensação do Trabalho (FGCT)[24]
- Fundo de Garantia Salarial[25];
- Fundo de Socorro Social[26];
- demais fundos englobados no Instituto[27];
– assegurar a rendibilização de excedentes de tesouraria, nomeadamente mediante o recurso a instrumentos disponíveis no mercado.

Órgãos

Conselho directivo;
Fiscal único;[28]
Conselho consultivo.

Serviços desconcentrados a nível distrital – Secções de processo executivo da segurança social (Secções de processo)

São serviços de execução de dívidas à segurança social[29], de âmbito geográfico distrital[30] a que compete instaurar e instruir os processos executivos, cabendo-lhes praticar os actos de natureza administrativa[31].

A Secção de Processo Executivo 100 (SPE 100) tem âmbito geográfico nacional, sendo competente para a coordenação da execução de dívidas à segurança social de pessoas singulares.

3) Instituto de Gestão de Fundos de Capitalização da Segurança Social, I.P. (IGFCSS, I.P.) ou Instituto de Gestão de Fundos, I.P.[32]

Natureza jurídica

Instituto público de regime especial integrado na administração indirecta do Estado, dotado de autonomia administrativa e financeira e património pró-

---

[24] Nos termos do art. 18º da L 70/2013, 30/08.
[25] DL 139/2001, 24/04.
[26] Nos termos do art. 6º do DL 102/2012, 11/05, e Port 428/2012, 31/12.
[27] Caso dos fundos especiais (*V. pág. 191*).
[28] Nos termos do regime dos institutos públicos (Lei nº 3/2004, de 15 de Janeiro).
[29] Art. 15º do DL 84/2012, 30/03. Ver súmula do processo de execução de dívidas à segurança social no Título II – Actividade Administrativa, Garantias e Contencioso (*págs. 561 e segs*).
[30] Sem prejuízo de, nos distritos com maior volume de processos, se justificar a existência de mais do que uma secção – casos de Lisboa (3) e Porto (2).
[31] Obviamente os de natureza jurisdicional estão reservados aos tribunais.
[32] DL 203/2012, 28/08.

prio, prosseguindo atribuições do ministério responsável pela área da segurança social, sob superintendência e tutela do respectivo ministro.

O Fundo de Estabilização Financeira da Segurança Social (FEFSS) está integrado no IGFCSS, I. P., como património autónomo afecto exclusivamente à capitalização pública de estabilização.[33]

Âmbito territorial e sede

Organismo central com jurisdição sobre o território português, com sede no Porto e uma delegação em Lisboa.

Missão

Gestão de fundos de capitalização no âmbito do financiamento do sistema de segurança social do Estado e de outros sistemas previdenciais[34].

Órgãos

Conselho directivo;
Fiscal único[35];
Conselho consultivo[36].

4) ***Instituto de Informática, I.P.(II, I.P.)***[37]

Natureza jurídica

Instituto público de regime especial integrado na administração indirecta do Estado, dotado de autonomia administrativa e financeira e património próprio, prosseguindo atribuições do ministério responsável pela área da segurança social, sob superintendência e tutela dos membros do Governo responsáveis pelas áreas da solidariedade, segurança social, da economia e do emprego e, em matérias relacionadas com a colecta de contribuições, das finanças.

Âmbito territorial e sede

Organismo central com intervenção sobre o território português, com sede em Porto Salvo.

---

[33] Nos termos e com as finalidades previstas no art. 91º da LSS.
[34] Caso do Fundo de Compensação do Trabalho (FCT), nos termos do art. 18º da L 70/2013, 30/08.
[35] Nos termos do regime dos institutos públicos (L 3/2004, 15/01).
[36] Órgão de consulta, apoio e participação na definição das linhas gerais de actuação do IGFCSS, I. P., e nas tomadas de decisão do conselho directivo.
[37] DL 196/2012, 23/08, e Port 138/2013, 02/04.

Missão

Definir e propor as políticas e estratégias de tecnologias de informação e comunicação, garantindo o planeamento, concepção, execução e avaliação das iniciativas de informatização e actualização tecnológica do MTSSS.

Órgãos

Conselho directivo;
Fiscal único[38];
Conselho consultivo[39].

b. Outros organismos

1) *Caixa Geral de Aposentações, IP.*

Missão

Gerir o regime de segurança social público em matéria de pensões de aposentação, de reforma, de sobrevivência e de outras de natureza especial.

Atribuições

- assegurar a gestão e atribuição de pensões e prestações devidas no âmbito do regime de segurança social público e de outras de natureza especial;
- assegurar a gestão e controlo das quotas dos subscritores e das contribuições de entidades;
- propor ou participar na elaboração de projectos de legislação da segurança social do sector público;
- elaborar informação estatística e de gestão.

2) *Instituto Nacional para a Reabilitação, I.P. (INR, I.P.)*[40]

Missão

Assegurar o planeamento, execução e coordenação das políticas nacionais destinadas a promover os direitos das pessoas com deficiência.

---

[38] Nos termos do regime dos institutos públicos (L 3/2004, 15/01).
[39] Órgão de consulta, apoio e participação na definição das linhas gerais de actuação do II, I. P., e nas tomadas de decisão do conselho directivo.
[40] DL 31/2012, 09/02, e Port 220/2012, 20/07.

Natureza jurídica

Instituto público integrado na administração indirecta do Estado, dotado de autonomia administrativa e património próprio, prosseguindo atribuições do ministério responsável pala área da segurança social, sob superintendência e tutela do respectivo ministro.

Âmbito territorial e sede

Organismo com jurisdição nacional, com sede no concelho de Lisboa e uma delegação em Sacavém.

Tem como órgão o conselho directivo ao qual compete dirigir e orientar a acção dos serviços do INR, I. P., nos termos das competências que lhe forem conferidas por lei, ou que nele sejam delegadas ou subdelegadas.

3) ***Casa Pia de Lisboa, I. P. (CPL, I. P.)***[41]
Instituto público, integrado na administração indirecta do Estado, dotado de autonomia administrativa e financeira e património próprio e prossegue atribuições do Ministério da Solidariedade e da Segurança Social, sob superintendência e tutela do respectivo ministro.

Missão

Integrar crianças e adolescentes, designadamente as desprovidas de meio familiar adequado, garantindo-lhes percursos educativos inclusivos, assentes, nomeadamente, numa escolaridade prolongada, num ensino profissional de qualidade e numa aposta na integração profissional e, sempre que necessário, acolhendo-as.

4) ***Santa Casa da Misericórdia de Lisboa (SCML)***[42]
Pessoa colectiva de direito privado e utilidade pública administrativa sendo a tutela exercida pelo membro do Governo que superintende a área da segurança social.

Missão

Prossecução de fins de acção social, de prestação de cuidados de saúde, de educação e cultura e de promoção da qualidade de vida, sobretudo em proveito dos mais desprotegidos.

---

[41] DL 77/2012, 26/03 – orgânica.
[42] Estatutos aprovados pelo DL 235/2008, 03/12.

5) Comissão Nacional de Promoção dos Direitos e Protecção das Crianças e Jovens[43]

Missão

Planear a intervenção do Estado e coordenar, acompanhar e avaliar a acção dos organismos públicos e da comunidade na protecção de crianças e jovens em risco.

Funções

Acompanhamento, apoio e avaliação das comissões de protecção de crianças e jovens que consiste, nomeadamente, em:

- proporcionar formação e informação adequadas no domínio da promoção dos direitos e da protecção das crianças e jovens em perigo;
- formular orientações e emitir directivas genéricas relativamente ao exercício das competências das comissões de protecção;
- apreciar e promover as respostas às solicitações que lhe sejam apresentadas pelas comissões de protecção sobre questões surgidas no exercício das suas competências;
- promover e dinamizar as respostas e os programas adequados ao desempenho das competências das comissões de protecção;
- promover e dinamizar a celebração dos protocolos de cooperação entre as entidades e as comissões de protecção necessários ao exercício das suas competências.

6) Fundação Inatel[44]

Pessoa colectiva de direito privado e utilidade pública, dotada de personalidade jurídica, com duração indeterminada.

Fins principais

Promoção das melhores condições para a ocupação dos tempos livres e do lazer dos trabalhadores, no activo e reformados, desenvolvendo e valorizando o turismo social, a criação e fruição cultural, a actividade física e desportiva, a inclusão e a solidariedade social.

---

[43] Arts. 30º e segs. da L 147/99, 01/09 e DL 159/2015, 10/08. Ver Comissões de protecção de crianças e jovens em Estruturas transversais. Para a RAA: Comissariado dos Açores para a Infância (D Leg Reg 17/2016/A, 18/09).

[44] Estatutos: DL 106/2008, 25/06.

7) *Cooperativa António Sérgio para a Economia Social – Cooperativa de Interesse Público de Responsabilidade Limitada* (CASES)[45]

Objecto

Promover o fortalecimento do sector da economia social, aprofundando a cooperação entre o Estado e as organizações que o integram, tendo em vista estimular o seu potencial ao serviço da promoção do desenvolvimento sócio-económico do País, bem como a prossecução de políticas na área do voluntariado.

3. INSTITUIÇÕES DE PREVIDÊNCIA SOCIAL

Caixas de previdência[46]

Institutos públicos sob a forma de fundação pública que gerem as prestações de segurança social e os recursos financeiros, humanos e materiais da sua competência.

4. ADMINISTRAÇÃO REGIONAL AUTÓNOMA – Regiões Autónomas dos Açores e da Madeira

a. REGIÃO AUTÓNOMA DOS AÇORES

- **Governo Regional – Secretaria Regional da Solidariedade Social** *(SRSS)*[47]

Departamento que propõe e executa a política do Governo nos sectores da emergência social, habitação, solidariedade social, segurança social, relações com IPSS; políticas de igualdade de género, igualdade perante o trabalho e combate às discriminações, voluntariado e natalidade.

- **Serviços Públicos**
  Direcção Regional da Solidariedade Social *(DRSS)*

Serviço da SRSS que tem por missão propor, executar e avaliar as políticas em matéria de solidariedade e segurança social.

---

[45] Orgânica: DL 282/2009, 07/10 (versão do DL 39/2017, de 4 de Abril). Para os estatutos ver site próprio.
[46] Na prática, após o DL 26/2012, 06/02, só subsiste a Caixa de Previdência dos Advogados e Solicitadores com regulamento aprovado pelo DL 119/2015, 29/11.
[47] D Reg Reg 10/2013/A, 02/08.

Serviços de ilha

Serviços periféricos da SRSS dirigidos por delegados:

a) Serviço de Ilha de Santa Maria (SISM);
b) Serviço de Ilha da Graciosa (SIG);
c) Serviço de Ilha de São Jorge (SISJ);
d) Serviço de Ilha do Pico (SIP);
e) Serviço de Ilha de Faial (SIF);
f) Serviço de Ilha de Flores e Corvo (SIFC).

- *Administração Indirecta – Institutos públicos*
Instituto da Segurança Social dos Açores, IPRA (ISSA)[48]

Instituto público dotado de autonomia administrativa e financeira sujeito à tutela do membro do Governo Regional com competência em matéria de solidariedade e segurança social, com sede na ilha Terceira, com âmbito geográfico de actuação correspondente à Região Autónoma dos Açores, dispondo de 11 núcleos de atendimento.

Tem como objectivo a gestão do sistema público de segurança social, do sistema de acção social e do sistema complementar na Região.

b. REGIÃO AUTÓNOMA DA MADEIRA

- *Governo Regional – Secretaria Regional da Inclusão e dos Assuntos Sociais (SRIAS)*[49]

Departamento do Governo Regional da Madeira que tem por missão definir a política regional nos domínios da saúde, segurança social e protecção civil, exercer as correspondentes funções normativas e promover a respectiva execução e avaliar os resultados.

- *Instituto de Segurança Social da Madeira, IP-RAM (ISSM)*[50] *– Administração Indirecta*

Natureza

Instituto público de regime especial,[51] integrado na administração indirecta da Região Autónoma da Madeira com personalidade jurídica, dotado de auto-

---

[48] D Leg Reg 14/2013/A, 03/10.
[49] D Reg Reg 15/2015/M, 14/11.
Para o Conselho Regional dos Assuntos Sociais ver Port Reg 40/2013, 19/06.
[50] Orgânica: D Leg Reg 34/2012/M, 16/11. Estatutos: Port Reg 167/2012, 20/12.
[51] Goza do regime especial previsto na lei-quadro dos institutos públicos.

nomia administrativa e financeira e património próprio, exercendo a sua actividade sob a tutela e superintendência do Secretário Regional da Inclusão e dos Assuntos Sociais.

Jurisdição territorial e sede

Tem jurisdição sobre todo o território da RAM, sendo, nomeadamente, a instituição competente relativamente aos beneficiários de segurança social com residência na RAM e aos contribuintes da segurança social, sejam entidades empregadoras ou equiparadas e trabalhadores independentes com sede, direcção efectiva, domicílio profissional ou residência na RAM, ainda que detenham estabelecimentos, locais de trabalho ou sucursais fora do território regional.

Tem a sua sede no Funchal e dispõe de 13 serviços locais de proximidade com o cidadão, no território da RAM.

Missão

Gestão dos regimes de segurança social, o reconhecimento dos direitos e o cumprimento das obrigações decorrentes dos regimes de segurança social, a gestão da recuperação da dívida e o exercício da acção social, bem como assegurar a aplicação dos instrumentos internacionais de segurança social na RAM.

5. ADMINISTRAÇÃO LOCAL AUTÁRQUICA – AUTARQUIAS LOCAIS

As atribuições das autarquias locais e entidades intermunicipais compreendem, na área social[52]:

- desenvolvimento;
- saúde;
- acção social;
- habitação.

A acção social é desenvolvida através de protocolos e da Rede Social.[53]

---

[52] L 75/2013, 12/09 e DL 30/2015, 12/02.
[53] Organizadas em plataformas supramunicipais (*V. pág 400*) ou através dos conselhos locais de acção social (CLAS) e das comissões sociais de freguesia (CSF) (DL 115/2006, 14/06).

Título II
Garantias e Contencioso

1. A ACTIVIDADE ADMINISTRATIVA

a. Actividade administrativa em geral

Noção

A actividade administrativa em que se integra a actividade das instituições gestoras da segurança social visa a satisfação de necessidades públicas ou colectivas – o interesse público – constituindo também as atribuições das pessoas colectivas.

A satisfação daquelas necessidades (quando o Estado ensina, educa, distrai, constrói, assiste e cura) é levada a cabo através de:

- uma acção jurídica (actividade ou função de natureza jurídica) – organização de serviços, celebração de contratos, disciplina dos agentes...
- uma função técnica constituída por toda a actividade cujo objecto directo e imediato consiste na produção de bens ou na prestação de serviços destinados à satisfação das necessidades colectivas de carácter material ou cultural, de harmonia com preceitos práticos tendentes a obter a máxima eficiência dos meios empregados, exercida pelos profissionais (professores, artistas, engenheiros, médicos), mediante o emprego das respectivas técnicas.

- **Princípios gerais da actividade administrativa**[1]

O exercício da função administrativa está subordinado a determinados princípios, constituindo como que um código da actividade administrativa. São eles (enumeração legal)[2]:

Princípio da legalidade[3]

Os órgãos da Administração Pública devem actuar em obediência à lei e ao direito[4], dentro dos limites dos poderes que lhes forem conferidos e em conformidade com os respectivos fins.[5]

Princípio da prossecução do interesse público e da protecção dos direitos e interesses dos cidadãos

Compete aos órgãos da Administração Pública prosseguir o interesse público, no respeito pelos direitos e interesses legalmente protegidos dos cidadãos.

---

[1] Nos termos dos arts. 3º a 19º do Código do Procedimento Administrativo (CPA), aprovado pelo DL 4/2015, de 7 de Janeiro.
Aplicáveis genericamente aos actos quer das instituições gestoras da segurança social quer das IPSS, nos termos do art. 2º do CPA.
Ver especificidades no acto tributário parafiscal – *processo administrativo tributário* – ou no processo judicial tributário – Impugnação e execução – normas específicas da segurança social aplicáveis e normas fiscais gerais – Lei Geral Tributária (LGT) e Código de Procedimento e do Processo Tributário (CPPT).

[2] São considerados princípios fundamentais (para José Tavares):
- da legalidade;
- da prossecução do interesse público;
- do respeito pelos direitos e interesses legalmente protegidos dos cidadãos;
- da igualdade;
- da proporcionalidade;
- da justiça;
- da imparcialidade;
- da boa administração ou do mérito.

[3] de formulação positiva – a lei é o fundamento, o critério e o limite de toda a actuação administrativa.

[4] Com submissão aos princípios gerais do direito, à Constituição, às normas internacionais, à disciplina de carácter regulamentar, a actos constitutivos de direitos...

[5] Os actos administrativos praticados em estado de necessidade, com preterição das regras estabelecidas no CPA, são válidos, desde que os seus resultados não pudessem ter sido alcançados de outro modo, mas os lesados têm o direito de ser indemnizados nos termos gerais da responsabilidade da Administração.

Princípio da boa administração

A Administração Pública deve pautar-se por critérios de eficiência, economicidade e celeridade. Neste sentido a Administração Pública deve ser organizada de modo a aproximar os serviços das populações e de forma não burocratizada.[6]

Princípio da igualdade

Nas suas relações com os particulares, a Administração Pública deve reger-se pelo princípio da igualdade, não podendo privilegiar, beneficiar, prejudicar, privar de qualquer direito ou isentar de qualquer dever ninguém em razão de ascendência, sexo, raça, língua, território de origem, religião, convicções políticas ou ideológicas, instrução, situação económica, condição social ou orientação sexual.

Princípio da proporcionalidade

Na prossecução do interesse público, a Administração Pública deve adoptar os comportamentos adequados aos fins prosseguidos. As decisões da Administração que colidam com direitos subjectivos ou interesses legalmente protegidos dos particulares só podem afectar essas posições na medida do necessário e em termos proporcionais aos objectivos a realizar.

Princípios da justiça e da razoabilidade

A Administração Pública deve tratar de forma justa todos aqueles que com ela entrem em relação, e rejeitar as soluções manifestamente desrazoáveis ou incompatíveis com a ideia de Direito, nomeadamente em matéria de interpretação das normas jurídicas e das valorações próprias do exercício da função administrativa.

Princípio da imparcialidade

A Administração Pública deve tratar de forma imparcial aqueles que com ela entrem em relação, designadamente, considerando com objectividade todos e apenas os interesses relevantes no contexto decisório e adoptando as soluções organizatórias e procedimentais indispensáveis à preservação da isenção administrativa e à confiança nessa isenção.

---

[6] O princípio da boa administração tem um conteúdo que vai muito além da fórmula adjectiva aqui inscrita.

Princípio da boa-fé

No exercício da actividade administrativa e em todas as suas formas e fases, a Administração Pública e os particulares devem agir e relacionar-se segundo as regras da boa-fé. Assim, devem ponderar-se os valores fundamentais do Direito relevantes em face das situações consideradas, e, em especial, a confiança suscitada na contraparte pela actuação em causa e o objectivo a alcançar com a actuação empreendida.

Princípio da colaboração com os particulares

Os órgãos da Administração Pública devem actuar em estreita colaboração com os particulares, cumprindo-lhes, designadamente, prestar aos particulares as informações[7] e os esclarecimentos de que careçam, apoiar e estimular as suas iniciativas e receber as suas sugestões e informações. A Administração Pública é responsável pelas informações prestadas por escrito aos particulares, ainda que não obrigatórias.

Princípio da participação

Os órgãos da Administração Pública devem assegurar a participação dos particulares, bem como das associações que tenham por objecto a defesa dos seus interesses, na formação das decisões que lhes digam respeito, designadamente através da respectiva audiência nos termos do CPA.[8]

Princípio da decisão

Os órgãos da Administração Pública têm o dever de se pronunciar sobre todos os assuntos da sua competência que lhes sejam apresentados e, nomeadamente, sobre os assuntos que aos interessados digam directamente respeito, bem como sobre quaisquer petições, representações, reclamações ou queixas formuladas em defesa da Constituição, das leis ou do interesse público.

Não existe o dever de decisão quando, há menos de dois anos, contados da data da apresentação do requerimento, o órgão competente tenha praticado um acto administrativo sobre o mesmo pedido, formulado pelo mesmo particular com os mesmos fundamentos.

Os órgãos da Administração Pública podem decidir sobre coisa diferente ou mais ampla do que a pedida, quando o interesse público assim o exija.

---

[7] As informações de carácter médico só são comunicadas ao interessado por intermédio de um médico por si designado (art. 7º da L 46/2007, 24/08).

[8] Arts. 100º e 121º do CPA. O que reforça o dever de fundamentação.

Princípios aplicáveis à administração electrónica [9]

Os órgãos e serviços da Administração Pública devem utilizar meios electrónicos no desempenho da sua actividade, de modo a promover a eficiência e a transparência administrativas e a proximidade com os interessados.

Os meios electrónicos utilizados devem garantir a disponibilidade, o acesso, a integridade, a autenticidade, a confidencialidade, a conservação e a segurança da informação.

Os serviços administrativos devem disponibilizar meios electrónicos de relacionamento com a Administração Pública e divulgá-los de forma adequada, de modo a que os interessados os possam utilizar no exercício dos seus direitos e interesses legalmente protegidos, designadamente para formular as suas pretensões, obter e prestar informações, realizar consultas, apresentar alegações, efectuar pagamentos e impugnar actos administrativos.

Os interessados têm direito à igualdade no acesso aos serviços da Administração, não podendo, em caso algum, o uso de meios electrónicos implicar restrições ou discriminações não previstas para os que se relacionem com a Administração por meios não electrónicos. Mas não prejudicando a adopção de medidas de diferenciação positiva para a utilização, pelos interessados, de meios electrónicos no relacionamento com a Administração Pública.

Princípio da gratuitidade

O procedimento administrativo é tendencialmente gratuito, na medida em que leis especiais não imponham o pagamento de taxas por despesas, encargos ou outros custos suportados pela Administração.

---

[9] Na perspectiva da segurança social a *administração electrónica* consiste na utilização preferencial ou exclusiva da Internet por parte das entidades empregadoras e trabalhadores para as comunicações, apresentação de requerimentos e em geral para cumprimento das obrigações declarativas (art. 2º do D Reg 1-A/2011, 03/01). São expressão da desmaterialização de documentos, nomeadamente:
– a comunicação de admissão de trabalhadores (art. 29º do CRC);
– a declaração de remunerações (art. 41º do CRC);
– a obrigação acessória de dispor de caixa postal electrónica que impende sobre:
a) entidades empregadoras, com excepção das pessoas singulares sem actividade empresarial;
b) entidades contratantes;
c) trabalhadores independentes que se encontrem sujeitos ao cumprimento da obrigação contributiva.
A utilização de meios electrónicos, dentro dos limites estabelecidos na Constituição e na lei, está sujeita às garantias previstas no CPA e aos princípios gerais da actividade administrativa.

Em caso de insuficiência económica, a Administração isenta, total ou parcialmente, o interessado do pagamento de taxas ou despesas.[10]

Princípio da responsabilidade

A Administração Pública responde pelos danos causados no exercício da sua actividade.[11]

Princípio da administração aberta

Todas as pessoas têm o direito de acesso aos arquivos e registos administrativos, mesmo quando nenhum procedimento que lhes diga directamente respeito esteja em curso, sem prejuízo do disposto na lei em matérias relativas à segurança interna e externa, à investigação criminal, ao sigilo fiscal e à privacidade das pessoas.[12]

Princípio da protecção dos dados pessoais

Os particulares têm direito à protecção dos seus dados pessoais e à segurança e integridade dos suportes, sistemas e aplicações utilizados para o efeito[13].

Princípio da cooperação leal com a União Europeia

Sempre que o direito da União Europeia imponha à Administração Pública a obrigação de prestar informações, apresentar propostas ou de, por alguma outra forma, colaborar com a Administração Pública de outros Estados-membros, essa obrigação deve ser cumprida no prazo para tal estabelecido. Na ausência de prazo específico, esta a obrigação é cumprida no quadro da cooperação leal que deve existir entre a Administração Pública e a União Europeia.

---

[10] A insuficiência económica deve ser provada nos termos do regime aplicável ao apoio judiciário com as devidas adaptações, isto é: Port 1085-A/2004, 31/08.

[11] Nos termos do:
– Regime da Responsabilidade Civil Extracontratual do Estado e Demais Entidades Públicas, aprovado pela L 67/2007, 31/12; e
– regime de juros a suportar pelo Estado – L 3/2010, 27/04 (não aplicável à área fiscal e parafiscal).

[12] O acesso aos arquivos e registos administrativos é regulado pela L 46/2007, 24/08.

[13] Nos termos da L 67/98, 26/10.

- **O acto administrativo**[14]

Uma parte substancial da actividade administrativa traduz-se na prática de actos administrativos (para além da elaboração de regulamentos e celebração de contratos administrativos).

Consideram-se actos administrativos as decisões que, no exercício de poderes jurídico administrativos, visem produzir efeitos jurídicos externos numa situação individual e concreta.

Validade

Deve entender-se por validade a aptidão intrínseca dos actos para produzir os efeitos jurídicos em consequência da sua conformidade com a ordem jurídica.

A não verificação de alguns requisitos de validade (inobservância de forma legal, falta de fundamentação quando legalmente exigida, a falta de competência do órgão autor do acto...) torna o acto inválido.

A invalidade é, assim, a situação em que se encontra o acto administrativo enfermando de algum dos seguintes vícios:

- por *ilegalidade orgânica*
  - *usurpação de poder* – prática por um órgão da Administração de um acto incluído nas atribuições do poder legislativo ou judicial – implica nulidade dos actos;
  - *incompetência* – um órgão da Administração pratica um acto incluído nas atribuições ou na competência de outro órgão da Administração – implica nulidade por falta de atribuições e anulabilidade por falta de competência;
- por *ilegalidade formal* – *vício de forma* – preterição de formalidades essenciais (anteriores ou relativas à prática do acto) ou carência de forma legal – implica:
  - nulidade – carência absoluta de forma legal, deliberações tomadas tumultuosamente sem quórum sem ser pela maioria exigida por lei, que nomeiem funcionários sem concurso – vícios de forma[15];
  - anulabilidade – quaisquer outros vícios de forma;

---

[14] Disciplina legal: Código do Procedimento Administrativo (CPA) e para actos tributários: LGT e CPPT.
[15] Referidos no art. 161º, nº 2 do CPA.

- por *ilegalidade material*
  - *violação de lei* – discrepância entre o conteúdo ou o objecto do acto e as normas jurídicas aplicáveis, produzindo-se normalmente no exercício de poderes vinculados (caso de todo o processo de atribuição de prestações de seguro social) se a Administração decide coisa diversa do que a lei estabelece – implica:
    - nulidade – actos de conteúdo ou objecto impossível, actos que constituem crime ou envolvam a prática de um crime, actos que traduzam violação do conteúdo essencial de direitos fundamentais...[16];
    - anulabilidade – quaisquer outros casos de violação da lei;
  - *desvio de poder* – exercício de um poder discricionário (caso de atribuição de prestações de acção social para fins de interesse privado) por um motivo principalmente determinante que não condiga com o fim que a lei visou ao conferir aquele poder – implica em regra anulabilidade; implicando nulidade se houver crime de corrupção.

A invalidade constitui fundamento de impugnação de actos que se encontrem nesta situação.

As consequências ou sanções dos actos inválidos constituem as formas de invalidade já apontadas relativamente a cada um dos vícios: a inexistência (não há sequer acto administrativo), a nulidade e a anulabilidade.

Em regra o acto inválido é anulável[17].

Só por determinação da lei ou por natureza (actos de conteúdo ou objecto impossível ou cuja prática consista num crime ou envolva a prática de um crime ou que violem o conteúdo essencial de um direito fundamental do cidadão) o acto é nulo (totalmente ineficaz desde o início, insanável, gerando direito de desobediência e o direito de resistência passiva, podendo ser impugnado a todo o tempo, junto de qualquer tribunal)[18].

---

[16] Casos de violação da lei referidos no art. 161º, nº 2 do CPA.
[17] Para a segurança social esta regra está presente no art. 79º da L 4/2007, 16/01, ao dispor:
"1. Os actos administrativos de atribuição de direitos ou de pagamento de prestações inválidos são revogados nos termos e nos prazos previstos na lei, sem prejuízo do disposto no número seguinte.
2. Os actos administrativos de atribuição de prestações continuadas inválidos podem, ultrapassado o prazo da lei geral, ser revogados com eficácia para o futuro."
[18] Este nº 2 constitui uma excepção ao princípio estabelecido no nº 4 do art. 168º do CPA.
Cf. arts. 161º e 162º do CPA.
Especificamente para a segurança social dispõe o art. 78º da L 4/2007, 16/01:
"Os actos administrativos de atribuição de direitos ou de reconhecimento de situações jurídicas, baseados em informações falsas, prestadas dolosamente ou com má fé pelos beneficiários, são nulos e punidos nos termos da legislação aplicável".

Eficácia

Reporta-se à efectiva produção de efeitos jurídicos. Os requisitos de eficácia são extrínsecos e externos (publicação, notificação dos interessados, visto do Tribunal de Contas).

Execução

Consiste na prática de actos jurídicos e (ou) operações materiais necessários para que o mundo jurídico e (ou a realidade material se transformem ou se conformem) de acordo com os efeitos a que o acto tende.

Revogação e anulação administrativas

Os modos de extinção dos efeitos jurídicos dos actos administrativos são a revogação e a anulação administrativa.

A revogação é o acto administrativo que determina a cessação dos efeitos de outro acto, por razões de mérito, conveniência ou oportunidade.

A anulação administrativa é o acto administrativo que determina a destruição dos efeitos de outro acto, com fundamento em invalidade.

Não são susceptíveis de revogação nem de anulação administrativas:

a) actos nulos;
b) actos anulados contenciosamente;
c) actos revogados com eficácia retroactiva.

Os actos cujos efeitos tenham caducado ou se encontrem esgotados só podem ser objecto de anulação administrativa ou de revogação com eficácia retroactiva.

O acto revogatório ou anulatório é um acto administrativo secundário, um acto sobre acto visando a extinção (ou a revogação) dos efeitos de um acto administrativo anterior.

Consideram-se constitutivos de direitos os actos administrativos que atribuam ou reconheçam situações jurídicas de vantagem ou eliminem ou limitem deveres, ónus, encargos ou sujeições, salvo quando a sua precariedade decorra da lei ou da natureza do acto. Assim são os:

- actos criadores de direitos, poderes, faculdades e em geral situações jurídicas subjectivas;
- actos que ampliam ou reforçam esses direitos, poderes, faculdades ou situações jurídicas subjectivas;
- actos que extinguem restrições ao exercício de direitos nomeadamente de autorização;

- actos meramente declarativos que reconheçam a extinção ou a validade de direitos, poderes, faculdades ou situações jurídicas subjectivas – verificações constitutivas (listas de antiguidade, de classificação...)

São actos não constitutivos de direitos:

- actos administrativos internos;
- actos declarativos que não consistem no reconhecimento da existência de direitos, poderes, faculdades ou situações jurídicas subjectivas;
- actos constitutivos de deveres ou encargos;
- autorizações e licenças de natureza policial;
- actos precários por natureza;
- actos em que a Administração Pública tenha incluído uma cláusula do tipo reserva de revogação;
- actos sujeitos por lei a cláusula acessória à condição sem prejuízo de direitos de terceiro;
- actos inexistentes e actos nulos.

1) *Revogação*

Os actos administrativos não podem ser revogados quando a sua irrevogabilidade resulte de vinculação legal ou quando deles resultem, para a Administração, obrigações legais ou direitos irrenunciáveis.

Os actos constitutivos de direitos só podem ser revogados:

a) na parte em que sejam desfavoráveis aos interesses dos beneficiários;
b) quando todos os beneficiários manifestem a sua concordância e não estejam em causa direitos indisponíveis;
c) com fundamento na superveniência de conhecimentos técnicos e científicos ou em alteração objectiva das circunstâncias de facto, em face das quais, num ou noutro caso, não poderiam ter sido praticados;
d) com fundamento em reserva de revogação, na medida em que o quadro normativo aplicável consinta a precarização do acto em causa e se verifique o circunstancialismo específico previsto na própria cláusula.

A revogação da alínea c) deve ser proferida no prazo de um ano.

2) *Anulação administrativa de actos constitutivos de direitos ilegais*

O fundamento exclusivo da anulação administrativa é a ilegalidade do acto anterior.

Os actos administrativos podem ser objecto de anulação administrativa no prazo de seis meses, a contar da data do conhecimento pelo órgão competente da causa de invalidade, ou, nos casos de invalidade resultante de erro do agente, desde o momento da cessação do erro, em qualquer dos casos desde que não tenham decorrido cinco anos, a contar da respectiva emissão.

Os actos constitutivos de direitos só podem ser objecto de anulação administrativa dentro do prazo de um ano, a contar da data da respectiva emissão. Porém:

- quando o acto tenha sido objecto de impugnação jurisdicional, a anulação administrativa só pode ter lugar até ao encerramento da discussão;
- salvo se a lei ou o direito da União Europeia prescreverem prazo diferente, os actos constitutivos de direitos podem ser objecto de anulação administrativa no prazo de cinco anos, a contar da data da respectiva emissão, nas seguintes circunstâncias:
  a) quando o respectivo beneficiário tenha utilizado artifício fraudulento com vista à obtenção da sua prática;
  b) apenas com eficácia para o futuro, quando se trate de actos constitutivos de direitos à obtenção de prestações periódicas, no âmbito de uma relação continuada;
  c) quando se trate de actos constitutivos de direitos de conteúdo pecuniário cuja legalidade, nos termos da legislação aplicável, possa ser objecto de fiscalização administrativa para além do prazo de um ano, com imposição do dever de restituição das quantias indevidamente auferidas.

Quando o acto se tenha tornado inimpugnável por via jurisdicional, o mesmo só pode ser objecto de anulação administrativa oficiosa.

Suspensão

A Administração pode suspender os efeitos jurídicos, a eficácia de um acto administrativo anterior.

Ratificação, Reforma e Conversão

Na ratificação o órgão competente decide sanar um acto inválido anteriormente praticado suprindo a ilegalidade que o vicia.

Na reforma conserva-se de um acto anterior a parte não afectada de ilegalidade.

Na conversão aproveitam-se os elementos válidos de um acto ilegal para com eles se compor um outro acto legal.

• **Acto tributário parafiscal**[19]
Princípio específico do procedimento tributário (para além dos princípios gerais da actividade administrativa) é o *princípio do inquisitório*. Nestes termos, a segurança social deve no procedimento realizar todas as diligências necessárias à satisfação do interesse público e à descoberta da verdade material, não estando subordinada à iniciativa do autor do pedido.

b. Actividade inspectiva

• **Da acção inspectiva no âmbito da Inspecção-Geral**

1) Cooperação e colaboração com outras entidades

Deveres de informação e cooperação pelas entidades inspeccionadas

Os serviços da administração directa, indirecta e autónoma do Estado, bem como as pessoas singulares e colectivas de direito público e privado objecto de acção inspectiva, encontram-se vinculados aos deveres de informação e cooperação, designadamente fornecendo os elementos de informação necessários ao desenvolvimento da actividade de inspecção, nos moldes, suportes e com a periodicidade e urgência requeridos.

Os dirigentes e trabalhadores das entidades inspeccionadas têm o dever de prestar, no prazo fixado para o efeito, todos os esclarecimentos, pareceres, informações e colaboração que lhes sejam solicitados pelos serviços de inspecção.

As entidades inspeccionadas devem dar conhecimento aos serviços de inspecção das medidas adoptadas na sequência das acções de inspecção, designadamente do resultado dos processos disciplinares instaurados em resultado delas.

Para o cumprimento das suas atribuições é conferida aos serviços de inspecção a faculdade de solicitar aos serviços da administração directa e indirecta do Estado a afectação de pessoal técnico especializado para acompanhamento das acções de inspecção.

A violação dos deveres de informação e de cooperação para com os serviços de inspecção faz incorrer o infractor em responsabilidade disciplinar e criminal.

---

[19] Por força do art. 3º do CRC aplica-se subsidiariamente a Lei Geral Tributária (LGT), como também decorre do art. 1º da LGT. Por outro lado, o Código de Procedimento e de Processo Tributário (CPPT) é aplicável como legislação complementar da LGT (art. 2º da LGT).

Dever de colaboração e pedidos de informação

As pessoas colectivas públicas devem prestar aos serviços de inspecção toda a colaboração por estes solicitada.

Os serviços de inspecção podem solicitar informações a qualquer pessoa colectiva de direito privado ou pessoa singular, sempre que o repute necessário para o apuramento dos factos.

Colaboração entre serviços de inspecção

Os serviços de inspecção têm o dever de colaborar entre si, de acordo com as respectivas atribuições e competências legais, utilizando para tal os mecanismos que se mostrem mais adequados.

Colaboração com serviços congéneres

Os serviços de inspecção podem prestar colaboração aos serviços congéneres das regiões autónomas no âmbito material das suas atribuições.

2) Procedimentos de inspecção

Forma e planeamento das acções inspectivas[20]

As acções de inspecção são ordinárias ou extraordinárias, podendo assumir as formas de auditoria, inspecção, inquérito, sindicância e averiguações, sem prejuízo da realização de outras formas de intervenção consagradas em legislação específica. São:

– ordinárias – as acções de inspecção que constam de planos anuais elaborados pelo dirigente máximo do serviço inspectivo até 30 de Novembro do ano anterior àquele a que respeitam e aprovados pelo membro do Governo responsável pelo serviço;
– extraordinárias – as acções de inspecção determinadas por despacho do membro do Governo responsável pelo serviço de inspecção ou pelo respectivo dirigente máximo.

Autonomia técnica

Os dirigentes dos serviços de inspecção e o pessoal de inspecção gozam de autonomia técnica no exercício das tarefas de inspecção que lhes sejam confiadas.

---

[20] Os regulamentos do procedimento de inspecção são aprovados por despacho do membro do Governo responsável pelo serviço de inspecção, mediante proposta do inspector-geral ou do dirigente máximo deste serviço.

Princípio da proporcionalidade

No exercício das suas funções, os dirigentes dos serviços de inspecção e o pessoal de inspecção deve pautar a sua conduta pela adequação dos seus procedimentos aos objectivos da acção.

Princípio do contraditório

Os serviços de inspecção devem conduzir as suas intervenções com observância do princípio do contraditório.

Os serviços de inspecção devem fornecer às entidades objecto da sua intervenção as informações e outros esclarecimentos de interesse justificado que lhe sejam solicitados, sem prejuízo das regras aplicáveis aos deveres de sigilo.

Notificação e requisição de testemunhas ou declarantes

Os titulares dos órgãos e serviços da administração directa e indirecta do Estado, bem como das empresas e estabelecimentos objecto de acção de inspecção podem ser notificados pelo inspector responsável pela acção de inspecção, para a prestação de declarações ou depoimentos que se julguem necessários.

A comparência, para prestação de declarações ou depoimentos em acções de inspecção ou procedimentos disciplinares, de trabalhadores da administração directa e indirecta do Estado, bem como de outros trabalhadores do sector público, deve ser requisitada à entidade na qual exerçam funções. A notificação para comparência de quaisquer outras pessoas pode ser solicitada às autoridades policiais [21].

Medidas preventivas

Quando seja detectada uma situação de grave lesão para o interesse público, o dirigente máximo do serviço de inspecção pode determinar as providências previstas na legislação sectorial aplicável e que, em cada caso, se justifiquem adequadas para prevenir ou eliminar tal situação.

Esta competência pode ser delegada nos dirigentes do serviço de inspecção, sem faculdade de subdelegação.

Conclusão do procedimento

No final de cada acção de inspecção, o inspector responsável pelo procedimento elabora um relatório final e submete-o à decisão do dirigente máximo

---

[21] Observadas as disposições aplicáveis do Código de Processo Penal.
Os serviços de inspecção devem fazer constar no seu relatório anual de actividades quaisquer obstáculos colocados ao normal exercício da sua actuação.

do serviço de inspecção, que o deve reencaminhar, para homologação, ao ministro da tutela.

O ministro da tutela pode delegar no dirigente máximo do serviço a competência para homologação dos relatórios finais das inspecções, sendo obrigatória a informação dos relatórios à tutela.

Nos casos em que o ministro da tutela delegue a competência para homologação dos relatórios finais, a decisão do dirigente máximo adquire imediatamente eficácia externa.

No relatório final relativo a cada acção de inspecção, os serviços de inspecção podem emitir recomendações dirigidas à melhoria da adequação das actividades das entidades objecto de inspecção à legislação que lhes seja aplicável e aos fins que prosseguem.

Na sequência da homologação ministerial sobre os seus relatórios, os serviços de inspecção asseguram o respectivo encaminhamento para os membros do Governo com responsabilidades de superintendência ou tutela sobre as entidades inspeccionadas, bem como para o dirigente máximo da entidade objecto de inspecção.

Sem prejuízo do dever de o serviço de inspecção proceder ao acompanhamento do resultado das recomendações e propostas formuladas, as entidades públicas visadas devem fornecer-lhe, no prazo de 60 dias contados a partir da data de recepção do relatório, informações sobre as medidas e decisões entretanto adoptadas na sequência da sua intervenção, podendo ainda, pronunciar-se sobre o efeito da acção.

Os serviços de inspecção participam às entidades competentes, nomeadamente ao Ministério Público, os factos com relevância para o exercício da acção penal e contra-ordenacional, quando existam e na sequência da homologação do relatório pelo ministro da tutela.

Os serviços de inspecção devem ainda, por decisão do ministro[22], enviar ao Tribunal de Contas os relatórios finais das suas acções de inspecção que contenham matéria de interesse para a acção daquele Tribunal.

3) Garantias do exercício da actividade de inspecção

No exercício das suas funções, os dirigentes dos serviços de inspecção e o pessoal de inspecção gozam dos seguintes direitos:

– ser considerado como autoridade pública para os efeitos de protecção criminal;

---

[22] e nos termos da L 98/97, 26.08.

- direito de acesso e livre-trânsito, pelo tempo e no horário necessários ao desempenho das suas funções, em todos os serviços e instalações das entidades públicas e privadas sujeitas ao exercício das suas atribuições.

E têm o poder de:

- requisitar para exame, consulta e junção aos autos, livros, documentos, registos, arquivos e outros elementos pertinentes em poder das entidades cuja actividade seja objecto da acção de inspecção;
- recolher informações sobre as actividades inspeccionadas, proceder a exames a quaisquer vestígios de infracções, bem como a perícias, medições e colheitas de amostras para exame laboratorial;
- realizar inspecções, com vista à obtenção de elementos probatórios, aos locais onde se desenvolvam actividades sujeitas ao seu âmbito de actuação e passíveis de consubstanciar actividades ilícitas, sem dependência de prévia notificação;
- promover a selagem de quaisquer instalações, bem como a apreensão de documentos e objectos de prova em poder das entidades inspeccionadas ou do seu pessoal, quando isso se mostre indispensável à realização da acção, para o que deve ser levantado o competente auto;
- solicitar a colaboração das autoridades policiais, nos casos de recusa de acesso ou obstrução ao exercício da acção de inspecção por parte dos destinatários, para remover tal obstrução e garantir a realização e a segurança dos actos inspectivos;
- solicitar a adopção de medidas cautelares necessárias e urgentes para assegurar os meios de prova, quando tal resulte necessário[23];
- obter, para auxílio nas acções em curso nos mesmos serviços, a cedência de material e equipamento próprio, bem como a colaboração de pessoal que se mostrem indispensáveis, designadamente para o efeito de se executarem ou complementarem serviços em atraso de execução, cuja falta impossibilite ou dificulte aquelas acções;
- utilizar nos locais inspeccionados, por cedência das respectivas entidades inspeccionadas, instalações em condições de dignidade e de eficácia para o desempenho das suas funções;
- trocar correspondência, em serviço, com todas as entidades públicas ou privadas sobre assuntos de serviço da sua competência;
- proceder, por si ou com recurso a autoridade policial ou administrativa, e cumpridas as formalidades legais, às notificações necessárias ao desenvolvimento da acção de inspecção.

---

[23] Nos termos do Código de Processo Penal.

Meios de identificação profissional

Os dirigentes dos serviços de inspecção e o pessoal de inspecção têm direito a cartão de identificação profissional e de livre-trânsito próprio,[24] que devem exibir no exercício das suas funções.

A identificação dos dirigentes dos serviços de inspecção e do pessoal de inspecção pode ainda ser feita mediante exibição de crachá[25].

Apoio em processos judiciais

Os dirigentes dos serviços de inspecção e o pessoal de inspecção que sejam arguidos ou parte em processo contra-ordenacional, disciplinar ou judicial, por actos cometidos ou ocorridos no exercício e por causa das suas funções, têm direito a ser assistidos por advogado, indicado pelo dirigente máximo do serviço de inspecção, ouvido o interessado, retribuído a expensas do organismo correspondente.

Este pessoal tem ainda direito ao pagamento das custas judiciais, bem como a transportes e ajudas de custo quando a localização do tribunal ou das entidades judiciais o justifique.

As importâncias eventualmente despendidas devem ser reembolsadas pelo funcionário ou agente que lhes deu causa, no caso de condenação em qualquer dos processos referidos.

- **Procedimentos inspectivos no âmbito do ISS e da ACT[26]**

Procedimentos inspectivos do ISS[27]

No exercício das suas funções profissionais o inspector da segurança social tem o direito de acesso livre-trânsito pelo tempo e horário necessários ao desempenho das suas funções, nas instalações das entidades sujeitas ao exercício das suas atribuições e pode efectuar os seguintes procedimentos:

---

[24] Modelo conforme portaria do ministro responsável pelo serviço de inspecção respectivo. O restante pessoal dos serviços de inspecção dispõe de cartão de identificação de modelo conforme portaria do ministro responsável pelo serviço ou organismo inspectivo respectivo.

[25] Modelo conforme portaria do ministro responsável pelo serviço de inspecção respectivo.

[26] Nos termos do art. 10º da Lei nº 107/2009, 14.09.

[27] No exercício dos poderes conferidos pela alínea u) do art. 3º e art. 17º do DL 83/2012, 30.03, e do art. 8º dos Estatutos do ISS, IP (Port 135/2012, 08.05) e Port 316/2011, 29.12.
No âmbito do trabalho em funções públicas essas funções cabem à inspecção-geral do âmbito a que o trabalhador pertença (nº 2 do art. 4º da Lei Geral do Trabalho em Funções Públicas aprovada pela L 35/2014, 20/06).

- requisitar e copiar, com efeitos imediatos, para exame, consulta e junção aos autos, livros, documentos, registos, arquivos e outros elementos pertinentes em poder das entidades cuja actividade seja objecto da sua acção e que interessem à averiguação dos factos objecto da acção inspectiva;
- levantar autos de notícia e participações, relativamente a infracções constatadas no exercício das respectivas competências, podendo ainda, levantar autos de advertência em caso de infracções classificadas como leves e das quais ainda não tenha resultado prejuízo grave para a segurança social;
- notificar trabalhadores, beneficiários ou não, bem como entidades empregadoras, que sejam encontrados em situação de infracção, podendo igualmente proceder à notificação de outros cidadãos, com vista à sua inquirição como testemunhas e ou declarantes, com a faculdade de reduzir a escrito os respectivos depoimentos;
- obter, das entidades fiscalizadas para apoio nas acções de fiscalização, a cedência de instalações adequadas, material e equipamento próprio, bem como a colaboração de pessoal que se mostre indispensável;
- trocar correspondência, em serviço, com todas as entidades públicas ou privadas sobre assuntos de serviço da sua competência;
- requisitar a colaboração necessária das autoridades policiais e administrativas, para o exercício das suas funções.

O inspector da segurança social pode, caso assim o entenda, notificar ou entregar imediatamente ao infractor os instrumentos pertinentes. A notificação ou a entrega deve ser feita com a indicação da contra-ordenação verificada, das medidas recomendadas ao infractor e do prazo para o seu cumprimento, avisando-o de que o incumprimento das medidas recomendadas influi na determinação da medida da coima.

Procedimentos inspectivos da ACT[28]

No exercício das suas funções profissionais o inspector do trabalho tem o poder de efectuar os seguintes procedimentos:

- requisitar, com efeitos imediatos ou para apresentação nos serviços desconcentrados do serviço com competência inspectiva do ministério responsável pela área laboral, examinar e copiar documentos e outros registos que interessem para o esclarecimento das relações de trabalho e das condições de trabalho;

---

[28] No exercício dos poderes conferidos pelo art. 15º do DL 126-C/2011, 29.12, e D Reg 47/2012, 31.07.

- notificar o empregador para adoptar medidas de prevenção no domínio da avaliação dos riscos profissionais, designadamente promover, através de organismos especializados, medições, testes ou peritagens incidentes sobre os componentes materiais de trabalho;
- notificar para que sejam adoptadas medidas imediatamente executórias, incluindo a suspensão de trabalhos em curso, em caso de risco grave ou probabilidade séria da verificação de lesão da vida, integridade física ou saúde dos trabalhadores;
- levantar autos de notícia e participações, relativamente a infracções constatadas no exercício das respectivas competências, podendo ainda, levantar autos de advertência em caso de infracções classificadas como leves e das quais ainda não tenha resultado prejuízo grave para os trabalhadores, para a administração do trabalho ou para a segurança social.

Notificação no âmbito de procedimentos inspectivos

No caso de entrega imediata, a notificação considera-se feita na pessoa do infractor quando seja efectuada em qualquer pessoa que na altura o represente, ou na sua falta, em qualquer trabalhador que se encontre a exercer funções no local.

Modo e lugar do cumprimento

Se o cumprimento da norma a que respeita a contra-ordenação for comprovável por documentos, o sujeito responsável exibe ou envia a título devolutivo os documentos comprovativos do cumprimento no serviço territorialmente competente da respectiva autoridade administrativa, dentro do prazo fixado.

No caso de contra-ordenação não comprovável por documento, o inspector pode ordenar ao sujeito responsável pela contra-ordenação que, dentro do prazo fixado, comunique ao serviço territorialmente competente que tomou as medidas necessárias para cumprir a norma.

2. GARANTIAS DOS ADMINISTRADOS

Garantias são os meios, os mecanismos e os instrumentos previstos na Constituição e na lei para, relativamente à actividade administrativa, assegurar – de forma preventiva (para evitar) ou repressiva (para sancionar a violação cometida):

1) legalidade administrativa (vg: fiscalização do Tribunal de Contas) – garantia de legalidade;

2) a defesa dos direitos e interesses legítimos dos cidadãos – facultando meios de defesa contra a eventual violação pela Administração dos seus direitos e interesses legítimos – garantias dos particulares (art. 268º, nºs 4 e 5 da CRP).

As garantias dos particulares podem ser caracterizadas:

1) em função dos órgãos a quem é confiada a efectivação das garantias:
- políticas – accionadas ou desenvolvidas junto dos órgãos políticos;
- administrativas – desenvolvidas perante a própria Administração; ou
- contenciosas – accionadas perante os tribunais em função da matéria:
  • administrativos;
  • fiscais;
  • laborais;
  • cíveis;
  • criminais;

2) em função da natureza dos meios:
- petitórias – com base numa petição para consideração das razões do particular;
- impugnatórias – ataque de um acto já praticado.

1) *Garantias políticas* – accionadas ou desenvolvidas junto dos órgãos políticos:
- direito de petição (art. 52º da CRP);
- direito de resistência – o direito de resistir a qualquer ordem que ofenda os seus direitos, liberdades e garantias e de repelir pela força qualquer agressão, quando não seja possível recorrer à autoridade pública (art. 21º da CRP).

2) *Garantias administrativas* ou graciosas – desenvolvidas perante a própria Administração:
- petitórias – com base numa petição para consideração das razões do particular:
  - petição – requere-se uma decisão que se deseja;
  - representação – o particular aceita a decisão mas alerta para as suas consequências (vg: direito de respeitosa representação do funcionalismo);
  - queixa – de agentes ou de comportamentos e não de actos;
  - denúncia – leva-se ao conhecimento da Administração um facto ou uma situação sem visar pessoas;

- oposição administrativa – contestação de pedidos feitos por outros à Administração;
• impugnatórias – com base na impugnação ou ataque com determinados fundamentos, de um acto administrativo já praticado:
  i) reclamação – perante o autor do acto impugnado para que revogue ou anule o acto praticado – prazo de 15 dias úteis[29]; é facultativa.
  ii) recurso hierárquico – perante o superior hierárquico do autor do acto impugnado para substituição ou revogação ou anulação do acto praticado. Pode ser:

  quanto ao fundamento:

  • da anulação: legalidade – o fundamento é a ilegalidade do acto;
  • da revogação: mérito – o fundamento é a inconveniência ou inoportunidade do acto;

  quanto à função:

  • necessário – indispensável para atingir um acto verticalmente definitivo de que se possa recorrer – prazo geral: 30 dias[30];
  • facultativo – o acto já é definitivo; tenta-se resolver o litígio fora dos tribunais – prazo de 3 meses[31];

  iii) recursos administrativos especiais
  – perante órgão da mesma pessoa colectiva que exerce sobre o autor do acto poderes de supervisão (anterior recurso hierárquico impróprio);
  – perante órgão colegial de actos ou omissões de qualquer dos seus membros, comissões ou secções;
  – perante um órgão de outra pessoa colectiva que exerce sobre o que praticou o acto poderes de tutela ou superintendência (recurso tutelar).

3) *Provedor de Justiça*

Garantia petitória especial ou queixa por má administração dos poderes públicos ou dos concessionários de serviços públicos. Trata-se de accionar poderes persuasórios, nomeadamente através de recomendações às autoridades. (art. 23º da CRP)

---

[29] Prazo geral do nº 3 do art. 191º do CPA.
Das decisões proferidas pelo órgão de execução, prazo: 10 dias.
[30] Art. 193º, nº 2 do CPA.
[31] Art. 193º, nº 2 do CPA. Para actos tributários parafiscais, sempre facultativos e interpostos no prazo de 30 dias.

4) *Garantias contenciosas* ou jurisdicionais

Accionadas perante os tribunais administrativos e fiscais (órgãos do Contencioso Administrativo e Fiscal) por aplicação do direito administrativo e fiscal (Contencioso Administrativo e Fiscal).

Meios contenciosos

a) Jurisdição administrativa em geral[32]

- Acção administrativa
  i) *Impugnação contenciosa de actos administrativos*
     Para resolução de um litígio sobre o qual a Administração já tomou posição. A espécie que nos interessa é a acção de anulação que se destina a obter a anulação ou a declaração de nulidade ou inexistência jurídica do acto administrativo externo (os efeitos jurídicos produzem-se na esfera jurídica doutras pessoas), que lese o administrado[33].
     Prazo para requerer a anulação[34] – 3 meses.
  ii) *condenação à prática do acto devido*
  iii) *impugnação de normas e condenação à emissão de normas*
  iv) *acções relativas à validade e execução de contratos*

- Processos urgentes
  i) *acção administrativa urgente*
  ii) *intimações*
     - intimação de autoridade administrativa para prestação de informações, facultar a consulta dos documentos ou processos e passar certidões a fim de permitir o uso de meio administrativo ou contencioso;
     - intimação para protecção de direitos, liberdades e garantias.

- Processos cautelares (providências cautelares)
  - suspensão da eficácia dos actos;
  - imposição de uma ordem à Administração.

---

[32] Nos termos do Código de Processo nos Tribunais Administrativos (CPTA) desde o DL 549/77, de 31 de Dezembro, que transformou as instituições de previdência em institutos públicos.

[33] Nos termos da revisão constitucional de 1989, basta que o acto administrativo lese o administrado (art. 268º, nº 4).

[34] De actos anuláveis. A declaração de nulidade pode ser requerida a todo o tempo.

b) Jurisdição tributária[35]

Impugnação dos "actos administrativos respeitantes a questões fiscais"[36] mas com âmbito material ampliado pelo conceito de dívida à segurança social do DL 42/2001, de 9 de Fevereiro, a qualquer valor devido à segurança social.[37-38]

Destacamos 2 meios contenciosos cujos procedimentos pela sua importância vamos de seguida ver autonomamente:

i) impugnação da liquidação oficiosa[39]; e
ii) oposição à execução[40].

i) Impugnação da liquidação oficiosa

Impugnação administrativa

---

[35] Competência dos tribunais fiscais nas questões entre instituições e os contribuintes desde 1980, nos termos do art. 5º do DL 348/80, 03/09.

[36] Entendidas como "as que emergem de resolução autoritária que imponha aos cidadãos o pagamento de qualquer prestação pecuniária com vista à obtenção de receitas destinadas à satisfação de encargos públicos do ente respectivo" Ac STA de 16/03/87.

[37] Nomeadamente arts. 2º e 6º nos seguintes termos:
Artigo 2º – Âmbito de aplicação
1 – O presente diploma aplica-se ao processo de execução de dívidas à segurança social.
2 – Para efeitos do presente diploma, consideram-se dívidas à segurança social todos os montantes devidos às instituições do sistema de segurança social ou pagos indevidamente por estas a pessoas singulares, colectivas ou outras entidades a estas legalmente equiparadas, designadamente:
a) Contribuições, quotizações, taxas, incluindo as adicionais e juros;
b) Prestações, subsídios e financiamentos de qualquer natureza, incluindo juros;
c) Coimas e outras sanções pecuniárias, custas e outros encargos legais;
d) Reposições de pagamentos indevidos efectuados por qualquer instituição do sistema de segurança social.
3 – O processo de execução de dívidas à segurança social aplica-se igualmente às situações de incumprimento relativas à obrigação de reposição de prestações de qualquer natureza pagas por fundos cujo funcionamento ou gestão, estratégica ou operacional, tenham sido legalmente entregues a instituições do sistema de segurança social.
Artigo 6º – Legislação aplicável
Ao processo de execução das dívidas à segurança social aplica-se, em tudo o que não estiver regulado no presente diploma, a legislação específica da segurança social, a Lei Geral Tributária e o Código de Procedimento e de Processo Tributário.

[38] Não esquecer que é reserva relativa de competência da Assembleia da República a "organização e competência dos tribunais" (alínea p) do n.º 1 do art. 165º da CRP).

[39] Desde o Código de Processo Tributário (DL 154/91, de 23 de Abril) com natureza de *recurso judicial*. Agora: arts. 99º e segs. do CPPT por remissão do art. 1º da LGT (1999).

[40] Aplicável por remissão expressa de normas de segurança social desde o DL 511/76, 3/07 (art. 8º) com intervenção administrativa dos "serviços de justiça fiscal", e agora do art. 6º do DL 42/2001, 9/02, com intervenção administrativa das secções de processo do IGFSS, IP.

Liquidação oficiosa[41]

A autoliquidação[42] a cargo do próprio contribuinte conduz a que só qualquer omissão mesmo parcial ao comportamento imposto por lei no prazo estabelecido determina a devolução às instituições de segurança social dos poderes de liquidação, sendo a decisão da instituição definitiva quanto à fixação dos direitos do contribuinte, sem prejuízo da sua eventual revisão ou impugnação contenciosa[43].

Notificação[44]

Na situação de liquidação oficiosa, a decisão quanto à liquidação é objecto de notificação devidamente fundamentada[45] sob pena de impugnação por ilegalidade[46].

Se faltar a fundamentação exigida, a indicação dos meios de reacção contra o acto notificado ou outros requisitos exigidos pelas leis tributárias pode o interessado requerer a notificação dos requisitos que tenham sido omitidos ou a passagem de certidão que os contenha. Este requerimento suspende todos os prazos (para reclamação, recurso, impugnação ou outro meio judicial)[47] enquanto a certidão lhe não for dada ou os fundamentos dados a conhecer.

Revisão

A revisão dos actos tributários parafiscais pela entidade que os praticou pode ser efectuada por iniciativa do sujeito passivo, no prazo da reclamação graciosa[48] e com fundamento em qualquer ilegalidade ou, por iniciativa da Administração, com fundamento em erro imputável aos serviços.

Impugnação contenciosa

A impugnação da liquidação, tal como a acção administrativa na jurisdição administrativa em geral, tem por objecto a anulação total ou parcial de um

---

[41] Art. 40º do CRC e arts. 27º a 30º do D Reg 1-A/2011, de 3 de Janeiro (Cf. art. 59 nº 7 do CPPT).
[42] Ver Tributação – suprimento oficioso da declaração de remunerações.
[43] Art. 60º do CPPT.
[44] Art. 28º do D Reg 1-A/2011, de 3 de Janeiro.
[45] Cf. art. 37º do CPPT.
[46] Cf. art. 99º c) do CPPT.
[47] Cf. art. 37º do CPPT.
[48] 120 dias (art. 70º do CPPT).

determinado acto tributário parafiscal em função da ilegalidade que o acto em si mesmo contenha.[49]

Constituem fundamento da impugnação da liquidação (causa de pedir da impugnação):

- errónea qualificação ou quantificação dos rendimentos e outros factos tributários
[vg: aplicação de taxas diferentes (não reduzidas), consideração de dados abonos como constituindo base de incidência de contribuições];
- incompetência (exigência de contribuições que devem ser exigidas por outros);
- ausência de fundamentação legalmente exigida ou vício dessa fundamentação (considerar como remunerações valores pagos por prestação de serviços);
- preterição doutras formalidades legais (falta de competência do órgão que decidiu).

Prazo para requerer a impugnação: 90 dias seguidos[50], a partir da notificação do acto.

A competência é do tribunal tributário da 1ª instância da área da sede do centro distrital do ISS, IP.

Fases processuais

Articulados

Inicia-se com a apresentação da impugnação nos serviços da segurança social que fez a exigência ou a que o contribuinte pagou, formulada em petição dirigida ao tribunal competente, deduzida por artigos, identificando o acto impugnado e a entidade que o praticou, expondo as razões de facto e de direito em que se baseia e formulando o pedido (anulação total ou parcial do acto de liquidação) indicando-se o valor do processo de impugnação ou a forma de o determinar. É entregue acompanhada dos documentos de que se dispuser e com a indicação das testemunhas ou outros meios de prova.

À segurança social cabe autuar a petição de impugnação, juntar-lhe o processo que tenha servido de base à liquidação, informar todos os factos com interesse que fundamentaram a liquidação, incluindo os obtidos por fiscalização.

---

[49] Cf. art. 99º do CPPT.
[50] Cf. art. 102º do CPPT. Suspende-se se houver reclamação ou recurso hierárquico.

A segurança social tem de se pronunciar sobre o pedido que é feito e se não aceitar as razões invocadas ou aceitá-las no todo ou em parte e anular a liquidação.

Da revogação apenas parcial da liquidação é notificado o impugnante para dizer o que se oferecer.

Mantida a liquidação o processo é remetido para o tribunal tributário de 1ª instância da área.

Se o juiz não indeferir logo a impugnação manda notificar o representante da segurança social para contestar.

Instrução

Produção de prova nos serviços da segurança social ou no tribunal[51].

Discussão

Notificação do impugnante e do representante da segurança social para apresentar alegações por escrito no prazo até 30 dias.[52]

Decisão

Sentença proferida pelo juiz da qual cabe recurso no prazo de 10 dias para o tribunal de 2ª instância (se a matéria for apenas de direito: Supremo Tribunal Administrativo).[53]

ii) Oposição à execução no âmbito da execução fiscal

Execução fiscal[54]

A execução fiscal é o processo judicial próprio[55] para realizar a cobrança coerciva das contribuições e outros créditos da segurança social, isto é, as dívidas à segurança social[56].

---

[51] Art. 114º do CPPT.
[52] Art. 120º do CPPT.
[53] A disciplina legal aplicável é a dos recursos de agravo em processo civil (art. 281º CPPT), assim é possível ao tribunal *a quo* reconsiderar, dar razão ao recorrente e alterar a decisão tomada, não tendo o recurso seguimento por deixar de ter utilidade.
[54] Desde o DL 511/76, 03/07. Agora art. 6º do DL 42/2001, 9/02, e arts. 148º e segs. do CPPT.
[55] Daqui decorre a possibilidade de interpor recurso ao longo da execução das decisões que o executado considere que ofendem a lei.
[56] Para conceito de dívidas à segurança social ver nota 37.
Nos termos do Desp 2704/2013, 11/02 (DR, 2ª, nº 35, 19.02) a participação de dívida para a execução nas secções de processo só se torna obrigatória quando os valores acumulados atinjam os seguintes montantes:
– dívidas relativas a processos de contra-ordenação – € 25;
– dívidas de qualquer outra natureza – € 50.

GARANTIAS E CONTENCIOSO

São órgãos de execução as secções de processo executivo da segurança social[57].

Competência[58]

- IGFSS, IP, através das secções de processo executivo da segurança social do distrito da sede ou da área de residência do devedor: prática de *actos de natureza administrativa* que permitem a aplicação da norma ao caso concreto, mas sem natureza jurisdicional[59], ou seja, sem resolução de qualquer litígio – actos de instrução dos processos de execução de dívidas à segurança social, como a instauração da execução, citação do executado, reversão da execução...
- tribunal tributário de 1ª instância da área onde corre a execução: *actos de natureza jurisdicional*[60] de aplicação da norma ao caso concreto mas resolvendo um litígio ou um conflito de pretensões – decidir a impugnação da liquidação, decidir os incidentes, os embargos, a oposição, incluindo quando incida sobre os pressupostos da responsabilidade subsidiária, a graduação e a verificação de créditos e as reclamações dos actos materialmente administrativos praticados pelos órgãos de execução.

Título executivo

O título executivo comprova a obrigação cujo cumprimento coercivo se pretende e determina o fim e os limites da execução.

São títulos executivos as certidões de dívida emitidas pelas instituições de segurança social e pelos fundos geridos pelas mesmas e remetidos à secção de processo executivo competente.

As certidões devem indicar, sob pena de nulidade:[61]

- entidade emissora – o órgão de execução ou a instituição que as tiverem extraído, com a assinatura devidamente autenticada;
- data em que foram passadas;
- nome e domicílio do devedor;
- natureza e montante da dívida – proveniência da dívida e indicação por extenso do seu montante;

---

[57] Serviços desconcentrados do IGFSS. Ver organização em Gestão da Segurança Social – IGFSS.
[58] Desde Agosto de 2001. Agora art. 15º do DL 84/2012, 30/03.
[59] Art. 103º, nº 1 da LGT.
[60] Nada impedindo a prática pelo tribunal de actos de natureza administrativa.
[61] Art. 165º do CPPT e art. 7º do DL 42/2001, 09.02.

– data a partir da qual são devidos juros de mora e da importância sobre que incidem com discriminação dos valores retidos na fonte.

Tramitação

O contribuinte antes de executado já foi objecto de notificação da liquidação,[62] da determinação em concreto do valor apurado.

Assim, a execução não carece de requerimento inicial bastando a remessa da certidão de dívida à secção de processo do IGFSS competente, sendo o contribuinte devedor citado[63] para no prazo de 30 dias (seguidos) para pagamento ou exercício do direito de defesa, sob pena de penhora e posterior venda dos seus bens:

- liquidar os montantes em dívida[64];
- opor-se à execução[65];
- requerer o pagamento em prestações[66];
- requerer que seja aceite a dação em pagamento[67].

Nulidades[68]

São nulidades insanáveis em processo de execução fiscal:

- a falta de citação, quando possa prejudicar a defesa do interessado;
- a falta de requisitos essenciais do título executivo, quando não puder ser suprida por prova documental.

---

[62] Ver acto tributário parafiscal.
[63] Feita através de (art. 191º do CPPT):
- simples postal – até 2 UC;
- correio postal registado – de 10 a 25 UC;
- carta registada com aviso de recepção ou contacto pessoal do funcionário – mais de 25 UC;
- citação edital – desconhecida a residência do executado, prestada a informação de que o interessado reside em parte incerta, ou devolvida a carta ou postal com a nota de não encontrado.
[64] Nos termos do pagamento normal das contribuições (V. infra) extinguindo a execução.
[65] Apresentando reclamação junto da secção de processo competente e reclamar de actos praticados, anexando comprovativos de pagamento ou outros (V. Oposição à execução).
[66] Nos termos do art. 196º do CPPT.
A autorização é da competência do IGFSS, sendo da competência das secções de processo do IGFSS se a dívida exequenda for inferior a 500 unidades de conta (€ 51 000) – art. 197º do CPPT (1 UC = ¼ do IAS – 2007, 2008 e até 19 de Abril de 2009: € 96; desde 20 de Abril de 2009: € 102.
[67] A aceitação da dação de bens em pagamento carece de despacho homologatório do membro do Governo da área da segurança social. V. Regularização administrativa da dívida infra.
[68] Art. 165º CPPT.

As nulidades dos actos têm por efeito a anulação dos termos subsequentes do processo que deles dependam absolutamente, aproveitando-se as peças úteis ao apuramento dos factos.

Se o respectivo representante tiver sido citado, a nulidade por falta de citação do inabilitado por prodigalidade só invalidará os actos posteriores à penhora.

As nulidades mencionadas são de conhecimento oficioso e podem ser arguidas até ao trânsito em julgado da decisão final.

Suspensão[69]

A execução fica suspensa até à decisão do pleito em caso de reclamação graciosa, impugnação judicial ou recurso judicial que tenham por objecto a legalidade da dívida exequenda, bem como durante os procedimentos de resolução de diferendos no quadro da Convenção de Arbitragem nº 90/436/CEE, de 23 de Julho, relativa à eliminação da dupla tributação em caso de correcção de lucros entre empresas associadas de diferentes Estados-membros, desde que tenha sido constituída garantia.

Oposição à execução[70]

Legitimidade: além do executado, podem opor-se quem figurar no título executivo como devedor e tiver sido chamado à execução mas não se considerar responsável pelo pagamento da dívida.[71]

Prazo: 30 dias contados da citação pessoal.[72]

Forma e local: apresentação à secção de processo executivo onde correr a execução, uma petição inicial, elaborada em articulado e dirigida ao juiz do tribunal tributário de 1ª instância.[73]

Fundamentos[74] decorrentes de factos ou vícios, isto é de deficiências

1) do próprio processo executivo:
- ilegitimidade da pessoa citada – erro na identificação do executado, citando-se pessoa diferente daquela que consta no título executivo;

---

[69] Art. 169º do CPPT.
[70] Qualquer forma de oposição contra a dívida não leva à paragem (não suspende) da execução até ao momento da penhora.
[71] Caso do gerente que não tenha exercido de facto funções de gerência no período de tempo a que respeita a dívida ou o responsável subsidiário não se considerar responsável por o devedor ter bens penhoráveis.
[72] Nº 1 do art. 203º do CPPT. Se a citação pessoal não tiver ocorrido conta-se o prazo a partir da data da primeira penhora ou ainda a contar da data em que tiver ocorrido o facto superveniente ou do seu conhecimento pelo executado.
[73] Onde o oponente oferece todos os documentos, arrola as testemunhas, e requer as demais provas.
[74] Art. 204º do CPPT. Confrontar com fundamentos da impugnação contenciosa da liquidação.

- falsidade do título executivo (a certidão não está de acordo com os elementos constantes na segurança social ou trata-se de declarações entregues fraudulentamente);
2) do crédito parafiscal:
- inexistência de lei em vigor que preveja as contribuições exigidas (a dívida é abstractamente ilegal) (ilegalidade em concreto é fundamento da impugnação da liquidação);
- prescrição da dívida objecto da execução;
- pagamento da dívida antes de instaurada a execução – anulação da dívida;
- ilegalidade da dívida (se não estiver assegurada a sua impugnação).[75]

A petição é autuada e remetida no prazo de 20 dias ao tribunal[76]), que ou rejeita liminarmente a petição ou notifica o representante da segurança social para contestar no prazo de 10 dias.

Apresentadas as provas e as alegações escritas, é proferida sentença.

Verificado o trânsito em julgado (quando já não existe possibilidade de recurso ou reclamação) esta parte processual é enviada à segurança social para ser anexada ao processo de execução.

Penhora[77]

Findo o prazo posterior à citação sem ter sido praticado qualquer dos actos adequados à extinção da dívida ou à suspensão dos procedimentos, ou, tendo havido oposição à execução, a sentença favorável à segurança social relativa ao recurso tenha transitado em julgado, procede-se à penhora de bens do contribuinte devedor[78], que pode ou não ter sido precedida de arresto de bens, como medida cautelar.

Caso o contribuinte não efectue o pagamento ou deduza oposição à penhora no prazo de 30 dias será designado o dia para a venda.

---

[75] Quanto aos recursos ver impugnação.
[76] Art. 5º do DL 42/2001 e art. 203º do CPPT.
[77] Apreensão judicial dos bens do executado, lavrada em auto adequado (nos bens sujeitos a registo um por cada bem – art. 221º do CPPT) e na consequente execução do património do devedor.
Bens penhoráveis e impenhoráveis:
– arts. 221º a 234.º do CPPT;
– arts. 735º e segs. do CPC.
[78] Respeitando o princípio da proporcionalidade e as regras de prioridade do art. 219º do CPPT – bens de valor pecuniário de mais fácil realização e se mostre adequado ao montante do crédito do exequente; vg: bens sujeitos a registo.
Na penhora de bens sujeitos a registo a segurança social deve requerê-lo à conservatória, gozando de prioridade de atendimento (art. 195º do CPPT).

Nesta fase os terceiros podem reagir através de embargos de terceiro, opondo-se à apreensão de bens que julguem ilegal.

Venda dos bens

Fase última do pagamento coercivo para satisfação dos créditos previamente graduados pelo juiz.

Patrocínio judiciário

A representação das instituições de segurança social nos tribunais comuns e nos tributários é garantida por mandatário judicial nomeado pelo IGFSS.

Extinção do processo

- pela extinção da execução pelo decurso do prazo de 1 ano a partir da instauração[79];
- pela extinção da dívida:
    - por pagamento voluntário ou regularização administrativa da dívida[80];
    - por pagamento coercivo (pela venda de bens penhorados);

---

[79] Art. 177º do CPPT. Salvo causas insuperáveis devidamente justificadas.
[80] Nos termos dos arts. 13º e 13º-A do DL 42/2001, 9.02, na versão actual, ou seja:
Art. 13º – Pagamento em prestações
1 – Os pedidos de pagamentos em prestações são dirigidos ao coordenador da secção de processo executivo do Instituto de Gestão Financeira da Segurança da Social, I. P., onde corra o processo.
2 – O pagamento em prestações pode ser autorizado desde que se verifique que o executado, pela sua situação económica, não pode solver a dívida de uma só vez, não devendo o número das prestações exceder 36.
3 – O número de prestações referido no número anterior pode ser alargado até 60, se a dívida exequenda exceder 30 unidades de conta no momento da autorização ou, independentemente do valor da dívida exequenda, no caso de pessoas singulares.
4 – O número de prestações previstas no nº 2 pode ser alargado até 150 desde que, cumulativamente, se verifiquem as seguintes condições:
a) A dívida exequenda exceda 150 unidades de conta no momento da autorização;
b) O executado preste garantia idónea ou requeira a sua isenção e a mesma seja concedida;
c) Se demonstre notória dificuldade financeira e previsíveis consequências económicas.
5 – Para pessoas singulares o número de prestações previstas no nº 2 pode ser alargado até 150 desde que, cumulativamente, se verifiquem as seguintes condições:
a) A dívida exequenda exceda 20 unidades de conta no momento da autorização;
b) O executado preste garantia idónea ou requeira a sua isenção e a mesma seja concedida.
6 – Para efeitos do disposto nos números anteriores, a fixação do número de prestações a autorizar não está condicionada a um limite mínimo de pagamento.
Art. 13º-A – Pagamentos por conta
Sem prejuízo do andamento do processo, podem os executados efectuar pagamentos de qualquer montante por conta do débito, solicitando para o efeito, junto das entidades competentes, o documento único de cobrança.

- por anulação da dívida por:
  - ser julgada procedente a impugnação (fora da execução) contra a liquidação;
  - ser julgada procedente a oposição na execução;
- por prescrição da dívida.
• no âmbito do processo executivo por coimas e outras sanções pecuniárias:[81]
  - por morte do infractor;
  - pela amnistia da contra-ordenação;
  - por prescrição das coimas e sanções acessórias;
  - por anulação da decisão condenatória.

3. RESPONSABILIDADE DOS ADMINISTRADOS

a. Responsabilidade contra-ordenacional – contra-ordenações[82]

- **Direito substantivo**[83]

1) Parte geral – Da contra-ordenação[84]

Noção

Constitui contra-ordenação todo o facto ilícito e censurável (praticado com dolo ou com negligência) que preencha um tipo legal para o qual se comine uma coima.

Princípio da legalidade

Só é punido como contra-ordenação o facto descrito e declarado passível de coima por lei anterior ao momento da sua prática.

Aplicação no tempo

A punição da contra-ordenação é determinada pela lei vigente no momento da prática do facto[85] ou do preenchimento dos pressupostos de que depende.

Quanto à imputação do pagamento (art. 79º do D Reg 1-A/2011, 03.01) ver regime do pagamento insuficiente em "Pagamento de contribuições", *pág 137*.
[81] Art. 162º do CPPT.
[82] O também designado Direito Penal Secundário ou Direito Administrativo Penal.
[83] Direito subsidiário: arts. 23º a 34º do RGIT.
[84] Código dos Regimes Contributivos.
[85] O facto considera-se praticado no momento em que o agente actuou ou, no caso de omissão, deveria ter actuado, independentemente do momento em que o resultado típico se tenha produzido.

Se a lei vigente ao tempo da prática do facto for posteriormente modificada, aplica-se a lei mais favorável ao arguido, salvo se este já tiver sido condenado por decisão definitiva ou transitada em julgado.

Quando a lei vale para um determinado período de tempo continua a ser punível como contra-ordenação o facto praticado durante esse período.

Aplicação no espaço

Salvo tratado ou convenção internacional em contrário, este regime é aplicável aos factos praticados em território português, independentemente da nacionalidade ou sede do agente.

Sujeitos responsáveis pelas contra-ordenações e pelo pagamento das coimas

Agente que o tipo contra-ordenacional definir como tal, quer seja:

- pessoa singular; ou
- pessoa colectiva[86] ou associação sem personalidade jurídica[87] ou equiparadas praticadas em seu nome ou por sua conta, pelos titulares dos seus órgãos sociais, mandatários, representantes ou trabalhadores, respondendo pelo pagamento da coima, solidariamente com aqueles, os respectivos administradores, gerentes ou directores.[88]

Comparticipação

Se vários agentes comparticipam no facto, qualquer deles incorre em responsabilidade por contra-ordenação mesmo que a ilicitude ou o grau de ilicitude do facto dependa de certas qualidades ou relações especiais do agente e estas só existam num dos comparticipantes.

Cada comparticipante é punido segundo a sua culpa, independentemente da punição ou do grau de culpa dos outros comparticipantes.

---

[86] Mesmo de direito público respeitado o princípio da alteridade. Excluem-se, assim, o Estado enquanto pessoa colectiva de direito interno que tem por órgão o Governo, Regiões Autónomas dos Açores a da Madeira. Excluem-se também por violação de certos deveres sancionáveis por contra-ordenações instituídas com vista à eficaz realização de certas atribuições administrativas, as pessoas colectivas que integram a Administração central, regional e local que a seu cargo tenham tais atribuições, sendo, nestes termos, susceptíveis de responsabilidade contra-ordenacional, designadamente, institutos públicos, serviços personalizados do Estado, autarquias locais e outras pessoas colectivas de direito público (Parecer nº 102/89 da PGR – DR, II, de 7/3/91).

[87] Previstas e reguladas no Código Civil (arts. 195º a 201º-A).

[88] V. Parecer da PGR nº 11/2013 (DR, 2ª, nº 178, 16/09/2013). Ac TC 171/2014 e Ac STJ 11/2014 (DR, 1ª, 1/07).

É aplicável ao cúmplice a coima fixada para o autor (material ou moral), especialmente atenuada[89].

Negligência

Nas contra-ordenações a negligência é sempre punível[90].

Das coimas e sanções acessórias[91]

Montante das coimas aplicáveis

Classificação das contra-ordenações[92]	Grau de culpa	Limites mínimos e máximos do montante das coimas		
^	^	Pessoas singulares**	Pessoas colectivas ou equiparadas	
^	^	^	c/ menos de 50 trabalhadores	c/ 50 ou mais trabalhadores
Leve	negligência*	€ 50 a 250	€ 75 a 375	€ 100 a 1000
Leve	dolo	€ 100 a 500	€ 150 a 750	€ 200 a 1000
Grave	negligência	€ 300 a 1200	€ 450 a 1800	€ 600 a 2400
Grave	dolo***	€ 600 a 2400	€ 900 a 3600	€ 1200 a 4800
Muito grave***	negligência	€ 1250 a 6250	€ 1875 a 9375	€ 2500 a 12 500
Muito grave***	dolo	€ 2500 a 12 500	€ 3750 a 18 750	€ 5000 a 25 000

* Relativamente às contra-ordenações leves, quando as obrigações das entidades empregadoras são cumpridas dentro dos primeiros 30 dias seguintes ao último dia do prazo, os limites máximos das coimas aplicáveis não podem exceder em mais de 75% o limite mínimo previsto para o tipo de contra-ordenação praticada (art. 241º, nº 1 do CRC). Esta atenuação é oficiosa, ou seja, não depende de requerimento.
* Pode haver dispensa de coima.
** Os limites mínimos e máximos das coimas aplicáveis às contra-ordenações praticadas por trabalhadores do serviço doméstico ou pelas suas entidades empregadoras são reduzidos a metade.
*** Se houver reincidência – elevadas em 1/3 do seu valor e sanções acessórias de privação de acesso a medidas de estímulo à criação de postos de trabalho e à reinserção profissional de pessoas afastadas do mercado de trabalho.

Determinação da medida da coima

Faz-se em função da gravidade da contra-ordenação, para o que deve atender-se:

- ao tempo de incumprimento da obrigação;
- ao número de trabalhadores prejudicados com a actuação o agente;
- à culpa do agente e dos seus antecedentes na prática de infracções;

---

[89] V. arts. 26º e 27º do CP.
[90] Relativamente a estabelecimentos de apoio social privados – art. 39º-F do DL 64/2007, 14.03.
[91] Regime especial admitido pelo art. 17º do Regime Geral das Contra-ordenações (RGCO).
[92] Critério do art. 553º do Código do Trabalho.

- à situação económica do agente, quando conhecida; e
- aos benefícios obtidos com a prática do facto.

Concurso de contra-ordenações[93]

Quem tiver praticado várias contra-ordenações é punido com uma coima cujo limite máximo resulta da soma das coimas concretamente aplicadas às infracções em concurso, não podendo a coima aplicável

- exceder o dobro do limite máximo mais elevado das contra-ordenações em concurso;
- ser inferior à mais elevada das coimas concretamente aplicadas às várias contra-ordenações.

Concurso de infracções

Se o mesmo facto constituir simultaneamente crime e contra-ordenação, o agente é punido a título de crime, sem prejuízo das sanções acessórias previstas para a contra-ordenação.

A aplicação da sanção acessória cabe ao tribunal competente para o julgamento do crime.

A instauração do processo crime faz suspender o processo de contra-ordenação, prosseguindo este no caso de não ser deduzida acusação no processo crime e extinguindo-se sempre que a acusação seja deduzida.

Reincidência[94]

Considera-se reincidente quem pratica uma contra-ordenação grave com dolo ou uma contra-ordenação muito grave, no prazo de dois anos após ter sido condenado por outra contra-ordenação grave praticada com dolo ou contra-ordenação muito grave. Neste caso os limites mínimos e máximos da coima são elevados em um terço do respectivo valor.

No caso de reincidência em contra-ordenações graves ou muito graves podem ser aplicadas ao agente sanções acessórias[95] de privação do acesso a medidas de estímulo à criação de postos de trabalho e à reinserção profissional de pessoas afastadas do mercado de trabalho.

As sanções acessórias têm a duração máxima de 24 meses.

---

[93] Art. 19º do RGCO.
[94] Prevista nos arts. 75º e 76º do Código Penal.
[95] Para além das "sanções impeditivas, suspensivas ou extintivas de benefícios fiscais que podem ser aplicadas sempre que seja cometida uma infracção... às normas do sistema de segurança social, independentemente da sua relação com o benefício concedido" (art. 8º do EBF).

Dedução em benefícios

No caso de ser aplicada uma coima a um infractor que seja simultaneamente titular do direito a prestações de segurança social, pode operar-se a sua compensação desde que este, devidamente notificado para o efeito, não tenha efectuado o pagamento no prazo fixado nem impugnado judicialmente a aplicação da coima com prestação da respectiva caução.

Dispensa de coima

Nos casos de contra-ordenação leve pode a segurança social dispensar a aplicação de coima, desde que se verifiquem cumulativamente as seguintes circunstâncias:

- a prática da infracção não ocasione prejuízo efectivo ao sistema de segurança social nem ao trabalhador, sendo irrelevante o eventual ressarcimento do prejuízo provocado pela conduta que constitui contra-ordenação;
- esteja regularizada a falta cometida;
- a infracção tenha sido praticada por negligência.

Cumprimento da obrigação devida

O pagamento da coima não dispensa o infractor do cumprimento da obrigação, se este ainda for possível.

2) Parte especial – enumeração e classificação das contra-ordenações[96]

a) Sistema previdencial – Seguro social[97]

i) Geral

Falta de apresentação de declaração

Ou de outros documentos legalmente exigidos, não especialmente punida nem integre o conceito de falsas declarações por determinarem concessão indevida de prestações, favorecerem montante de prestação ou a sua extinção ou suspensão (vg: de pagamento de indemnização pelo terceiro responsável...) constitui contra-ordenação leve.

---

[96] Relativamente aos estabelecimentos de apoio social – arts. 39º-A a 39º-K do DL 64/2007, 14.03 (versão do DL 33/2014, 04.03).
[97] Regime aplicável: Código dos Regimes Contributivos. Ver quadro junto (*pág. 599*).

ii) Relação de vinculação

Falta de comunicação da admissão de trabalhadores

Nos prazos estabelecidos[98] constitui contra-ordenação leve quando seja cumprida nas vinte e quatro horas subsequentes ao termo do prazo e constitui contra-ordenação grave nas demais situações, presumindo-se, salvo prova em contrário, que o trabalhador iniciou a prestação de trabalho ao serviço da entidade empregadora faltosa no 1º dia do 6º mês anterior ao da verificação do incumprimento.

Se esta obrigação for cumprida dentro dos primeiros 30 dias seguintes ao último dia do prazo, os limites máximos das coimas aplicáveis não podem exceder em mais de 75% o limite mínimo previsto para o tipo de contra-ordenação praticada.

Relativamente a trabalhadores que se encontram a beneficiar de prestações de desemprego ou de doença:

- constitui contra-ordenação muito grave, sendo porém os montantes da coima previstos para a contra-ordenação reduzidos a metade nas situações em que a entidade empregadora fundamente o desconhecimento da situação através da apresentação de declaração emitida pela segurança social;
- determina a aplicação de sanção acessória necessária automática (sem qualquer tramitação processual) de privação do acesso a medidas de estímulo à criação de postos de trabalho e à reinserção profissional de pessoas afastadas do mercado de trabalho em simultâneo com a respectiva coima;
- presume-se que a prestação de trabalho teve início na data em que começaram a ser concedidas as referidas prestações, sendo a entidade empregadora solidariamente responsável pela devolução da totalidade dos montantes indevidamente recebidos pelo trabalhador[99].

---

[98] Nas vinte e quatro horas anteriores ao início da produção de efeitos do contrato de trabalho ou nas vinte e quatro horas seguintes ao início da actividade sempre que por razões excepcionais e devidamente fundamentadas ligadas à celebração de contrato de trabalho de muito curta duração ou à prestação de trabalho por turnos a comunicação não possa ser efectuada no prazo anterior.
[99] Nº 5 do art. 29º do CRC.

Prestação de falsas declarações[100]

Ou a utilização de qualquer outro meio de que resulte enquadramento em regime de segurança social sem que se verifiquem as condições legalmente exigidas constitui contra-ordenação muito grave.

Falta da declaração de cessação, suspensão e alteração da modalidade do contrato de trabalho

E o motivo que lhes deu causa, bem como a alteração da modalidade de contrato de trabalho constitui contra-ordenação leve.

Se esta obrigação for cumprida dentro dos primeiros 30 dias seguintes ao último dia do prazo, os limites máximos das coimas aplicáveis não podem exceder em mais de 75% o limite mínimo previsto para o tipo de contra-ordenação praticada.

Enquanto não for feita a declaração, presume-se a existência da relação laboral, mantendo-se a obrigação contributiva.

Falta de outras comunicações obrigatórias das entidades empregadoras ou trabalhadores independentes

De alteração de quaisquer dos elementos relativos à sua identificação, incluindo os relativos aos estabelecimentos, bem como o início, suspensão ou cessação de actividade constituem contra-ordenação leve.[101]

Sempre que os elementos referidos não possam ser obtidos oficiosamente ou suscitem dúvidas, são as entidades empregadoras notificadas para, no prazo de 10 dias úteis, os apresentarem à segurança social, constituindo contra-ordenação leve quando seja cumprida nos 10 dias subsequentes ao termo do prazo e contra-ordenação grave nas demais situações.

---

[100] Nº 2 do art. 71º da L 4/2007, 16.01.
As falsas declarações são criminalmente previstas e punidas pelo art. 348º-A do Código Penal (aditado pela L 19/2013, 21.02). Antes pelo DL 33725, de 21 de Junho de 1944.
Integra faltas de declarações ou comunicações que determinem concessão indevida de prestações, favoreçam montante de prestação ou a extinga ou suspenda (vg: de pagamento de indemnização pelo terceiro responsável...)

[101] As comunicações consideram-se cumpridas perante a segurança social sempre que sejam efectuadas à administração fiscal ou possam ser oficiosamente obtidas.

Situações de contra-ordenação previstas no CRC

Artigos do Código dos Regimes	Infracções	Classificação das contra-ordenações		
		Leve	Grave ***	Muito grave
24º a)	Falsas declarações ou a utilização de qualquer outro meio de que resulte enquadramento em regime de segurança social sem que se verifiquem as condições legalmente exigidas			x
24º b)	Falsas declarações ou a utilização de qualquer outro meio de que resulte a isenção indevida da obrigação de contribuir ou a aplicação de um regime contributivo indevido quer quanto à base de incidência quer quanto às taxas contributivas			x
24º c)	Falsas declarações ou a adopção de procedimentos, por acção ou omissão, tendentes à obtenção indevida de prestações			x
29º, 1 e 2	Falta ou atraso de comunicação atempada da admissão de trabalhadores (V. art. 242º)	x	x	
	Falta de comunicação de tipo de contrato de trabalho, bem como dos elementos necessários ao enquadramento do trabalhador			
32º, 4	Omissão de declaração de cessação, suspensão e alteração da modalidade de contrato de trabalho	x		
36º, 4 e 5	Omissão de comunicação pela entidade empregadora da alteração de elementos relativos à identificação, incluindo os relativos aos estabelecimentos, bem como o início, suspensão ou cessação da actividade.	x		
	Falta de apresentação pela entidade empregadora destes elementos quando solicitados pela segurança social	x	x	
40º, 1 e 2 (V. art. 229º)	Omissão na declaração de remunerações em relação a cada trabalhador do valor da remuneração que constitui a base de incidência contributiva, dos tempos de trabalho e da taxa contributiva.	x	x	
	Falta de apresentação da referida declaração de remunerações no prazo estabelecido por lei			
40º, 5 e 6	Não inclusão de trabalhador na declaração de remunerações*			x
42º	Falta de pagamento das contribuições e das quotizações dos trabalhadores	x	x	
149º	Omissão de comprovação de elementos solicitados pela segurança social aos trabalhadores	x	x	
152º, 3	Falta de declaração pelo trabalhador independente, relativamente ao ano civil anterior das prestações de serviços realizados para acesso ao subsídio por cessação de actividade	x	x	
155º	Falta ou atraso no pagamento das contribuições, quer dos trabalhadores independentes quer das entidades contratantes	x	x	
229º	Omissão de quaisquer outros elementos obrigatórios da declaração de remunerações para além dos do art. 40º	x		

230º	Acumulação de prestações com o exercício de actividade remunerada que contrarie disposição legal específica			x
231º	Falta de apresentação de declaração ou de outros documentos legalmente exigidos, não especialmente punida	x		
242º	Falta de comunicação da admissão de trabalhadores relativa a trabalhadores com subsídios desemprego ou doença**			x

* Se o trabalhador estiver a receber subsídio de desemprego ou de doença, há ainda lugar a sanções acessórias de privação do acesso a medidas de estímulo à criação de postos de trabalho e à inserção profissional de pessoas afastadas do mercado de trabalho (art. 243º do CRC).
** Há lugar a sanções acessórias do mesmo art. 243º do CRC.
*** Quando a obrigação também não seja cumprida nos prazos subsequentes que a lei estabelece.

Se esta obrigação for cumprida dentro dos primeiros 30 dias seguintes ao último dia do prazo, os limites máximos das coimas aplicáveis não podem exceder em mais de 75% o limite mínimo previsto para o tipo de contra-ordenação praticada.

Falta da declaração de vínculo jurídico-laboral[102]

Irrelevância para efeitos de acesso ou de cálculo de prestações de segurança social, dos períodos da actividade profissional não declarados, nos casos em que relativamente aos mesmos não tenha sido efectuada a comunicação de admissão de trabalhadores nem tenha havido entrada da respectiva declaração de remunerações, enquanto o trabalhador não efectuar a declaração.

iii) Relação de tributação

Falta de apresentação da declaração de remunerações

Em relação a cada um dos trabalhadores ao seu serviço, o valor da remuneração que constitui a base de incidência contributiva, os tempos de trabalho que lhe corresponde e a taxa contributiva aplicável até ao dia 10 do mês seguinte àquele a que diga respeito, constitui contra-ordenação leve quando seja cumprida nos 30 dias subsequentes ao termo do prazo e constitui contra-ordenação grave nas demais situações.

Omissão de elementos da declaração de remunerações

Constitui contra-ordenação leve a omissão de qualquer outro elemento que deva obrigatoriamente constar da declaração de remunerações.

---

[102] Formalmente não enquadradas como contra-ordenações pois constitui apenas um ónus para o trabalhador.

Se esta obrigação for cumprida dentro dos primeiros 30 dias seguintes ao último dia do prazo, os limites máximos das coimas aplicáveis não podem exceder em mais de 75% o limite mínimo previsto para o tipo de contra-ordenação praticada.

A não inclusão de trabalhador na declaração de remunerações

Constitui contra-ordenação muito grave.

Se se tratar de trabalhadores que se encontram a receber prestações de desemprego ou de doença, a não inclusão na declaração de remunerações determina a aplicação de sanção acessória necessária automática (sem qualquer tramitação processual) de privação do acesso a medidas de estímulo à criação de postos de trabalho e à reinserção profissional de pessoas afastadas do mercado de trabalho em simultâneo com a respectiva coima.

Incumprimento da obrigação contributiva

Pelas entidades empregadoras, responsáveis pelo pagamento das contribuições e das quotizações dos trabalhadores ao seu serviço, que não descontando nas remunerações dos trabalhadores ao seu serviço o valor das quotizações por estes devidas ou não o remetendo, juntamente com o da sua própria contribuição, à segurança social, sem prejuízo da responsabilidade criminal, constitui contra-ordenação leve quando seja cumprida nos 30 dias subsequentes ao termo do prazo e constitui contra-ordenação grave nas demais situações.

Prestação de falsas declarações[103]

Ou a utilização de qualquer outro meio de que resulte a isenção indevida da obrigação de contribuir ou a aplicação de um regime contributivo indevido quer quanto à base de incidência quer quanto às taxas contributivas constitui contra-ordenação muito grave.

Falta da declaração anual da actividade

A ser apresentada pelos trabalhadores independentes (valor total quer das vendas realizadas quer da prestação de serviços a pessoas singulares ou a entidades contratantes) no prazo legal para entrega da declaração fiscal correspondente (anexo SS ao modelo 3 do IRS), constituindo contra-ordenação leve

---

[103] As falsas declarações são criminalmente previstas e punidas pelo art. 348º-A do Código Penal. Integra faltas de declarações ou comunicações que determinem concessão indevida de prestações, favoreçam montante de prestação ou a extinga ou suspenda (vg: de pagamento de indemnização pelo terceiro responsável...).

quando seja cumprida nos 30 dias subsequentes ao termo do prazo e constitui contra-ordenação grave nas demais situações.

iv) Relação de prestação

– Prestações substitutivas de rendimento de trabalho

Acumulação do exercício de actividade com concessão de prestações

Constitui contra-ordenação muito grave a acumulação de prestações com o exercício de actividade remunerada contrariando disposição legal específica[104].

Prestação de falsas declarações

Ou a adopção de procedimentos, por acção ou omissão, tendentes à obtenção indevida de prestações[105] constitui contra-ordenação muito grave[106].

Falta de entrega aos trabalhadores de declarações comprovativas da cessação do contrato de trabalho

Constitui contra-ordenação leve.[107]

– Prestações por doenças profissionais[108]

Constitui contra-ordenação grave:[109]

- as falsas declarações e a utilização de qualquer outro meio de que resulte concessão indevida de prestações ou do respectivo montante;
- o incumprimento dos seguintes deveres:

---

[104] São disposições legais específicas, nomeadamente:
- arts. 61º e 62º do DL 187/2007, de 10 de Maio – pensões de invalidez e velhice;
- art. 1º, nº 2 do DL 28/2004, de 4 de Fevereiro – subsídio de doença;
- arts. 2º, 52º e 56º do DL 220/2006, de 3 de Novembro – subsídio de desemprego;
- arts. 42º e 43º do DL 91/2009, de 9 de Abril – subsídios de parentalidade.

[105] V. nota 103.

[106] Nos termos do art. 172º da Lei nº 98/2009, de 4 de Setembro (doenças profissionais) constitui contra-ordenação grave.

[107] Declarações previstas art. 43º do DL 220/2006, 03/11. Contra-ordenação nos termos do art. 341º do Código do Trabalho, afastando o art. 64º, nº 3 do DL 220/2006, 03/11.

[108] Regime contra-ordenacional do Código do Trabalho – arts. 548º a 565º – nos termos dos arts. 167º a 173º da L 98/2009, 04/09.

[109] Art. 172º da Lei nº 98/2009, de 4 de Setembro.

i) remessa ao ISS, IP de todos os casos clínicos em que seja de presumir a existência de doença profissional, no prazo de oito dias a contar da data do diagnóstico ou de presunção da existência de doença profissional[110];
ii) ser dado conhecimento ao ISS, IP dos seguintes factos:[111]
- pelo titular de pensão bonificada: que exerce actividade sujeita ao risco de doença ou doenças profissionais determinantes da sua situação de pensionista, no prazo de 10 dias subsequentes ao respectivo início[112];
- pelo pensionista por morte: que celebrou casamento ou iniciou união de facto, nos 30 dias subsequentes à respectiva verificação[113];
- pelos familiares: comunicar o óbito do beneficiário, no prazo de 60 dias, após a ocorrência.

b) Sistema de protecção social de cidadania

Subsistemas de protecção familiar e de solidariedade[114] – prestações não substitutivas de rendimento de trabalho.
- falta de declaração que favoreça montante de prestação ou a extinga ou suspenda
  • em geral – € 24,94 a € 99,76;
- falta de comunicação que determine a concessão indevida de prestações
  • em geral – € 49,88 a € 174,58;
  • abono de família e subsídio de funeral – € 100 a € 250;
- falsas declarações no âmbito das prestações[115]
  • em geral – € 100 a € 700;
  • abono de família e subsídio de funeral (geral) – € 100 a € 250;
  • abono de família e subsídio de funeral (rendimentos) – € 250 a € 2494.

Sanção acessória de inibição no acesso ao direito a prestações

i) em geral por prestação de falsas declarações pelo beneficiário no âmbito da condição de recursos (relativas aos rendimentos e ao agregado familiar) de que resulte ou possa resultar a atribuição ou o pagamento de prestações ou apoios indevidos, para além de outras consequências legalmente previstas (responsabilidade contra-ordenacional, civil ou criminal), fica ainda sujeito,

---

[110] Dever previsto no nº 3 do art. 142º da L 98/2009.
[111] Deveres elencados no art. 153º da L 98/2009.
[112] Facto que determina a suspensão da pensão bonificada, nos termos do art. 116º da L 98/2009.
[113] Facto determinante da cessação da pensão – art. 134º, nº 2 da Lei nº 98/2009.
[114] Regime aplicável: artigos em vigor do DL 64/89, 25/02.
[115] Para além do eventual procedimento criminal.

durante o período de 24 meses após o conhecimento do facto, à não atribuição das seguintes prestações ou apoios sociais:[116]

- complemento solidário para idosos[117];
- por encargos familiares;
- prestação do rendimento social de inserção;[118]
- subsídio social de desemprego;
- subsídios sociais no âmbito da parentalidade;
- comparticipação de medicamentos;
- pagamento das prestações de alimentos, no âmbito do Fundo de Garantia de Alimentos a Menores;
- comparticipação da segurança social aos utentes das unidades de média duração e reabilitação e aos utentes das unidades de longa duração e manutenção, no âmbito da Rede Nacional de Cuidados Continuados Integrados;
- apoios sociais à habitação atribuídos pelo Estado se o apoio depender de condição de recursos dos beneficiários;
- outros apoios sociais ou subsídios atribuídos pelos serviços da administração central do Estado.

ii) no âmbito da prestação do rendimento social de inserção

– *por incumprimento da obrigação de comunicação*

No prazo de 10 dias, à entidade distrital da segurança social competente das alterações de circunstâncias susceptíveis de influir na constituição, modificação ou extinção da prestação do RSI implica a suspensão da prestação até ao suprimento da causa da suspensão pelo período de 90 dias após os quais cessa a prestação;

– *por não celebração do contrato de inserção*

Ao titular ou ao beneficiário que se recusa à elaboração conjunta e de celebração do contrato de inserção no prazo máximo de 60 dias após a atribuição da prestação do rendimento social de inserção não poderá ser reconhecido o direito ao rendimento social de inserção e à respectiva prestação durante o período de 24 meses, após a recusa;

– *por incumprimento do contrato de inserção*

Não lhe poderá ser reconhecido o direito ao rendimento social de inserção durante o período de 12 meses, após a falta ou a recusa injustificada no cumprimento de uma acção ou medida que integre o contrato de inserção.

---

[116] Nos termos do art. 15º do DL 70/2010, 16/06.
[117] Art. 15º do DL 232/2005, de 29 de Dezembro.
[118] Eram 12 meses nos termos da redacção anterior do art. 31º da L 13/2003, 21/05.

b. Responsabilidade criminal (específica) crimes contra a segurança social[119]

Noção

Constitui crime contra a segurança social todo o facto típico, ilícito e culposo declarado punível por lei anterior.

Direito substantivo

Enumeração dos crimes e medidas das penas[120]

- Crimes tributários comuns

1) *Burla tributária*

Determinação da administração da segurança social a efectuar atribuições patrimoniais das quais resulte enriquecimento do agente ou de terceiro, por meio de falsas declarações, falsificação ou viciação de documento fiscalmente relevante ou outros meios fraudulentos.

As falsas declarações, a falsificação ou viciação de documento fiscalmente relevante ou a utilização de outros meios fraudulentos não são puníveis autonomamente, salvo se pena mais grave lhes couber.

A tentativa[121] é punível.

Pena aplicável

Prisão até três anos ou multa até 360 dias.

Se a atribuição patrimonial for de valor elevado, a pena é a de prisão até cinco anos ou multa até 600 dias.

---

[119] Regime Geral das Infracções Tributárias (RGIT) – Lei nº 15/2001, de 5 de Junho (com alterações).
[120] Para além do crime de *prestação de falsas declarações*, previsto no art. 348º-A do CP, nos seguintes termos:
"1. Quem declarar ou atestar falsamente à autoridade pública ou a funcionário no exercício das suas funções identidade, estado ou outra qualidade a que a lei atribua efeitos jurídicos, próprios ou alheios, é punido com pena de prisão até um ano ou com pena de multa, se pena mais grave não lhe couber por força de outra disposição legal.
2. Se as declarações se destinarem a ser exaradas em documento autêntico o agente é punido com pena de prisão até dois anos ou com pena de multa".
Como contra-ordenação *ver pág. 601*.
[121] Actos de execução de um crime que o agente decidiu cometer sem que este chegue a consumar--se (art. 22º CP).

Se a atribuição patrimonial for de valor consideravelmente elevado, a pena é a de prisão de dois a oito anos para as pessoas singulares e a de multa de 480 a 1920 dias para as pessoas colectivas.

2) *Frustração de créditos*

Frustração intencional total ou parcial de créditos da segurança social por quem, sabendo que tem de entregar tributo já liquidado ou em processo de liquidação ou dívida às instituições de segurança social, aliene, danifique ou oculte, faça desaparecer ou onerar o seu património.

Pena aplicável

Prisão até dois anos ou multa até 240 dias.

Frustração intencional total ou parcial de créditos da segurança social por quem outorgar em actos ou contratos que importem a transferência ou oneração de património, sabendo que o tributo já está liquidado ou em processo de liquidação ou que tem dívida às instituições de segurança social.

Pena aplicável

Prisão até um ano ou multa até 120 dias.

3) *Associação criminosa*

Promoção ou fundação de grupo, organização ou associação cuja finalidade ou actividade seja dirigida à prática de crimes tributários.

Fazer parte de tais grupos, organizações ou associações ou que os apoiar, nomeadamente fornecendo armas, munições, instrumentos de crime, armazenagem, guarda ou locais para as reuniões, ou qualquer auxílio para que se recrutem novos elementos.

Pena aplicável

Prisão de um a cinco anos, se pena mais grave não lhe couber, nos termos de outra lei penal.

Quem chefiar ou dirigir os grupos, organizações ou associações.

Pena aplicável

Prisão de dois a oito anos, se pena mais grave não lhe couber, nos termos de outra lei penal.

As penas podem ser especialmente atenuadas ou não ter lugar a punição se o agente impedir ou se esforçar seriamente para impedir a continuação dos grupos, organizações ou associações, ou comunicar à autoridade a sua existência, de modo a esta poder evitar a prática de crimes tributários.

4) *Violação de segredo*

Revelação dolosa ou aproveitamento do conhecimento do segredo fiscal ou da situação contributiva perante a segurança social de que tenha conhecimento no exercício das suas funções ou por causa delas, sem justa causa e sem consentimento de quem de direito.

Pena aplicável

Prisão até um ano ou multa até 240 dias

Revelação de segredo de que o funcionário, sem estar devidamente autorizado, teve conhecimento ou que lhe foi confiado no exercício das suas funções ou por causa delas com a intenção de obter para si ou para outrem um benefício ilegítimo ou de causar prejuízo ao interesse público, ao sistema de segurança social ou a terceiros.

Revelação de segredo de que o funcionário teve conhecimento ou que lhe foi confiado no exercício das suas funções ou por causa delas, obtido através da derrogação do sigilo bancário ou outro dever legal de sigilo.

Pena aplicável

Prisão até três anos ou multa até 360 dias.

- Crimes contra a segurança social

1) *Fraude contra a segurança social*

Constituem fraude contra a segurança social as condutas das entidades empregadoras, dos trabalhadores independentes e dos beneficiários que visem a não liquidação, entrega ou pagamento, total ou parcial, ou o recebimento indevido, total ou parcial, de prestações de segurança social[122] com intenção de

---

[122] Considera-se "prestação da segurança social os benefícios previstos na legislação da segurança social" (art. 106º, nº 4 do RGIT).

obter para si ou para outrem vantagem patrimonial ilegítima de valor superior a € 7500[123].

A fraude pode ter lugar por:

- ocultação ou alteração de factos ou valores que devam constar dos livros de contabilidade ou escrituração, ou das declarações apresentadas ou prestadas a fim de que a administração parafiscal especificamente fiscalize, determine, avalie ou controle a matéria colectável;
- ocultação de factos ou valores não declarados e que devam ser revelados à administração parafiscal;
- celebração de negócio simulado, quer quanto ao valor, quer quanto à natureza, quer por interposição, omissão ou substituição de pessoas.

Considera-se fraude qualificada:

- quando se verificar a acumulação de mais de uma das seguintes circunstâncias:
    a) O agente se tiver conluiado com terceiros que estejam sujeitos a obrigações acessórias para efeitos de fiscalização tributária;
    b) O agente for funcionário público e tiver abusado gravemente das suas funções;
    c) O agente se tiver socorrido do auxílio do funcionário público com grave abuso das suas funções;
    d) O agente falsificar ou viciar, ocultar, destruir, inutilizar ou recusar entregar, exibir ou apresentar livros, programas ou ficheiros informáticos e quaisquer outros documentos ou elementos probatórios exigidos pela lei tributária;
    e) O agente usar os livros ou quaisquer outros elementos sabendo-os falsificados ou viciados por terceiro;
    f) Tiver sido utilizada a interposição de pessoas singulares ou colectivas residentes fora do território português e aí submetidas a um regime fiscal claramente mais favorável;
    g) O agente se tiver conluiado com terceiros com os quais esteja em situação de relações especiais.
- quando a fraude tiver lugar mediante a utilização de facturas ou documentos equivalentes por operações inexistentes ou por valores diferen-

---

[123] Em Janeiro de 2014 reposto o valor válido até 31 de Dezembro de 2012. Em 2013 o valor fora fixado em € 3500.

tes ou ainda com a intervenção de pessoas ou entidades diversas das da operação subjacente.

Os factos previstos nas alíneas d) e e) com o fim definido para a fraude não são puníveis autonomamente, salvo se pena mais grave lhes couber.

Pena aplicável

– fraude: pena de prisão até 3 anos ou multa até 360 dias;
– fraude qualificada: pessoas singulares – pena de prisão de 1 a 5 anos;

pessoas colectivas – multa de 240 a 1200 dias.

2) *Abuso de confiança contra a segurança social*

Constitui abuso de confiança contra a segurança social quando as entidades empregadoras, tendo deduzido do valor das remunerações devidas a trabalhadores e membros dos órgãos sociais o montante das contribuições[124] por estes legalmente devidas, não o entreguem, total ou parcialmente, às instituições de segurança social, qualquer que seja o valor das contribuições[125].

Os factos só são puníveis se:

a) tiverem decorrido mais de 90 dias sobre o termo do prazo legal para pagamento das contribuições[126];
b) a prestação comunicada à segurança social através da correspondente declaração não for paga, acrescida dos juros respectivos e do valor da coima aplicável, no prazo de 30 dias após notificação para o efeito.

Os valores a considerar são os que devam constar de cada declaração de remunerações a apresentar à segurança social.

---

[124] *Lato sensu*, ou seja, inclui as quotizações.
[125] Conforme jurisprudência do Tribunal Constitucional – Ac. TC nº 203/2010.
Por outro lado, o Acórdão do STJ nº 1/2013 (DR, 1ª, 7/01/2013) fixou jurisprudência no sentido em que "Em processo penal decorrente de crime de abuso de confiança contra a Segurança Social, p. e p. no art. 107º, nº 1, do R.G.I.T., é admissível, de harmonia com o art. 71º, do C.P.P., a dedução de pedido de indemnização civil tendo por objecto o montante das contribuições legalmente devidas por trabalhadores e membros dos órgãos sociais das entidades empregadoras, que por estas tenha sido deduzido do valor das remunerações, e não tenha sido entregue, total ou parcialmente, às instituições de segurança social".
[126] Porém o prazo de prescrição do procedimento criminal começa a contar-se no dia imediato ao termo do prazo estabelecido para a entrega das contribuições devidas (Acórdão de fixação de jurisprudência STJ nº 2/2015 – DR, 1ª, 19/02/2015).

Pena aplicável

Pena de prisão até 3 anos ou multa até 360 dias;
Se a entrega não efectuada for superior a € 50 000:

- pessoas singulares: pena de prisão de 1 a 5 anos;
- pessoas colectivas: multa de 240 a 1200 dias.

Direito adjectivo – Procedimentos

Início do processo

O processo inicia-se com a notícia do crime[127], isto é, conhecimento próprio dos funcionários da segurança social de factos que indiciem a presumível prática de uma conduta ilícita, no caso, um crime contra a segurança social.

Face ao conhecimento destes factos o presidente do ISS,IP determina a instauração de inquérito que de imediato deverá ser comunicado ao Ministério Público[128].

O processo deverá estar concluído no prazo máximo de oito meses, a contar da data da aquisição da notícia do crime.

Encerramento do processo

Concluído o inquérito o presidente do ISS, IP emite sobre ele parecer fundamentado, remetendo-o ao Ministério Público.

Recebido o auto de inquérito pelo Ministério Público, este profere despacho de acusação, se considerar terem sido recolhidos indícios suficientes de se ter verificado crime e de quem foi o seu agente, ou, em caso contrário, procede por seu despacho ao arquivamento.

Forma de processo

É admissível instrução, sendo os crimes julgados nos termos do Código de Processo Penal[129].

---

[127] Mediante auto de notícia, participação ou denúncia particular.
[128] O inquérito compreende o conjunto de diligências que visam investigar a existência de um crime, determinar os seus agentes e a responsabilidade deles, e descobrir e recolher as provas em ordem à decisão sobre a acusação.
[129] Designadamente, arts. 311º e segs.

4. DEFESA DOS CRÉDITOS DA SEGURANÇA SOCIAL

A segurança social exerce os direitos de defesa dos seus créditos nomeadamente nas seguintes situações:

- reclamação de créditos das instituições[130]:
  - em execução movida por outros credores;
  - em processo de insolvência;
- justificação de créditos em processo de recuperação de empresas;
- reembolso de prestações da responsabilidade de terceiros (art. 70º LBSS e DL 59/89, 22/02);
- restituição de prestações indevidamente pagas;
- responsabilidade civil – indemnização civil (CC arts. 483º, 499º, 562º, 798º).

5. COMPETENTÊNCIAS JURISDICIONAIS NO CONTENCIOSO DA SEGURANÇA SOCIAL

Competência dos tribunais em função da matéria[131]

a. Tribunais administrativos e fiscais[132]

Compete aos tribunais da jurisdição administrativa e fiscal a apreciação de litígios que tenham por objecto questões relativas a:

a) Tutela de direitos fundamentais e outros direitos e interesses legalmente protegidos, no âmbito de relações jurídicas administrativas e fiscais;
b) Fiscalização da legalidade das normas e demais actos jurídicos emanados por órgãos da Administração Pública, ao abrigo de disposições de direito administrativo ou fiscal;
c) Fiscalização da legalidade de actos administrativos praticados por quaisquer órgãos do Estado ou das Regiões Autónomas não integrados na Administração Pública;

---

[130] Código do Processo Civil – art. 786º e 738º, respectivamente.
Estando a representação da segurança social nos processos de recuperação de empresa a cargo do ISS, IP.

[131] Conforme a Lei de Organização do Sistema Judiciário – Lei nº 62/2013, 26/08 (arts. 144º a 148º) (Versão da L 40-A/2016, 22/12).

[132] Nos termos do Estatuto dos Tribunais Administrativos e Fiscais (ETAF) – L 13/2002, 19/02 (versão do DL 214-G/2015, 02/10 – anexo II).

d) Fiscalização da legalidade das normas e demais actos jurídicos praticados por quaisquer entidades, independentemente da sua natureza, no exercício de poderes públicos;
e) Validade de actos pré-contratuais e interpretação, validade e execução de contratos administrativos ou de quaisquer outros contratos celebrados nos termos da legislação sobre contratação pública, por pessoas colectivas de direito público ou outras entidades adjudicantes;
f) Responsabilidade civil extracontratual das pessoas colectivas de direito público, incluindo por danos resultantes do exercício das funções política, legislativa e jurisdicional;[133]
g) Responsabilidade civil extracontratual dos titulares de órgãos, funcionários, agentes, trabalhadores e demais servidores públicos, incluindo acções de regresso;
h) Responsabilidade civil extracontratual dos demais sujeitos aos quais seja aplicável o regime específico da responsabilidade do Estado e demais pessoas colectivas de direito público;
i) Condenação à remoção de situações constituídas em via de facto, sem título que as legitime;
j) Relações jurídicas entre pessoas colectivas de direito público ou entre órgãos públicos, reguladas por disposições de direito administrativo ou fiscal;
k) Prevenção, cessação e reparação de violações a valores e bens constitucionalmente protegidos, em matéria de saúde pública, habitação, educação, ambiente, ordenamento do território, urbanismo, qualidade de vida, património cultural e bens do Estado, quando cometidas por entidades públicas;
l) Impugnações judiciais de decisões da Administração Pública que apliquem coimas no âmbito do ilícito de mera ordenação social por violação de normas de direito administrativo em matéria de urbanismo;
m) Contencioso eleitoral relativo a órgãos de pessoas colectivas de direito público para que não seja competente outro tribunal;
n) Execução da satisfação de obrigações ou respeito por limitações decorrentes de actos administrativos que não possam ser impostos coercivamente pela Administração;
o) Relações jurídicas administrativas e fiscais que não digam respeito às matérias previstas nas alíneas anteriores

---

[133] Está excluída a apreciação das acções de responsabilidade por erro judiciário cometido por tribunais pertencentes a outras ordens de jurisdição, assim como das correspondentes acções de regresso.

1) *Tribunais administrativos e fiscais (contencioso administrativo)* – conhecimento dos recursos dos actos administrativos praticados pelas instituições de segurança social.

- *Tribunais administrativos de círculo*
  - conhecer em 1ª instância, de todos os processos do âmbito da jurisdição administrativa, com excepção daqueles cuja competência, em primeiro grau de jurisdição, esteja reservada aos tribunais superiores e da apreciação dos pedidos que nestes processos sejam cumulados;
  - satisfazer as diligências pedidas por carta, ofício ou outros meios de comunicação que lhes sejam dirigidos por outros tribunais administrativos;

- *Tribunais centrais administrativos (Norte e Sul) (secção de contencioso administrativo)*

Conhece de matéria de facto e de direito:
  - dos recursos das decisões dos tribunais administrativos de círculo para os quais não seja competente o Supremo Tribunal Administrativo;
  - dos recursos de decisões proferidas por tribunal arbitral sobre matérias de contencioso administrativo, salvo o disposto em lei especial.

- *Supremo Tribunal Administrativo (secção de contencioso administrativo)*

Compete à secção de contencioso administrativo do Supremo Tribunal Administrativo conhecer, nomeadamente:
  - dos pedidos de adopção de providências cautelares relativos a processos da sua competência;
  - dos pedidos relativos à execução das suas decisões;
  - dos recursos de revista sobre matéria de direito interpostos de acórdãos da secção de contencioso administrativo dos tribunais centrais administrativos e de decisões dos tribunais administrativos de círculo.

2) *Tribunais administrativos e fiscais (contencioso tributário)*[134] – conhecimento das questões entre as instituições de segurança social e os respectivos contribuintes.

---

[134] Remissão para jurisdição fiscal relativamente a todos os créditos da segurança social – arts. 2º e 6º do DL 42/2001, 09/02. (transcritos em matéria de impugnação da liquidação)

- *Tribunais tributários* (1ª instância) conhecer:
a) Das acções de impugnação:
   i) Dos actos de liquidação de receitas fiscais estaduais, regionais ou locais, e parafiscais, incluindo o indeferimento total ou parcial de reclamações desses actos;
   ii) Dos actos de fixação dos valores patrimoniais e dos actos de determinação de matéria tributável susceptíveis de impugnação judicial autónoma;
   iii) Dos actos praticados pela entidade competente nos processos de execução fiscal;
   iv) Dos actos administrativos respeitantes a questões fiscais que não sejam atribuídos à competência de outros tribunais;
b) Da impugnação de decisões de aplicação de coimas e sanções acessórias em matéria fiscal[135];
c) Das acções destinadas a obter o reconhecimento de direitos ou interesses legalmente protegidos em matéria fiscal;
d) Dos incidentes, embargos de terceiro, reclamação da verificação e graduação de créditos, anulação da venda, oposições e impugnação de actos lesivos, bem como de todas as questões relativas à legitimidade dos responsáveis subsidiários, levantadas nos processos de execução fiscal;
e) Dos seguintes pedidos:
   i) De declaração da ilegalidade de normas administrativas de âmbito regional ou local, emitidas em matéria fiscal;
   ii) De produção antecipada de prova, formulados em processo neles pendente ou a instaurar em qualquer tribunal tributário;
   iii) De providências cautelares para garantia de créditos fiscais;
   iv) De providências cautelares relativas aos actos administrativos impugnados ou impugnáveis e as normas referidas na subalínea i) desta alínea;
   v) De execução das suas decisões;
   vi) De intimação de qualquer autoridade fiscal para facultar a consulta de documentos ou processos, passar certidões e prestar informações;

Compete ainda aos tribunais tributários cumprir os mandatos emitidos pelo Supremo Tribunal Administrativo ou pelos tribunais centrais administrativos e satisfazer as diligências pedidas por carta, ofício ou outros meios de comunicação que lhe sejam dirigidos por outros tribunais tributários.

---

[135] Porém em matéria parafiscal: jurisdição do trabalho (nº 2 do art. 126º da L 62/3013, 20/08).

- *Tribunais centrais administrativos (Norte e Sul) (secção de contencioso tributário)*, conhecer em matéria de facto e de direito:
  – dos recursos de decisões dos tribunais tributários, salvo com exclusivo fundamento em matéria de direito;
  – dos recursos de actos administrativos respeitantes a questões fiscais praticados por membros do Governo;
  – dos pedidos de declaração de ilegalidade de normas administrativas de âmbito nacional, emitidas em matéria fiscal;
  – dos pedidos de adopção de providências cautelares relativos a processos da sua competência;
  – dos pedidos de execução das suas decisões;
  – dos pedidos de produção antecipada de prova formulados em processo nela pendente;
  – dos demais meios processuais que por lei sejam submetidos ao seu julgamento.

- *Supremo Tribunal Administrativo (secção de contencioso tributário)*

Compete à secção de contencioso tributário do Supremo Tribunal Administrativo conhecer:
  – dos recursos dos acórdãos da secção de contencioso tributário dos tribunais centrais administrativos, proferidos em 1º grau de jurisdição;
  – dos recursos interpostos de decisões dos tribunais tributários com exclusivo fundamento em matéria de direito;
  – dos recursos de actos administrativos do Conselho de Ministros respeitantes a questões fiscais;
  – dos requerimentos de adopção de providências cautelares respeitantes a processos da sua competência;
  – dos pedidos relativos à execução das suas decisões;
  – dos pedidos de produção antecipada de prova, formulados em processo nela pendente;
  – dos conflitos de competência entre tribunais tributários.

b. **Tribunais judiciais**[136] **e juízos de competência especializada** (ou, onde esta não existirem, de competência genérica), designadamente:

- *juízos cíveis*
  – reclamações de créditos das instituições em execuções movidas por outros credores;

---

[136] Tribunais judiciais de 1ª instância, 2ª instância (tribunais da relação) e Supremo Tribunal de Justiça – L 62/2013, 26/08 – Lei de Organização do Sistema Judiciário (versão da L 40-A/2016, 22/12).

- reembolsos de prestações da responsabilidade de terceiros;
- restituição de prestações indevidamente pagas;
- atribuição de apoio judiciário.

- *juízos de comércio*

- reclamações de créditos das instituições em processos de insolvência;
- justificação de créditos em processos de recuperação de empresas.

- *juízos do trabalho*[137]

Conhecimento em matéria cível de questões emergentes de acidentes de trabalho e doenças profissionais[138]; e
Julgar os recursos das decisões das autoridades administrativas em processos de contra-ordenação no domínio da segurança social.[139]

- *juízos criminais* – conhecimento das questões do foro criminal:

- julgamento dos crimes parafiscais (crimes contra a segurança social);
- pedidos de reembolso de prestações nas acções penais.[140]

c. Processo

Normas aplicáveis:

- Código de Processo nos Tribunais Administrativos (CPTA)[141] – relativamente aos processos que correm termos nos tribunais administrativos;

---

[137] Perante a integração das caixas de previdência no sistema de segurança social é residual a competência ainda presente na lei quanto a: (Parecer da PGR, *in* DR, II, de 18/08/95)
- questões entre instituições de previdência e abono de família e seus beneficiários, quando respeitem a direitos, poderes ou obrigações legais, regulamentares ou estatutárias de umas ou outros, sem prejuízo da competência própria dos tribunais administrativos e fiscais;
- processos destinados à liquidação e partilha de bens de instituições de previdência, quando não haja disposição legal em contrário;
- questões entre instituições de previdência a respeito da existência, extensão ou qualidade de poderes ou deveres legais, regulamentares ou estatutários de um deles que afecte o outro.
[138] Nos termos do art. 126º da L 62/2013, 26/08 (versão actual).
[139] Nos termos do nº 2 do art. 126º da Lei nº 62/2013, 26/08 (versão actual).
[140] Nos termos do art. 2º do DL 59/89, de 22 de Fevereiro.
[141] Lei nº 15/2002, de 22 de Fevereiro (versão do DL 214-G/2015, de 2 de Outubro – Anexo I).

- Lei Geral Tributária (LGT)[142] e Código de Procedimento e de Processo Tributário (CPPT),[143] relativamente aos processos que correm termos nos tribunais fiscais;
- Código de Processo Civil (CPC)[144] – relativamente a processos que correm termos nos tribunais judiciais em geral;
- Código de Processo do Trabalho (CPT)[145] – relativamente às questões da competência dos juízos do trabalho;
- Código de Processo Penal (CPP) – relativamente às questões da competência dos tribunais em matéria criminal;
- Código da Insolvência e Recuperação de Empresas (CIRE)[146] – relativamente às questões da competência dos juízos do comércio.

---

[142] Aprovada pelo DL 398/98, de 17 de Dezembro.
[143] Aprovado pelo DL 433/99, de 26 de Outubro.
[144] Aprovado pela Lei 41/2013, de 26 de Junho.
[145] Aprovado pelo DL 480/99, de 9 de Novembro (versão do DL 295/2009, de 13 de Outubro).
[146] DL 53/2004, de 18 de Março (versão do DL 200/2004, de 18 de Agosto).

Título III
Financiamento da Segurança Social

1. Modos de financiamento
Trata-se de enumerar e referenciar as escolhas das fontes de financiamento dos sistemas de segurança social.

a. Teóricos

1) quotizações sobre o trabalho (as remunerações) com:

- taxas proporcionais aos salários (adequada para garantir redistribuição horizontal) repartidas entre trabalhadores e empregadores (ficção – efeito de repercussão fiscal ou de *boomerang*[1] – é o consumidor/trabalhador quem suporta a final todos os encargos introduzidos a montante do consumo);
- quotizações progressivas (aptas à redistribuição vertical);

2) quotizações sobre os outros factores de produção (capital...);
3) subvenções (comparticipações) do Estado;
4) fiscalização – para constituição de fundos públicos por:

- receitas gerais do Estado constituídas por:
    - impostos sobre *rendimento* do trabalho e do capital;
    - imposto sobre o *consumo* – tipo imposto sobre o valor acrescentado (IVA);
    - impostos sobre a *propriedade;*
- impostos especiais (com taxas progressivas).

---

[1] Objecto de uso indígena (Austrália) que após ser lançado volta às mãos do lançador.

b. Utilizados

1) modelo bismarckiano (tradicional) – responsabilidade tripartida dos seguros sociais obrigatórios:

- trabalhador (taxa sobre a remuneração recebida);
- empregador (taxa sobre as remunerações pagas);
- Estado.

2) modelo moderno (beveridgiano):

- responsabilidade pelos interessados – para os seguros sociais – prestações substitutivas de rendimento;
- responsabilidade pela colectividade – para as prestações não substitutivas de rendimento de trabalho (familiares e de solidariedade) e serviço nacional de saúde.

3) modelo misto (regra)

2. Métodos de equilíbrio financeiro

Técnicas de gestão financeira destinadas a garantir o equilíbrio financeiro do sistema de protecção social:

1) *Capitalização* – acumulação ou entesouramento das contribuições recebidas. As prestações são suportadas pelos rendimentos dos capitais acumulados (ao longo dos prazos) e pelas contribuições em estado de equilíbrio financeiro para garantia jurídica do cumprimento dos compromissos institucionais. Formas:

- capitalização individual – sempre que as contribuições são inscritas numa conta individual por cada segurado, determinando-se em face dela o montante da respectiva pensão;
- capitalização colectiva – as contribuições reportam-se em conjunto a cada geração de segurados;
- capitalização nocional ou virtual – técnica de repartição com contribuição definida – as prestações são calculadas não em função de taxas de substituição fixas mas são convertidas em rendas vitalícias em função de variáveis do mercado no momento da sua determinação (esperança de vida, capital virtualmente acumulado valorizado a uma taxa fixada pelo Estado em articulação com a evolução dos salários ou do crescimento do PIB).

Desvantagens

- depreciação monetária (desvalorização da moeda – quebra do valor real do dinheiro);

- falta de maleabilidade dos esquemas (dificuldade de revisão dos montantes);
- administração dos capitais acumulados[2].

2) *Repartição* – distribuição ou repartição entre os responsáveis pelo próprio financiamento do sistema dos encargos com as prestações servidas em cada exercício ou gerência – benefício definido (taxas de substituição fixas). Formas:
  - repartição antecipada ou *ex-ante* – distribuição calculada não em função dos encargos efectivos mas dos encargos prováveis que as prestações irão representar numa gerência ou em exercícios futuros;
  - repartição pura ou *ex-post* – distribuição feita no fim de cada gerência ou exercício, quando se conheciam os montantes dos encargos (abandonada).

Vantagens
- permite a atribuição de prestações independentemente dos prazos de garantia;
- adaptação fácil ao valor da moeda e à evolução demográfica e sócio-económica das populações.

3) *Sistemas mistos*
- capitalização atenuada ou mitigada – predomina o método da capitalização;
- repartição com reservas ou por períodos – predomina o método da repartição.

A compensação financeira destinar-se-ia a transferir valores de rubricas ou áreas excedentárias para cobertura de défices.

No caso português pratica-se dominantemente a repartição antecipada.

---

[2] Outrora referido por alguns como "fortuna da previdência".

Representação esquemática dos métodos de equilíbrio financeiro

3. Responsabilidade financeira[3]

Conceito de adequação selectiva

O financiamento do sistema de segurança social obedece ao princípio da adequação selectiva que consiste na determinação das fontes de financiamento e na afectação dos recursos financeiros, de acordo com a natureza e os objectivos das modalidades de protecção social e com as situações e medidas especiais, designadamente as relacionadas com políticas activas de emprego e formação profissional.

Formas de financiamento

Constituem formas de financiamento da segurança social, as seguintes:
- por quotizações dos trabalhadores por conta de outrem, por contribuições dos trabalhadores independentes, por contribuições das entidades empregadoras, devidas no âmbito do regime geral de segurança social[4] e, bem assim, por outras contribuições, devidas no âmbito de outros regimes de segurança social, ainda que de inscrição facultativa;
- por transferências do orçamento do Estado;
- por consignação de receitas (do IVA, dos jogos sociais...).

---

[3] DL 367/2007, 02/11.
[4] No texto legal (art. 3º a) do DL 367/2007, 02/11) "regimes gerais de segurança social".

Adequação das formas de financiamento às modalidades de protecção

O financiamento das despesas do sistema da segurança social concretiza-se do seguinte modo:

- a protecção garantida no âmbito do sistema de protecção social de cidadania, é financiada por transferências do orçamento do Estado e por consignação de receitas;
- as prestações substitutivas de rendimentos de actividade profissional, atribuídas no âmbito do sistema previdencial, bem assim, as políticas activas de emprego e formação profissional são financiadas por quotizações dos trabalhadores e por contribuições das entidades empregadoras.[5]

Despesas de administração

As despesas de administração e outras despesas comuns do sistema, qualquer que seja a sua natureza, são financiadas através das fontes correspondentes aos sistemas de protecção social de cidadania e previdencial, na proporção dos respectivos encargos.[6]

As despesas de administração do sistema previdencial-capitalização, correspondem aos encargos decorrentes do serviço de administração e gestão dos fundos de capitalização da segurança social.

Todas as despesas de administração, associadas a encargos com juros de linhas de crédito, decorrentes da implementação do Quadro de Referência Estratégico Nacional (QREN) são suportadas pelo orçamento do Estado.

a. Financiamento do sistema de protecção social de cidadania

Receitas do sistema, nomeadamente

- transferências do Estado – transferências anuais do orçamento do Estado e as provenientes de outras entidades das Administrações Públicas (MTSSS, ME...);
- receitas do IVA consignadas ao sistema de segurança social;
- outras receitas fiscais legalmente consignadas;
- transferências de outras entidades ou de fundos públicos ou privados (IEFP, SCML, Fundo de Socorro Social[7]...)

---

[5] Sem prejuízo de a contrapartida nacional das despesas financiadas no âmbito do Fundo Social Europeu ser suportada pelo orçamento do Estado.
[6] Não são consideradas despesas de administração as transferências do sistema de segurança social para serviços da Administração Pública.
[7] Nos termos do DL 102/2012, de 1 de Novembro, e Portaria nº 428/2012, de 31 de Dezembro.

- transferências ao abrigo de fundos comunitários e, bem assim, de programas da União Europeia, ainda que com contrapartida nacional;
- receitas dos jogos sociais, consignadas a despesas na área da acção social[8];
- produto de comparticipações previstas em lei ou em regulamentos, designadamente no âmbito da execução de programas de desenvolvimento social;
- transferências de organismos estrangeiros (FSE, ACNUR...);
- produto de sanções pecuniárias aplicáveis no âmbito do sistema (coimas e multas).

Consignação do IVA

A receita do IVA social[9] é consignada à realização da despesa com prestações sociais no âmbito dos subsistemas de solidariedade e de protecção familiar, relativamente à cobrança efectuada em cada exercício orçamental.

O produto da receita do IVA social é afecto à segurança social anualmente.

A satisfação dos encargos com os subsistemas de solidariedade e de protecção familiar é garantida pela receita fiscal resultante da consignação do IVA social e, no remanescente, por transferências do orçamento do Estado para a segurança social.

Despesas do sistema

Despesas comuns

As que correspondam à concretização dos objectivos comuns e transversais deste sistema, designadamente as despesas com a promoção da natalidade.

Despesas do subsistema de acção social

Despesas com as políticas e medidas de prevenção e erradicação de situações de carência e de disfunção, exclusão ou vulnerabilidade sociais, nomeadamente em relação a determinados grupos sociais mais vulneráveis, crianças, jovens, pessoas portadoras de deficiência e idosos.

Traduzem-se na concretização de:

- serviços e investimentos em equipamentos sociais[10];

---

[8] Nos termos do DL 56/2006, de 15 de Março, e portarias anuais específicas.

[9] Resultante do aumento da taxa normal (16%) iniciada no orçamento de 1995 (nº 6 do art. 32º da Lei nº 39-B/94, de 27 de Dezembro).

[10] A concretização destas despesas resulta, designadamente da celebração de acordos ou protocolos de cooperação com instituições particulares de solidariedade social e outras e de outras formas de parceria.

- programas de combate à pobreza, disfunção, marginalização e exclusão sociais;
- prestações pecuniárias e em espécie.

Ou em:

- programas e projectos de apoio às famílias, à infância e às vítimas de violência doméstica;
- despesas que se insiram no âmbito de programas de apoio aos refugiados;
- despesas no âmbito de políticas de lazer social;
- transferências para outros serviços públicos cujas competências sejam enquadráveis na prossecução dos objectivos da acção social;
- outras prestações e apoios enquadráveis nos objectivos do subsistema de acção social;

Despesas do subsistema de solidariedade

Despesas com a protecção social por este assegurada, designadamente com o pagamento de:

- prestações do regime de solidariedade e regimes legalmente equiparados, incluindo prestações e complementos sociais em caso de insuficiência da carreira contributiva dos beneficiários ou das prestações substitutivas de rendimentos de trabalho;
- prestações do rendimento social de inserção;
- complemento solidário para idosos;
- subsídio social de desemprego;
- encargos decorrentes do aumento de despesas em virtude de regimes de antecipação da pensão de velhice;
- outras situações de ausência ou diminuição de suporte contributivo específico por força da concretização do princípio da solidariedade de base profissional aplicável no sistema previdencial;
- as despesas de outros ministérios ou sectores cuja responsabilidade pelo pagamento caiba ao sistema de segurança social, designadamente com o pagamento de subsídios de renda ou com a prestação de apoio judiciário;

A realização de serviços e investimentos em equipamentos sociais pode concretizar-se mediante transferências para outros sectores da Administração Pública cujas competências sejam enquadráveis na prossecução dos objectivos associados àqueles equipamentos.

– transferências para outras entidades públicas ou privadas cujas competências se enquadrem na prossecução dos objectivos do subsistema de solidariedade.

A perda ou diminuição de receita associada à fixação de taxas contributivas mais favoráveis é objecto de financiamento por transferências do Estado.

A perda ou diminuição de receita associada a medidas de estímulo ao emprego e ao aumento de postos de trabalho é financiada em 50% por transferências do Estado.

Despesas do subsistema de protecção familiar

Despesas com a protecção social nas eventualidades encargos familiares, deficiência e dependência.

b. Financiamento do sistema previdencial[11]

Gestão financeira do sistema previdencial

A gestão financeira do sistema previdencial obedece aos métodos de repartição e de capitalização pública de estabilização.

- *Sistema previdencial repartição (gerido em repartição)*

Receitas do sistema

Nomeadamente:

– receitas provenientes das quotizações dos trabalhadores por conta de outrem, das contribuições dos trabalhadores independentes, das contribuições das entidades empregadoras, devidas no âmbito do regime geral[12] de segurança social e, bem assim, de outras contribuições, devidas no âmbito de outros regimes de segurança social, ainda que de inscrição facultativa[13];

---

[11] As receitas e despesas do regime de protecção social convergente (designado no art. 20-A do DL 167-C/2013, 31/12, "regime de segurança social público") não integram o orçamento da segurança social.

[12] Na lei "regimes gerais". Ver *nota 1, pág. 95*.

[13] As receitas referidas correspondem ao produto da taxa contributiva global ou de outra, quando aplicável, pela base de incidência, destinada a compensar a ocorrência das eventualidades integradas no sistema previdencial e, bem assim, as despesas com as políticas activas de emprego e formação profissional.

- receitas provenientes de entidades ou fundos públicos associados a políticas activas de emprego e formação profissional;
- receitas do Fundo Social Europeu e respectiva contrapartida nacional a cargo do orçamento do Estado;
- rendimentos provenientes da rendibilização dos excedentes de tesouraria;
- transferências do sistema de protecção social de cidadania;
- produto de sanções pecuniárias aplicáveis no âmbito do sistema (coimas e multas);
- receitas resultantes da contracção de empréstimos, autorizados nos termos da lei;
- as receitas referentes às transferências do Estado pela fixação de taxas contributivas mais favoráveis e a medidas de estímulo ao emprego;
- transferências do orçamento do Estado para financiar o pagamento dos salários intercalares por despedimento ilícito.[14]

Pode haver lugar a transferências do orçamento do Estado e, bem assim, a transferências do Fundo de Estabilização Financeira da Segurança Social quando a situação financeira do sistema previdencial o justifique.

Despesas do sistema

Despesas com a protecção social nas eventualidades doença, maternidade, paternidade e adopção, desemprego, doenças profissionais, invalidez, velhice e morte e demais despesas previstas por lei relacionadas com a prossecução dos objectivos deste sistema.

E ainda as seguintes despesas com políticas activas de emprego e formação profissional:
- pagamento de compensações e outras prestações aos trabalhadores em caso de suspensão ou cessação dos respectivos contratos de trabalho, previstas por lei;
- transferências para outros serviços ou entidades públicas no quadro da prossecução de objectivos de políticas de emprego, higiene e segurança no trabalho e formação profissional;
- realização de acções de formação profissional;
- encargos decorrentes de taxas contributivas mais favoráveis em virtude de medidas de estímulo ao emprego e ao aumento de postos de trabalho que não sejam objecto de financiamento por transferências do orçamento do Estado.

[14] Previstos no art. 98º-N do CPT.

- *Sistema previdencial capitalização (gerido em capitalização)*

A capitalização pública de estabilização tem por objectivo contribuir para o equilíbrio e sustentabilidade do sistema previdencial.

O sistema previdencial capitalização deve garantir, através de reservas acumuladas no Fundo de Estabilização Financeira da Segurança Social, um montante equivalente ao pagamento de pensões aos beneficiários por um período mínimo de dois anos.

Receitas

Integrando o Fundo de Estabilização Financeira da Segurança Social, nomeadamente, as receitas resultantes de:

- uma parcela entre 2 e 4 pontos dos 11 pontos percentuais correspondentes às quotizações dos trabalhadores por conta de outrem [15];
- alienação do património do sistema de segurança social;
- rendimentos do património próprio e do património do Estado consignados ao reforço das reservas de capitalização;
- ganhos obtidos das aplicações financeiras geridos em regime de capitalização;
- excedentes anuais do sistema de segurança social, excepto aqueles que decorram de programas financiados por transferências comunitárias;
- produto de eventuais excedentes de execução do orçamento do Estado de cada ano.

Despesas

Nomeadamente as seguintes:

- investimentos;
- transferências para o sistema previdencial repartição.

4. Orçamento da segurança social

"Orçamento é uma previsão, em regra anual, das despesas a realizar pelo Estado e dos processos de as cobrir, incorporando a autorização concedida à Administração Financeira para cobrar receitas e realizar despesas e limitando os poderes financeiros da Administração em cada ano" (Sousa Franco).

---

[15] Esta transferência para capitalização é obrigatória, excepto se a conjuntura económica do ano a que se refere ou a situação financeira do sistema previdencial justificadamente o não permitirem. Dado o objectivo deste sistema, deve considerar-se aplicável ao regime dos trabalhadores independentes e seguro social voluntário.

Quanto à autonomia do orçamento da segurança social relativamente ao orçamento do Estado há a considerar as seguintes formas:

- orçamento próprio – concepção tradicional (dualismo orçamental);
- orçamento social integrado no orçamento do Estado (monismo orçamental):
  - modelo neozelandês (orçamentos integrados);
  - orçamento especial.

Na sequência da revisão constitucional de 1982, o orçamento da segurança social constitui parte integrante do orçamento do Estado (monismo orçamental). Na verdade, desde 1984 o orçamento da segurança social está formalmente integrado no orçamento do Estado.[16]

Enquadramento orçamental[17]

O orçamento do subsector da segurança social apresenta:

- as receitas, especificadas por classificação económica, para o total do subsector por sistema e subsistema;
- as despesas, especificadas por classificação económica, para o total do subsector por sistema e subsistema;
- as despesas do subsector, especificadas por programa e por classificação funcional, as quais são igualmente especificadas por sistema e subsistema e total do subsector;
- as receitas cessantes do subsector da segurança social;
- as despesas de administração por classificação económica e orgânica.

O orçamento da segurança social contempla ainda:

- a demonstração do desempenho orçamental preparada segundo a contabilidade orçamental, evidenciando os saldos global, corrente, de capital e primário;
- demonstrações financeiras previsionais.

Execução do orçamento da segurança social

Incumbe ao Instituto de Gestão Financeira da Segurança Social, I. P. (IGFSS, I. P.), a gestão global da execução do orçamento da segurança social, no res-

---

[16] Até então vigorava o dualismo orçamental – o orçamento da segurança social não estava englobado no orçamento do Estado; havia dois instrumentos jurídicos diferentes.
[17] Nos termos da Lei do Enquadramento Orçamental (LEO) – Lei nº 151/2015, de 11 de Setembro.

peito pelo disposto na Lei do Enquadramento Orçamental e nas normas especificamente aplicáveis no âmbito do sistema de segurança social.

Os saldos orçamentais apurados no orçamento da segurança social são utilizados mediante prévia autorização a conceder pelo Governo, através de despacho dos membros do Governo responsáveis pelas áreas das finanças e da solidariedade social.

As cobranças das receitas e os pagamentos de despesas do sistema de segurança social competem ao IGFSS, I. P., que assume as competências de tesouraria única do sistema de segurança social em articulação com a Tesouraria do Estado.

A execução do orçamento do sistema de segurança social tem por base os respectivos planos de tesouraria, elaborados pelo IGFSS, I. P..

O recurso ao crédito no âmbito do sistema de segurança social só é permitido ao IGFSS, I. P., e desde que não dê origem a dívida fundada[18].

O IGFSS, I. P., só pode realizar operações de financiamento mediante autorização a conceder através de despacho dos membros do Governo responsáveis pelas áreas das finanças e da segurança social.

As entradas e saídas de fundos do Sistema de Segurança Social são efectuadas através do IGFSS, I. P., directamente ou por intermédio de entidades colaboradoras, onde se mantêm depositados os seus excedentes e disponibilidades de tesouraria.

5. Orçamento social europeu[19]

Não se trata de um orçamento em sentido técnico mas apenas de um instrumento de estatística comparada com os quadros comparativos dos diferentes encargos sociais ao nível dos Estados da União Europeia.

Na verdade, pretendendo-se controlar o custo da segurança social para a colectividade, garante-se uma tendência para uma harmonização material por equivalência de nível económico das prestações, passível de conduzir à harmonização das despesas sociais dos Estados comunitários.

---

[18] Dívida fundada – contraída para ser totalmente amortizada nos exercícios orçamentais subsequentes ao exercício no qual foi gerada. Contrapõe-se a dívida flutuante – contraída para ser totalmente amortizada até ao termo do exercício orçamental em que foi gerada (Lei-quadro da Dívida Pública).

[19] Parece poder entender-se o "Método Aberto de Coordenação" (MAC), em inglês *Open Method of Coordination* (OMC), que implica todos os Estados-membros numa monitorização articulada dos seus sistemas de protecção social e na adopção conjugada de medidas de reforma dos esquemas de pensões e de cuidados de saúde de longa duração vem dar novo sentido a este instrumento.

Anexos

I – Quadros e Relações

A – Quadros-Síntese

Vade mecum

1. ENQUADRAMENTO (sistema previdencial)

Quanto ao vínculo	Contrato de trabalho	Contrato de administração ou de gestão	Trabalhadores autónomos (sem vínculo)	Contrato de prestação de serviço	Vínculo irrelevante (sociedades e associações)	Vínculo relevante para inscrição facultativa
Regime	Regime geral dos trabalhadores por conta de outrem (regime regra)	Regime dos membros dos órgãos estatutários	Regime dos trabalhadores independentes		(não enquadrado)	Regime do seguro social voluntário (de inscrição facultativa)
Actividade exercida	– trabalhadores por conta de outrem (TCO) em geral e equiparados (e); – cooperadores (membros trabalhadores de cooperativas) (c); – prestadores de serviço equiparados a TCO (em acumulação...) (art. 129º CRC); – membros de órgãos estatutários (representantes autónomos das sociedades) nas entidades a cujo quadro pertencem (art. 63º c); – representantes não autónomos das sociedades (director-geral, director técnico, gerente comercial, gerente técnico, caixeiro, auxiliar...)	– membros dos órgãos estatutários – representantes autónomos (que não sejam trabalhadores das sociedades) (b): • gerente social (sociedade por quotas, unipessoal por quotas e em nome colectivo) • membro do conselho de administração e de comissão executiva (SA monista) • membros do conselho geral e directores (SA dualista e cooperativas) – gestores de empresas públicas (não abrangidos por outro regime obrigatório) – membros dos órgãos de fiscalização interna (não abrangidos por outro regime obrigatório)	– empresários em nome individual • produtores (industriais e agrícolas, silvícolas e pecuários); • comerciantes; • titular de EIRL; • representantes comerciais autónomos com contrato de agência ou de concessão comercial (f) (agente comercial e concessionário) – sócios ou membros de sociedades de profissionais de agricultura de grupo e (por opção) de cooperativas de produção e serviços, mesmo com funções de gestão;	– prestadores de serviços (não equiparados a TCO d) – profissionais livres; – trabalhadores intelectuais; – artistas; – amas; – ajudantes familiares; – membros da família de acolhimento	– sócios (a); – associados; – membros da assembleia geral; – membro da mesa da assembleia geral; – directores associativos sem remuneração	Cidadãos maiores aptos para o trabalho e não abrangidos por regime obrigatório (g) em especial: – continuação voluntária de pagamento de contribuições – portugueses no estrangeiro; – estrangeiros ou apátridas residentes há mais de um ano; – trabalhadores marítimos e os vigias, portugueses, em navios de empresas estrangeiras; – trabalhadores marítimos portugueses a bordo de navios de empresas comuns de pesca; – tripulantes em navios inscritos no Registo Internacional de Navios da Madeira (MAR); – voluntários sociais; – bolseiros de investigação; – agentes da cooperação (cooperantes); – praticantes desportivos de alto rendimento.

(a) Excepto: sócios trabalhadores – são trabalhadores por conta de outrem – e sócios ou membros das sociedades de profissionais, de agricultura de grupo e das cooperativas de produção e consumo que exerçam a opção do art. 135º do CRC (cooperadores) ainda que exerçam funções nos órgãos estatutários – são trabalhadores independentes.
(b) Mesmo como liquidatários.

QUADROS-SÍNTESE

Excepto: de órgãos estatutários das sociedades de profissionais, de agricultura de grupo e das cooperativas de produção e serviços (são trabalhadores independentes) e excluídos por acumulação (art. 64º do CRC).

(c) Se a cooperativa não optar pelo regime dos trabalhadores independentes (art. 135º CRC).
(d) São legalmente equiparados a TCO (presunção de falsos recibos verdes): se em regime de acumulação (art. 129º CRC) com a excepção das situações previstas no art. 150º nº 4 do CRC.
(e) Mesmo em situações especiais (arts 61º a 131º CRC) V. quadro seguinte.
(f) de marcas e produtos.
(g) Mesmo sem actividade profissional.

1. Enquadramento (cont.) – trabalhadores por conta de outrem e equiparados

Com âmbito material completo	Com âmbito material reduzido	Em grupo fechado
Trabalhadores em geral (9)	Trabalhadores no domicílio	Notários
Trabalhadores em regime de trabalho intermitente	Praticantes desportivos profissionais	Oficiais de notariado
Trabalhadores que exercem funções públicas em geral (1)	Trabalhadores em regime de contrato de curta duração	Serviço militar (7)
Trabalhadores do serviço doméstico com trabalho mensal a tempo completo	Trabalhadores em situação de pré-reforma – c/ suspensão do contrato de trabalho	Docentes (5) – ensino particular e cooperativo – ensino público básico e secundário (8)
Trabalhadores de actividades agrícolas, silvícolas e pecuárias ou equiparados	Pensionistas em actividade	Trabalhadores do sector bancário – regime incompleto de âmbito reduzido (3)
Trabalhadores em situação de pré-reforma c/ redução da prestação de trabalho	Trabalhadores c/ 65 anos ou mais e carreira contributiva não inferior a 40 anos	
Trabalhadores e proprietários das embarcações da pesca local e costeira, apanhadores de espécies marinhas e pescadores apeados	Trabalhadores do serviço doméstico c/ trabalho horário ou diário	Trabalhadores da PT – ex-CTT (6)
	Membros das igrejas, associações e confissões religiosas	Trabalhadores da Lusoponte
	Trabalhadores em funções públicas no âmbito do ensino português no estrangeiro (2)	

(1) Admitidos a partir de Janeiro de 2006. Os admitidos até 31 de Dezembro de 2005: regime especial de protecção social convergente (RPSC) com as especificidades da Administração Pública (prestações, organização e financiamento próprios).
(2) Coordenadores, adjuntos e pessoal docente – art. 36º nº 6 do DL 165/2006, 11/08 (versão do DL 165/2009, 28/07. Restantes eventualidades pela Administração Pública.
(3) Grupo fechado desde 3 de Março de 2009 – DL 54/2009, 02/03. Os do grupo IV e do ex-Grupo CUF (ex-Totta & Açores) sempre fora regime geral. Parentalidade e velhice desde Jan de 2011. Doença, invalidez e morte pelas entidades empregadoras (ACTV do sector). Para o BPN – regime geral – DL 88/2012, de 11 de Abril.
(5) Integrados na CGA.
(6) Grupo fechado em 14/05/92. Regime actual – DL 140-B/2010, 20/12.
(7) DL 320-A/2000, 15/12. Militares em regime de contrato (RC) ou regime de contrato especial (RCE) (DL 130/2010, de 14 de Dezembro) e de voluntariado (RV)
(8) DL 67/2000, de 26 de Abril – transitoriamente – art. 274º CRC.
(9) Mesmo que sócios de sociedade a cujo quadro pertencem, excepto sócios ou membros das sociedades de profissionais, das sociedades de agricultura de grupo e das cooperativas (são trabalhadores independentes).

634

2. TRIBUTAÇÃO

2.1. Regimes obrigatórios

I – Trabalho p/ conta de outrem e equiparados	Âmbito	Taxa contributiva Trabalhador	Taxa contributiva Empregador	Base de incidência
Em geral (4)	Trabalhadores por conta de outrem sem regimes próprios ou fundos especiais	11%	23,75% (b)	Remunerações efectivas (3)
Trabalhadores no domicílio	Trabalho não subordinado juridicamente no domicílio do trabalhador	9,3%	20,3%	
Praticantes desportivos profissionais com contrato de trabalho desportivo		11%	22,3% (2)	1/5 das remunerações efectivas com o mínimo do IAS (a) ou remuneração efectiva
Trabalhadores do regime de contrato de muito curta duração		---	26,1%	Rem. horária p/ nº de horas de trabalho (5)
Trabalhadores com 65 anos de idade e 40 anos de carreira		8%	17,3%	Remunerações efectivas
Pensionistas de invalidez em actividade (6)		8,9%	19,3%	
Pensionistas de velhice em actividade (6)		7,5%	16,4%	
Pré-reformados (7)	• Trabalhadores com 55 anos ou mais que, por acordo com a empresa suspendem a prestação de trabalho (d)	8,6%	18,3%	Valor da remuneração que serviu de base de cálculo da pré-reforma

(a) IAS – € 421,32 (2017).
(b) Reembolso de 1% pelo IEFP de 1/10/2013 a Set 2015 (Port 286-A/2013, 30/08).
(2) Desde Janeiro 2015. Teve regime transitório:

18,5% – 2011;	19,5% – 2012	20,5% – 2013;	21,5% – 2014.

(3) Na situação de trabalho intermitente. para além da remuneração base no período de actividade mais a compensação retributiva nos períodos de inactividade.
(4) Acrescem taxas complementares:
Com fundos especiais:
– trabalhadores dos lanifícios – + 0,5% empregador (taxa de 24,25%);
– trabalhadores da Carris – + 2,5% empregador (taxa de 26,25%);
+ 0,5% para os trabalhadores (taxa de 11,5%);
– trabalhadores da EPAL – + 0,5 empregador (taxa de 24,25%).
– profissionais de seguros – +1% empregador (taxa de 24,75%);
– profissionais da banca dos casinos – + 12% sobre as gratificações.
Outros (de caixas entretanto extintas):
– CPPCRGE – + 0,8% empregador;
– CPPTLP – + 1% empregador;
– Cimentos – + 0,9% empregador.
(5) Remuneração horária calculada pela fórmula: Rh = (IASx12) : (52x40).
(6) Mesmo como trabalhadores da pesca local ou do serviço doméstico.
(7) Desde Janeiro de 2011. Pré-reformados até Dezembro de 2010 ver grupos fechados. Podem acrescer taxas complementares. Ver nota 4.
(d) Se houver mera redução de trabalho mantêm as taxas que vinham sendo aplicadas.

2.1. Regimes obrigatórios (cont.)

Trabalho p/ conta de outrem	Âmbito		Taxa contributiva		Base de incidência
			Trabalhador	Empregador	
Trabalhadores que exercem funções públicas (2)	Desemprego suportado pela AP (3)		11%	18,6%	Remunerações efectivas
	Desemprego suportado pela SS (4)			23,75%	
	Ensino português no estrangeiro		–	5%	
Trabalhadores de entidades sem fins lucrativos			11%	22,3% (7)	
Trabalhadores vinculados por contrato de serviço doméstico	Sem desemprego	Trabalho horário ou diário	9,4%	18,9%	Remuneração convencional horária ou diária pelo nº de horas ou dias (6)
		Trabalho mensal			• 1 IAS (5)
	Com desemprego (trabalho mensal a tempo completo)		11%	22,3%	Remunerações efectivas (10)
Trabalhadores das instituições particulares de solidariedade social (IPSS) (1)			11%	22,3% (9)	Remunerações efectivas
Profissionais de artes do espectáculo e do audiovisual			11%	23,75% (8)	

(1) E, por analogia, trabalhadores das ONG's (caso da ONGPD – ONG das pessoas com deficiência) regularmente constituídas como pessoas colectivas de utilidade pública.
(2) Em entidades da Administração Pública. Em entidades públicas empresariais taxas contributivas dos trabalhadores em geral.
(3) Regra. O subsídio de desemprego é processado pela segurança social e suportado pela ex-entidade empregadora pública.
(4) Situação residual – a AP ainda não transferiu o risco desemprego para a segurança social.
(5) Desde 2012. Em 2011: 85% do IAS.
(6) Cálculo das contribuições:
Diária: IAS /30;
Horária: (IAS x 12) / (52 x 40) – Mínimo de 30 horas / mês.
Arredondamento para o cêntimo mais próximo no apuramento final do montante a pagar, conforme tabela própria a págs. 644 e segs.
(7) Desde Janeiro 2014. Teve regime transitório:

| 21% – 2011 | 21,4% – 2012 | 21,8% – 2013 |

(8) Desde Janeiro 2015. Teve regime transitório:

| 20,55% – 2012 | 21,55% – 2013 | 22,55% – 2014 |

(9) Desde Janeiro 2017. Teve regime transitório:

| 20% – 2011 | 20,4% – 2012 | 20,8% – 2013 | 21,2% – 2014 | 21,6% – 2015 | 22% – 2016 |

(10) Nunca inferior à RMMG.

2.1. Regimes obrigatórios (cont.)

I – Trabalho p/ conta de outrem	Âmbito		Taxa contributiva		Base de incidência
			Trabalhador	Empregador	
Membros de igrejas, associações e confissões religiosas	• Clero secular e religioso da Igreja Católica; • Ministros de confissões religiosas não católicas	Invalidez e velhice	2011 – 5% 2012 – 6% 2013 – 7% 2014 – 7,6% 2015 – 7,6% 2016 – 7,6% 2017 – 7,6% 2018 – 7,6%	2011 – 9% 2012 – 10% 2013 – 11% 2014 – 12% 2015 – 13% 2016 – 14% 2017 – 15% 2018 – 16,2%	1 IAS
		Âmbito material completo s/ desemprego	2011 – 5,6% 2012 – 6,6% 2013 – 7,6% 2014 – 8,6% 2015 – 8,6% 2016 – 8,6% 2017 – 8,6% 2018 – 8,6%	2011 – 9,7% 2012 – 10,7% 2013 – 11,7% 2014 – 12,7% 2015 – 14,7% 2016 – 16,7% 2017 – 18,7% 2018 – 19,7%	Até 8 vezes o IAS a requerimento do interessado (e)
Trabalhadores de actividades agrícolas e equiparadas (d)			11%	22,3%	
Deficientes	Trabalhadores (a) com capacidade de trabalho inferior a 80% da capacidade normal exigida a um trabalhador não deficiente no mesmo posto de trabalho		11%	11,9%	Remunerações efectivas
Apoio à contratação (1) • 1º emprego; • Desemprego de longa duração	• Pessoas dos 16 aos 30 anos sem contrato de trabalho por tempo indeterminado anterior; • Desempregados e inscritos no centro de emprego há mais de 12 meses com contrato sem termo (2) – durante 36 meses		11% (3)	-- (4)	

(a) Com contrato por tempo indeterminado e remunerações efectivas (exclui remunerações convencionais e domésticas).
(d) Desde Janeiro de 2011. Até Dezembro de 2010 ver grupos fechados.
Legalmente equiparados: silvicultura, hortifruticultura, floricultura e pecuária (avicultura, apicultura...)
(e) Em 10 escalões possíveis identicamente ao seguro social voluntário.
(1) Em entidades com ou sem fins lucrativos. Metade dos incentivos no caso de não se tratar de 1º emprego ou desemprego de longa duração.
(2) Até 30 Nov. 2003. Mesmo a tempo parcial (L 103/99, 26 JUN).
(3) Há que considerar as taxas complementares dos fundos especiais – Carris: 0,5% (taxa de 11,5%).
(4) As dispensas de 100% e a redução dos 50% só respeitam aos valores correspondentes à taxa geral (23,75%), ou seja, a dispensa e a redução não abrange as taxas complementares relativas a fundos especiais e outras que têm de ser objecto de pagamento. V. nota 4 da 1ª pág. do quadro 2.1.

QUADROS-SÍNTESE

2.1. Regimes obrigatórios (cont.)

I – Trabalho p/ conta de outrem	Âmbito	Taxa contributiva Trabalhador	Taxa contributiva Empregador	Base de incidência
• Trabalhadores da PT (ex-CTT) (i)		--	7,8%	Remunerações efectivas
• Acções de formação – Medida rotação-emprego		11%	----	
• Reclusos em regime aberto		11%	(b)	
Programa trabalho seguro • segurança total		11%	11,9%	
• segurança sectorial		11%	19%	
Trabalhadores da Zona Franca da Madeira até aos 22 anos		11%	----	
Situações de catástrofe e calamidade pública		11%	----	
Pescadores 1) Trabalhadores e proprietários de embarcações da pesca local e costeira (ex-artesanal) que exerçam efectiva actividade profissional na embarcação e integrem a tripulação				O valor da contribuição corresponde a 10% do valor bruto do pescado (c): 1) vendido em lota a repartir de acordo com as respectivas partes
2) Apanhadores de espécies marinhas e pescadores apeados				2) vendido de acordo com as respectivas notas de venda

(b) Isenção durante 36 meses – contrato sem termo.
Contrato a termo – duração do contrato: 50% das contribuições que forem devidas com ou sem fins lucrativos.
(c) Equivale à aplicação da taxa contributiva (29% – 21% + 8%) à base de incidência e determina a respectiva remuneração a registar (montante a registar: valor da contribuição x 3,4483).
(i) Grupo fechado desde 14 de Maio de 1992 até Dez de 2010 (DL 140-B/2010, 30/12).

II – Membros dos órgãos estatutários	Âmbito	Taxa contributiva Gestor	Taxa contributiva Sociedade	Base de incidência
Pessoas vinculadas por contrato de administração ou de gestão	Membros dos seguintes órgãos: – nas sociedades anónimas: • Conselho de administração;(1) • Conselho geral (dualista); (1) • Direcção (dualista); (1) – nas sociedades em nome colectivo e por quotas: • Gerência (gerentes sociais) – nas cooperativas: (2) • Direcção; (1) Gestores de empresas públicas não vinculados a outro sistema	11% (c)	23,75% (c)	Remuneração efectiva com o limite mínimo do IAS

(1) Se forem trabalhadores por conta de outrem da própria sociedade (há mais de um ano) nomeados em comissão de serviço, mantêm o regime dos trabalhadores por conta de outrem, com excepção das sociedades de profissionais e de agricultura de grupo (são trabalhadores independentes).
(2) Que não estejam abrangidos pelo regime dos independentes.
(c) Se não exercerem funções de gerência ou de administração: 9,3% e 20,3%, respectivamente, sem desemprego. Podem acrescer taxas complementares. Ver nota 4 da 1ª pág. do quadro 2.1.

2.1. Regimes obrigatórios (cont.)

III – Trabalhadores independentes	Âmbito	Taxa contributiva e base de incidência	Escalões em função do duodécimo do rendimento relevante (base de incidência)
1) Produtores e comerciantes (actividade industrial e comercial (g)	• Empresários em nome individual e cônjuges (d); • Agentes comerciais; • Sócios das sociedades de agricultura de grupo e cônjuges; (d) (2) • Membros das cooperativas de produção e serviços; (2)	34,75% sobre: – lucro tributável (h); ou – 20% do rendimento (b)	• Entre 1 e 12 IAS em 11 escalões possíveis (em percentagem do IAS): Escalões: 1º 100 2º 150 3º 200 4º 250 5º 300 6º 400 7º 500 8º 600 9º 800 10º 1000 11º 1200
2) Prestadores de serviços (e)	• Profissionais livres; (1) • Trabalhadores intelectuais; • Profissionais de espectáculos; • Jornalistas; • Amas; • Ajudantes familiares; • Membros da família de acolhimento.	29,6% sobre 70% do valor dos serviços prestados (b)	
3) Produtores agrícolas (f) e equiparados e respectivos cônjuges (a)		28,3% sobre 20% do rendimento (b)	

IV – Entidades contratantes	5% sobre o valor total dos serviços prestados

(1) Se integrados em sociedades de profissionais (regime de transparência fiscal) mesmo que integrem órgãos de gestão, a base de incidência é o valor tributável.
(2) Mesmo que integrem órgãos de gestão.
(a) Com rendimentos obtidos apenas na actividade.
(b) do ano de referência (anterior) dividido por 12 e convertido no escalão imediatamente inferior.
Sem contabilidade organizada.
Na situação de rendimento anual igual ou inferior a 12 IAS – duodécimo do rendimento relevante com limite mínimo de 50% do IAS, nos primeiros 3 anos de actividade.
(d) que com eles exerçam efectiva actividade profissional com carácter de regularidade e de permanência.
(e) Profissionais no exercício por conta própria de qualquer actividade de prestação de serviços (científica, artística ou técnica).
(f) Que exerçam efectiva actividade profissional na exploração agrícola. Até Dezembro de 2010 ver grupos fechados.
Legalmente equiparados: silvicultura, hortifruticultura, floricultura e pecuária (avicultura, apicultura...)
Actividade agrícola nos termos do art. 4º do CIRS.
(g) Nos termos do art. 4º do CIRS.
(h) Com contabilidade organizada, o valor a considerar é o lucro tributável. Se for inferior aos valores referidos para sem contabilidade organizada, com o limite inferior de 2 IAS.

QUADROS-SÍNTESE

2.1. Regimes obrigatórios (cont.)

V – Grupos fechados (h) (*)1) TCO	Âmbito	Taxa contributiva Trabalhador	Taxa contributiva Empregador	Base de incidência
Bordadeiras de casa (RAM) (b)		2%	10%	
Militares em regime de contrato, contrato especial ou voluntariado (l)		--	3%	
Docentes contratados até 31/12/2005	• Ensino particular e cooperativo abrangido pela CGA (i) • Estrangeiros que optaram pela não inscrição na CGA (j)	----	7,8% (a)	Remunerações efectivas
	Não abrangidos pela CGA	8%	21%	
	• Dos estabelecimentos de educação e ensino públicos (l) (DL 67/2000, 26/4).	--	4,9%	
Trabalhadores do sector bancário vinculados à contratação colectiva do sector (c)		3%	23,6% (d)	
Pré-reformados (g)	• Trabalhadores com 55 anos ou mais que, por acordo com a empresa deixaram de exercer total ou parcialmente a sua actividade profissional, mantendo a "remuneração"	7% (f)	14,6% (e) (f)	• Valor da remuneração que serviu de base de cálculo da pré-reforma (m)
Oficiais de notariado que optaram pelo regime da função pública		1%	6,8%	
Trabalhadores em funções públicas no regime de protecção social convergente (RPSC)		11%	23,75%	Remunerações efectivas
Trab. da ex-JAE, abrangidos pela CGA, que tenham optado pela transferência para a Lusoponte		--	7,8%	

* Só aplicável a quem estava abrangido em 31/12/2010.
(a) Até Dez 2010: 10%.
(b) As bordadeiras da RA Açores mantêm as taxas por número de pontos (Port 780/73, 09/11).
(c) Grupo fechado em 2 de Março de 2009 – DL 54/2009, de 2 de Março. Regime actual: DL 1-A/2011, 03/01. Beneficiários da Caixa de Previdência do Banco de Angola (activos) – 4% trabalhador e 3,5% empregador.
(d) Sem fins lucrativos – 22,4%.
Até Dez 2010 – 11% e sem fins lucrativos – 10,2%.
(e) A entidade empregadora pode pedir a equivalência (taxa de 0% durante 2 anos) em situação económica difícil. Só há lugar a redução para deficientes em pré-reforma (Taxa de 12,5%).
(f) Com 37 anos de período contributivo – taxas de 3% e 7%, respectivamente.
Com 40 anos de período contributivo – taxa de 0% (equivalência até à reforma) – pré-reformados até Dez 95.
(g) Podem acrescer taxas complementares.
(h) Em regra pelo Código dos Regimes Contributivos em 31/12/2010.
(i) Ensino particular e cooperativo abrangido pela CGA nas modalidades de invalidez, velhice e morte – DL 321/88, 22/09 (ensino básico e secundário); DL 327/85, 5/08 (ensino superior); DL 179/90, 5/06 e DL 109/93, de 07/04. Universidade Católica Portuguesa – DL 128/90, 17/04.
(j) DN 61/97, 10/10.
(l) Enquadrado pelo RPSC. Regime transitório (art. 274º do CRC) até à regulamentação do desemprego no RPSC
(m) Não podendo ser inferior a 25% da última remuneração, nem superior a esta.

2.1. Regimes obrigatórios (cont.)

V – Grupos fechados 1) TCO(cont.)	Âmbito	Taxa contributiva Trabalhador	Taxa contributiva Empregador	Base de incidência
Trabalhadores de actividades e explorações agrícolas e equiparadas (5)	• Diferenciados (i) – continente e RAA	9,5%	23% (l)	Remunerações efectivas
	– RAM (k)	8,5%	20,5	
	• Indiferenciados – continente (não especializados RAA)	8%	21%	• 1/30 do IAS vezes o número de dias de trabalho efectivo prestado em cada mês; ou • Remuneração efectivamente paga se superior ao IAS
	– RAM (j)	6,9%	18,1%	

2) Trabalhadores independentes	Taxa	Base de incidência
Produtores agrícolas e equiparados das regiões autónomas (n)	8%	– RA Açores Retribuição mínima regional (RMMG + 5%) – RA Madeira 1 IAS – 1º escalão de base de incidência dos trabalhadores independentes
	15%	– RA Açores entre 1,5 e 3 x Retribuição mínima regional – RA Madeira 1,5 a 3 IAS – 2º a 5º escalões de base de incidência dos trabalhadores independentes
Notários que optaram pela manutenção do regime da função pública	2,7%	Remunerações efectivas

(i) – os que exercem profissões que exijam habilitações tecnico-profissionais especializadas;
– os que exercem profissões comuns a outras actividades económicas;
– os que prestam serviços a empresas que se dediquem exclusivamente a actividades agrícolas.
(k) Para a RA Madeira desde Jan. 2011. Progressivamente de 2000 até Dez 2010 (DL 464/99, de 5 de Novembro).
(j) Para a RA Madeira desde Jan 2011. Progressivamente de 2000 até Dez 2010 (DL 464/99, de 5 de Novembro).
(l) sem fins lucrativos 20,6%.
(n) Na RA Açores desde 1984 (D Leg Reg 18/84/A, de 12 de Maio).
Na RA Madeira:
– desde Jan 2011 (art. 273º, nº 1 e) CRC);
– até Dez 2000: taxa de 5% sobre rendimentos declarados;
– taxas de 2001 a Dez 2010: progressivamente, nos termos do DL 40/2001, de 9 de Fevereiro.
(5) Os trabalhadores agrícolas que tenham cessado a actividade e recebem subsídios pecuniários substitutivos de rendimentos de trabalho abrangidos pelo Programa Operacional de Emparcelamento Rural e Cessação da Actividade Agrícola – 7% sobre o IAS (DL 257/93, 16/07).

2.2. Regimes de inscrição facultativa

VI – Seguro social voluntário (a)	Taxa contributiva (1)	Base de incidência
• Cidadãos portugueses: – maiores, considerados aptos para o trabalho não abrangidos por regime obrigatório de protecção social ou que, estando, os mesmos não relevem no âmbito do sistema de segurança social português; – que exerçam actividade profissional em território estrangeiro e não estejam abrangidos por instrumento internacional a que Portugal se encontre vinculado. • Estrangeiros ou apátridas, residentes em Portugal há mais de um ano não abrangidos obrigatoriamente • Praticantes desportivos de alto rendimento • Estagiários com contrato de estágio profissional • Tripulantes que se encontrem a exercer actividade profissional em navios inscritos no Registo Internacional de Navios da Madeira (MAR)	26,9%	Remuneração convencional entre o IAS e 8 vezes este valor em 10 escalões possíveis (em percentagem do IAS) Escalões: 1º 100 2º 150 3º 200 4º 250 5º 300 6º 400 7º 500 8º 600 9º 700 10º 800
Embarcados (barcos empresas estrangeiras) (c)		
Bolseiros de investigação	29,6%	– 1º escalão; ou – por opção, base de incidência superior a cargo do interessado
Voluntários sociais	27,4% (e)	1 IAS
Bombeiros voluntários	27,4%	
Agentes da cooperação	26,9%	• Remuneração que constituía a anterior base de incidência; ou • 3 RMN (b) – os que não estejam a contribuir à data do contrato de cooperação

(1) Taxas desagregadas por eventualidades: 26,9% – invalidez, velhice e morte; 0,5% – doenças profissionais; 2,2% – doença e parentalidade, no total de 29,6%.
(a) Para além de outras situações:
– de inscrição facultativa dos membros de igrejas, associações ou confissões religiosas, quando a actividade religiosa for secundária (exercida por período inferior a 30 horas semanais); e
– no regime dos trabalhadores independentes:
– enquadramento facultativo (com rendimentos iguais ou inferiores a 6 x IAS);
– antecipação voluntária do enquadramento – durante os primeiros 12 meses do exercício da actividade.
(b) Art. 17º nº 7 da Lei nº 13/2004, de 14 de Abril.
(c) Trabalhadores marítimos e os vigias, portugueses, que se encontrem a exercer actividade profissional em navios de empresas estrangeiras;
Trabalhadores marítimos portugueses que exerçam actividade a bordo de navios de empresas comuns de pesca.

2.2. Regimes de inscrição facultativa (cont.)

VII – Pagamento voluntário (g)	Taxa contributiva	Base de incidência
Pagamento voluntário em situação de antecipação por flexibilização da idade de reforma por velhice (sem actividade)	22,7% (e) ou 26,9% (f)	– beneficiários que à data da passagem à situação de pensionista por velhice: a) estão em exercício de actividade: última remuneração real ou convencional registada; b) se encontram a receber prestações determinantes do direito à equivalência à entrada de contribuições: remuneração de referência que serve de base ao cálculo das referidas prestações.
Pagamento voluntário de contribuições prescritas		– trabalhadores abrangidos: a) pelo sistema de segurança social – valor médio das remunerações registadas no sistema previdencial nos últimos 12 meses anteriores ao do requerimento, tomando-se em consideração a remuneração mais elevada em cada mês nas situações de registo de remunerações correspondentes às diversas actividades; – valor mensal correspondente a três vezes o valor do IAS nas restantes situações; b) por outro sistema de protecção social: valor mensal correspondente a três vezes o valor do IAS, salvo se o interessado fizer prova, através de declaração emitida pela entidade gestora do sistema de protecção social que o abrange, de qual o valor das remunerações auferidas nos últimos 12 meses anteriores ao do requerimento, caso em que será a média desta a considerada.

(e) Para beneficiários que no momento do requerimento sejam titulares de pensão de velhice, a protecção é conferida nas eventualidades de velhice e morte.

(f) Invalidez, velhice e morte.

(g) Até Dez 2005: também eleitos locais e governadores civis com taxa de 18% com bases de incidência próprias.

CONTRIBUIÇÕES COM REMUNERAÇÃO HORÁRIA
MONTANTE A PAGAR

Nº Horas	Entidade Empregadora	Trabalhador	Total
30	13,78 €	6,85 €	20,63 €
31	14,24 €	7,08 €	21,32 €
32	14,70 €	7,31 €	22,01 €
33	15,16 €	7,54 €	22,69 €
34	15,62 €	7,77 €	23,38 €
35	16,07 €	7,99 €	24,07 €
36	16,53 €	8,22 €	24,76 €
37	16,99 €	8,45 €	25,44 €
38	17,45 €	8,68 €	26,13 €
39	17,91 €	8,91 €	26,82 €
40	18,37 €	9,14 €	27,51 €
41	18,83 €	9,37 €	28,20 €
42	19,29 €	9,59 €	28,88 €
43	19,75 €	9,82 €	29,57 €
44	20,21 €	10,05 €	30,26 €
45	20,67 €	10,28 €	30,95 €
46	21,13 €	10,51 €	31,63 €
47	21,59 €	10,74 €	32,32 €
48	22,04 €	10,96 €	33,01 €
49	22,50 €	11,19 €	33,70 €
50	22,96 €	11,42 €	34,38 €
51	23,42 €	11,65 €	35,07 €
52	23,88 €	11,88 €	35,76 €
53	24,34 €	12,11 €	36,45 €
54	24,80 €	12,33 €	37,14 €
55	25,26 €	12,56 €	37,82 €
56	25,72 €	12,79 €	38,51 €
57	26,18 €	13,02 €	39,20 €
58	26,64 €	13,25 €	39,89 €
59	27,10 €	13,48 €	40,57 €
60	27,56 €	13,71 €	41,26 €
61	28,02 €	13,93 €	41,95 €
62	28,47 €	14,16 €	42,64 €
63	28,93 €	14,39 €	43,32 €
64	29,39 €	14,62 €	44,01 €

Nº Horas	Entidade Empregadora	Trabalhador	Total
65	29,85 €	14,85 €	44,70 €
66	30,31 €	15,08 €	45,39 €
67	30,77 €	15,30 €	46,08 €
68	31,23 €	15,53 €	46,76 €
69	31,69 €	15,76 €	47,45 €
70	32,15 €	15,99 €	48,14 €
71	32,61 €	16,22 €	48,83 €
72	33,07 €	16,45 €	49,51 €
73	33,53 €	16,67 €	50,20 €
74	33,99 €	16,90 €	50,89 €
75	34,45 €	17,13 €	51,58 €
76	34,90 €	17,36 €	52,26 €
77	35,36 €	17,59 €	52,95 €
78	35,82 €	17,82 €	53,64 €
79	36,28 €	18,05 €	54,33 €
80	36,74 €	18,27 €	55,02 €
81	37,20 €	18,50 €	55,70 €
82	37,66 €	18,73 €	56,39 €
83	38,12 €	18,96 €	57,08 €
84	38,58 €	19,19 €	57,77 €
85	39,04 €	19,42 €	58,45 €
86	39,50 €	19,64 €	59,14 €
87	39,96 €	19,87 €	59,83 €
88	40,42 €	20,10 €	60,52 €
89	40,88 €	20,33 €	61,20 €
90	41,33 €	20,56 €	61,89 €
91	41,79 €	20,79 €	62,58 €
92	42,25 €	21,01 €	63,27 €
93	42,71 €	21,24 €	63,96 €
94	43,17 €	21,47 €	64,64 €
95	43,63 €	21,70 €	65,33 €
96	44,09 €	21,93 €	66,02 €
97	44,55 €	22,16 €	66,71 €
98	45,01 €	22,39 €	67,39 €
99	45,47 €	22,61 €	68,08 €
100	45,93 €	22,84 €	68,77 €
101	46,39 €	23,07 €	69,46 €

QUADROS-SÍNTESE

Nº Horas	Entidade Empregadora	Trabalhador	Total
102	46,85 €	23,30 €	70,14 €
103	47,30 €	23,53 €	70,83 €
104	47,76 €	23,76 €	71,52 €
105	48,22 €	23,98 €	72,21 €
106	48,68 €	24,21 €	72,90 €
107	49,14 €	24,44 €	73,58 €
108	49,60 €	24,67 €	74,27 €
109	50,06 €	24,90 €	74,96 €
110	50,52 €	25,13 €	75,65 €
111	50,98 €	25,35 €	76,33 €
112	51,44 €	25,58 €	77,02 €
113	51,90 €	25,81 €	77,71 €
114	52,36 €	26,04 €	78,40 €
115	52,82 €	26,27 €	79,08 €
116	53,28 €	26,50 €	79,77 €
117	53,73 €	26,73 €	80,46 €
118	54,19 €	26,95 €	81,15 €
119	54,65 €	27,18 €	81,84 €
120	55,11 €	27,41 €	82,52 €
121	55,57 €	27,64 €	83,21 €
122	56,03 €	27,87 €	83,90 €
123	56,49 €	28,10 €	84,59 €
124	56,95 €	28,32 €	85,27 €
125	57,41 €	28,55 €	85,96 €
126	57,87 €	28,78 €	86,65 €
127	58,33 €	29,01 €	87,34 €
128	58,79 €	29,24 €	88,02 €
129	59,25 €	29,47 €	88,71 €
130	59,71 €	29,69 €	89,40 €
131	60,16 €	29,92 €	90,09 €
132	60,62 €	30,15 €	90,78 €
133	61,08 €	30,38 €	91,46 €
134	61,54 €	30,61 €	92,15 €
135	62,00 €	30,84 €	92,84 €
136	62,46 €	31,07 €	93,53 €
137	62,92 €	31,29 €	94,21 €

Nº Horas	Entidade Empregadora	Trabalhador	Total
138	63,38 €	31,52 €	94,90 €
139	63,84 €	31,75 €	95,59 €
140	64,30 €	31,98 €	96,28 €
141	64,76 €	32,21 €	96,96 €
142	65,22 €	32,44 €	97,65 €
143	65,68 €	32,66 €	98,34 €
144	66,13 €	32,89 €	99,03 €
145	66,59 €	33,12 €	99,72 €
146	67,05 €	33,35 €	100,40 €
147	67,51 €	33,58 €	101,09 €
148	67,97 €	33,81 €	101,78 €
149	68,43 €	34,03 €	102,47 €
150	68,89 €	34,26 €	103,15 €
151	69,35 €	34,49 €	103,84 €
152	69,81 €	34,72 €	104,53 €
153	70,27 €	34,95 €	105,22 €
154	70,73 €	35,18 €	105,90 €
155	71,19 €	35,41 €	106,59 €
156	71,65 €	35,63 €	107,28 €
157	72,11 €	35,86 €	107,97 €
158	72,56 €	36,09 €	108,66 €
159	73,02 €	36,32 €	109,34 €
160	73,48 €	36,55 €	110,03 €
161	73,94 €	36,78 €	110,72 €
162	74,40 €	37,00 €	111,41 €
163	74,86 €	37,23 €	112,09 €
164	75,32 €	37,46 €	112,78 €
165	75,78 €	37,69 €	113,47 €
166	76,24 €	37,92 €	114,16 €
167	76,70 €	38,15 €	114,84 €
168	77,16 €	38,37 €	115,53 €
169	77,62 €	38,60 €	116,22 €
170	78,08 €	38,83 €	116,91 €
171	78,54 €	39,06 €	117,59 €
172	78,99 €	39,29 €	118,28 €

QUADROS-SÍNTESE

3. PRESTAÇÕES

3.1 – Âmbito pessoal/Âmbito material (Eventualidades)

Sistema Previdencial

Âmbito pessoal \ Âmbito material – Eventualidades	Doença	Parentalidade	Desemprego	Doenças prof.	Invalidez	Velhice	Morte
Trabalhadores em geral Trabalhadores em regime de trabalho intermitente Trabalhadores que exercem funções públicas em geral (1) Trabalhadores do serviço doméstico com trabalho mensal a tempo completo Trabalhadores de actividades agrícolas ou equiparados Trabalhadores em situação de pré-reforma c/ redução da prestação de trabalho Trabalhadores e proprietários das embarcações da pesca local e costeira, apanhadores de espécies marinhas e pescadores apeados Trabalhadores em regime de acumulação Membros dos órgãos estatutários (a)	•	•	•	•	•	•	•
Âmbito material reduzido — Trabalhadores no domicílio	•	•		•	•	•	•
Praticantes desportivos profissionais		•	•	•	•	•	•
Trabalhadores em regime de contrato de curta duração					•	•	•
Trabalhadores em situação de pré-reforma – c/ suspensão do contrato de trabalho					•	•	•
Pensionistas em actividade – pensionistas de invalidez		•		•		•	•
– pensionistas de velhice		•		•			•
Trabalhadores c/ 65 anos ou mais e carreira contributiva não inferior a 40 anos (trabalhadores idosos)	•	•		•	•	•	•
Trabalhadores do serviço doméstico c/ trabalho horário ou diário	•	•		•	•	•	•
Membros das igrejas, associações e confissões religiosas – âmbito reduzido						•	•
– âmbito alargado (por opção)	•	•		•	•	•	•
Trabalhadores em funções públicas no âmbito do ensino português no estrangeiro (2)		•					
Trabalhadores independentes (b)	•	•	4	•	•	•	•

(1) Admitidos desde 1 de Janeiro de 2006. Doenças profissionais com diploma próprio – DL 503/99, de 20 de Novembro (art. 26º da L 4/2009, de 29 de Janeiro).
Os admitidos até 31 de Dezembro de 2005: regime especial de protecção social convergente (RPSC) com as especificidades da Administração Pública (prestações, organização e financiamento próprios). (2) Coordenadores, adjuntos e pessoal docente – nº 6 do art. 36º do DL 165/2006, 11/08 (versão do DL 165/2009, 28/07). Restantes eventualidades pela Administração Pública.
(4) Atribuído subsídio por cessação de actividade aos prestadores de serviços em entidades contratantes, aos empresários em nome individual e EIRL.
(a) Com funções de gerência ou administração.
(b) Doença e parentalidade com especificidades.

3.1 – Âmbito pessoal/Âmbito material (Eventualidades) (cont.)

Sistema Previdencial

Âmbito pessoal		Doença	Parentalidade	Desemprego	Doenças prof.	Invalidez	Velhice	Morte
Grupos fechados (4)	Notários	•	•		•			
	Serviço militar (7)					•		
	Docentes (5) – ensino particular e cooperativo	•	•	•	•			
	– ensino público básico e secundário (8)					•		
	Trabalhadores do sector bancário – regime incompleto de âmbito reduzido (3)		•	•	•			•
	Oficiais de notariado	•	•	•	•			
	Trabalhadores da PT – ex-CTT (6)	•	•	•	•			
	Trabalhadores da Lusoponte	•	•	•	•			
Seguro social voluntário (9) Cidadãos maiores aptos para o trabalho e não abrangidos por regime obrigatório: – continuação voluntária de pagamento de contribuições – portugueses no estrangeiro; – estrangeiros ou apátridas residentes há mais de um ano; – agentes da cooperação; – praticantes desportivos de alto rendimento; – estagiários com contrato de estágio profissional; – tripulantes em navios inscritos no Registo Internacional de Navios da Madeira (MAR).						•	•	•
– voluntários sociais						•	•	•
– trabalhadores marítimos e os vigias, portugueses, que se encontrem a exercer actividade profissional em navios de empresas estrangeiras; – trabalhadores marítimos portugueses que exerçam actividade a bordo de navios de empresas comuns de pesca; – bolseiros de investigação.		•	•			•	•	•

(3) Grupo fechado desde 3 de Março de 2009 – DL 54/2009, 02/03. Parentalidade e velhice desde Jan de 2011. Doença, invalidez e morte pelas entidades empregadoras (ACTV do sector).
Os bancários do grupo IV e do ex-Grupo CUF (ex-Totta e Açores) sempre foram regime geral.
(4) Âmbito material incompleto.
(5) Integrados na CGA.
(6) Grupo fechado em 14/05/92. Regime actual – DL 140-B/2010, 20/12.
(7) DL 320-A/2000, 15/12. Militares em regime de contrato (RC) ou regime de contrato especial (RCE) (DL 130/2010, de 14 de Dezembro) e de voluntariado (RV).
(8) DL 67/2000, de 26 de Abril – transitoriamente – art. 274º CRC.
(9) Âmbito material reduzido.

3.2 – Eventualidades / prestações correspondentes

Eventualidades – Âmbito material		Prestações correspondentes
Sistema previdencial – Prestações substitutivas de rendimento de trabalho	1) Licenças de parentalidade	Subsídio parental Subsídio por adopção Subsídio para assistência a filho Subsídio para assistência a filho com deficiência ou doença crónica Subsídio para assistência a neto Subsídio por interrupção da gravidez Subsídio por risco clínico durante a gravidez Subsídio por riscos específicos
	2) Por riscos físicos – doença	Subsídio de doença Subsídio de tuberculose
	– acidentes de trabalho e doenças profissionais	Prestações em espécie (c) Prestações pecuniárias por incapacidade 1) Indemnização por incapacidade temporária para o trabalho 2) Pensão provisória 3) Pensão por incapacidade permanente para o trabalho 4) Subsídio por situação de elevada incapacidade permanente Prestações pecuniárias por morte 1) Pensão por morte 2) Subsídio por morte (a) 3) Subsídio por despesas de funeral (a) Outras prestações pecuniárias 1) Subsídio para readaptação de habitação (a) 2) Subsídio para frequência de acções no âmbito da reabilitação 3) Prestação suplementar p/ assistência de 3ª pessoa (a)
	– invalidez	Pensão de invalidez (b)
	– reconversão prof. (d)	Subsídio de reconversão profissional
	– velhice	Pensão de velhice (b)
	– morte	Pensão de sobrevivência Subsídio por morte (a)
	3) Por riscos económicos – cessação do contrato – salários em atraso	Subsídio por cessação de actividade Subsídio de desemprego Subsídio de desemprego parcial
	– lay off	Compensação retributiva (comparticipação)
	– créditos de remunerações	Garantia salarial
	– despedimento ilícito	Retribuição intercalar por despedimento
	– acordo de pré-reforma	Redução de contribuições

(a) Em bom rigor, em termos funcionais, trata-se de uma prestação familiar.
(b) Pode acrescer, para perfazer a mínima, prestação não contributiva – complemento social (antes designada "melhoria" como parcela não contributiva da pensão regulamentar).
(c) Reembolso das despesas de saúde e reabilitação e das deslocações, alimentação e alojamento indispensáveis à concretização das mesmas.
d) Profissionais de artes do espectáculo.

3.2. Eventualidades / prestações correspondentes (cont.)

Eventualidades Âmbito material		Prestações correspondentes
Subsistema de protecção familiar Prestações familiares	Encargos familiares	Em geral 1) Abono de família 2) Abono de família pré-natal 3) Bolsa de estudo 4) Complemento de pensão por cônjuge 5) Reembolso das despesas de funeral 6) Subsídio de funeral 7) Subsídio mensal vitalício 8) Subsídio por morte (e) Por deficiência 1) Bonificação por deficiência 2) Subsídio de educação especial Por dependência 1) Complemento por dependência (e) 2) Subsídio por assistência de 3ª pessoa (e)
Subsistema de solidariedade Regime não contributivo	Parentalidade	Subsídio social por risco clínico durante a gravidez * Subsídio social por interrupção da gravidez * Subsídio social parental Subsídio social por adopção Subsídio social por riscos específicos * * Se houver exercício de actividade profissional
	Desemprego	Subsídio social de desemprego
	Invalidez	Pensão social
	Velhice	Pensão social Complemento extraordinário de solidariedade
	Morte	Pensão de viuvez Pensão de orfandade
	Estado de necessidade	Complemento social (e) Complemento solidário para idosos Prestação do rendimento social de inserção

(e) Complemento de pensão para perfazer a mínima no sistema previdencial sem condição de recursos.

3.3. Prestações / âmbito pessoal

Prestações (1) Sistema previdencial; Prestações familiares		Trabalhadores por conta de outrem									Trab. Independentes	Órgãos estatutários	Seguro Social Volunt.	
		Em geral	Serv.domést 2	Desportistas	Clero (b)	No domicílio	Pré-reform.(c)	Pensionista (d)	+ de 65 anos			Geral	Especiais
Imediatas	Subsídio para assistência a filho	•	•	•		•		•	•		•		·3
	Subsídio p/ assist. a filho com deficiência ou doença crónica	•	•	•		•		•	•	•	•		·3
	Subsídio para assistência a neto	•	•	•		•		•	•		•		·3
	Subsídio de desemprego ou por cessação de actividade	•		•						(a)	(a)		
	Subsídios de doença e de tuberculose	•	•			•		•	•	•	•		·3
	Subsídio por interrupção da gravidez	•	•	•		•		•	•	•	•		·3
	Subsídio parental e por adopção	•	•	•		•		•	•	•	•		·3
	Subsídio por risco clínico durante a gravidez	•	•	•		•		•	•	•	•		·3
	Subsídio por riscos específicos	•	•	•		•		•	•	•	•		·3
Diferidas	Pensão de invalidez	•	•	•	•	•	•			•	•	•	
	Pensão de sobrevivência	•	•	•	•	•	•			•	•	•	
	Pensão de velhice	•	•	•	•	•	•	·6		•	•	•	

Familiares	Abono de família e Subsídio de funeral	Residentes										
	Bonificação por deficiência (5)	•	•	•	•	•	•	•	•		•	·4
	Complemento por cônjuge a cargo	•	•	•	•	•	•	•	•	•	•	•
	Complemento por dependência (5)	•	•	•	•	•	•	•	•	•	•	
	Subsídio p/ assistência 3ª pessoa (5)	•	•	•	•	•	•	•	•	•	•	·4
	Subsídio de educação especial (5)	•	•	•	•	•	•	•	•		•	·4
	Subsídio mensal vitalício	•	•	•	•	•	•	•	•		•	·4
	Subsidio por morte ou Reembolso despesas de funeral	•	•	•		•	•	•	•	•	•	

(1) Todos os grupos têm doenças profissionais com excepção do clero – obrigatório (só invalidez e velhice), pré-
-reformados com suspensão de trabalho e do seguro social voluntário geral (só invalidez velhice e morte);
Para os profissionais de artes do espectáculo e do audiovisual: *subsídio de reconversão profissional*;
Para os profissionais de seguros: *subsídio de lar*.
(2) Se descontarem sobre remunerações efectivas (trab. mensal a tempo completo), têm subsídio de desemprego.
(3) Embarcados e bolseiros de investigação.
(4) Embarcados, beneficiários que deixem de estar obrigatoriamente abrangidos.
(5) Comum ao regime não contributivo.
(6) Através do mecanismo dos acréscimos.
(a) Subsídio p/ cessação de actividade p/ prestadores de serviço em entidades contratantes, ENI, EIRL e MOE's.
(b) Membros de igrejas, associações e confissões religiosas – facult. até 30 horas semanais (regime incompleto).
Por opção regime completo – todas as eventualidades excepto desemprego.
(c) Com suspensão da relação de trabalho. Com redução da relação de trabalho mantêm todas as eventualidades.
(d) Para pensionistas de invalidez também pensão de invalidez.

3.4. QUADROS DESCRITIVOS

3.4.1. Prestações imediatas

Prestações/ Legislação	Destinatários/ Âmbito	Condições de Atribuição	Montante ou cálculo	Duração
Subsídio por adopção DL 91/2009, 9/04	Candidatos a adoptantes de menor de 15 anos que não seja filho do cônjuge	(V. Subsídio parental)	(V. Subsídio parental)	(V. Subsídio parental)
Subsídio p/ assistência a filho DL 91/2009, 9/04	• Beneficiários relativamente a descendentes ou equiparados menores de 12 anos ou deficientes independentemente da idade que integrem o seu agregado familiar.	• Condições de acesso do subsídio parental; • Doença comprovada pelos serviços de saúde; • Não exercício do direito pelo outro progenitor	Montante diário: 65% da remuneração de referência calculada nos termos do subsídio parental.	• 30 dias em cada ano civil e por descendente ou durante o período de hospitalização para menor de 12 anos e independentemente da idade c/ deficiência ou doença crónica; • 15 dias em cada ano civil por descendente por mais de 12 anos
Subsídio p/ assistência a filho com deficiência ou doença crónica DL 91/2009, 9/04	Beneficiários relativamente a filho, adoptado ou filho de cônjuge que com ele resida, deficiente ou doente crónico durante os primeiros 12 anos de vida.	• Integração no agregado familiar do beneficiário e com ele resida. • Não exercício do direito pelo outro progenitor	65% da remuneração de referência (nos termos do subsídio parental) com o limite máximo de 2 IAS	Até 6 meses, prorrogável com o limite de 4 anos.
Subsídio p/ assistência a neto 1) Em caso de nascimento de neto	Neto que resida com o beneficiário em comunhão de mesa e habitação e seja filho de adolescente menor de 16 anos	Comunhão de mesa e habitação	• 100% da remuneração de referência	30 dias consecutivos após o nascimento
2) Para assistência a neto DL 91/2009, 9/04	Neto menor ou independentemente da idade com deficiência ou doença crónica		• 65% da remuneração de referência	Dias de faltas por assistência a filho não gozadas pelo progenitor
Subsídio por cessação de actividade (a) DL 65/2012, 15/03	Prestadores de serviços em entidades contratantes (com pelo menos 80% do total da sua actividade) residentes em território português	720 dias de exercício de actividade com pagamento de contribuições num período de 48 meses imediatamente anteriores	65% do escalão de base de incidência vezes a percentagem de dependência económica (80 a 100%)	Igual à do subsídio de desemprego
DL 12/2013, 25/01	– Empresários em nome individual (produtores); • titulares de EIRL; • cônjuges; e • membros de órgãos estatutários com funções de gerência ou administração		65% da remuneração de referência (R/360) b R – remunerações dos 12 meses civis que precedem o 2º mês anterior à cessação	

(a) Pode ser atribuído subsídio parcial se se mantiver actividade profissional relativamente aos restantes 20% ou menos do valor total dos seus rendimentos de trabalho.
(b) Majorado em 10% (desde Outubro de 2014)

3.4.1. Prestações imediatas (cont.)

Prestações/ Legislação	Destinat/ Âmbito	Condições de Atribuição	Montante ou cálculo	Duração
Subsídio de desemprego DL 220/2006, 3/11 Port 8-B/2007, 3/01	1. Subsídio de desemprego Trabalhadores por conta de outrem	• Inscrição no centro de emprego da área da residência; • Ter trabalhado por conta de outrem durante 360 dias (b) completos com registo de remunerações nos 24 meses imediatamente anteriores à data do desemprego; • Ter capacidade e estar disponível para o trabalho; • Ser o desemprego involuntário; • Estar obrigatoriamente abrangido pelo regime geral de segurança social contribuindo sobre remunerações efectivas	• Geral: em percentagem da remuneração de referência (média dos 12 primeiros meses dos 14 últimos): 65% até 180 dias (d) 55% restantes (d). • Expensionistas de invalidez: montante de subsídio social de desemprego; ou montante da pensão de invalidez a que tinha direito, se superior. • mínimo: IAS ou RR se inferior; • máximo: 2,5 x IAS com o limite do valor líquido da remuneração de referência	Número de dias (N) em função da idade e meses de contribuição (M) (c)
	2. Subsídio de desemprego parcial • beneficiários a receber subsídio de desemprego	• celebração de contrato de trabalho a tempo parcial; • retribuição deste inferior ao montante do subsídio de desemprego; • horas de trabalho semanal igual ou superior a 20% e igual ou inferior a 75% do período normal de trabalho a tempo completo.	Prestação diferencial Diferença entre o valor do subsídio de desemprego acrescido de 35% deste valor e o da retribuição por trabalho a tempo parcial	Até ao limite do subsídio de desemprego que se encontrava em curso

(b) 450 dias até 30 de Junho de 2012.
(c) Nos seguintes termos:

Idade do beneficiário	Nº de meses com registo de remunerações	Período de concessão	
		nº de dias	Acréscimo
Inferior a 30 anos	Igual ou inferior a 15	150	30 dias por cada 5 anos com registo de remunerações nos últimos 20 anos
	15 a 24	210	
	Superior a 24	330	
Igual ou superior a 30 e inferior a 40 anos	Igual ou inferior a 15	180	
	15 a 24	330	
	Superior a 24	420	
Igual ou superior a 40 e inferior a 50 anos	Igual ou inferior a 15	210	45 dias por cada 5 anos com registo de remunerações nos últimos 20 anos
	15 a 24	360	
	Superior a 24	540	
Igual ou superior a 50 anos	Igual ou inferior a 15	270	60 dias por cada 5 anos com registo de remunerações nos últimos 20 anos
	15 a 24	480	
	Superior a 24	540	

(d) De 2013 a 2015: redução de 6% excepto na situação de majoração.
Majoração de 10% desde 2014 para casais desempregados e agregados monoparentais.

3.4.1. Prestações imediatas (cont)

Prestações Legislação	Destinatários/ Âmbito	Condições de atribuição	Montante ou cálculo	Duração
Subsídio de doença DL 28/2004, 4/02 Port 337/ /2004, 31/05	• Trabalhadores por conta de outrem em geral; • Membros dos órgãos estatutários	Incapacidade temporária Prazo de garantia: • 6 meses civis seguidos ou interpolados com registo de remunerações; Índice de profissionalidade: • 12 dias de trabalho nos 4 meses civis anteriores ao que antecede o da baixa (4 primeiros dos 5 últimos)	Em percentagem da remuneração de referência (RR) (R/180 – média do 3º ao 8º meses anteriores ao da baixa – 6 primeiros dos 8 últimos): • até 30 dias: 55% (a) • de 31 a 90 dias: 60% (a) (b) • de 91 a 365 dias: 70% (b) • mais de 365 dias: 75% (b) Valor mínimo: 30% da RMMG ou a remuneração de referência se superior a este valor; Valor máximo: valor líquido da remuneração de referência. 14 prestações anuais	Prazo de espera: 3 dias, (salvo: • internamento hospitalar; • cirurgia de ambulatório; ou • doença iniciada no período do subsídio de maternidade Duração máxima: 1095 dias
	Trabalhadores independentes	– Incapacidade temporária • Prazo de garantia geral • Sem índice de profissionalidade • Situação contributiva regularizada até ao termo do 3º mês anterior ao do evento	Igual aos trabalhadores por conta de outrem, mas sem prestações compensatórias: 12 prestações anuais.	Prazo de espera: 30 dias Duração máxima: 365 dias
	Beneficiários de inscrição facultativa: • marítimos; • bolseiros de investigação			Prazo de espera: 30 dias Duração máxima: regime geral

(a) Com majoração de 5%:
– se a remuneração de referência for igual ou inferior a € 500; ou
– o agregado integre 3 ou mais descendentes com idade até 16 anos ou até 24 se receberem abono de família; ou
– o agregado integre descendentes que beneficiem da bonificação por deficiência.
(b) Em 2013 e 2014: redução de 5% (impedimentos superiores a 30 dias).

3.4.1. Prestações imediatas (cont.)

Prestações/ Legislação	Destinatários Âmbito	Condições de atribuição	Montante ou cálculo	Duração
Subsídio por interrupção da gravidez DL 91/2009, 9/04	(V. Subsídio parental)	• 6 meses civis seguidos ou interpolados com registo de remunerações	• 100% da remuneração de referência (nos termos do subsídio parental)	• Entre 14 e 30 dias
Subsídio parental (a) DL 91/2009, 9/04	• Trabalhadores por conta de outrem em geral; Trabalhadores independentes (b); • Embarcados; • Bolseiros de investigação	• 6 meses civis seguidos ou interpolados com registo de remunerações; • as faltas não serem remuneradas	Em percentagem da remuneração de referência (média dos 3º ao 8º meses anteriores ao da baixa – 6 primeiros dos 8 últimos): • 100% – 120 dias; • 80% – 150 dias (opção) Licença partilhada: .100% – 150 dias: • 83% – 180 dias (opção)	120 dias; ou 150 dias Mais 30 dias por cada gemelar além do 1º.
Subsídio por risco clínico durante a gravidez DL 91/2009, 9/04	(V. Subsídio parental)	• 6 meses civis seguidos ou interpolados com registo de remunerações	100% da remuneração de referência (nos termos do subsídio parental)	Tempo necessário para prevenir o risco
Subsídio por riscos específicos L 35/2004, 29/07 DL 91/2009, 9/04	• Beneficiárias grávidas, puérperas, lactantes por exposição a riscos específicos ou trabalho nocturno na gravidez, no parto ou amamentação	• 6 meses seguidos ou interpolados c/ registo de remunerações	• 65% da remuneração de referência (nos termos do subsídio parental)	- Riscos específicos: • Duração do período de dispensa do trabalho; • trab. lactante: 1 ano – Trabalho nocturno: • 112 dias; • durante a amamentação
Subsídio de tuberculose DL 28/2004, 4/02	• Beneficiários c/ direito a subsídio de doença.	(igual ao subsídio de doença)	Em percentagem da remuneração de referência *: • 80% – até 2 familiares a cargo; • 100% – mais de 2 familiares a cargo. — * nos termos do subsídio de doença	• Do primeiro dia até final da doença.

(a) V. subsídios sociais por parentalidade.
(b) Com situação contributiva regularizada até ao termo do 3º mês anterior ao evento.

3.4.2. Prestações diferidas

Prestações/ Legislação	Destinatários/ Âmbito	Condições de atribuição	Montante ou cálculo	Duração
Pensão de invalidez DL 187/2007, 3/11	• Trabalhadores por conta de outrem; • Trabalhadores independentes	• Invalidez absoluta: incapacidade definitiva para toda e qualquer profissão ou trabalho. • Invalidez relativa Situação de incapacidade permanente física ou mental (presume-se que não recuperará dentro de 3 anos subsequentes a capacidade de auferir no desempenho da profissão mais de 50% da remuneração correspondente ao seu exercício normal), de causa não profissional, determinante da impossibilidade de auferir na sua profissão mais de 1/3 da remuneração correspondente ao seu exercício normal. • Prazo de garantia em formação:* Anos civis seguidos ou interpolados (com registo de remunerações superiores a 120 dias desde Jan 94): Invalidez absoluta: 3 anos Invalidez relativa: 5 anos • 1095 dias de doença (sem prazo de garantia)	Fórmulas de cálculo (ver pensão de velhice) • Valores fixos para grupos especiais de beneficiários (vg: regime especial das actividades agrícolas) • 14 prestações mensais no ano	• Até ao termo da incapacidade, ou • Até à conversão em pensão de velhice aos 65 anos
DL 40/89, 01/02.	Seguro social voluntário	Prazo de garantia: • 72 meses de contribuições		
Especial L 90/2009, 31/08	Beneficiários dos regimes geral, seguro social voluntário, não contributivo e protecção social convergente em situação de incapacidade permanente para o trabalho decorrente de doença susceptível de evoluir rapidamente para uma situação de perda de autonomia.	Prazo de garantia: 1) regimes geral e regime de protecção social convergente: 3 anos civis, seguidos ou interpolados com registo de remunerações, com densidade contributiva 2) regime do seguro social voluntário 36 meses	Taxa de formação de pensão: 3%. Remuneração de referência: R/42. R: total das remunerações dos três anos civis com remunerações mais elevadas de entre os últimos 15 com registo de remunerações.	

* Prazos de garantia cumpridos até 31 Dez 93:
– até 12/73: 5 anos de inscrição e 30 meses de contribuições; ou 5 anos de contribuições;
– até 12/79: 3 anos de inscrição e 24 meses de contribuições;
– até 9/84: 36 meses de contribuições;
– até 12/93: 60 meses de contribuições.

3.4.2. Prestações diferidas (cont.)

Prestações/ Legislação	Destinatários/ Âmbito	Condições de atribuição	Montante ou cálculo	Duração
Pensão de sobrevivência DL 322/90, 18/10; --- DL 40/89, 1/02 (voluntário)	– Cônjuges; – ex-cônjuges com direito a alimentos; – membros de união de facto há mais de 2 anos; – descendentes ou equiparados. Na falta destes: – ascendentes a cargo; – parentes, afins e equiparados em linha recta e até ao 3º grau em linha colateral a cargo.	Prazo de garantia 36 meses de contribuições --- Prazo de garantia 72 meses de contribuições	• Cônjuge ou ex-cônjuge: 60 ou 70% (se for 1 ou mais) da pensão do beneficiário; • Filhos e adoptados plenamente: 20, 30 ou 40% se se tratar de 1, 2 ou mais com cônjuge ou ex-cônjuge com direito e o dobro daquelas percentagens sem cônjuge. • Outros parentes a cargo na falta de cônjuge ou filhos: 30, 50 ou 80%, conforme forem 1, 2 ou mais.	– Cônjuges e ex-cônjuges: • com 35 anos ou mais: sem limite; • com menos de 35 anos: durante 5 anos, excepto com filhos a cargo ou invalidez. – Descendentes: • até aos 18 anos: sem condições; • dos 18 aos 25: curso secundário ou superior; • até aos 27: mestrado, pós--graduação e estágio.

3.4.2. Prestações diferidas (cont.)

Prestações/ Legislação	Destinat/ Âmbito	Condições de atribuição	Montante ou cálculo	Duração
Pensão de velhice Port 18 Dez 75 D Reg 40/86, 12/09 DL 195/95, 28/07 DL 187/2007, 3/11	Trabalhadores por conta de outrem; Trabalhadores independentes;	Prazo de garantia em formação (a) 15 anos civis seguidos ou interpolados: • com registo de remunerações igual ou superior a 120 dias (desde Jan 94); • cada grupo de 12 meses anteriores é contado como 1 ano. Idade normal de acesso à pensão de velhice: • 66 A 3 M (2017) regra; • 50 anos – mineiros; • 50 ou 55 – pescadores; • 55 – comércio de longo curso; • 57 ou 62 – desempregados; Pensão antecipada por flexibilização com 40 anos de contribuições aos 60 anos de idade (d)	– *Fórmula de cálculo 1* (c) $P = (2\% \times n) \times RR$. Assim a pensão é igual ao produto da • Taxa global $(2\% \times n)$, isto é, 2% (taxa anual) vezes o número de anos (com 120 dias com remunerações desde Jan 94), no mínimo de 30% e máximo de 80% pela • Remuneração de referência (RR) (R 10 / 14 x 10) – remuneração dos melhores 10 anos dos 15 últimos revalorizados e divididos por 140. – *Fórmula de cálculo 2* (c) Em função do valor da remuneração de referência (RR), apurado do seguinte modo: total das remunerações anuais (até 40) revalorizado, dividido por 14 x N (14 mensalidades pelo nº de anos civis de carreira contributiva contados) Em 5 escalões possíveis (b)	Prestação vitalícia
DL 40/89, 1/02	Seguro social voluntário	Prazo de garantia: 144 meses	• Valores fixos para grupos especiais de beneficiários (vg: regime especial das actividades agrícolas)	

(a) Prazos de garantia cumpridos até 31 Dez 93:
 – até 12/73: 10 anos de inscrição e 60 meses de contribuições ou 10 anos civis de contribuições;
 – até 12/79: 3 anos de inscrição e 24 meses de contribuições;
 – até 09/87: 60 meses de contribuições;
 – até 12/93: 120 meses de contribuições.

(b)

Valor da remuneração de referência	Fórmula de cálculo
Igual ou inferior a 1,1 IAS	P2 = RR x 2,3% x N
Superior a 1,1 e inferior a 2 IAS	P2= (1,1 IAS x 2,3% x N) + [(RR − 1,1 IAS) x 2,25% x N]
Superior a 2 e igual ou inferior a 4 IAS	P2 = (1,1 IAS x 2,3% x N) + (0,9 IAS x 2,25 x N) + [(RR − 2 IAS) x 2,2% x N]
Superior a 4 e até 8 IAS	P2 = (1,1 IAS x 2,3% x N) + (0,9 IAS x 2,25 x N) + (2 IAS x 2,2% x N) + [(RR − 4 IAS) x 2,1% x N]
Superior a 8 IAS	P2 = (1,1 IAS x 2,3% x N) + (0,9 IAS x 2,25 x N) + (2 IAS x 2,2% x N) + (4 IAS x 2,1% x N) + [(RR − 8 IAS) x 2% x N]

Em que:
P2 – pensão estatutária (toda a carreira contributiva);
RR – remuneração de referência;
N – número de anos civis da carreira contributiva contados (até 40);
IAS – indexante dos apoios sociais (€ 421,32 – 2017).

(c) Aplicação das fórmulas de cálculo[1]
– inscritos na segurança social até 31 de Dezembro de 2001 que iniciem a pensão até 31 DEZ 2016:

$$P3 = \frac{P1 \times C1 + P2 \times C2}{C} \times FS$$

– inscritos na segurança social até 31 de Dezembro de 2001 que iniciem a pensão a partir de 1 Jan 2017:

$$P4 = \frac{P1 \times C3 + P2 \times C4}{C} \times FS$$

Em que:
P3 – pensão proporcional aos anos civis de carreira contributiva antes e depois de 1 Jan 2007;
P1 – o valor da pensão resultante da aplicação da fórmula de cálculo 1[2];
C1 – o nº de anos civis da carreira contributiva[3] com registo de remunerações relevantes para efeitos da taxa de formação de pensão completados até 31 de Dezembro de 2006;
P2 – o valor da pensão resultante da aplicação da fórmula de cálculo 2;
C2 – o nº de anos civis da carreira contributiva com registo de remunerações relevantes para efeitos da taxa de formação de pensão completados a partir de 1 de Janeiro de 2007;
P4 – pensão proporcional aos anos civis de carreira contributiva antes e depois de 1 Jan 2002;
C3 – o nº de anos civis da carreira contributiva[4] com registo de remunerações relevantes para efeitos da taxa de formação de pensão completados até 31 de Dezembro de 2001;
C4 – o nº de anos civis da carreira contributiva com registo de remunerações relevantes para efeitos da taxa de formação de pensão completados a partir de 1 de Janeiro de 2002;
C – o nº de anos civis de toda a carreira contributiva com registo de remunerações relevantes para efeitos da taxa de formação de pensão;

[1] Desde Junho de 2007.
[2] O valor de P1 é limitado a 12 x IAS. Porém, o limite não é aplicado se:
– P2 for superior a P1;
– P1 for superior a P2 e se os valores de P1 e P2 forem superiores a 12IAS. Neste caso, a pensão é calculada de acordo com o regime dos beneficiários inscritos a partir de 1/1/2002.
[3] Ainda que superior a 40 anos.
[4] Ainda que superior a 40 anos.

QUADROS-SÍNTESE

FS – Factor de sustentabilidade – relação da esperança de vida aos 65 anos em 2000 e no ano anterior ao início da pensão[5]. Apenas aplicável às pensões atribuídas antes da idade normal de acesso à pensão e a algumas pensões de velhice resultantes de conversão (convolação).[6]

– Inscritos na segurança social a partir de 1 de Janeiro de 2002:
• com 20 anos ou menos de registo de remunerações – fórmula 1 x FS;
• com mais de 20 anos de registo de remunerações – fórmula 2 x FS.

O quantitativo mensal da pensão regulamentar é igual à soma do montante da pensão estatutária com as actualizações periódicas e os acréscimos de actividade em acumulação.

(d) Desde Janeiro de 2015. O regime anterior (30 anos de contribuições e 55 anos de idade) esteve suspenso de Abril de 2012 a Dez de 2014. Tendo estado em vigor de Janeiro a Março de 2016 (art. 4º do DL 10/2016, 08/03).

[5] Objecto de publicação pelo Instituto Nacional de Estatística (V. valores de referência)
[6] Não é porém aplicável à conversão (convolação):
– de pensões de invalidez iniciadas até 31 de Dezembro de 2007;
– de pensões de invalidez absoluta se o beneficiário tiver recebido esta pensão por período superior a 20 anos, à data em complete 65 anos de idade ou estiver inscrito na segurança social em 1 de Junho de 2007 e tiver recebido esta pensão por período superior a metade do tempo decorrido entre esta data e os 65 anos de idade.

3.4.3. Prestações pecuniárias (*) por doenças profissionais (L 98/2009, 4/09)

Prestações	Destinatários âmbito	Condições de atribuição	Montante ou cálculo	Duração
Indemnização por incapacidade temporária para o trabalho – Absoluta -------- – Parcial	Trabalhadores por conta de outrem e equiparados e trabalhadores independentes	– Estar afectado de doença profissional; – Ter estado exposto ao risco pela natureza da indústria, actividade ou condições e técnicas do trabalho habitual	Montantes diários referidos à retribuição de referência (**): • 70% nos primeiros 12 meses; e • 75% no período subsequente; • 80% acrescido de 10% por cada pessoa a cargo até ao limite da retribuição por pneumoconiose associada à tuberculose. -------- Montantes diários de indemnização: • 70% do valor correspondente à redução sofrida na incapacidade geral de ganho; • 80% da retribuição de referência, acrescido de 10% por cada pessoa a cargo até ao limite da retribuição por pneumoconiose associada à tuberculose.	A indemnização por incapacidade temporária é paga mensalmente e devida enquanto o beneficiário estiver em regime de tratamento ambulatório ou de reabilitação profissional. O direito à indemnização por incapacidade temporária cessa com a alta clínica do beneficiário ou com a certificação da incapacidade permanente.
Pensão provisória	Trabalhadores por conta de outrem e equiparados e trabalhadores independentes	– Estar afectado de doença profissional; – Ter estado exposto ao risco pela natureza da indústria, actividade ou condições e técnicas do trabalho habitual	Montante igual ao valor mensal da indemnização por incapacidade temporária absoluta que estava a ser atribuída ou seria atribuível	Devida a partir do dia seguinte àquele em que deixou de haver lugar à indemnização por incapacidade temporária. Cessa na data da fixação definitiva da pensão ou da não verificação dos condicionalismos da atribuição desta prestação

(*) As prestações em espécie são todas as prestações seja qual for a forma que revistam desde que sejam necessárias e adequadas ao restabelecimento do estado de saúde e da capacidade de trabalho ou de ganho do trabalhador e à sua recuperação para a vida activa e são asseguradas, em regra, através de reembolsos das respectivas despesas, designadamente:
– assistência médica e cirúrgica, geral ou especializada, incluindo todos os elementos de diagnóstico e de tratamento que forem necessários, bem como as visitas domiciliárias;
– assistência medicamentosa e farmacêutica;
– cuidados de enfermagem;
– hospitalização e os tratamentos termais;
– hospedagem;
– transportes para observação, tratamento ou comparência a actos judiciais;
– fornecimento de produtos de apoio e outros dispositivos técnicos de compensação das limitações funcionais, bem como a sua renovação e reparação;
– serviços de reabilitação e reintegração profissional e social, incluindo a adaptação do posto do trabalho;
– serviços de reabilitação médica ou funcional para a vida activa;
– apoio psicoterapêutico, sempre que necessário, a família do beneficiário.
(**) Retribuição anual ilíquida nos 12 meses anteriores à cessação da exposição ao risco ou à data da certificação da doença que determine a incapacidade, se esta for anterior.

3.4.3. Prestações pecuniárias por doenças profissionais (cont.)

Prestações	Destinatários âmbito	Condições de atribuição	Montante ou cálculo	Duração
Pensão p/ incapacidade permanente p/ trabalho – absoluta para todo e qualquer trabalho	Trabalhadores por conta de outrem e equiparados e trabalhadores independentes	Perda ou redução permanente da capacidade de trabalho ou de ganho resultante de doença profissional.	• igual a 80% da retribuição de referência, acrescida de 10% por cada pessoa a cargo, até ao limite da retribuição	Pensão anual e vitalícia (1/14 da pensão anual por mês) Devida a partir do primeiro dia em relação ao qual a mesma é certificada (14 prestações anuais)
– absoluta para o trabalho habitual			compreendida entre 50 e 70% da retribuição de referência, conforme a maior ou menor capacidade funcional residual para o exercício de outra profissão compatível;	
– parcial			correspondente a 70% da redução sofrida na capacidade geral de ganho;	
– bonificada		– pneumoconiose com grau de incapacidade permanente não inferior a 50% – grau de incapacidade permanente não inferior a 70%, quando completar 50 anos de idade; – grau de incapacidade permanente não inferior a 80%, independentemente da sua idade	A pensão por incapacidade permanente é bonificada em 20% do seu valor não podendo exceder o valor da retribuição de referência que serve de base ao cálculo da pensão.	
Subsídio p/ situação de elevada incapacidade permanente – absoluta p/ trabalho habitual	Trabalhadores por conta de outrem e equiparados e trabalhadores independentes	Incapacidade permanente absoluta ou incapacidade permanente parcial igual ou superior a 70%, pela perda ou elevada redução permanente da sua capacidade de trabalho ou de ganho	Subsídio entre 70% e 100% de 12 vezes o valor de 1,1 IAS, tendo em conta a capacidade funcional residual para o exercício de outra profissão compatível.	De atribuição única e devida a partir da data da fixação da incapacidade
– parcial			Por incapacidade permanente parcial igual ou superior a 70% – subsídio correspondente ao produto entre 12 vezes o valor de 1,1 IAS e o grau de incapacidade fixado.	

3.4.3. Prestações pecuniárias por doenças profissionais (cont.)

Prestações	Destinatários âmbito	Condições de atribuição	Montante ou cálculo	Duração
Pensão por morte	Cônjuge ou membro de união de facto		Em percentagem da retribuição de referência do beneficiário: • 30% até completar a idade de reforma por velhice; e • 40% a partir desta idade ou da verificação de doença física ou mental que afecte sensivelmente a sua capacidade de trabalho	Vitalícia ou até • casamento do cônjuge sobrevivo; • condenação por homicídio do pensionista, • indignidade do pensionista (14 prestações anuais)
	Ex-cônjuge divorciado ou cônjuge judicialmente separado ou	Com direito a alimentos	Idem até ao limite do valor dos alimentos	
	Casamento declarado nulo ou anulado	Tenha celebrado casamento de boa fé com o beneficiário e com direito a alimentos		
	Filhos, incluindo os nascituros e adoptados restritamente e enteados com direito a alimentos	• Idade inferior a 18 anos; • Entre os 18 e os 22 anos enquanto frequentarem ensino secundário ou equiparado; • Entre os 18 e os 25 anos frequentarem curso de nível superior ou equiparado; • Sem limite de idade quando afectados por deficiência ou doença crónica que afecte sensivelmente a sua capacidade para o trabalho.	Nas seguintes percentagens da remuneração de referência: • 20%, se for um; • 40%, se forem dois; • 50% se forem três ou mais; • o dobro destes montantes, até ao limite de 80%, (40% se for 1 e 80% se forem 2 ou mais) se forem órfãos de pai e mãe.	
	Ascendentes e quaisquer parentes sucessíveis (tio, sobrinho e irmão)	A cargo do beneficiário	• Se houver cônjuge ou filhos com direito a pensão – 10% da remuneração de referência cada um, não podendo o total das pensões exceder 30% desta; Se não houver cônjuge, ex-cônjuge ou filhos com direito a pensão: – 15% da remuneração de referência até perfazerem a idade de reforma por velhice; e – 20% a partir da idade de reforma por velhice ou quando afectados por deficiência ou doença crónica que afecte sensivelmente a sua capacidade para o trabalho	

3.4.3. Prestações pecuniárias por doenças profissionais (cont.)

Prestações	Destinatários âmbito	Condições de atribuição	Montante ou cálculo	Duração
Subsídio por morte	Familiares e equiparados	Falecimento do beneficiário.	Igual a 12 vezes o valor de 1,1 IAS à data da morte, sendo atribuído: *a)* Metade ao cônjuge, ex-cônjuge, cônjuge separado judicialmente ou à pessoa que com o beneficiário vivia em união de facto e metade aos filhos que tiverem direito a pensão; *b)* Por inteiro ao cônjuge, ex-cônjuge, cônjuge separado judicialmente ou à pessoa que com o beneficiário vivia em união de facto ou aos filhos previstos na alínea anterior quando concorrerem isoladamente.	Atribuição única
Subsídio p/ despesas de funeral	Requerente que efectuou as despesas de funeral	Despesas de funeral	Montante das despesas com o limite de 4 vezes o IAS, aumentado para o dobro em caso de transladação.	Atribuição única
Prestação suplementar para assistência de 3ª pessoa	Trabalhadores por conta de outrem e equiparados e trabalhadores independentes	Situação de dependência	Montante mensal do valor da retribuição paga à pessoa que presta assistência com limite máximo o valor de 1,1 IAS. Na falta de prova da retribuição: valor do complemento por dependência do regime geral mais elevado.	Pagamento mensal (14 prestações anuais)
Subsídio p/ readaptação de habitação	Trabalhadores por conta de outrem e equiparados e trabalhadores independentes	Readaptação da habitação necessária à sua incapacidade	Despesas de readaptação da habitação até ao limite de 12 x 1,1 IAS	Atribuição única
Subsídio para frequência de acções no âmbito da readaptação profissional	Trabalhadores por conta de outrem e equiparados e trabalhadores independentes	• capacidade remanescente; • ter direito às prestações por doença profissional; • parecer médico favorável	Montante das despesas efectuadas com a frequência do mesmo, sem prejuízo, caso se trate de acção ou curso organizado por entidade diversa do Instituto do Emprego e Formação Profissional, do limite do valor mensal correspondente ao valor de 1,1 IAS.	Mensal

3.4.4. Prestações familiares

Prestações Legislação	Destinatários/ Âmbito	Condições de atribuição	Montante ou cálculo	Duração/ Periodicidade
Abono de família (para crianças e jovens) * DL 176/2003, 2/08	Residentes em território português ou equiparados	Não exercício de actividade relevante por parte dos menores; Rendimento igual ou inferior a 5 IAS. • Idades: – até aos 16 anos: sem condições; – dos 16 aos 18*: ensino básico; – dos 18 aos 21*: ensino secundário; – dos 21 aos 24*: ensino superior, estágio de fim de curso, para tese de licenciatura ou pós-graduação; – até aos 24 anos deficientes c/ direito a prestações por deficiência, + 3 anos se em ensino superior. ———— * + 3 anos: sempre que doença ou acidente impossibilite o aproveitamento escolar	Em função de: • Rendimentos do agregado em 4 escalões indexados ao IAS x 14: 1º: rend = ou < 0,5 2º: rend > 0,5 e = ou < 1 3º: rend > 1 e = ou < 1,5 4º: rend > 1,5 a 2,5 • Da idade dos descendentes: Majorações do valor do abono: – até aos 12 meses de vida – dos 12 aos 36 meses de idade; – por inserção em agregado monoparental: 35%. (ver montantes no quadro "Prestações com valores mensais fixos")	– Mensal (para o 1º escalão: 13 mensalidades – montante adicional em Setembro)
Abono de família pré-natal DL 176/2003, 2/08		• Mulher grávida com 13 semanas de gestação Rendimento igual ou inferior 1,5 IAS.	• Escalões de rendimentos nos termos do abono de família; • Montantes: os do abono de família nos 12 primeiros meses de vida.	Durante 6 meses – do 4º mês de gravidez (mês seguinte às 13 semanas de gestação) até ao nascimento ou aborto
Bolsa de estudo DL 176/2003, 2/08		Titular do abono menor de 18 anos integrado em agregado do 1º ou 2º escalões de rendimentos matriculados e a frequentar os 10º, 11º e 12º anos de escolaridade com aproveitamento	Montante do abono	Mensal Durante o ano escolar

* Pode acrescer complemento açoriano de abono na RA dos Açores.

3.4.4. Prestações familiares (cont.)

Prestações/ Legislação	Destinatários/ Âmbito	Condições de atribuição	Montante ou cálculo	Duração Periodicidade
Bonificação por deficiência DL 133-B/97, 30/05	• Beneficiários de regimes obrigatórios (excepto independentes)	Deficiência de crianças ou jovens que necessitem de apoio individualizado ou frequência de estabelecimento de reabilitação	Até aos 14 anos: – € 61,57 Dos 14 aos 18: – € 89,67 Dos 18 aos 24: – € 120,04	• Mensal
Complemento por cônjuge a cargo Dec 45266, de 23/9/63	Cônjuges de pensionistas de invalidez ou velhice (pensões atribuídas até Dez 93).	• Cônjuge sem rendimentos a cargo de pensionista O valor de todas as pensões recebidas pelo pensionista com a mesma natureza[7] não pode ser superior a € 600. As pensões por incapacidade permanente para o trabalho e por morte, decorrentes de acidente de trabalho ou doença profissional do pensionista, bem como outras pensões de natureza indemnizatória não são consideradas como pensões para este efeito.	• € 37,13 mensais; ou diferença entre os rendimentos do cônjuge do pensionista e aquele valor	• Mensal
*Complemento por dependência DL 265/99, 14/07 Port 764/99, 27/8	Em situação de dependência: • pensionistas de invalidez, velhice e sobrevivência dos regimes geral, de seguro social voluntário e RPSC • beneficiários portadores de doença susceptível de invalidez especial	Situação de dependência Graus de dependência: 1º – impossibilidade de praticar com autonomia os actos indispensáveis à satisfação de necessidades básicas da vida quotidiana; 2º – 1º grau acamados ou demência grave	Indexado ao valor da pensão social geral: • 1º grau: 50% • 2º grau: 90%	• Mensal
	• pensionistas de pensão social	Para além da situação de dependência, Sem condição de recursos	• 1º grau: 45%; • 2º grau: 85%	
Subsídio por assistência de terceira pessoa DL 133-B/97, 30/05	Titulares de – bonificação por deficiência, ou – subsídio mensal vitalício.	• Situação de dependência	• € 101,68	• Mensal
Subsídio de educação especial DL 133-B/97, 30/05; D Reg 3/2016. 23/08	• Beneficiários de regimes obrigatórios (excepto independentes)	• Deficiência dos descendentes, até aos 24 anos.	Prestação diferencial: Diferença entre a mensalidade e a comparticipação familiar	• Mensal Durante o período escolar

* Comum ao regime contributivo e não contributivo.

[7] Considera-se que têm a mesma natureza, por um lado, as pensões atribuídas por morte e, por outro, todas as outras pensões.

3.4.4. Prestações familiares (cont.)

Prestações / Legislação	Destinatários / Âmbito	Condições de atribuição	Montante ou cálculo	Duração / Periodicidade
Subsídio de funeral DL 176/2003, 2/08.	• Quem prove ter efectuado as despesas de funeral	– Falecimento de cidadão residente; – não enquadrado por regimes obrigatórios de protecção social que confira direito a subsídio por morte; – ou que o montante do subsídio por morte seja inferior a 50% do valor mínimo deste subsídio no regime geral	• € 214,93	Prestação única
* Subsídio mensal vitalício DL 133-B/97, 30/05; D Reg 24-A/97, 30/05	• Beneficiários de regimes obrigatórios (excepto independentes)	• Descendentes do trabalhador ou do cônjuge com idade superior a 24 anos ou inválidos que não possam beneficiar da pensão de invalidez ou da pensão social	• (€ 177,64) • € 195,34 ou 213,02 (a)	Mensal
Subsídio por morte DL 322/90, 18/10 ------ DL 40/89, 1/02	• Cônjuges e ex--cônjuges; • União de facto; • Descendentes ou equiparados; • Na falta destes: – ascendentes a cargo; – parentes, afins e equiparados em linha recta e até ao 3º grau da linha colateral a cargo.	Condição de recursos para os ascendentes, parentes, afins e equiparados em linha recta e até ao 3º grau da linha colateral a cargo: rendimento não superior à pensão social ------ Prazo de garantia: 36 meses	Montante: 3 IAS (€ 1263,96) Destinatários: • por inteiro ao cônjuge, ex-cônjuge ou aos descendentes; • ½ se houver uns e outros; Na falta destes: • por inteiro aos ascendentes ou outros parentes, afins e equiparados em linha recta e até ao 3º grau da linha co-lateral; • repartido por igual entre os titulares incluídos em cada um dos grupos.	Prestação única
Reembolso das despesas de funeral DL 322/90, 18/10	• Quem provar ter efectuado as despesas de funeral	• Não existirem pessoas com direito ao subsídio por morte	• Valor das despesas de funeral desde que não ultrapasse o valor do subsídio por morte não pago.	Prestação única

* Previsto no regime contributivo e não contributivo
(a) Com o complemento extraordinário de solidariedade que acresce oficiosamente, com menos de 70 anos ou com 70 anos ou mais.

3.4.5. Prestações não contributivas (subsídios sociais)*

Prestações / Legislação	Destinatários/ Âmbito	Condições de atribuição	Montante ou cálculo	Duração
Complemento extraordinário de solidariedade DL 208/2001, 27/07	Prestação que acresce oficiosamente às prestações dos regimes não contributivos (pensão social) e equiparados e ao subsídio mensal vitalício	Excluídos os titulares que beneficiem de pensões cujo montante corresponda ao valor da pensão mínima do regime geral.	Em função da idade: • Titulares com menos de 70 anos: € 17,70; • Titulares com idade igual ou superior a 70 anos: € 35,38 • 14 prestações mensais por ano	Vitalícia
Complemento social DL 187/2007, 3/11	• Beneficiários cuja pensão estatutária se situa abaixo do montante mínimo garantido	• Sem condição de recursos	• Valor necessário para perfazer o montante mínimo garantido • 14 prestações mensais por ano	Vitalícia
Complemento solidário para idosos DL 232/2005, 29/12 D Reg 3/2006, 6/02	• Titulares de pensões de velhice, de sobrevivência e do subsídio mensal vitalício; • Pessoas que não preencham a condição de recursos da pensão social	• Idade igual ou superior à idade legal de reforma; • Residência no território português • Recursos inferiores ao valor de referência: 1 elemento – € 5084,30 / ano; 2 elementos – € 8897,53 / ano	Prestação diferencial Diferença entre: • montante dos recursos do requerente e • valor de referência do complemento. 12 prestações mensais por ano	Vitalícia
Pensão de orfandade DL 160/80, 27/05 D Reg 71/80, 12/11	• Órfãos até à maioridade ou emancipação	Condição de recursos: Rendimento *per capita* de 40% do IAS com o limite máximo para o agregado familiar de 1 vez e meia aquele valor.	• 20, 30 ou 40% da pensão social fixada anualmente conforme se trate de 1, 2 ou mais órfãos de pai ou de mãe. • 14 prestações mensais por ano	Vitalícia
Pensão social DL 160/80, 27/05 DL 464/80, 13/10	• Residentes portugueses não abrangidos por regimes contributivos	• Condição de recursos: rendimentos iguais ou inferiores a 30% do IAS ou 50%, tratando-se de casal; • idade de reforma por velhice; • a partir dos 18 anos em caso de invalidez para toda e qualquer profissão.	Geral: • (€ 203,35) € 221,05 ou € 239,13 (a) Situações de invalidez especial (d): € 264,32 • 14 prestações mensais por ano	Vitalícia

* Para além do subsídio social de desemprego que tem componente contributiva e das prestações por deficiência ou dependência comuns ao regime contributivo e não contributivo (Complemento por dependência e Subsídios de acompanhante, por assistência de 3ª pessoa e de educação especial).
(a) Com o valor do complemento extraordinário de solidariedade que acresce oficiosamente.
(d) Situações de dependência.

3.4.5. Prestações não contributivas (subsídios sociais) (cont.)

Prestações / Legislação	Destinatários / Âmbito	Condições de atribuição	Montante ou cálculo	Duração
Pensão de viuvez D Reg 52/81, 11/11	Cônjuge sobrevivo (ou união de facto) que por si não tenha direito a qualquer pensão.	Condição de recursos: rendimentos iguais ou inferiores a 30% do IAS	• 60% da pensão social € 122,01 mensais • 14 prestações mensais por ano	• Vitalícia
Prestação do rendimento social de inserção L 13/2003, 21/05 Port 108/2004, 27/01	Residentes maiores; ou menores: • grávidas; • com outros menores a cargo; • casados ou em união de facto	Condição de recursos: Rendimento do agregado inferior ao montante da prestação atribuível	Prestação diferencial Diferença entre: – a soma das prestações atribuíveis (em percentagem do RSI – € 183,84): • 100% pelo requerente; • 70% por cada maior; • 50% por cada menor; e – o rendimento do agregado No mínimo de € 9,19	• 12 meses renováveis
Subsídio social de desemprego DL 220/2006, 3/11 Port 8-B/2007, 3/01	• Trabalhadores que esgotem o subsídio de desemprego – atribuição subsequente; • Trabalhadores sem prazo de garantia para o subsídio de desemprego – atribuição inicial	Para além da inscrição, do desemprego involuntário e da capacidade e disponibilidade para o trabalho: • Ter estado empregado a tempo inteiro 180 dias com registo de remunerações nos 12 meses imediatamente anteriores à data do desemprego; • Condição de recursos: rendimentos mensais *per capita* do agregado inferior a 80% do IAS.	Em percentagem do IAS: • 100% – com agregado; • 80% – isolados com o limite do valor líquido da remuneração de referência (média dos 6 primeiros meses dos 8 últimos)	• Na atribuição inicial igual ao subsídio de desemprego; • Na atribuição subsequente a duração é metade do subsídio de desemprego. • Até à idade de acesso à pensão de velhice antecipada, se tiverem 52 anos de idade à data do desemprego.
Subsídios sociais na parentalidade DL 91/2009, 09/04	Residentes não abrangidos por qualquer regime de protecção social obrigatório	Condição de recursos: rendimento mensal *per capita* inferior a 80% do IAS Para algumas prestações: exercício de actividade profissional	Montante diário em percentagem de 1/30 do IAS (€ 14,04): – 80% (regra); – 64% – 150 dias; – 66% – 180 dias	A mesma das prestações do sistema previdencial

3.4.6. Prestações da responsabilidade de outras entidades

Prestações/ Legislação	Destinatários/ Âmbito	Condições de atribuição	Montante ou cálculo	Duração
Complemento regional de pensão DLR 8/2002/A, 10/04	Acresce às pensões de invalidez, velhice, sobrevivência e social, e prestações de acidentes de trabalho ou de doenças profissionais	Percentagem do valor mensal (c), em função do valor da pensão: – 100% – com pensão inferior ou igual ao salário mínimo (b); – 90% – com pensão superior ao salário mínimo e inferior ou igual a 1,044 desse valor; – 70% – com pensão superior a 1,044 do salário mínimo e inferior a 1,339 desse valor; – 50% – com pensão superior a 1,339 do salário mínimo e inferior ou igual a 696,00 €; – 50% – com pensão seja superior a 1,339 do salário mínimo e inferior ou igual a 1.693,00 €, no caso de pensionistas deficientes.		Vitalícia
Subsídio de reconversão profissional * L 28/2011, 16/06	• Artistas que tenham de cessar a sua actividade antes da idade normal de reforma	• Exercício de actividade profissional durante 10 anos; • 5 últimos anos com registo de remunerações; • Cessação de exercício de actividade há mais de 6 meses e menos de 2 anos; • Idade inferior à idade normal de acesso à pensão de velhice; • Rendimento inferior à RMMG	Variável não podendo no total exceder 12 vezes o IAS	Variável Atribuído de uma só vez; ou – até 24 meses

* Responsabilidade financeira do Ministério da Cultura e IEFP.
(b) RMMG + 5%. Para o montante ver 4. Elementos de referência.
(c) Valor mensal fixado anualmente:

2008	2009	2010	2011	2012	2013	2014	2015	2016
€ 41,62	€ 42,46	€ 43,10	€ 45	€ 49,50	€ 51,20	€ 52	€ 53,07	€ 54,14

4. Elementos de referência

Ano civil	2010	2011	2012	2013	2014	2015	2016	2017
Idade de reforma	65A				66A		66A 2M	66A 3M
IAS	€ 419,22							€ 421,32
RMMG – Continente – RAA (n+5%) – RAM (n+2%)	€ 475 € 498,75 € 484,50	€ 485 € 509,25 € 494,70			Out. € 505 € 530,25 € 515,10	€ 530 € 556,50 € 540,60	€ 557 € 584,85 € 570	
FS Redução	0,9835 1,65%	0,9686 3,14%	0,9608 3,92%	0,9522 4,78%	0,8766* 12,34%	0,8698* 13,02%	0,8666* 13,34%	0,8612* 13,88%
Juros de mora – anual (b) – mensal (b)	12% 1%	6,351% 0,5293%	7,007% 0,5839%	6,112% 0,5093%	5,535% 0,4613%	5,476% 0,456%	5,168% 0,431%	4,966% 0,414%
UC (1/4 IAS)	€ 102 (a)							

(a) Desde Abril de 2009.
(b) Metade se for prestada garantia.
* Só para pensões de velhice antecipadas.
Na situação de invalidez convolada: 2014 – 0,9457 (redução de 5,43%); 2015 – 0,9383 (redução de 6,17%);
2016 – 0,9349 (redução de 6,51%); 2017 – 0,9291 (redução de 7,09%). Dispensada para situações de invalidez absoluta superior a 20 anos.

5. Prestações com valores mensais fixos referidos a 2017

Prestações familiares	Montantes mensais (e)					
– Abono de família e pré--natal; – Majorações (d) – Montante adicional (b) – Bolsa de estudo (f)	Valor do abono de família em função da idade do titular e do rendimento do agregado					
	Escalões por rendimento anual do agregado em 2016 (IAS de 2016)	1) pré-natal (a) 2) até aos 12 meses de idade	3) Desde os 12 aos 36 meses de idade (por semestre)			4) Desde os 36 meses de idade até ao limite da idade escolar (18 anos – regra)
			1º filho	2º filho	3º ou mais filhos	
	1º escalão: igual ou inferior a € 2934,54	€ 146,42	€ 54,90 € 73,21	€ 91,50 € 109,81	€ 128,10 € 146,41	€ 36,60 (b) (f)
	2º escalão: entre € 2934,55 e € 5869,08	€ 120,86	€ 45,33 € 60,43	€ 75,55 € 90,64	€ 105,77 € 120,87	€ 30,22 (f)
	3º escalão: entre € 5869,09 e € 8803,62	€ 95,08	€ 38,64 € 49,93	€ 65,99 € 72,28	€ 93,33 € 104,62	€ 27,35
	4º escalão: Entre € 8803,63 e € 14 672,70	Só abono de família (sem pré-natal) só até aos 36 meses de idade, sem majorações (excepto monoparentalidade) € 9,46 (1º semestre) e € 18,91 (2º semestre)				—
Subsídio de funeral (c)	€ 214,93					

(a) Desde o mês seguinte à 13ª semana de gestação (desde o 4º mês de gravidez) em regra durante 6 meses.

(b) **Montante adicional** em Setembro (13ª mensalidade) para encargos escolares com idade entre 6 e 16 anos matriculados em estabelecimentos de ensino (integrado em agregado do 1º escalão).
(c) Prestação única.
(d) **Majorações:**
1ª – até aos 12 meses de idade (1º ao 3º escalões);
2ª – por famílias mais numerosas (dos 12 aos 36 meses de idade) (1º ao 3º escalões);
3ª – 35% para agregados monoparentais (4 escalões).
(e) Acresce **complemento açoriano de abono** (RA Açores).
(f) **Bolsa de estudo** – uma mensalidade por mês – alunos do 10º, 11º e 12º anos de escolaridade, até aos 18 anos integrados em agregados dos 1º e 2º escalões. Responsabilidade financeira do Ministério da Educação.

5. Prestações com valores mensais fixos (cont.)

2) Outras prestações	Montantes – Regime geral	Montantes – Não contributivo **
Bonificação por deficiência		Até aos 14 anos – € 61,57 Dos 14 aos 18 anos – € 89,67 Dos 18 aos 24 anos – € 120,04
Complemento extraordinário de solidariedade (CES) *** (a)	—	Até aos 69 anos – € 17,70; A partir dos 70 anos – € 35,38
Complemento de pensão por cônjuge a cargo *	€ 37,13 ***	—
Complemento por dependência *** – pensionistas em geral	1º grau: € 101,68 2º grau: € 183,02	1º grau: € 91,51 2º grau: € 172,85
– pensionistas de invalidez especial		1º grau – € 101,68 2º grau – € 183,02
Pensão provisória de invalidez	€ 203,35	—
Pensão de invalidez e velhice – valores mínimos	nº anos civis / valor até 15 / € 264,32 de 15 a 20 / € 277,27 de 21 a 30 / € 305,96 mais de 30 / € 382,46	—
Pensão social (invalidez e velhice) *** • geral	—	(€ 203,35) € 221,05 ou € 239,13 (b)
• invalidez especial		€ 264,32
Pensão de viuvez ***	—	€ 122,01
Pensão do regime especial das actividades agrícolas ***	—	(€ 244) € 261,70 ou € 279,38 (b)
Subsídio por assistência de 3ª pessoa (descendentes)	€ 101,68	
Subsídio mensal vitalício	(€ 177,64) € 195,34 ou € 213,02 (b)	—

* Grupo fechado – pensões atribuídas até Dez 1993.
** Aplicável a regimes equiparados (transitório de trabalhadores agrícolas ou de nula ou reduzida base contributiva)

*** 14 mensalidades anuais.
(a) Acresce oficiosamente às prestações não contributivas e ao subsídio mensal vitalício.
(b) Com o complemento extraordinário de solidariedade modulado: com menos de 70 anos ou 70 ou mais anos que acresce oficiosamente.

6. Estrutura da Segurança Social (continente)

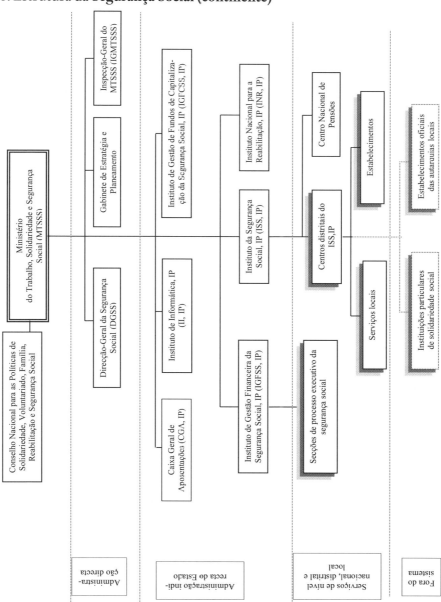

B – Contactos dos Principais Departamentos e Serviços[1]

---

[1] Principais endereços electrónicos – email (ainda não disponíveis para todos) e outros contactos (endereço postal, telefone e fax) facilitadores de obtenção de informação mesmo adicional relativamente por exemplo a serviços locais, estabelecimentos...

A – Continente

1. MINISTÉRIO DO TRABALHO, SOLIDARIEDADE E SEGURANÇA SOCIAL (MTSSS)
Praça de Londres, nº 2
1049-056 LISBOA
Tel: 218 424 100 – Fax: 218 424 108
Email: gabinete.ministro@mtsss.gov.pt
Site Internet: http://www.portugal.gov.pt

SECRETARIA DE ESTADO DA SEGURANÇA SOCIAL (SESS)
Praça de Londres, nº 2
1049-056 LISBOA
Tel: 218 441 700 – Fax: 218 441 742
Email: gabinete.sess@mtsss.gov.pt
Site Internet: http://www.portugal.gov.pt

2. SERVIÇOS PÚBLICOS CENTRAIS

Serviços da Administração Directa

A. DIRECÇÃO-GERAL DA SEGURANÇA SOCIAL (DGSS)
Largo do Rato, nº 1
1269-144 LISBOA
Tel: 215 952 990 – Fax: 215 952 992
Email: dgss@seg-social.pt
Site Internet: http://www.seg-social.pt

B. **INSPECÇÃO-GERAL DO MINISTÉRIO DO TRABALHO, SOLIDARIEDADE E SEGURANÇA SOCIAL (IGMTSSS)**
Av. Elias Garcia, nº 12, 7º
1049-042 LISBOA
Tel: 215 953 200 – Fax: 217 980 062
Email: igmtsss@seg-social.pt
Site Internet: http://www.seg-social.pt

3. ADMINISTRAÇÃO INDIRECTA DO ESTADO – INSTITUTOS PÚBLICOS

– INSTITUIÇÕES DE SEGURANÇA SOCIAL

A. **INSTITUTO DE GESTÃO FINANCEIRA DA SEGURANÇA SOCIAL, IP** (IGFSS, IP)
Av. Manuel da Maia, nº 58
1049-002 LISBOA
Tel: 218 433 300 – Fax: 218 433 720
Email: igfss@seg-social.pt
Site Internet: http://www.seg-social.pt

Serviços Desconcentrados – Secções de Processo Executivo da Segurança Social[2]
Tel: geral: 300 036 036
Email geral: igfss-divida@seg-social.pt

Secção de Processo Executivo de Aveiro
Rua Dr. Alberto Soares Machado
3804-504 AVEIRO
Tel: 234 894 020 – Fax: 234 385 559
Feriado Municipal – 12 de Maio

Secção de Processo Executivo de Braga
Praça da Justiça
4714-003 BRAGA
Tel: 253 000 414 – Fax: 253 262 409
Feriado Municipal – 24 de Junho

Secção de Processo Executivo de Beja
Rua Prof Bento de Jesus Caraça, nº 25
7800-511 BEJA
Tel: 284 310 700 – Fax: 284 310 709
Feriado Municipal – 02 de Junho

Secção de Processo Executivo de Bragança
Av. General Humberto Delgado
5300-167 BRAGANÇA
Tel: 273 302 062 – Fax: 273 333 326
Feriado Municipal – 22 de Agosto

---

[2] Horário de atendimento: Dias úteis das 09h00 às 18h00.

Secção de Processo Executivo de Castelo Branco
Rua da Carapalha nº 2-A
6000-164 CASTELO BRANCO
Tel: 272 340 130 – Fax: 272 340 139
Feriado Municipal – 10 de Maio

Secção de Processo Executivo de Coimbra
Rua Abel Dias Urbano, nº 2, R/C
3004-519 COIMBRA
Tel: 239 853 220 – Fax: 239 853 224
Feriado Municipal – 4 de Julho

Secção de Processo Executivo de Évora
Rua do Raimundo nº 95, F e G,
7000-661 ÉVORA
Tel: 266 730 010 – Fax: 266 730 019
Feriado Municipal – 29 de Junho

Secção de Processo Executivo de Faro
Rua Pintor Carlos Porfirio, nº 35
8000-241 FARO
Tel: 289 891 412 – Fax: 289 154 859
Feriado Municipal – 7 de Setembro

Secção de Processo Executivo da Guarda
Av Coronel Orlindo de Carvalho
6300-680 GUARDA
Tel: 271 210 650/9 – Fax: 271 214 524
Feriado Municipal – 27 de Novembro

Secção de Processo Executivo de Leiria
Largo da República, nº 3
2414-001 LEIRIA
Tel: 244 825 387 – Fax: 244 827 615
Feriado Municipal – 22 de Maio

Secções de Processo Executivo de Lisboa
Av. da República, nº 67
1069-033 LISBOA
Fax: I – 218 433 764
II – 218 433 770
Feriado Municipal – 13 de Junho

Secção de Processo Executivo de Portalegre
Praça João Paulo II, nº 7
7301-111 PORTALEGRE
Tel: 245 309 860 – Fax: 245 204 536
Feriado Municipal – 23 de Maio

Secção de Processo Executivo do Porto
Av. da Boavista, nº 900, R/C e 1º
4100-112 PORTO
I – Tel: 226 087 368 – Fax: 226 087 391
II – Tel: 225 430 411 – Fax: 225 430 419
Feriado Municipal – 24 de Junho

Secção de Processo Executivo de Santarém
Praceta Augusto Costa, nº 14 B – R/C
2000-212 SANTARÉM
Tel: 243 307 230 – Fax: 243 307 239
Feriado Municipal – 19 de Março

Secção de Processo Executivo de Setúbal
Praça da República
2900-587 SETÚBAL
Tel: 265 520 760 – Fax: 265 520 769
Feriado Municipal – 15 de Setembro

Secção de Processo Executivo de Viana do Castelo
Rua da Bandeira, nº 600
4904-866 VIANA DO CASTELO
Tel: 258 839 020 – Fax: 258 824 714
Feriado Municipal – 20 de Agosto

CONTACTOS DOS PRINCIPAIS DEPARTAMENTOS E SERVIÇOS

Secção de Processo Executivo de Vila Real
Rua D. Pedro de Castro, nº 110 Apart 208
5000-669 VILA REAL
Tel: 259 302 030 – Fax: 259 302 039
Feriado Municipal – 13 de Junho

Secção de Processo Executivo de Viseu
Rua Nunes de Carvalho, nº 20, 2º
3500-163 VISEU
Tel: 232 483 560 – Fax: 232 483 568
Feriado Municipal – 21 de Setembro

B. INSTITUTO DA SEGURANÇA SOCIAL, IP (ISS, IP)

Rua Rosa Araújo, nº 43
1250-194 LISBOA
Tel: 300 510 100 – Fax: 300 510 101
Email: iss-ip@seg-social.pt
Site Internet: http://www.seg-social.pt

SERVIÇOS

Centro Nacional de Pensões
Campo Grande, nº 6
1749-001 LISBOA
Tel: 300 511 300 – Fax: 300 510 851
Email: cnp-pensoes@seg-social.pt

Departamento de Protecção contra os Riscos Profissionais
Av. Estados Unidos da América, nº 39 – 2º
1749-062 LISBOA
Fax: 300 511 446
Email: dprp@seg-social.pt

Serviços Desconcentrados – Centros Distritais do ISS, IP[1]
Tel: geral: 300 502 502 [2]
Tel: geral (do estrangeiro): +351 300 502 502

Centro Distrital de Aveiro
Rua Dr. Alberto Soares Machado
3804-504 AVEIRO
Tel: 300 519 600 – Fax: 300 519 519
Email: cdssocialaveiro-afc@seg-social.pt

Centro Distrital de Beja
Rua Prof. Bento de Jesus Caraça, nº 25
7801-951 BEJA
Tel: 300 517 162 – Fax: 300 517 000
Email: cdssocialbeja-afc@seg-social.pt

Centro Distrital de Braga
Praça da Justiça
4719-003 BRAGA
Tel: 300 522 000 – Fax: 300 522 222
Email: cdssocialbraga-afc@seg-social.pt

Centro Distrital de Bragança
Av. General Humberto Delgado
5301-859 BRAGANÇA
Tel: 300 516 300 – Fax: 300 516 200
Email: cdssocialbragança-afc@seg-social.pt

[1] Serviços de atendimento (para além dos serviços de atendimento nas sedes dos distritos) serviços locais (a nível concelhio), lojas do cidadão e centros de formalidades de empresas.
[2] Horário de atendimento: das 09H00 às 17H00.

CONTACTOS DOS PRINCIPAIS DEPARTAMENTOS E SERVIÇOS

Centro Distrital de Castelo Branco
Rua da Carapalha, nº 2-A
6000-164 CASTELO BRANCO
Tel: 300 514 989 – Fax: 300 514 800
Email: cdssocialcastelobranco-afc@seg-social.pt

Centro Distrital de Coimbra
Rua Abel Dias Urbano, nº 2 – R/C
3004-519 COIMBRA
Tel: 300 518 300 – Fax: 300 518 200
Email: cdssocialcoimbra-afc@seg-social.pt

Centro Distrital de Évora
Rua do Ferragial do Poço Novo, nº 22
7002-555 ÉVORA
Tel: 300 517 410 – Fax: 300 517 300
Email: cdssocialevora-afc@seg-social.pt

Centro Distrital de Faro
Rua Pintor Carlos Porfírio, nº 35
8000-241 FARO
Tel: 300 519 000 – Fax: 300 518 818
Email: cdssocialfaro-afc@seg-social.pt

Centro Distrital da Guarda
Av. Coronel Orlindo de Carvalho
6300-680 GUARDA
Tel: 300 515 350 – Fax: 300 515 271
Email: cdssocialguarda-afc@seg-social.pt

Centro Distrital de Leiria
Largo da República, nº 3
2414-001 LEIRIA
Tel: 300 518 000 – Fax: 300 518 001
Email: cdssocialleiria-afc@seg-social.pt

Centro Distrital de Lisboa
Av. Afonso Costa, nº 6/8
1949-020 LISBOA
Tel: 300 511 900 – Fax: 300 512 300
Email: cdssociallisboa-afc@seg-social.pt

Centro Distrital de Portalegre
Praça João Paulo II, nº 7
7300-111 PORTALEGRE
Tel: 300 516 700 – Fax: 300 516 716
Email: cdssocialportalegre-afc@seg-social.pt

Centro Distrital do Porto
Rua António Patrício, nº 262
4199-001 PORTO
Tel: 300 520 100 – Fax: 300 520 520
Email: cdssocialporto-afc@seg-social.pt

Centro Distrital de Santarém
Largo do Milagre, 49/51 – Apartado 28
2000-069 SANTARÉM
Tel: 300 514 444 – Fax: 300 514 300
Email: cdssocialsantarem-afc@seg-social.pt

Centro Distrital de Setúbal
Praça da República
2900-587 SETÚBAL
Tel: 300 513 900 Fax: 300 513 600
Email: cdssocialsetubal-afc@seg-social.pt

Centro Distrital de Viana do Castelo
Rua da Bandeira, nº 600
4904-866 VIANA DO CASTELO
Tel: 300 516 499 – Fax: 300 516 516
Email: cdssocialvianadocastelo-afc@seg-social.pt

Centro Distrital de Vila Real
Rua D. Pedro de Castro, nº 110 – Apart 208
5000-669 VILA REAL
Tel: 300 522 500 – Fax: 300 522 675
Email: cdssocialvilareal-afc@seg-social.pt

Centro Distrital de Viseu
Av. Dr. António José Almeida, nº 35
3514-509 VISEU
Tel: 300 515 824 – Fax: 300 515 515
Email: cdssocialviseu-afc@seg-social.pt

C. **INSTITUTO DE INFORMÁTICA, IP** (II, IP)
  Av. Prof. Dr. Cavaco Silva, nº 17 – Edifício Ciência I – Tagus Park
  2740-120 PORTO SALVO
  Tel: 214 230 000 – Fax: 214 230 001
  Email: ii@seg-social.pt
  Site Internet: http://www.seg-social.pt

D. **INSTITUTO DE GESTÃO DE FUNDOS DE CAPITALIZAÇÃO DA SEGURANÇA SOCIAL, IP** (IGFCSS, IP) OU **INSTITUTO DE GESTÃO DE FUNDOS**, IP
  Av. Fernão Magalhães, nº 1862 – 3º Edifício Torre das Antas
  4350-158 PORTO
  Tel: 225 082 400 – Fax: 225 082 401
  Email: igfcss@seg-social.pt
  Site Internet: http://www.seg-social.pt

  Delegação Lisboa
  Praça de Londres, nº 2 – 14º
  1049-056 LISBOA
  Tel: 211 155 260 – Fax: 211 155 269
  Email: igfcss@seg-social.pt

– **OUTROS ORGANISMOS**

A. **INSTITUTO NACIONAL PARA A REABILITAÇÃO, I.P.** (INR, IP)
  Av. Conde de Valbom, nº 63
  1069-178 LISBOA
  Tel: 217 929 500 – Fax: 217 929 596
  Email: inr@inr.mtsss.pt
  Site Internet: www.inr.pt

B. **CAIXA DE PREVIDÊNCIA DOS ADVOGADOS E SOLICITADORES** (CPAS)
   Largo de S. Domingos, nº 14 – 2º
   1169-060 LISBOA
   Tel: 218 813 400 – Fax: 218 813 499
   Email: cpas@cpas.org.pt
   Site Internet: http://www.cpas.org.pt

B – Regiões Autónomas

A. REGIÃO AUTÓNOMA DOS AÇORES

- **Secretaria Regional da Solidariedade Social (SRSS)**
  Solar dos Remédios
  9701-855 ANGRA DO HEROÍSMO
  Tel: 295 204 200 – Fax: 295 204 286
  Email: srss@azores.gov.pt

- **Direcção Regional da Solidariedade Social (DRSS)**
  Solar dos Remédios
  9701-855 ANGRA DO HEROÍSMO
  Tel: 295 204 200 – Fax: 295 204 257
  Email: srss-drss@azores.gov.pt

- **Instituto da Segurança Social dos Açores, IPRA (ISSA)**
  Av. Ten. Cor. José Agostinho
  9700-108 ANGRA DO HEROÍSMO
  Tel: 295 401 800 – Fax: 295 401 801
  Email: issa@seg-social.pt

1) **Angra do Heroísmo**
   Av. Tenente Coronel José Agostinho
   9700-108 ANGRA DO HEROÍSMO
   Tel: 295 401 800 – Fax: 295 401 801

2) Horta
Rua D. Pedro IV, nº 24 – Matriz
9900-111 HORTA
Tel: 292 207 950 – Fax: 292 207 959

3) Ponta Delgada
Rua Almirante Botelho de Sousa – Apartado 1449
9500-158 PONTA DELGADA
Tel: 296 307 800 – Fax: 296 307 817

Núcleos de Processo Executivo
Horário: 08h30 às 16h00
Email geral: spet.acores@seg-social.pt

1) Núcleo de Processo Executivo Horta
Rua D. Pedro IV, nº 24, Matriz
9900-111 HORTA
Tel: 292 207 950 – Fax: 292 207 958

2) Núcleo de Processo Executivo Ponta Delgada
Rua Almirante Botelho de Sousa
9500-158 PONTA DELGADA
Tel: 296 307 847 – Fax: 296 307 836

3) Núcleo de Processo Executivo Angra do Heroísmo
Avenida Tenente Coronel José Agostinho
9700-108 ANGRA DO HEROÍSMO
Tel: 295 401 876 – Fax: 295 401 805

B. REGIÃO AUTÓNOMA DA MADEIRA

• **Secretaria Regional da Inclusão e dos Assuntos Sociais**
R. João de Deus, nº 5
9050-027 FUNCHAL
Tel: 291 210 100 / 291 225 154
Fax: 291 210 148
Email: gabinete.srias@madeira.gov.pt

- **Instituto de Segurança Social da Madeira (ISSM)**[1]
  R. Elias Garcia, nº 14
  9054-503 FUNCHAL
  Tel: 291 205 100 / 291 205 400
  Regimes – Fax 291 205 513
  S. Financeiros – Fax 291 205 515
  Fax: 291 205 132
  Email: issmadeira@seg-social.pt

Secção de Processo Executivo da Madeira[2]
  Rua da Conceição, nº 127
  9054-508 FUNCHAL
  Tel: 291 215 560
  Fax: 291 215 568
  Email: cssmadeira@seg-social.pt

---

[1] Dispõe de 13 serviços locais de atendimento ao público.
[2] Horário – Dias úteis das 09h00 às 12h00 e das 14h00 às 17h00

II – Glossário Elementar[1]

---

[1] Para mais fácil pesquisa, a ordem alfabética utilizada apenas considera os substantivos e adjectivos, desprezando preposições, conjunções ou advérbios (vg: de, da, do, ou, e, em, não, para, por...). Assim, por exemplo: pensão (por) morte, pensão (de) sobrevivência; ou: subsídio (por) adopção, subsídio (de) desemprego, subsídio (por) morte, subsídio (de) Natal...

Abono complementar (a crianças e jovens deficientes) prestação familiar (V.) de valor fixado legalmente e atribuído em função da deficiência dos descendentes a cargo, em vigor até 30 de Junho de 1997. Integrado, posteriormente, no subsídio familiar a crianças e jovens como bonificação por deficiência, mantém-se, desde Outubro de 2003, com esta designação no actual abono de família. (V. Bonificação por deficiência)

Abono de família – prestação familiar (V.) de valor fixado legalmente e atribuído em função dos descendentes a cargo, em vigor até 30 de Junho de 1997. Designado, desde então, e até Outubro de 2003 como subsídio familiar a crianças e jovens, regressou em 2003 à designação inicial de abono de família (para crianças e jovens).

Abono de família pré-natal – prestação familiar atribuída à mulher grávida a partir da 13ª semana de gestação.

Aborto (V. Interrupção da gravidez).

Absentismo – situação que decorre das faltas ao trabalho justificadas (vg. por doença) ou injustificadas. (V. Taxa de absentismo)

Abuso de confiança contra a segurança social – tipo criminal caracterizado pela apropriação do montante das contribuições devidas pelos trabalhadores e deduzidas nas suas remunerações por parte da entidade empregadora sem que esta o entregue total ou parcialmente às instituições de segurança social no prazo de 90 dias, independentemente do valor das contribuições. (Ac TC 203/10 – DR, 2ª, 21/12/10)

Acção de cooperação – a acção ou projecto em prol do desenvolvimento de países receptores de ajuda pública ao desenvolvimento ou beneficiários de ajuda humanitária. (Definição legal)

Acção médico-social – conjunto de meios necessários à realização da assistência médica e medicamentosa.

Acidentes em serviço – expressão por que eram designados os acidentes de trabalho na Administração Pública (V. Acidentes de trabalho)

Acidentes de trabalho – acidentes que resultem de acção violenta e súbita – directa ou indirecta – de uma causa exterior que provoca uma lesão corporal, resultante do facto ou da ocasião do trabalho ou na execução do contrato de trabalho.
Assim constituído por 3 elementos:
- elemento espacial – local de trabalho;
- elemento temporal – tempo de trabalho;
- elemento causal – nexo de causalidade, o nexo de causa e efeito entre o evento e a lesão, perturbação funcional ou doença;

ou durante o trajecto entre o domicílio e o local de trabalho (*in itinere*).

Acórdão *Gottardo* – jurisprudência comunitária sobre igualdade de tratamento na área da segurança social que conduz no sentido de, em igualdade de circunstâncias, estender aos nacionais de todos os Estados-membros da UE as vantagens decorrentes de qualquer convenção bilateral de que qualquer Estado-membro seja parte.

Acordos de inserção (V. Inserção)

Acordos internacionais (de segurança social) (V. Convenções internacionais de segurança social)

Acrescido (nos processos de execução) – juros de mora (V.)

Acréscimo – valor da pensão regulamentar correspondente aos descontos efectuados depois do início da pensão (2% de 1/14 da soma das remunerações do ano anterior) que anualmente (a partir de Janeiro de cada ano) acresce ao montante da pensão regulamentar nas situações de exercício de actividade em acumulação com pensões de invalidez ou velhice. Fórmula: TS/700 (TS/14.2% = TS.2/14.100 = 2TS/2.700) – (pensão posterior a 1/1/94) em que TS é o total de salários do ano considerado. (V. Grande acréscimo)

Actividade (de produção) agrícola – produção de bens por exploração da terra (V. Actividades agrícolas, silvícolas e pecuárias)

Actividades de produção agrícola – prestações de serviços que contribuem para a produção agrícola: operações de sementeira, plantio, colheita, debulha, enfardação, ceifa, recolha e transporte; operações de embalagem e de acondicionamento (secagem, limpeza, trituração, desinfecção, ensilagem e preparação dos produtos agrícolas para venda) e armazenamento de produtos agrícolas; destruição de plantas e animais nocivos e tratamento de plantas e terrenos por pulverização; exploração de instalações de irrigação e de drenagem; actividades de transformação efectuadas por produtor agrícola sobre produtos provenientes essencialmente da respectiva produção agrícola com os meios normalmente utilizados nas explorações agrícolas.

Actividade artesanal – actividade económica de reconhecido valor cultural e social, que assenta na produção, restauro ou reparação de bens de valor artístico ou utilitário, de raiz tradicional ou contemporânea, e na prestação de serviços de igual natureza, bem como na produção e confecção tradicionais de bens alimentares. (definição legal)

Actividade comercial – intermediação especulativa entre a produção e o consumo de bens ou mercadorias. (V. Actividades comerciais e industriais)

Actividade por conta de outrem (Drtº Comunitário) – a actividade ou situação equiparada, considerada como tal para efeitos da legislação de segurança social do Estado-membro em que essa actividade seja exercida ou em que a situação equiparada se verifique.

Actividade por conta própria (Drtº Comunitário) – a actividade ou situação equiparada, considerada como tal para efeitos da legislação de segurança social do Estado-membro em que essa actividade seja exercida ou em que a situação equiparada se verifique.

Actividade industrial – transformação de produtos, bens ou mercadorias. (V. Actividades comerciais e industriais)

Actividade pecuária – actividade de reprodução, produção, detenção, comercialização, exposição e outras relativas a animais de espécie pecuária (V.). Actividades de produção animal, de produção pecuária ou de animais de espécie pecuária – guarda, criação e engorda para obtenção de carne, leite, mel, ovos, lã, seda, pelo, pele, e para caça, repovoamento cinegético ou experiências de laboratório conexa com a exploração do solo ou em que este tenha carácter essencial.

Sendo considerado produtor qualquer pessoa, singular ou colectiva, a quem está confiado o exercício de uma actividade pecuária e se responsabiliza pela mesma, independentemente de ser o proprietário ou detentor dos animais ou o titular da licença ou do título de actividade.

Para os outros conceitos ver DL 214/2008, 10/11.

Actividade profissional – prática de actos remunerados próprios de uma actividade produtiva.

– actividade lícita que constitua ocupação ou modo de vida de pessoa singular, desenvolvida em regime permanente, temporário ou sazonal, a título principal, secundário ou acessório, com subordinação ou autonomia, em exclusividade ou cumulação, e que pode integrar o conteúdo típico de uma profissão. (DL 37/2015, 10/03)

Actividade sazonal – actividade que, com regularidade, regista em épocas certas do ano, flutuações significativas do nível de ocupação de mão-de-obra, originando períodos mais ou menos definidos de baixa actividade.

Actividade silvícola (V. Silvicultura).

GLOSSÁRIO

Actividade socialmente útil – ocupação temporária a que ficam sujeitos os titulares do rendimento social de inserção e os membros do respectivo agregado familiar, desenvolvida a favor de entidades sem fins lucrativos, ou do sector da economia social, designadas por entidades promotoras, com vista à satisfação de necessidades sociais e comunitárias.

A actividade socialmente útil caracteriza-se pela realização de tarefas que, na sua maioria, não integram o âmbito do conteúdo funcional dos lugares previstos no quadro de pessoal ou nos instrumentos de regulamentação colectiva aplicáveis ou não se sobreponham às desenvolvidas pelos trabalhadores da entidade promotora.

A actividade socialmente útil é compatível com as aptidões do beneficiário, bem como com as suas habilitações escolares, qualificação e experiência profissional, e respeita as normas gerais e especiais relativas às condições de trabalho, designadamente no que concerne à segurança, higiene e saúde no trabalho. (DL 221/2012, 12/10)

Actividades agrícolas, silvícolas ou pecuárias – designadamente, as seguintes:
a) as comerciais ou industriais, meramente acessórias ou complementares daquelas, que utilizem, de forma exclusiva, os produtos das próprias explorações agrícolas, silvícolas ou pecuárias;
b) caça e a exploração de pastos naturais, água e outros produtos espontâneos, explorados directamente ou por terceiros;
c) explorações de marinhas de sal;
d) explorações apícolas;
e) investigação e obtenção de novas variedades animais e vegetais, dependentes daquelas actividades.

Integrando, assim, agricultura, silvicultura, pecuária, hortifruticultura, floricultura, avicultura, apicultura (art. 134º nº 2 CRC) e piscicultura, salicultura, exploração cinegética (art. 4º do CIRS).

Actividades comerciais e industriais – designadamente, as seguintes (art. 4º do CIRS):
– compra e venda;
– fabricação;
– pesca;
– explorações mineiras e outras indústrias extractivas;
– transportes;
– construção civil;
– urbanísticas e exploração de loteamentos;
– actividades hoteleiras e similares, restauração e bebidas, bem como venda ou exploração do direito real de habitação periódica;
– agências de viagens e de turismo;
– artesanato;
– actividades agrícolas e pecuárias não conexas com a exploração da terra ou em que esta tenha carácter manifestamente acessório;
– actividades agrícolas, silvícolas e pecuárias integradas noutras de natureza comercial ou industrial.

Actividades ocupacionais (V. Trabalho socialmente necessário)

1) deficientes – modalidade de acção social que visa a valorização pessoal e a integração social de pessoas com deficiência grave permitindo o desenvolvimento possível das suas capacidades, sem vinculação a exigências de rendimento profissional ou de enquadramento normativo de natureza jurídico-laboral (apoio ocupacional);
2) desempregados – ocupação temporária de trabalhadores desempregados em tarefas que satisfaçam as necessidades colectivas, que não se encontrem já organizadas em postos de trabalho e não consista na execução de tarefas a título de voluntariado não retribuído.

Activos
1) (por oposição a pensionistas) – pessoas que exercem actividade profissional;
2) valores (bens e créditos) que, por garantirem determinados encargos, estão sujeitos a determinadas regras sobre composição, natureza das aplicações, limites percentuais...

Acto administrativo – decisão que, no exercício de poderes jurídico administrativos, vise produzir efeitos jurídicos externos numa situação individual e concreta.
Regime jurídico: Código do Procedimento Administrativo. (V. Acto tributário fiscal e Acto tributário parafiscal)

Acto tributário fiscal – decisão de órgão da Administração Fiscal que, ao abrigo de normas de direito público visa produzir efeitos jurídicos numa situação tributária individual e concreta. Regras aplicáveis: Procedimento tributário (arts 54º e segs da Lei Geral Tributária e Código de Procedimento e do Processo Tributário). (V. Acto administrativo)

Acto tributário parafiscal – decisão de órgão da segurança social em matéria de contribuições para a segurança social (liquidação) que, ao abrigo de normas de direito público, visa produzir efeitos jurídicos numa situação contributiva individual e concreta. As regras fiscais são aplicáveis subsidiariamente.

Actos indispensáveis à satisfação das necessidades básicas da vida quotidiana ou actos básicos da vida diária – relativos a cuidados de higiene pessoal, alimentação e locomoção. (V. Dependência física) (art. 3º, nº 1 do DL 265/99, 14/07)

Actualização (das prestações) – revisão periódica dos montantes das prestações.

Actualização (das remunerações)
1) em linguagem de serviço, corresponde ao lançamento de remunerações por equivalência.
2) V. Revalorização (da base de cálculo).

Acumulação de prestações – situação que pode decorrer do concurso de várias prestações relativamente a uma mesma eventualidade. A regra geral é a não acumulação. Para as prestações substitutivas de rendimento de trabalho (de natureza indemnizatória), a regra é a do não enriquecimento sem causa, isto é, a prestação só será paga se tiver havido efectivo prejuízo (dano) (o mesmo é dizer: perda de remuneração) e se o beneficiário não tiver sido ressarcido dos mesmos danos (ou seja: se não for remunerado).

Adequação selectiva (V. Princípio da –)

Administração directa e indirecta do Estado (V. Administração Pública)

Administração electrónica – primado do uso de suportes e informação electrónicos na relação com os administrados com supressão do suporte papel – desmaterialização da informação. Sendo:
Caixa postal electrónica – equipamento informático adequado para receber e arquivar documentos electrónicos;
Documento electrónico – documento elaborado mediante processamento electrónico de dados (Regime – DL 290-D/99, 02/08);
Endereço electrónico – identificação de um equipamento informático adequado para receber e arquivar documentos electrónicos.

Administração Pública (sentido orgânico) – sistema de órgãos, serviços e agentes do Estado, bem como das demais pessoas colectivas públicas que asseguram, em nome da colectividade a satisfação regular e contínua de necessidades colectivas, de segurança, cultura e bem-estar económico e social.

– directa – exercida por serviços integrados na pessoa colectiva Estado (serviços centrais) (V.);
– indirecta – exercida por pessoas colectivas públicas distintas do Estado para realização dos fins do próprio Estado (V. Institutos públicos).

Administrações públicas – conjunto das Administração Pública do Estado (directa e indirecta), Administração Pública Regional e Administração Pública Autárquica.

Administradores (de sociedade) – pessoas vinculadas à sociedade comercial por contrato de gestão ou de administração. Enquadram-se, salvas as exclusões previstas na lei, no regime dos membros dos órgãos estatutários das pessoas colectivas (V.).

Adopção – vínculo que, à semelhança da filiação natural mas independentemente dos laços de sangue, se estabelece legalmente entre duas pessoas. Pode ser:
– plena – adquire a situação de filho do adoptante, extinguindo-se as relações familiares entre o adoptado e os seus ascendentes;
– restrita – o adoptado conserva todos os direitos e deveres em relação à família natural.
Facto susceptível de constituir direito a uma prestação com a designação de subsídio por adopção (V.).
(V. Apadrinhamento civil e Tutela)

Adoptado – o que foi adoptado legalmente equiparado a descendente.

Adoptando – aquele que mediante confiança judicial ou administrativa está a cargo do beneficiário com vista a futura adopção. Releva para efeitos de determinação dos elementos do agregado familiar.

Adoptante – aquele que adoptou.

ADSE – assistência na doença aos trabalhadores que exercem funções públicas (V.).

Advogados e solicitadores – profissionais livres com regime próprio de protecção social, gerido por instituição própria (Caixa de Previdência dos Advogados e Solicitadores – DL 119/2015, 29.06).

Afinidade – vínculo que liga cada um dos cônjuges aos parentes do outro. Determina-se pelos mesmos graus e linhas que definem o parentesco (V. Graus de parentesco).

Aforro (V. Poupança privada)

Agência (Drtº Bancário) – sucursal, no país, de instituição de crédito ou sociedade financeira com sede em Portugal ou sucursal suplementar de instituição de crédito ou instituição financeira com sede no estrangeiro.

Agentes administrativos – aqueles cuja relação de emprego com a Administração Pública era constituída por um contrato administrativo de provimento – sem integração nos quadros, a título transitório e com carácter de submissão, correspondendo ao exercício de funções próprias de serviço público com sujeição ao regime da função pública (V. Trabalhadores que exercem funções públicas).

Agentes comerciais – representantes comerciais autónomos vinculados ao principal por contrato de agência (V.). Corresponde ao tradicional "caixeiro-viajante". Enquadram-se no regime de segurança social dos trabalhadores independentes (V.).

Agentes da cooperação (antigos cooperantes) – o cidadão que, ao abrigo de um contrato, participe na execução de uma acção de cooperação financiada pelo Estado Português, promovida ou executada por uma entidade portuguesa de direito público ou por uma entidade de direito privado de fins não lucrativos em países beneficiários. Regime de protecção social: seguro social voluntário.

Agregação ou conglobação (pensões) – soma do número de dias em anos sequenciais sem densidade contributiva até completar 120 dias para validar um ano civil (desde Janeiro de 1994 para determinação de prazos de garantia e taxa de formação de pensão). (V. Densidade contributiva)

Agregado familiar (em geral) – conjunto de pessoas constituído, em regra, pelo cônjuge, membro de união de facto, descendentes ou equiparados e ascendentes ou equiparados e afins, que convivam em comunhão de mesa e habitação e se encontrem na dependência económica dos cônjuges.

Composição: para além do requerente de prestações, integram o respectivo agregado familiar as seguintes pessoas que com ele vivam em economia comum (V):

a) Cônjuge ou membro de união de facto há mais de dois anos;
b) Parentes e afins maiores, em linha recta e em linha colateral, até ao 3º grau;
c) Parentes e afins menores em linha recta e em linha colateral;
d) Adoptantes, tutores e pessoas a quem o requerente esteja confiado por decisão judicial ou administrativa de entidades ou serviços legalmente competentes para o efeito;
e) Adoptados e tutelados pelo requerente ou qualquer dos elementos do agregado familiar e crianças e jovens confiados por decisão judicial ou administrativa de entidades ou serviços legalmente competentes para o efeito ao requerente ou a qualquer dos elementos do agregado familiar.

É equiparada a afinidade a relação familiar resultante de situação de união de facto há mais de dois anos.

As pessoas referidas não podem, simultaneamente, fazer parte de agregados familiares distintos, por referência ao mesmo titular do direito a prestações.

Não são considerados como elementos do agregado familiar as pessoas que se encontrem em qualquer das seguintes situações:

a) Quando exista vínculo contratual entre as pessoas, designadamente sublocação e hospedagem que implique residência ou habitação comum;
b) Quando exista a obrigação de convivência por prestação de actividade laboral para com alguma das pessoas do agregado familiar;
c) Sempre que a economia comum esteja relacionada com a prossecução de finalidades transitórias;
d) Quando exista coacção física ou psicológica ou outra conduta atentatória da autodeterminação individual relativamente a alguma das pessoas inseridas no agregado familiar.

Agregado familiar monoparental – o que é composto por titulares do abono de família (para crianças e jovens) e por mais uma única pessoa, parente ou afim em linha recta ascendente até ao 3º grau, ou em linha colateral, maior até ao 3º grau, adoptante, tutor ou pessoa a quem o requerente esteja confiado por decisão judicial ou administrativa de entidades ou serviços legalmente competentes para o efeito.

Agricultores (agricultura) – pessoas que exercem actividade profissional ligada à terra (V. Actividade agrícola)

Agrupamento de empresas (V. Empresa única)

Ajudantes familiares – pessoas que, em articulação com instituição de suporte, prestam serviços domésticos imprescindíveis à normalidade da vida da família nos casos em que os mesmos serviços não possam ser prestados pelos seus

membros. (V. Serviço de apoio domiciliário)
Enquadram-se no regime de segurança social dos trabalhadores independentes.

Álea (do latim *alea, ae*) – risco, incerteza.

Aleatoriedade – incerteza (*incertus an, incertus quando* ou *incertus quantum*) das prestações do segurador (instituição) – a sua atribuição depende da verificação de um facto futuro, incerto e involuntário.

Alienação de créditos ou **cedência de créditos** – transmissão de créditos e das garantias do direito transmitido pelo credor a um terceiro. (V. Titularização)

Alimentos – tudo o que é indispensável ao sustento, habitação e vestuário (V. Dever de alimentos).

Alta – cessação da situação de doença. Pode ser:
- por caducidade ou automática – no último dia de período de certificação não prorrogado;
- antecipada – apresentação ao trabalho do beneficiário (deve ser comunicado à segurança social);
- administrativa – determinada pelos serviços por razões burocráticas ou regulamentares;
- clínica – por decisão do médico.

Amas – pessoas que, por conta própria e mediante retribuição, cuidam de uma ou mais crianças que não sejam suas parentes ou afins na linha recta ou no 2º grau da linha colateral por um período de tempo correspondente ao trabalho ou impedimento dos pais.
Enquadram-se no regime de segurança social dos trabalhadores independentes.

Âmbito funcional – conjunto de objectivos próprios de um sistema de protecção social.
Para o SESPROS (Sistema europeu de estatísticas integradas de protecção social):
1. Saúde (doença, invalidez e acidentes de trabalho e doenças profissionais), 2. Velhice, 3. Sobrevivência, 4. Maternidade e Família, 5. Emprego (Colocação orientação, mobilidade e desemprego), 6. Habitação.
Para Guy Pérrin:
1. Funções constitutivas:
- garantir cuidados médicos e proteger e promover a saúde;
- garantir um rendimento social de substituição total ou parcial temporária ou definitiva dos rendimentos do trabalho nas eventualidades previstas na lei;
- garantir um rendimento social de compensação por encargos familiares;
- garantir um rendimento social mínimo para as pessoas que não tenham condições para obter um rendimento profissional ou que não dispõem de um rendimento social de substituição.
2. Funções iterativas:
- serviços sociais (acção social, prevenção, reabilitação, adaptação);
- formação e reconversão profissional;
- investigação social.

GLOSSÁRIO

Âmbito geográfico – espaço territorial (por contraposição a outros critérios – empresa, conjunto de empresas ou ramos de actividade) por que a competência das instituições era delimitada.

Âmbito material – conjunto de eventualidades (V.) próprias de um sistema de protecção social (V. Esquema de prestações).
Na concepção analítica clássica da Convenção nº 102 da OIT (9 ramos): doença (acção médico-social), doença (indemnização), desemprego, velhice, acidentes de trabalho e doenças profissionais, maternidade, invalidez, morte e encargos familiares.

Âmbito pessoal – conjunto de pessoas protegidas por um determinado regime ou sistema de protecção social.

Animais de espécie pecuária – qualquer especimen vivo – bovino, suíno, ovino, caprino, equídeo, ave, leporídeo (coelhos e lebres) ou outra espécie que seja explorada com destino à sua reprodução ou produção de carne, leite, ovos, lã, seda, pêlo, pele ou repovoamento cinegético, como a produção pecuária de animais destinados a animais de companhia, de trabalho ou a actividades culturais ou desportivas. (V. Actividade pecuária)

Ano civil – período compreendido entre 1 de Janeiro e 31 de Dezembro de cada ano.

Ano escolar – período compreendido entre 1 de Setembro de cada ano e 31 de Agosto do ano seguinte.

No âmbito da atribuição das prestações (familiares, sobrevivência ...) compreende o ano lectivo e o período de férias subsequente.

Ano gordo – expressão utilizada quando nos prazos referidos em anos com densidade contributiva (V.) esta está verificada. (V. "Ano magro")

Ano lectivo – período compreendido entre o início e o termo das actividades lectivas (vg. para subsídio de educação especial: 11 meses).

Ano magro – expressão utilizada por contraposição a "ano gordo" (V.) para designar os anos em que a densidade contributiva (V.) não está verificada.

Antecipação da idade normal de acesso à pensão de velhice – instituto legal pelo qual se fixa a idade, anterior à idade legal de reforma (por velhice) por razões de desgaste físico, de desadequação tecnológica ou de desajustamento do mercado de trabalho, a partir da qual o beneficiário pode exercer o seu direito à pensão de velhice (Vg. desempregados, pré-reformados, grupos especiais de beneficiários...). (V. Pensão antecipada por desemprego de longa duração e Pensão antecipada no regime de flexibilização)

Antecipação voluntária do enquadramento obrigatório (independentes) – situação que o interessado pode fazer ocorrer nos 12 primeiros meses de actividade como independente ainda não enquadrado.

GLOSSÁRIO

Antigos combatentes – grupo de beneficiários com prestações próprias decorrentes da situação de serviço militar em condições especiais de dificuldade ou perigo.

Anti-selecção (ou selecção contra o segurador) – atitude do segurado que consiste em este seleccionar os riscos que lhe são mais favoráveis e portanto menos favoráveis ao segurador.

Apadrinhamento civil – relação jurídica, tendencialmente de carácter permanente, entre uma criança ou jovem e uma pessoa singular ou uma família que exerça os poderes e deveres próprios dos pais e que com ele estabeleçam vínculos afectivos que permitam o seu bem-estar e desenvolvimento, constituída por homologação ou decisão judicial e sujeita a registo civil. (L 103/2009, 11/09)

Apátrida – a pessoa que nenhum Estado considera como seu nacional por efeito da lei (art. 1º da Convenção relativa ao Estatuto dos Apátridas, adoptada em Nova Iorque, em 28/09/1954. (RAR 107/2012, 7/08)
Pessoas sem vínculo de nacionalidade a Estado algum ("sem país de nacionalidade") apenas com vínculo de residência a um Estado.

Apicultores (apicultura) – pessoas cuja actividade profissional é a produção de mel (V. Actividades agrícolas e equiparadas)

Apoio judiciário (V. Acesso ao Direito e aos tribunais)

Apoio ocupacional (V. Actividades ocupacionais a deficientes)

Aposentação – situação de cessação de funções com atribuição de pensão de invalidez ou velhice pela Caixa Geral de Aposentações (V.), no âmbito do então regime de protecção social da função pública, agora designado regime de protecção social convergente (RPSC) (V.). Pode ser voluntária (requerida pelo subscritor) ou obrigatória (nas outras situações: por limite de idade...). (V. Estatuto da – e Pensão de –)

Aposentados – titulares do direito a uma pensão atribuída pela Caixa Geral de Aposentações (V.).

Aproximação (de legislações) – movimento dos direitos nacionais no sentido de sua recíproca compatibilização (V. Coordenação, Harmonização das legislações e Convergência das políticas).

Aquacultura ou **aquicultura** (aquacultores ou aquicultores) – produção de organismos aquáticos, como a criação de peixes, moluscos, crustáceos, anfíbios, répteis e o cultivo de plantas aquáticas para uso do homem.

Armador – detentor do título que confere o direito de exploração de uma embarcação de pesca licenciada para o exercício da actividade.

Artesãos – trabalhadores que exercem uma actividade artesanal (V.), dominando o conjunto de saberes e técnicas a ele inerentes, ao qual se exige um apurado sentido estético e perícia manual. (DL 41/2001, 9/02)

Artistas (V. Trabalhadores de artes do espectáculo e do audiovisual)

Ascendentes – parentes em linha recta ascendente (pais, avós, bisavós...) (V. Grau de parentesco)

Assembleia geral – órgão (V.) (estatutário) deliberativo de uma pessoa colectiva constituída pelos seus associados (nas associações) ou sócios (nas sociedades).

Assimilação de períodos contributivos (V. Equivalência à entrada de contribuições)

Assistência na doença aos trabalhadores que exercem funções públicas (ADSE) – seguro social facultativo dos trabalhadores que exercem funções públicas constituindo um subsistema de saúde (DL 118/83, 26/05, versão do DL 234/2005, 30/12).

Assistência a familiares – situação de que decorre a concessão de subsídios para assistência:
– a deficientes profundos e doentes crónicos;
– na doença a descendentes menores ou deficientes.

Assistência médica e medicamentosa – serviços que visam a realização da protecção na doença: medicina geral ou especializada, internamento hospitalar, serviços de enfermagem e fornecimento de medicamentos. (V. Cuidados de saúde)

Assistência de terceira pessoa – situação que determina a atribuição de uma prestação familiar (V.) de valor fixado legalmente e atribuída em função da dependência (V.) das pessoas. Para as pensões ver: Complemento por dependência.

Associações – pessoas colectivas privadas (V.) sem interesse económico e sem fins lucrativos. (V. Instituições).

Associações mutualistas – instituição particular de solidariedade social de natureza associativa (V.) que tem como objecto a prestação de formas de socorro mútuo (V.).

Associações públicas – pessoas colectivas públicas (V.) da administração indirecta do Estado de natureza associativa. Podem ser constituídas por associações:
– de entidades públicas (vg: associação de municípios);
– públicas de entidades privadas (ordens profissionais);
– mistas (vg: cooperativas de interesse público).

Associações de socorros mútuos (V. Associações mutualistas)

Associados (contraposto a sócios)
– membros de uma associação;
– pessoas colectivas que contribuem para um fundo de pensões (V.) e cujo plano de pensões (V.) é realizado ou complementado por este.

Atribuição de prestações – acto administrativo de reconhecimento do direito a determinada prestação, praticado pela instituição competente.

Atribuições – fins ou interesses que a lei incumbe as pessoas colectivas de prosseguir. (Freitas do Amaral) (V. Competência)

Audiência prévia – no âmbito do procedimento administrativo decisório de 1º grau, constitui o direito de o interessado ser ouvido no procedimento antes de ser tomada a decisão final do órgão administrativo competente. (art. 121º e segs do CPA)

Ausente (drtº civil) – pessoa desaparecida sem que dele se saiba parte (CC arts 89º e sgs).

Autarcas (V. Eleitos locais)

Autarquias locais – pessoas colectivas públicas – administração local autárquica directa – que garantem a satisfação das necessidades públicas de âmbito local. Têm expressão especial a intervenção na rede social (V.). (V. Núcleos locais de inserção (NLI) e Conselhos locais de acção social)

Auto de infracção – há lugar ao levantamento do auto de infracção quando seja verificada por qualquer técnico no exercício das suas funções infracção correspondente a contra-ordenação da segurança social.
Consideram-se provados os factos materiais constantes do auto levantado enquanto a autenticidade do documento ou a veracidade do seu conteúdo não forem fundadamente postas em causa.

Auto de notícia – há lugar ao levantamento do auto de notícia quando, no exercício das suas funções, o inspector da segurança social verificar ou comprovar, pessoal e directamente, ainda que por forma não imediata, qualquer infracção a normas sujeitas à fiscalização da respectiva autoridade administrativa sancionada com coima.
Consideram-se provados os factos materiais constantes do auto de notícia enquanto a autenticidade do documento ou a veracidade do seu conteúdo não forem fundadamente postas em causa.

Autoliquidação – conjunto de actos praticados pelo próprio contribuinte para determinação dos tributos (V.) parafiscais, sua declaração e seu pagamento pontual na instituição credora (V. Liquidação).

Autoridade competente (Drtº Comunitário – Estados do EEE e Suíça) – ministro, ministros ou outra autoridade competente de que dependem os regimes de segurança social.

Autorização única – título de residência emitido pelas autoridades de um Estado-membro que permite a um nacional de um país terceiro residir legalmente no seu território para efeitos de trabalho.

Avaliação do risco – avaliação do posto de trabalho e das condições concretas do exercício de actividade de um dado trabalhador, com identificação, caracterização e quantificação de eventuais factores causais (acidentes de trabalho e doenças profissionais).

Avicultores (avicultura) – produtores de aves (V. Actividades agrícolas ou equiparadas).

Baixa
- situação de doença verificada por médico do sistema nacional de saúde que, nos termos da lei, confere direito a subsídio de doença;
- certificado de incapacidade temporária para o trabalho (CIT);
- período de impedimento para o trabalho que decorre desde o início da baixa até à alta.

Bancários (V. Trabalhadores do sector bancário)

Base de cálculo – valor médio das remunerações registadas em nome do beneficiário apurado nos termos da lei, com base no qual se procede ao cálculo das prestações.

Base de incidência contributiva – remuneração ilíquida devida em função do exercício da actividade profissional ou decorrente da cessação do contrato de trabalho.

Podem ser fixadas bases de incidência convencionais ou limites mínimos ou máximos. Estas são fixadas por referência ao valor do indexante dos apoios sociais (IAS), a sua actualização produz efeitos a partir do 1º dia do mês seguinte ao da publicação do diploma que concretize a actualização do IAS.

Para efeitos de delimitação da base de incidência contributiva consideram-se remunerações as prestações pecuniárias ou em espécie que nos termos do contrato de trabalho, das normas que o regem ou dos usos são devidas pelas entidades empregadoras aos trabalhadores como contrapartida do seu trabalho.

Beneficiários
- destinatários de benefícios. Designação atribuída aos trabalhadores na relação jurídica de seguro social (V. Sujeito protegido);
- pessoas singulares com direito às prestações pecuniárias estabelecidas num plano de pensões sejam ou não participantes (V.).

Beneficiários líquidos – diz-se quando numa relação financeira a contribuição paga é inferior às vantagens recebidas. (V. *Free riders* e Contribuintes líquidos)

Benefício definido (plano de) (V. Contribuição definida; Planos de pensões)

Benefícios (V. Prestações)

Benefícios fiscais – a protecção social fornecida sob a forma de reduções de impostos (prestações indirectas) que seriam definidas como prestações (directas) de protecção social se fossem concedidas em dinheiro. Excluem-se as reduções de impostos que promovam a prestação de protecção social ou que promovam planos de seguro privados.

Benefícios líquidos – diferença entre o custo da prestação e o valor da comparticipação familiar (V.).

Benefícios regulamentares – por oposição a acções de assistência (V.) prestações previstas nos regulamentos aplicáveis.

Beveridge, Sir William Henry (1879-1963) – economista e sociólogo inglês, autor do *"Report of the Inter-departamental Comitee on Social Insurance and Allied Services"* de 1 de Dezembro de 1942, apresentado ao Parlamento Britânico, com o seu nome, onde, depois de denunciar o escândalo da indigência nas sociedades modernas fixou à segurança social o objectivo de abolir o estado de necessidade assegurando a todo o cidadão um rendimento suficiente em cada momento para satisfazer os seus encargos.
Aparece como o pai espiritual do movimento contemporâneo para a segurança social.
Completou o citado relatório com *"Full employment in a free society"* (1944).

Beveridgiano – relativo ao sistema de segurança social proposto por Beveridge, sistema anglo-saxónico de natureza distributiva. (V. Seguro social beveridgiano)

Bismarck, Otto von (1815-1898) – chanceler do império alemão, criador dos primeiros seguros sociais na Alemanha nos finais do séc. XIX (1883). Iniciador do Estado-Providência.

Bismarckiano – relativo ao sistema de seguro social instituído por Bismarck, de natureza comutativa. Característica principal: dupla proporcionalidade remuneração/contribuição e remuneração/prestação.

Boleias sociais (V. *Free riders*)

Bolsas de estudo – todos os apoios públicos ou privados de natureza pecuniária cujo objectivo seja combater o abandono escolar, melhorar a qualificação dos jovens em idade escolar e compensar os encargos acrescidos com a frequência escolar.

Bolsas de formação – todos os apoios públicos resultantes da frequência de acções de formação profissional, com excepção dos subsídios de alimentação, de transporte e de alojamento.

Bombeiros – indivíduo que, integrado de forma profissional ou voluntária num corpo de bombeiros, tem por actividade cumprir as missões deste, nomeadamente, a protecção de vidas humanas e bens em perigo, mediante a prevenção e extinção de incêndios, o socorro de feridos, doentes ou náufragos, e a

prestação de outros serviços previstos nos regulamentos internos e demais legislação aplicável:
– em regime profissionalizado (bombeiros profissionais – municipais e sapadores) enquadrado pelo regime do pessoal da Administração Local (DL 106/2002, 13/04);
– em regime de voluntariado, com outra actividade profissional: enquadrado pela actividade principal e bonificação de 15% na carreira contributiva mediante o pagamento adicional de 4% sobre o IAS relativamente ao tempo a considerar;
– em regime de voluntariado: seguro social voluntário com especificidades.
Sendo:
corpo de bombeiros – a unidade operacional, oficialmente homologada e tecnicamente organizada, preparada e equipada para o cabal exercício das missões previstas na lei; e
entidade detentora de corpo de bombeiros – a entidade pública ou privada, designadamente o município ou a associação humanitária de bombeiros que cria, detém ou mantém um corpo de bombeiros.

Bonificação contributiva – redução do valor da contribuição ou da taxa contributiva ou isenção de pagamento de contribuições por determinado período de tempo, aplicável em regra às entidades empregadoras como incentivo de vária ordem (vg: incentivos ao emprego).

Bonificação por deficiência – prestação familiar que acresce no agregado por deficiência do descendente. (Até Out de 2003: abono complementar. V.)

Bonificação de prestações (V. Bonificação por deficiência e Pensão bonificada)

Bonificação do tempo de serviço (com efeitos na taxa de formação de pensão) – contagem qualificada de determinados períodos de actividade podendo ser:
– gratuita (não exigido o pagamento de contribuições adicionais) – mineiros, portuários, acordos internacionais da RAA, prisioneiros de guerra;
– onerosa (com pagamento de contribuições adicionais) – bombeiros.

Bordadeiras de casa – grupo de profissionais que nas regiões autónomas têm um regime próprio de segurança social.

Burla tributária – tipo criminal caracterizado pela prática de falsas declarações ou viciação de documento fiscalmente relevante ou outros meios fraudulentos que determinem a administração da segurança social a efectuar atribuições patrimoniais das quais resulte enriquecimento do agente ou de terceiro. Pena: prisão até três anos ou multa até 360 dias.

Caducidade – extinção ou limitação de um direito:
– pelo seu não exercício (não manifestação de vontade indispensável à sua constituição) nos prazos legalmente estabelecidos. (Vg: prestações sociais por falta de requerimento);

– como consequência que a lei atribua à prática de determinado acto (vg: caducidade do contrato de trabalho no acto de atribuição de uma pensão de invalidez ou velhice).

Caixa – expressão vulgar com que se pretende designar genericamente tudo o que respeite directa ou indirectamente à previdência social e à saúde, quer às instalações (ir à "caixa"...), quer à instituição (estar inscrito na "caixa"...), e até mesmo à assistência médica (o médico da "caixa" ...) ou medicamentosa (a "caixa" deve às farmácias ...).

Caixa Geral de Aposentações, IP (CGA) – instituto público que tem por escopo a gestão do regime de protecção social convergente (ex-regime de segurança social do funcionalismo) em matéria de pensões (invalidez, velhice e sobrevivência).
Teve natureza de instituição de previdência social do funcionalismo no âmbito da L 2115, 18/06/62, embora criada ao abrigo de diploma especial.
Integra o ex-Montepio dos Servidores do Estado.
Para o subsídio por morte ver Cofre de Previdência dos Funcionários e Agentes do Estado.

Caixa Nacional de Previdência – agora Caixa Geral de Aposentações (V.). Instituída pelo Dec 16665, de 27/03/1929, era composta pelo conjunto da Caixa Geral de Aposentações e do Montepio dos Servidores do Estado até 1993 (DL 277/93, 10/08).

Caixa postal electrónica (V. Administração electrónica)

Caixa de Previdência dos Advogados e Solicitadores (V. Advogados e solicitadores)

Caixas económicas – instituições de crédito anexas às associações mutualistas, previstas no art. 3º b) do DL 298/92, 31/12, e reguladas no DL 190/2015, 10/09.

Caixeiros – representantes comerciais não autónomos sujeitos às disposições do Cód. Comercial enquanto mandatários (sem poderes de administração ou de representação orgânica) e à legislação relativa ao contrato de trabalho, enquanto participantes de uma relação de trabalho que os liga ao respectivo proponente (entidade empregadora).
Enquadram-se como trabalhadores por conta de outrem.

Caixeiros-viajantes (V. Agente comercial)

Campo de aplicação material (V. Âmbito material)

Campo de aplicação pessoal (V. Âmbito pessoal)

Capacidade (Direito Civil) (V. Incapacidade – Direito Civil)
– de gozo – titularidade de direitos;
– de exercício – poder de exercício de direitos.

GLOSSÁRIO

Capacidade geral de ganho (redução sofrida na –) – (perda de) conjunto de atributos de natureza física, mental e funcional que tornam o trabalhador apto para exercer uma profissão adequada às suas qualificações (acidentes de trabalho e doenças profissionais).

Capacidade remanescente ou residual (invalidez) – capacidade de que o trabalhador ainda dispõe para o exercício de determinada profissão, após uma situação invalidante.

Capacidade para o trabalho – complexo de meios intelectuais, volitivos e físicos que permitem utilizar proveitosamente a própria eficiência física no desenvolvimento de uma actividade laboral, isto é, a concorrência de integridade psicossomática e da aptidão para empregá-la em determinada actividade intelectual. (V. Incapacidade laboral).
Aptidão para ocupar um posto de trabalho (desemprego).

Capacidade tributária – Salvo disposição legal em contrário, tem capacidade tributária quem tiver personalidade tributária (V.).
Os actos em matéria tributária praticados pelo representante em nome do representado produzem efeitos na esfera jurídica deste, nos limites dos poderes de representação que lhe forem conferidos por lei ou por mandato.
Os direitos e os deveres dos incapazes e das entidades sem personalidade jurídica são exercidos, respectivamente, pelos seus representantes, designados de acordo com a lei civil, e pelas pessoas que administrem os respectivos interesses.
O cumprimento dos deveres tributários pelos incapazes não invalida o respectivo acto, sem prejuízo do direito de reclamação, recurso ou impugnação do representante.
Qualquer dos cônjuges pode praticar todos os actos relativos à situação tributária do agregado familiar e ainda os relativos aos bens ou interesses de outro cônjuge, desde que este os conheça e não se lhes tenha expressamente oposto. O conhecimento e a ausência de oposição expressa presumem-se, até prova em contrário.

Capitação (do rendimento do agregado familiar) – valor que resulta da divisão das receitas ilíquidas do agregado familiar pelo número de elementos do mesmo agregado com a ponderação de acordo com a escala de equivalência legal – requerente: 1; por cada indivíduo maior: 0,7; por cada indivíduo menor: 0,5 (art. 5º do DL 70/2010, 16/06) (V. Rendimento *per capita*)

Capitalização (real) (de contribuição definida) – técnica de gestão financeira da segurança social que se traduz na formação de um capital resultante da acumulação das contribuições recebidas durante determinados períodos acrescidos por juros compostos para satisfação de encargos futuros.
Desvantagens:
– dificuldades de administração dos vultuosíssimos capitais acumulados;

– quebra do valor real do dinheiro – depreciação monetária.

Formas:
- capitalização individual – sempre que as contribuições são inscritas numa conta individual por cada segurado, determinando-se em face dela o montante da respectiva pensão;
- capitalização colectiva – as contribuições reportam-se em conjunto a cada geração de segurados.

Capitalização virtual, fictícia ou nocional – regime de repartição de contribuição definida para financiar as pensões lançando numa conta individual as contribuições sociais de cada beneficiário sendo atribuído um rendimento de valorização das contribuições acumuladas (capitalização hipotética que não é de mercado) a uma taxa fixada pelo Estado. O montante dos benefícios resulta da conversão em renda vitalícia (segundo a esperança de vida projectada para o beneficiário) do capital virtualmente acumulado até à data da passagem à reforma. (Ribeiro Mendes)

Carência
- insuficiência de bens para satisfação das necessidades;
- nos seguros: prazos de garantia e de espera.

Carreira contributiva – os períodos de tempo correspondentes quer à entrada de contribuições ou situação legalmente equiparada quer à equivalência à entrada de contribuições. (L 4/2009, 29/01); ou

– período total de registo de remunerações efectivamente declaradas ou lançadas por equivalência e respectivos períodos contributivos (V. Equivalência à entrada de contribuições).

Releva para determinação das condições de acesso às prestações (prazo de garantia...) e, nalgumas prestações (pensões...), também para cálculo das prestações (taxa de formação de pensão) e do período de atribuição (subsídio de desemprego).

Carta Comunitária dos Direitos Sociais Fundamentais dos Trabalhadores – declaração aprovada pelo Conselho Europeu em Estrasburgo, em 9/12/1989, com âmbito material idêntico ao da Carta Social Europeia (V.). O ponto 10 é relativo à protecção social.

Carta dos Direitos Fundamentais da União Europeia (2000) – declaração comunitária dispondo sobre direitos fundamentais reconhecida no nº 1 do art. 6º do TUE.

Carta Social de 1989 (V. Carta Comunitária dos Direitos Sociais Fundamentais dos Trabalhadores)

Carta Social Europeia – convenção internacional adoptada pelo Conselho da Europa (Turim, 18/08/1961). Os arts 11º a 17º são relativos à segurança social. Tem protocolo adicional (Estrasburgo, 5/05/1988). (V. Carta Social Europeia Revista)

Carta Social Europeia Revista (1996) – convenção internacional adoptada pelo

Conselho da Europa que reformula actualizando a Carta Social Europeia (V.).

Cartão de cidadão – documento autêntico que contém os dados de cada cidadão relevantes para a sua identificação e inclui o número de identificação civil, o número de identificação fiscal, o número de utente dos serviços de saúde e o número de identificação da segurança social. (L 7/2007, 5/02)

Cartão de empresa e cartão de pessoa colectiva – documento de identificação de pessoas colectivas e entidades equiparadas que vem substituir o cartão de identificação de pessoas colectivas e o cartão de identificação fiscal das mesmas (DL 247-B/2008, 30/12).

Cartão europeu de seguro de doença (CESD) – documento que, no âmbito comunitário, garante a prestação de cuidados de saúde (médicos e medicamentosos) fora do Estado competente (V.).

Cartão de identificação da segurança social – cartões transitoriamente válidos que continuam a produzir os seus efeitos, nos termos previstos nos diplomas legais que regulam a sua emissão e utilização, enquanto não tiver sido entregue cartão de cidadão aos respectivos titulares.

Casas dos pescadores – instituições de previdência social (V.) de inscrição obrigatória dos pescadores transformadas, depois, em delegações da Caixa de Previdência e Abono de Família dos Profissionais da Pesca. Esta caixa foi, entretanto, integrada na estrutura geral da segurança social.

Casas do povo
– instituídas pelo DL 23 051, 23/09/1933, integradas na organização corporativa, como instituições de previdência social (V.) de inscrição obrigatória dos trabalhadores por conta de outrem na agricultura;
– actualmente são associações com fins culturais e recreativos. Podem celebrar acordos de gestão com as instituições de segurança social. (DL 4/82, 11/01)

Cedência de prestações (V. Intransmissibilidade das prestações)

Centralizador – referência a entidade empregadora que, por acordo (aliás sem cobertura legal) com a segurança social, adianta as prestações sociais aos seus trabalhadores recebendo-as posteriormente da segurança social quando seriam pagas aos beneficiários.

Centro Nacional de Pensões (CNP) – serviço do ISS, IP (V.) de âmbito nacional (continente) gestor das prestações diferidas.

Centro Nacional de Protecção contra os Riscos Profissionais (CNPRP) – era um serviço do ISS, IP (V.) de âmbito nacional (continente) que visava a prevenção, reparação e reabilitação das doenças profissionais dos trabalhadores que delas fossem vítimas, entretanto integrado na estrutura geral do ISS.

Centros distritais do Instituto da Segurança Social, IP – serviços desconcentrados do ISS, IP (V.) de âmbito distrital, gestores dos regimes e prestações de segurança social e de acção social.

Centros de emprego – estruturas locais do Instituto de Emprego e da Formação Profissional (V.).

Centros de emprego protegido – estrutura produtiva dos sectores primário, secundário ou terciário com personalidade jurídica própria ou a estrutura de pessoa colectiva de direito público ou privado, dotada de autonomia administrativa e financeira, que visa proporcionar às pessoas com deficiências e incapacidades e capacidade de trabalho reduzida o exercício de uma actividade profissional e o desenvolvimento de competências pessoais, sociais e profissionais necessárias à sua integração, sempre que possível, em regime normal de trabalho. (DL 290/2009, 12/ 10).

Centros de formalidades de empresas (CFE) – serviços de atendimento e de prestação de informações aos utentes no sentido de facilitar os processos de constituição, alteração ou extinção de empresas e actos afins. Junto de cada CFE funciona uma extensão da segurança social (DL 78-A/98, 31/03).

Consistem na instalação física num único local de delegações ou extensões dos Serviços ou Organismos da Administração Pública que mais directamente intervêm nos processos referidos.

Estão presentes em Lisboa, Porto, Coimbra, Setúbal, Aveiro, Braga, Viseu, Leiria, Covilhã, Loulé e Funchal.

CERCI – Cooperativas de educação e reabilitação de crianças inadaptadas (V.).

Certidão – reprodução autenticada, passada por ordem ou despacho de autoridade procedimental com competência própria ou delegação ordinária para o efeito, de documentos autênticos ou particulares constantes de processos procedimentais (Ac. STA, 17/06/97).

Vg: Certidão de dívida de contribuições com base nas declarações de remunerações, apuramentos oficiosos ou sentenças judiciais (em processo executivo para cobrança de contribuições). (V. Certificado)

Certidão de dívida (à segurança social) – título executivo emitido pelas instituições de segurança social, relativo às dívidas à segurança social (V.), com base nas quais as secções de processo executivo, como órgãos de execução, procedem à instauração e instrução do processo de execução.

As certidões devem indicar o órgão de execução ou a instituição que as tiverem extraído, com a assinatura devidamente autenticada, data em que foram passadas, nome e domicílio do devedor, proveniência da dívida e indicação, por extenso, do seu montante, da data a partir da qual são devidos juros de mora e da importância sobre que incidem, com discriminação dos valores retidos na fonte, se for o caso. Deve ser junto o extracto da conta-corrente, quando for caso disso. (V. Títulos executivos) (V. Declaração de situação contributiva)

Certificação de incapacidade (V. Certificado de incapacidade temporária para o trabalho – CIT)

Certificação de incapacidade por doença profissional – diagnóstico da doença, caracterização como profissional e graduação da incapacidade, com base em pareceres técnicos por decisão do ISS, IP.

Certificado – documento autêntico pelo qual uma autoridade ou oficial público competente atesta a verificação de um ou mais factos por ele praticados ou de que tem percepção directa (Ac. STA 17 JUN 97). (V. Certidão)

Certificado de incapacidade temporária para o trabalho (CIT) – atestado médico autenticado pela aposição das vinhetas do médico e do estabelecimento de saúde e comunicado por via electrónica aos serviços de segurança social pelos serviços competentes do Serviço Nacional de Saúde.

Certificado provisório de substituição (CPS) – documento que substitui provisoriamente o Cartão Europeu de Seguro de Doença (CESD) (V.) no âmbito da coordenação de sistemas de segurança social.

Certificados de reforma (V. Fundo de certificados de reforma)

CESD – Cartão europeu de seguro de doença (V.)

Cessação do direito (às prestações) – situações previstas na lei que determinam a cessação do direito às prestações (vg. exercício de actividade profissional durante o período de impedimento por doença ou não justificação de ausência do domicílio ou falta a exame médico de controle).

Cessão de dívida à segurança social (V. Alienação de créditos e transmissão de dívida).

Cessão de prestações – susceptibilidade de as prestações serem transmitidas a terceiros. A regra na segurança social é a da não cessão. (V. Intransmissibilidade das prestações)

CGA – Caixa Geral de Aposentações (V.).

Cidadania (V. Direitos de cidadania)

Cidadão – pessoa com vínculo de nacionalidade a um Estado determinado ([1] apátrida (V.).

Cidadão da União – qualquer pessoa que tenha a nacionalidade de um Estado-membro da União Europeia. (art. 2º, a) da L 37/2006, 9/08)

CIT – Certificado de incapacidade temporária para o trabalho (V.).

Citação – acto destinado a dar conhecimento, pela primeira vez, a uma pessoa interessada de que foi proposta contra ela uma determinada acção.
Para a citação electrónica ver Port 331-A/2009, 30/03. (V. Notificação)

Clero (V. Membros de igrejas, associações e confissões religiosas)

CNP – Centro Nacional de Pensões (V.).

Cobertura actuarial (capitalização) – suficiência de provisões técnicas (reservas matemáticas) para o cumprimento dos compromissos com prestações (diferidas).

Cobrança coerciva (^{1} pagamento voluntário V.) – actos integrados em processo de execução para cobrança de dívidas à segurança social (V.).

Código Europeu de Segurança Social e Protocolo – convenção internacional elaborada no seio do Conselho da Europa (Estrasburgo, 16/04/1964) (instrumento normativo). Corresponde no quadro europeu à Convenção nº 102 da OIT (V.).

Coeficientes de revalorização (antes coeficientes de actualização) – valores constantes de tabela própria (elaborada com base no índice de preços ao consumidor sem habitação) com o objectivo de actualizar as remunerações declaradas (valores nominais) aproximando-as dos valores reais. (V. Revalorização da base de cálculo)

São utilizados designadamente para:
– determinação da remuneração de referência nas pensões de invalidez e velhice (DL 187/2007 ART27 N1 e 2);
– restituição de contribuições (CRC ART269 N2).

Coesão social – solidariedade estabelecida (convencionada ou imposta) entre pessoas ou Estados no sentido de fazer face aos desequilíbrios de rendimento verificado entre eles.

Cofre de Previdência dos Funcionários e Agentes do Estado (ex-Cofre de Previdência do Ministério das Finanças) – instituição de previdência social criada ao abrigo de diploma especial, gestora dos subsídios por morte dos funcionários e agentes do Estado.

Coimas – penas pecuniárias aplicadas pela autoridade administrativa pela prática de actos que a lei qualifica de contra-ordenações (V.) (V. Multas)

Colaboração administrativa – em matéria de coordenação de regimes de segurança social, significa que as instituições intervenientes devem estabelecer entre si as relações necessárias e mais expeditas para a boa gestão da situação em causa.

Comerciantes – quem exerce (com capacidade de exercício) profissionalmente (desempenho normal e regular de uma ou mais actividades) o comércio (circulação intermediária – intermediação jurídica entre a produção de bens ou mercadorias e o consumo – de bens ou mercadorias).

Enquadram-se na segurança social como trabalhadores independentes (V.).

Comércio (V. Actividade comercial)

Comissão Administrativa para a Coordenação dos Sistemas de Segurança Social – organismo especializado da Comissão Europeia composto por representantes governamentais de cada Estado-membro sendo das suas atribuições zelar pela boa aplicação dos regulamentos comunitários de segurança social [arts 71º e 72º do Regulamento (CE) 883/2004 do Parlamento e do Conselho de 29/04/2004].

Comissão Nacional de Promoção dos Direitos e Protecção das Crianças e Jovens – estrutura de acompanhamento e avaliação das comissões de protecção de crianças e jovens que funciona junto do membro do Governo responsável pela área da segurança social (V.) (V. Protecção de crianças e jovens).

Comissão Nacional de Revisão da Lista de Doenças Profissionais – Compete-lhe (D Reg 5/2011, 3/05):
– proceder ao exame permanente e propor a actualização da lista das doenças profissionais;
– pronunciar-se sobre se uma lesão corporal, perturbação funcional ou doença não incluída na lista de doenças profissionais é indemnizável perante a prova de não ser consequência, necessária e directa, da actividade exercida e não represente normal desgaste do organismo;
– dar parecer sobre quaisquer outras questões relativas a doenças profissionais sujeitas à sua apreciação.

Comissão Permanente para a Revisão e Actualização da Tabela Nacional de Incapacidades – Compete-lhe (Port 1036/2011, 23/08):
– promover acções de revisão e actualização da tabela;
– elaborar estudos e dar parecer sobre as dúvidas suscitadas quanto à interpretação e aplicação da tabela;
– contribuir para a sua divulgação e proceder à recolha de dados e de elementos das entidades encarregadas da aplicação da tabela.

Comissões especiais – constituídas para realizar qualquer plano de socorro ou beneficência, ou promover a execução de obras públicas, monumentos, festivais, exposições, festejos e actos semelhantes, que não peçam o reconhecimento de personalidade da associação ou não a obtiverem. Ficam sujeitas, na falta de lei em contrário, às disposições dos arts 199º a 201º A do Código Civil.

Comissões de reavaliação – meio técnico de verificação complementar (intervenção posterior à das comissões de verificação) da subsistência de incapacidade temporária no âmbito do processo de verificação de incapacidade temporária (V. Sistema de Verificação de Incapacidades – SVI).

Comissões de recurso – meio técnico de verificação complementar (verificação posterior à das comissões de verificação das incapacidades) das condições de incapacidade permanente no âmbito do processo de verificação de incapacidade permanente. (V. Sistema de Verificação de Incapacidades – SVI)

Comissões sociais de freguesia (CSF) – compostas ao nível de freguesia pelo presidente da junta, representantes de instituições particulares e organizações implantadas na área, no âmbito da rede social (V.).

Comissões de verificação de incapacidades
1) meio técnico de verificação da subsistência de incapacidade temporária – 1ª intervenção do sistema decorrente da declaração de incapacidade temporária (nos processos de verificação de incapacidade temporária)) (V. Sistema de verificação de incapacidades – SVI);
2) meio técnico de verificação da incapacidade permanente (nos processo de verificação de incapacidade permanente) (V. Sistema de verificação de incapacidades – SVI).

Comité Consultivo para a Coordenação dos Sistemas de Segurança Social (Drtº Comunitário) – constituído por representantes das organizações sindicais e das associações de entidades empregadoras no âmbito dos regulamentos comunitários de segurança social.

Comparticipação
1) familiar – valores pagos pelas famílias ou utentes pela utilização de serviços ou estabelecimentos que representa uma parte do custo de funcionamento dos serviços ou estabelecimentos em causa. É determinado em função do rendimento do agregado familiar (vg: subsídio de educação especial);
2) apoio concedido pelo Estado às entidades (IPSS, por exemplo) que prosseguem fins de apoio social para cobertura de custos de instalação e funcionamento dos respectivos equipamentos.

Compensação – extinção de duas dívidas recíprocas, isto é, quando duas pessoas sejam reciprocamente credor e devedor e qualquer delas se livra da sua obrigação por meio de compensação com a obrigação do seu credor.

Compensação de créditos – extinção de dívida à segurança social quando o contribuinte simultaneamente credor e devedor invoca a compensação.

Compensação financeira – operação que consiste em garantir o equilíbrio financeiro de sistemas ou regimes pelo recurso ao ajustamento recíproco de défices ou superavites.

Compensação retributiva, remuneratória ou **salarial** – prestação que visa minorar os prejuízos remuneratórios para os trabalhadores resultantes das crises económicas que afectam certos sectores de actividade (Vg: *Lay off* V.).

Competência
– dos serviços – conjunto de poderes funcionais que a lei confere para a prossecução das atribuições (V.) das pessoas colectivas (Freitas do Amaral);
– dos tribunais – medida do poder de julgar. Pode ser aferida segundo a matéria, a hierarquia, o valor (alçada) e o território.

Complementaridade – reporta-se ao sistema complementar de protecção (privado) relativamente ao sistema de protecção principal (público). (V. Teoria dos 3 pilares) (V. Princípio da –)

Complemento (de subsídio de doença, de desemprego ou de pensão) – valor atribuído pela entidade empregadora que acresce às prestações públicas complementando-as. Não é passível de contribuições para a segurança social.

Complemento açoriano de abono de família – prestação complementar de abono de família da RA Açores.

Complemento por dependência – prestação atribuída, no quadro das pensões, por dependência (necessidade de assistência de 3ª pessoa). (V. Prestação suplementar para assistência de terceira pessoa)

Complemento extraordinário de solidariedade – prestação integrada na pensão social modulada em função da idade dos destinatários. (DL 208/2001, 27/07)

Complemento de pensão por cônjuge a cargo – prestação pecuniária mensal complementar da pensão, destinada a compensar o agregado familiar em que o cônjuge do pensionista tem rendimentos próprios ou comuns inferiores ao valor do próprio complemento. Só é processado a pensões requeridas até 31 de Dezembro de 1993.

Complemento social – prestação pública não contributiva que, adicionada à pensão regulamentar (V.) visa perfazer o valor da pensão mínima. (V. Melhoria).

Compromissos
1) associações medievais de socorro mútuo (compromissos marítimos, compromissos das irmandades de socorro...);
2) actualmente: estatutos das irmandades das misericórdias.

Comunhão de mesa e habitação – como requisito de acesso às prestações, situação das pessoas que fazem vida em comum.

Comutatividade (V. Princípio comutativo)

Concepturo – o que vai ser concebido. (V. Nascituro em sentido lato)

Concessão provisória de prestações – atribuição de prestações de doença ou de invalidez a beneficiários em situação de acidente de trabalho ou de responsabilidade de terceiro mas desde que o responsável ainda não tenha sido definido ou não assuma a responsabilidade, havendo direito a futuro reembolso (V.) à instituição.

Concessionário (V. Contratos de concessão)

Concordata entre a Santa Sé e a República Portuguesa (18/05/2004) – convenção bilateral que veio substituir a Concordata de 7/05/ 1940, e o Protocolo Adicional de 15/02/1975, sobre o estatuto da Igreja Católica em Portugal.

Condição de recursos – limite de rendimentos e de valor dos bens de quem pretende obter uma prestação de segurança social ou apoio social, bem como do seu agregado familiar, até ao qual a lei condiciona a possibilidade da sua atribuição. Os valores variam em função das prestações. (V. Rendimentos de referência)

Condições de atribuição das prestações – conjunto de requisitos exigidos pela lei para acesso à prestação pretendida. Pode tratar-se de:
– prazos de garantia (V.);
– índices de profissionalidade (V.);
– densidades contributivas (V.);
– condição de recursos (V.);
– pagamento das contribuições em dívida...

Confederações – forma de agrupamento das instituições particulares de solidariedade social (V.) a nível nacional de federações (V.) ou uniões (V.).

Confiança de menor – acto de entrega de um menor com vista à adopção, a casal, a pessoa singular ou a instituição. Pode ser:
– administrativa – decidida por entidade ou serviço legalmente competente para o efeito (L 143/2015, 08/09);
– judicial – decretada pelo tribunal (V.).

Conglobação (V. Agregação)

Congregações religiosas (V. Membros de igrejas, associações e confissões religiosas e Institutos religiosos)

Cônjuge – marido ou mulher.

Cônjuge de trabalhador independente (produtores, comerciantes e prestadores de serviços) – cônjuges deste grupo de profissionais que com eles trabalham, colaborando no exercício da sua actividade, com carácter de regularidade e de permanência.
Enquadram-se no regime dos trabalhadores independentes (V.).

Cônjuge sobrevivo – viúvo ou viúva.

Conselho Médico Nacional – conjunto de assessores técnicos das instituições com vista ao estudo e avaliação das questões de natureza médico-pericial do sistema de verificação de incapacidades (V.).

Conselho Nacional para as Políticas de Solidariedade, Voluntariado, Família, Reabilitação e Segurança Social – órgão consultivo do sistema de segurança social, com a missão de coadjuvar o membro do Governo responsável pela área da solidariedade e da segurança social na definição e execução das diversas políticas a prosseguir no âmbito do respectivo ministério. Funciona sob articulação dos membros do Governo responsáveis pelas áreas da solidariedade, da segurança social e da igualdade de género.

Conselho Nacional de Segurança Social – era o órgão de participação do sistema de segurança social ao nível nacional ao qual cabia participar no processo de definição da política, objectivos e prioridades do sistema. (V. Conselho Nacional para as Políticas de Solidariedade, Voluntariado, Família, Reabilitação e Segurança Social)

Conselhos consultivos – órgãos de participação das instituições da segurança social (ISS, II e IGFCSS).

Conselhos directivos – órgãos deliberativos das instituições da segurança social.

Conselhos gerais – órgãos de participação das instituições da segurança social (IGFSS).

Conservação dos direitos adquiridos ou em curso de aquisição (Direito Internacional) – garantia das prestações (em regra, diferidas) às quais os trabalhadores (migrantes) adquiriram direito no decurso da sua vida activa, aplicável no direito interno, independentemente do número de legislações potencialmente aplicáveis (ou do Estado de residência), através da reconstituição da unidade da sua carreira contributiva.

Mecanismos:
1) totalização (V.) dos períodos de seguro, de emprego, de residência e assimilados nas diversas legislações aplicáveis;
2) regra *pro rata temporis* – as prestações são fixadas rateadamente à duração dos períodos cumpridos sob a legislação aplicável (V. Direitos adquiridos e em formação, Prorratização e Trabalhadores migrantes).

Consignação financeira – afectação de certos meios ou recursos financeiros a uma aplicação específica.

Consignação do IVA – afectação de uma parcela da receita do IVA à realização de despesas com prestações sociais (V. IVA social)

Consulta jurídica (V. Acesso ao Direito e aos tribunais)

Contencioso da segurança social – conjunto de instrumentos e meios contenciosos – designadamente processos judiciais – aptos a decidir conflitos de interesses entre os diferentes sujeitos da relação jurídica de segurança social (beneficiários, contribuintes e instituições).

Contingências protegidas (V. Eventualidades)

Continuação voluntária do pagamento de contribuições – instituto que se caracteriza pelo facto de os beneficiários que deixem de estar obrigatoriamente abrangidos poderem manter a sua vinculação ao sistema com outras regras relativamente às contribuições como às eventualidades protegidas (em regra: invalidez, velhice e morte). Está integrada no regime aplicável ao seguro social voluntário.

Contra-ordenações – todo o facto ilícito e censurável (praticado com dolo (V.) ou com negligência (V.) que preencha um tipo legal no qual se comina uma coima (V) (definição legal).

Contratos de administração (V. Contratos de prestação de serviço)

Contratos de agência – contratos pelos quais uma das partes (o agente) se obriga a promover por conta da outra (o principal) a celebração de contratos em certa zona ou determinado círculo de clientes, de modo autónomo e estável e mediante retribuição. O agente comercial está abrangido pelo regime dos independentes (DL 178/86, 13/06).

Contratos de concessão – relação contratual duradoira entre o produtor e o distribuidor, actuando o concessionário em nome e por conta próprios. O concessionário está abrangido pelo regime dos independentes.

Contratos de consolidação financeira – contratos, celebrados entre uma empresa em situação financeira difícil e instituições de crédito ou outros parceiros interessados, que conduzam ao reequilíbrio financeiro da empresa através da reestruturação do passivo, da concessão de financiamentos adicionais ou do reforço dos capitais próprios (DL 81/98, 2/ 04).

Contratos de gestão (V. Contratos de prestação de serviço)

Contratos de inserção (no âmbito do rendimento social de inserção) – conjunto articulado e coerente de acções, faseadas no tempo, estabelecido de acordo com as características e condições do agregado familiar do requerente da prestação, com vista à plena integração social dos seus membros.

Contratos de mandato (V. Contratos de prestação de serviço)

Contratos de prestação de serviço – aqueles em que uma das partes se obriga a proporcionar à outra certo resultado do seu trabalho intelectual ou manual (definição legal). Por contraposição ao contrato de trabalho a actividade do agente deve caracterizar-se pelos seguintes elementos:
– experiência profissional;
– capacidade profissional (jurídica);
– autonomia de funcionamento.
Exemplos: contratos de agência (V.), de mandato, de empreitada (CC 1207º), de gestão, de administração...

Contratos de reestruturação empresarial – contratos, celebrados entre uma empresa em situação financeira difícil e instituições de crédito ou outros parceiros interessados, que prevejam a reconversão, o redimensionamento ou a reorganização da empresa, designadamente através da alienação de estabelecimento ou áreas de negócio, alteração da forma jurídica, fusão ou cisão (DL 81/98, 2/04).

Contratos de seguro (V. Seguro)

Contribuição definida (plano) (V. Capitalização e Planos de pensões) (V. Benefício definido)

Contribuição pública – parcela de receita da segurança social assegurada pelo Estado.

Contribuições das administrações públicas – custo para as administrações públicas do funcionamento dos regimes não contributivos e do apoio financeiro dado pelas administrações públicas a outros regimes de protecção social dos residentes (Sistema Europeu de Estatísticas Integradas de Protecção Social).

Contribuições fictícias – mecanismo de equivalência à entrada de contribuições (V.).

Contribuições para a segurança social
– *lato sensu* – valores pecuniários decorrentes da tributação obrigatória para o seguro social sobre as remunerações pelo exercício de actividade profissional; ou valores pecuniários decorrentes da imposição sobre subsídios (Vg: sobre subsídios de doença ou desemprego em 2013)
– *stricto sensu* (por contraposição a quotizações V.) – tributos parafiscais (V.) da responsabilidade das entidades empregadoras, dos trabalhadores independentes, das entidades contratantes e dos beneficiários do seguro social voluntário, consoante os casos que têm como base de incidência a massa salarial efectiva ou valor convencional.
(V. Taxa social única).

Contribuições sociais – custos suportados pelos empregadores em nome dos seus empregados ou pelas pessoas protegidas para garantir o direito a prestações sociais (Sistema Europeu de Estatísticas Integradas de Protecção Social).

Contribuinte
– ou entidade contribuinte – designação atribuída ao empregador ou entidade empregadora na relação jurídica de seguro social (V.) sujeito da relação jurídica de seguro social – sector privado;
– inscrito para efeitos de sobrevivência na CGA (V.);
– entidade que adquire as unidades de participação de fundos de pensões abertos (V.).

Contribuintes líquidos – diz-se quando numa relação financeira a cotização paga é superior às contrapartidas recebidas. (V. Beneficiários líquidos)

Contributividade – característica de esquema de protecção assente em contribuições ou em prémios (V.) de seguros.

Convenção Europeia de Segurança Social – instrumento multilateral (de coordenação) da protecção dos trabalhadores migrantes adoptada pelo Conselho da Europa (Paris, 14/12/ 1972).

Convenção nº 102 da OIT, sobre Segurança Social (1952) – elaborada no seio da OIT. Consagra a norma mínima de segurança social (V.) e estrutura os riscos sociais.

Convenções internacionais (de segurança social) – todo o instrumento (acordos, tratados...) bi ou multilateral ligando dois ou mais Estados no domínio da segurança social para o conjunto ou parte dos ramos e regimes.
Designam-se de *convenções gerais* quando cobrem relativamente aos Estados contratantes o conjunto das legislações às quais estão sujeitos todos os trabalhadores assalariados bem como os membros da sua família ou, em certos casos, o conjunto da população (V. Instrumentos internacionais de segurança social).

Convergência (das políticas e dos objectivos) – definição de objectivos comuns para cuja realização se considera desejável se orientem as políticas nacionais.

Conversão (das pensões de invalidez) (V. Convolação)

Convolação – conversão automática da pensão de invalidez em pensão de velhice no mês imediato àquele em que o pensionista completa a idade legal de reforma por velhice.

Cooperação (interna) – colaboração entre serviços e instituições (V. Acordos de –; Pacto de – para a solidariedade; Protocolo de –)

Cooperação (internacional) (V. Acção de –;Agente da –; Ajuda humanitária; Executor de – ; Promotor de –; Voluntário)

Cooperador – associado ou membro de uma cooperativa (V.). Nas cooperativas de produção e serviços pode enquadrar-se no regime dos trabalhadores independentes.

Cooperante (V. Agentes da cooperação).

Cooperativa António Sérgio para a Economia Social (CASES) – cooperativa de interesse público (V.) de responsabilidade limitada que visa promover o fortalecimento do sector da economia social, aprofundando a cooperação entre o Estado e as organizações que o integram, tendo em vista estimular o seu potencial ao serviço da promoção do desenvolvimento sócio-económico do País.

Cooperativas – pessoas colectivas autónomas, de livre constituição, de capital e constituição variáveis que, através da cooperação e entreajuda dos seus membros, com obediência aos princípios cooperativos visam sem fins lucrativos, a satisfação das necessidades e aspirações económicas, sociais e culturais daqueles (definição legal – Código Cooperativo – L 119/2015, 31/08)
• de bens e serviços – Código Cooperativo;

- de habitação e de construção – DL 502/99, 19/11;
- de comercialização – DL 523/99, 10/12;
- de solidariedade social – DL 7/98, 15/01.

Cooperativas de educação e reabilitação de crianças inadaptadas (CERCI) – cooperativas de solidariedade social (V.) multisectoriais tendo como objecto: actividades pedagógicas, actividades de apoio social que facilitem a integração sócio-familiar das crianças e jovens com problemas de autonomia física, motora, mental ou funcional.
Modalidades: educação especial, apoio domiciliário, formação profissional, apoio ocupacional, emprego protegido e unidades residenciais.

Cooperativas de interesse público (régies cooperativas) – associações públicas de carácter misto em que para a prossecução dos seus fins, se associam o Estado ou outras pessoas colectivas de direito público e cooperativas ou utentes dos bens e serviços produzidos ou pessoas colectivas de direito privado sem fins lucrativos (DL 31/84, 21/01) (vg: Cooperativa António Sérgio para a Economia Social, antigo INSCOOP – DL 282/2009, 7/ 10).

Cooperativas de produção e serviços – os membros que nelas exercem actividade, ainda que órgãos de gestão, podem enquadrar-se como trabalhadores independentes (V.).

Cooperativas de solidariedade social – cooperativas que prosseguem o ramo do sector cooperativo "solidariedade social" (DL 7/98, 15/01).

Coordenação (Drt° Comunitário) (de regimes nacionais) – ajustamento dos efeitos das respectivas legislações sem modificar directamente o seu conteúdo no uso da técnica internacional privatista através de normas remissivas (V. Harmonização). Princípios:
– igualdade de tratamento; (V.)
– unicidade da legislação aplicável; (V.)
– conservação dos direitos adquiridos e em curso de aquisição (V.);
– colaboração administrativa (V.).

Corpos gerentes ou **corpos sociais** – órgãos estatutários de pessoas colectivas (V.).

Cotização social – o mesmo que quotização social (V.)

Cotização social fictícia – contrapartida das prestações sociais fornecidas directamente pelo empregador aos seus trabalhadores ou antigos trabalhadores.

CPS – Certificado provisório de substituição (V.)

Créditos da segurança social (V. Dívidas contributivas à segurança social)

Criação líquida de emprego (Port 130/2009) – a admissão de trabalhador com contrato sem termo que exceda, em pelo menos um, o número global de trabalhadores ao serviço da entidade

empregadora por relação a um determinado período de referência;
Não são computadas as situações de reforma ou falecimento ocorridas durante a vigência das medidas, a cessação de contratos de trabalho durante o período experimental e a cessação por justa causa.

Criação líquida de postos de trabalho (áreas com regime de interioridade) – diferença positiva entre o número de contratações elegíveis nos termos da isenção de contribuições nas áreas com regime de interioridade e o número de saídas de trabalhadores que se encontravam nas mesmas condições, à data da respectiva admissão.
Para este efeito, não são considerados os trabalhadores que integrem o agregado familiar do respectivo empregador.

Criança – todo o ser humano menor de 18 anos salvo se, nos termos da lei que lhe for aplicável, atingir a maioridade mais cedo (Convenção sobre os Direitos da Criança V.). Em Portugal está prevista a emancipação pelo casamento (idade núbil: 16 anos). (V. Comissões de protecção de crianças e jovens)

Crimes – factos a que a lei penal atribui tal natureza.

Crimes contra a segurança social – factos a que a lei (arts 87º a 91º e 102º a 107º do RGIT) atribui tal natureza. Enumeração legal: fraude contra a segurança social (V.), abuso de confiança contra a segurança social (V.), frustração de créditos (V.), violação de segredo (V.), burla tributária (V.) e associação criminosa (V).

Cuidados de longa duração (dtº Comunitário) – situação de dependência relevante como eventualidade doença nalguns Estados comunitários (Alemanha, Áustria e Luxemburgo).

Cuidados de saúde – serviços de saúde prestados por profissionais de saúde aos doentes com o objectivo de avaliar, manter ou reabilitar o seu estado de saúde, incluindo a prescrição, a dispensa e o fornecimento de medicamentos e dispositivos médicos.

Cuidados de saúde clinicamente necessários (Dtº Comunitário) – prestações em espécie durante a estada em Estado-membro que não o de residência, concedidas pela instituição do lugar de estada e a cargo da instituição competente.

Cuidados de saúde programados (Dtº Comunitário) – viagem com o objectivo de beneficiar de prestações em espécie (tratamento adequado) fora do Estado-membro de residência; sujeito a autorização da instituição competente (antigo E 112) (DP S2)

Cuidados de saúde transfronteiriços – cuidados de saúde prestados ou prescritos num Estado-membro diferente do Estado-membro de afiliação (L 52/2014, 25/08).

Culpa – nexo de imputação ético-jurídico que liga o facto ilícito à vontade do agente.

Custo técnico das prestações (desagregação horizontal) – percentagem da receita resultante das contribuições sobre rendimento de trabalho que é aplicada no efectivo pagamento de prestações correspondentes. (V. Desagregação de taxas contributivas)

Custos administrativos – custos de gestão administrativa de um regime de protecção.

Custos reais/custos teóricos – diferença entre as despesas de saúde efectivamente suportados pela pessoa (custos reais) e os custos que a instituição competente teria de assumir pelos mesmos cuidados de saúde (custos teóricos) relevantes para efeitos de reembolso.

Custos salariais – montante total efectivo a pagar pela entidade empregadora relativamente aos postos de trabalho, incluindo:
– salário bruto, isto é, antes de impostos;
– contribuições obrigatórias, como as contribuições para a segurança social;
– despesas de guarda de crianças e ascendentes.

Dação em pagamento ou em cumprimento – extinção de obrigação pela prestação de coisa diversa da que é devida, exonerando o devedor se o credor der o seu assentimento.

Data do desemprego – o dia imediatamente a seguir àquele em que se verificou a cessação do contrato de trabalho.

De cujus – o falecido. Da expressão latina "*is de cujus successione agitur*" – o autor da sucessão.

Decisões da Comissão Administrativa para a Coordenação dos Sistemas de Segurança Social (Drtº Comunitário) – instrumentos jurídicos não vinculativos sobre questões de interpretação dos regulamentos comunitários de segurança social (V.).

Declaração anual da actividade (trabalhadores independentes) – obrigação de declarar por referência ao ano civil anterior:
– valor total das vendas realizadas;
– valor total da prestação de serviços a pessoas singulares que não tenham actividade empresarial;
– valor total da prestação de serviços por pessoa colectiva e por pessoa singular com actividade empresarial.
Declaração constante do anexo ao modelo 3 do IRS (anexo SS).

Declaração dos Direitos e Liberdades Fundamentais – Resolução do Parlamento Europeu de 12/4/89 (JO C 120, de 16/5/89) com efeitos meramente declarativos. (V. Carta dos Direitos Fundamentais da União Europeia)

Declaração de remunerações – obrigação que, no âmbito do regime geral dos trabalhadores por conta de outrem,

impende sobre as entidades empregadoras de declarar em suporte electrónico mensalmente todos os elementos relativos à situação remuneratória dos seus trabalhadores e dos MOE´s, no mês subsequente àquele a que respeita. Funções principais:
- como declaração das remunerações efectivamente pagas e recebidas procede-se ao lançamento do valor das mesmas no registo de remunerações;
- como declaração de dívida da entidade empregadora, apuradas as contribuições, estas são lançadas na conta-corrente de contribuintes.

Declaração de situação contributiva – certificação de situação contributiva regularizada, ou seja, a inexistência de dívidas de contribuições, quotizações, juros de mora e de outros valores do contribuinte. (V. Certidão de dívida)

Declaração Universal dos Direitos do Homem (10 de Dezembro de 1948) – convenção internacional elaborada no quadro da ONU cujos arts 22º e 25º consagram o direito à segurança social. A Convenção Europeia dos Direitos do Homem (Conselho da Europa) corresponde a esta declaração a nível europeu.

Declaração de vínculo ou **de admissão de trabalhadores** – obrigação que impende sobre as entidades empregadoras de comunicar às instituições de segurança social no sítio na Internet da segurança social a admissão de novos trabalhadores, em regra nas vinte e quatro horas anteriores ao início da produção de efeitos do contrato de trabalho.

Deficiência (V. Pessoas com deficiência)

Deficiência profunda – perda ou alteração prolongada de uma função psicológica ou anatómica com grave compromisso de autonomia e difícil resposta a tratamento, correcção ou compensação. (Desp. nº 861/99, 8/10)

Deficientes (V. Pessoas com deficiência e Trabalhadores deficientes)

Densidade contributiva – condição complementar, introduzida nas pensões em 1994, da exigência de mínimo de número de dias de registo de remunerações (120) para validar 1 ano relativamente a:
- preenchimento do prazo de garantia (V.) correspondente à necessidade de tal prazo, se contado em anos (caso das pensões de invalidez e velhice), ter um número de dias mínimo anual de registo de remunerações para ser considerado válido (120 dias). Para anos anteriores a 94 cada grupo de 12 meses valida 1 ano (1 dia valida 1 mês);
- taxa anual de formação da prestação – o ano só será considerado se aquele número de dias for atingido ("ano gordo"). Para os anos anteriores a 94: 1 dia valida um ano.

NB: Para determinação da remuneração de referência contam todos os anos com registo de remunerações independentemente da densidade contributiva e do valor registado.

Pode considerar-se, doutrinariamente, o índice de profissionalidade (subsídio de doença) – 12 dias nos 4 primeiros meses dos 5 últimos – como densidade contributiva.

Denúncia – consiste em levar ao conhecimento da Administração um facto ou uma situação sem visar pessoas.

Departamentos centrais (V. Serviços públicos centrais)

Dependência económica – como requisito de acesso a prestações – situação de insuficiência de bens para satisfação de necessidades (vg: direito a alimentos).

Dependência física – constitui eventualidade não prevista na Convenção nº 102 da OIT, caracterizada como situação em que se encontra a pessoa que, por falta ou perda de autonomia física, psíquica ou intelectual, resultante ou agravada por doença crónica, demência orgânica, sequelas pós-traumáticas, deficiência, doença severa e ou incurável em fase avançada, ausência ou escassez de apoio familiar ou de outra natureza, não consegue, por si só, realizar as actividades da vida diária, precisando em regra da assistência de 3ª pessoa (V. Situação de dependência).

Graus de dependência (DL 265/99, 14/07):
– 1º grau — indivíduos que não possam praticar, com autonomia, os actos indispensáveis à satisfação de necessidades básicas da vida quotidiana, designadamente actos relativos à alimentação ou locomoção ou cuidados de higiene pessoal;
– 2º grau — indivíduos que acumulem as situações de dependência que caracterizam o 1º grau e se encontrem acamados ou apresentem quadros de demência grave.

Desagregação de taxas contributivas – operação técnica que consiste na imputação de percentagens das taxas globais a cada uma das eventualidades e dos respectivos custos que se pretendem financiar. Pode ser:
– vertical – por eventualidades cobertas;
– horizontal – por componentes (custos técnicos das prestações (V.), encargos de administração, custo da solidariedade e encargos com apoio ao emprego).

Desaparecimento
1) Drtº Civil – situação em que a pessoa tem-se por falecida quando o seu desaparecimento se tiver dado em circunstâncias que não deixem dúvidas sobre a sua morte, embora o cadáver não pudesse ser encontrado ou reconhecido (art. 68º nº 3 do CC) (V. Morte presumida).
2) Segurança social – situação que resulta da presunção de falecimento de beneficiário em caso de guerra, calamidade pública ou situação de sinistro ou ocorrência semelhante em condições que o permitam. Na atribuição das prestações por morte a declaração de desaparecimento substitui a certidão de óbito até à declaração de morte presumida (V.)

Descendentes – parentes em linha recta descendente (filhos, netos, bisnetos...) (V. Grau de parentesco)

Desconto judicial – montante que, por decisão judicial, onera o rendimento das pessoas.

Desempregados – beneficiários cujo contrato de trabalho por conta de outrem tenha cessado, se encontrem numa situação de desemprego involuntário e que revelando capacidade e disponibilidade para o trabalho estejam inscritos no centro de emprego da área da residência.
Para efeitos da concessão de apoios consideram-se igualmente desempregados os trabalhadores em situação de:
– vinculados a empresa enquadrada em sector de actividade declarado em reestruturação;
– vinculados a empresa em processo administrativo ou judicial de recuperação.

Desempregados de longa duração – desempregados inscritos nos centros de emprego há mais de 12 meses, independentemente de terem celebrado contratos de trabalho a termo, cuja duração conjunta seguida ou interpolada não ultrapasse 12 meses.
– aquele que se encontra inscrito em centro de emprego há mais de nove meses. A situação não é prejudicada pela celebração de contratos a termo ou trabalho independente, por período inferior a 6 meses, cuja duração conjunta não ultrapasse os 12 meses. (Para a Port 230/2009, 30/01)

Desemprego
– perda involuntária de emprego (ou situação legalmente equiparada) de quem, estando capacitado laboralmente, o vinha desempenhando, com a consequente perda ou redução da remuneração que por ele lhe correspondem (V. Taxa de –);
– situação que afecta pessoas acima de uma idade definida que não têm emprego remunerado nem são trabalhadores independentes, mas se encontram disponíveis e tomaram as medidas necessárias para encontrar emprego remunerado ou para trabalharem como independentes (PNUD);
– situação decorrente da *inexistência total e involuntária de emprego* do beneficiário com capacidade e disponibilidade para o trabalho, inscrito para emprego no centro de emprego.
O requisito de inexistência total de emprego considera-se ainda preenchido nas situações em que, cumulativamente com o trabalho por conta de outrem, cujo contrato de trabalho cessou, o beneficiário exerce uma actividade independente cujos rendimentos não ultrapassem mensalmente 50% do IAS.
Esta situação confere direito a uma prestação designada subsídio de desemprego ou por cessação de actividade (medida passiva) ou a medidas activas (tendentes à recolocação do desempregado).

Desemprego biológico – devido à necessidade de substituir os trabalhadores mais idosos não reconvertíveis, por trabalhadores mais novos para rejuvenescimento de recursos humanos.

Desemprego conjuntural – devido a causas conjunturais – de curta duração (menos de um ano).

GLOSSÁRIO

Desemprego estrutural – devido a causas estruturais – modificações nas estruturas económicas, vg. por reconversões industriais provocadas por saltos tecnológicos.

Desemprego friccional – devido à insuficiência de mobilidade da mão-de-obra.

Desemprego geográfico – em função do lugar onde a oferta existe.

Desemprego involuntário – nas situações de:
– Cessação de contrato de trabalho por:
* iniciativa da entidade empregadora;
* caducidade do contrato não determinada por atribuição de pensão;
* resolução com justa causa por iniciativa do trabalhador;
* acordo de revogação fundamentado em motivos que permitam o recurso ao despedimento colectivo ou por extinção do posto de trabalho, tendo em conta a dimensão da empresa e o número de trabalhadores ou integrado num processo de redução de efectivos, quer por motivo de reestruturação, viabilização ou recuperação de empresas, quer por a empresa se encontrar em situação económica difícil.
– Declaração de aptidão para o trabalho por comissão de revisão de incapacidade por invalidez de trabalhadores por conta de outrem (revalidados). O reconhecimento do direito depende apenas da caracterização da situação de desemprego.
– Extinção da pré-reforma por cessação do contrato de trabalho.

Desemprego de longa duração – situação que afecta os desempregados que, à data do contrato, estejam disponíveis para o trabalho e inscritos nos centros de emprego há mais de 12 meses, mesmo que, neste período, tenham celebrado contratos de trabalho a termo, por períodos inferiores a 6 meses, cuja duração conjunta não ultrapasse 12 meses.

Desemprego parcial – redução anormal do tempo de trabalho.

Desemprego profissional – devido a falta de qualificação dos trabalhadores.

Desemprego sazonal – que resulta do facto da actividade profissional corresponder a uma tarefa própria de determinado período do ano.

Desemprego tecnológico – resulta das modificações nas estruturas económicas devido à introdução de novas tecnologias.

Desemprego total – perda do rendimento do trabalho.

Deslocados – pessoas de nacionalidade portuguesa, e aos respectivos cônjuges, membros de união de facto, ascendentes e descendentes sem nacionalidade portuguesa, deslocados forçadamente ou em fuga para Portugal em consequência de decisões das autoridades dos seus países de residência ou de ofensa ou ameaça dos seus direitos fundamentais.

Desmaterialização de informação (V. Administração electrónica)

Despesa contributiva – valor das contribuições para a segurança social não cobradas por aplicação de isenções ou bonificações.

Despesa social – toda a despesa provocada pela cobertura de encargos resultantes para os indivíduos ou para os agregados a partir do aparecimento ou da existência de certos riscos, eventualidades ou necessidades, na medida em que estas despesas derem lugar a intervenção de um terceiro e sem que haja simultaneamente contrapartida equivalente do beneficiário.

Despesas de administração – encargos comuns com o funcionamento da estrutura administrativa gestora de um sistema (despesas de pessoal, de funcionamento...)

Despesas de funeral (V. Reembolso das despesas de funeral)

Despesas do sistema (Orçamento)
– correntes – encargos com as prestações dos regimes de segurança social, modalidades de acção social e encargos de administração;
– de capital – concessão ou amortização de empréstimos, aplicações financeiras em títulos, encargos com investimentos.

Desportistas profissionais (V. Praticantes desportivos profissionais)

Destacamento
1) Direito interno – situação em que o trabalhador contratado por entidade empregadora estabelecida num Estado presta actividade profissional no território de outro Estado com carácter temporário (seja previsível que a sua duração não exceda 12 meses – em casos devidamente fundamentados, pode ser reconhecido o carácter temporário a actividades cuja duração exceda este prazo) (DL 64/93, 1/03):
a) em execução de contrato entre o empregador e o beneficiário que exerce a actividade, desde que o trabalhador permaneça sob a autoridade e direcção daquele;
b) em estabelecimento do mesmo empregador, ou empresa de outro empregador com o qual exista uma relação societária de participações recíprocas, de domínio ou de grupo;
c) ao serviço de um utilizador, à disposição do qual foi colocado por empresa de trabalho temporário ou outra empresa.
Mantém-se aplicável o regime de protecção social do país de origem.
2) Direito Comunitário – duração: 24 meses
3) Direito internacional convencional – duração variável.

Determinação da legislação aplicável (Drtº Comunitário) – numa situação de várias ordens jurídicas nacionais potencialmente aplicáveis é o conjunto de regras que conduz ao apuramento do regime de protecção social efectivamente aplicável às pessoas em causa (técnica internacional privatista).

Donde resulta o princípio da unicidade da legislação aplicável (V.), ou seja, as pessoas apenas estão sujeitas à legislação de um Estado-membro. (Regra geral: lei aplicável no lugar onde a actividade é exercida).

Dever (jurídico) – situação jurídica passiva que determina para uma pessoa a necessidade de praticar ou não praticar determinado facto.

Dever de alimentos – dever de natureza juridicoprivada dependente da quantificação da situação patrimonial do vinculado à prestação de alimentos (Código Civil, art. 2003º e segs). (V. Direito a alimentos, Pensão de alimentos e Prestação de alimentos)

Diferenciação
– positiva – as prestações variam inversamente aos rendimentos;
– negativa – as prestações variam proporcionalmente aos rendimentos. (V. Princípio da –)

Direcção-Geral da Segurança Social – serviço da Administração Central do Estado com atribuições no domínio da concepção, coordenação e apoio nas áreas dos regimes da segurança social, incluindo a protecção contra os riscos profissionais e da acção social, bem como o estudo, a negociação técnica e coordenação da aplicação dos instrumentos internacionais relativos à legislação de segurança social e acção social.

Directiva – técnica de produção normativa (de direito derivado) utilizada pelas organizações internacionais que consiste em vincular os Estados-membros quanto à transposição para o direito interno e aos resultados, deixando às instâncias nacionais a competência quanto à forma e aos meios para os atingir.

Directores (de empresa)
– titulares do órgão (estatutário) direcção – pessoas com poderes de administração e de representação orgânica das sociedades anónimas (dualistas). Enquadram-se no regime dos membros dos órgãos estatutários das pessoas colectivas (V.);
– responsáveis de unidade produtiva – pessoa vinculada por contrato de trabalho para dirigir uma unidade produtiva. Enquadram-se no regime dos trabalhadores por conta de outrem.

Direito – termo usado em duas acepções: direito objectivo (V.) e direito subjectivo (V.).

Direito adjectivo – direito processual ou procedimental. (V. Direito substantivo)

Direito a alimentos – direito subjectivo (V.) dependente da necessidade de receber alimentos e dos meios de quem houver de prestá-los. (V. Dever de alimentos, Pensão de alimentos e Prestação de alimentos)

Direito derivado – por oposição a direito próprio (V. Direito objectivo e Direito subjectivo)

Direito objectivo – complexo de normas (regras gerais e abstractas) por que a vida em sociedade se disciplina (Cf. Direito subjectivo).
Para o Direito Comunitário há a considerar:
1) direito primário ou originário – tratados produtores de vontade soberana dos Estados, conforme as regras do Direito Internacional Público;
2) direito derivado (ou secundário) – actos unilaterais de conteúdo normativo, emanados das instituições comunitárias, adoptados para execução dos tratados e na sua conformidade (regulamentos, directivas e decisões).

Direito originário ou primário (V. Direito objectivo)

Direito próprio e direito derivado (V. Direito subjectivo)

Direito de regresso – situação em que existe um crédito da segurança social resultante do pagamento de prestações da responsabilidade de outras entidades (V. Reembolso de contribuições e de prestações).

Direito sancionatório – conjunto de normas que prevêem a aplicação de penas e sanções (V.) pelo desrespeito de deveres expressamente previstos na lei (V. Contra-ordenações)

Direito à segurança social
Concepções (Silva Leal):
1) universalista – direito a um mínimo vital ou social, definido nacionalmente e assegurado a todos os cidadãos ou a todos os residentes em cada país, independentemente da sua vinculação a uma actividade laboral e da sua situação económica;
2) assistencialista – direito que se abre em favor das pessoas que se encontrem em efectiva situação de carência. As pessoas potencialmente protegidas são todas, mas o direito só se concretiza quando se verifica uma situação de falta ou insuficiência dos meios de existência (condição de recursos), independentemente da sua causa – função redistributiva;
3) laborista – direito à garantia de manutenção dos rendimentos de trabalho anteriormente auferidos sempre que se verifiquem eventos que reduzam ou eliminem a capacidade de trabalho.

Direito da Segurança Social – conjunto de normas jurídicas que regulam as medidas destinadas à gestão, prevenção e reparação dos riscos pessoais e efectivadas pela atribuição de prestações individualizadas e economicamente avaliáveis.

Direito Social – conjunto de normas que materialmente respeitam à garantia de segurança económica individual (relações de trabalho, de segurança social, de emprego e de formação profissional).

Direito subjectivo – poder concedido pela ordem jurídica para tutela dos interesses de pessoas determinadas. (V. Direito objectivo)

A segurança social tem vindo a usar as expressões direito (ou prestação) *próprio* e *derivado* conforme o destinatário da prestação seja, respectivamente, o próprio beneficiário (regra) ou um familiar (ou terceiro) condicionadas no direito e no montante à situação do beneficiário (vg: prestações por morte).

Direito substantivo ou material – o que resulta de leis materiais (não processuais), mesmo remissivas. (V. Direito adjectivo)

Direitos adquiridos – os que já se encontram reconhecidos ou possam sê-lo por se encontrarem cumpridas as respectivas condições legais. (Definição legal)

Direitos em formação – os correspondentes aos períodos contributivos e valores de remunerações registadas em nome do beneficiário. (Definição legal)

Discriminação
1) negativa (V. Assédio)
– discriminação directa, sempre que, em razão de um factor de discriminação, uma pessoa seja sujeita a tratamento menos favorável do que aquele que é, tenha sido ou venha a ser dado a outra pessoa em situação comparável;
– discriminação indirecta, sempre que uma disposição, critério ou prática aparentemente neutro seja susceptível de colocar uma pessoa, por motivo de um factor de discriminação, numa posição de desvantagem comparativamente com outras, a não ser que essa disposição, critério ou prática seja objectivamente justificado por um fim legítimo e que os meios para o alcançar sejam adequados e necessários.
2) positiva – sempre que alguém é favorecido relativamente aos restantes em função de critérios específicos.

Dispensa temporária do pagamento de contribuições – medida de estímulo à criação de postos de trabalho que consiste no não pagamento de contribuições por parte da entidade empregadora durante um determinado período (vg. 1º emprego, desempregados de longa duração).

Disponibilidade para o trabalho – traduz-se nas seguintes obrigações assumidas pelo trabalhador:
– procura activa de emprego pelos seus próprios meios;
– aceitação de:
• emprego conveniente (mesmo nos casos de subsídio de desemprego parcial, quando se trate de emprego conveniente a tempo inteiro);
• trabalho socialmente necessário;
• formação profissional;
• plano pessoal de emprego (PPE), cumprimento deste e das acções nele previstas;
• outras medidas activas de emprego em vigor, que se revelem ajustadas ao perfil dos beneficiários, designadamente as previstas no Plano Pessoal de Emprego;
– sujeição a medidas de acompanhamento, controlo e avaliação promovidas pelos centros de emprego.

Distributividade (V. Princípio distributivo)

Diuturnidades (V. Retribuição)

Diversificação das fontes de financiamento (V. Princípio da –)

Dívidas contributivas à segurança social – montantes devidos à segurança social ou pagos indevidamente por esta a pessoas singulares, colectivas ou outras entidades a estas legalmente equiparadas, designadamente:
– contribuições, quotizações, taxas, incluindo as adicionais e juros;
– prestações, subsídios e financiamentos de qualquer natureza, incluindo juros;
– coimas e outras sanções pecuniárias, custas e outros encargos legais;
– reposições de pagamentos indevidos efectuados por qualquer instituição do sistema de segurança social (definição legal). Sendo:
Transmissão de dívida – autorizada sob a forma de assunção de dívida à segurança social a que é aplicável o disposto nos arts 595º e seguintes do Código Civil. (arts 201º e 202º CRC)

Dívidas tributárias e contributivas – referentes a tributos fiscais e parafiscais (V.).

Dividendo social – prestação universal que garante um rendimento mínimo

Do ut des – "dou para que me dês" – expressão da justiça comutativa (V.) (V. Princípio comutativo).

Docentes – educadores de infância (V.) e professores do ensino básico, secundário ou superior. (V. Pessoal docente)

Documento electrónico (V. Administração electrónica)

Documentos portáteis (DPs) (Drtº Comunitário) – formulários certificadores de direitos que devem ser entregues aos interessados sempre que os regulamentos europeus de segurança social o determinem. Têm referência alfanumérica pela função desempenhada.

Doença – situação mórbida, evolutiva, de causa não profissional que determine incapacidade temporária para o trabalho (definição legal).
Alteração mais ou menos profunda da saúde afectando em geral a integridade física ou mental dos indivíduos (perspectiva funcional). (V. Alta, Baixa, Incapacidade laboral e Saúde)
Esta situação confere direito a uma prestação com a designação de subsídio de doença.

Doença crónica – doença de longa duração, com aspectos multidimensionais, com evolução gradual dos sintomas e potencialmente incapacitante, que implica gravidade pelas limitações nas possibilidades de tratamento médico e aceitação pelo doente cuja situação clínica tem de ser considerada no contexto da vida familiar, escolar e laboral, que se manifesta particularmente afectado (Desp. 861/99, 8 Out).

Doença directa – resultante de acidente da responsabilidade de terceiro.

Doença de longa duração ou prolongada – situação de doença que ultrapassa os 365 dias de impedimento para o trabalho.

Doença de Machado Joseph – doença do sistema nervoso central que determina incapacidade permanente, estando os doentes recenseados nos centros de saúde da RA dos Açores. Corresponde-lhe uma pensão de invalidez especial.

Doença natural – definida por exclusão, a que não é caracterizável como doença directa (V.) nem resultante de acidente de trabalho ou doença profissional.

Doenças profissionais – doenças às quais esse carácter é reconhecido pela lei nacional, fazendo-lhe corresponder prestações próprias.
Para Portugal: sistema misto ou aberto – toda a doença que conste de lista própria – Lista das Doenças Profissionais – organizada pelo ministério da tutela sob parecer de uma comissão permanente constituída para o efeito (doenças profissionais típicas) e ainda toda a lesão corporal, perturbação funcional ou doença, não incluída na lista de doenças profissionais, resultante de causa que actue continuadamente desde que se prove ser consequência necessária e directa da actividade exercida e não represente normal desgaste do organismo (doenças profissionais atípicas).

Doentes de VIH/sida – situação que determina um regime de invalidez especial.

Dolo – consciência e vontade da prática do facto ilícito.

Domésticas (V. Trabalhadores de serviço doméstico)

Domicílio
– Direito civil – sede jurídica de uma pessoa singular, lugar onde a pessoa tem a sua residência habitual (V.); (pessoa colectiva: sede V.)
– Dependência – residência particular, o estabelecimento ou a instituição onde habitualmente reside a pessoa em situação de dependência.

Domicílio fiscal (do sujeito passivo)
– para as pessoas singulares, o local da residência habitual;
– para as pessoas colectivas, o local da sede ou direcção efectiva ou, na falta destas, do seu estabelecimento estável em Portugal.

DPs (Dtº Comunitário) – documentos portáteis (V.)

DUC – documento único de cobrança.

Dupla proporcionalidade – o facto de a remuneração constituir a referência para determinação do montante proporcional quer das contribuições quer das prestações.
Assim – 1ª proporcionalidade: remuneração / contribuição; 2ª proporcionalidade: remuneração / prestação. (V. Princípio comutativo)

E111 – formulário que no âmbito comunitário garantia ao portador assistência médica e medicamentosa fora do Estado competente. Agora: cartão europeu de seguro de doença (V.)

Economia comum – consideram-se em economia comum as pessoas que vivam em comunhão de mesa e habitação (V.) e tenham estabelecido entre si uma vivência comum de entreajuda e partilha de recursos. (V. Agregado familiar) A condição de vivência em comunhão de mesa e habitação pode ser dispensada por ausência temporária de um ou mais elementos do agregado familiar (V.), por razões laborais, escolares, formação profissional ou por motivos de saúde.

Educação especial – modalidade especial de educação escolar destinada a alunos com necessidades educativas especiais (NEE) consistindo na adaptação das condições em que se processa o ensino aprendizagem através de determinadas medidas (equipamentos especiais, adaptações especiais, ensino especial (V.).

EEE – Espaço Económico Europeu (V.) ou Entidade empresarial do Estado (V.)

EESSI – *Electronic Exchange of Social Security Information* (V.)

Efectividade salarial (V. Princípio da –)

EIRL – estabelecimento individual de responsabilidade limitada. (V.)

Electronic Exchange of Social Security Information (EESSI) – conjunto de disposições gerais relativas à cooperação e ao intercâmbio de dados por meios electrónicos, no âmbito de uma arquitectura europeia comum para a coordenação dos sistemas de segurança social.

Eleitos locais – membros dos órgãos deliberativos e executivos dos municípios (câmara municipal) e das freguesias (junta de freguesia).

Emancipação (Drt Civil) – atribuição de capacidade de exercício (V.) antes da maioridade (V.) *ope legis* (pelo casamento) ou por concessão dos ascendentes com poder paternal.

Embarcados
– em navios nacionais ver "Trabalhadores inscritos marítimos";
– em navios estrangeiros podem inscrever-se no regime do seguro social voluntário (V.).

Emigração – a acção pela qual um indivíduo que residia habitualmente no território de um Estado deixa de aí residir.

Emigrantes – o indivíduo que empreende a acção de emigrar, ou seja, deixa de residir no território de um determinado Estado. (V. Imigrante e Trabalhadores migrantes).

Empregadas domésticas (V. Trabalhadores de serviço doméstico)

Empregador – o mesmo que entidade empregadora (V.)

Empregados – empregados regulares, proprietários que trabalham, sócios activos de uma empresa e trabalhadores familiares não remunerados, excluindo o trabalho doméstico (PNUD).

Emprego apoiado (antigo emprego protegido) – exercício de uma actividade profissional ou socialmente útil com enquadramento adequado e com possibilidade de atribuição de apoios especiais por parte do Estado, que visa permitir às pessoas com deficiências e incapacidades o desenvolvimento de competências pessoais e profissionais que facilitem a sua transição, quando possível, para o regime normal de trabalho.
Considera-se ainda emprego apoiado o desenvolvimento de actividades em contexto laboral, sob a forma de estágios de inserção, que visem aferir as condições para o exercício de uma actividade profissional, desenvolver competências pessoais e profissionais e promover a inserção profissional das pessoas com deficiências e incapacidades (DL 290/ 2009, 12/10).

Emprego conveniente – compatível com as aptidões do trabalhador com respeito pelas condições estabelecidas na lei e regulamentação colectiva de trabalho e não cause prejuízo ao trabalhador ou família (retribuição ilíquida igual ou superior ao valor da prestação de desemprego, nos termos da lei).

Emprego protegido (V. Emprego apoiado)

Empreitada – contrato de prestação de serviços cujo objecto é a realização de uma obra. O empreiteiro não é um subordinado do dono da obra, mas antes um contratante que actua segundo a sua própria vontade embora obrigado ao resultado ajustado.

Empreiteiro – contratante no contrato de prestação de serviços de empreitada que actua segundo a sua própria vontade embora obrigado ao resultado ajustado. Está abrangido pelo regime dos trabalhadores independentes.

Empresa (privada) (V. Empresas públicas) – actividade profissionalmente exercida e dispondo de organização em ordem à realização de fins de produção ou troca de bens e de serviços;
– qualquer entidade que exerce uma actividade económica independentemente do seu estatuto jurídico e da forma como é financiada.
São, nomeadamente, consideradas como tal as entidades que exercem uma actividade artesanal ou outras actividades a título individual ou familiar, as sociedades de pessoas ou as associações que exercem regularmente uma actividade económica (PME).
Tipo de empresas (Drtº Trabalho):
– *microempresa* a que emprega menos de 10 trabalhadores;
– *pequena empresa* a que emprega de 10 a menos de 50 trabalhadores;
– *média em*presa a que emprega de 50 a menos de 250 trabalhadores;
– *grande empresa* a que emprega 250 ou mais trabalhadores.

O número de trabalhadores corresponde à média do ano civil antecedente. No ano de início da actividade, o número de trabalhadores a ter em conta é o existente no dia da ocorrência do facto.
(Para as PME ver micro, pequena e média empresa)

Empresa única – inclui todas as empresas que têm, entre si, pelo menos uma das seguintes relações:
a) Uma empresa detém a maioria dos direitos de voto dos accionistas ou sócios de outra empresa;
b) Uma empresa tem o direito de nomear ou exonerar uma maioria dos membros do órgão de administração, de direcção ou de fiscalização de outra empresa;
c) Uma empresa tem o direito de exercer influência dominante sobre outra empresa por força de um contrato com esta celebrado ou por força de uma cláusula dos estatutos desta última empresa;
d) Uma empresa accionista ou sócia de outra empresa controla sozinha, por força de um acordo celebrado com outros accionistas ou sócios dessa outra empresa, uma maioria dos direitos de voto dos accionistas ou sócios desta última.
As empresas que tenham uma das relações referidas nas alíneas a) a d) por intermédio de uma ou várias outras empresas são igualmente consideradas uma empresa única.
Grupo de empresas associadas é considerado uma empresa única mas que as empresas que não têm qualquer outra relação entre si, excepto o facto de cada uma delas ter uma relação directa com o mesmo organismo ou organismos públicos, não são tratadas como empresas associadas.

Empresários (em nome individual) (Produtores e comerciantes) – profissionais que exercem actividade lucrativa por conta própria que revista natureza comercial ou industrial que não sejam profissionais livres. Promotores, titulares e interessados directos a que a empresa se adequa instrumentalmente. Enquadram-se no regime dos trabalhadores independentes (V.).

Empresários desportivos – pessoas singulares ou colectiva que, estando devidamente credenciada, exerça a actividade de representação ou intermediação, ocasional ou permanente, mediante remuneração, na celebração de contratos desportivos (L 28/98, 26/06).

Empresas centralizadoras (V. Centralizadores).

Empresas de inserção social – empresa promovida por pessoa colectiva sem fins lucrativos tendo como objectivo prioritário o combate à pobreza e à exclusão social, através da inserção ou da integração profissionais (Port 348-A/98, 18/06).

Empresas lutuosas – empresas funerárias sujeitas ao funeral social (V.).

Empresas municipais, intermunicipais e regionais – empresas integrantes dos sectores empresariais regionais e locais, dotadas de capitais próprios, criadas para exploração de actividades que prossigam fins de reconhecido interesse público, cujo objecto se contenha no âmbito das atribuições dos municípios, associações de municípios e regiões administrativas. Podem ser empresas públicas (detenção da totalidade do capital), empresas de capitais públicos (detenção de participação de capital) ou empresas de capitais maioritariamente públicos (detenção da maioria do capital) (L 58/98, 18.08).

Empresas participadas – organizações empresariais que tenham uma participação permanente do Estado ou de quaisquer outras entidades estaduais, de carácter administrativo ou empresarial, de forma directa ou indirecta, desde que o conjunto das participações públicas não determine o controlo próprio das empresas públicas. (DL 133/2013, 05.10)

Empresas públicas – institutos públicos (V.) sob a forma de sociedades constituídas nos termos da lei comercial, nas quais o Estado ou outras entidades públicas estaduais possam exercer, isolada ou conjuntamente, de forma directa ou indirecta, uma influência dominante em virtude da detenção da maioria do capital ou dos direitos de voto ou do direito de designar ou de destituir a maioria dos membros dos órgãos de administração ou de fiscalização (definição legal). As entidades empresariais do Estado (EEE) são empresas públicas. (DL 133/1013, 03/10)

Empresas em reestruturação – situação que carece de declaração formal nesse sentido, nos termos da lei (art. 10º nº 2 d) do DL 220/2006, 3/11 (V. Desemprego involuntário)

Encargo (pensão unificada) – metade da diferença entre a pensão unificada totalizada e a soma das pensões que seriam devidas por cada regime, comparticipada pelo 1º regime.

Encargos específicos – quando a compensação de encargos não é genérica ou convencional (generalidade das prestações familiares) mas referida a uma despesa específica como encargo real (Subsídio de educação especial e Prestação de rendimento social de inserção).

Encargos familiares – eventualidade que se caracteriza pela verificação de factos determinantes de acréscimos de despesas nas famílias para além dos gastos normais susceptíveis de serem compensados (despesas na gravidez, pelo nascimento de filhos, pelo funeral, com sustento dos filhos...). (V. Família) (V. Prestações familiares)

Encargos mandatórios (*entitlement*) – obrigações que impendem sobre os Estados do pagamento de benefícios sociais sem limite orçamental (vg: pensões, despesas de saúde).

Encargos sociais – pagamentos que as empresas fazem aos trabalhadores ou a outras entidades, relacionadas com a prestação de trabalho mas sem constituírem contrapartida do mesmo (não são retribuição) (ex: contribuições para a segurança social, despesas com actividades sociais, complementos de prestações…).

Endereço electrónico (V. Administração electrónica)

Enquadramento (dos trabalhadores) – acto administrativo pelo qual a segurança social reconhece, numa situação de facto, a existência dos requisitos materiais legalmente definidos para quem exerce actividade profissional remunerada ser abrangido por um determinado regime de segurança social (definição legal) ou, dito de outro modo, delimitação pessoal de um regime de segurança social.
Sempre que ocorra em relação à mesma pessoa mais de um enquadramento estes são efectuados por referência ao mesmo NISS.
Pode ser:
– obrigatório (regra) – quando a lei o determina; e
– facultativo – quando a lei atribui à vontade dos interessados o poder de decidir pelo enquadramento ou pelo momento do enquadramento (vg: enquadramento dos independentes com rendimento inferior a 6 IAS ou enquadramento antecipado dos independentes, antes de decorridos os 12 meses sobre o início de actividade).

Ensino – conjunto de procedimentos pedagógicos. Sendo:
Graus de ensino – ciclos em que se encontram organizados os níveis de ensino (3 ciclos do ensino básico: 1º, 4 anos; 2º, 2 anos; 3º, 3 anos);
Níveis de ensino – ensino básico (9 anos, desde os 6 anos de idade), ensino secundário (3 anos) e ensino superior. (V. Escolaridade obrigatória)

Ensino especial – conjunto de procedimentos pedagógicos que permitem o reforço da autonomia individual de um aluno com necessidades educativas especiais devidas a deficiências físicas e mentais (definição legal). (V. Educação especial)

Enteado – relação de afinidade na linha recta descendente de 1º grau (filho do cônjuge).

Entidades contratantes – pessoas colectivas e pessoas singulares com actividade empresarial, independentemente da sua natureza e das finalidades que prossigam, que no mesmo ano civil beneficiem de pelo menos 80% do valor total da actividade de trabalhador independente. São abrangidas pelo regime dos trabalhadores independentes (CRC art. 140º).
(Ver: obrigações – art. 154º; base de incidência – art. 167º, taxa contributiva – art. 168º nº 4 e registo de remunerações – art. 283º todos do CRC).

Entidades contribuintes ou **contribuintes** – entidades empregadoras na relação de segurança social. (V. Contribuinte)

Entidades da economia social – integram a economia social (V.) as seguintes entidades, desde que abrangidas pelo ordenamento jurídico português (enumeração legal):
– cooperativas;
– associações mutualistas;
– misericórdias;
– fundações;
– outras instituições particulares de solidariedade social;
– associações com fins altruísticos que actuem no âmbito cultural, recreativo, do desporto e do desenvolvimento local;
– entidades abrangidas pelos subsectores comunitário e autogestionário, integrados nos termos da Constituição no sector cooperativo e social;
– outras entidades dotadas de personalidade jurídica, que respeitem os princípios orientadores da economia social (V.) e constem da base de dados da economia social. (V. *NPO*)

Entidades empregadoras – pessoas singulares ou colectivas que, por contrato (de trabalho) adquirem o poder de dispor da força de trabalho de outrem no âmbito de uma empresa ou entidade não empresarial, mediante o pagamento de uma retribuição.

Entidades empresariais do Estado (EEE) (V. Empresas públicas).

Entidades gestoras (de prestações) – pessoas colectivas (públicas ou privadas) que têm como atribuição legal a gestão de determinadas prestações de segurança social ou fundos.

Entreajuda – actividade profissional exercida sem contrapartida pecuniária. A contrapartida é garantida por troca de posições na relação de trabalho por actividade exercida pelo beneficiário inicial.

Equipamentos sociais (V. Estabelecimentos de apoio social)

Equiparação de cursos (para efeito de prestações familiares) – acto administrativo que, após processo de consulta ao ministério com a tutela da educação, define o grau de ensino a que corresponde um determinado curso frequentado fora do sistema nacional de ensino.

Equiparação a familiar (descendentes, ascendentes) – pessoas a que a lei confere um estatuto pessoal relevante para atribuição de prestações, designadamente para determinação dos seus pressupostos.

Equivalência à entrada de contribuições ou **registo de remunerações por equivalência** – instituto jurídico que permite manter os efeitos da carreira contributiva dos beneficiários que, em consequência da verificação de eventualidades protegidas pelo regime geral, ou da ocorrência de outras situações consideradas legalmente relevantes, deixem de receber ou vejam diminuídas as respectivas remunerações (Definição legal).

Erecção canónica – acto pelo qual a competente autoridade eclesiástica reco-

nhece a existência de uma pessoa moral e lhe outorga personalidade jurídica de Direito Canónico – pessoa jurídica canónica – seja uma paróquia (CDC 515), um cabido (CDC 504), um instituto de vida consagrada (seminários ou abadias) e das associações de fiéis (CDC 312 e 313).
Autoridade competente à qual compete também a aprovação dos respectivos estatutos:
- para as de carácter universal ou internacional – Santa Sé;
- para as que exerçam actividades no respectivo território – Conferência Episcopal;
- para as do seu próprio território – bispo.
Reconhecendo o Estado a personalidade jurídica civil mediante a competente participação da erecção canónica à entidade administrativa competente

Erro ostensivo ou evidente – erro que seja apreensível ou cognoscível por qualquer pessoa de mediana preparação.

Esclerose múltipla – doença degenerativa do sistema nervoso central, de características altamente invalidantes. Tem um regime de invalidez especial.

Escolaridade obrigatória – ensino básico e secundário universal, obrigatório e gratuito, abrangendo todas as pessoas com idades compreendidas entre os 6 e os 18 anos.
A satisfação da exigência de escolaridade obrigatória varia em função da data de nascimento, a saber:

- 4 anos de escolaridade – a partir do ano lectivo de 57/58 (pessoas nascidas entre 15 Set. 51 e 31 Dez 66 – DL 40 964, 31/12/56 e DL 45 810, 9/07);
- 6 anos de escolaridade – a partir do ano lectivo de 73/74 (pessoas nascidas entre 1 Jan 67 e 31 Dez 80 – DL 45 810, 9/07/64);
- 9 anos de escolaridade – a partir do ano lectivo 87/88 (pessoas nascidas entre 1 Jan 81 e 31 Dez 2005 – L 46/86, 14/10)
- 12 anos (dos 6 aos 18 anos) – a partir do ano lectivo 2012/2013 (pessoas nascidas após 1 Jan 2006 – L 85/2009, 27/08, e DL 176/2012, 2/08.

Escritório (de representação) – estabelecimento não principal que representa os interesses de uma sociedade comercial.

ESNL – Entidades do sector não lucrativo (V. *NPO* e Entidades da economia social).

Espaço do cidadão – serviços de atendimento complementar da loja do cidadão (DL 74/2014, 13.05).

Espaço Económico Europeu (EEE) – acordo de associação (V.) entre os Estados comunitários e os membros da EFTA (Islândia, Noruega e Liechenstein) (Porto, 2/05/1992).

Espólio (de utentes de estabelecimentos) – conjunto de bens de que o utente dispunha à data do seu falecimento e que o acompanhava no seu dia-a-dia. (Deliberação nº 18/CD/95 do ex-Centro

Regional de Segurança Social de Lisboa e Vale do Tejo).

Esquema de prestações – conjunto das prestações próprias de determinado regime de protecção.

Estabelecimento – complexo organizado de bens e serviços postos ao serviço da empresa (V.) para que esta possa realizar os seus fins.

Estabelecimento individual de responsabilidade limitada (EIRL) – forma de organização da actividade de um empresário em nome individual caracterizada pela vantagem da separação de patrimónios – o património pessoal e o afecto à actividade. O empresário está abrangido pelo regime dos trabalhadores independentes (V.).
A lei vem apontando para a transformação em sociedade unipessoal por quotas – V. art. 270-A nº 5 do Código das Sociedades Comerciais.

Estabelecimentos industriais – todo o local onde seja exercido principal ou acessoriamente por conta própria ou de terceiros qualquer actividade industrial (Cf. tabela do D Reg 10/91, 15/03), independentemente da sua dimensão, do número de trabalhadores, equipamento ou outros factores de produção (definição legal).

Estabelecimentos públicos – pessoas colectivas públicas sob a forma de institutos públicos (V.) (Vg: universidades, hospitais...)

Estada – lugar onde a pessoa reside temporariamente (Direito Comunitário). (V. Residência habitual)

Estado competente (relações internacionais) – Estado onde se situa a instituição competente (V. Instituição competente).

Estado-membro – qualquer dos 28 Estados-membros da União Europeia. (art. 2º b) da L 37/2006, 9/08).

Estado-membro competente (drtº Comunitário) – Estado (país do EEE ou Suíça) onde se situa a instituição competente.

Estado de necessidade – carência subjectiva real e efectiva de meios económicos. (V. Situação de necessidade)

Estado-Providência, Estado social, Estado protector ou Estado de bem-estar social – expressão criada em meados do sec. XIX por pensadores liberais (Émile Olivier, Émile Laurent ...) hostis ao aumento das atribuições e da intervenção do Estado mas igualmente críticos em relação a uma filosofia individualista demasiado radical.
Expressão utilizada no sentido do crescente peso ou intervenção do Estado, nomeadamente na correcção das assimetrias de rendimentos entre as pessoas – função redistributiva, através de políticas sociais e como resposta às crescentes necessidades sociais.
O princípio da democracia económica e social impõe tarefas ao Estado e este intervém na conformação, transforma-

ção e modernização das estruturas económicas e sociais de forma a promover a igualdade real entre os cidadãos (V. Estado liberal – princípio da subsidariedade – o Estado intervém apenas acessória ou complementarmente). (V. Princípio da socialidade)

Estado terceiro (Drt⁰ Comunitário) – qualquer Estado que não é membro da União Europeia.

Estagiários (de estágio profissional) – jovens, até aos 35 anos, à procura de 1º emprego ou de novo emprego, com o ensino secundário completo ou nível de qualificação 3 (V.) que frequentem estágio que vise a inserção ou reconversão de desempregados para a vida activa, complementando uma qualificação preexistente através de formação prática no contexto laboral. Não estão abrangidos obrigatoriamente pela segurança social.

Estágios
Espécies:
– para aquisição de habilitação profissional requerida para o exercício de determinada profissão (vg: advogados…);
– curriculares de cursos, fazendo parte integrante dos mesmos;
– profissionais – visam a inserção ou a reconversão de desempregados para a vida activa.

Estatuto – regime jurídico. (V. Estatutos)

Estatuto da Aposentação (EA) – regras jurídicas da pensão de velhice do regime de protecção social convergente dos actuais trabalhadores em funções públicas (antigos funcionários públicos), inscritos na Caixa Geral de Aposentações (CGA).

Estatuto das Pensões de Sobrevivência (EPS) – regras jurídicas da pensão de sobrevivência do regime de protecção social convergente dos actuais trabalhadores em funções públicas (antigos funcionários públicos), inscritos na Caixa Geral de Aposentações (CGA).

Estatutos – instrumento jurídico que define as regras de organização e funcionamento de uma determinada pessoa colectiva, normalmente sujeitos a escritura pública. (V. Estatuto)

Estrangeiros – pessoas com nacionalidade diferente da do Estado onde se encontram. (V. Residente)

Estrutura da segurança social – conjunto de serviços e instituições que garantem a gestão da segurança social. (V. Entidades gestoras)

Evasão tributária e contributiva – situação que ocorre quando o contribuinte, obrigado legitimamente a declarar rendimentos quer à Administração Fiscal, quer à segurança social, não o faz ou declara rendimentos inferiores aos efectivamente praticados.

Eventos / acontecimentos – factos previstos cuja verificação ou actualização é susceptível de desencadear o efeito indemnizatório com a atribuição das prestações que lhe correspondem.

Eventualidades – factos ou eventos tipicamente enumerados na lei susceptíveis de ameaçar ou afectar a segurança económica dos indivíduos (Cf. Risco e Risco social). (V. Âmbito material)

Excedente técnico (gestão financeira) – quando o valor de um fundo relativo a uma eventualidade excede o valor das respectivas reservas matemáticas (V.).

Execução de dívidas à segurança social – cobrança coerciva das contribuições e outros créditos das instituições de segurança social através de processo judicial próprio no âmbito das funções das secções de processo executivo da segurança social (V.)

Execução do orçamento da segurança social – conjunto normativo que estabelece as disposições necessárias à execução do orçamento da segurança social (V.)

Executado – devedor objecto de processo executivo (V.)

Executor de cooperação – a entidade que, mediante contrato, seja responsável pela execução de uma acção de cooperação.

Exportabilidade (V. Exportação de prestações)

Exportação de prestações – pagamento das prestações fora do território do Estado de emprego, como manifestação da manutenção dos direitos adquiridos.

Facto determinante da protecção – ocorrência que, contida na eventualidade (V.) tipicamente prevista no âmbito material de uma prestação, habilita o beneficiário, ou o seu representante legal, a promover os mecanismos da sua atribuição.

Factor de redução por antecipação de idade – taxa percentual que incide sobre cada mês de antecipação da idade normal de acesso à pensão de velhice por flexibilização. Taxa actual geral: 0,5%/mês (p/ pilotos: 0,375%/mês).

Factor de sustentabilidade – razão entre a esperança de vida em 2006 e no ano anterior ao do início da pensão, isto é, o índice aplicável no momento do cálculo da pensão de velhice (ou da conversão da pensão de invalidez) correspondente à diferença da esperança média de vida aos 65 anos em 2006 e no ano anterior ao do início da pensão, divulgado por portaria (V. Valores nos quadros-síntese).

Falsas declarações – "quem declarar ou atestar falsamente à autoridade pública ou a funcionário no exercício das suas funções identidade, estado ou outra qualidade a que a lei atribua efeitos jurídicos, próprios ou alheios, é punido com pena de prisão até um ano ou com pena de multa...". (art. 348º-A CP)

Familiar
I – Para efeitos de livre circulação e residência dos cidadãos da União Europeia (art. 2º e) L 37/2006, 9/08:
i) O cônjuge de um cidadão da União;
ii) O parceiro com quem um cidadão da União vive em união de facto, constituída nos termos da lei, ou com quem o cidadão da União mantém uma relação permanente devidamente certificada, pela entidade competente do Estado-membro onde reside;
iii) O descendente directo com menos de 21 anos de idade ou que esteja a cargo de um cidadão da União, assim como o do cônjuge ou do parceiro na acepção da subalínea anterior;
iv) O ascendente directo que esteja a cargo de um cidadão da União, assim como o do cônjuge ou do parceiro na acepção da subalínea *ii*);
II – Direito Comunitário em geral:
1) i) uma pessoa definida ou reconhecida como tal ou designada como membro do agregado familiar pela legislação nos termos da qual as prestações são concedidas;
ii) no que se refere a prestações em espécie relativamente a prestações por doença, maternidade e paternidade equiparadas, uma pessoa definida ou reconhecida como tal ou designada como membro do agregado familiar pela legislação do Estado-membro em que resida;
2) Se a legislação de um Estado-membro que for aplicável nos termos do ponto 1) não permitir distinguir os familiares das demais pessoas a quem a referida legislação se aplica, são considerados familiares o cônjuge, os descendentes menores e os descendentes maiores a cargo;
3) Se, de acordo com a legislação que for aplicável nos termos dos pontos 1) e 2), uma pessoa só for considerada como familiar ou membro do agregado familiar se viver em comunhão de mesa e habitação com a pessoa segurada ou titular de pensão, essa condição considera-se cumprida se essa pessoa estiver fundamentalmente a cargo da pessoa segurada ou do titular da pensão.

Familiar a cargo – em dependência (V.) económica ou em comunhão de mesa e habitação (V.).

Federações – agrupamentos de instituições (vg: IPSS) que prossigam actividades congéneres.

Filiação
– para o seguro social e direito associativo: inscrição;
– para o direito civil: vínculo jurídico que une duas pessoas em virtude de uma ter gerado a outra.

Filial (V. Sociedades comerciais)

Financiamento da segurança social – conjunto de meios e técnicas financeiras adequados à gestão financeira da segurança social.
Sistemas:
– capitalização (V.) ou de contribuição definida – conhece-se a contribuição cobrada mas o benefício não é definido, dependendo do rendimento dos capitais;

- repartição (V.) ou de contribuição contemporânea ou de benefício definido (PAIG) – o benefício é garantido pelo Estado, suprindo défices de segurança social.

Firma (V. Sociedades comerciais)

Fiscalização (V. Procedimentos inspectivos)
1. acto de fiscalizar;
2. conversão do seguro social em instrumento fiscal.

Flexibilização da idade do acesso à pensão de velhice – situações de reforma a que se aplicam factores de redução por antecipação de idade (V.):
- a partir dos 60 anos de idade e 40 anos com registo de remunerações (arts 20º a) e 21º do DL 187/2007) (Suspensa de Abril de 2012 até Dez 2014);
- a partir dos 57 anos de idade por desemprego de longa duração (art. 20º d) do DL 187/2007 e arts 57º a 59º do DL 220/2006).
(V. Pensão antecipada no regime de flexibilização, Pensão antecipada por desemprego de longa duração e Reforma flexível)

Flexisegurança – adequação da flexibilização do tempo de trabalho com respostas sociais compensatórias.

Floricultores (floricultura) – pessoas cuja actividade profissional é a produção de flores (V. Actividades agrícolas e equiparadas)

Folhas de remunerações (V. Declaração de remunerações)

Folhas de salários (V. Declaração de remunerações)

Força de trabalho – capacidade de fornecimento de trabalho para a produção de bens e serviços, em sentido económico, próprio das pessoas economicamente activas.

Formação profissional – conjunto de actividades que visam a aquisição de conhecimentos, capacidades práticas, atitudes e comportamentos que são exigidos a um indivíduo para o exercício das funções próprias de uma profissão ou grupo de profissões em qualquer ramo de actividade económica.

Formandos – participantes em acção de formação profissional. Enquadram-se no regime dos trabalhadores por conta de outrem quando as acções são promovidas pela sua entidade empregadora.

Formulários – documentos de modelo normalizado utilizados na aplicação dos regulamentos comunitários de segurança social (V.). V. SEDs e DPs.

Fraude contra a segurança social – tipo criminal caracterizado por conduta das entidades empregadoras ou dos trabalhadores independentes e dos trabalhadores que visem a não liquidação, entrega ou pagamento total ou parcial de contribuições à segurança social ou o recebimento indevido total ou parcial de prestação de segurança social com intenção de obter para si ou para outrem vantagens pecuniárias ilegítimas de valor superior a € 7 500.

Free riders (passageiros clandestinos – fruidores de boleias sociais) – pessoas ou agentes económicos que confiam na comunidade ou no Estado para colherem benefícios sociais para que não contribuíram.

Frustração de créditos – tipo criminal caracterizado por as entidades empregadoras e os trabalhadores independentes sabendo que têm dívida contributiva às instituições de segurança social, alienarem, danificarem, ocultarem, fizerem desaparecer ou onerarem o seu património ou outorgarem em actos ou contratos que importem a transferência ou oneração do património com intenção de, por essa forma, frustrarem total ou parcialmente os créditos das instituições.

Fruticultores (fruticultura) – pessoas cuja actividade profissional é a produção de fruta. (V. Actividades e explorações agrícolas e equiparadas)

Função comutativa (V. Princípio comutativo)

Função redistributiva (V. Princípio redistributivo)

Funcionários (nacionais) (V. Trabalhadores que exercem funções públicas)

Funcionários comunitários – aquele que seja funcionário ou agente admitido mediante contrato na acepção do Estatuto dos Funcionários das Comunidades Europeias ou do regime aplicável aos outros agentes das Comunidades Europeias ou aquele que esteja colocado à disposição das Comunidades Europeias pelos Estados-membros ou por um organismo público ou privado a exercer funções equivalentes às exercidas pelos funcionários ou outros agentes das Comunidades Europeias (RAR 72/2001, 15/11).

Funcionários públicos – aqueles cuja relação de emprego com a Administração Pública era constituída por nomeação – preenchimento de um lugar do quadro de modo profissionalizado, exercendo funções próprias de serviço público que revista carácter de permanência. (V. Trabalhadores que exercem funções públicas)
Para efeitos penais o conceito é mais amplo (Ac STJ, de 13/02/1997).
Para o Direito Comunitário – pessoa considerada como tal ou equiparada pelo Estado-membro de que depende a Administração que a emprega.

Fundações – complexo patrimonial ou massa de bens afectados por uma liberalidade à prossecução de uma finalidade estabelecida pelo fundador ou em harmonia com a sua vontade (Mota Pinto).

Fundações públicas – pessoas colectivas públicas (V.) sob a forma de instituto público, ou seja, património afectado à prossecução de fins públicos especiais (Vg: Caixa de Previdência dos Advogados e Solicitadores)

Fundações de segurança social complementar – instituições particulares de solidariedade social sob a forma de fundação com o objecto exclusivo de gerir regimes profissionais complementares (V.).

Fundo de Certificados de Reforma – património autónomo exclusivamente afecto à realização dos objectivos do regime público de capitalização (V.).

Fundo de Desemprego – instituído pelo Dec 21 699, de 19/09/1932, foi extinto pelo DL 140-D/86, 14/06, que instituiu a taxa social única. O Gabinete de Gestão do Fundo de Desemprego, instituído para gerir este Fundo pelo DL 759/74, 30/12, foi extinto pelo DL 40/86, 4/03.

Fundo de Estabilização Financeira da Segurança Social – fundo gerido pelo IGFCSS, IP que visa assegurar a estabilização financeira do sistema de segurança social.

Fundo de Garantia dos Alimentos Devidos a Menores – fundo gerido pelo IGFSS, IP que visa garantir o pagamento das prestações de alimentos devidos a menores, constituído pela L 75/98, 19/11, e regulado pelo DL 164/99, 13/05.

Fundo de Socorro Social – património autónomo que se destina a:
– prestar auxílio em situações de alerta, contingência ou calamidade conforme tipificadas na Lei de Bases da Protecção Civil;
– prestar apoio às instituições particulares de solidariedade social, equiparadas ou outras de fins idênticos e de reconhecido interesse público que prossigam modalidades de acção social;
– apoiar pessoas e famílias que se encontrem em situação de emergência social;
– promover o desenvolvimento de actividades de acção social no âmbito de medidas intersectoriais que exijam uma intervenção articulada com outros Ministérios, entidades públicas ou autarquias, através da celebração de protocolos;
– fazer face à despesa decorrente do diferimento da desocupação de imóvel arrendado para habitação, nos termos da legislação aplicável. (DL 102/2012, de 11/05)

Fundos de assistência (antigas caixas de previdência e abono de família) – destinados à concessão de benefícios extraordinários.

Fundos especiais – patrimónios com autonomia financeira constituídos no âmbito das antigas caixas de previdência consagrando diversidades regulamentares relativamente ao regime geral de segurança social, próprios de grupos abrangidos por instituições entretanto integradas no sistema.
Encontram-se regulados os seguintes: trabalhadores dos lanifícios; trabalhado-

res da Carris, profissionais de seguros, profissionais da banca dos casinos, profissionais de espectáculos, pessoal da Companhia Rádio Marconi, jornalistas, pessoal da indústria vidreira, trabalhadores da EPAL...

Fundos de garantia salarial – plano de financiamento das prestações de garantia salarial (V.)

Fundos de pensões – forma de financiar as responsabilidades decorrentes dos planos de pensões (V.), constituído por um património autónomo exclusivamente afecto à realização de um ou mais desses planos.
Pode ser:
– *aberto ou multi-empresa* – não se exige a existência de qualquer vínculo entre os diferentes aderentes ao fundo, dependendo a adesão ao fundo unicamente de aceitação pela entidade gestora (vg. PPR); ou
– *fechado* ou uni-empresa – respeita apenas a um associado (V.), ou existindo vários associados, desde que exista um vínculo de natureza empresarial associativo, profissional ou social entre os mesmos e seja necessário o assentimento destes para a inclusão de novos associados ao fundo.
– *contributivo* – existem contribuições dos participantes (V.); ou
– *não contributivo* – as contribuições são efectuadas exclusivamente pela associada (V.).

Funeral – facto compreendido na eventualidade *encargos familiares* (V.) que determina o direito a reembolso das despesas de funeral e subsídio de funeral.

Funeral social – serviço básico de funeral sujeito a preço máximo actualizado anualmente imposto legalmente às funerárias (arts 108º a 121º DL 10/2015, 16.01).

Futebolistas (V. Praticantes desportivos profissionais)

Garantia de rendimento mínimo (V.
– Imposto negativo sobre o rendimento;
– Pensão mínima;
– Prestação de rendimento social de inserção;
– Remuneração mínima).

Garantia salarial – prestação substitutiva da remuneração do trabalhador em situações que implicam a cessação do contrato de trabalho (extinção, insolvência da entidade empregadora).

Garantias (dos beneficiários e dos contribuintes) – conjunto de meios graciosos e contenciosos na disponibilidade dos administrados aptos para reagir contra os actos da Administração Pública (Reclamação, acção administrativa, providências cautelares...).

Garantias das prestações – características jurídicas das prestações do seguro social que as diferenciam de outras atribuições patrimoniais (intransmissibilidade, impenhorabilidade parcial...).

Generalidade objectiva – princípio de segurança social segundo o qual a segurança social previne, repara e recupera o sujeito protegido sempre que se trate de necessidades de concretização individual e de passível avaliação económica.

Gerência – órgão de administração das sociedades por quotas e das sociedades em nome colectivo. (V. Órgãos)

Gerência comercial – prática de actos pertencentes e necessários ao exercício do comércio.

Gerentes comerciais – representantes comerciais não autónomos sujeitos às disposições do Código Comercial enquanto mandatário (sem poderes de administração ou de representação orgânica) e à legislação relativa ao contrato de trabalho, enquanto participante de uma relação de trabalho que os liga ao respectivo proponente (entidade empregadora). Está abrangido pelo regime geral dos trabalhadores por conta de outrem.

Gerentes sociais – titulares de órgão estatutário (gerência) – pessoas com poderes de administração e de representação orgânica das sociedades por quotas e em nome colectivo. Estão abrangidos pelo regime dos membros dos órgãos estatutários das pessoas colectivas.

Gestão financeira (da segurança social)
Técnicas:
– capitalização (V.);
– repartição (V.);
– sistemas mistos:
• capitalização atenuada ou mitigada (predomina a capitalização);
• repartição com reservas ou por períodos (predomina o método da repartição).

Gestão de negócios – os actos em matéria tributária que não sejam de natureza puramente pessoal podem ser praticados pelo gestor de negócios, produzindo efeitos em relação ao dono do negócio nos termos da lei civil.
Enquanto a gestão de negócios não for ratificada, o gestor de negócios assume os direitos e deveres do sujeito passivo da relação tributária.
Em caso de cumprimento de obrigações acessórias ou de pagamento, a gestão de negócios presume-se ratificada após o termo do prazo legal do seu cumprimento. (arts 464º e segs CC e art. 17º LGT) (V. Mandato)

Gestores públicos – indivíduos designados pelo Estado para órgãos de gestão ou de administração das empresas públicas ou para os órgãos das empresas a que a lei ou os respectivos estatutos conferiram ao Estado essa faculdade.

Grande acréscimo – valor correspondente a 2% de 1/12 do total das remunerações registadas após a concessão das pensões de invalidez iniciadas até 31/12/93, com efeitos a partir da convolação (V.) de pensão de invalidez em pensão de velhice (fórmula: TS/600, em que TS é o total dos salários). (V. Acréscimo)

GLOSSÁRIO

Grande dependência (V. Graus de dependência)

Grande inválido – designação outrora atribuída às pessoas em situação de dependência (V.) titulares de suplemento de pensão de grande invalidez, prestação substituída, entretanto, pelo subsídio por assistência de terceira pessoa e actualmente pelo complemento por dependência.

Grau de ensino (V. Ensino)

Graus de dependência (V. Dependência física)

Graus de parentesco e de afinidade – expressão numérica do número de filiações ou gerações. Sua determinação: conta-se o número das pessoas que formam a linha e desconta-se uma unidade. Na linha colateral a contagem faz-se subindo por um dos ramos e descendo pelo outro. No direito civil os efeitos do parentesco produzem-se em qualquer grau da linha recta e até ao 6º grau da linha colateral. Assim:

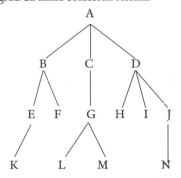

AB – 1º grau da linha recta

AF – 2º grau da linha recta
CL – 2º grau da linha recta
DN – 2º grau da linha recta
AM – 3º grau da linha recta
BC – 2º grau da linha colateral
EC – 3º grau da linha colateral
FH – 4º grau da linha colateral
GN – 5º grau da linha colateral
KM – 6º grau da linha colateral

Grávida (V. Trabalhadora grávida)

Gravidez – facto determinante da atribuição de abono de família pré-natal e de subsídio por riscos específicos (V.).

Grupos de empresas associadas (V. Empresa única e sociedades em relação de domínio)

Grupos ou regimes fechados – grupos de beneficiários, activos e pensionistas, a que se aplica um regulamento ou regime próprio, o qual quando se fecha não permite novas inscrições (Vg. Trabalhadores ferroviários, Transportes colectivos do Porto, regime do ACT dos bancários, os enumerados no CRC). São considerados pela lei regime especial.

Guarda de facto (V. Protecção de crianças e jovens)

Guias de pagamento (V. DUCS)

Harmonização (no âmbito da aproximação de legislações) – modificação de conteúdo de normas ou sistemas para criar entre elas as similitudes necessárias ao equilíbrio das relações que se pretendem garantir. (V. Coordenação)

Helicicultura (helicicultores) – produção de caracóis. É equiparada a actividade agrícola.

Horticultores (horticultura) – agricultores (V.) que se dedicam à produção de produtos hortícolas, raízes e tubérculos (V. Actividades agrícolas e equiparadas)

Hortifruticultores (hortifruticultura) – horticultores (V.) que se dedicam também à produção de fruta (V. Actividades agrícolas e equiparadas)

Hospitais (V. Estabelecimentos públicos)

IAS – indexante dos apoios sociais (V.)

Idade activa – pessoas com idade entre os 16 e os 64 anos inclusive.

Idade escolar – crianças e jovens com idades compreendidas entre os 6 e os 18 anos (L 85/ 2009, 27/08). (V. Escolaridade obrigatória)

Idade normal de acesso à pensão de velhice – idade estabelecida pela lei a partir da qual os beneficiários podem exercer o seu direito à pensão de velhice (V. idades nos quadros-síntese). (V. Flexibilização da idade de acesso à pensão de reforma)

Idade núbil – idade mínima para casar: em Portugal 16 anos, determinando maioridade por emancipação. (V. Maioridade)

Identificação (de trabalhadores e de empregadores) – procedimento prévio ao enquadramento dos trabalhadores (V.) e à inscrição (V.) que consiste na caracterização jurídica da situação de exercício de actividade remunerada.

Identificação de pessoas colectivas e entidades equiparadas – atribuição do número de identificação de pessoa colectiva (NIPC), do número de identificação fiscal (NIF) e do número de identificação de segurança social (NISS), constante do cartão de empresa ou do cartão de pessoa colectiva (V.) a que corresponde um código CAE (V.).

IEFP, IP – Instituto do Emprego e da Formação Profissional (V).

IGFCSS, IP – Instituto de Gestão de Fundos de Capitalização da Segurança Social, IP (V.).

IGFSS, IP – Instituto de Gestão Financeira da Segurança Social, IP. (V.).

Igualdade (V. Princípio da –)

Igualdade de tratamento – assimilação dos trabalhadores migrantes do país de imigração aos trabalhadores nacionais do Estado de acolhimento. (V. Discriminação, Trabalhadores migrantes, Trabalho igual e Trabalho de valor igual)

II, IP – Instituto de Informática, IP. (V.)

Ilicitude – comportamento humano (acto ou omissão) que lesa ou põe em perigo um bem juridicamente tutelado. Pode ser objectiva (independente da culpa) ou subjectiva (ilicitude objectiva acompanhada da culpa).

Imigração – a acção pela qual um indivíduo que residia habitualmente num Estado estabelece a sua residência habitual no território de outro Estado.

Imigrante – o indivíduo que empreende a acção de imigrar, ou seja, passa a residir em território diferente daquele em que residia (V. Trabalhadores migrantes e Mediador socio-cultural).

Imposições fiscais – contribuições e impostos do sistema fiscal.

Imposto ([1] taxa) – os impostos assentam essencialmente na capacidade contributiva, revelada, nos termos da lei, através do rendimento (directo) ou da sua utilização (indirecto) e do património. (V. Tributos)

Imputação – atribuição do facto ao agente ou individualização do facto.

Incapacidade (Direito Civil) – qualidade de pessoa legalmente privada do gozo (incapacidade de gozo – quanto à titularidade de direitos) ou do exercício de certos direitos (incapacidade de exercício – quanto ao poder de exercício dos seus direitos, vg: menores, interditos e inabilitados).

Incapacidade (física) – perda da integridade física ou psíquica, independentemente das suas consequências económicas ou profissionais.

Incapacidade (laboral) – situação pessoal do indivíduo a quem falta a sua integridade psicofísica da qual resulte a perda total ou parcial do rendimento de trabalho (V. Capacidade laboral). Pode ser:
1) – temporária, provisória ou transitória – susceptível de cura ou de recuperação (doença); ou
– permanente (V.) ou definitiva – insusceptível de cura ou de recuperação (invalidez) (V.);
2) – fisiológica – produzida por idade avançada (velhice) ou menoridade para o trabalho (menores de 16 anos); ou
– patológica – produzida por doença ou acidente;
3) – originária ou congénita – anterior ao início da actividade profissional; ou
– superveniente – posterior ao desenvolvimento da actividade profissional;
4) – total – sem capacidade residual; ou
– parcial – com capacidade residual.

Incapacidade permanente – quando seja de presumir que o beneficiário não recuperará dentro dos 3 anos subsequentes a capacidade de auferir no desempenho da sua profissão mais de 50% da retribuição correspondente (V. Invalidez).

Incapacidade permanente e definitiva – quando o beneficiário não apresenta capacidades de ganho remanescente, nem seja de presumir que venha a recuperar até à idade legal de acesso à pensão de velhice a capacidade de auferir quaisquer meios de subsistência (V. Invalidez).

Incentivos ao emprego – conjunto de medidas que visam estimular a criação de postos de trabalho.
Trata-se das designadas medidas activas de combate ao desemprego (Vg. primeiro emprego) por contraposição às medidas passivas (Vg. subsídio de desemprego) (V. Desemprego).

Incerteza *(incertus an, quando e quantum)* – condição de verificação do risco com prejuízo indemnizável (seguro social) (V. Aleatoriedade)

Incidência – definição do valor das remunerações e sua natureza.

Indemnização – etimologicamente, recolocar a pessoa na situação patrimonial em que se encontrava antes de se verificar o dano (do latim: *in + damnum*, isto é, sem dano).

Indemnização por incapacidade temporária (doenças profissionais) – prestação substitutiva de salário, por um período de tempo limitado (70% – 12 meses; 75% – mais de 12 meses).

Indemnizações em capital (doenças profissionais) – prestações de atribuição única destinadas a compensar o beneficiário pela perda ou redução permanente de sua capacidade de trabalho ou de ganho resultante de doença profissional (corresponde doutrinariamente à remição própria dos acidentes de trabalho).

Indemnizações compensatórias – são as subvenções públicas (V.) que se destinam a compensar custos de exploração resultantes de prestação de serviços de interesse geral (V.).

Independentes (V. Trabalhadores independentes)

Indexação – actualização de valores em função de uma variável (Vg: da variação do custo de vida).

Indexante dos apoios sociais (IAS) – referencial determinante da fixação, cálculo e actualização dos apoios e outras despesas. Pode ser objecto de actualização por portaria. (V. valores nos quadros-síntese)

Índice de profissionalidade (V. Vínculo de profissionalidade)

Indisponibilidade das prestações – restrições ou impedimentos das prestações quanto à possibilidade de o próprio ou outrem dispor delas, de as transferir para o património de outrem. Situações de indisponibilidade: intransmissibilidade (não cessão), impenhorabilidade parcial e irrenunciabilidade (expressa).

Individualização (das prestações) – as prestações são específicas e individualizadas ou personalizadas.

Indústria (V. Actividade industrial)

Industrial – pessoa singular ou colectiva que seja proprietária ou requeira a instalação de um estabelecimento industrial ou que nele exerça em seu próprio nome actividade industrial (V.).

Infância – primeira fase da vida humana extra-uterina.
- primeira infância – até aos 3 anos;
- segunda infância – dos 3 aos 6 anos.

Informação jurídica (V. Acesso ao Direito e aos tribunais)

Informação médica – descrição da situação clínica do beneficiário feita pelo seu médico assistente para conhecimento dos médicos do sistema de verificação de incapacidades.

Infracção fiscal ou parafiscal – facto típico, ilícito e culposo, punível pelas leis tributárias. Podem ser crimes ou contra-ordenações (Lei Geral Tributária). (V. Crimes contra a segurança social e Contra-ordenações)

Inibição do exercício do poder paternal
– pode verificar-se:
- *ope legis* ou inibição de pleno direito (art. 1913º nº 1 do CC) os condenados definitivamente por qualquer crime a que a lei atribua esse efeito, os interditos e os inabilitados por anomalia psíquica e os ausentes;
- decretada pelo tribunal de menores – inibição judicial – a requerimento do Ministério Público, de qualquer parente do menor ou de qualquer pessoa a quem ele se encontre, de facto ou de direito, confiado com fundamento na infracção culposa dos deveres para com os filhos por parte de qualquer dos pais ou não se mostrem em condições de os cumprir (art. 1915º do CC).

Podendo ser:
- total; ou
- parcial (art. 1913º nº 2 do CC) – não podendo representar os filhos nem administrar os seus bens, os menores não emancipados, os interditos e inabilitados por razão diferente da anomalia psíquica. (V. Poder paternal)

INR, IP – Instituto Nacional para a Reabilitação (V.)

Inscrição (de trabalhadores e empregadores) – acto administrativo por que os trabalhadores e as respectivas entidades empregadoras se constituem sujeitos da relação jurídica de seguro social na qualidade, respectivamente, de beneficiários e contribuintes.

Inscritos marítimos – trabalhadores dependentes, afectos à actividade da embarcação de pesca local e costeira que desempenham as funções e tarefas correspondentes às competências típicas das profissões de marítimo (V. Pescadores e Trabalhadores inscritos marítimos).

Inserção – criação de condições de autonomia social e económica em domínios específicos (áreas de inserção), através de programa próprio (programa de inserção) de acordo com os beneficiários (acordo de inserção). (V. Empresa de inserção social)

Insolvência – insuficiência de bens para solver os compromissos.

Inspecção (V. Procedimentos inspectivos)

Inspecção-Geral do Ministério do Trabalho, Solidariedade e Segurança Social (IGMTSSS) – serviço de inspecção e auditoria aos serviços, organismos e órgãos do ministério, bem como às entidades privadas que prosseguem fins de apoio e solidariedade social.

Institucionalizado – pessoa acolhida em estabelecimento de apoio social.

Instituição (Drt° Comunitário) – em relação a cada Estado-membro, o organismo ou a autoridade responsável pela aplicação da totalidade ou de parte da legislação.

Instituição competente (Dt° Comunitário)
– instituição em que o interessado esteja inscrito no momento do pedido de prestações;
– instituição pela qual o interessado tem ou teria direito a prestações se residisse ou se o ou os familiares residissem no Estado-membro em que se situa essa instituição; ou
– instituição designada pela autoridade competente do Estado-membro em causa;
se se tratar de um regime relativo às obrigações do empregador que tenha por objecto prestações quer o empregador ou o segurador em questão, quer, na sua falta, o organismo ou a autoridade designada pela autoridade competente do Estado-membro em causa.

Instituição de contacto (Direito Comunitário) (anteriormente designada Instituição de instrução) – instituição à qual é apresentado ou transmitido o pedido de prestações. Além de instruir o pedido de prestações ao abrigo da legislação por ela aplicada, essa instituição deve promover o intercâmbio de dados, a comunicação de decisões e os procedimentos necessários à instrução do pedido de prestações pelas instituições em causa, prestar ao requerente, a seu pedido, quaisquer informações relevantes para os aspectos comunitários da instrução e mantê-lo informado da situação.
A instituição do lugar de residência não é referida por instituição de contacto se a pessoa interessada não tiver estado, em momento algum, sujeita à legislação aplicada por essa instituição.
Cabe-lhe:
– instruir os pedidos de prestações;
– promover a cooperação entre as instituições;
– prestar informações ao requerente;
– elaborar a nota de resumo P1 destinada ao requerente.

Instituição do lugar de residência e **instituição do lugar de estada** (Drt° Comunitário) – respectivamente, instituição com poderes para conceder prestações no lugar onde o interessado reside e a instituição com poderes para conceder as prestações no lugar onde o interessado tenha estada, nos termos da legislação aplicada pela referida instituição ou, se tal instituição não existir, a instituição designada pela autoridade competente do Estado-membro em causa.

Instituições (Dto. Administrativo) (por oposição a associação de Direito Civil) – pessoas colectivas constituídas por uma organização de carácter material e não por um agrupamento de pessoas.

Instituições de economia social (V. Entidades de economia social)

Instituições de instrução (relações internacionais) (V. Instituição de contacto).

Instituições da segurança social – pessoas colectivas públicas, sob a forma de institutos públicos (V.) que gerem regimes de protecção social e prestações pecuniárias ou de outra natureza no caso de se verificarem factos contingentes relativos à vida ou à saúde dos interessados, à sua situação profissional ou aos seus encargos familiares.
Enumeração legal:
– Continente (DL 39/2011, 21/03):
Instituto de Gestão de Fundos de Capitalização da Segurança Social, IP; Instituto de Gestão Financeira da Segurança Social, IP; Instituto de Informática, IP e Instituto da Segurança Social, IP.
– Regionais:
RA Açores – Instituto da Segurança Social dos Açores, IPRA (ISSA);
RA Madeira – Instituto de Segurança Social da Madeira, IPRA (ISSM).

Instituto do Emprego e da Formação Profissional (IEFP) – instituto público sob tutela do Ministério da Economia ao qual compete a execução das políticas de emprego e formação profissional.

Instituto de Gestão Financeira da Segurança Social, IP (IGFSS, IP) – instituição da segurança social (instituto público) de âmbito nacional (continente) que tem como objectivo a gestão financeira unificada dos recursos económicos consignados no orçamento da segurança social, designadamente nas seguintes áreas:
– planeamento, orçamento e conta – acompanhamento e avaliação da execução orçamental;
– gestão da dívida à segurança social – regularização das situações de incumprimento contributivo;
– património imobiliário – gestão do património das instituições;
– na área da gestão financeira.

Instituto de Gestão de Fundos de Capitalização da Segurança Social, IP ou **Instituto de Gestão de Fundos** (IGFCSS, IP) – instituição da segurança social (instituto público) de âmbito nacional que tem como objectivo a gestão de fundos de capitalização no âmbito do financiamento do sistema de segurança social do Estado e de outros sistemas previdenciais.

GLOSSÁRIO

Instituto de Informática, IP (II, IP) – instituição da segurança social (instituto público) de âmbito nacional que tem por objectivo definir e propor as políticas e estratégias de tecnologias de informação e comunicação, garantindo o planeamento, concepção, execução e avaliação das iniciativas de informatização e actualização tecnológica do ministério responsável pela área da segurança social.

Instituto Nacional para a Reabilitação, IP (INR, IP) – instituto público de âmbito nacional que tem por objectivo assegurar o planeamento, execução e coordenação das políticas nacionais destinadas a promover os direitos das pessoas com deficiência.

Instituto da Segurança Social, IP (ISS, IP) – instituição da segurança social (instituto público) de âmbito nacional (continente) que tem como objectivos a gestão dos regimes de segurança social, incluindo o tratamento, recuperação e reparação de doenças ou incapacidades resultantes de riscos profissionais, o reconhecimento dos direitos e o cumprimento das obrigações decorrentes dos regimes de segurança social e o exercício da acção social, bem como assegurar a aplicação dos instrumentos internacionais de segurança social e acção social.

Instituto da Segurança Social dos Açores, IPRA (ISSA) – instituição regional de segurança social com atribuições na área do seguro social e da acção social.

Instituto de Segurança Social da Madeira (ISSM, IPRA) – instituição regional de segurança social com atribuições na área do seguro social e da acção social.

Institutos da Igreja Católica – entes canonicamente erectos de substrato patrimonial (Ex: centros sociais paroquiais, institutos de vida consagrada...)

Institutos de organizações ou confissões religiosas – instituições legalmente equiparadas a fundações, fundadas, dirigidas ou sustentadas por uma organização religiosa que prossiga os objectivos definidos no art. 1º do Estatuto das IPSS.

Institutos públicos (Administração estadual indirecta) – pessoas colectivas públicas, de tipo institucional (organização de carácter material ≠ associação) criadas para assegurar o desempenho de funções administrativas (nem privadas, nem não administrativas ou jurisdicionais) determinadas (matérias que especificamente lhes sejam cometidas por lei) pertencentes ao Estado ou a outra pessoa colectiva pública. (Freitas do Amaral)
Espécies:
– serviços personalizados;
– fundações públicas (caixas de previdência);
– estabelecimentos públicos (universidades, hospitais);
– empresas públicas (V.) (com personalidade jurídica).

Institutos religiosos (V. Institutos de organizações ou confissões religiosas)

Instrumentos – o mesmo que documentos.

Instrumentos internacionais de segurança social
Podem ser:
1. *instrumentos de aproximação de legislações* (cf. instrumentos normativos)
   – de *coordenação* – visam ajustar os efeitos das legislações em causa mas sem modificar o seu conteúdo;
   – de *harmonização* – visam modificar parte do conteúdo das normas ou dos sistemas para criar entre eles as similitudes necessárias ao equilíbrio das relações que se pretendem garantir.
2. *instrumentos de base* (relações internacionais) (Tratado, Convenção, Acordo) – têm como objecto os aspectos de fundo e condições materiais – pessoas abrangidas, âmbito material. (V. instrumentos de execução)
3. *instrumentos declarativos* – toda a declaração de princípio, constituída por uma enumeração mais ou menos generosa de ideais a atingir, reconhecendo direitos sem no entanto precisar o seu conteúdo. Tem como única ambição a melhoria das legislações nacionais e tende essencialmente a elevar os níveis de protecção social. Em regra, tem um valor mais moral que jurídico, caso da Declaração Universal dos Direitos do Homem (apenas no âmbito que nos ocupa) e da própria Carta das Nações Unidas.
4. *Instrumentos de execução ou de aplicação* (Acordos administrativos...) – normas de articulação funcional com função adjectiva ou procedimental relativamente ao instrumento de base (V.).
5. *instrumentos normativos* (cf. instrumentos de aproximação) – documentos que visam promover o desenvolvimento das legislações nacionais. Os Estados que os ratificam obrigam-se ao conteúdo das normas postas por estes instrumentos. Funcionalmente constituem instrumentos de harmonização (V.).

Instrumentos de protecção social (V. Protecção social – instrumentos)

Integração social (V. Livre circulação de trabalhadores)

Interconexão de ficheiros – cruzamento de dados existentes em sistemas de ficheiros diferentes (Vg. fisco / segurança social).

Intermediação intergeracional (V. Teoria do ciclo de vida)

Interrupção da gravidez – ocorrência de interrupção da gravidez espontânea ou voluntária legalmente admitida, nos termos do art. 142º do Código Penal. Determina uma licença (de 14 a 30 dias) com prestação pecuniária correspondente.

Intransmissibilidade das prestações – as prestações não podem ser cedidas a terceiros.

Invalidez – relativamente à incapacidade permanente para o trabalho que a caracteriza, pode ser:

GLOSSÁRIO

1) quanto à extensão (susceptibilidade de continuarem a ser exercidas actividades profissionais):
– absoluta – reportada ao exercício de qualquer (todas) actividade profissional (V. incapacidade permanente e definitiva);
– relativa – situação de incapacidade permanente (V.) física ou mental (presume-se que o beneficiário não recuperará dentro dos três anos subsequentes a capacidade de auferir no desempenho da sua profissão mais de 50% da retribuição correspondente) determinante da impossibilidade de auferir na sua profissão mais de 1/3 da remuneração correspondente ao seu exercício normal.
2) quanto à causa:
– comum, de causa não profissional – motivada por doença ou acidente não profissional de causa não profissional;
– profissional – motivada por acidente de trabalho ou doença profissional;
3) quanto à natureza:
– congénita;
– adquirida – se resultar de uma doença (excepto doença profissional), de um acidente (excepto acidente de trabalho) ou de um acontecimento político.
Perspectiva funcional – inaptidão para exercer uma actividade com um grau prescrito ou a levar uma vida social normal na medida em que seja provável que essa inaptidão será permanente ou subsiste para além de um período limite que seja definido na legislação relativa à cobertura do risco doença.

Invalidez presumida – o mesmo que velhice no âmbito do ACTV dos bancários.

Isenção de contribuições ou **isenção da obrigação de contribuir** – situação que ocorre sempre que um trabalhador já abrangido por um regime obrigatório de protecção social que cobre a totalidade das eventualidades, com rendimento igual ou superior ao IAS, ou um pensionista (de invalidez ou velhice) e exercendo simultaneamente uma actividade como trabalhador independente, satisfeitas as condições legais, requer a isenção do pagamento de contribuições para este segundo regime.

ISS, IP – Instituto da Segurança Social, IP (V.).

ISSA, IP – Instituto da Segurança Social dos Açores (V.)

ISSM, IP – Instituto de segurança social da Madeira (V.)

IVA social – receita fiscal obtida com o aumento da taxa normal de IVA (16%) consignada à segurança social. Instituído no ano económico de 1995, é afecto à segurança social anualmente.

Jogadores de futebol (V. Praticantes desportivos profissionais)

Jovens à procura do 1º emprego – trabalhadores, com idade compreendida entre os 16 e os 30 anos, que se encontrem inscritos nos centros de emprego e que nunca hajam prestado a sua actividade no quadro de uma relação de trabalho subordinado, cuja duração, seguida ou interpolada, ultrapasse os seis meses. (Port 196-A/2001, 10/03)

A idade dos trabalhadores afere-se à data do início do contrato de trabalho sem termo.

Juntas médicas (V. Comissões de verificação, de reavaliação e de recurso)

Jurisdição (dos tribunais) – poder de julgar.

Jurisprudência – decisões dos tribunais susceptíveis de influir na interpretação das normas jurídicas (doutrina ou institutos de raiz pretoriana).

Jurisprudência Gottardo (V. Acórdão Gottardo)

Juros – frutos civis, constituídos por coisas fungíveis que representam o rendimento de uma obrigação de capital, ou seja, a compensação que o obrigado deve pela utilização temporária de certo capital cujo montante varia em função dos factores seguintes: o valor do capital devido, o tempo durante o qual se mantém a privação deste pelo credor e a taxa de remuneração fixada por lei ou convencionada pelas partes (Antunes Varela).

Quanto à sua fonte podem ser:
– legais – aplicáveis sempre que haja normas legais que determinem a sua atribuição em consequência do diferimento na realização de uma prestação, funcionando ainda supletivamente sempre que as partes estipulem a sua exigência mas sem fixarem a taxa;
– convencionais – têm a sua taxa estipulada pelas partes, dentro dos limites legalmente estabelecidos.

Quanto às áreas de intervenção podem ser:
– civis; e
– comerciais ou bancários.

Quanto à função compulsória:
– compensatórios – visam a mera reposição da degradação do capital devido;
– compulsórios – pretendem incitar o devedor ao pagamento.

Quanto à sua função ou finalidade económica e social:
– compensatórios (V.);
– indemnizatórios (V.);
– moratórios (V.);
– remuneratórios (V.).

Juros compensatórios – destinam-se a proporcionar ao credor um pagamento que compense uma temporária privação do capital que ele não devia ter suportado.

Na área da segurança social são devidos por atraso na liquidação (V.) das contribuições devidas.

Requisitos (art. 35º da LGT):
– retardamento da liquidação;
– a contribuição ser devida;
– haver culpa (dolo ou negligência).

Taxa de 7%/ano – art. 559º do CC e Port 236/99, 12/04 (não se aplica a taxa de 12% da Port 237/77, 12/04, relativa aos créditos de que sejam titulares empresas comerciais).

Juros indemnizatórios – aqueles que se destinam a indemnizar os danos por outro facto para além do retardamento do cumprimento praticado pelo devedor.

Na área da segurança social são devidos quando se determine que houve erro imputável aos serviços de que resulte pagamento da dívida tributária em montante superior ao legalmente devido. Taxa igual à dos juros compensatórios (V.) (art. 43º da LGT e art. 61º do CPPT).

Juros de mora ou moratórios – têm uma natureza indemnizatória dos danos causados pela mora, visando recompensar o credor pelos prejuízos em virtude do retardamento no cumprimento da obrigação pelo devedor.

Na área da segurança social são devidos pelo não pagamento das contribuições à segurança social nos prazos estabelecidos são devidos juros de mora por cada mês de calendário ou fracção.

A taxa de juro é a estabelecida para as dívidas de impostos ao Estado (V. Taxas nos quadros-síntese), ou a taxa estabelecida anualmente no âmbito dos acordos para pagamento de dívidas em prestações (planos prestacionais).

Os juros vencidos são calculados no momento do pagamento da dívida;

Os juros vincendos são calculados no momento da celebração de acordo para pagamento da dívida em prestações. (DL 73/99, 16/03).

Juros remuneratórios – têm uma finalidade remuneratória, correspondendo ao prazo do empréstimo do dinheiro pelo tempo que o credor se priva do capital por o ter cedido ao devedor por meio de contrato de mútuo (civil, comercial ou bancário), exigindo uma remuneração por essa cedência. Não tem aplicação na área da segurança social.

Justiça comutativa (V. Princípio comutativo)

Justiça distributiva (V. Princípio distributivo)

Lactante (V. Trabalhadora lactante)

Lay off – situação de crise empresarial que provoca a suspensão ou redução da prestação de trabalho por motivo respeitante à entidade empregadora, determinando o pagamento de compensações retributivas (V.) por parte da segurança social.

Legalidade (V. Princípio da –)

Legalidade tributária (V. Princípio da –)

Legislação (Dtrº Comunitário) – em relação a cada Estado-membro, as leis, os regulamentos, as disposições legais e outras medidas de aplicação respeitantes aos ramos de segurança social (V.). Pode excluir as disposições convencionais que não sejam as que tenham por objecto dar cumprimento a uma obrigação de seguro resultante das leis ou dos regulamentos ou que tenham sido objecto de uma decisão dos poderes públicos que as tornam obrigatórias ou alargam o seu âmbito de aplicação, desde que objecto de declaração nesse sentido.

Lei – como fonte imediata do direito é toda a disposição genérica provinda dos órgãos estaduais competentes.

Liberdade de circulação (V. Livre circulação de trabalhadores)

Licenciamento (de estabelecimentos) – autorização administrativa para o exercício da actividade de um estabelecimento que comprove o cumprimento das disposições legais e regulamentares aplicáveis ao seu funcionamento.

Limite inferior contributivo (*plancher*) – valor que constitui o limite remuneratório mínimo de base de incidência (na linguagem fiscal: "colecta mínima").
Não se confunde com a isenção de contribuições abaixo desse valor.

Limite superior contributivo (*plafond*) – valor de remuneração (efectiva ou convencional) acima da qual não incidem contribuições para a segurança social.

Liquidação (de contribuições) em sentido amplo – acto que se compõe da invocação da lei de incidência ou sujeição, que define o conteúdo da situação abrangida, a determinação dos factos reais que se integram na previsão legal, a qualificação dos factos reais como previstos na lei, e decisão dessa coincidência, ou seja da aplicação da lei aos factos, a declaração sobre o conteúdo exacto da obrigação e o prazo para o seu pagamento, o conhecimento dado ao contribuinte do objecto e montante da obrigação, da interpelação de pagamento dentro de certo prazo e do seu cumprimento.
Relativamente aos contribuintes da segurança social pode ser:

1) voluntária (autoliquidação V.), compreende:
– determinação do valor da remuneração sobre que incide;
– aplicação das normas legais que definem as taxas e a matéria sobre que recaem;
– apuramento aritmético (liquidação *stricto sensu*);
– pagamento espontâneo (das suas contribuições e das importâncias retidas) nos locais e pelos modos previstos na lei; ou
2) oficiosa – sempre que não ocorra a autoliquidação feita pelas entidades empregadoras, as instituições de segurança social adquirem competência para procederem à liquidação (oficiosa).

Lista das doenças profissionais – enumeração de doenças profissionais aprovada em instrumento jurídico próprio (D Reg 6/ 2001, 5/05, versão do D Reg 76/2007, 17/ 07). Existe uma Comissão Nacional de Revisão da – (V.)

Livre circulação e residência dos cidadãos da União Europeia – até 3 meses sem condições. Por período superior a três meses desde que reúna uma das seguintes condições:
a) Exerça no território português uma actividade profissional subordinada ou independente;
b) Disponha de recursos suficientes para si próprio e para os seus familiares, bem como um seguro de saúde, desde que tal seja exigido no Estado-membro da sua nacionalidade aos cidadãos portugueses;

c) Esteja inscrito num estabelecimento de ensino público ou privado, oficialmente reconhecido, desde que comprove, mediante declaração ou outro meio de prova à sua escolha, a posse de recursos financeiros suficientes para si próprio e para os seus familiares, bem como disponha de um seguro de saúde, desde que tal seja exigido no Estado-membro da sua nacionalidade aos cidadãos portugueses;

d) Seja familiar que acompanhe ou se reúna a um cidadão da União abrangido pelas alíneas anteriores.

(V. Residente em Portugal)

Livre circulação de trabalhadores – componente de uma das 4 liberdades (a 2ª) que fundam o Direito Económico Comunitário. A saber:

1ª – livre circulação de mercadorias;
2ª – livre circulação de pessoas
 • trabalhadores e
 • independentes (direito de estabelecimento);
3ª – livre circulação de serviços;
4ª – livre circulação de capitais.

Comporta:

1) mobilidade territorial – direito, sob reservas de limitações justificadas por razões de ordem pública, saúde pública ou segurança pública de:
– se deslocar para responder a empregos efectivamente oferecidos livremente no território dos Estados-membros;
– residir num dos Estados-membros a fim de aí exercer um emprego;
– permanecer depois de ter ocupado um emprego (só reformados, trabalhadores atingidos por uma inaptidão física e trabalhadores tornados fronteiriços).

2) mobilidade profissional – estabelecimento entre os nacionais e os cidadãos de outros Estados-membros de uma igualdade no acesso a:
– emprego oferecido; e
– sistema de formação, adaptação e reconversão;
3) integração social.

Lojas do cidadão – serviços de atendimento genérico ao cidadão. Constituem extensões dos serviços da segurança social (DL 187/99, 2/06). (V. Espaço do cidadão)

Longevidade – aumento da esperança média de vida.

Lutuosas – associações que realizam os funerais dos seus associados. Hoje são associações mutualistas.

Sendo empresas lutuosas as empresas funerárias sujeitas ao regime do funeral social (V.)

Madrasta – relação de afinidade na linha recta ascendente de 1º grau (mulher do pai). Em regra, é relevante a situação de facto.

Maiores (V. Maioridade)

Maioridade (Drtº Civil) – capacidade de exercício (V.) em função da idade (21 anos) ou de emancipação (V.) (geral: 18 anos; pelo casamento: 16 anos).

Majoração – acréscimo do montante de uma prestação em razão de determinados critérios ligados à condição económica ou familiar.

- do abono de família 1) até aos 12 meses de idade; 2) dos 12 aos 36 meses de idade: pelo 2º filho e 3º no mesmo agregado; e 3) 35% por inserção em agregado monoparental;
- do subsídio de doença – 5% até 90 dias, quando a remuneração de referência seja igual ou inferior a € 500; ou

o agregado familiar integre três ou mais descendentes com idades até 16 anos, ou até 24 anos se receberem abono de família (para crianças e jovens); ou

o agregado familiar integre descendentes que beneficiem da bonificação por deficiência do abono de família (para crianças e jovens);

- do subsídio de desemprego (2012 a 2017) – 10% quando no mesmo agregado familiar ambos os cônjuges ou pessoas que vivam em união de facto sejam titulares do subsídio de desemprego e tenham filhos ou equiparados a cargo; ou

quando no agregado monoparental o parente único seja titular do subsídio de desemprego e não aufira pensão de alimentos decretada ou homologada pelo tribunal.

Mandato – contrato pelo qual uma das partes se obriga a praticar um ou mais actos jurídicos por conta da outra. (arts 1157º CC e art. 35º D Reg 1-A/2011, 03/01)

Manutenção dos direitos adquiridos e em curso de aquisição (V. Conservação dos direitos adquiridos ou em curso de aquisição)

Maternidade – situação de parentesco de 1º grau da linha recta que pode determinar a atribuição do subsídio parental (V.).

Maternidade (perspectiva funcional) – situação que compreende todas as prestações que têm por objecto as despesas resultantes da concepção e do parto de crianças (nados-vivos ou não), assim como as da mesma natureza que são acordadas em caso de aborto ou na ocasião da adopção.

Maternidade, paternidade e adopção (parentalidade) – eventualidade por que são atribuídos subsídios pela ocorrência do parto, da interrupção da gravidez, de risco clínico durante a gravidez, do risco específico, da necessidade de assistência a filho e da confiança judicial ou administrativa com vista à adopção. (V. Subsídios no âmbito da maternidade, paternidade e adopção e Subsídios sociais no âmbito da maternidade, paternidade e adopção)

Mecenato (social, cultural, científico...) – medidas de apoio a actividades ou serviços, financiadas por privados, mas tradicionalmente prosseguidas pelo Estado. Em regra geram benefícios fiscais.

Mediador sócio-cultural – pessoa que tem por função colaborar na integração de imigrantes e minorias étnicas (V.), na perspectiva do reforço do diálogo intercultural e da coesão social (designadamente nas instituições de segurança social) (L 105/2001, 31/08).

Medida de promoção dos direitos e de protecção (V. Protecção de crianças e jovens)

Medidas complementares de protecção social – prestações específicas que acrescem às prestações gerais aplicáveis a sectores, actividades ou zonas em crise (DL 291/91, 10/08).

Medidas protectoras (V. Protecção social)

Melhoria – designação atribuída até Dez 93 a parcela não contributiva que era adicionada ao montante da pensão estatutária para perfazer o valor da pensão mínima (V.), ou por valorização pela continuação do exercício de actividade profissional (hoje acréscimos) ou por actualização convencional periódica de pensões. (V. Complemento social)

Membros da família (V. Agregado familiar)

Membros de igrejas, associações e confissões religiosas – membros do clero secular e regular da Igreja Católica, bem como religiosos e religiosas, noviços e noviças, e ministros de outras igrejas ou confissões não católicas, associações e confissões religiosas legalmente existentes (V. Pessoas colectivas religiosas).
Enquadram-se no regime de segurança social dos trabalhadores por conta de outrem com especificidades.
Se estrangeiros, ver meios de subsistência.

Membros dos órgãos estatutários das pessoas colectivas – pessoas singulares que exercem cargos em órgãos (V.) de pessoas colectivas (V.) enunciados nos seus estatutos. Estão abrangidos pelo regime dos membros dos órgãos estatutários das pessoas colectivas (V.).

Membros de união de facto (V. União de facto)

Menores (V. Menoridade)

Menoridade (Drt. Civil) – incapacidade de exercício (V. Capacidade de exercício e incapacidade civil) em função da idade (V. Maioridade).

Mercado social de emprego – conjunto de iniciativas destinadas à integração ou reintegração sócio-profissional de pessoas desempregadas com base em actividades dirigidas a necessidades sociais por satisfazer, ainda que a auto-sustentação económica destas actividades não seja completa e requeira apoio público (definição legal).

Migração – deslocação de pessoas entre espaços nacionais ou territórios de vários Estados.

Migrantes (V. Emigrantes, Imigrantes e Trabalhadores migrantes)

Migrar (V. Emigrar e Imigrar)

Militares – no regime de voluntariado e de contrato têm acesso às prestações de desemprego mediante a satisfação de uma obrigação contributiva total de 3% pela entidade empregadora.

Mineiros (V. Trabalhadores da lavra subterrânea e Trabalhadores do carvão e do aço)

Mobilidade profissional (V. Livre circulação de trabalhadores)

Mobilidade territorial (V. Livre circulação de trabalhadores)

Modalidades de acção social (V. Acção social)

Modelos de segurança social
– Nacional unitário. Elementos: universalidade subjectiva, uniformidade de prestações e unidade de estrutura administrativa;
– Profissional unitário. Elementos: População activa como âmbito pessoal, prestações proporcionais, unidade de estrutura administrativa;
– Profissional pluralista. Elementos: população activa como âmbito, prestações proporcionais, diversidade de estrutura administrativa;
– Misto. Elementos: coexistência dos modelos nacional e profissional e das prestações de nível mínimo (técnica de assistência) com prestações proporcionais (técnicas de seguro).

Modulação (do valor das prestações) – diferenciação ou variação do valor das prestações mediante o estabelecimento de critérios específicos que determinam níveis diversos. Critérios: número de titulares, idade dos titulares, número de familiares a cargo, composição do agregado... (V. Diferenciação)
– degressiva – na razão inversa do nível progressivo dos rendimentos.

Monoparentalidade – situação de facto (4º parágrafo do preâmbulo do DL 87/2008, 28/ 05) em que um único parente ou afim em linha recta ascendente e em linha colateral, até ao 3º grau, ou equiparado, (art. 8º-A do DL 176/2003, 2/08) vive em economia comum com o titular do direito ao abono de família (V. Agregado familiar monoparental)

Montante adicional do abono de família – 13ª mensalidade paga no mês de Setembro de cada ano aos beneficiários do 1º escalão do abono de família.

Montantes adicionais (das pensões) – montantes de pensão correspondentes ao 13º e 14º mês (subsídio de férias e de Natal). (V. Prestações adicionais e Prestações compensatórias)

Montantes das prestações – valores pecuniários fixados normativamente. Para alguns autores abrange também os valores resultantes de operações de cálculo das prestações.

Montepio dos Servidores do Estado (V. Caixa Geral de Aposentações)

Montepios (V. Associações mutualistas)

Morte (perspectiva funcional) – situação que compreende as prestações que têm por objecto as despesas ou as indemnizações resultantes da morte do beneficiário.

Morte presumida – situação que se verifica quando decorridos 10 anos sobre a data das últimas notícias, ou passados cinco anos se entretanto o ausente (V.) tiver completado oitenta anos de idade, os interessados requeiram a declaração de morte presumida que produz os mesmos efeitos que a morte, não dissolvendo, porém, o casamento. (CC art. 114º) (V. Desaparecimento)

Movimento clínico (relações internacionais) – conjunto de actos praticados pela instituição do lugar de residência ou de estada no quadro da sua colaboração prevista em instrumentos de aplicação (controlo clínico e/ou administrativo do interessado, enviando os respectivos relatórios médicos, informações e outros documentos à instituição competente).

Multas – penas pecuniárias aplicadas pela prática de um crime. (V. Crimes contra a segurança social e Coimas)

Mutualidades (V. Associações mutualistas)

Mutualismo (V. Socorro ou auxílio mútuo)

Mutualização – colectivização dos riscos individuais diluindo ou dispersando os encargos financeiras correspondentes pelo grupo.

Nacional de país terceiro – qualquer pessoa que não seja cidadão da União Europeia, na acepção do nº 1 do art. 20º do TFUE (que não tenha a nacionalidade de um Estado-membro), incluindo os apátridas.

Nacionalidade – ligação jurídica especial entre um indivíduo e o seu Estado, adquirida por nascimento ou por naturalização, na sequência de declaração, opção, casamento ou outro meio, nos termos da legislação nacional.

Nascituro – etimologicamente: o que vai nascer.
– sentido estrito: já concebido;
– sentido lato: ainda não concebido (concepturo V.).

Necessidade – carência ou escassez de um bem unido ao desejo da sua satisfação. (V. Situação de necessidade e Estado de necessidade)

Necessidade social – necessidade que incide sobre o indivíduo como membro do corpo social ou sobre parte ou totalidade da colectividade social. Pode ser:
– económica – ausência ou limitação de bens materiais que afectam os indivíduos – garantia de segurança económica individual;
– moral ou espiritual – falta ou escassez de bens que não são em si económicos ou materiais – garantia de desenvolvimento da personalidade dos indivíduos.

Necessidades educativas especiais (NEE) (V. Educação especial)

NEE – necessidades educativas especiais. (V. Educação especial)

NEETs – *Neither in Employment nor in Education or Training* – aqueles que não trabalham, não estudam e não se encontram em formação.

Negligência – omissão de um dever objectivo de cuidado ou diligência. Nos termos da lei penal age com negligência aquele que não procede com o cuidado a que, segundo as circunstâncias, está obrigado e de que é capaz.

NIF – número de identificação fiscal (V.).

NIPC – número de identificação de pessoa colectiva (V.).

NISS – número de identificação da segurança social (V.).

Níveis de emprego – número global de trabalhadores ao serviço da entidade empregadora.

Níveis de ensino (V. Ensino)

NLI – Núcleos locais de inserção (V.)

Non-profit organization (NPO) – entidades sem fins lucrativos (V. Entidades da economia social).

Norma – comando imposto pelos poderes públicos ou entidades reguladoras.

Norma aberta (ou exemplificativa) – quando contém uma enumeração não exaustiva. (≠ norma taxativa – quando a enumeração é exaustiva, não admitindo outras espécies)

Norma internacional – formada pelo concurso directo da vontade dos Estados (V. norma supranacional).

Norma mínima de segurança social (por oposição a norma superior) – nível de protecção mínimo. Representa o mais baixo grau de exigência posta a um determinado sistema de segurança social, aferido por 3 coordenadas:
– eventualidades protegidas – âmbito material. A Convenção nº 102 (OIT) prevê nove ramos: cuidados de saúde, subsídio de doença, desemprego, velhice, acidentes de trabalho e doenças profissionais, maternidade, invalidez, morte e encargos familiares;
– pessoas protegidas – âmbito pessoal;
– nível das prestações.

Norma supranacional – que se impõe a vários Estados sem ser elaborada pelo concurso directo das suas vontades, mesmo que o órgão que a impõe seja constituído por tal concurso.

Normativo – que tem natureza de norma (V.).

Notificação – acto pelo qual se leva um facto ao conhecimento de uma pessoa ou se chama alguém a juízo. (V. Citação)

NPO – *non-profit organization* (V.)

GLOSSÁRIO

Núcleos locais de inserção (NLI) – estrutura de acompanhamento do rendimento social de inserção (RSI) (V.).

Número de identificação fiscal (NIF) – número de identificação atribuído pelo sistema fiscal.

Número de identificação de pessoa colectiva (NIPC) – número de identificação atribuído pelo Registo Nacional de Pessoas Colectivas (RNPC).

Número de identificação da segurança social (NISS) – número de identificação atribuído pela segurança social, constituído por 11 dígitos, sendo iniciado pelos nºs 1 ou 2, consoante se trate, respectivamente, de pessoa singular ou de pessoa colectiva, sendo os 9 dígitos seguintes o número de beneficiário e o último o dígito de controlo (*check-digit*). (Port 1483/2004, 23/12)

Objectivos das prestações – fins que as prestações de segurança social prosseguem.

Objector de consciência – pessoa que, por razões éticas ou religiosas, se recusa a prestar serviço militar.

Obrigação alimentar (V. Dever de alimentos)

Obrigação conjunta – à pluralidade de sujeitos corresponde uma fracção do débito ou do crédito comum. (V. Obrigação solidária)

Obrigação contributiva – conjunto de deveres que impendem sobre as entidades empregadoras e trabalhadores ao nível das responsabilidades contributivas, designadamente, pagamento regular de contribuições e quotizações.

Obrigação natural ([1] obrigação civil) – quando se funda num mero dever de ordem moral ou social, cujo cumprimento não é judicialmente exigível, mas corresponde a um dever de justiça (art. 402º CC).

Obrigação solidária – à pluralidade de sujeitos corresponde um cumprimento unitário. Pode ser:
– passiva – cada devedor responde pela dívida comum; ou
– activa – cada credor pode exigir o cumprimento integral da obrigação. (V. Obrigação conjunta)

Orçamento da segurança social – instrumento de previsão das receitas e despesas anuais da segurança social e autorização para a cobrança das receitas e realização das despesas, desde 1984 (revisão constitucional de 1982) formalmente integrado no Orçamento do Estado. (V. Receitas e despesas correntes e de capital)

Orçamento social europeu – instrumento de estatística comparada dotado dos quadros comparativos dos diferentes encargos sociais ao nível dos Estados-membros da União Europeia.

Ordens profissionais – associações públicas formadas pelos membros de certas profissões livres com o fim de, por devolução de poderes do Estado, regular e disciplinar o exercício da respectiva actividade profissional (Freitas do Amaral) (L 6/2008, 13/02) (Vg: Ordem dos Advogados)

Orfandade – situação que decorre do falecimento de ascendente de 1º grau de linha recta (pai ou mãe). (V. Pensão de sobrevivência e Pensão de orfandade)

Organismo de ligação – instituição que em cada Estado-membro garante a boa aplicação dos regulamentos comunitários de segurança social.

Organização de processos – tomada de decisão de reconhecimento do direito a prestações.

Organizações promotoras do voluntariado – instituições que actuam ao nível do voluntariado (V.).

Órgãos (estatutários de pessoa colectiva) – centro de imputação de poderes funcionais com vista à formação e manifestação da vontade juridicamente imputável à pessoa colectiva para o exercício de direitos e cumprimento dos deveres que a esta cabem.
Podem ser:
– *deliberativos* – assembleia geral;
– de *administração* – conselho de administração – SA (monista):
• gerência – sociedade por quotas e em nome colectivo;

• conselho geral e direcção – SA dualista;
– de *fiscalização*.

Órgãos da administração tributária – todas as entidades e agentes da administração a quem caiba levar a cabo quaisquer actos relativos à prestação tributária (V.).

Órgãos de execução fiscal – serviços periféricos locais da administração tributária onde deva legalmente correr a execução, ou quando esta deva correr nos tribunais comuns, o tribunal competente.
Na área parafiscal (segurança social) trata-se das secções de processo executivo da segurança social.

Padrasto – relação de afinidade (V.) na linha recta ascendente de 1º grau (marido da mãe). Em regra, é relevante a situação de facto.

Pagamento de contribuições – acto que, no regime dos trabalhadores por conta de outrem, é composto pela entrega pelo contribuinte dos valores das remunerações retidos aos beneficiários (regra geral: 11%) e efectivo pagamento das suas contribuições (regra geral: 23,75%).

Pagamento voluntário ([1] Cobrança coerciva V.) – efectuado dentro do prazo estabelecido na lei.

PAIG (pay as you go – pagando e andando) (V. Repartição)

País de nascimento – o país de residência (nas suas fronteiras actuais, se a informação estiver disponível) da mãe à data do nascimento, ou, na sua falta, o país (nas suas fronteiras actuais, se a informação estiver disponível) em que o nascimento teve lugar.

Parafiscalidade – expressão da proximidade de princípios e regras da relação contributiva de segurança social com a relação tributária fiscal.

Paramiloidose familiar – doença do sistema nervoso central, altamente incapacitante. Os doentes recenseados no Centro de Estudos de Paramiloidose do Porto têm direito a uma pensão de invalidez especial.

Parcela contributiva (cumulação de pensões) – valor da pensão estatutária (V.) (¹ Parcela não contributiva) (art. 2º d) DL 141/91, 10/04)

Parentalidade
1) questões relativas à maternidade, paternidade e adopção;
2) designação abreviada da eventualidade maternidade, paternidade e adopção.

Parentesco – vínculo que une duas pessoas em consequência de uma delas descender da outra (linha recta – ascendente ou descendente) ou ambas procederem de um progenitor comum (linha colateral). (V. Graus de parentesco)

Participação (na gestão) (V. Princípio da –)

Participação (contra-ordenações) – relativamente às infracções de natureza contra-ordenacional cuja verificação não tenha sido comprovada pessoalmente pelo inspector da segurança social, há lugar à elaboração de participação instruída com os elementos de prova disponíveis e a indicação de, pelo menos, duas testemunhas e o máximo de cinco, independentemente do número de contra-ordenações em causa.
A participação é elaborada pelos inspectores da segurança social (nº 4 do art. 13º da L 107/2009, 14/09).

Participação obrigatória (doenças profissionais) – obrigação de participação ao ISS, IP que impende sobre os médicos relativamente aos diagnósticos de doença profissional de que tenham conhecimento no exercício da sua actividade profissional.

Participantes – pessoas singulares em função de cujas eventualidades se definem os direitos previstos no plano de pensões, independentemente de contribuírem ou não para a formação do património do fundo.

Parto – facto determinante da atribuição do subsídio de maternidade (V.).

Passaporte azul (Drtº Comunitário) – designação então atribuída ao formulário E111 (V). (V. Cartão europeu de seguro de doença)

Paternidade – situação de parentesco de 1º grau da linha recta que pode determinar a atribuição do subsídio parental (V.).

Pecuária (V. Actividade pecuária)

Penas – sanções aplicadas pela prática de crimes (V.) ou contra-ordenações (V.). Podem ser privativas de liberdade (prisão...), pecuniárias (multas e coimas) ou inibitórias do exercício de direitos.

Penhora – apreensão judicial de bens do executado (V.) (que podem ser prestações sociais) nos termos dos arts 735º e seguintes do CPC.

Pensão – atribuição patrimonial periódica (mensal) substitutiva de salário (contributiva), derivada de pensão anterior ou como garantia de rendimento mínimo (através da fixação de valor mínimo de pensão ou de uma pensão não contributiva), na situação de invalidez ou no termo legal da vida activa (por velhice) suportada pelo sistema de segurança social.
Prestações com designação de pensão (seguro social):
– pensão de invalidez (V.);
– pensão de orfandade (V.);
– pensão de sobrevivência (V.);
– pensão social (V.);
– pensão unificada (V.);
– pensão de velhice (V.) e
– pensão de viuvez (V.).
No quadro das doenças profissionais:
– pensão por incapacidade permanente para o trabalho (V.);
– pensão por morte (V.).
Para o Direito Comunitário – tanto as pensões como as prestações em capital que as possam substituir, os pagamentos efectuados a título de reembolso de contribuições, assim como os acréscimos de revalorização ou subsídios complementares.

Pensão de alimentos – prestações civilistas garantidas pelo direito a favor de pessoas legalmente enumeradas (V. Dever de alimentos, Direito a alimentos e Prestação de alimentos).

Pensão antecipada por desemprego de longa duração – quando o beneficiário à data em que iniciar as prestações de desemprego tiver completado 57 anos, pode aceder à pensão de velhice, a partir dos 62 anos de idade, desde que na data do requerimento da pensão de velhice tenha esgotado o subsídio de desemprego (ou o subsídio social de desemprego inicial), tenha completado o prazo de garantia e mantenha a situação de desemprego (arts 57º a 59º do DL 220/2006, 03/11).

Pensão antecipada no regime de flexibilização – os beneficiários podem aceder à pensão a partir dos 60 anos desde que, ao completar esta idade tenha 40 anos civis com registo de remunerações para efeitos de cálculo, sendo a pensão estatutária reduzida mediante a aplicação de um factor de redução por antecipação (com carreira contributiva de apenas 40 anos: 0,5% por cada mês de antecipação em relação à idade legal de reforma por velhice; com mais de 40 anos os anos de antecipação são reduzidos de 12 meses por cada 3 que exceda os 40 anos) (arts 20º a) e 21º do DL 187/2007, 10/05).

Pensão de aposentação – pensão de invalidez ou velhice dos trabalhadores abrangidos pelo regime de protecção social convergente. (V. Aposentação e Estatuto da Aposentação)

Pensão bonificada – pode corresponder a uma bonificação do valor da pensão (estatutária) (V.) ou a uma bonificação da taxa de formação de pensão (V.).

Pensão complementar – pensão do regime privado facultativo, com base em instrumento colectivo de protecção.

Pensão por desgaste físico – determinada por motivo especialmente desgastante da actividade profissional exercida (vg: pescadores, pilotos da aviação civil, mineiros, trabalhadores inscritos marítimos...)

Pensão estatutária – representa o esforço contributivo do beneficiário à data do início da pensão (V. Pensão regulamentar) cujo valor resulta da aplicação da fórmula de cálculo da pensão (taxa global de formação da pensão vezes o valor da remuneração de referência). (V. Parcela contributiva)
Pode ser: convencional (caso dos agrícolas – grupo fechado);
Ou se houver mais do que uma parcela na pensão:
– proporcional – pensão estatutária reduzida à fracção correspondente à relação entre o período contributivo registado no regime geral e o prazo de garantia legalmente exigido (quando este é preenchido por totalização);
– prorratizada (*pro rata temporis*) – pensão estatutária totalizada reduzida à proporção entre os anos civis cumpridos no regime geral e os anos civis totalizados para efeito de taxa de formação de pensão;
– totalizada – a taxa global de formação é determinada com base na soma dos anos civis cumpridos no regime geral e dos anos civis cumpridos noutro regime.

Pensão global – para trabalhadores com estatutos de protecção social sucessivos determinados legalmente (aposentação/pensão ou pensão/aposentação) em que a pensão visa integrar um valor idêntico ao que os interessados receberiam se todo o tempo de trabalho fosse considerado para aplicação de um só estatuto, acrescendo às duas parcelas (CGA e CNP) um complemento ou valor diferencial a suportar também pela CGA (antes suportada pela entidade empregadora) (Vg. DL 141/79, 12/05 e art. 7º da L 75-A/2014, de 30/09 – regime padrão – e outros: DL 37/84, 1/02, DL 427/99, 21/10...).

Pensão por incapacidade permanente para o trabalho – prestação de invalidez atribuída no âmbito das doenças profissionais.

Pensão de invalidez (Drt Comunitário) – pagamento periódico destinado a manter ou a complementar o rendimento de alguém com idade inferior à idade legal/normal para a reforma, conforme estabelecido no regime de referência, e que sofra de uma invalidez (V.) que lhe diminui a capacidade de trabalho ou de auferir um rendimento acima de um nível mínimo estabelecido pela legislação. (V. Pensão por incapacidade permanente para o trabalho)

Pensão limitada – pensão cujo valor resulta da aplicação das normas reguladoras da acumulação de pensões de diferentes regimes obrigatórios de protecção social.

Pensão mínima – valor mínimo de pensão estabelecido nos diplomas de actualização (V. Pensão mínima escalonada).

Pensão mínima escalonada – valor mínimo definido em função de escalões de anos civis relevantes para a taxa de formação de pensão, em percentagem (segundo escalões de carreira contributiva constantes de tabela própria) do indexante dos apoios sociais (IAS).

Pensão por morte – prestação de sobrevivência nas doenças profissionais.

Pensão de orfandade – prestação do regime não contributivo a atribuir aos órfãos de pensionistas de pensão social (V.).

Pensão parcial – pagamento periódico de uma parte da pensão a trabalhadores idosos que continuem a trabalhar, mas reduzam o horário de trabalho (V. Reforma progressiva), ou cujo rendimento proveniente de uma actividade profissional se situe abaixo de um determinado tecto.

Pensão proporcional – quando o recurso a períodos contributivos de outros regimes para completar o prazo de garantia do regime geral – totalização de tempos – determina pensão estatutária proporcional ao prazo de garantia cumprido no regime geral. (nos instrumentos internacionais e no art. 39º do DL 187/2007, 10/05). O valor mínimo desta pensão corresponde à percentagem aplicável correspondente à fracção do período contributivo cumprido.

Pensão prorratizada (V. Pensão estatutária)

Pensão provisória (de invalidez ou velhice e por incapacidade permanente e por morte nas doenças profissionais) – atribuição de uma prestação transitoriamente enquanto não estão presentes todos os elementos para atribuição da pensão (vg: não haver declaração de invalidez).

Pensão reduzida – pensão antecipada por flexibilização da idade de reforma com aplicação de factores de redução ("penalização") correspondente aos anos de antecipação.

Pensão de reforma
1. (linguagem corrente) – pensão de velhice;

GLOSSÁRIO

2. pensão de aposentação dos militares (CGA).

Pensão regulamentar (pensões iniciadas a partir de Jan 94) – valor da pensão estatutária (V.) acrescida dos valores que resultam das actualizações e acréscimos – representa o valor actual do esforço contributivo do beneficiário (V. Pensão estatutária). (Para as pensões até 31/12/93 incluía a melhoria).

Pensão de reversão – pensão de sobrevivência.

Pensão de sobrevivência – prestação pecuniária a atribuir a pessoas cujo direito deriva da sua relação com a pessoa falecida protegida por um regime – viúvos, viúvas, órfãos e equiparados. (V. Pensão por morte)

Pensão social – prestação pecuniária atribuída a título de pensão de invalidez ou velhice do regime não contributivo (V.), de valor uniforme. Integra o complemento extraordinário de solidariedade (V.).

Pensão suplementar – segunda pensão, para além da prestação básica. (V. Pensão complementar)

Pensão totalizada (V. Pensão estatutária)

Pensão transitória – pensão susceptível de ajustamento do seu valor. Na função pública: até à publicação da lista dos aposentados.

Pensão unificada (de invalidez, velhice e sobrevivência) – designação atribuída à situação que resulta do facto de perante dois passados contributivos diferentes – função pública e sector privado – a pedido do beneficiário, serem feitos os cálculos conjuntos resultando uma única prestação, determinada pelo regime competente com base na totalização dos períodos contributivos do regime aplicável ao sector privado e de quotização para o regime da função pública.

Pensão de velhice (Drt. Comunitário) – pagamento periódico destinado a
i) manter o rendimento do beneficiário após a reforma do emprego remunerado na idade legal/normal; ou
ii) apoiar o rendimento das pessoas idosas (com exclusão do apoio de duração limitada).
Prestação pecuniária, substitutiva de rendimento de trabalho, atribuída na situação de velhice (V.) presumida em função da idade. (V. Antecipação da idade legal de reforma)

Pensão de velhice antecipada (Drt. Comunitário) – pagamento periódico destinado a manter o rendimento dos beneficiários que se reformem antes da idade legal/normal.

Pensão de viuvez – prestação do regime não contributivo atribuída ao cônjuge sobrevivo de pensionista de pensão social que por si não tenham direito a outra pensão.

GLOSSÁRIO

Pensionistas
– titulares de uma pensão – sector privado;
– titulares de uma pensão de sobrevivência da CGA (V.).

Per capita (V. Capitação)

Período de carência (V. Prazo de carência)

Período contributivo – tempo durante o qual foram registadas (lançadas) remunerações, mesmo por equivalência. (V. Carreira contributiva)

Período de emprego ou período de actividade por conta própria (Drtº Comunitário) – período definido ou considerado como tal pela legislação ao abrigo da qual foi cumprido, bem como qualquer período equiparado na medida em que essa legislação o considere equivalente a período de emprego ou período de actividade por conta própria.

Período de espera (V. Prazo de espera)

Período de garantia (V. Prazo de garantia)

Período de referência – meses ou anos definidos por lei relevantes para a determinação do valor da remuneração de referência (V.) (Vg: relativamente à doença: remunerações dos 6 primeiros meses dos 8 últimos).

Período de residência (Drtº Comunitário) – período definido ou considerado como tal pela legislação ao abrigo da qual foi cumprido ou é considerado cumprido.

Período de seguro (Drtº Comunitário) – período de contribuições, de emprego ou de actividade por conta própria definido ou considerado período de seguro pela legislação ao abrigo da qual foi cumprido, ou considerado cumprido, bem como qualquer período equiparado na medida em que essa legislação o considere equivalente a período de seguro. (V. Carreira contributiva)

Personalidade (V. Princípio da personalidade)

Personalidade jurídica – qualidade inerente e exclusiva das entidades que a ordem jurídica reconhece como pessoas – singulares ou colectivas – a qual consiste na susceptibilidade de serem sujeitos de relação jurídica.

Personalidade tributária – susceptibilidade de ser sujeito de relações jurídicas tributárias (V.).

Pescadores – tripulantes incluídos no rol de tripulação de embarcação de pesca que exerçam a sua actividade profissional a bordo da mesma, bem como os que não figurem naquele rol por se encontrarem em situação de gozo de férias ou por motivo de doença. (V. Trabalhadores inscritos marítimos – pesca)

Pessoa (Drtº Civil) – ente susceptível de direitos e obrigações. Pode ser: singular ou colectiva (V.).

GLOSSÁRIO

– Drtº Comunitário (prestações familiares) – engloba trabalhadores por conta de outrem ou por conta própria, pensionistas, estudantes, pessoas em situação de pré-reforma, não activos e todos aqueles que estejam a receber prestações pecuniárias em virtude do exercício de uma actividade.

Pessoa segurada (Drtº Comunitário) – em relação a cada um dos ramos da segurança social abrangidos uma pessoa que satisfaça as condições exigidas pela legislação do Estado-membro competente, para ter direito às prestações.

Pessoal docente (ensino particular e cooperativo) – grupo que, quando inscrito na CGA – pessoal permanente – tem na segurança social um regime incompleto de protecção social – apenas prestações imediatas (V.) e tributação própria.

Pessoal da indústria de lanifícios (V. Trabalhadores da indústria de lanifícios)

Pessoal do serviço doméstico (V. Trabalhadores do serviço doméstico)

Pessoas colectivas (≠ pessoas singulares)
Podem ser:
Conforme a iniciativa de criação:
– privadas (V.) – criadas por iniciativa privada;
– públicas (V.) – criadas por iniciativa pública;
Conforme o seu substrato:
– de tipo associativo – associações (agrupamento de pessoas);
– de tipo institucional – instituições (organização de carácter material) (V. Instituição)
obrigatoriamente registadas no Registo Nacional de pessoas Colectivas.
(V. Ficheiro central de pessoas colectivas e Número de identificação de pessoa colectiva)

Pessoas colectivas privadas – toda a organização que tem em vista a prossecução de um interesse comum determinado à qual a ordem jurídica atribui a qualidade de sujeito de direito. (V. Identificação de pessoas colectivas)
Elementos:
– substrato;
– organização formal;
– personalidade;
Elementos extrínsecos ou externos que devem ser determinados, comuns ou colectivos, lícitos, possíveis e duradouros:
– o fim (elemento teleológico) – interesse em função do qual a pessoa colectiva existe e é reconhecida;
– o objecto – actividade através da qual ela prossegue o seu fim.
Podem ser
1) constituídas por:
– um agrupamento de indivíduos:
• com fins lucrativos – sociedades (V.);
• sem fins lucrativos:
• sem interesse económico – associações (V.);
• com interesse económico – cooperativas (V.);
– um complexo patrimonial – fundações (V.), ou

2) instituições particulares de interesse público (V.)
(V. Quadro anexo ao glossário)

Pessoas colectivas públicas – pessoas colectivas criadas por iniciativa pública, para assegurar a prossecução necessária de interesses públicos, e por isso dotadas em nome próprio de poderes e deveres públicos (Freitas do Amaral). (V. Quadro anexo ao glossário)

Pessoas colectivas religiosas – pessoas constituídas nos termos dos arts 33º a 44º da L 16/2001, 22/06 (Lei da Liberdade Religiosa) (V. Membros de igrejas, associações e confissões religiosas).

Pessoas colectivas de utilidade pública – instituições particulares de interesse público (V.) sem fins lucrativos (pessoas colectivas privadas – associações ou fundações) que prossigam fins de interesse geral ou de comunidade nacional ou de qualquer região ou circunscrição, cooperando com a Administração Central ou a Administração Local em termos de merecer da parte desta Administração a declaração de utilidade pública (DL 460/77, 7/11, versão do DL 391/2007, 13/12).
Podem ser:
- pessoas colectivas de mera utilidade pública (Vg: clubes desportivos);
- instituições particulares de solidariedade social (V.)
- pessoas colectivas de utilidade pública administrativa (vg: associações de bombeiros)

As IPSS (V.) adquirem automaticamente o reconhecimento de utilidade pública com a inscrição no respectivo registo sem necessidade de declaração de utilidade pública.

Pessoas com deficiência – aquela que, por motivo de perda ou anomalia, congénita ou adquirida, de funções ou de estruturas do corpo, incluindo as funções psicológicas, apresente dificuldades específicas susceptíveis de, em conjugação com os factores do meio, lhe limitar ou dificultar a actividade e a participação em condições de igualdade com as demais pessoas. (L 38/2004, 18/08) (V. Produtos de apoio – DL 93/2009, 16/04)

Pessoas com incapacidade temporária – aquela que por motivo de doença ou acidente encontre, por um período limitado e específico no tempo, dificuldades específicas susceptíveis de, em conjugação com os factores do meio, lhe limitar ou dificultar a sua actividade e participação diária em condições de igualdade com as demais pessoas (DL 93/2009, 16/04).

Pessoas institucionalizadas (V. Institucionalizado)

Pessoas isoladas – criança e jovem titular do direito às prestações, em situação de internamento em estabelecimentos de apoio social, públicos ou privados sem fins lucrativos, cujo funcionamento seja financiado pelo Estado ou de outras pessoas colectivas de direito público ou de direito privado e utilidade pública, bem como o internado em centros de acolhimento, centros tutelares educativos ou de detenção.

Pessoas jurídicas canónicas (V. Erecção canónica)

Pessoas singulares – pessoa física, indivíduo nascido com vida.

Petição – requerimento (queixa) destinada a accionar poderes persuasórios.

Plafonamento (de *plafond*) – fixação de um limite máximo de remuneração passível de contribuições (base de incidência) para a segurança social ou do montante da prestação.

Plafond – valor limite superior de uma prestação ou da base de incidência contributiva para a segurança social.

Plancher – valor limite inferior de uma prestação ou da base de incidência contributiva para a segurança social.

Plano de benefício definido (V. Planos de pensões)

Plano de contribuição definida (V. Planos de pensões)

Plano pessoal de emprego (PPE) – é um instrumento de co-responsabilização, contratualizado entre o centro de emprego e o beneficiário, em que, de acordo com o perfil e circunstâncias específicas de cada beneficiário bem como do mercado de trabalho em que se insere, se definem e estruturam acções que visam a sua integração no mercado de trabalho.

Planos de pensões – esquemas de protecção social de natureza privada que, através da acumulação e gestão de um capital (capitalização V.) garante a satisfação de encargos sociais futuros – em regra pensões (V. Fundos de pensões).

Em função da responsabilidade financeira podem ser:
– *contributivos* – o participante (V.) financia o plano conjuntamente com a entidade empregadora, contribuindo ele próprio para a sua reforma e tendo direito ao montante resultante das suas contribuições;
– *não contributivos* – o financiamento é exclusivamente da responsabilidade da empresa, não existe normalmente a manutenção do direito em caso de saída antecipada da empresa.

Em função da definição do benefício ou da contribuição podem ser:
– *plano de benefício definido* (modelo plano) risco pelo contribuinte – à partida define-se o benefício a atribuir ao participante, relacionado com o salário ou não; que pode:
• ser um complemento da pensão da segurança social (plano de benefício definido complementar);
• ser um suplemento da própria pensão da segurança social (plano de benefício definido supletivo);
• não depender minimamente da pensão da segurança social (plano de benefício definido independente);

– *plano de contribuição definida* (modelo mercado) risco pelo beneficiário – define-se a contribuição que se quer fazer para o plano, ficando o benefício a receber pelo participante dependente das contribuições que tiverem sido feitas durante a sua vida activa, da valorização e rendimento dos activos afectos às contribuições, bem como do nível de despesas de gestão verificado – em capitalização real ou nocional (V. Capitalização);
– mistos – integra um plano de benefício definido e um de contribuição definida.

Planos de poupança-reforma (PPR) – instrumento de poupança para utilizar depois dos 60 anos como complemento às pensões.
Tipos: 1) forma de seguros;
2) assentam em fundos de investimento;
3) constituídos por fundos de pensões.

POC – Programa ocupacional (V.)

Poder paternal – conjunto de deveres e de poderes-deveres atribuídos aos pais para proverem à saúde, educação e alimentação dos filhos menores não emancipados e à administração dos seus bens. (V. Inibição do exercício do poder paternal)

Portabilidade de pensões – capacidade de deslocação real ou virtual dos fundos constituídos para fins de pensão entre instituições diferentes, de forma a garantir aos beneficiários a continuidade da carreira contributiva.

Poupança privada (aforro) – instrumento de técnica individualista de protecção (sem dispersão dos riscos) que consiste na renúncia voluntária actual a consumir para cobrir necessidades futuras.

PPR – planos de poupança-reforma (V.).

PPR do Estado – designação atribuída aos certificados de reforma do regime público de capitalização. (V. Fundo de Certificados de Reforma)

Praticante desportivo profissional – aquele que, através de contrato de trabalho desportivo (V.) e após a necessária formação técnico-profissional, pratica uma modalidade desportiva como profissão exclusiva ou principal, auferindo por via dela uma retribuição (L 28/ 98, 26/06). Têm regime de seguro social próprio.

Prazo de carência – período de exercício de actividade após o termo da concessão do período máximo de uma prestação de cujo decurso depende a reabertura do direito à mesma prestação (subsídio de doença). Independentes: 6 meses de exercício efectivo; geral: 6 meses simples mas com índice de profissionalidade.
No regime do contrato de seguro comercial corresponde ao conceito de prazo de garantia do seguro social (V.).

Prazo de espera – período imediatamente posterior à verificação de um evento cujo decurso é necessário para que se inicie o pagamento da prestação pecuniária correspondente (Vg: subsídio de doença – 3 dias para trabalhadores por conta de outrem e 30 dias para trabalhadores independentes e seguro social voluntário), não se aplicando nos casos de tuberculose, internamento hospitalar ou de doença iniciada no período subsidiado por maternidade.

Prazo de garantia – período mínimo de registo de remunerações ou de entrada de contribuições (referenciado normalmente a uma situação contributiva) ou, residualmente, períodos de exercício de actividade, necessário à abertura ou atribuição do direito a prestações de segurança social.

Prazo de garantia em formação – prazo de garantia iniciado e ainda não completado.

Pré-reforma – situação em que um trabalhador antes de atingir a idade legal de reforma por velhice deixa de exercer actividade na empresa mas mantendo uma remuneração (salário de inactividade) (V. Prestação por pré-reforma) Porém, no conceito específico para os trabalhadores da siderurgia e do carvão, está pressuposta a desvinculação jurídico-laboral.

Prémio (Drtº do Trabalho) – gratificações ou prestações extraordinárias concedidas pelo empregador como recompensa dos bons resultados obtidos pela empresa.

Prémio (contrato de seguro) – contrapartida da cobertura acordada e inclui tudo o que seja contratualmente devido pelo tomador do seguro (V.), nomeadamente os custos da cobertura do risco, os custos de aquisição, de gestão e de cobrança e os encargos relacionados com a emissão da apólice. Pode ser:
- anual – valor de uma prestação anual a pagar por um seguro que resulta da divisão do prémio único (V.) por um certo número de anos;
- comercial – prémio puro (V.) acrescido de encargos de gestão e aquisição;
- de inventário – prémio puro acrescido dos gastos de gestão;
- puro – prémio teórico do contrato que permite fazer face ao risco;
- único – valor do prémio pago de uma só vez.

Prescrição – extinção de direitos subjectivos em consequência do seu não exercício durante certo lapso de tempo fixado na lei.
- Prescrição das prestações – 5 anos;
- prescrição das quotizações, contribuições e juros de mora – 5 anos;
- prescrição dos créditos da segurança social em geral – 5 anos.

Prestação (directa) (acepção social) – "pagamento de determinada quantia (prestação pecuniária) ou da realização de certos serviços (prestação em espécie) a que ficam vinculadas as instituições seguradoras devido à verificação de eventos que os seguros se destinam a cobrir" (Sérvulo Correia). (V. Prestação indirecta) Podem ter a designação de subsídios, pensões, abonos, prestações... (V. Subvenções públicas)

Prestação de alimentos – prestação social de adiantamento de pensões de alimentos a menores (V. Pensão de alimentos).

Prestação antecipada por velhice – concedida antes de ter sido alcançada a idade normal exigida para ter direito à pensão e que tanto pode continuar a ser concedida uma vez atingida aquela idade como substituída por outra prestação por velhice.

Prestação por pré-reforma – (direito comunitário) qualquer prestação pecuniária que não seja uma prestação por desemprego, nem uma prestação antecipada por velhice (V.) concedida a partir de determinada idade, ao trabalhador que tenha reduzido, cessado ou suspendido as suas actividades remuneradas até à idade em que poderá ter acesso à pensão de velhice ou à pensão por reforma antecipada e cujo benefício não dependa da condição de se colocar à disposição dos serviços de emprego do Estado competente.

Prestação do rendimento social de inserção – atribuição patrimonial não contributiva em função da insuficiência de rendimentos dos destinatários.

Prestação suplementar para assistência de terceira pessoa – prestação atribuída no quadro das doenças profissionais por dependência (necessidade de assistência de 3ª pessoa).

Prestação tributária – os impostos, incluindo os direitos aduaneiros e direitos niveladores agrícolas, as taxas e demais tributos fiscais ou parafiscais cuja cobrança caiba à administração tributária ou à administração da segurança social.

Prestações de acção social – conjunto de prestações caracterizadas pelo facto de não determinarem direitos subjectivos na esfera jurídica dos destinatários. Podem ser: pecuniárias (Subsídio de apoio financeiro às IPSS, subsídios extraordinários a pessoas e famílias...) ou em espécie (em estabelecimentos e serviços de apoio social).

Prestações adicionais (das pensões e da prestação suplementar para assistência de terceira pessoa) – montantes de pensão correspondente ao subsídio de férias (Junho) e de Natal (Novembro), no âmbito das pensões por doença profissional. (V. Montantes adicionais)

Prestações de alimentos (V. Pensão de alimentos)

Prestações de atribuição continuada (≠ prestações de atribuição única) – prestações pagas periodicamente, em regra mensalmente.

Prestações de atribuição discricionária (≠ Prestações de atribuição vinculada) – situação em que não existe direito subjectivo do eventual beneficiário.

Prestações de atribuição oficiosa (≠ prestações requeridas) – sem dependência de manifestação de vontade (requerimento).

Prestações de atribuição vinculada (≠ de atribuição discricionária) – no exercício do poder vinculado da Administração Pública face ao direito subjectivo do beneficiário.

Prestações compensatórias (subsídios de doença e de parentalidade) – prestações que visam substituir os rendimentos do subsídio de férias e de Natal perdidos por faltas dadas por doença e parentalidade em 60% e 80%, respectivamente, do montante destes subsídios que a entidade empregadora legalmente tenha deixado de pagar. (Para as pensões ver montantes adicionais)

Prestações complementares – montantes que acrescem a determinadas prestações, por vezes oficiosamente, vg:
– complemento por dependência (V.)
– complemento de pensão por cônjuge a cargo (V.)
– complemento extraordinário de solidariedade (V.)
(V. Prestações suplementares)

Prestações comutativas (≠ de solidariedade – não há qualquer relação com carreira contributiva anterior) são sinalagmáticas e correspondem à contrapartida de carreiras contributivas próprias, sendo-lhes em regra proporcionais (V. Princípio mutualista).

Prestações contributivas – prestações dos regimes condicionadas a uma situação contributiva anterior (prazo de garantia) e proporcionais a um valor declarado (remuneração de referência) ou/e à dimensão da carreira contributiva (velhice, invalidez, subsídio de desemprego). (V. Regime contributivo) "Prestações cuja atribuição não depende nem de uma participação financeira directa das pessoas protegidas ou dos seus empregadores, nem de uma condição de período de garantia profissional" (Convenção nº 118 da OIT e Convenção Europeia de Segurança Social).

Prestações não contributivas – prestações dos regimes para cuja atribuição se não instituem condições relativas à situação jurídico-laboral ou ao passado contributivo do destinatário (V. Subsídio social).

Prestações definidas – prestações cujo montante a atribuir no futuro é previamente conhecido, determinando contribuições variáveis; a variação a acontecer é feita ao nível das contribuições no sentido de as adequar aos benefícios assumidos. (V. Panos de benefício definido)

Prestações derivadas (≠ Prestações próprias) (V. Direito subjectivo)

Prestações diferenciais – prestações cujo montante corresponde à diferença entre 2 valores: o da soma dos rendimentos do beneficiário ou agregado e o valor de referência da prestação (vg: complemento solidário para idosos, prestação do rendimento social de inserção...)

Prestações diferidas (V. Seguro diferido em Seguro social)

Prestações directas (≠ prestações indirectas) – atribuições pecuniárias sem prova da despesa feita ou de bens e serviços (em espécie).

Prestações em espécie (≠ prestações pecuniárias) – atribuídas sob a forma de bens e serviços. Fornecidas directamente ou por reembolso das despesas.
- Drtº Comunitário – para efeitos de prestações por doença, maternidade e paternidade equiparadas as prestações em espécie previstas na legislação de um Estado-membro destinadas a fornecer, disponibilizar, pagar directamente ou reembolsar cuidados de saúde, produtos medicinais e respectivos serviços auxiliares, incluindo as prestações em espécie para os cuidados de longa duração;
- para efeitos de prestações por acidentes de trabalho e doenças profissionais todas as prestações em espécie relacionadas com acidentes de trabalho e doenças profissionais e previsto nos regimes de acidentes de trabalho e doenças profissionais dos Estados-membros.

Prestações familiares – destinadas a compensar despesas acrescidas no agregado (encargos familiares) (V.). (V. Família)
Elenco legal (critério exegético): abono de família para crianças e jovens e subsídios mensal vitalício, de educação especial e de funeral.
Elenco doutrinário (critério teleológico ou funcional): (para além das do elenco legal) abono de família pré-natal, complemento por cônjuge a cargo, complemento por dependência, por assistência de terceira pessoa e de renda de casa, bonificação fiscal por dependentes...
Para o Direito Comunitário excluem-se os adiantamentos de pensões de alimentos (V. Prestação de alimentos) e subsídios especiais de nascimento e adopção expressamente ressalvados.

Prestações fixas (≠ prestações variáveis) – de valor constante para todas as situações.

Prestações imediatas (V. Seguro imediato em Seguro social

Prestações indirectas (≠ prestações directas) – reembolso de despesas feitas (Vg: assistência médica) ou aligeiramento do imposto (V. Benefícios fiscais).

Prestações líquidas – valor das prestações de protecção social excluindo impostos e contribuições sociais pagos pelos destinatários das prestações complementadas pelo valor dos benefícios fiscais (V.).

Prestações nominadas (≠ prestações inominadas) – com designação específica.

Prestações pecuniárias – pagas em dinheiro sem exigência de provas das despesas feitas (V. Prestação directa).

Prestações próprias originárias ou primárias (≠ prestações derivadas) (V. Direito subjectivo)

Prestações de protecção social (para o sistema de estatísticas integradas) – transferências, em numerário ou em espécie, dos regimes de segurança social para os agregados familiares e indivíduos, a fim de os aliviar dos encargos do conjunto definido de riscos ou necessidades.

Prestações dos regimes – prestações de atribuição vinculada (V.) tipificadas na lei, quer quanto à sua enumeração, quer quanto às condições de atribuição, constituindo-se na esfera jurídica dos destinatários como direitos subjectivos. Têm designação de vária ordem, como pensões, subsídios, abonos...
Podem ser contributivas (V.) ou não contributivas (V.).

Prestações de reversão (V. Reversão)

Prestações de segurança social – indemnizações por perda de rendimento pagas aos doentes e incapacitados temporariamente; pagamentos aos idosos, aos inválidos e aos desempregados; subsídios familiares, de maternidade e para a infância; custo dos serviços de previdência social (PNUD).

Prestações sociais (≠ subvenções públicas)
1) *lato sensu* – todas as prestações, subsídios ou apoios sociais atribuídos de forma continuada, com excepção das prestações por encargos familiares, encargos no domínio da deficiência e encargos no domínio da dependência do subsistema de protecção familiar; (art. 11º DL 70/1010, 16/06; art. 18º L 4/ 2009, 29/01)

2) *stricto sensu* – expressão que, em regra, indica prestações de regimes não contributivos ou de acção social que (explícita ou implicitamente) dependem de condição de recursos, isto é, os rendimentos ou do património do beneficiário ou do agregado serem inferiores a um nível especificado. (V. Prestações de solidariedade)

Prestações de solidariedade – prestações que aproveitam ao conjunto da colectividade e a que não corresponde, em regra, qualquer situação contributiva anterior (prestações de base), bem como as ligadas a situações de necessidade (prestações mínimas, rendimento mínimo).

Prestações substitutivas de rendimento (perdido) – (subsídios ou pensões) em regra proporcionais às remunerações registadas, atribuídas aos beneficiários em situação de impedimento para o trabalho decorrente da verificação de uma eventualidade cuja responsabilidade tenha sido transferida para a segurança social.

Prestações suplementares – percentagens que acrescem a determinadas prestações. Designação usada pela segurança social só para distinguir prestações, caso das prestações suplementares para assistência de 3ª pessoa no âmbito das doenças profissionais,

Prestações típicas (≠ prestações atípicas) – prestações previstas na lei com classificação própria.

Prestações universais – as que têm como destinatários toda a população nacional (V. Princípio da universalidade subjectiva)

Prestações vitalícias – por oposição a prestações de duração determinada (em dias, meses) (regra nas prestações imediatas), são as atribuídas enquanto o titular viver (Vg: pensão de velhice).

Prestador de serviços – por oposição a trabalhador subordinado, aquele que, tendo experiência profissional (saber fazer) e capacidade profissional (autorizações, certificações, títulos – administrativos, sanitários, jurídicos...), a sua actividade caracteriza-se pela autonomia de funcionamento (liberdade de escolha dos meios ou instrumentos utilizados sem vínculos ou deveres materiais ou jurídicos para obtenção do resultado acordado) (reverso da subordinação).
Incluindo profissionais livres (profissão liberal) – aqueles que exercem actividades de carácter científico, artístico ou técnico tipificadas em tabela de actividades anexa ao CIRS, com carácter lucrativo por conta própria, que não revista natureza comercial ou industrial.
No âmbito do contrato de prestação de serviço (art. 1155º do CC) (Vg: contrato de concessão, de agência (DL 178/86, de 3 de Junho, redacção do DL 118/93), de empreitada (art. 1208º do CC), de franquia...
Estão abrangidos pelo regime dos trabalhadores independentes.

Previdência – "atitude ou actuação que se destina a prevenir a verificação de factos que ponham em perigo objectos considerados estimáveis ou a reparar os prejuízos causados pela verificação desses factos, se eles não puderem ser evitados ou forem evitáveis" (Silva Leal).
Pode ser:
– previdência livre ou facultativa (poupança, socorro ou auxílio mútuo, seguro livre ou contratual);
– previdência obrigatória (seguro social (V.), regime de responsabilidade do empregador).

Previdência rural – designação outrora atribuída ao seguro social dos trabalhadores e produtores agrícolas.

Previdência social – "ordenamento jurídico instituído pelo Estado para tutela da classe trabalhadora, exercida mediante o instituto do seguro social obrigatório (V.) pelo qual o trabalhador protegido tem direito sob certas condições a determinadas prestações que tendem a eliminar as causas e a reparar ou atenuar as consequências danosas de eventos que possam verificar-se, anulando ou reduzindo as suas possibilidades de ganho e assim criando para ele e para a família uma situação de necessidade" – Cataldi.
Técnica que consiste em afectar a poupança individual forçosamente através de uma cotização proporcional ao salário do beneficiário, a uma função de solidariedade e a fazer pagar a garantia colectiva contra os riscos pelos próprios interessados.

Primado da responsabilidade pública (V. Princípio do –)

Primeiro emprego – medida de incentivo ao emprego consistindo na dispensa temporária do pagamento das contribuições na parte relativa à entidade empregadora por cada jovem à procura do 1º emprego ou desempregado de longa duração que esta contrate.

Princípio da adequação selectiva – consiste na determinação das fontes de financiamento e na afectação dos recursos financeiros, de acordo com a natureza e os objectivos das modalidades de protecção social definidas na lei e com as situações e medidas especiais, nomeadamente as relacionadas com políticas activas de emprego e formação profissional.

Princípio da complementaridade – consiste na concertação harmónica e optimizada das várias formas de protecção social, públicas, cooperativas e sociais e privadas, com o objectivo de melhorar a cobertura das situações abrangidas e promover a partilha contratualizada das responsabilidades, nos diferentes patamares de protecção social.

Princípio comutativo (justiça comutativa) – troca de prestações e contraprestações (prémios e indemnizações) entre segurado e segurador. Oposição de interesses encarnado na onerosidade e reciprocidade contratuais que cada sujeito da relação enfrenta – "*do ut des*". Dupla proporcionalidade: remuneração /contribuição e remuneração / prestação. A fixação de valores máximos das prestações viola este princípio. (V. Efeito confiscatório)

Princípio da confiança (V. Princípio da protecção da confiança)

Princípio da contributividade – adequação do *quantum* das prestações ao esforço contributivo global (art. 54º da L 4/2007, 16/01) (Ver princípio comutativo) (V. Ac. TC. 188/ 2009).

Princípio da determinação da legislação aplicável (V. Determinação da legislação aplicável)

Princípio da diferenciação positiva – consiste na flexibilização (melhoria) das prestações, em relação e em função das necessidades e das especificidades sociais de grupos de cidadãos e de riscos a proteger – ou seja, as prestações variam inversamente aos rendimentos. Diz-se negativa quando a variação das prestações não obedece a estes critérios. (V. Selectividade material)

Princípio distributivo (justiça distributiva) – por contraposição ao comutativo (V.), não existe qualquer pressuposto de proporcionalidade na atribuição das prestações. Os deveres e os direitos são desiguais: de cada um segundo as suas possibilidades; a cada um segundo as suas necessidades.

Princípio da diversificação das fontes de financiamento – implica a ampliação das bases de obtenção de recursos financeiros, tendo em vista, designadamente, a redução dos custos não salariais da mão-de-obra.

Princípio da dupla proporcionalidade (V. Princípio comutativo)

Princípio da efectividade salarial – significa que, para determinação do valor das contribuições, as taxas incidem apenas sobre as remunerações efectivamente pagas pelas entidades empregadoras e recebidas pelos trabalhadores e não sobre uma prestação de trabalho, ainda que as remunerações não tenham sido pagas (Cf. nº 4 do art. 61º da L 4/2007, 16/01).

Princípio da eficácia – concessão oportuna de prestações para adequada prevenção e reparação das eventualidades legalmente previstas e promoção de condições dignas de vida.

Princípio da generalidade objectiva (V. Generalidade objectiva)

Princípio da igualdade – consiste na não discriminação dos beneficiários por qualquer motivo, designadamente em razão do sexo e da nacionalidade (sem prejuízo das condições de residência e de reciprocidade) (V. Ac TC 188/2009).

Princípio da igualdade de tratamento (V. Igualdade de tratamento)

Princípio da informação – consiste na divulgação a todos os cidadãos dos seus direitos e deveres, bem como na informação perante o sistema e no seu atendimento personalizado. (V. Acesso ao Direito e aos tribunais)

Princípio da legalidade – a lei é o fundamento, o critério e o limite de toda a actuação administrativa.

Os órgãos da Administração Pública devem actuar em obediência à lei e ao direito (com submissão aos princípios gerais do direito, à Constituição, às normas internacionais, à disciplina de carácter regulamentar, a actos constitutivos de direitos...) dentro dos limites dos poderes que lhe estejam atribuídos e em conformidade com os fins para que os mesmos poderes lhe foram conferidos.

Princípio da legalidade tributária e contributiva – exclusividade de competência da Assembleia da República de legislar, salvo autorização ao Governo (CRP art. 165º, nº 1, c). Estão sujeitos a este princípio a incidência, a taxa, os benefícios fiscais, as garantias dos contribuintes, a definição dos crimes fiscais e o regime geral das contra-ordenações fiscais, bem como:
– a liquidação e cobrança dos tributos, incluindo os prazos de prescrição e caducidade;
– regulamentação das figuras da substituição e responsabilidade tributárias;
– a definição das obrigações acessórias;
– a definição das sanções fiscais sem natureza criminal;
– as regras de procedimento e processo tributário.

GLOSSÁRIO

Princípio da manutenção dos direitos adquiridos (V. Conservação dos direitos adquiridos ou em curso de aquisição)

Princípio da manutenção dos direitos em curso de aquisição (V. Conservação dos direitos adquiridos ou em curso de aquisição)

Princípio da participação – consiste na colaboração institucionalizada das entidades representativas dos interessados na definição das grandes linhas gerais e no acompanhamento da gestão do sistema de segurança social.

Princípio da personalidade – as prestações de segurança social estão ligadas à pessoa que adquire os direitos em contrapartida de cotização paga. As prestações são pagas aos interessados independentemente do lugar de residência ou estada. As prestações são exportáveis. (V. Princípio da territorialidade)

Princípio do primado da responsabilidade pública – consiste no dever do Estado de criar as condições necessárias à efectivação do direito à segurança social, designadamente através do cumprimento da obrigação constitucional de organizar, coordenar e subsidiar um sistema de segurança social público.

Princípio da proporcionalidade – idoneidade ou aptidão do meio usado para a prossecução dos fins que são visados pela lei.

Princípio da protecção da confiança (dos particulares) – garantia de segurança jurídica, isto é, realização imperativa de uma especial exigência de previsibilidade, protegendo sujeitos cujas posições jurídicas sejam objectivamente lesadas por determinados quadros injustificados de instabilidade (Blanco de Morais). (nº 14 do Ac TC 3/2016)

Princípio redistributivo – desequilíbrio entre as prestações e as contraprestações. Há contribuintes líquidos (pagam mais do que recebem) e beneficiários líquidos (recebem mais do que pagam).

Princípio da solidariedade – consiste na responsabilidade colectiva dos cidadãos entre si, no plano laboral e intergeracional, no espaço e no tempo, na realização das finalidades do sistema.

Princípio da solidariedade técnica – presume-se que todos os beneficiários de um regime de protecção podem sofrer os efeitos das eventualidades previstas pelo que todos pagam as correspondentes contribuições, muito embora muitos não acedam a determinadas prestações ou pelo menos ao mesmo tempo.

Princípio da territorialidade – a atribuição das prestações de segurança social é subordinada à condição de residência em território previamente determinado. (V. Princípio da personalidade)

Princípio da tipicidade
– no seguro social – as prestações a atribuir são apenas as expressamente enunciadas na lei;
– na responsabilidade criminal, contra-ordenacional ou disciplinar – necessidade de elenco legal prévio de condutas ou omissões considerados crimes, contra-ordenações ou ilícitos disciplinares, cuja prática determina a aplicação de pena prevista igualmente na lei.

Princípio da universalidade subjectiva – consiste no acesso de todos os cidadãos ao sistema de segurança social nos termos da lei.

Princípios de segurança social – fundamentos de base da segurança social. Alguns estão enumerados na Lei da Segurança Social.

Pro rata temporis (V. Prorratização)

Procedimento administrativo – sucessão ordenada de actos e formalidades tendentes à formação e manifestação da vontade da Administração Pública ou à sua execução.
Pode ser inspectivo se no âmbito dos poderes de actuação próprios da função inspectiva (L 107/2009, 14/09).

Procedimento de pedido único – um procedimento conducente, com base num pedido único apresentado por um nacional de um país terceiro ou pelo seu empregador, de autorização de residência e de trabalho no território de um Estado-membro, a uma decisão acerca desse pedido de autorização única.

Processo administrativo – conjunto de documentos devidamente ordenados em que se traduzem os actos e formalidades que integram o procedimento administrativo.

Processo executivo – conjunto de actos administrativos e judiciais que visam a cobrança coerciva de dívidas.

Procura activa de emprego – realização de forma continuada de um conjunto de diligências do candidato a emprego com vista à inserção sócio-profissional no mercado de trabalho pelos seus próprios meios.

Produtores (V. Empresários)

Produtores agrícolas
– pessoas que a qualquer título, de direito ou de facto, detenham a terra – proprietários, usufrutuários, arrendatários e demais possuidores – desde que exerçam efectiva actividade profissional por conta própria na exploração agrícola (ou equiparada) geradora de rendimentos, mesmo que se esgote em actos de directa e regular administração ou gestão;
– parceiros pensadores que com predominância exerçam essa actividade;
– cônjuges dos produtores agrícolas que exerçam efectiva e regularmente actividade profissional na exploração.
Para actividades equiparadas a actividade agrícola ver Actividades agrícolas e equiparadas.

Estão abrangidos pelo regime dos trabalhadores independentes.

Professores (V. Pessoal docente)

Profissionais de banca dos casinos (V. Trabalhadores de banca dos casinos)

Profissionais de espectáculos (V. Trabalhadores de artes do espectáculo e do audiovisual)

Profissionais livres (profissão liberal) (prestadores de serviços) – aqueles que exercem actividades de carácter científico, artístico ou técnico tipificadas em tabela anexa ao CIRS, com carácter lucrativo por conta própria, que não revista natureza comercial ou industrial.
Enquadram-se no regime dos trabalhadores independentes.

Profissionais da pesca (V. Trabalhadores inscritos marítimos – pesca)

Profissionais de serviço doméstico (V. Trabalhadores de serviço doméstico)

Programa de inserção (V. Contratos de inserção)

Programas ocupacionais (POC) (V. Trabalho socialmente necessário).

Proibição de retrocesso social (V. Princípio do não retrocesso social)

Promotor de cooperação – a entidade responsável pela concepção, preparação de uma acção de cooperação e contribuição para a segurança social. (V. Agentes da cooperação)

Proporcionalização – os períodos de seguro são totalizados somente na medida do necessário para perfazer o prazo de garantia sendo o cálculo (proporcional) da prestação efectuado nos termos da legislação em causa (cálculo directo). (V. Pensão estatutária proporcional)

Prorratização (de *pro rata temporis*) – no âmbito do princípio da conservação dos direitos adquiridos ou em curso de aquisição (V.), quando para preencher as condições de acesso a prestações depende de períodos de seguro totalizados cumpridos nos Estados envolvidos, a prestação é determinada por cada Estado como se todo o período de seguro tivesse sido cumprido exclusivamente ao abrigo da sua própria legislação (prestação teórica ou ideal), mas reduzida na proporção do período de seguro efectivamente cumprido no Estado em causa, resultando a prestação prorratizada. (V. Pensão estatutária prorratizada)

Protecção social – conjunto de meios aptos à satisfação de necessidades sociais (V.).
Todas as intervenções de organismos públicos ou privados destinadas a minorar, para as famílias e os indivíduos, o encargo representado por um conjunto definido de riscos ou necessidades, desde que não exista simultane-

amente qualquer acordo recíproco ou individual. A lista de riscos ou necessidades que podem justificar a protecção social é, por convenção, a seguinte: doença e/ou cuidados de saúde; deficiência; velhice; sobrevivência; família/crianças; desemprego; alojamento; e exclusão social não classificada noutra posição (estatísticas integradas).

Refere-se à provisão dos países da OCDE para o bem-estar social nas áreas da saúde, pensões, subsídios de desemprego e outros sistemas de apoio ao rendimento. Esta provisão não é planeada apenas para apoiar os que necessitam mas também para atingir objectivos económicos cobrindo os custos sociais da reestruturação económica (PNUD).

Formas:
– pública – garantida por instituições públicas;
– privada – garantidas por organismos ou entidades da sociedade civil. Modalidades:
• empresarial – com fins lucrativos (seguradoras, sociedades gestoras de fundos de pensões, empresas gestoras de equipamentos...);
• associativa e cooperativa – sem fins lucrativos (IPSS, mutualidades...);

Instrumentos:
• individualistas (sem dispersão de responsabilidades) – aforro (poupança privada);
• colectivos:
– voluntários – mutualidade, seguro privado;
– obrigatórios – seguro social, segurança social;

Modelos (V. Direito à segurança social):
• laborista – técnica do seguro social (função comutativa);
• assistencialista – técnica assistencialista;
• universalista – técnica de serviço público (função redistributiva);

Técnicas:
• indiferenciadas ou inespecíficas – não criadas especificamente para protecção social, nasceram no campo civil e mercantil (assistência, aforro, mutualismo, seguro privado);
• específicas – criadas especificamente para protecção social (seguro social e segurança social):
– técnica do seguro social – dupla proporcionalidade (função comutativa);
– técnica do serviço público (V.) – protecção básica e uniforme para todos os cidadãos e residentes (função redistributiva);
– técnica assistencialista – garantia de protecção com condição de recursos (função redistributiva).
(V. Sistemas de protecção social)

Protocolo de cooperação – instrumento de cooperação pelo qual são anualmente fixados os valores das comparticipações financeiras das instituições de segurança social nos custos de funcionamento dos serviços das IPSS, abrangidos por acordos de cooperação e pelo qual têm sido também acordados princípios orientadores ou programáticos sobre cooperação.

Providência (divina) – comportamento (divino) caracterizado por não deixar que nada falte a um determinado número de pessoas (aos seus crentes) ("Deus é grande, Deus nunca falta"). (V. Estado-providência)

Providencialismo assistencialista – medidas protectoras com natureza de acção social independentes da verificação ou não de riscos sociais.

Providências cautelares – meios contenciosos de reacção contra actos da Administração Pública cujo efeito se pretende suspender até decisão judicial.

Provisões técnicas ou **matemáticas** – valor global dos compromissos financeiros de uma entidade responsável pelo pagamento de pensões.

Puérpera (V. Trabalhadora puérpera)

Queixas – de agentes ou de comportamentos e não de actos (V. Reclamação e petição).

Quociente familiar (V. Rendimento "*per capita*")

Quota
1. No âmbito da CGA – contribuição mensal suportada pelo subscritor para aposentação e do contribuinte para sobrevivência, calculada em percentagem da remuneração do cargo pelo qual se encontra inscrito na Caixa Geral de Aposentações (desde 2011 – 8% para aposentação e 3% para sobrevivência).
2. Para o Direito Civil – valor devido pelo membro de uma associação (associado).
3. Para o Direito Comercial – percentagem de capital titulado por sócio de sociedade por quotas.

Quotização – contribuição financeira devida pelos membros de uma instituição ou organismo de protecção social.

Quotização social – parcela pecuniária descontada ao trabalhador na sua remuneração e que o empregador entrega à segurança social (Efectiva). (V. Fictícia) (V. Taxa social única e Taxa contributiva)

Ramos de protecção ou de segurança social – conjunto de riscos cobertos e geridos por um mesmo regime legal através de instituições próprias, com fontes de financiamento desagregadas.

Enumeração (Drt.º Comunitário) – prestações por doença, maternidade, paternidade e equiparadas, invalidez, velhice, sobrevivência, acidentes de trabalho e doenças profissionais, morte, desemprego, pré-reforma e encargos familiares, mesmo relativos a regimes especiais e não contributivos e que constituam obrigações do empregador ou do armador.

Ratificação – acto jurídico de aceitação na ordem interna de um instrumento internacional.

Reabilitação – processo global e contínuo destinado a corrigir a deficiência e a conservar, a desenvolver ou a restabelecer as aptidões e capacidades da pessoa para o exercício de uma actividade considerada normal (definição legal).

GLOSSÁRIO

Receitas
- correntes – contribuições, adicional do IVA, rendimentos...
- de capital – empréstimos, alienação de imóveis...

Recidiva – agravamento de situação incapacitante (riscos profissionais).

Reciprocidade global (nas convenções de segurança social) – cada Estado obriga-se em todos os ramos de segurança social que aceitou a favor dos nacionais de qualquer outro membro quaisquer que sejam os ramos aceites por este.

Reclamação – meio gracioso de impugnação de um acto administrativo perante o autor do acto impugnado para que revogue o acto praticado (V. Queixa e petição).

Recomendação – acto de organização internacional ou acto comunitário de direito derivado sem carácter vinculativo.

Recursos suficientes – os recursos do cidadão que não sejam inferiores ao nível de rendimentos aquém do qual o Estado Português pode conceder direitos e apoios sociais aos cidadãos nacionais, atendendo à situação pessoal do cidadão e, se for caso disso, à dos seus familiares (L 37/2006, 9/08).

Redistribuição (V. Imposto negativo sobre o rendimento) – diz-se quando se verifica diferença entre o valor da contribuição paga e as vantagens recebidas.

(V. Transferências sociais)
Pode ser:
- *horizontal* – quando a repartição do rendimento nacional se verifica entre os principais grupos socioprofissionais salariados, empresários, agricultores, profissões independentes ou dos válidos para os doentes, dos activos para os reformados, dos celibatários ou agregados sem crianças para os que têm encargos de família, entre um mesmo nível de rendimento disponível;
- *vertical* – quando a repartição se verifica entre os membros de um grupo; repartição entre rendimentos mais elevados e menos elevados, dos mais ricos para os mais pobres – os rendimentos mais elevados são amputados em proveito de uma transferência para os rendimentos mais baixos (V. Coeficiente de Gini);
- *territorial ou regional* (geográfica) – quando o custo da segurança social das regiões mais pobres é objecto de financiamento pelas regiões mais ricas;
- *técnica* – que resulta materialmente da diferente incidência de riscos sociais em beneficiários com igual esforço contributivo;
- *sectorial* – entre sectores de actividade de diferente capacidade económica (agricultura, comércio, serviços);
- *intergeracional* – entre gerações;
- *directa* – concretizada através das despesas;
- *indirecta* – concretizada através das receitas (bonificação contributiva).

Reembolso de contribuições (até Dez 2010) – devolução de contribuições creditadas na parte respeitante a pres-

tações diferidas (V.) cujos prazos de garantia se não completassem. Carecia de requerimento (V. Resgate). As taxas praticadas eram as seguintes:
- invalidez e velhice – 12%;
- sobrevivência – 2,7%;
- subsídio por morte – 0,3%.

Reembolso das despesas de funeral – prestação que, na falta de titulares de direito ao subsídio por morte, é atribuída à pessoa que prove ter realizado as despesas de funeral.

Reembolso de prestações – no âmbito do direito de regresso, os valores (subsídio de doença ou pensão de invalidez) por que a segurança social assegura provisoriamente a protecção de beneficiários nas situações em que há terceiros responsáveis devem ser objecto de pedido de reembolso por parte da instituição de segurança social, até ao limite do valor da indemnização. (V. Sub-rogação)

Reembolso de quotizações (desde Jan 2011) – devolução de quotizações creditadas na parte respeitante a prestações diferidas (V.) cujos prazos de garantia se não completem. Carece de requerimento (V. Resgate). A taxa a praticar: 8,5%.

Reembolso do subsídio de doença (V. Reembolso de prestações)

Reforma – situação de inactividade profissional resultante de invalidez ou de velhice a que correspondem as respectivas pensões.

Reforma antecipada – abaixamento da idade de reforma por velhice, de origem legal ou convencional (pré-reforma). Situações: antecipação voluntária (por flexibilização), por natureza penosa ou desgastante da actividade, medidas de reestruturação das actividades e desemprego involuntário de longa duração. (V. Pensão antecipada por desemprego de longa duração e Pensão antecipada no regime de flexibilização).

Reforma antecipada por motivos do mercado de trabalho (Drt Comunitário) – pagamento periódico a trabalhadores idosos que se reformem antes de atingir a idade legal/ normal para a reforma devido a desemprego ou à redução de postos de trabalho causada por medidas económicas, como a reestruturação de um sector da indústria ou de uma empresa.

Reforma flexível – livre escolha do momento em que os trabalhadores podem beneficiar de reforma por velhice entre uma idade mínima (abaixo da idade normal de reforma) e uma máxima. (V. Pensão antecipada por desemprego de longa duração e Pensão antecipada no regime de flexibilização).

Reforma progressiva – diminuição progressiva do tempo de trabalho sendo a diminuição do rendimento do trabalho gradualmente compensado por uma pensão parcial (V.).

Reformados
- titulares de uma pensão de invalidez ou velhice – sector privado;

– militares titulares de uma pensão atribuída pela CGA (V.).

Régies cooperativas (V. Cooperativas de interesse público)

Regime (de segurança social) – sentido comum: conjunto de normas que regulam as relações jurídicas de segurança social (relações de vinculação, de tributação e de prestação).
Encontramos na doutrina dominante três concepções de regime de segurança social:
– concepção estatutária – no sentido de estatuto social, o regime seria um conjunto de disposições aplicáveis a um dado grupo de filiados, definindo as prestações às quais eles terão direito;
– concepção orgânica – o sentido de organização administrativa destinada a gerir a protecção social de categorias sociais beneficiando do mesmo estatuto ou eventualmente de estatutos distintos;
– como mecanismo de redistribuição, associando certos recursos (seja qual for a natureza) e certas prestações e dotado de uma autonomia financeira.

Regime das actividades e explorações agrícolas (grupo fechado) – regime aplicável a trabalhadores de qualquer sector de actividade que trabalhem em explorações agrícolas.

Regime contributivo – aquele que pressupõe uma situação contributiva e cujas prestações determinando direitos subjectivos na esfera jurídica dos destinatários são, em regra, proporcionais a valores declarados. (V. Regime não contributivo)
Compreende os regimes obrigatório (V.) e facultativo (V.).

Regime não contributivo – aquele que não pressupõe qualquer situação contributiva ou vínculo anterior, cujas prestações dependem apenas de condições de recursos, em regra, e são uniformes para todos os destinatários determinando direito subjectivo. Está integrado no subsistema de solidariedade.

Regime equiparado ao regime não contributivo – aquele a cujas pensões se passou a aplicar as disposições legais do regime não contributivo (pensões dos regimes transitórios dos rurais e pensões de nula ou reduzida base contributiva, enumerados nas portarias de actualização de pensões).

Regime especial dos funcionários públicos (Drtº Comunitário) – qualquer regime de segurança social que não seja o regime geral de segurança social aplicável aos trabalhadores por conta de outrem no Estado-membro em causa e ao qual estejam directamente sujeitos todos os funcionários ou determinadas categorias dos mesmos.

Regime especial de segurança social das actividades agrícolas (RESSAA) – Grupo fechado de beneficiários regulado no DL 81/85, 28/03 (art. 10º do DL 401/86, 2/12).

GLOSSÁRIO

Regime facultativo – aquele em que a inscrição, sendo possível, não é obrigatória.

Regime da função pública (V. Regime de protecção social convergente)

Regime geral de previdência (expressão abandonada) – regime geral (por oposição a regimes especiais) do seguro da força de trabalho (seguro social).

Regime geral de segurança social – regime integrado no sistema previdencial (V.) aplicável à generalidade dos trabalhadores por conta de outrem e trabalhadores independentes (art. 53º da LSS).

Regime geral dos trabalhadores por conta de outrem – regime contributivo do sistema previdencial aplicável aos trabalhadores por conta de outrem e equiparados.

Regime obrigatório – aquele em que o enquadramento é obrigatório e existe obrigação legal de inscrição e de tributação. (V. Regime facultativo)

Regime de protecção social convergente (antigo regime de protecção social da função pública) – regime especial autónomo (fechado) aplicável aos trabalhadores que exercem funções públicas abrangidos até 31 de Dezembro de 2005 pelo regime de protecção social da função pública, a que subsidiariamente é aplicável o regime geral de segurança social (Arts 6º b) e 11º e segs da L 4/2009, 29/01).

Regime (de protecção social) da função pública – designação dada (até 31 de Dezembro de 2005) à protecção social dos funcionários e agentes e a outros trabalhadores da Administração Pública, constituída pelas componentes de regime especial de segurança social, subsistemas de saúde e acção social complementar (art. 14º da L 4/2009, 29/01) (V. Trabalhadores que exercem funções públicas).

Regime público de capitalização – regime de protecção social de adesão individual e voluntária, de contribuição definida e de capitalização real, integrado no sistema complementar.

Regime de segurança social substitutivo constante de instrumento de regulamentação colectiva de trabalho vigente no sector bancário – regime ou grupo fechado, fixado no acordo colectivo de trabalho vertical do sector bancário, aplicável aos reformados, pensionistas e trabalhadores à data da integração destes no regime geral, operada pelo DL 1-A/2011, 03/01. (art. 1º nº 2 do DL 88/ 2012, 11/04) (V. Trabalhadores do sector bancário)

Regime de solidariedade – designação reportada ao regime não contributivo (V.).

Regimes
– de contribuição definida; (V. Planos de pensões de –)
– de benefício definido. (V. Planos de pensões de –)

Regimes complementares de segurança social – forma colectiva (com dispersão dos riscos) de protecção social privada. Podem ser:
- de iniciativa individual:
- de iniciativa colectiva (regimes profissionais complementares).

Regimes contributivos do sistema previdencial – regime jurídico de seguro social constituído por:
- regime geral dos trabalhadores por conta de outrem;
- regime dos trabalhadores independentes;
- regime do seguro social voluntário.

Regimes convencionais – por oposição a regimes legais (V.), regimes privados instituídos e disciplinados por vontade das partes.

Regimes especiais (V. Grupos fechados)

Regimes fechados (V. Grupos fechados)

Regimes incompletos ou parciais – as eventualidades não previstas num sistema são completadas pelas previstas noutro sistema (Vg: alguns regime fechados) (V. Regimes reduzidos)

Regimes legais – por oposição a regimes convencionais (V.), regimes públicos obrigatórios, tipificados e exaustivamente regulados na lei.

Regimes profissionais complementares de segurança social – regimes convencionais regulados pelo direito, cujas prestações são complementares das atribuídas pelos regimes de protecção social públicos.

Regimes de protecção social – corpo de regras distinto, apoiado por uma ou mais unidades institucionais, que rege o fornecimento de prestações de protecção social e o respectivo financiamento.
Enumeração (critério legal) – todos os regimes de enquadramento obrigatório. A saber:
- regime geral de segurança social dos trabalhadores por conta de outrem ainda que com âmbito material reduzido;
- regime de segurança social dos trabalhadores independentes;
- regime de protecção convergente dos trabalhadores que exercem funções públicas;
- regime dos antigos funcionários ultramarinos;
- regime dos advogados e solicitadores;
- regime dos trabalhadores da Companhia Portuguesa Rádio Marconi;
- regime de segurança social constante de instrumento de regulamentação colectiva de trabalho vigente no sector bancário;
- regime de protecção nos riscos de acidente de trabalho e doença profissional;
- regimes de protecção social estrangeiros relevantes para efeitos de coordenação com os regimes de segurança social portugueses.

Regimes reduzidos – não prevêem a totalidade das eventualidades (Vg: independentes, MOE`s, seguro social voluntário)

Regimes satélites – regimes especiais pré-constitucionais geridos de modo autónomo a que a lei atribui a natureza de regime obrigatório, substituindo assim o regime geral para determinados grupos de profissionais (advogados, bancários do regime do ACTV).

Regimes de segurança social (concepção estatutária) – conjunto de disposições aplicáveis a um dado grupo de filiados, apoiado por uma ou mais unidades institucionais, definindo as contribuições a suportar (plano de contribuições) e as prestações a atribuir (plano de prestações).

Regiões autónomas – pessoas colectivas públicas da Administração Regional Autónoma – Regiões Autónomas dos Açores e da Madeira.

Registo de remunerações e de períodos contributivos – lançamento de remunerações em suporte próprio em função das remunerações e tempos de trabalho efectivamente declaradas ou por equivalência à entrada de contribuições (V.).

Regulamento
– normas jurídicas dimanadas de órgãos administrativos no desempenho da função administrativa – direito interno;
– técnica de produção normativa (de direito derivado) utilizada nomeadamente pela União Europeia que consiste em elaborar regras de âmbito geral, carácter obrigatório em todos os seus elementos e aplicabilidade directa na ordem interna dos Estados-membros, primando sobre o direito interno. (Na segurança social: Regulamento de base (V.) – 883/2004 e Regulamento de aplicação (V.) – 987/2009).

Regulamento de aplicação – por referência ao regulamento de base, regulamento complementar sobre modalidades de execução ou aplicação do regulamento principal ou de base.

Regulamentos comunitários de segurança social – designação dada aos regulamentos que garantem a coordenação dos regimes de segurança social dos Estados-membros da UE. A saber:
– Regulamento (CE) 883/2004 do Parlamento e do Conselho de 29/04/2004 (JOUE L 200, de 7/06/2004) (regulamento de base), alterado pelo Regulamento (CE) nº 988/2009 do Parlamento e do Conselho de 16/09/2009 (JOUE L 284, de 30/10/2009), entrados em vigor em 1/05/2010; e
– Regulamento (CE) 987/2009 do Parlamento e do Conselho de 16 de Setembro de 2009 (JOUE L 284, 30/10/2009), entrado em vigor em 1/05/2010 (regulamento de aplicação).

Regulamentos europeus de segurança social (V. Regulamentos comunitários de segurança social)

Regularidade – considera-se que uma prestação reveste carácter de regularidade quando constitui direito do trabalhador, por se encontrar pré-estabelecida segundo critérios objectivos e gerais, ainda que condicionais, por forma a que este possa contar com o seu recebimento, independentemente da frequência da concessão (definição legal) (art. 47º CRC)

Relação jurídico-tributária (LGT) – relação tutelada pelo Direito que tem como objecto os tributos (V.) cujos sujeitos são o fisco ou a segurança social (sujeito activo) e o administrado (sujeito passivo) e integra:
- o crédito e a dívida tributários;
- o direito a prestações acessórias de qualquer natureza e o correspondente dever ou sujeição;
- o direito à dedução, reembolso ou restituição do imposto;
- o direito a juros compensatórios;
- o direito a juros indemnizatórios.

O crédito tributário é indisponível, só podendo fixar-se condições para a sua redução ou extinção com respeito pelo princípio da igualdade e da legalidade tributária.

Relações jurídicas de segurança social – relações tuteladas pelo Direito que se estabelecem na área do seguro social – sistema previdencial. Podem ser:
- de vinculação – identificação, enquadramento e inscrição – visam a constituição dos sujeitos da relação: o beneficiário e o contribuinte;
- contributiva ou de tributação ou de quotização – visam a definição das imposições parafiscais aos diversos actores económicos (entidades empregadoras e trabalhadores);
- de prestação – visam as atribuições patrimoniais substitutivas de rendimento perdido ou compensatórias de encargos.

Remição de pensões (riscos profissionais e fundos de pensões) – pagamento único da pensão libertando o segurador da obrigação de continuar a pagar pensão bem como da constituição das respectivas reservas matemáticas. (V. Resgate)

Remuneração – conjunto de prestações pecuniárias ou em espécie, que nos termos do contrato de trabalho, das normas que o regem ou dos usos, são devidas pelas entidades empregadoras aos trabalhadores como contrapartida da sua actividade profissional. (V. Retribuição) ([1] Liberalidade V.)

Remuneração convencional – montante, em regra reportado ao IAS (V.) ou a outros valores (caso da Port 56/94, 21/01) que é assumido como base de incidência de contribuições, nas situações em que se desconsideram as remunerações efectivas ou porque não estão disponíveis ou se ignora quais sejam. (V. Base de incidência convencional).

Remuneração de referência – valor médio das remunerações registadas durante um determinado período de tempo (período de referência V.), variável de acordo com a regulamentação de cada eventualidade, que constitui a base de cálculo das respectivas prestações. (art. 14º L 4/2009, 29/01)

Remutualização – substituir o Estado por formas mutualidades de protecção social, fragmentando (refeudalizando) o Estado-social em instituições com interesses comuns (profissionais, culturais...).

Renda vitalícia (no seguro de vida) – série de prestações pagáveis pelo segurador ao segurado em períodos equidistantes entre si (no princípio e no fim do período, em prestações semestrais ou trimestrais...)

Rendimento mínimo – valor considerado adequado à satisfação das necessidades mais fundamentais. (V.
- Dividendo social;
- Pensão mínima (não activos);
- Pensão social;
- Rendimento social de inserção (RSI);
- Retribuição mínima mensal garantida (RMMG) (activos).

Rendimento *per capita* ou quociente familiar – valor determinado em função do número de pessoas vivendo dos rendimentos de um agregado familiar. (V. ponderações em Capitação)

Rendimento social de inserção (RSI) – conjunto das actividades de inserção, integrado no contrato de inserção (V.) com a prestação de rendimento social de inserção (V.).

Rendimentos empresariais e profissionais – são os: (CIRS arts 3º e 4º)
- decorrentes do exercício de qualquer *actividade comercial, industrial, agrícola, silvícola ou pecuária* – empresários em nome individual;
- auferidos no exercício, por conta própria, de uma qualquer *actividade de prestação de serviços*, incluindo as de carácter científico, artístico ou técnico, qualquer que seja a sua natureza, ainda que conexa com actividade comercial, industrial, agrícola, silvícola ou pecuária – prestadores de serviços;
- provenientes da *propriedade intelectual* (V. Trabalhadores intelectuais) *ou industrial* ou da prestação de informações respeitantes a uma experiência adquirida no sector industrial, comercial ou científico, quando auferidas pelo seu titular originário.

Rendimentos de referência – valores relevantes para efeitos da verificação da condição de recursos (V.) na atribuição ou modulação de determinadas prestações. Enumeração: art. 3º do DL 70/2010, 16/06.

Repartição
- sentido económico-social – o mesmo que redistribuição (V.);
- sentido técnico-actuarial – sistema de contribuições contemporâneas (V.) (*PAIG – pagando e andando*) em regra de benefício definido – técnica de gestão financeira que consiste em distribuir ou repartir, entre os responsáveis pelo próprio financiamento do sistema, os encargos com as prestação servidas em cada exercício ou gerência. Formas:
- repartição antecipada ou *ex ante* – distribuição calculada não em função dos encargos efectivos mas dos encargos prováveis que as prestações irão representar numa gerência ou num exercício futuro;

- repartição pura ou *ex post* – distribuição feita no fim de cada gerência ou exercício quando se conheciam os montantes dos encargos (abandonada).

Representação (V. Mandato e Gestão de negócios) (arts 258º e segs CC)

Representantes comerciais
- autónomos – pessoas que exercem actividade comercial em nome e por conta própria (concessão) o se obrigam por conta da outra parte à celebração de contratos (agentes comerciais) – são trabalhadores independentes;
- não autónomos – exercem actividade comercial em nome e por conta de outrem (gerentes comerciais, caixeiros...) – são trabalhadores por conta de outrem.

Requerimento de prestações – manifestação de vontade do titular do direito necessária à subjectivação do mesmo. As prestações de atribuição automática dispensam o requerimento (subsídio de doença, pensão de velhice dos pensionistas de invalidez por conversão e dos trabalhadores em pré-reforma).

Reservas matemáticas ou **provisões matemáticas** – valor da diferença entre os encargos futuros do segurador e os encargos futuros do segurado, calculados nos seus valores actuais num determinado momento. (V. Provisões técnicas ou matemáticas)

Resgate – operação pela qual o tomador de seguro (V.) resolve antecipadamente o contrato, total ou parcialmente, sendo-lhe liquidada uma importância correspondente ao período em que o mesmo esteve em vigor, calculado segundo bases actuariais (valor da reserva matemática, com dedução das despesas não amortizadas).

Residência (Drtº Comunitário) – lugar onde a pessoa reside habitualmente.
Para além das especificidades para as prestações de desemprego, elementos para a determinação da residência:
1. Em caso de divergência entre as instituições de dois ou mais Estados-membros quanto à determinação da residência de uma pessoa à qual é aplicável o regulamento de base, estas instituições estabelecem de comum acordo o centro de interesses da pessoa interessada, com base numa avaliação global de todos os elementos disponíveis relacionados com factos relevantes, que podem incluir, conforme o caso:
a) A duração e a continuidade da presença no território dos Estados-membros em causa;
b) A situação pessoal do interessado, incluindo:
i) a natureza e as características específicas de qualquer actividade exercida, em especial o local em que a actividade é habitualmente exercida, a natureza estável da actividade e a duração de qualquer contrato de trabalho;
ii) a sua situação familiar e os laços familiares;
iii) o exercício de qualquer actividade não remunerada;
iv) no caso dos estudantes, a fonte de rendimentos;

v) a situação relativa à habitação, em especial a sua natureza permanente;
vi) o Estado-membro em que a pessoa é considerada residente para efeitos fiscais.
2. Quando a consideração dos diferentes critérios, baseados em factos relevantes enunciados no nº 1, não permitir às instituições em causa chegar a acordo, a vontade da pessoa, tal como se revela a partir de tais factos e circunstâncias, em especial os motivos que a levaram a mudar-se, é considerada determinante para estabelecer o seu lugar efectivo de residência.

Residência habitual – o local (ou locais) onde o indivíduo passa habitualmente o seu período de descanso quotidiano, independentemente de ausências temporárias por motivos de lazer, férias, visitas a amigos e familiares, actividade profissional, tratamento médico ou peregrinação religiosa ou, na falta desses dados, o local da sua residência legal ou registada (V. Estada) (Dtº. Comunitário).

Residência permanente – residência ou permanência num determinado território por mais de 183 dias, neste se situando a sua residência habitual (V.) e onde esteja registado para efeitos fiscais (para complemento açoriano de abono de família).

Residente – pessoa com domicílio, ou situação equiparada, no território de determinado Estado, segundo as regras desse mesmo Estado.

Residente (em Portugal)
1) cidadão português que possua domicílio (V.) em território português. Consideram-se como tal os trabalhadores da Administração Pública portuguesa, quer tenham vínculo de direito público ou privado, e os membros do respectivo agregado familiar, desde que aqueles prestem serviço no estrangeiro e sejam remunerados, total ou parcialmente, pelo Estado português;
2) cidadão estrangeiro:
a) cidadão da União Europeia (qualquer pessoa que tenha a nacionalidade de um Estado-membro), do EEE e da Suíça – arts 6º e segs da L 37/ 2006, 9/08;
– por período até três meses sem outras condições e formalidades além da titularidade de um bilhete de identidade ou passaporte válidos (aplicável aos familiares que, munidos de um passaporte válido, acompanhem ou se reúnam ao cidadão da União).
– por período superior a três meses desde que reúna uma das seguintes condições:
• exerça no território português uma actividade profissional subordinada ou independente;
• disponha de recursos suficientes para si próprio e para os seus familiares, bem como um seguro de saúde, desde que tal seja exigido no Estado membro da sua nacionalidade aos cidadãos portugueses;

Meios de subsistência – recursos estáveis e regulares que sejam suficientes para as necessidades essenciais do cidadão estrangeiro e, quando seja o caso, da sua família, designadamente para alimenta-

ção, alojamento e cuidados de saúde e higiene (Port 1563/ 2007, 11/12);
- esteja inscrito num estabelecimento de ensino público ou privado, oficialmente reconhecido, desde que comprove, mediante declaração ou outro meio de prova à sua escolha, a posse de recursos financeiros suficientes para si próprio e para os seus familiares, bem como disponha de um seguro de saúde, desde que tal seja exigido no Estado membro da sua nacionalidade aos cidadãos portugueses;
- seja familiar que acompanhe ou se reúna a um cidadão da União abrangido.

b) cidadãos de Estado terceiro (fora da União Europeia) habilitados com título válido de autorização de residência em território português (arts 75º e segs da L 23/2007, 4/07).

– os cidadãos estrangeiros portadores dos seguintes títulos válidos, nos termos da lei:
- visto de residência, quando emitido ao abrigo do reagrupamento familiar;
- visto de estada temporária;
- prorrogação de permanência, quando referida aos familiares de titulares de visto de trabalho, autorização de permanência e visto de estudo.

Sendo:
– *residente legal* – cidadão estrangeiro habilitado com título de residência em Portugal, de validade igual ou superior a um ano;
– *título de residência* – documento emitido de acordo com as regras e o modelo uniforme em vigor na União Europeia ao nacional de Estado terceiro com autorização de residência

- temporária – válida pelo período de um ano renovável por períodos sucessivos de dois anos;
- permanente – sem limite de validade devendo, porém, ser renovado de cinco em cinco anos ou sempre que se verifique a alteração dos elementos de identificação nele registados.

3) refugiados ou apátridas portadores de título de protecção temporária válido.

Responsabilidade – facto de alguém (pessoa ou instituição) ser constituído na obrigação de indemnizar ou satisfazer uma pretensão ressarcitória de prejuízo ou desvantagem patrimonial resultante de actuação ou abstenção sua.

Pode ser: política, cultural, financeira, social, solidária, pública, objectiva ou pelo risco, civil, penal, disciplinar, contra-ordenacional...

Responsabilidade civil – constituição de alguém na obrigação de indemnizar outrem por danos que lhe cause. Pode ser:
– obrigacional ou contratual – decorre da inexecução de uma obrigação;
– delitual – decorre da violação de um direito subjectivo não creditício ou de uma norma legal destinada a proteger interesses alheios;
– objectiva – quando os prejuízos são resultantes de um acto que não é ilícito ou não é culposo.

Responsabilidade financeira – afectação de recursos financeiros a determinados objectivos.

GLOSSÁRIO

Responsabilidade pública (V. Princípio do primado da –)

Responsabilidade solidária (V. Obrigação solidária)

Responsabilidade tributária subsidiária – dos membros de corpos sociais e responsáveis técnicos, efectiva-se por reversão (V.) do processo de execução fiscal. A reversão contra o responsável subsidiário depende da fundada insuficiência dos bens penhoráveis do devedor principal e dos responsáveis solidários, sem prejuízo do benefício da excussão.

RESSAA – regime especial de segurança social das actividades agrícolas (grupo fechado) (V.).

Restituição de contribuições e quotizações – devolução aos contribuintes e beneficiários de contribuições pagas e não devidas, deduzindo o valor das prestações concedidas. Carece de requerimento feito no prazo de um ano a contar do pagamento indevido (V. Reembolso de quotizações).

Restituição de prestações – devolução dos valores das prestações indevidas através de:
– restituição directa no prazo de 30 dias desde a interpelação;
– compensação com prestações a que o devedor tenha direito;
– encontro de contas;
– cobrança coerciva.
(V. Reembolso de prestações)

Retenção na fonte – entregas pecuniárias efectuadas por dedução nos rendimentos pagos ou postos à disposição do titular pelo substituto tributário (art. 34º da LGT). (V. Substituição tributária).

Retenção de valores – na situação em que o Estado e as outras pessoas colectivas de direito público concedam algum subsídio ou procedam a algum pagamento superior a € 5000 a contribuintes do regime geral de segurança social de inscrição obrigatória, com empregados por conta de outrem, e se da apresentação de declaração comprovativa da situação contributiva destas perante as instituições de previdência ou de segurança social que as abranjam, resultar a existência de dívida às instituições de previdência e de segurança social, deve ser retido o montante em débito, até ao limite máximo de 25% do total concedido.

Aplica-se igualmente a financiamentos a médio e longo prazos, excepto para a aquisição de habitação própria, superiores a € 50 000, concedidos por instituições públicas, privadas ou cooperativas com capacidade de concessão de crédito.

O incumprimento por entidades não públicas determina a obrigação de pagar ao Instituto de Gestão Financeira da Segurança Social o valor que não foi retido, acrescido dos respectivos juros legais, ficando por esta obrigação solidariamente responsáveis os gerentes, administradores, gestores ou equivalentes da entidade faltosa.

Retribuição mínima mensal garantida (RMMG) – montante fixado normativamente como retribuição mínima do exercício de actividade profissional (art. 273º do CT).
Na RA Açores + 5% do valor nacional;
Na RA Madeira + 2% do valor nacional.
Vulgo: salário mínimo nacional.
(V. Valores nos quadros-síntese)

Revalidado – beneficiário que após uma situação de invalidez foi, em comissão técnica, considerado capaz para o exercício da sua actividade.

Revalorização (da base de cálculo) – actualização das remunerações declaradas (valores nominais) pela aplicação dos coeficientes de revalorização (V.) constantes de tabela própria (elaborada com base no índice de preços ao consumidor sem habitação) aproximando-as dos valores reais.

Reversão – sentido específico:
– nas prestações por morte – a extinção da qualidade de pensionista (prestação derivada) em relação a um dos titulares determina nova distribuição da totalidade da pensão pelos restantes titulares do grupo;
– nas dívidas – responsabilização subsidiária de gestores pelas dívidas das pessoas colectivas que gerem (art. 23º da LGT). (V. Substituição tributária)

Risco – todo e qualquer evento futuro (não passado) e incerto (sentido absoluto – *incertus an* e *quando* – desconhecimento se o facto há-de produzir-se – vg: doença; sentido relativo – *incertus an* – viuvez – ou *incertus quando* – morte) cuja verificação seja considerada como um prejuízo. Fluxograma: risco – evento (V.) – dano.

Risco social
– sentido amplo – evento que afecta a situação económica do indivíduo ou ameaça a sua segurança e que se traduz numa carência ou numa insuficiência de rendimentos, quer pela diminuição destes, quer pelo aumento das suas necessidades financeiras;
– sentido restrito – todo e qualquer facto que reduz, suspende ou elimina os rendimentos dos indivíduos – encargos (V.), doença, desemprego, acidente de trabalho.
Pode ser:
a) físico – quando reduz a capacidade de trabalho. Pode ser:
• de origem profissional (acidente de trabalho e doença profissional);
• de origem não profissional (doença, maternidade, invalidez, velhice e morte);
b) económico – não alterando a força de trabalho é obstáculo ao seu exercício (desemprego);
Quanto à gestão de riscos:
• divisão dos riscos – cada grande ramo é gerido de forma independente *a priori* mas em caso de desequilíbrio de um destes ramos (velhice, doença, família ...) são os outros, se forem excedentários, que farão a compensação;
• selecção de riscos – recusa de suportar os encargos com determinados riscos (V. Selecção adversa);

- **dispersão dos riscos** – os riscos são independentes uns dos outros para obter uma compensação automática e eventual entre eles.

Riscos específicos (para atribuição do correspondente subsídio) – conjunto de agentes e processos condicionantes do trabalho das mulheres grávidas, puérperas e lactantes, enumerados na lei.

Riscos profissionais – riscos sociais (V.) que integram a eventualidade acidentes de trabalho e doenças profissionais e ligados ao trabalho susceptíveis de afectar a capacidade de ganho.

RMMG – retribuição mínima mensal garantida (V.). Vulgo: salário mínimo nacional.

RSI – rendimento social de inserção (V.)

Rurais (V. Previdência rural)

Salário médio (V. Remuneração de referência)

Salário mínimo nacional (V. Retribuição mínima mensal garantida – RMMG)

Salário social – benefícios sociais concedidos pelas empresas e por regimes de segurança social.

Salários em atraso – medida aplicável aos trabalhadores credores de retribuições não pagas que suspendam ou rescindam o contrato com este fundamento, que consiste no acesso ao regime do subsídio de desemprego.

SAMS – serviços de assistência médico-social dos trabalhadores bancários previsto no respectivo ACT (cláusula 144ª).
(V. Subsistemas de saúde privados)

Sanção – pena pecuniária (coima) ou acessoriamente de inibição de exercício de um direito a prestações, aplicada pela prática de uma contra-ordenação ou violação de deveres específicos. (V. Penas)

Santa Casa da Misericórdia de Lisboa – pessoa colectiva de direito privado e utilidade pública administrativa com estatutos aprovados por lei – DL 235/2008, 3/12.

Santas casas da misericórdia (V. Irmandades da misericórdia)

Saúde – estado de bem-estar completo, físico, psíquico e social (OMS) (V. Serviço Nacional de Saúde e Sistema de Saúde).

Secções de processo executivo da segurança social (SPE) – serviços desconcentrados do IGFSS em regra de âmbito distrital com a função de órgãos de execução parafiscal, em processo de execução de dívidas à segurança social (V.).

Sector cooperativo e social (V. Terceiro sector da economia)

Sector social da economia (V. Terceiro sector da economia)

Sede – lugar onde a pessoa colectiva juridicamente assume ter o seu centro de decisão. Corresponde ao domicílio das pessoas singulares.

SEDs – *Structured Electronic Documents* (V.)

Segurado (V. Seguro)

Segurança económica – garantia de rendimentos das pessoas através de medidas públicas adequadas.

Segurança jurídica – inerente ao Estado de Direito, corresponde numa vertente subjectiva a uma ideia de protecção da confiança dos particulares relativamente à continuidade da ordem jurídica (V. Princípio da confiança) (V. Ac TC 188/2009).

Segurança social (conceito)
– como *conceito* – garantia colectiva dos indivíduos pertencentes a uma mesma classe social ou a uma mesma comunidade nacional contra os riscos sociais (V.) da sua existência;
– como *instituição* – sistema autónomo ou estadual de garantia colectiva fundada sobre a solidariedade organizada entre indivíduos que pertencem a uma comunidade determinada (*Yves Saint-Jours*).

Segurança social (Direito à –) (V. Direito à segurança social)

Segurança social (V. Abuso de confiança contra a –; Código Europeu de –; Conselho Nacional de –; Contencioso da –; Contribuições para a –; Convenção Europeia de –; Convenções internacionais de –; Créditos da –; Crimes contra a –; Direito à –; Direito da –; Estrutura da –; Execução de dívidas à –; Financiamento da –; Fraude contra a –; Fundo de Estabilização Financeira da –; Instituições de –; Instituto de Gestão Financeira da –; Instituto de Gestão de Fundos de Capitalização da –; Instituto da –; Modelos de –; Norma mínima de –; Prestações de –; Regime geral de –; Regimes de –; Regimes complementares de –; Regulamentos comunitários de –; Regulamentos europeus de –, Sistema de –; Sistemas de –; Taxa contributiva para a –)

Seguro (contratual, livre, individual ou privado) (por contraposição a seguro social) – técnica de seguro em que se visa assegurar, através de pagamento de determinados prémios, calculados em função do valor da coisa assegurada e das probabilidades de acontecimento objecto do seguro, os segurados contra as consequências pecuniárias de prejuízos de que eles possam ser responsáveis ou vítimas.
Instrumento de protecção contra riscos (V.). Operação através da qual uma parte, o tomador de seguro, se torna credor, mediante o pagamento de uma remuneração (o prémio) para ele ou para terceiro, em caso de realização de um risco, de uma prestação a liquidar por uma outra parte, a seguradora, que, tomando o encargo de um conjunto de riscos, os compensa – DL 72/2008, 16.04 (Regime do contrato de seguro) e L 147/2015, 09.09 (Actividade seguradora).

Sendo:

Segurado – beneficiário ou destinatário das prestações que o seguro garante (cf. tomador de seguro).

Seguro de pessoas – corresponde a cobertura de riscos relativos à vida, à saúde, à integridade física de uma pessoa ou a um grupo de pessoas.

Modalidades:
- seguros em caso de morte – garante-se o pagamento de um capital caso a morte da pessoa segura ocorra durante o prazo do contrato;
- seguros em caso de vida – garante-se o pagamento de um capital/renda caso a pessoa cuja vida se segura (pessoa segura) esteja viva no final do prazo do contrato;
- seguros mistos – associam as duas garantias: o pagamento do capital seguro contratado é garantido quer em caso de morte da pessoa segura durante o prazo do contrato, quer em caso de vida da pessoa segura no termo do contrato.

Tomador de seguro – sujeito da relação jurídica de seguro que "compra" o seguro, sendo o destinatário das prestações ele próprio ou terceiro (segurado) (Cf. segurado).

Seguro desportivo – seguro obrigatório no âmbito da prática desportiva. (DL 10/2009, 12/01)

Seguro de pessoas (V. Seguro)

Seguro social – seguro obrigatório de responsabilidade civil por transferência de riscos decorrentes do exercício de determinadas actividades embora úteis para a sociedade potencialmente geradoras de danos para terceiros (circulação automóvel, utilização da força de trabalho de terceiros...) no sentido de garantir a efectiva indemnização dos lesados.

Sendo:

Seguro diferido ou a longo prazo – seguro em que o risco se vai agravando ao longo do tempo (vg: morte);

Seguro imediato ou a curto prazo – quando o risco não conhece agravamento sensível no decurso da duração do seguro.

Seguro social beveridgiano – forma de seguro nacional abrangendo a totalidade da população com atribuição de prestações contributivas e não contributivas com tributação dominantemente fiscal.

Seguro social penal – medidas indemnizatórias garantidas pelo Estado a vítimas de determinados crimes violentos. (Vg: DL 104/2009, 14/09)

Seguro social voluntário – forma de protecção social contributiva e facultativa de âmbito material limitado, destinada às pessoas cuja actividade não se enquadra nos regimes obrigatórios (vg: exercício de actividade em Estados sem protecção social, voluntários...).

Seguros sociais – seguros obrigatórios de origem legal geridos por entes públicos e dirigidos especificamente a proteger necessidades sociais derivadas de riscos que afectam indivíduos determinados legalmente.

Selectividade (V. Princípio da –)
– material – modulação do montante das prestações em função dos rendimentos;
– pessoal – limita o acesso às pessoas que não preencham determinadas condições.

Senilidade – minoração psicossomática produzida pela erosão do tempo (V. Longevidade e Velhice).

Separação de facto – situação em que não existe comunhão de vida entre os cônjuges.

Serviço cívico – exercício de actividade em favor da comunidade exercida em substituição do serviço militar por objector de consciência (V.).

Serviço doméstico (V. Trabalhadores de serviço doméstico)

Serviço Nacional de Saúde (SNS) – organização do serviço público (V.) na área da saúde (V. Sistema Nacional de saúde).

Serviços
1) para a economia – por oposição a bens, actividades que prestam uma utilidade sem se incorporarem na matéria;
2) para a organização – estruturas que desenvolvem actividades próprias da organização em que se integram.

Serviços desconcentrados – estruturas hierarquizadas (com delegação de competências) que desenvolvem regional ou localmente actividades próprias da organização em que se integram. Vg: centros distritais do ISS e secções de processo executivo da segurança social do IGFSS.

Serviços de interesse (económico) geral – serviços desenvolvidos por entidades públicas ou privadas, por determinação do Estado, com vista a assegurar a provisão de bens e serviços essenciais, tendentes à satisfação das necessidades fundamentais dos cidadãos, sempre que não haja garantia de que os mecanismos de mercado assegurem por si a sua provisão de forma plena e satisfatória. (Definição legal) (Tratado da UE, art. 14º). Abrange os serviços sociais de interesse geral (SSIG).

Serviços locais – extensão dos centros distritais do ISS (em regra concelhios) para aproximação às populações de funções que lhes garantam maior comodidade – informação, recebimento de contribuições, pagamento de prestações.

Serviços públicos centrais – serviços executivos da Administração Central (directa) do Estado. (V. Administração Pública)

Sigilo (dever de) – obrigação que impende sobre qualquer pessoa ou entidade da não divulgação de dados de natureza estritamente privada, quer pessoais, quer referentes à situação económico-financeira (Ex: Sistema de verificação de incapacidades, sobre situação contributiva...). (V. Violação de segredo)

GLOSSÁRIO

Silvicultores (silvicultura) – pessoas cuja actividade profissional está ligada à exploração dos recursos florestais – madeira, cortiça, resina e outros produtos florestais (V. Actividades agrícolas e equiparadas)

Sinistrado – trabalhador vítima de acidente de trabalho.

SISS – sistema de identificação da segurança social (V.)

Sistema – diz-se de um conjunto (de bens, de normas...) ordenado, permanente e autónomo.

Sistema de capitalização (V. Capitalização)

Sistema complementar (V. Sistema de segurança social)

Sistema de contribuições contemporâneas (ou de repartição) (sistema *pay-as-you-go – pagando e andando*) – as contribuições do momento presente são usadas para pagar reformas também devidas no momento presente. (V. Repartição)

Sistema de identificação da segurança social – conjunto de meios que permitem a correcta identificação de todos os agentes sociais.

Sistema Nacional de Saúde (SNS) – conjunto de meios pelo qual se concretiza o direito à saúde. (V. Serviço Nacional de Saúde)

Sistema previdencial – conjunto dos regimes contributivos (seguro social V.), integrando o regime geral de segurança social aplicável à generalidade dos trabalhadores por conta de outrem e aos trabalhadores independentes, os regimes especiais, bem como os regimes de inscrição facultativa (art. 53º da LSS) (V. Sistema de segurança social)

Sistema de protecção social de cidadania (V. Sistema de segurança social)

Sistema de segurança social – conjunto legalmente organizado de regimes de segurança social e de instituições que os gerem. Divide-se em 3 sistemas: previdencial, protecção social de cidadania (este subdividido em 3 sub-sistemas: de solidariedade, de protecção familiar e de acção social) e complementar (V.).

Sistema de verificação de incapacidades (SVI) – instrumento especializado de peritagem, constituído por meios técnicos (humanos e materiais) de verificação de incapacidades integrado no Instituto da Segurança Social, IP.

Sistemas de protecção social
Factores que estão na base dos sistemas de protecção social:
– o emprego digno (incluindo dimensões como de género ou pessoas com deficiência);
– a distribuição da riqueza;
– o crescimento demográfico;
– a universalidade das prestações e dos serviços sociais; e

- o papel fundamental do Estado na consecução destes objectivos.

As quatro garantias básicas de segurança social:
- níveis mínimos, definidos individualmente por cada Estado, de segurança de rendimentos:
  - na infância;
  - durante a vida activa;
  - na velhice; bem como
- o acesso a serviços essenciais de saúde a preços módicos.

Tipologia ternária de *Esping-Andersen* – segundo um critério de diferenciação com base na combinação das intervenções do Estado e do mercado na protecção social:
- sistema social-democrata – as pensões são atribuídas de maneira universal pelo Estado, sem privilégio de estatuto e sem diferenciações operadas pelo mercado (Noruega, Suécia);
- sistema profissional conservador – as pensões são asseguradas pelos seguros sociais do Estado. O mercado desempenha um papel marginal e os sistema de protecção público tende a oferecer regimes segmentados e nomeadamente regimes privilegiados para os funcionários (Áustria, Bélgica, França, Alemanha, Itália e Japão);
- sistema liberal (residual) – as pensões são largamente regidas pelos mecanismos de mercado (Austrália, Canadá, Suíça, EUA).

Sistemas de segurança social – famílias ou grupos de ordenamentos da segurança social pública. Principais:
- sistema alemão, bismarckiano, comutativo, personalista (técnica de seguro);
- sistema britânico, beveridgiano, distributivo, territorialista (técnica de serviço público);
- sistema misto bismarckiano / beveridgiano.

Situação de dependência – situação que decorre do facto de pessoas que, não podendo praticar com autonomia os actos indispensáveis à satisfação de necessidades básicas da vida quotidiana – actos relativos à alimentação, locomoção e cuidados de higiene pessoal – careçam da assistência permanente de outra pessoa. (V. Dependência física, Subsídio por assistência de 3ª pessoa, Complemento por dependência)

Situação de facto (separação de facto (V.) ou união de facto (V.) ou confiança de menor adoptando) – diz-se de uma situação análoga a uma outra juridicamente correspondente.

Situação de invalidez (V. Invalidez)

Situação de necessidade – conjunto de carências previstas e tipificadas pelo legislador susceptíveis de objecto de medidas de protecção. (V. Estado de necessidade)

Situação tributária e contributiva regularizada – inexistência de dívidas quer fiscais quer de contribuições, quotizações, juros de mora e de outros valores do contribuinte.

GLOSSÁRIO

E também:
a) As situações de dívida, cujo pagamento em prestações tenha sido autorizado e enquanto estiverem a ser cumpridas as condições dessa autorização, ainda que o pagamento prestacional tenha sido autorizado a terceiro ou a responsável subsidiário;
b) As situações em que o contribuinte tenha reclamado, recorrido, deduzido oposição ou impugnado judicialmente a dívida, desde que tenha sido prestada garantia idónea.

Situação de urgência (V. Protecção de crianças e jovens)

SNS – Serviço Nacional de Saúde (V.) ou Sistema Nacional de Saúde (V.).

Sobrevivência – situação que determina a atribuição de uma prestação a título de direito derivado (V), isto é, adquirido originariamente por outra pessoa cuja morte condiciona a atribuição da prestação. (V. Pensão de sobrevivência)

Sobrevivente – pessoa titular de interesses patrimoniais relativos à morte do beneficiário (prestações por morte).

Sociais (V. Boleias –; Contribuições –; Encargos –; Gerentes –; Prestações –; Transferências –)

Social – tudo o que diz respeito às condições de existência das pessoas. (Ver: Acção –; Assistência –; Carta –; Coesão –; Complemento –; Cotização –; Despesa –; Direito –; Dividendo –; Economia –; Equipamento –; Funeral –; IVA –; Necessidade –; Pensão –; Previdência –, Protecção –; Risco –; Salário –; Segurança –; Seguro –; Tarifa –;Voluntário –)

Sociedade (para o Direito) – pessoa colectiva privada (associação de direito privado – na expressão de Castro Mendes) e fins lucrativos (sem fins lucrativos ver pessoa colectiva privada).
Pode ser:
– sociedade civil – não exerce actividade comercial;
– sociedade civil sob forma comercial – sociedade civil que adoptou forma de sociedade comercial;
– sociedade comercial (V.) – pressupõe a prática profissional de actos de comércio (actividade comercial).

Sociedade (para a sociologia) – conjunto ordenado, permanente e autónomo de relações humanas, isto é, um sistema (V.) de relações interindividuais.

Sociedade civil
– para o Direito Civil – pessoa colectiva privada (associação de direito privado – na expressão de Castro Mendes) e fins lucrativos;
– para o Direito Institucional – pessoas que não integradas por instituições públicas desenvolvem actividades socialmente relevantes e reconhecidas como tal pelo Estado.

Sociedades de agricultura de grupo – sociedades civis sob a forma de sociedade por quotas tendo por objecto a exploração agrícola ou agro-pecuária realizada por um número limitado de agricultores, os quais põem em comum a terra, os meios financeiros e os outros factores de produção e asseguram conjuntamente a gestão da empresa e as suas necessidades em trabalho, em condições semelhantes às que se verificam nas explorações de carácter familiar.

Os sócios que nela exerçam actividade estão abrangidos pelo regime dos trabalhadores independentes (V.).

Sociedades comerciais – pessoa colectiva privada (associação de direito privado – na expressão de Castro Mendes) e fins lucrativos (sem fins lucrativos ver pessoa colectiva privada) que exerce actividade comercial.

Pode ser:
- sociedade de pessoas – sociedade em nome colectivo (Cª);
- sociedade de capitais
• sociedade por quotas (Ldª);
• sociedade anónima (SA);
• complexa – sociedade em comandita.

Sendo:
- *Agência* – sucursal (V.) no país, de instituição de crédito ou sociedade financeira com sede em Portugal ou sucursal suplementar de instituição de crédito ou instituição financeira com sede no estrangeiro;
- *Filial* – pessoa colectiva relativamente à qual outra pessoa colectiva, designada por empresa-mãe, se encontre numa relação de domínio (V. conceito no art. 13º, 2º do regime aprov. DL 298/92, 31/12), considerando-se que a filial de uma filial é igualmente filial da empresa-mãe de que ambas dependem;
- *Firma* – denominação da sociedade comercial: nome seguido de sufixo indicativo do tipo de sociedade (Cª, Ldª, SA), Vg: Antunes, SA. (sociedade anónima) Corresponde ao nome das pessoas singulares;
- *Sociedades aparentes* – entidades desprovidas de personalidade jurídica que, prosseguindo objectivos próprios e realizando actividades diferenciadas das dos seus sócios ou membros, sejam, nessa qualidade, considerados sujeitos passivos do imposto sobre os rendimentos das pessoas;
- *Sociedades incompletas* – entidades a quem a lei confere personalidade jurídica após o respectivo processo de formação, entre o momento em que tiverem iniciado esse processo e aquele em que o tiverem terminado;
- *Sociedades irregulares* – com vícios de forma ou de substância;
- *Sociedades unipessoais por quotas* – sociedades por quotas com um único sócio que, se exercer a gerência, está abrangido pelo regime dos membros dos órgãos estatutários das pessoas colectivas (Ldª Unipessoal);
- *Sucursal* – estabelecimento de uma empresa desprovido de personalidade jurídica e que efectue directamente, no todo ou em parte, operações inerentes à actividade da empresa.

Sociedades de interesse colectivo – instituições particulares de interesse público (V.) constituídas empresas privadas de fim lucrativo, que por exercerem poderes públicos ou serem submetidas a uma fiscalização especial da

Administração Pública, ficam sujeitas a um regime jurídico específico, traçado pelo Direito Administrativo (Freitas do Amaral).

Sociedades de profissionais – constituídas para o exercício de uma actividade profissional especificamente prevista na lista de actividades a que alude o art. 151º do Código do IRS, na qual todos os sócios pessoas singulares sejam profissionais dessa actividade. Em regra estão abrangidos pelo regime dos trabalhadores independentes (V.) (excepto: advogados e solicitadores com caixa própria).

Sociedades em relação de domínio ou em relação de grupo – sociedades coligadas constituídas por relações de participação ou de domínio e subordinação (arts 486º e 488º do CSC). (V. Empresa única)

Sócios – titulares de parcela de capital (quota ou acções) de uma sociedade. (V. Associados)

Sócios-gerentes (V. Gerentes sociais)

Socorro ou **auxílio mútuo** – técnica de distribuição entre membros de um grupo do encargo de reparação dos prejuízos provocados pelos riscos a que eles estejam sujeitos. (V. Associações mutualistas)

Solicitadores (V. Advogados e solicitadores)

Solidariedade – coobrigação e corresponsabilidade de todos os indivíduos, grupos e classes em ordem ao bem comum (P. Pesch). Pode ser:
– quanto à fonte:
• *ética ou moral* – imposta pela consciência;
• *normativa* – estabelecida vinculadamente pelo Direito;
– quanto ao âmbito:
• *familiar*;
• *nacional*;
• *universal*.
– quanto aos efeitos financeiros pretendidos:
• *técnica* – a que decorre da aplicação das regras próprias do seguro social pressupõe que todas as pessoas abrangidas por um determinado regime são potenciais afectados pelas eventualidades previstas, por isso todos pagam as respectivas contribuições embora nem todos venham a ficar efectivamente afectados por todos esses factos e assim só alguns serão beneficiários das prestações correspondentes;
• *horizontal* – implica transferências dentro dos mesmos grupos sociais (dos trabalhadores para os pensionistas... –);
• *vertical* – implica transferências das pessoas com rendimentos mais altos para pessoas com menos rendimentos (V. Redistribuição).
– quanto aos ciclos de transferências financeiras:
• plurianual – *lyfe cycle* (V.) – 2 fases da vida;
• plurigeracional – intergeracional.

Solidariedade (Direito Civil) (V. Obrigação solidária) (V. Princípio da –)

Solidariedade técnica (V. Princípio da solidariedade técnica)

Standard of living – mínimo alimentar, medida mínima de segurança social. (V. Rendimento mínimo)

Structured Electronic Documents (SEDs) – documentos electrónicos estruturados referenciados alfanumericamente (uma letra convencional e 3 algarismos) pela função que exercem, (A – determinação da legislação aplicável; F – prestações familiares; P – pensões; S – saúde; U – desemprego...) objecto de troca entre Estados no âmbito da coordenação de sistemas de segurança social nacionais.

Sub-rogação
– Dtº Civil – substituição de uma pessoa por outra nos seus direitos ou no cumprimento de uma obrigação (art. 589º e segs CC);
– de direitos em caso de responsabilidade de terceiros, substituição do beneficiário pela segurança social nos direitos daquele, relativamente a terceiros para efeitos de reembolso de prestações pagas. (V. Reembolso de prestações)

Subscritores – beneficiários activos inscritos na CGA (V.).

Subsídio (prestação dos regimes contributivo e não contributivo) – expressão que, seguida em regra pela indicação da eventualidade ou do facto determinante da protecção (V.) (vg: subsídio de doença, subsídio por morte...) é utilizada pelo legislador para designar a atribuição do conjunto de bens (as prestações V.) a que abstractamente corresponde a protecção social nessa eventualidade ou modalidade.

Prestações com a designação de subsídio (por ordem alfabética):
– Subsídio por adopção;
– Subsídio para assistência a filho;
– Subsídio para assistência a filho com deficiência ou doença crónica;
– Subsídio para assistência a neto
– Subsídio por assistência de 3ª pessoa;
– Subsídio por cessação de actividade;
– Subsídio de desemprego;
– Subsídio de doença;
– Subsídio de educação especial;
– Subsídio extraordinário de solidariedade;
– Subsídio de férias (V. Subsídio de doença);
– Subsídio de funeral;
– Subsídio por interrupção de gravidez;
– Subsídio de lar;
– Subsídio mensal vitalício;
– Subsídio por morte;
– Subsídio de Natal (V. Subsídio de doença);
– Subsídio parental;
– Subsídio parental alargado
– Subsídio de reconversão profissional;
– Subsídio de renda de casa;
– Subsídio por risco clínico durante a gravidez;
– Subsídio por riscos específicos;
– Subsídio social por adopção;
– Subsídio social de desemprego;
– Subsídio social por interrupção da gravidez;
– Subsídio social parental;

- Subsídio social por risco clínico durante a gravidez;
- Subsídio social por riscos específicos;
- Subsídio de tuberculose.

No quadro das doenças profissionais:
- Subsídio por despesas de funeral;
- Subsídio por morte;
- Subsídio para readaptação de habitação;
- Subsídio por situação de elevada incapacidade permanente.

Subsídio por assistência a familiares – prestação atribuída a trabalhadores em funções públicas no âmbito da parentalidade e da adopção.

Subsídio de doença – prestação atribuída na situação de impedimento para o trabalho por doença natural devidamente comprovada.

Subsídio de férias (14º mês) (desde 1990)
- para doença e parentalidade ver prestações compensatórias;
- para pensões ver montantes adicionais;
- para pensões de doença profissional ver prestações adicionais.

Subsídio por morte (Drt Comunitário) – qualquer montante pago de uma só vez em caso de morte com excepção das prestações em capital ou sejam considerados pensão.

No direito português: prestação pecuniária única derivada decorrente da morte do beneficiário, atribuída aos sobreviventes (regra geral: 3 IAS).

Subsídio de Natal (13º mês) (desde 1974)
- para pensões ver montantes adicionais;
- para pensões de doenças profissionais ver prestações adicionais;
- para doença e parentalidade ver prestações compensatórias.

Subsídio de renda de casa – prestação não contributiva que visa compensar os agregados das despesas com habitação.

Subsídio por situação de elevada incapacidade permanente (doenças profissionais) – complemento à pensão de invalidez de atribuição única.

Subsídio social – expressão que corresponde, em regra, a uma prestação do regime não contributivo com ou sem esta designação. A saber:
- Acréscimo vitalício de pensão (antigos combatentes);
- Complemento para aquisição de medicamentos pelos idosos (RA Açores);
- Complemento especial de pensão (antigos combatentes);
- Complemento extraordinário de solidariedade;
- Complemento regional de pensão (RA Açores);
- Complemento social;
- Complemento solidário para idosos;
- Pensão de orfandade;
- Pensão social;
- Pensão de viuvez;
- Prestação de rendimento social de inserção;
- Subsídio social por adopção;
- Subsídio social de desemprego;
- Subsídio social por interrupção da gravidez;
- Subsídio social parental;

- Subsídio social por risco clínico durante a gravidez;
- Subsídio social por riscos específicos;
- Suplemento especial de pensão (antigos combatentes).

Subsídios eventuais (acção social) – auxílio financeiro não reembolsável, prestado pela segurança social, com a finalidade de satisfazer prejuízos da organização beneficiária, facultar a aquisição de bens duráveis ou a socorrer qualquer outra eventualidade não prevista.

Subsídios de maternidade, paternidade e adopção – trata-se das seguintes prestações (por ordem legal):
- subsídio por risco clínico durante a gravidez;
- subsídio por interrupção da gravidez;
- subsídio parental (inicial, inicial exclusivo da mãe, inicial de um progenitor em caso de impossibilidade do outro e inicial exclusivo do pai);
- subsídio parental alargado;
- subsídio por adopção;
- subsídio por riscos específicos;
- subsídio para assistência a filho;
- subsídio para assistência a filho com deficiência ou doença crónica;
- subsídio para assistência a neto;
- prestações compensatórias de subsídios de férias e de Natal.

Subsídios sociais de maternidade, paternidade e adopção – trata-se das seguintes prestações (por ordem legal):
- subsídio social por risco clínico durante a gravidez;
- subsídio social por interrupção da gravidez;
- subsídio social parental (inicial, inicial exclusivo da mãe, inicial a gozar por um progenitor em caso de impossibilidade do outro e inicial exclusivo do pai)
- subsídio social por adopção;
- subsídio social por riscos específicos.

Subsídios para investimento (para equipamentos) – auxílio financeiro não reembolsável, prestado pelo Estado ou por outra entidade pública, destinado à aquisição, construção ou reparação de activos físicos (terrenos, imóveis, viaturas, máquinas, etc.).

Subsistemas (do sistema de protecção social de cidadania) – de solidariedade, de protecção familiar e de acção social.

Subsistemas de saúde
Públicos (ADSE) (V.);
Privados com protocolos com serviços públicos:
- SSCGD (Serviços Sociais da Caixa Geral de Depósitos);
- CASA DA MOEDA (SS-INCM) (Serviços Sociais da Imprensa Nacional – Casa da Moeda);
- SAMS-NORTE (Serviços de Assistência Médico-Social do Sindicato dos Bancários do Norte);
- SAMS-CENTRO (Serviços de Assistência Médico-Social do Sindicato dos Bancários do Centro);
- SAMS-QUADROS (Serviços de Assistência Médico-Social do Sindicato Nacional dos Quadros Técnicos Bancários);

- **SAMS-SIB** (Serviços de Assistência Médico-Social do Sindicato Independente da Banca); e
- **SAMS-SBSI** (Serviços Médico-Sociais do Sindicato dos Bancários Sul e Ilhas) / este apenas em relação à Região Autónoma da Madeira

Substituição tributária – mecanismo de retenção na fonte, isto é, retenção de uma percentagem da remuneração pela entidade empregadora, constituindo-se esta como responsável pela entrega (pagamento) daquele valor, dentro do prazo regulamentar, às instituições de segurança social competentes (art. 59º nº 1 da L 4/2007, 16/01 e art. 20º LGT). (V. Reversão)

Subvenção por incapacidade – prestação especificamente atribuída a titulares de cargos políticos (V.).

Subvenções – transferências financeiras entre entidades.

Subvenções públicas – toda e qualquer vantagem financeira atribuída, directa ou indirectamente, a partir de verbas do Orçamento do Estado, qualquer que seja a designação ou modalidade adoptada. (Definição legal)
Compreende as indemnizações compensatórias (V.).
Não abrange, nomeadamente:
- benefícios de natureza fiscal ou parafiscal;
- subvenções ou benefícios de carácter social concedidos a pessoas singulares, nomeadamente as prestações sociais e isenções de taxas moderadoras, de propinas ou de pagamento de custas.

Subvenções salariais – auxílios estatais aos custos salariais (V.).

Subvenções a trabalhadores de empresas paralisadas – protecção que decorre da situação de inexistência de prestação de trabalho e atraso no pagamento de remuneração, dando lugar ao pagamento de subsídio social de desemprego.

Sucursal – estabelecimento não principal que representa os interesses de uma sociedade comercial;
- estabelecimento de uma empresa desprovido de personalidade jurídica e que efectue directamente, no todo ou em parte, operações inerentes à actividade da empresa (art. 13º nº 5 do DL 298/92, 31/12).

Sujeito (de relação jurídica) – titular de um direito (sujeito activo) (V.) ou de um dever (sujeito passivo) (V.).

Sujeito activo (da relação tributária) – entidade de direito público titular do direito de exigir o cumprimento das obrigações tributárias, quer directamente quer através de representante.

Sujeito passivo (da relação tributária) – pessoa singular ou colectiva, o património ou a organização de facto ou de direito que, nos termos da lei, está vinculado ao cumprimento da prestação tributária, seja como contribuinte directo, substituto ou responsável.

Sujeito protegido – aquele que ostenta um direito genérico potencial ou actual à protecção da segurança social. Abrange: beneficiários, familiares, pensionistas, sujeitos com actividade profissional em suspenso.

Superintendência – poder de que o Estado dispõe no âmbito da administração indirecta do Estado (institutos públicos) de orientar o funcionamento desta, através da definição de objectivos a concretizar e de transmissão regular de directivas e recomendações na actuação regular dos organismos. (V. Tutela administrativa)

Supervisão – faculdade do superior (qualquer órgão) revogar ou suspender os actos administrativos praticados pelo subalterno (outro órgão). (Freitas do Amaral)

Suplemento de pensão por grande invalidez – prestação outrora atribuída no quadro das prestações por dependência (necessidade de assistência de 3ª pessoa), substituído pelo subsídio por assistência de 3ª pessoa e depois para os pensionistas pelo complemento por dependência (V.).

Suspensão do pagamento (de contribuições) – período durante o qual os trabalhadores independentes não pagam contribuições (suspensão de actividade, incapacidade por maternidade, paternidade e adopção e doença).

Suspensão do pagamento (de prestações) – situação legalmente prevista que determina o não pagamento do subsídio em causa. Pode ser:
– temporária – enquanto é paga outra prestação (vg: suspensão do subsídio de doença enquanto se atribuem prestações por maternidade);
– provisória – enquanto não é feita prova de situação que condiciona o direito. Se o facto não vier a determinar a cessação do direito é pago o período de suspensão (vg: suspensão do subsídio de doença de beneficiário não encontrado em casa).

SVI – Sistema de verificação de incapacidades (V.).

Tabela Nacional de Funcionalidade – informação complementar à Classificação Internacional de Doenças e à Tabela Nacional de Incapacidades (V.) (Desp. 10218/2014).

Tabela Nacional de Incapacidades (TNI) (acidentes de trabalho e doenças profissionais) – tabela aprovada para certificação, fixação e graduação de incapacidades.
Existe uma Comissão Permanente para a Revisão e Actualização da – . (V.)

Tarifa social – desconto na tarifa de fornecimento de energia eléctrica a clientes finais economicamente vulneráveis – beneficiários do complemento solidário para idosos, do rendimento social de inserção, do subsídio social de desemprego, do primeiro escalão do abono de família e da pensão social de invalidez. (DL 138-A/2010, 29/12)

GLOSSÁRIO

Taxa (≠ imposto) – assenta na prestação concreta de um serviço público, na utilização de um bem do domínio público ou na remoção de um obstáculo jurídico ao comportamento dos particulares.

Taxa contributiva para a segurança social ou **taxa de quotização social** – valor percentual fixado legalmente a aplicar sobre as remunerações pagas e recebidas. Teoricamente pode ser:
– *progressiva* – as taxas são fixadas em escalões crescentes à medida que a base de incidência sobe;
– *proporcional* – a taxa é igual para qualquer valor da base de incidência (caso português).
(V. Taxa social única)

Taxa de formação de pensão
– anual – valor percentual considerado (regra: entre 2 e 2,3%) por cada ano com 120 dias ou mais (V. densidade contributiva) para formação da taxa global;
– global – percentagem formada pela taxa anual de formação de pensão vezes o número de anos civis com mais de 120 dias (até ao limite de 40) que compõe a fórmula de cálculo das pensões. Regra: não pode ser inferior a 30%, nem superior a 80%.

Taxa mensal de redução (V. Taxa de redução por pensão antecipada)

Taxa moderadora – mecanismo utilizado nas prestações em espécie que visa desincentivar a sua utilização abusiva (risco moral V.), consistindo na cobrança de um valor pecuniário por utilizador e serviço utilizado.

Taxa de redução por pensão antecipada
– mensal – geral: 0,5%;
– pilotos: 0,375%.
– global – produto da taxa mensal pelo número de meses de antecipação a considerar.

Taxa reduzida – designação dada às situações em que a taxa contributiva é objecto de redução com fundamento em factos a que a lei atribui tal efeito (sem fins lucrativos, incentivos ao emprego, deficientes...).

Taxa social única (TSU) – designação atribuída ao valor percentual aprovado então pelo DL 140-D/86, 14/06, que resultou da soma da quotização para o Gabinete de Gestão do Fundo de Desemprego (regra: 7,5%) com a tributação para a segurança social (29%), deduzida de um ponto percentual.
Assim, na taxa do regime geral e então: 7,5%+29%-1=35,5%. Posteriormente reduzida em 0,75%, isto é, actualmente: 34,75% (11% para o trabalhador e 23,75% para a entidade empregadora).

Taxa de substituição – relação percentual entre a prestação (de segurança social) e o rendimento (de trabalho) que aquela substitui.
– *agregada* – benefício médio por recipiendo dividido pelo salário bruto, ou seja, a taxa à qual os salários são substituídos por benefícios da segurança social, na reforma;

– *individual* – relação percentual entre a primeira pensão líquida e o último salário líquido de contribuições para a segurança social.;
– *líquida* – após a dedução dos encargos legais (impostos, contribuições para a segurança social).

Técnicas de protecção social (V. Protecção social – Técnicas)

Teoria do ciclo de vida – consiste em repartir o consumo ao longo da vida dividindo a vida humana em 3 períodos:
– infância e juventude – o indivíduo consome sem produzir acumulando dívidas (reporte antecipação – crédito) que começará a amortizar na 1ª fase do seu período activo;
– período activo – o indivíduo produz mais do que consome (reporte diferimento – poupança), acumulando créditos que se transformarão em pensões na idade da reforma;
– idade da reforma – o indivíduo consome as pensões e a poupança que acumulou durante a vida activa.
(Ando e Modigliani, 1963)

Terceira idade (V. Teoria do ciclo de vida)

Territorialidade (V. Princípio da –)

Tipicidade (V. Princípio da –)

Titulares de cargos políticos – pessoas nomeadas ou eleitas para órgãos do Estado. Enquadram-se no regime geral de segurança social. (V. Subvenção por incapacidade)

Títulos executivos (em processo de execução de dívidas à segurança social) – certidões de dívidas (V.) emitidas nos termos do CPPT art. 165º, art. 7º do DL 42/2001, de 9 de Fevereiro, e art. 15º do DL 84/2012, de 30 de Março, e remetidas pelas instituições de segurança social às secções de processo executivo da segurança social do distrito da sede ou da residência do devedor.

Tomador de seguro (V. Seguro)

Totalização (de períodos contributivos) – a solução utilizada na articulação entre regimes de protecção social, que se traduz no facto de períodos contributivos (que não se sobreponham) ou situação equivalente verificados num regime sejam relevantes noutro, quer para abertura do direito à protecção, designadamente o cumprimento de prazo de garantia, quer para o cálculo do valor das prestações. (art. 63º nº 4 da CRP; art. 61º nº 2 da L 4/2007, 16/06) (V. Pensão totalizada)

Trabalhadora grávida – toda a trabalhadora que informe o empregador do seu estado de gestação, por escrito e mediante apresentação de atestado médico.

Trabalhadora lactante – toda a trabalhadora que amamente o filho que informe o empregador do seu estado por escrito e mediante apresentação de atestado médico.

Trabalhadora puérpera – toda a trabalhadora parturiente e durante os 120 dias imediatamente posteriores ao parto que informe o empregador do seu estado, por escrito e mediante a apresentação de atestado médico.

Trabalhadores – pessoas que exercem uma actividade profissional remunerada (trabalhadores por conta de outrem, trabalhadores independentes). Na perspectiva comutativa é o mesmo que beneficiário ([1] Trabalhadores benévolos V.).

Trabalhadores de actividades agrícolas – trabalhadores por conta de outrem em actividade (de produção) agrícola (V.) e equiparada, nomeadamente, actividade pecuária (V.) ou silvícola (V.). Têm taxa contributiva própria.

Trabalhadores da Administração Pública (V. Trabalhadores que exercem funções públicas)

Trabalhadores agrícolas (V. Trabalhadores de actividades agrícolas)

Trabalhadores de artes do espectáculo e do audiovisual – grupo profissional a que se aplicam algumas regras próprias, como a atribuição de subsídio de reconversão profissional, além de disporem de um fundo especial que lhes garante prestações complementares (invalidez, velhice e morte) e de apoio social, financiados pelo adicional sobre o preço dos bilhetes de espectáculos (7%).

Trabalhadores de banca dos casinos – grupo de profissionais com fundo especial que lhes garante prestações complementares (invalidez, velhice e morte) e de apoio social, sendo tributados (12%) sobre as gratificações recebidas.

Trabalhadores bancários (V. Trabalhadores do sector bancário)

Trabalhadores benévolos – pessoas que, integradas institucionalmente, exercem actividade não remunerada. (V. Entreajuda e Voluntariado)

Trabalhadores comunitários – trabalhadores nacionais de qualquer Estado-membro da União Europeia que, no âmbito da liberdade de circulação de pessoas, exercem actividade no espaço comunitário.

Trabalhadores por conta de outrem ou **subordinados** – aqueles que por contrato colocam a sua "força de trabalho" à disposição de outrem mediante retribuição (V. Contratos de trabalho).

Trabalhadores por conta própria (V. Trabalhadores independentes)

Trabalhadores deficientes – trabalhadores com capacidade inferior a 80% da capacidade normal exigida a um trabalhador não deficiente no mesmo posto de trabalho. A taxa contributiva da entidade empregadora é reduzida a 12%.

Trabalhadores destacados – trabalhadores em situação de destacamento (V.).

Trabalhadores domésticos (V. Trabalhadores de serviço doméstico)

Trabalhadores no domicílio – pessoas vinculadas por contrato de trabalho no domicílio – a prestação de trabalho é realizada no domicílio do trabalhador. Têm especificidades no regime de protecção social (taxa contributiva...).

Trabalhadores de espectáculos (V. Trabalhadores de artes do espectáculo e do audiovisual)

Trabalhadores estrangeiros – trabalhadores não nacionais do Estado onde exercem a sua actividade profissional.

Trabalhadores que exercem funções públicas
1. integrados no regime geral de segurança social:
a) Os trabalhadores titulares de relação jurídica de emprego público, independentemente da modalidade de vinculação, constituída a partir de 1 de Janeiro de 2006;
b) Os demais trabalhadores, titulares de relação jurídica de emprego constituída até 31 de Dezembro de 2005 com entidade empregadora, já então enquadrados no regime geral de segurança social.
2. integrados no regime de protecção social convergente (V.) (grupo fechado) – trabalhadores, titulares de relação jurídica de emprego constituída até 31 de Dezembro de 2005 com entidade empregadora que enquadra os trabalhadores numa organização e sistema de financiamento próprios, com regulamentação de todas as eventualidades, quanto ao âmbito material, regras de formação de direitos e de atribuição das prestações, incluindo o cálculo dos respectivos montantes, em convergência com o regime geral de segurança social (art. 6º da L 4/2009, 29/01).

Trabalhadores fronteiriços – (Drtº Comunitário) pessoas que exercem uma actividade por conta de outrem ou por conta própria no território de um Estado-membro a cuja legislação está sujeito e reside no território de outro Estado-membro ao qual regressa diariamente ou, pelo menos, uma vez por semana.

Trabalhadores imigrantes – trabalhadores não comunitários oriundos de países terceiros.

Trabalhadores independentes ou **autónomos**
1) prestadores de serviços – aqueles que exercem com experiência e capacidade profissionais uma actividade caracterizada pela autonomia de funcionamento (reverso da subordinação). (Vg: profissionais livres) (V. Contrato de prestação de serviço);
2) produtores, comerciantes (V.) e titulares de EIRL.
Até 1982 abrangia também os MOE's.

Trabalhadores da indústria de lanifícios – grupo de profissionais com fundo especial (V.) que lhes garante prestações complementares (de aleitação e tuberculose) e de apoio social (renda de casa e subsídio escolar).

Trabalhadores inscritos marítimos (V.) – comércio de longo curso – grupo profissional com diversidades de regime de protecção social – antecipação da idade de reforma por velhice, contagem de tempo de serviço...

Trabalhadores inscritos marítimos – pesca – grupo profissional com diversidades no regime de protecção – antecipação da idade legal de reforma por velhice, contagem de tempo de serviço...

Trabalhadores intelectuais – os criadores intelectuais no domínio literário, científico e artístico, presumindo-se trabalhadores independentes, sendo como tais considerados os autores de obras protegidas nos termos do Código do Direito de Autor e dos Direitos Conexos (DL 63/85, de 14 de Março – com alterações), qualquer que seja o género, a forma de expressão e o modo de divulgação e utilização das respectivas obras. Nomeadamente:
– autores de obras literárias, dramáticas e musicais;
– autores de obras coreográficas, de encenação e pantomimas;
– autores de obras cinematográficas ou produzidas por qualquer processo análogo ao da cinematografia;
– autores de obras plásticas, figurativas ou aplicadas e os fotógrafos;
– tradutores;
– autores de arranjos, instrumentações, dramatizações, cinematizações e outras transformações de qualquer obra.

Grupo de profissionais em regra abrangido pelo regime dos trabalhadores independentes (V.) com algumas especificidades (prova, dispensa da obrigação de contribuir).

Trabalhadores da lavra subterrânea (mineiros) – grupo de trabalhadores com especificidades ao nível das pensões (ponderação de anos de serviço e acréscimos de taxa de formação de pensão).

Trabalhadores migrantes – trabalhadores que exercem actividade profissional em mais do que um Estado, sujeitos a regimes jurídicos de protecção social de cada um desses Estados, eventualmente considerados.

Trabalhador de um país terceiro – um nacional de um país terceiro admitido no território de um Estado-membro, que nele resida legalmente e esteja autorizado a trabalhar nesse Estado-membro no contexto do exercício de actividades remuneradas, em conformidade com a legislação ou com a prática nacionais.

Trabalhadores portuários – grupo sujeito (nos anos de 90 a 92) a medidas especiais por reestruturação do sector.

Trabalhadores sazonais (de *saison*) (Drtº Comunitário) – trabalhadores assalariados que se deslocam de um Estado-

-membro onde mantêm a sua residência, para ir efectuar no território de outro Estado-membro, por conta de uma entidade empregadora deste Estado, um trabalho de natureza sazonal (depende do sistema das estações), cuja duração não pode ultrapassar 18 meses.

Trabalhadores do sector bancário – regime geral – trabalhadores do grupo IV e os admitidos desde Janeiro de 2009 (DL 54/2009, 02/03);
– grupo fechado aplicável aos reformados, pensionistas e trabalhadores à data da integração destes no regime geral, operada pelo DL 1-A/2011, 03/01, ao qual se aplica um regime de segurança social público incompleto (prestações familiares, subsídio de desemprego e doenças profissionais, parentalidade e velhice – as restantes prestações são garantidas, nos termos do ACTV dos bancários, pela entidade empregadora). (V. Regime de segurança social substitutivo constante de instrumento de regulamentação colectiva de trabalho vigente no sector bancário).

Trabalhadores de serviço doméstico – trabalhadores por conta de outrem que exercem, com carácter regular, actividades destinadas à satisfação das necessidades próprias ou específicas de um agregado familiar ou equiparado e dos respectivos membros (contrato de serviço doméstico) nomeadamente:
a) confecção de refeições;
b) lavagem e tratamento de roupas;
c) limpeza e arrumo de casa;
d) vigilância e assistência a crianças, pessoas idosas e doentes;
e) tratamento de animais domésticos;
f) execução de serviços de jardinagem;
g) execução de serviços de costura;
h) outras actividades consagradas pelos usos e costumes;
i) coordenação e supervisão de tarefas do tipo das mencionadas;
j) execução de tarefas externas relacionadas com as anteriores.
(DL 235/92, 24/10).
Em matéria de protecção social têm algumas especificidades (taxa contributiva, base de incidência...).

Trabalhadores temporários (V. Contratos de trabalho temporário)

Trabalho – actividade humana produtiva remunerada inserida em unidade económica de produção. (V. Legislação do trabalho)

Trabalho autónomo – forma de actividade laboral orientada e programada pelo próprio detentor da força de trabalho (V. Trabalhadores independentes).

Trabalho benévolo – actividade profissional não remunerada irrelevante para a segurança social.

Trabalho desportivo (V. Contratos de trabalho desportivo)

Trabalho à distância – mesmo regime do trabalho no domicílio (V.).

Trabalho no domicílio (V. Trabalhadores no domicílio)

Trabalho efectivo – trabalho realmente prestado pelo trabalhador nas entidades empregadoras (alínea h) do art. 14º da L 4/2009, 29/ 01).

Trabalho extraordinário (V. Trabalho suplementar)

Trabalho nocturno – prestado num período que tenha a duração mínima de sete horas e máxima de onze horas, compreendendo o intervalo entre as 0 e as 5 horas.

Trabalho socialmente necessário (actividades ocupacionais) – organizado por entidades públicas ou privadas sem fins lucrativos, em benefício da colectividade e por razões de necessidade social ou colectiva temporária, para o qual os desempregados inscritos nos centros de emprego tenham capacidade e não recusem com base em motivos atendíveis invocados (Port 128/2009, 30/01). (V. Actividade socialmente útil)

Trabalho suplementar – prestado fora do horário de trabalho.

Trabalho temporário (V. Contratos de trabalho temporário)

Trabalho por turnos – qualquer organização do trabalho em equipa em que os trabalhadores ocupam sucessivamente os mesmos postos de trabalho, a um determinado ritmo, incluindo o rotativo, contínuo ou descontínuo, podendo executar o trabalho a horas diferentes num dado período de dias ou semanas.

Transferência obrigatória de responsabilidade – dever que impende sobre as entidades empregadoras que consiste em celebrar contratos de seguro ou inscrever nas instituições adequadas os seus trabalhadores, relativamente aos riscos que a lei indica.

Transferências sociais – prestações sociais suportadas pelos sistemas públicos de protecção social no sentido de reduzir a desigualdade de rendimentos (V. Redistribuição vertical).

Trânsito em julgado (data do –) – decisão judicial insusceptível de recurso (data a partir da qual...).

Transmissão da dívida (V. Dívidas à segurança social)

Tratados (de segurança social) (V. Convenções internacionais de segurança social e Instrumentos internacionais de segurança social)

Tratados de unificação – instrumentos normativos (V.) na área do direito internacional que visam promover o desenvolvimento das legislações nacionais de segurança social. Os Estados que os ratificam obrigam-se a instaurar um sistema de segurança social que assegure aos indivíduos uma protecção conforme a norma posta por estes instrumentos. Implicam uma reciprocidade de compromissos entre Estados e facilitam a coordenação dos sistemas nacionais (caso das convenções da OIT).

Tributos – impostos (V.) e outras espécies tributárias criadas por lei, designadamente, as taxas (V.) e demais contribuições financeiras a favor de entidades públicas.
Podem ser:
– fiscais, parafiscais, estaduais, regionais e locais;
– para determinação do termo inicial do prazo de prescrição: periódicos ou de obrigação única (caso das contribuições para a segurança social).

Tributos parafiscais – contribuições para a segurança social (Cf. arts 3º e 5º da Lei Geral Tributária).

TSU – taxa social única (V.)

Tuberculose – situação de doença sujeita a regras próprias de protecção com a designação de subsídio de tuberculose.

Tutela (Dir. Civil) – meio normal de suprimento do poder paternal.

Tutela administrativa – conjunto de poderes de intervenção de uma pessoa colectiva pública na gestão de outra pessoa colectiva, a fim de assegurar a legalidade ou o mérito da sua actuação (Freitas do Amaral). (V. Superintendência)

UC – unidade de conta (V.)

UE – União Europeia (V.)

União Europeia (UE) – instituída pelo Tratado de Maastricht, o designado Tratado da União Europeia (1993) (V.) integra objectivos próprios distintos da Comunidade Europeia (CE) como a política externa e segurança comum (PESC) e cooperação em matéria de justiça e assuntos internos (JAI).

União de facto – situação de duas pessoas que, independentemente do sexo, vivem em condições análogas às dos cônjuges há mais de dois anos (L 7/2001, 11/05, na versão da L 23/2010, 30/08).
Relevante para a segurança social, designadamente na atribuição de prestações derivadas (vg: pensão de sobrevivência, subsídio por morte...), para determinação da composição do agregado familiar (regra nos subsídios sociais) ou para enquadramento (vg: trabalhadores independentes).

Unicidade da legislação aplicável – em matéria de coordenação de regimes nacionais de segurança social significa que a uma dada situação se aplica apenas o ordenamento jurídico de um Estado-membro (o Estado competente) com exclusão de todos os outros.

Unidade de conta (UC) – valor reportado ao IAS (V.) – ¼ do IAS e actualizado em função da taxa de actualização do IAS utilizado nomeadamente para determinação do montante de custas processuais (V. Valores nos quadros-síntese).

GLOSSÁRIO

Unidos de facto – membros de união de facto (V.)

Uniões – forma de agrupamento de instituições (vg. IPSS) que revistam forma idêntica (vg. misericórdias ou associações mutualistas) que actuem na mesma área geográfica ou cujo regime específico de constituição o justifique.

Universalidade subjectiva – princípio de segurança social segundo o qual a segurança social se deve projectar sobre todos os cidadãos da população nacional. (V. Prestações universais e Princípio da –)

Universidades (V. Estabelecimentos públicos)

Utentes – destinatários das prestações em espécie.

Utilidade – aptidão de um bem para satisfação de uma necessidade.

Utilizador (V. Contrato de trabalho temporário)

Valência – modalidade específica de apoio social que é concretamente exercida. (V. Acção social)

Valor actualizado (V. Actualização – das prestações; das remunerações)

Valor elevado e valor consideravelmente elevado – os definidos nas alíneas a) e b) do art. 202º do Código Penal.

Valor máximo (de prestações) (*plafond*) – limite superior de uma dada prestação (Vg: subsídio de desemprego).

Valor mínimo (de prestações) (*plancher*) – limite inferior de uma dada prestação (Vg: pensões de invalidez e velhice).

Velhice – incapacidade fisiológica presumida em função da idade (V. Longevidade e Senilidade) ou último período da vida ordinária do homem (terceira idade V.) a que corresponde a pensão de velhice (V.).

Perspectiva funcional – facto de se ter atingido uma certa idade mínima a partir da qual pode cessar a actividade profissional principal. (V. Teoria do ciclo de vida)

A protecção social da velhice, por razões de ordem estrutural, também abrange situações estranhas ao risco velhice, algumas advenientes claramente de desemprego estrutural (V.). (V. Antecipação da idade legal de reforma)

Verificação de incapacidades (V. Sistema de verificação de incapacidades (SVI)

Vigias da marinha mercante – trabalhadores portugueses com exercício de actividade profissional a bordo de navios estrangeiros subtraídas, por isso, ao regime geral de segurança social obrigatório. Podem inscrever-se no seguro social voluntário.

Vínculo de profissionalidade – condição de atribuição (de prestações) que acresce ao prazo de garantia correspondente a uma relação de trabalho efectivamente prestado com registo de remunerações (ou situação equivalente) (densidade contributiva) no período imediatamente anterior ao evento, indispensável à atribuição de algumas prestações. (Vg: Subsídio de doença)

Violação de segredo – tipo criminal caracterizado pela revelação dolosa ou aproveitamento do conhecimento da situação contributiva das entidades empregadoras ou dos trabalhadores independentes, obtido no exercício das suas funções ou por causa delas. Se a revelação ou o aproveitamento causarem prejuízo ao sistema de segurança social a pena é agravada.

Viuvez – situação que decorre do falecimento de cônjuge. (V. Pensão de sobrevivência e Pensão de viuvez)

Voluntário social – pessoa que, de forma organizada, exerça actividade de tipo profissional não remunerada em favor de instituições particulares de solidariedade social ou de associações humanitárias (vg: bombeiros). Podem inscrever-se no seguro social voluntário.

GLOSSÁRIO

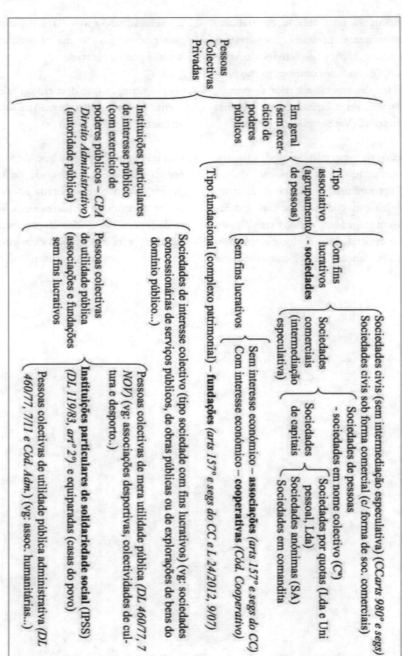

832

GLOSSÁRIO

Pessoas Colectivas Públicas
- Administração Central do Estado
  - Directa (**Estado**)
    - Governo e Serviços Públicos Centrais
    - Órgãos independentes
      - Conselho Nacional das Eleições
      - Conselho Permanente da Concertação Social
      - Conselho da Comunicação Social
  - Indirecta
    - **Institutos públicos** (estatais)
      - Serviços personalizados (organismos de coordenação económica)
      - Fundações públicas (caixas de previdência)
      - Estabelecimentos públicos (universidades, hospitais)
      - Empresas públicas (c/ personalidade jurídica)
    - Empresas públicas (sem personalidade jurídica)
    - **Associações públicas**
      - Associações de entidades públicas (associações de municípios)
      - Associações públicas de entidades privadas (ordens profissionais)
      - Associações de carácter misto (cooperativas de interesse público DL31/84, 21/01 – Vg: Coop. António Sérgio p/ Economia Social)
- Administração Local
  - Regional Autónoma - **regiões autónomas**
  - Empresas públicas regionais
  - Autárquica - **autarquias locais**
  - Empresas públicas municipais

Categorias de pessoas colectivas públicas ou Instituições públicas
- Estado
- Institutos públicos
- Associações públicas
- Autarquias locais
- Regiões autónomas

III. Índice Temático[1]

---

[1] As expressões com conteúdo teórico ou cujo sentido específico o exija fazem parte do glossário. Para mais fácil pesquisa, a ordem alfabética utilizada apenas considera os substantivos e adjectivos, desprezando preposições, conjunções ou advérbios (vg: de, da, do, ou, e, em, não, para, por...). Assim, por exemplo: pensão (por) morte, pensão (de) sobrevivência; ou: subsídio (por) *adopção, subsídio (de) desemprego, subsídio (por) morte, subsídio (de) Natal...*

III. Índice Temático

Abono de família (para crianças e jovens)
– acumulação **416**
– âmbito **409**
– cessação **416**
– complemento açoriano **483**
– condições de atribuição **409**
– gestão **416**
– início **412**
– manutenção **415**
– montantes **412**
– pagamento **415**
– prescrição **416**
– requerimento **411**
– suspensão **416**
Abono de família pré-natal **417**
Abonos para falhas (V. Contribuições e quotizações – base de incidência)
Aborto (V. Interrupção da gravidez)
Abuso de confiança contra a segurança social **609**
Acção administrativa **582**
Acção inspectiva **572**
Acidentes de trabalho **269**
Acordos internacionais de segurança social **531**
Acordos provisórios europeus **515**
Acordos de regularização de dívidas **147**
Açores (V. Região Autónoma dos Açores)

Acréscimo vitalício de pensão (antigos combatentes) **481**
Acréscimos (V. Pensão de velhice)
Actividade administrativa (princípios gerais) **561**
Actividade religiosa (Exercício profissional de) (V. Membros de igrejas, associações e confissões religiosas)
Actividade sazonal agrícola ou para realização de evento turístico (V. Trabalhadores em regime de contrato de trabalho de muito curta duração)
Actividades agrícolas e equiparadas (V. Trabalhadores de actividades agrícolas)
Actores (V. Profissionais das artes do espectáculo e do audiovisual)
Actos administrativos
– invalidade **567**
– revogação **569**
– validade **567**
Actos normativos comunitários (UE) **516**
Actos tributários parafiscais
– impugnação da liquidação **583**
– liquidação **584**
– notificação **584**
– revisão **584**
– vícios **585**
Actualização de prestações **261**

ÍNDICE TEMÁTICO

Actualização de remunerações (revalorização da base de cálculo) (V. Prestações – montantes)
Actuários (PS) (V. Trabalhadores independentes)
Acumulação de prestações **260**
Adegueiros (V. Trabalhadores de actividades agrícolas)
Administração electrónica **565**
– declaração de remunerações **124**
Administração estadual
– directa **541**
– indirecta **545**
Administração Pública (V. Trabalhadores que exercem funções públicas)
Administração do sistema de segurança social **541**
Administradores de insolvência (V. Trabalhadores independentes)
Administradores de sociedades (V. Membros dos órgãos estatutários e Responsabilidade dos –)
Adopção (V. Subsídio por adopção)
Adoptado (V. Abono de família)
Adoptandos (V. Abono de família)
Advogados e solicitadores (regime e instituição próprios) – enquadramento **198**
Afins **252**
Agentes comerciais (contrato de agência) (V. Trabalhadores independentes)
Agentes da cooperação (V. Seguro social voluntário)
Agregação (V. Pensão de invalidez e pensão de velhice)
Agregado familiar **252**
Agregado familiar monoparental **413**
Agricultores (V. Trabalhadores de actividades agrícolas e Produtores agrícolas)
Agrupamento empresarial **214**

Ajudantes familiares (V. Trabalhadores independentes)
Ajudas de custo (V. Contribuições e quotizações – base de incidência)
Aleatoriedades climáticas (V. Calamidade pública)
Alimentação (V. Contribuições e quotizações – base de incidência)
Alimentos (V. Prestação de alimentos)
Alojamento (V. Contribuições e quotizações – base de incidência)
Altas (V. Subsídio de doença)
Amas (V. Trabalhadores independentes)
Âmbito (de aplicação) material **269**
Âmbito (de aplicação) pessoal **90, 95**
Analistas (PS) (V. Trabalhadores independentes)
Analistas de sistemas (PS) (V. Trabalhadores independentes)
Antecipação da idade de reforma por desemprego (V. Pensão antecipada por desemprego de longa duração)
Antecipação da idade de reforma por flexibilização (V. Pensão antecipada por flexibilização)
Antecipação voluntária de enquadramento obrigatório (V. Trabalhadores independentes)
Antigos combatentes **481**
Anulabilidade (V. Actos administrativos – invalidade)
Apanhadores de espécies marinhas e pescadores apeados **174**
Apátridas (V. Seguro social voluntário, Prestações familiares e Prestações não contributivas)
Apicultores (V. Trabalhadores de actividades agrícolas e Produtores agrícolas)
Apoio à contratação (V. Incentivos ao emprego)

ÍNDICE TEMÁTICO

Apoio judiciário (V. Protecção jurídica)
Aposentação (V. Trabalhadores que exercem funções públicas – regime de protecção social convergente)
Aproximação de legislações nacionais 531
Aquicultores (V. Trabalhadores agrícolas)
Árbitros (V. Trabalhadores independentes)
Arquitectos (PS) (V. Trabalhadores independentes)
Artesãos de vimes (RAM) (V. Trabalhadores independentes)
Artistas, intérpretes e executantes (V. Profissionais das artes do espectáculo e audiovisual)
Artistas plásticos (trabalhadores intelectuais) (V. Trabalhadores independentes)
Ascendentes (V. Pensão de sobrevivência, Subsídio de funeral e Subsídio por morte)
Asilo (V. Refugiados)
Assembleia geral (V. Órgãos das pessoas colectivas)
Assistência 38
Assistência a filho (V. Subsídio para assistência a filho)
Assistência a filho com deficiência ou doença crónica (V. Subsídio para –)
Assistência médica e cirúrgica (doenças profissionais) 360
Assistência medicamentosa e farmacêutica (doenças profissionais) 360
Assistência a neto (V. Subsídio para assistência a neto)
Assistência de terceira pessoa (V. Subsídio por assistência de terceira pessoa, Complemento por dependência e Prestação suplementar para assistência de terceira pessoa)

Assistencialismo 38
Associação criminosa 606
Associações (V. Membros dos órgãos estatutários)
Associações de empregadores 178
Associações mutualistas 42
Associações de socorros mútuos (V. Associações mutualistas)
Astrólogos (PS) (V. Trabalhadores independentes)
Ausência (V. Morte presumida)
Autarcas (V. Titulares de cargos políticos)
Autarquias locais 559
Autoliquidação de contribuições e quotizações 108
Autores (trabalhadores intelectuais) (V. Trabalhadores independentes)
Autoridade competente (Regulamentos comunitários)
Avicultores (V. Trabalhadores de actividades agrícolas e produtores agrícolas)
Avós (V. Subsídio para assistência a netos)

Bailarinos (V. Profissionais de bailado)
Baixas (V. Subsídio de doença)
Bancários (regime incompleto) (V Trabalhadores do sector bancário)
Barbeiros e cabeleireiros (ENI) (V. Trabalhadores independentes)
Base de cálculo das prestações 257
Base de incidência contributiva
– convencional 117
– efectiva 110
– valor limite máximo e mínimo 116
Beneficiários (V. Inscrição de beneficiários, Contribuições e quotizações e Prestações)
Benefícios (V. Prestações)
Beveridge, William **32, 56**

ÍNDICE TEMÁTICO

Biólogos (PS) (V. Trabalhadores independentes)
Bismarck, Chanceler Otto von **50**
Bispos (V. Membros de igrejas, associações e confissões religiosas)
Bolívar, Simon **30**
Bolsas de estudo
– como prestação **418**
– como rendimento (V. Contribuições e quotizações – base de incidência)
Bolseiro de investigação (V. Seguro social voluntário)
Bombeiros **343**
Bombeiros voluntários sem actividade profissional (V. Seguro social voluntário)
Bonificação contributiva (V. Obrigação contributiva – redução)
Bonificação por deficiência **426**
Bonificação de pensão por incapacidade permanente (V. Pensão por incapacidade permanente para o trabalho)
Bonificação de prestações (V. Bonificação por deficiência e Pensões de velhice – flexibilização)
Bonificação de tempo de serviço (V. Mineiros, trabalhadores inscritos marítimos, bombeiros...)
Bordadeiras de casa (R A Madeira) **187, 343**
Bovinicultores (V. Trabalhadores de actividades agrícolas e produtores agrícolas)
Burla tributária **605**

Cabeleireiros (ENI) (V. Trabalhadores independentes)
Caducidade do contrato de trabalho **257**
Caducidade de prestações **256**
Caixa postal electrónica **565**
Caixa de Previdência dos Advogados e Solicitadores **557**
Caixas de previdência social **557**
Calamidade pública (incêndios, inundações, explosões...) (V. Dispensa de obrigação contributiva e Pagamento diferido)
Cálculo das prestações **257**
Calistas (ENI) (V. Trabalhadores independentes)
Campo de aplicação material (V. Âmbito material)
Campo de aplicação pessoal (V. Âmbito pessoal)
Cançonetistas (V. Profissionais das artes do espectáculo e audiovisual)
Capacidade para o trabalho (V. Subsídio de desemprego)
Capatazes (V. Trabalhadores de actividades agrícolas)
Capitação do agregado familiar (V. Prestações – condição de recursos)
Capitalismo **37**
Capitalização **620**
Cargos políticos (V. Titulares de cargos políticos)
Carreira contributiva (V. Prestações – montante)
Carta do Atlântico **31**
Carta Comunitária dos Direitos Sociais Fundamentais dos Trabalhadores **533**
Carta dos Direitos Fundamentais da União Europeia **533**
Carta das Nações Unidas **58**
Carta Social Europeia **60**
Carta Social Europeia Revista **534**
Casa Pia de Lisboa, IP **555**
Catástrofe (V. Calamidade pública)
Centro Nacional de Pensões (CNP) **548**
Centros distritais do ISS **548**

Centros de emprego (V. Subsídio de desemprego)
Certidões de dívida (V. Dívidas à segurança social)
Certificado de incapacidade temporária para o trabalho (CIT) – Subsídio de doença **282**
Cessação de enquadramento **104**
Cessação da obrigação contributiva **109**
Cessação de prestações (V. Prestações – cessação)
Cessão de créditos (V. Créditos da segurança social)
Cessão de prestações **262**
Cheques (V. Contribuições e quotizações – pagamento)
Churchill, Winston **31**
CIT – Certificado de incapacidade temporária para o trabalho (V.)
Cláusula social horizontal **70**
Clero (V. Membros de igrejas, associações e confissões religiosas)
Cobrança coerciva (de dívidas) (V. Dívidas à segurança social – cobrança coerciva)
Cobrança de contribuições e quotizações (V. Pagamento de contribuições e quotizações)
Código Europeu de Segurança Social **60**
Código Ibero-Americano de Segurança Social **535**
Código dos Regimes Contributivos **66**
Coeficientes de revalorização ou de actualização das remunerações anuais **261**
Coimas e sanções acessórias (V. Contra-ordenações)
– graduação **594**
– montantes **594**
Colaboração administrativa **564**
Collegia **40**

Comerciantes (V. Trabalhadores independentes)
Comissão Administrativa para a Coordenação dos Sistemas de Segurança Social
Comissão Nacional de Promoção dos Direitos e Protecção das Crianças e Jovens **556**
Comissão Nacional de Revisão da Lista das Doenças Profissionais **358**
Comissão Permanente para a Revisão e Actualização da Tabela Nacional de Incapacidades por Acidentes de Trabalho e Doenças profissionais **362**
Comissões (V. Contribuições e quotizações – base de incidência)
Comissões especiais (CC arts 199º a 201º-A) **178**
Comissões executivas (V. Membros dos órgãos estatutários)
Comissões de reavaliação (V. Subsídio de doença)
Comissões de recurso (V. Pensão de invalidez e Subsídio de doença)
Comissões de trabalhadores (V. Declaração de remunerações)
Comissões de verificação (de incapacidades) (V. Pensão de invalidez e Subsídio de doença)
Comissões de verificação de situação de dependência (V. Complemento por dependência)
Compensação (de créditos e dívidas) **153**
Compensação retributiva **379**
Competência dos tribunais **611**
Complemento açoriano ao abono de família (RA Açores) (V. Abono de família – Montantes)
Complemento para aquisição de medicamentos (RA Açores) **484**

Complemento por dependência
– acumulação **436**
– âmbito **433**
– caracterização **434**
– cessação **437**
– deveres **437**
– gestão **437**
– início **435**
– montante **436**
– prescrição **437**
– requerimento **434**
– suspensão **436**
– verificação de dependência **434**
Complemento especial de pensão (antigos combatentes) **481**
Complemento extraordinário de solidariedade **441**
Complemento de pensão por cônjuge a cargo **420**
Complemento regional de pensão (RA Açores) **485**
Complemento social **442**
Complemento solidário para idosos
– âmbito **442**
– condições de atribuição **443**
– montante **445**
Complementos de prestações (V. Contribuições e quotizações – base de incidência)
Compromissos **42**
Comunhão de mesa e habitação (V. Economia comum)
Comunidade Europeia (V. UE)
Comunidade Ibero-americana de Segurança Social **535**
Comunidades terapêuticas (V. Estabelecimentos de apoio social)
Conceito de segurança social **29**
Concessionários (V. Trabalhadores independentes)
Condição de recursos (das prestações) **252**
Condições de atribuição das prestações **250**
Confederações (V. Instituições particulares de solidariedade social)
Confiança de menor (V. Prestações familiares e Subsídio por adopção)
Confissões religiosas (V. Membros de igrejas, associações e confissões religiosas)
Confrarias **41**
Conglobação (V. Agregação)
Congregações religiosas (V. Membros de igrejas, associações e confissões religiosas)
Cônjuge (V. Complemento de pensão por cônjuge a cargo, Pensão de viuvez, Subsídio de funeral, Subsídio por morte e Pensão de sobrevivência)
Cônjuges de profissionais livres, de empresários em nome individual e de produtores agrícolas (V. Trabalhadores independentes)
Conselho de Apoio para Assuntos de Protecção contra Profissionais **546**
Conselho Consultivo para a Coordenação Internacional da Segurança Social **543**
Conselho da Europa (CoE) **515, 534**
Conselho Médico do ISS **546**
Conselho Nacional para as Políticas de Solidariedade, Voluntariado, Família, Reabilitação e Segurança Social **544**
Conselhos de administração (sociedades anónimas) (V. Membros de órgãos estatutários)
Conselhos consultivos (V. IGFCSS, IGFSS, II e ISS)
Conselhos directivos (V. IGFCSS, IGFSS, II e ISS)
Conselhos gerais (sociedades anónimas) (V. Membros dos órgãos estatutários)

Conservação de direitos adquiridos **513**
Construtores civis (ENI) (V. Trabalhadores independentes)
Construtores civis diplomados (PS) (V. Trabalhadores independentes)
Consultores fiscais (PS) (V. Trabalhadores independentes)
Contabilistas (PS) (V. Trabalhadores independentes)
Contencioso da segurança social **561**
Continuação voluntária ou facultativa do pagamento de contribuições (V. Seguro social voluntário)
Contra-ordenações
– coimas e sanções acessórias **594**
– direito substantivo **592**
– enumeração e classificação **596**
– noção **592**
– seguro social **596**
Contrato de trabalho
– caducidade **257**
– suspensão **257**
Contribuições e quotizações
– base de incidência **109**
– cobrança coerciva (V. Execução de dívidas)
– declaração de remunerações **124**
– dívidas à segurança social **144**
– início (V. Obrigação contributiva)
– isenção (trabalhadores independentes) **204**
– liquidação **108**
– noção **107**
– obrigação contributiva **107**
– pagamento voluntário **137, 237**
– prescrição **161**
– restituição e reembolso **159**
– suspensão (trabalhadores independentes) **206**
– taxas (V. Taxas contributivas)

Contribuições e quotizações indevidas (V. Contribuições e quotizações – restituição)
Contribuições e quotizações vencidas e não pagas (V. Dívidas à segurança social)
Contribuintes (V. Entidades empregadoras)
Controladores de tráfego aéreo **344**
Convenção Europeia de Assistência Social e Médica **536**
Convenção Europeia de Segurança Social **515**
Convenção nº 102 da OIT (relativa à norma mínima da Segurança Social) **59**
Convenção Portugal / CECA (V. Trabalhadores da siderurgia e do carvão)
Convenções ou acordos sobre segurança social celebrados por Portugal **537**
Convenções bilaterais **511**
Convenções internacionais (V. Trabalhadores migrantes)
Convenções da OIT **523**
Convenções de segurança social **537**
Conversão da pensão de invalidez (V. Pensão de invalidez – conversão em pensão de velhice)
Convolação da pensão de invalidez (V. Pensão de invalidez – conversão em pensão de velhice)
Cooperadores (V. Cooperativas)
Cooperantes (V. Agentes da cooperação)
Cooperativa António Sérgio para a Economia Social – Cooperativa de Interesse Público de Responsabilidade Limitada **557**
Cooperativas (V. Membros dos órgãos estatutários)
Cooperativas de produção e serviços (V. Trabalhadores independentes)

ÍNDICE TEMÁTICO

Cooperativas de solidariedade social (V. Instituições particulares de solidariedade social)
Coordenação de legislações nacionais **511, 536**
Corporações medievais **41**
Corpos gerentes ou corpos sociais (V. Membros dos órgãos estatutários)
Cortadores de árvores (V. Trabalhadores de actividades agrícolas)
Costureiras (V. Trabalhadores do serviço doméstico)
Cotização social (V. Contribuições e quotizações)
Créditos da segurança social (V. Dívidas à segurança social)
Criadores de animais de espécie pecuária (V. Trabalhadores de actividades agrícolas e Produtores agrícolas)
Crianças e jovens (V. Abono de família e Comissão Nacional de Promoção de Direitos e Protecção de Crianças e Jovens e Comissões de protecção das crianças e jovens)
Crimes contra a segurança social **607**
Crimes tributários comuns **605**
Cuidados de enfermagem (doenças profissionais) **360**
Cuidados de saúde de longa duração (dependência) **630**
Cumulação de prestações **260**
Cunicultura (V. Trabalhadores de actividades agrícolas e Produtores agrícolas)

Dação em pagamento **152**
Damas de companhia (V. Trabalhadores de serviço doméstico)
Dançarinos (V. Profissionais de bailado)
Declamadores (V. Profissionais das artes do espectáculo e do audiovisual)

Declaração ou comunicação de admissão de trabalhadores **98**
Declaração de Filadélfia **31, 58**
Declaração de remunerações
– consequências da não entrega **132**
– correcção dos elementos **130**
– entrega verificação e validade **129**
– obrigação e conteúdo **124**
– suporte das declarações **128**
– suprimento oficioso **131**
Declaração de Santiago do Chile **31**
Declaração de situação contributiva **157**
Declaração do trabalhador (enquadramento) **99**
Declaração Universal dos Direitos do Homem (ONU) **31, 60**
Declaração do valor da actividade – anexo SS (independentes) **207**
Declaração de vínculo jurídico-laboral (V. Declaração de admissão de trabalhadores)
Declarações (V. Certidões)
Decoradores (PS) (V. Trabalhadores independentes)
Deficientes (V. Trabalhadores deficientes, Bonificação por deficiência e Subsídio de educação especial)
Densidade contributiva (V. Prestações – prazo de garantia)
Dentistas (PS) (V. Trabalhadores independentes)
Denúncia **580**
Dependência económica (V. Prestação do rendimento social de inserção e Subsídio social de desemprego)
Dependência física (V. Complemento por dependência, Subsídio por assistência de terceira pessoa)
Depósito de contribuições e quotizações (V. Contribuições e quotizações – pagamento)

ÍNDICE TEMÁTICO

Deputados à Assembleia da República e ao Parlamento Europeu (V. Titulares de cargos políticos)
Desagregação de taxas **119**
Desaparecimento (V. Subsídio por morte, pensão de sobrevivência e Pensão de alimentos)
Descendentes e equiparados (V. Pensão de orfandade, Pensão de sobrevivência, Abono de família pré-natal, Abono de família e Subsídio por morte) (V. Netos)
Descendentes nascituros (V. Abono de família e Abono de família pré-natal)
Desconto judicial
Desempregados (V. Subsídio de desemprego e pensão de velhice)
Desemprego (V. Subsídio por cessação de actividade e Subsídio de desemprego)
Desemprego involuntário (V. Subsídio de desemprego)
Desenhadores (PS) (V. Trabalhadores independentes)
Deserdação (V. Pensão de sobrevivência)
Despachantes oficiais (Ajudantes e praticantes de despachantes e trabalhadores administrativos) (V. Trabalhadores do sector aduaneiro)
Despesas de deslocação (V. Reembolso das despesas de deslocação)
Despesas de funeral (V. Reembolso das despesas de funeral)
Despesas de transporte (V. Contribuições e quotizações – base de incidência)
Desportistas (V. Praticantes desportivos)
Desportistas profissionais (V. Praticantes desportivos profissionais)
Destacados (V. Trabalhadores destacados)
Destacamento (V. Trabalhadores destacados)
Destinatários do pagamento das prestações (V. Prestações derivadas e familiares)
Determinação (unicidade) da legislação aplicável **511, 522**
Diaconias **40**
Diáconos (V. Membros de igrejas, associações ou confissões religiosas)
Dickens, Charles **48**
Direcção-Geral da Segurança Social (DGSS) **543**
Direcção Regional de Solidariedade Social (RA Açores) **557**
Directivas comunitárias (UE) **534**
Directores de sociedades (com contrato de administração ou de gestão) (V. Membros dos órgãos estatutários)
Directores de sociedades (com contrato de trabalho) (V. Trabalhadores por conta de outrem)
Direito a alimentos (V. Prestação de alimentos)
Direito Comunitário **516**
Direito Internacional **511**
Dirigentes e delegados sindicais **179**
Dispensa de obrigação contributiva **203**
Disponibilidade para o trabalho (V. Subsídio desemprego)
Diuturnidades (V. Contribuições e quotizações – base de incidência)
Dívidas à segurança social
– acordo prestacional **147**
– causas de extinção **146**
– certidões de dívida **587**
– cobrança coerciva **586**
– conceito **144**
– em geral **144**
– execução **586**
– garantias **145**
– regularização administrativa **146**

845

ÍNDICE TEMÁTICO

Docentes (V. Pessoal docente)
Documento único de cobrança (DUC) **591**
Doença (V. Subsídio de doença e Indemnização por incapacidade temporária para o trabalho)
Doença de Machado Joseph (RA Açores) (V. Pensão de invalidez – regime especial)
Doenças profissionais (V. Prestações pecuniárias e em espécie)
– certificação e revisão de incapacidade **358**
– contra-ordenações **602**
– graduação de incapacidades **362**
– protecção na eventualidade **358**
Doentes com esclerose múltipla (V. Pensão de invalidez – regime especial e Complemento por dependência)
Doentes do foro oncológico (V. Pensão de invalidez – regime especial e Complemento por dependência)
Doentes de VIH/sida (V. Pensão de invalidez – regime especial e Complemento por dependência)
Domésticas (V. Trabalhadores do serviço doméstico)
DPs (documentos portáteis) (Comunitário) **518**
DUC – documento único de cobrança (V.)
Duração das prestações (V. Prestações – período de atribuição)

Economia comum **252**
Economistas (PS) (V. Trabalhadores independentes)
Educação especial (V. Subsídio de educação especial)
Efeitos da atribuição de prestações **257**
EIRL – Estabelecimento individual de responsabilidade limitada (V.)
Eleitos locais (V. Titulares de cargos políticos)
Embarcados (V. Trabalhadores embarcados em navios estrangeiros e Trabalhadores inscritos marítimos)
Embargos de terceiro (V. Execução da dívida à segurança social)
Empregadas domésticas (V. Trabalhadores do serviço doméstico)
Emprego conveniente (V. Subsídio de desemprego)
Empresários em nome individual (ENI) (V. Trabalhadores independentes)
Empresas comuns de pesca (V. Seguro social voluntário)
Empresas de trabalho temporário **97**
Encargos familiares (V. Prestações familiares)
Enfermeiros (PS) (V. Trabalhadores independentes)
Engenheiros (PS) (V. Trabalhadores independentes)
Engenheiros agrónomos (V. Trabalhadores independentes ou Trabalhadores de actividades agrícolas)
Engenheiros silvicultores (V. Trabalhadores independentes ou Trabalhadores de actividades agrícolas)
Engenheiros técnicos (PS) (V. Trabalhadores independentes)
Engenheiros técnicos agrários (V. trabalhadores independentes ou Trabalhadores de actividades agrícolas)
Engraxadores (ENI) (V. Trabalhadores independentes)
Enquadramento facultativo **197**
Enquadramento obrigatório **103**
– cessação **201**
– exclusão (Trabalhadores independentes e Membros dos órgãos estatutários) **198**

ÍNDICE TEMÁTICO

– promoção **103**
– supletivo e oficioso **104**
Ensino (graus e níveis) (V. Abono de família)
Enteados (V. Prestações de maternidade, paternidade e adopção, Prestações familiares, Doenças profissionais e Prestação de rendimento social de inserção)
Entidades contratantes **214**
Entidades empregadoras
– inscrição **101**
– sem fins lucrativos **179**
– taxas contributivas **117**
Entidades gestoras das prestações **262**
Enxertadores (V. Trabalhadores de actividades agrícolas)
Equipamento social (V. Serviços e equipamentos de apoio social)
Equivalência à entrada de contribuições **133**
Esclerose lateral amiotrófica (V. Invalidez especial)
Esclerose múltipla (V. Invalidez especial)
Escultores (PS) (V. Trabalhadores independentes)
Espaço do cidadão **548**
Esquema de prestações complementares (V. Regimes profissionais complementares)
Esquema de prestações não contributivo (V. Prestações não contributivas)
Estabelecimento individual de responsabilidade limitada (EIRL) (V. Trabalhadores independentes)
Estabelecimentos de educação especial (V. Educação especial)
Estabelecimentos integrados (no ISS) **548**
Estada (Dto Comunitário) **522**
Estado-membro competente **522**

Estagiários com contrato de estágio profissional **90**
Estatuto do Trabalho Nacional **53**
Esteticistas (ENI) (V. Trabalhadores independentes)
Estrangeiros (V. regimes aplicáveis aos trabalhadores nacionais)
Estrangeiros e apátridas há mais de um ano (V. Seguro social voluntário)
Estrutura orgânica da segurança social **541**
ETAF – Estatuto dos Tribunais Administrativos e Fiscais (V. Tribunais administrativos e fiscais)
Eventualidades (V. Âmbito material)
Ex-combatentes (V. Antigos combatentes)
Ex-cônjuges (V. Pensão de sobrevivência, subsídio por morte e pensão por morte)
Ex-pensionistas de invalidez (V. Subsídio de desemprego)
Exame médico domiciliário (V. Subsídio de doença)
Exclusão de enquadramento (Trabalhadores independentes e membros dos órgãos estatutários) **198, 219**
Execução de dívidas à segurança social
– competência **587**
– oposição **589**
– penhora **590**
– título executivo **587**
– venda de bens **591**
Executantes (V. Profissionais das artes do espectáculo e do audiovisual)
Explorações agrícolas (V. Trabalhadores de actividades agrícolas e produtores agrícolas)
Explorações cinegéticas (V. Trabalhadores de actividades agrícolas e produtores agrícolas)
Explorações pecuárias (V. Pecuária, Trabalhadores de actividades agrícolas e produtores agrícolas)

ÍNDICE TEMÁTICO

Exportação de prestações **522**
Extraterritorialidade **522**

Facto determinante de protecção **249**
Factor de redução por antecipação de idade (V. Pensão antecipada por flexibilização)
Factor de sustentabilidade (V. Pensão de velhice – cálculo)
Falsas declarações **598**
Família (V. Prestações familiares)
Família monoparental **413**
Familiar a cargo (V. Prestações – condições de atribuição)
Farmacêuticos (PS) (V. Trabalhadores independentes)
Federações (V. Instituições particulares de solidariedade social)
Feitores (V. Trabalhadores de actividades agrícolas)
Fetomorto (V. Nado-morto)
Filhos (V. Descendentes e equiparados e Subsídios para assistência a filho, para assistência a filho com deficiência ou doença crónica)
Financiamento da segurança social **619**
Fiscal único (órgão de instituição de segurança social) (V. IGFCSS, IGFSS, II, ISS)
Fiscalização (V. Procedimentos inspectivos)
Flexibilização da idade de reforma (V. Pensão de velhice – pensão antecipada por flexibilização)
Floricultores (V. Trabalhadores de actividades agrícolas e produtores agrícolas)
Folha de ordenados ou salários (V. Declaração de remunerações)
Folha de remunerações (V. Declaração de remunerações)

Força de trabalho **49**
Forma de pagamento de contribuições e quotizações (V. Contribuições e quotizações – pagamento)
Formação profissional (V. Subsídio de desemprego)
Formandos (V. Trabalhadores por conta de outrem)
Formulários (V. SEDs e DPs)
Fornecimento de produtos de apoio (doenças profissionais) **360**
Fotógrafos (trabalhadores intelectuais) (V. Trabalhadores independentes)
Frades (V. Membros de igrejas, associações e confissões religiosas)
Fraude contra a segurança social **607**
Freiras (V. Membros de igrejas, associações e confissões religiosas)
Friendly societies **42**
Frustração de créditos **606**
Fruticultores (V. Trabalhadores de actividades agrícolas e produtores agrícolas)
Funcionários e agentes administrativos (V. Trabalhadores que exercem funções públicas)
Fundação Inatel **556**
Fundações (V. Membros dos órgãos estatutários)
Fundo de Certificados de Reforma **503**
Fundo Especial da Caixa de Previdência do Pessoal da Companhia de Carris de Ferro de Lisboa (V. Trabalhadores da Carris)
Fundo Especial da Caixa de Previdência dos Profissionais de Espectáculos (V. Subsídio de reconversão profissional)
Fundo Especial da Caixa de Previdência dos Trabalhadores da Empresa Pública das Águas Livres, SA (V. Trabalhadores da Empresa Pública das Águas Livres)

ÍNDICE TEMÁTICO

Fundo Especial de Melhoria da Segurança Social do Pessoal da Companhia Portuguesa Rádio Marconi (V. Trabalhadores da Rádio Marconi)
Fundo Especial do Pessoal da Indústria de Lanifícios **191**
Fundo Especial de Segurança Social dos Profissionais de Banca dos Casinos **192**
Fundo Especial de Segurança Social dos Profissionais de Seguros (V. Profissionais de seguros e Subsídio de lar)
Fundo de Estabilização Financeira da Segurança Social **627**
Fundo de Garantia Salarial (V. Garantia salarial)
Fundos especiais **191**
Funeral (V. Reembolso das despesas de funeral, Subsídio de funeral e Subsídio por despesas de funeral)
Futebolistas (V. Praticantes desportivos profissionais)

Garantia salarial **487**
Garantias dos beneficiários e contribuintes **561**
Garantias dos créditos da segurança social **145**
Garantias das prestações **366**
Geólogos (PS) (V. Trabalhadores independentes)
Gerentes comerciais (V. Trabalhadores por conta de outrem)
Gerentes sociais ou de sociedades (V. Membros dos órgãos estatutários)
Gestão da segurança social **539**
Gestores judiciais (V. Administradores de insolvência)
Gestores públicos (V. Membros de órgãos estatutários)
Gottardo (V. Acórdão –)

Grandes inválidos (V. Dependência física)
Gratificações de gerência (V. Contribuições e quotizações – base de incidência)
Guarda-livros (PS) (V. Trabalhadores independentes)
Guardas-nocturnos (V. Trabalhadores independentes)
Guias (V. Trabalhadores do serviço doméstico)
Guias e intérpretes (turismo) (V. Trabalhadores por conta de outrem e Trabalho em regime de contrato de trabalho de muito curta duração)
Guias de pagamento (V. DUC)
Guildas **40**

Helicicultores (V. Trabalhadores de actividades agrícolas e Produtores agrícolas)
Horticultores (V. Trabalhadores de actividades agrícolas e Produtores agrícolas)
Hortifruticultores (V. Trabalhadores de actividades agrícolas e produtores agrícolas)
Hospitalização (doenças profissionais) **360**

IAS – Indexante dos apoios sociais (V.)
Idade de reforma por velhice **325**
Identificação e qualificação (V. Âmbito pessoal ou Enquadramento) **92**
II – Instituto de Informática (V.)
IGFSS – Instituto de Gestão Financeira da Segurança Social (V.)
IGFCSS – Instituto de Gestão de Fundos de Capitalização da Segurança Social (V.)
Igualdade de tratamento **511, 521**
Ilícito contra-ordenacional (V. Contra-ordenações)
Ilícito criminal (V. Crimes contra a segurança social)

849

ÍNDICE TEMÁTICO

Ilícito de mera ordenação social (V. Contra-ordenações)
Imitadores (V. Profissionais das artes do espectáculo e do audiovisual)
Impenhorabilidade das prestações **263**
Impugnação da liquidação **583**
Inalienabilidade das prestações **262**
Inatel (V. Fundação Inatel)
Incapacidade permanente para o trabalho (V. Pensão de invalidez e Pensão por incapacidade permanente para o trabalho)
Incapacidade temporária para o trabalho (V. Subsídio de doença e Indemnização por incapacidade temporária para o trabalho)
Incapacidades (V. Sistema de verificação de incapacidades)
Incentivos ao emprego **121**
Incidência contributiva (V. Contribuições e quotizações – base de incidência)
Indemnização em capital (doenças profissionais) (remição) **366**
Indemnização por incapacidade temporária para o trabalho (doenças profissionais) **367**
Indemnização salarial (V. Subsídio de desemprego)
Indemnizações (por despedimento) (V. Contribuições e quotizações – base de incidência)
Independentes (ENI e PL) (V. Trabalhadores independentes)
Indexante dos apoios sociais (IAS) **252**
Índice de profissionalidade (Subsídio de doença) **281**
Indignidade (V. Doenças profissionais e Morte)
Indisponibilidade das prestações **262**
Infracções às normas reguladoras do sistema de segurança social (V. Contra-ordenações e Crimes contra a segurança social)
Início de enquadramento **103**
INR, IP (Instituto Nacional para a Reabilitação, IP) (V.)
Inscrição **93**
– entidades empregadoras **101**
– independentes **200**
– membros dos órgãos estatutários **221**
– retroactiva (V. Pagamento retroactivo de contribuições prescritas)
– seguro social voluntário **226**
– trabalhadores por conta de outrem **101**
Insolvência **143**
Inspecção-Geral do Ministério do Trabalho Solidariedade e Segurança Social (IGMTSSS) **543**
Instituição competente **522**
Instituição do lugar de residência ou de estada **522**
Instituições particulares de solidariedade social (IPSS) (V. Taxas contributivas – trabalhadores em entidades sem fins lucrativos)
Instituições de previdência social **557**
Instituições de segurança social (V. ISS, II, IGFSS, IGFCSS) **545**
Instituto de Gestão Financeira da Segurança Social, IP (IGFSS)
– missão **551**
– órgãos **552**
– secções de processo executivo da segurança social (SPE) **552**
– serviços desconcentrados **552**
Instituto de Gestão de Fundos, IP (V. Instituto de Gestão de Fundos de Capitalização da Segurança Social, IP)
Instituto de Gestão de Fundos de Capitalização da Segurança Social, IP (IGFCSS) **552**

ÍNDICE TEMÁTICO

Instituto de Informática, IP (II) **553**
Instituto Nacional para a Reabilitação, IP (INR) **554**
Instituto da Segurança Social, IP (ISS, IP)
– âmbito territorial e sede **545**
– centros distritais **548**
– CNP **548**
– missão **545**
– natureza jurídica **545**
– órgãos **545**
– serviços **546**
– serviços desconcentrados – centros distritais **548**
– serviços locais **548**
– sistema de verificação de incapacidades **548**
Instituto da Segurança Social dos Açores (ISSA) **558**
Instituto de Segurança Social da Madeira (ISSM) **558**
Institutos públicos (Administração estadual indirecta) **545**
Instrumentos internacionais de segurança social **531**
Insuficiência económica (V. Condição de recursos)
Intérpretes (V. Profissionais das artes do espectáculo e do audiovisual)
Interrupção da gravidez (V. Subsídio por interrupção da gravidez)
Intransmissibilidade das prestações **262**
Invalidade do acto administrativo (V. Actos administrativos – invalidade)
Invalidez (V. Pensão de invalidez e Pensão por incapacidade permanente para o trabalho)
Invalidez especial **322**
IPSS – Instituições particulares de solidariedade social (V.)
Irmandades da misericórdia (V. Instituições particulares de solidariedade social)

Isenção de obrigação contributiva **204**
ISS, IP – Instituto da Segurança Social, IP (V.)
ISSA, IPRA – Instituto da Segurança Social dos Açores (V.)
ISSM, IPRA – Instituto de Segurança Social da Madeira (V.)
Iva social (V. Financiamento) **624**

Jogadores profissionais de basquetebol (V. Praticantes desportivos profissionais)
Jogadores profissionais de futebol (V. Praticantes desportivos profissionais)
Jornalistas (V. Fundo Especial de Segurança Social dos Jornalistas)
Juízes do Tribunal Constitucional (V. Titulares de cargos políticos)
Juntas médicas (V. Comissões de recurso, Comissões de reavaliação e Comissões de verificação)
Jurisconsultos (PS) (V. Trabalhadores independentes)
Jurisdições competentes em matéria de segurança social **611**
Juristas (PS) (V. Trabalhadores independentes)
Juros de mora **141**

Leão XIII **49**
Leis dos pobres **44**
Limitações dos contribuintes em dívida **143**
Limite inferior contributivo **116**
Limite superior contributivo **116**
Liquidação oficiosa (V. Cobrança coerciva)
– impugnação
Liquidação voluntária (V. Autoliquidação)
Liquidatários judiciais (V. Administradores de insolvência)
Lista de contribuintes devedores **144**

ÍNDICE TEMÁTICO

Locutores-apresentadores (V. Profissionais das artes do espectáculo e do audiovisual)
Loja do cidadão **548**
Lugar e meios de pagamento de contribuições e quotizações **138**
Lusoponte (V. Trabalhadores da Lusoponte)

Madeira (V. Região Autónoma da Madeira)
Madrasta (V. Prestações de parentalidade – maternidade, paternidade e adopção)
Majorações
– abono de família (V. Abono de família – montante);
– subsídio de doença (V. Subsídio de doença – montante)
– subsídio de desemprego (V. Subsídio de desemprego – montante)
Manicuros (ENI) (V. Trabalhadores independentes)
Manutenção dos direitos adquiridos **513**, **521**
Manutenção dos direitos em curso de aquisição **512**, **522**
Marítimos (V. Trabalhadores embarcados em navios estrangeiros)
Marx, Karl **49**
Massagistas (ENI) (V. Trabalhadores independentes)
Malthus, Thomas Robert **71**
Maternidade (V. Prestações de parentalidade – maternidade, paternidade e adopção)
Médicos (PS) (V. Trabalhadores independentes)
Médicos veterinários (V. Trabalhadores independentes ou Trabalhadores de actividades agrícolas)

Medidas complementares de protecção social (V. Sectores de actividade em reestruturação)
Medidas protectoras **81**
Meios de pagamento de contribuições e quotizações **138**
Membros dos conselhos gerais (V. Membros dos órgãos estatutários)
Membros das cooperativas de produção e serviços (V. Trabalhadores independentes)
Membros da família de acolhimento (V. Trabalhadores independentes)
Membros do governo (V. Titulares de cargos políticos)
Membros de igrejas, associações e confissões religiosas
– âmbito material **184**
– âmbito pessoal **183**
– base de incidência **184**
– cessação **185**
– taxa contributiva **184**
Membros de instituto de vida consagrada (V. Membros de igrejas, associações e confissões religiosas)
Membros de órgãos estatutários (MOE's)
– âmbito material **223**
– âmbito pessoal **218**
– base de incidência **223**
– cessação **224**
– enquadramento **221**
– taxa contributiva **223**
Membros de união de facto
– composição do agregado
condição de recursos **252**
pensão social **450**
– prestações derivadas
pensão de sobrevivência **347**
pensão de viuvez **453**
– enquadramento
trabalhadores independentes **212**

ÍNDICE TEMÁTICO

trabalhadores do serviço doméstico **180**
Menores (V. Crianças e jovens)
Mestres lagareiros (V. Trabalhadores de actividades agrícolas)
Militares (V. Serviço militar obrigatório e Serviço militar voluntário)
Migrantes (V. Trabalhadores migrantes)
Mineiros (V. Trabalhadores mineiros)
Ministério e Ministro do Trabalho, Solidariedade e Segurança Social (MTSSS) **541**
Ministros (V. Titulares de cargos políticos)
Ministros de confissões religiosas não católicas (V. Membros de igrejas, associações e confissões religiosas)
Ministros de culto (V. Membros de igrejas, associações e confissões religiosas)
Misericórdias (V. Instituições particulares de solidariedade social)
Modalidades (V. Prestações)
Modelos (V. Profissionais das artes do espectáculo e do audiovisual)
MOE's (V. Membros de órgãos estatutários)
Monges (V. Membros de igrejas, associações e confissões religiosas)
Monoparentalidade (V. Agregado monoparental)
Montante adicional ao abono de família (V. Abono de família – Montante)
Montante das prestações (determinação dos valores) **257**
Montante provisório por incapacidade permanente (doenças profissionais)
Montante provisório por morte (doenças profissionais) **370**
Montantes adicionais (V. Pensão de invalidez e Pensão de velhice)
Montantes das prestações (valores das prestações) (V. Prestações – montantes)

Montepios **43**
Morte (V. Subsídio por morte, Pensão de sobrevivência e Pensão por morte)
Morte presumida (V. Subsídio por morte, Pensão de sobrevivência e Pensão de alimentos)
Motivos políticos (V. Contribuições – equivalência à entrada de contribuições)
Mulheres-a-dias (V. Trabalhadores do serviço doméstico)
Multas (V. Crimes contra a segurança social)
Músicos (V. Profissionais das artes do espectáculo e do audiovisual)
Mutualidades (V. Associações mutualistas)

Nado-morto (V. Prestações de maternidade, paternidade e adopção)
Nascimento (V. Abono de família)
Nascimento de netos (V. Subsídio para assistência a neto)
Nascituro (V. Abono de família e Abono de família pré-natal)
Netos (V. Subsídio para assistência a neto)
New Deal **29**
Nulidade (V. Actos administrativos – invalidade)
Nutricionistas (PS) (V. Trabalhadores independentes)

Objectores de consciência (V. Serviço cívico)
Obrigação contributiva
– autoliquidação **108**
– cessação **109**
– dispensa **203**
– início **108**
– isenção **204**

853

ÍNDICE TEMÁTICO

– redução **120**
– suspensão (trabalhadores independentes) **206**
Oposição à penhora (V. Execução da dívida à segurança social)
Oposição à execução (V. Execução de dívidas à segurança social)
Orçamento da segurança social **628**
Orçamento social europeu **630**
Ordenado (V. Remunerações)
Organismo de ligação
Organismos sob superintendência e tutela do MTSSS **542**
Organização administrativa da segurança social **541**
Organização Internacional do Trabalho (OIT) **58, 533**
Organização das Nações Unidas (ONU) **532**
Organização da segurança social **541**
Organizações internacionais **532**
Órgãos de administração (conselho de administração, conselho geral e gerência) (V. Órgãos de pessoas colectivas)
Órgãos deliberativos (assembleia geral) (V. Órgãos de pessoas colectivas)
Órgãos de fiscalização (V. Órgãos de pessoas colectivas)
Órgãos das instituições de segurança social (V. Conselhos directivos, Conselhos consultivos, Conselho Médico, Director do INR, Fiscal único)
Órgãos (estatutários) de pessoas colectivas (V. Membros dos órgãos estatutários)

Pacto Internacional sobre os Direitos Económicos, Sociais e Culturais (ONU) **532**
Padrasto (V. Prestações de parentalidade – maternidade, paternidade e adopção e Prestações familiares)
Padres (V. Membros de igrejas, associações e confissões religiosas)
Pagamento coercivo (V. Execução de dívidas à segurança social)
Pagamento de contribuições e quotizações
– coercivo (V. Execução das dívidas)
– diferido **146**
– forma **138**
– lugar e meios **138**
– prazos e juros **138**
– responsabilidade **137**
– voluntário **137, 237**
Pagamento de contribuições e quotizações prescritas **238**
Pagamento diferido de contribuições **146**
Pagamento de retribuição intercalar por ilicitude de despedimento **488**
Pagamento retroactivo de contribuições **238**
Pagamento voluntário (V. Pagamento de contribuições e quotizações)
Panem et circenses **44**
Paramiloidose (V. Pensão de invalidez – regime especial)
Parapsicólogos (PS) (V. Trabalhadores independentes)
Parceiros pensadores (pecuária) (V. Produtores agrícolas)
Parentalidade (V. Prestações de –)
Parteiras (PS) (V. Trabalhadores independentes)
Participação do início de actividade (V. Inscrição – Contribuintes)
Participação no lucro das sociedades (V. Contribuições e quotizações – base de incidência)
Parto (V. Prestações de maternidade, paternidade e adopção)
Parto de nado-morto (V. Prestações de maternidade, paternidade e adopção)

Pastores (de gado) (V. Trabalhadores de actividades agrícolas e Produtores agrícolas)
Pastores (de igrejas) (V. Membros de igrejas, associações ou confissões religiosas)
Paternidade (V. Prestações de parentalidade – maternidade, paternidade e adopção)
Pecuária (Criação de animais de espécie pecuária) (V. Trabalhadores de actividades agrícolas e Produtores agrícolas)
Pedicuros (ENI) (V. Trabalhadores independentes)
Penalidades (V. Coimas e Multas)
Penas (V. Coimas e Multas)
Penhora de bens (V. Execução das dívidas à segurança social)
Penhora de prestações (V. Prestações – Penhora)
Pensão de alimentos (V. Prestação de alimentos)
Pensão antecipada por desemprego de longa duração **334**
Pensão antecipada por flexibilização **332**
Pensão bonificada **335**
Pensão estatutária **329**
Pensão extraordinária por desajustamento tecnológico (V. Trabalhadores abrangidos por acordos internacionais na RAA)
Pensão por incapacidade permanente para o trabalho (doenças profissionais)
– absoluta **369**
– bonificada **369**
– montante provisório **370**
– parcial **369**
Pensão de invalidez
– acumulação **319**
– âmbito **312**

– cálculo (V. Pensão de velhice)
– certificação de incapacidade **316**
– cessação **321**
– condições de atribuição **312**
– conversão **321**
– declaração de incapacidade **315**
– início **319**
– pensão provisória **318**
– prazo de garantia **314**
– provisória **318**
– regime especial **322**
– requerimento **322**
– responsabilidade de terceiro **313**
– suspensão **321**
– valores mínimos **318**
Pensão mínima **337**
Pensão por morte (doenças profissionais) **371**
Pensão de orfandade **449**
Pensão proporcional **336**
Pensão prorratizada **337**
Pensão provisória por incapacidade permanente (doenças profissionais) **368**
Pensão provisória de invalidez **318**
Pensão provisória por morte (doenças profissionais) **375**
Pensão provisória de velhice **338**
Pensão reduzida (V. Pensão proporcional)
Pensão regulamentar **332**
Pensão de sobrevivência
– acumulação **351**
– cessação **353**
– condições de atribuição **345**
– destinatários **346**
– duração (V. período de atribuição)
– início **350**
– manutenção **351**
– mineiros **354**
– montante **349**
– montantes adicionais **352**

ÍNDICE TEMÁTICO

– período de atribuição 350
– provisória 354
– requerimento 348
– suspensão 353
– trabalhadores da Carris 354
– unificada 354
Pensão social 450
Pensão totalizada 336
Pensão unificada 355
Pensão de velhice
– acréscimos 338
– actualização 339
– acumulação 339
– âmbito 325
– antecipada 332
– bombeiros 343
– bordadeiras de casa 343
– cálculo 328
– cessação 340
– condições de atribuição 325
– controladores de tráfego aéreo 344
– entidade gestora 341
– idade de reforma 325
– montante mínimo 337
– montantes adicionais 338
– pensão antecipada por desemprego de longa duração 334
– pensão antecipada por flexibilização 332
– pensão bonificada 335
– pensão proporcional 336
– pensão prorratizada 337
– pensão provisória 338
– pensão totalizada 336
– pilotos de aeronaves 344
– prazo de garantia 326
– pré-reformados 344
– profissionais de bailado 344
– requerimento 327
– suspensão 340

– trabalhadores abrangidos por acordos internacionais na RA Açores 343
– trabalhadores da Carris 345
– trabalhadores inscritos marítimos da pesca 341
– trabalhadores da marinha de longo curso 342
– trabalhadores mineiros 341
– trabalhadores da Rádio Marconi 345
– trabalhadores da siderurgia e do carvão 342
Pensão de viuvez 453
Pensionistas em actividade 168
Pensões de nula ou reduzida base contributiva (V. Pensão social)
Período contributivo (V. Carreira contributiva)
Período de espera (V. Prazo de espera)
Período de garantia (V. Prazo de garantia)
Períodos contributivos das ex-colónias 488
Peritos avaliadores (PS) (V. Trabalhadores independentes)
Pesca local (ex-artesanal) (V. Trabalhadores da pesca local e costeira)
Pescadores (V. Trabalhadores inscritos marítimos na pesca)
Pescadores apeados 174
Pessoal de apoio aos deputados ao Parlamento Europeu (V. Trabalhadores por conta de outrem)
Pessoal docente (grupo fechado) 187
Pessoal das embaixadas e consulados (em serviço nas missões diplomáticas e postos consulares) 95
Pessoal da indústria de lanifícios (V. Trabalhadores de lanifícios)
Pessoal de serviço doméstico (V. Trabalhadores do serviço doméstico)
Pessoas a cargo (V. Agregado familiar)

ÍNDICE TEMÁTICO

Pessoas colectivas (associações, fundações, cooperativas e sociedades) (V. Membros de órgãos estatutários)
– privadas **832**
– públicas **833**
Pessoas com deficiência (V. Deficientes)
Pessoas infectadas com o VIH/sida (V. Doentes com VIH/Sida)
Pessoas com necessidades educativas especiais (V. Subsídio de educação especial)
Pessoas protegidas (V. Âmbito pessoal)
Pessoas em união de facto (V. Membros de união de facto)
Petição **580**
Pintores (PS) (V. Trabalhadores independentes)
Piscicultores (V. Trabalhadores de actividades agrícolas e produtores agrícolas)
Plafond contributivo (de base de incidência contributiva) (V. Contribuições e quotizações – valor limite máximo)
Plafond de prestações (V. Prestações – valor limite máximo)
Plancher contributivo (de base de incidência contributiva) (V. Contribuições e quotizações – valor limite mínimo)
Plancher de prestações (V. Prestações – valor limite mínimo)
Plano pessoal de emprego (PPE) (V. Subsídio de desemprego)
Pneumoconioses associadas à tuberculose (V. Indemnização por incapacidade temporária para o trabalho)
Podadores (V. Trabalhadores de actividades agrícolas)
Políticas de segurança económica **80**
Porteiros de prédios urbanos (V. Trabalhadores por conta de outrem)
Portuários (V. Trabalhadores portuários)

Posticeiros (ENI) (V. Trabalhadores independentes)
Praticantes desportivos de alto rendimento (seguro social voluntário) **226**
Praticantes desportivos profissionais **164**
Prazo de espera (subsídio de doença) **284**
Prazo de garantia (V. Prestações)
Prazo de pagamento de contribuições e quotizações **138**
Pré-reformados (V. Trabalhadores em situação de pré-reforma)
Pré-reformas (V. Contribuições e quotizações – base de incidência)
Preceptores (V. Trabalhadores do serviço doméstico)
Pregoeiros de leilões (ENI) (V. Trabalhadores independentes)
Prémios (V. Contribuições e quotizações – base de incidência)
Prescrição de contribuições e quotizações **161**
Prescrição de dívidas à segurança social **161**
Prescrição de prestações **267**
Presidente da República (V. Titulares de cargos políticos)
Presos (V. Reclusos)
Prestação de alimentos **490**
Prestação de rendimento social de inserção
– agregado familiar **457**
– âmbito **454**
– cessação **469**
– condições de atribuição **455**
– contratos de inserção **462**
– duração (V. período de atribuição)
– instrução do processo **462**
– montante **459**
– período de atribuição **468**
– regime sancionatório **470**

– rendimento considerado **459**
– requerimento **462**
– revisão **468**
– suspensão **469**
– titularidade **454**
Prestação suplementar para assistência de 3ª pessoa (doenças profissionais) **376**
Prestações (V. âmbito de aplicação material)
– actualização **261**
– acumulação **260**
– base de cálculo (V. Prestação – cálculo)
– caducidade (V. Prestação – requerimento)
– cálculo (V. Prestações – montante)
– cessação do direito **264**
– cessão (V. Prestações – intransmissibilidade)
– classificação **245**
– concessão provisória (acidentes de trabalho ou de responsabilidade de terceiro) (V. Reembolso)
– condição de recursos **252**
– condições de atribuição **250**
– consequências jurídico-laborais da atribuição **257**
– densidade contributiva (V. Prestações – prazo de garantia)
– duração (V. Período de atribuição)
– efeitos na relação de trabalho **257**
– entidades gestoras **262**
– espécies **245**
– garantias **262**
– índice de profissionalidade **251**
– intransmissibilidade **262**
– montante **257**
– noção **245**
– pagamento **230**
– penhora **263**
– período de atribuição **261**

– prazo de espera **251**
– prazo de garantia **250**
– prescrição **267**
– pressupostos **249**
– reembolso **264**
– rendimento de referência **253**
– requerimento **256**
– restituição **265**
– revisão (pensões) **321**
– situação contributiva regularizada **251**
– suspensão do pagamento **264**
– taxa de formação (pensões) **330**
– taxa de substituição **258**
– valor limite máximo **259**
– valor limite mínimo **260**
Prestações adicionais nos meses de Julho e Dezembro (doenças profissionais) **364**
Prestações compensatórias (V. Subsídio de doença e Subsídio parental)
Prestações contributivas (V. Prestações dos regimes)
Prestações não contributivas ou do subsistema de solidariedade (V. Complemento social, Pensão social, Pensão de viuvez, Pensão de orfandade, Prestação de rendimento social de inserção e subsídios sociais de desemprego e no âmbito da maternidade, paternidade e adopção)
Prestações para crianças a cargo (V. Prestações familiares)
Prestações derivadas (V. Pensão de orfandade, Pensão de sobrevivência, Pensão de viuvez e Subsídio por morte)
Prestações diferidas (V. Pensão de invalidez, Pensão de sobrevivência, Pensão de velhice)
Prestações por doenças profissionais (V. Prestações pecuniárias por doenças profissionais e Prestações em espécie)

– âmbito pessoal **357**
– condições de atribuição **358**
– entidade certificadora **358**
– gestão **359**
– reabilitação **359**
– tipo de prestações **358**
– titulares do direito **357**
Prestações em espécie
– doenças profissionais **359**
Prestações familiares (V. Bolsas de estudo, Complemento por dependência, Complemento de pensão por cônjuge a cargo, Subsídio por assistência de 3ª pessoa, Subsídio de educação especial, Abono de família, Abono de família pré-natal, Subsídio de funeral, Subsídio mensal vitalício e Subsídio por morte)
Prestações imediatas (V. Subsídio para assistência a filho, Subsídio para assistência a filho com deficiência ou doença crónica, Subsídio de desemprego, Subsídio de doença, Subsídio para assistência a neto, Subsídio parental, Subsídio por adopção)
Prestações indevidamente pagas (V. Prestações – restituição)
Prestações de parentalidade – maternidade, paternidade e adopção (V. Subsídios por adopção, para assistência a filho, para assistência a filho com deficiência, para assistência a neto, por interrupção da gravidez, parental, por risco clínico durante a gravidez e por riscos específicos e subsídios sociais correspondentes)
Prestações pecuniárias (V. Prestações imediatas, diferidas e familiares)
Prestações pecuniárias por doenças profissionais (V. Indemnização por incapacidade temporária para o trabalho; Pensão provisória; Indemnização em capital e pensão por incapacidade permanente para o trabalho; Subsídio por situação de elevada incapacidade permanente; Pensão por morte; Subsídio por despesas de funeral; Prestação suplementar para assistência de terceira pessoa; Subsídio para readaptação de habitação; Subsídio para frequência de acções no âmbito da reabilitação profissional)
– actualização **365**
– acumulação **364**
– cessação **366**
– garantia do pagamento **366**
– natureza, determinação e graduação da incapacidade **361**
– pagamento **364**
– prescrição **366**
– prestações adicionais **364**
– remição **366**
– requerimento **362**
– retribuição de referência **363**
– revisão das pensões **365**
Prestações dos regimes (V. Prestações imediatas, Prestações diferidas e Prestações familiares)
Prestações relativas à eventualidade maternidade, paternidade e adopção (V. Prestações de parentalidade – maternidade, paternidade e adopção)
Prestações únicas ou de atribuição única
Prestadores de serviços (Trabalhadores independentes V.)
Presunção de morte (V. Subsídio por morte e pensão de sobrevivência)
Previdência rural (V. Trabalhadores de actividades agrícolas)
Previdência social **53**
Primeiro emprego (V. Incentivos ao emprego)

Princípio do inquisitório **572**
Princípios directores de coordenação (V. Coordenação de legislações nacionais)
Princípios gerais da actividade administrativa (V. Actividade administrativa – princípios gerais)
Prisão e clandestinidade (V. Contribuições e quotizações – equivalência à entrada de contribuições)
Privilégios creditórios (V. Dívidas à segurança social)
Pro rata temporis **512**
Procedimentos inspectivos **573**
Processo executivo **586**
Processo judicial (V. Contencioso da segurança social)
Procura activa de emprego (V. Subsídio de desemprego)
Produtores e comerciantes (V. Trabalhadores independentes)
Produtores agrícolas (V. Trabalhadores independentes)
– taxa contributiva **209**
Professores (V. Pessoal docente)
Profissionais de bailado (V. Profissionais das artes do espectáculo e do audiovisual e Pensão de velhice)
Profissionais de banca dos casinos
– taxa contributiva **192**
Profissionais de basquetebol (V. Praticantes desportivos profissionais)
Profissionais das artes do espectáculo e do audiovisual (V. Trabalhadores independentes e subsídio de reconversão profissional) **186, 344**
Profissionais de futebol (V. Praticantes desportivos profissionais)
Profissionais da indústria de lanifícios (V. Trabalhadores de lanifícios)
Profissionais livres (PS) (V. Trabalhadores independentes)
Profissionais da pesca (V. Trabalhadores inscritos marítimos da pesca)
Profissionais de seguros – taxa contributiva **192**
Profissionais do serviço doméstico (V. Trabalhadores do serviço doméstico)
Programadores informáticos (PS) (V. Trabalhadores independentes)
Proprietários de embarcações – pesca local e costeira **174**
Prorratização **512**
Protecção jurídica **491**
– âmbito material **491**
– âmbito pessoal **491**
– apoio judiciário **492**
– caducidade **499**
– cancelamento **498**
– consulta jurídica **491**
– decisão **498**
– insuficiência económica **492**
– recurso **499**
– rendimento relevante **494**
– requerimento **497**
Protecção social (V. Segurança social)
– instrumentos **81**
– sistemas **82**
Prova do direito às prestações (V. Prestações – condições de atribuição)
Provedor de Justiça (V. Titulares de cargos políticos) **581**
Psicólogos (PS) (V. Trabalhadores independentes)

Queixa **580**
Quotização (V. Contribuições e quotizações)

Reabilitação e recuperação profissional (V. Pensão de invalidez)
Receitas da segurança social (V. Segurança – financiamento)

ÍNDICE TEMÁTICO

Reclamação **581**
Reclusos (V. Subsídio de desemprego e Subsídio de doença)
Reclusos em regime aberto (Obrigação contributiva – dispensa) **123**
Recurso hierárquico **581**
Redução da obrigação contributiva **119**
Reeducação pedagógica (V. Subsídio de educação especial)
Reembolso de despesas de deslocação, de alimentação e de alojamento (doenças profissionais) **361**
Reembolso das despesas de funeral **420**
Reembolso das despesas de transporte (V. Contribuições e quotizações – base de incidência)
Reembolso de prestações **264**
Reembolso de quotizações **160**
Reembolso do subsídio de doença (V. Subsídio de doença)
Reestruturação económica (V. Dívidas à segurança social)
Reforma (V. Pensão de invalidez e Pensão de velhice)
Reforma antecipada (V. Pensão de velhice – condições de atribuição)
Reforma obrigatória (pré-reformados) (V. Pensão de velhice – condições de atribuição)
Refugiados (V. Prestações familiares e Prestações não contributivas)
Região Autónoma dos Açores **557**
Região Autónoma da Madeira **558**
Regime das actividades agrícolas (V. Produtores agrícolas e Trabalhadores das actividades agrícolas)
Regime não contributivo (V. Prestações não contributivas)
Regime geral dos trabalhadores por conta de outrem (V. Trabalhadores por conta de outrem)

Regime público de capitalização **503**
Regime dos trabalhadores independentes (V. Trabalhadores independentes)
Regime transitório dos trabalhadores agrícolas (V. Pensão social)
Regimes complementares **505**
Regimes facultativos (V. Enquadramento facultativo e Inscrição facultativa)
Regimes obrigatórios (V. Enquadramento obrigatório)
Regimes profissionais complementares **505**
Regimes de protecção social (V. Segurança social – regimes de segurança social)
Regimes de protecção social estrangeiros **511**
Regimes de segurança social **87**
Regimes transitórios dos rurais (V. Regime transitório dos trabalhadores agrícolas)
Regiões autónomas (V. Região Autónoma dos Açores e Região Autónoma da Madeira)
Registo de remunerações e dos períodos contributivos **132**
Registo de remunerações por equivalência à entrada de contribuições **133**
Regulamentos europeus de segurança social **517**
Regularização administrativa da dívida **146**
Relação contributiva (V. Tributação)
Relação de prestação (V. Prestações)
Relação de vinculação (V. Vinculação)
Religiosos (frades, freiras, monges...) (V. Membros de igrejas, associações e confissões religiosas)
Remição (doenças profissionais) (V. Indemnização em capital)
Remuneração de referência (V. Prestações – montante)

ÍNDICE TEMÁTICO

Remunerações
– actualização (revalorização) (V. Prestações – montante)
– conceito **110**
– declaração **124**
– registo **132**
– valores nominais/valores reais (V. actualização)
Remunerações convencionais (V. base de incidência)
Remunerações efectivas (V. base de incidência)
Rendimento
– mínimo garantido (V. Prestação de rendimento social de inserção)
– primário ou originário **79**
– secundário ou derivado **79**
Rendimento de referência
– abono de família **409**
– pensão social **451**
– subsídio social de desemprego **475**
– subsídios sociais de parentalidade **479**
Repartição (V. Segurança social – financiamento)
Repórteres (PS) (V. Trabalhadores independentes)
Reposição de prestações (V. Prestações – restituição)
Representantes da República nas Regiões Autónomas (V. Titulares de cargos políticos)
Requerimento das prestações **256**
Rerum Novarum **49**
Residentes **409**
Resineiros (V. Trabalhadores de actividades agrícolas)
Responsabilidade de administradores e gerentes (V. Contribuições e quotizações – pagamento)
Responsabilidade civil de terceiros (V. Pensão de invalidez – responsabilidade de terceiros e Subsídio de doença – concessão provisória)
Responsabilidade contra-ordenacional (V. Contra-ordenações)
Responsabilidade criminal (V. Crimes contra a segurança social)
Responsabilidade financeira **622**
Responsabilidade pelo pagamento de contribuições e quotizações (V. Contribuições e quotizações – pagamento)
Responsabilidade solidária **157**
Responsabilidade subsidiária **144**
Restituição de contribuições e quotizações **159**
Restituição de prestações **265**
Retenção (de montantes em débito) **154**
Revalorização da base de cálculo (V. Prestações – montante)
Revisores oficiais de contas (V. Trabalhadores independentes)
Revogação de actos administrativos (V. Actos administrativos – revogação)
Revolução industrial **47**
Riscos
– económicos **33**
– físicos **33**
– profissionais **33**
– sociais **33, 84**
Romances sociais **48**
Roosevelt, Franklin **29**
Rurais (V. Regime das actividades agrícolas e regimes transitórios)

Sacerdotes (V. Membros de igrejas, associações e confissões religiosas)
Salário médio (V. Remuneração de referência)
Salários (V. Remunerações)
Salários em atraso **381**
Salicultores (V. Trabalhadores de actividades agrícolas e produtores agrícolas)

Sanções (V. Coimas e multas)
Sanções acessórias (V. Coimas e sanções acessórias)
Santa Casa da Misericórdia de Lisboa (SCML) **555**
Secções de processo executivo da segurança social **552**
Secretaria e Secretário de Estado da Segurança Social **541**
Secretaria e Secretário Regional da Solidariedade Social (RAA) **557**
Secretaria e Secretário Regional da Inclusão e dos Assuntos Sociais (RAM) **558**
Secretários de Estado (V. Titulares de cargos políticos)
Secretários de sociedades **219**
Sectores de actividade em reestruturação (V. Subsídio de desemprego e Pensão de velhice)
SEDs (troca de documentos electrónicos) **518**
Segurança social
– conceito **29**
– contencioso **561**
– financiamento **619**
– história **37**
– orçamento **628**
– organização **541**
– periodização da história **37**
– regimes **87**
– sistema **75, 84**
Segurança social do funcionalismo (V. Trabalhadores que exercem funções públicas)
Seguro-doença (V. Subsídios de doença e de Tuberculose e Indemnização por incapacidade temporária para o trabalho)
Seguro-invalidez (V. Pensão de invalidez e Pensão por incapacidade permanente para o trabalho)

Seguro-maternidade (V. Prestações de maternidade, paternidade e adopção)
Seguro social voluntário
– âmbito material **229**
– âmbito pessoal **225**
– base de incidência **231**
– taxa contributiva **235**
Seguro-velhice (V. Pensão de velhice)
Seguro voluntário (V. Seguro social voluntário)
Separação de facto (V. Condição de recursos)
– pensão social **451**
Serviço cívico (Objectores de consciência) (V. Contribuições e quotizações – Equivalência à entrada de contribuições)
Serviço doméstico (V. Trabalhadores do serviço doméstico)
Serviço militar obrigatório (V. Equivalência à entrada de contribuições)
Serviço militar voluntário – Taxa contributiva **187**
Serviços centrais do ISS, IP (V. ISS)
Serviços centrais do MTSSS **543**
Serviços desconcentrados
– do ISS **548**
– do IGFSS **552**
Serviços de fiscalização **546**
Serviços de ilha (RA Açores) **558**
Serviços de Justiça Fiscal (V. Tribunais administrativos e fiscais)
Serviços locais **548**
Serviços públicos centrais **543**
Serviços de recuperação e reabilitação profissional ou de formação profissional (doenças profissionais) **360**
Sida (V. Doentes de VHI/sida)
Sigilo (V. Sistema de verificação de incapacidades e Violação de segredo)
Silvicultores (V. Trabalhadores de actividades agrícolas e Produtores agrícolas)

ÍNDICE TEMÁTICO

Sindicatos
- trabalhadores dos sindicatos 178
- dirigentes e delegados sindicais 179

Sismondi, Sismonde de 48

Sistema de segurança social
- complementar 85
- previdencial 87
- de protecção social de cidadania 409

Sistema de verificação de incapacidades (V. ISS, Pensão de invalidez e Subsídio de doença)

Situação contributiva regularizada 156

Situação de insolvência (de contribuintes devedores) 143

Situação de invalidez (V. Pensão de invalidez)

Situações de facto (V. Membros de união de facto e separação de facto)

Trabalhadores independentes 213

Sobrevivência (V. Pensão de sobrevivência e Pensão por morte)

Sobrevivente (V. Pensão de sobrevivência)

Social Security Act 29

Socialismo catedrático 49

Sociedades (civis, comerciais e civis sob forma comercial) (V. Membros dos órgãos estatutários)

Sociedades (em nome individual, por quotas, anónimas e em comandita) (V. Membros dos órgãos estatutários)

Sociedades de agricultura de grupo (V. Trabalhadores independentes)

Sociedades aparentes 217

Sociedades coligadas 214

Sociedades incompletas 217

Sociedades irregulares 217

Sociedades de profissionais 197

Sociedades unipessoais por quotas (V. Membros de órgãos estatutários)

Sócio-gerente (V. Gerente social)

Sócio de sociedade de agricultura de grupo (V. Trabalhadores independentes)

Sócio ou membro de sociedade de profissionais livres (V. Trabalhadores independentes)

Sociólogos (PS) (V. Trabalhadores independentes)

Solicitadores (V. Advogados e solicitadores)

Sub-rogação (V. Pensão de invalidez, Pensão de alimentos e Subsídio de doença)

Subsídio por adopção 301

Subsídio para assistência a filho 302

Subsídio para assistência a filho com deficiência ou doença crónica 305

Subsídio para assistência a neto 306

Subsídio por assistência de terceira pessoa 438

Subsídio por cessação de actividade
- ENI e MOE's 385
- prestadores de serviços 382

Subsídio de desemprego
- acumulação 399
- âmbito pessoal 389
- bordadeiras de casa 406
- cálculo (V. Montante)
- cessação 402
- condições de atribuição 393
- deveres 403
- duração (V. período de atribuição)
- gestão 403
- montante 395
- período de atribuição 397
- reclamações e recursos 405
- registo de equivalências 400
- requerimento e provas 394
- suspensão 401

Subsídio de desemprego parcial 406

Subsídio por despesas de funeral (doenças profissionais) 376

ÍNDICE TEMÁTICO

Subsídio de doença
- acumulação **287**
- âmbito **239**
- cálculo (V. montante)
- cessação **288**
- concessão provisória **286**
- condições de atribuição **280**
- deveres dos beneficiários **287**
- duração (V. período de atribuição)
- montante **283**
- período de atribuição **285**
- prazo de espera **284**
- prestações compensatórias **286**
- suspensão **288**
- trabalhadores independentes **285**
- verificação da situação **289**

Subsídio de educação especial
- acumulação **432**
- âmbito **428**
- destinatários **428**
- duração (V. período de atribuição)
- início **429**
- montante **429**
- período de atribuição **429**
- pessoas que conferem direito **428**
- redução **432**
- requerimento **429**

Subsídio de férias (V. Prestações compensatórias, Montantes adicionais e Prestações adicionais)

Subsídio para frequência de acções no âmbito da reabilitação profissional (doenças profissionais) **378**

Subsídio de funeral **421**

Subsídio por interrupção da gravidez **308**

Subsídio de lar **500**

Subsídio mensal vitalício **423**

Subsídio por morte **424**

Subsídio por morte (doenças profissionais) **376**

Subsídio de Natal (V. Prestações compensatórias, Montantes adicionais e Prestações adicionais)

Subsídio parental
- acumulação **298**
- âmbito **293**
- cálculo (V. Montante)
- condições de atribuição **293**
- deveres dos beneficiários **301**
- duração (V. período de atribuição)
- entidades gestoras **299**
- início **297**
- montante **294**
- pagamento **299**
- período de atribuição **295**
- prescrição **299**
- registo de remunerações **298**
- remuneração de referência **294**
- requerimento **299**
- suspensão **298**

Subsídio para readaptação de habitação (doenças profissionais) **377**

Subsídio de reconversão profissional **500**

Subsídio por risco clínico durante a gravidez **310**

Subsídio por riscos específicos **311**

Subsídio por situação de elevada incapacidade permanente (doenças profissionais) **370**

Subsídio social por adopção **477**

Subsídio social de desemprego **474**

Subsídio social por interrupção da gravidez **477**

Subsídio social parental **477**

Subsídio social por risco clínico durante a gravidez **477**

Subsídio social por riscos específicos **477**

Subsídio de tuberculose **292**

Subsídios no âmbito da maternidade, paternidade e adopção (V. Prestações

de maternidade, paternidade e adopção)
Subsídios compensatórios de encargos familiares (V. Contribuições e quotizações – base de incidência)
Subsídios de refeição (V. Contribuições e quotizações – base de incidência)
Subsídios sociais de parentalidade – no âmbito da maternidade, paternidade e adopção **477**
Subsistema
– de acção social **84**
– de protecção familiar **409**
– de solidariedade (V. Prestações não contributivas)
Subvenção a trabalhadores de empresas paralisadas **408**
Suinicultores (V. Trabalhadores de actividades agrícolas e Produtores agrícolas)
Superintendência e tutela
Suplemento especial de pensão (antigos combatentes) **481**
Suspensão da obrigação de contribuir (trabalhadores independentes) **206**
Suspensão do pagamento de prestações **264**

Taxa de formação de pensão (V. Pensão de velhice – cálculo)
Taxa social única (V Contribuições e quotizações – taxas)
Taxa de substituição (V. Prestações – montantes)
Taxas contributivas
– apanhadores de espécies marinhas **174**
– complementar **191**
– desagregação **119**
– globais **117**
– grupos fechados **187**
– incentivos ao emprego **121, 175**
– incentivos à permanência no mercado de trabalho (V. Trabalhadores idosos)
– isenção (incentivos ao emprego) **120**
– membros das igrejas, associações e confissões religiosas **184**
– membros dos órgãos estatutários **223**
– pensionistas em actividade **168**
– pescadores apeados **174**
– por modalidade **119**
– praticantes desportivos profissionais **165**
– profissionais das artes do espectáculo **186**
– próprias e reduzidas **119**
– proprietários das embarcações da pesca local e costeira **174**
– regimes facultativos **235**
– trabalhadores das actividades agrícolas, pecuárias e silvícolas **174**
– trabalhadores no âmbito do ensino português no estrangeiro **169**
– trabalhadores por conta de outrem **117**
– trabalhadores com deficiência **178**
– trabalhadores no domicílio **164**
– trabalhadores em entidades sem fins lucrativos **179**
– trabalhadores que exercem funções públicas **170**
– trabalhadores idosos **177**
– trabalhadores independentes **209**
– trabalhadores das IPSS **182**
– trabalhadores da pesca local e costeira **174**
– trabalhadores em regime de acumulação **186**
– trabalhadores em regime de contrato de trabalho de muito curta duração **166**
– trabalhadores em regime de trabalho intermitente **171**
– trabalhadores do serviço doméstico **182**

ÍNDICE TEMÁTICO

- trabalhadores em situação de pré-reforma **167**
Técnicos oficiais de contas (PS) (V. Trabalhadores independentes)
Técnicos paramédicos (PS) (V. Trabalhadores independentes)
Terceira idade (V. Pensão de velhice)
Terceira pessoa **438**
Terceiro responsável **286, 313**
Territorialidade **522**
Teste de meios (V Condição de recursos)
Tiradores de cortiça (V. Trabalhadores de actividades agrícolas)
Titulares de cargos políticos **96**
Titulares de estabelecimentos individuais de responsabilidade limitada (EIRL) (V. Trabalhadores independentes)
Título executivo (V. Execução de dívidas à segurança social)
Topógrafos (PS) (V. Trabalhadores independentes)
Totalização dos períodos de seguro, residência ou emprego cumpridos em diferentes regimes ou Estados **521**
Toureiros (PS) (V. Trabalhadores independentes) (V. Profissionais das artes do espectáculo e do audiovisual)
Trabalhadora grávida (V. Subsídio por riscos específicos)
Trabalhadora lactante (V. Subsídio por riscos específicos)
Trabalhadora puérpera (V. Subsídio por riscos específicos)
Trabalhadores abrangidos por acordos internacionais na RA Açores **343**
Trabalhadores em acumulação **186**
Trabalhadores de actividades agrícolas **172**
Trabalhadores das administrações públicas (V. Trabalhadores que exercem funções públicas – enquadramento)

Trabalhadores agrícolas (V. Trabalhadores de actividades agrícolas)
Trabalhadores de banca dos casinos (V. Profissionais de banca dos casinos)
Trabalhadores bancários (V. Bancários)
Trabalhadores da Carris **191**
Trabalhadores comunitários **516**
Trabalhadores por conta de outrem
– âmbito material **269**
– âmbito pessoal **95**
– enquadramento **101**
– identificação **98**
– inscrição **101**
– taxas contributivas **117**
Trabalhadores por conta própria (V. Trabalhadores independentes)
Trabalhadores em (regime de) contrato de muito curta duração **166**
Trabalhadores com deficiência **177**
Trabalhadores destacados
– âmbito da União Europeia **523**
– Estados com convenção bilateral **511**
Trabalhadores domésticos (V. Trabalhadores do serviço doméstico)
Trabalhadores no domicílio **163**
Trabalhadores da Electricidade dos Açores, SA (V. Trabalhadores por conta de outrem)
Trabalhadores embarcados em navios estrangeiros (V. Seguro social voluntário)
Trabalhadores de ensino português no estrangeiro **169**
Trabalhadores de entidades sem fins lucrativos **178**
Trabalhadores da EPAL **192**
Trabalhadores estrangeiros **95**
Trabalhadores que exercem funções públicas **169**
Trabalhadores que exercem funções sindicais (V. Dirigentes e delegados sindicais)

ÍNDICE TEMÁTICO

Trabalhadores fronteiriços **518**
Trabalhadores idosos (+ 65 anos e 40 de carreira) **176**
Trabalhadores independentes
– âmbito material **210**
– âmbito pessoal **193**
– base de incidência **206**
– cônjuges **212**
– isenção da obrigação contributiva **204**
– obrigação contributiva **202**
– taxas contributivas **209**
Trabalhadores da indústria de lanifícios (V. Trabalhadores de lanifícios)
Trabalhadores inscritos marítimos de comércio de longo curso **342**
Trabalhadores inscritos marítimos na pesca **341**
Trabalhadores intelectuais (V. Trabalhadores independentes)
Trabalhadores do interior e da lavra subterrânea (V. Trabalhadores mineiros)
Trabalhadores das IPSS **182**
Trabalhadores de lanifícios
– taxa contributiva **191**
Trabalhadores da Lusoponte (GF) **190**
Trabalhadores marítimos (V. Trabalhadores inscritos marítimos e Tripulações em navios inscritos no Registo Internacional de Navios da Madeira – MAR)
Trabalhadores migrantes **511**
Trabalhadores mineiros **341**
Trabalhadores de missões diplomáticas e consulares (V. Pessoal das embaixadas e consulados)
Trabalhadores ocupados em vários Estados-membros **516**
Trabalhadores pensionistas (V. Pensionistas em actividade)
Trabalhadores da pesca local e costeira (ex-pesca artesanal) **174**

Trabalhadores da Ponte 25 de Abril (V. Trabalhadores da Lusoponte)
Trabalhadores portuários (V. Pensão de velhice)
Trabalhadores em (situação de) pré-reforma **167, 189, 344**
Trabalhadores da (Companhia Portuguesa) Rádio Marconi **192**
Trabalhadores rurais (V. Trabalhadores de actividades agrícolas)
Trabalhadores do sector aduaneiro (Pensão de velhice) **325**
Trabalhadores do sector bancário (GF) **188**
Trabalhadores das seguradoras (V. Profissionais de seguros)
Trabalhadores do serviço doméstico **179**
Trabalhadores da siderurgia e do carvão **342**
Trabalhadores em (regime de) trabalho intermitente **171**
Trabalhadores dos transportes internacionais **518**
Trabalhadores da USFORAZORES (V. Trabalhadores abrangidos por acordos internacionais na RA Açores)
Trabalho extraordinário (V. Trabalho suplementar)
Trabalho nocturno (V. Subsídio por riscos específicos)
Trabalho socialmente necessário (V. Subsídio de desemprego)
Trabalho suplementar (V. Contribuições e quotizações – base de incidência)
Trabalho temporário (V. Empresas de trabalho temporário)
Tractoristas e outros operadores de máquinas agrícolas (V. Trabalhadores das actividades agrícolas)
Tradutores (trabalhadores intelectuais) (V. Trabalhadores independentes)

Tribunais administrativos e fiscais **611**
Tribunais competentes **611**
Tribunais consulares **41**
Tribunais fiscais (V. Tribunais administrativos e fiscais)
Tribunais judiciais **611**
Tributação (V. Contribuições e quotizações e Obrigação contributiva)
Tripulantes em navios inscritos no Registo Internacional de Navios da Madeira – MAR (V. Seguro social voluntário) **186**
Tuberculose (V. Subsídio de tuberculose)
Tutela administrativa (V. Organismos sob superintendência e tutela)
Tutela civil (V.
– abono de família;
– prestação de rendimento social de inserção;
– subsídio de desemprego;
– subsídio parental)
Tutores e tutelados (V. Tutela civil)

Ubi commoda, ibi incommoda **49**
União Europeia **533**
União de facto (V. Membros de união de facto)
Unicidade de legislação aplicável **522**
Unidade de conta (UC) **671**
Unificação de pensões (V. Pensão unificada)
Uniões (V. Instituições particulares de solidariedade social)

Validade (V. Actos administrativos)
Valor limite inferior de base de incidência
Valor limite inferior de prestações **260**
Valor limite superior de base de incidência **116**
Valor limite superior de prestações **259**
Velhice (V. Pensão de velhice)
Vendedores de jornais, de lotaria (V. Trabalhadores independentes)
Verificação de dependência **434**
Verificação de incapacidades (V. Complemento por dependência, Pensão de invalidez, Subsídio de doença)
Veterinários (PS) (V. Trabalhadores independentes)
Vigias da marinha mercante (V. Seguro social voluntário)
VIH/sida (V. Doentes de VIH/sida)
Vinculação (à segurança social) **95**
Vínculo de profissionalidade (V. Índice de profissionalidade)
Violação de segredo **607**
Viuvez (V. Pensão de sobrevivência e Pensão de viuvez)
Vives, Juan Luis **39**
Voluntários sociais (V. Seguro social voluntário)

Welfare state **29**

Zakat **38**